DAS KÄRNTNER LANDESARCHIV

35

Herausgegeben von der Direktion des Kärntner Landesarchivs

August Walzl

Die Juden in Kärnten und das Dritte Reich

Zweite, veränderte und erweiterte Auflage

Klagenfurt 2009
Verlag des Kärntner Landesarchivs

Titelbild: Außenansicht des jüdischen Bethauses in Klagenfurt (Platzgasse Nr. 3); links vom Eingang ein Geschäftsschild des Zahntechniklabors der Rabbinergattin, aus: Festschrift zum 40-jährigen Bestande der Chewra Kadischa in Klagenfurt, 1928. Die hebräische Fassadenaufschrift lautet: Bet ha-Knesset (wörtlich: Haus der Versammlung) = Synagoge.

Umschlag Rückseite: Innenansicht des jüdischen Bethauses in Klagenfurt, aus: Festschrift Chewra Kadischa, 1928.

Vorsatzblätter: Geschäftsanzeigen jüdischer Unternehmen: Pelzhaus S. Linker (Kärntner Amts- und Adressbuch 1932, vorderer Inseratenteil), Simon Friedländer (Erwin Stein, Klagenfurt, 1930), Eduard Glesinger (Eduard Stein, Villach, 1931), M. Fischl's Söhne (Erwin Stein, Klagenfurt, 1930), Kleiderhaus Preis (Kärntner Amts- und Adressbuch 1936, Umschlag hinten innen).

Nachsatzblätter: Anzeigen über die „Arisierung" jüdischer Geschäfte und Unternehmen: Simon Friedländer (Freie Stimmen Nr. 163, 17. 7. 1938, S. 18), Aeterna-Schuhhäuser (Kärntner Grenzruf Nr. 45, 29. 10. 1938, Anzeigenteil), Schuhgeschäft Schaier (Kärntner Grenzruf Nr. 62, 12. 11. 1938, Anzeigenteil), Textilgeschäft Fischbach (Freie Stimmen Nr. 192, 21. 8. 1938, S. 16), M. Fischl's Söhne (Freie Stimmen Nr. 67, 23. 3. 1938, S. 3), Modellhaus Mimi Kronasser, „Arisches Geschäft" (Freie Stimmen Nr. 178, 4. 8. 1938, S. 8).

Redaktion:
Dr. Wilhelm Wadl, Direktor des Kärntner Landesarchivs

ISBN 978-3-900531-72-0
© Alle Rechte bei Kärntner Landesarchiv, 9020 Klagenfurt am Wörthersee
Hersteller: Kärntner Druckerei, 9010 Klagenfurt am Wörthersee, Viktringer Ring 28

Inhaltsverzeichnis

Vorwort 7
Einleitung 9

1. Auf dem Weg zur gesetzlichen Gleichberechtigung 11
   1.2. Der Schwebezustand 11
   1.2. Die freie Ansiedlung 15
   1.3. Herkunft und wirtschaftliche Lage 18

2. Anfänge eines gesellschaftlichen Bewußtseins 24
   2.1. Zunehmende Differenzierungen unter den Kärntner Juden 24
   2.2. Die Vereinsgründungen 29
   2.3. Der Nachholbedarf in Kärnten 35
   2.4. Das Bemühen um eine eigene Kultusgemeinde 38
   2.5. Versuch einer neuen Gesamtkonzeption für den Ostalpenraum . . 46

3. Zwischen Emanzipation und Anpassung 58
   3.1. Die Expansion der Ansiedlung 58
   3.2. Der Weg nach Kärnten 66
   3.3. Berufe und Unternehmungen 70
   3.4. Stabilisierungsversuche in der Öffentlichkeit 80

4. Die Kärntner Judenschaft in der Ersten Republik 91
   4.1. Die zweite Phase der wirtschaftlichen Entwicklung 91
   4.2. Deutschnationale Position und Gegenreaktion 99
   4.3. Der Kärntner Antisemitismus der zwanziger und dreißiger Jahre . . . 108
   4.4. Das Anwachsen der nationalsozialistischen Aggression in Kärnten . . 113
   4.5. Jüdisches Leben in Kärnten vor dem Untergang 128

5. Unter der nationalsozialistischen Verfolgung 138
   5.1. Die sogenannte Machtergreifung 138
   5.2. Die wirtschaftliche Ausplünderung der Kärntner Juden 153
   5.3. Die neue Vertreibung 201
   5.4. Widerstand und Überleben 239

6. Der Griff nach Slowenien und Friaul 246
   6.1. Neue „Grenzlandaspekte" bezüglich Slowenien 246
   6.2. Ausplünderung und Aussiedlung jenseits der Karawanken . . . 255
   6.3. Die Juden im faschistischen Italien 272
   6.4. Verfolgung und Ausbeutung in der Operationszone 285

7. Ein Neubeginn	303
7.1. Die Heimkehrer	303
7.2. Rückstellung und Entschädigung	307
Liste der Kärntner Juden, die ums Leben gekommen sind	323
Die religiösen Funktionäre	325
Abkürzungen	326
Anmerkungen	327
Archive und Literaturhinweise	357
Personenregister	363
Ortsregister	372
Bildtafeln (zusammengestellt von Wilhelm Wadl)	377
Nachwort zur zweiten Auflage	399

Der siebenarmige Leuchter ist neben dem sechsstrahligen Stern Davids das Hauptsymbol des Judentums

Vorwort

Der Verfasser erlaubt sich, bei seiner These aus dem Jahre 1985 zu bleiben, wonach die Kärntner zeitgeschichtliche Forschung noch ein außerordentlich großes Arbeitsfeld vor sich hat und auch bezüglich der Sensibilisierung der Bevölkerung noch vieles zu tun wäre. Der Nachholbedarf, über dessen verschiedene Ursachen hier nicht zu schreiben und zu rechten ist, erscheint nach wie vor sehr groß. Es bleibt aber – und auch hier wiederholt sich der Verfasser seit seiner letzten Arbeit – kein anderer Weg zum Abbau von Vorurteilen, Feindbildern und Klischees als nur die rationale Klärung und sachliche wissenschaftliche Aufarbeitung, will man wirklich am Entstehen eines neuen Klimas der Sachlichkeit mitwirken. Nichts ist gefährlicher als das sogenannte Vergessen, und nichts erweist sich im Laufe der Zeit als leichtsinniger als das sogenannte Einen-Strich-Darunter-Machen. Gerade die sachliche Offenlegung bedeutet auch die Abkehr von der gerüchteweisen Vermutung und die Zurückführung auf die zutreffenden Größenordnungen. All das aber ist Kärnten nicht nur der auswärtigen Öffentlichkeit, sondern viel mehr noch sich selber schuldig.

Daß die Quellenlage auf diesem Forschungsgebiet eine mehr als schwierige ist, liegt wohl in der Natur des Themas selbst zum Teil begründet. Im Zuge der Nachforschungen aber ergaben sich Schritt für Schritt immer neue Möglichkeiten des Zuganges zu einzelnen Teilbereichen, obschon vieles verloren und vernichtet ist. Das Ausmaß an Verständnis und Hilfsbereitschaft, das der Verfasser von zahlreichen Institutionen und Personen des In- und Auslandes erleben durfte, gehört zu seinen wertvollsten persönlichen Erfahrungen. Diesbezüglich über das Archivio Centrale dello Stato, das Document Center Berlin oder das Public Record Office weitere Worte zu verlieren, erübrigt sich längst.

Besonderen Dank möchte der Autor Herrn Direktor Dr. Daniel Cohen, dem Leiter der Central Archives for the History of the Jewish People, Jerusalem, und dem Amtsdirektor der Israelitischen Kultusgemeinde Wien, Herrn Dr. Avshalom Hodik, für ihre wertvollen grundlegenden Ratschläge sagen. Wertvolle Hilfe, die dankbar aufgenommen wurde, gab es desgleichen auch von Herrn Dr. Herbert Rosenkranz vom Yad Vashem Archiv Jerusalem. Desgleichen erhielt der Verfasser nicht nur bedeutsame Hinweise, sondern auch wichtiges Material von Herrn Dr. Michele Sarfatti vom Centro di documentazione ebraica contemporanea di Milano und nicht minder von Herrn Universitätsprofessor Dr. Pier Cesare Joly Zorattini der Universität Udine. In gleicher Weise zu Dank verpflichtet ist der Verfasser Herrn Prof. Galliano Fogar, dem Leiter des Istituto regionale per la storia del movimento di liberazione di Trieste, sowie dem Leiter des Istituto friulano per la storia del movimento di liberazione di Udine, Dott. Alberto Buvoli, wie auch seinen Mitarbeitern, Dottoressa Ines Domenicale und Dott. Flavio Fabbroni. Desgleichen bedankt sich der Autor für Hinweise auf den Forschungsstand zu diesem Thema in Slowenien bei Herrn Dr. Augustin Malle vom slowenischen wissenschaftlichen Institut in Klagenfurt. Auch bei Instituten in Österreich fand der Verfasser nachdrückliche Förderung und Unterstützung. Sehr herzlicher Dank sei in diesem Zusammenhang Herrn Oberrat Dr. Leo Mikoletzky vom Allgemeinen

Verwaltungsarchiv sowie Herrn Landesgerichtspräsidenten Dr. Gerhard Anderluh in Klagenfurt gesagt. Das Kärntner Landesarchiv mit seinem Leiter, Herrn Hofrat Dr. Alfred Ogris, stellte wichtige Aktenbestände zur Verfügung, wobei Herr Dr. Wilhelm Wadl den Verfasser mit freundlichen Hinweisen unterstützte. Zu großem Dank verpflichtet ist der Autor auch Herrn Direktor Otto Hans Ressler von der Generaldirektion des Dorotheums Wien und Herrn Direktor Sterbenz sowie der Leitung der Friedhofsverwaltung der Landeshauptstadt Klagenfurt, Frau Albrecht, ebenso Herrn Dr. Peter Ibounig von der Stelle für Statistik des Amtes der Kärntner Landesregierung und Herrn Zentralinspektor Dr. Ploder der Bundesbahndirektion Villach.

Von der ersten Stunde an fand der Verfasser Hilfe und Ermutigung bei der Israelitischen Kultusgemeinde Graz unter ihrem Präsidenten, Herrn Konsul Brühl, und Herrn Kultursrat Trijger. Letzterer scheute keine Mühe, um die noch erhalten gebliebenen Teile der Kärntner Matrikel zur Verfügung zu stellen. Auch einer anderen Gruppe von hilfreichen Personen gilt die besondere Dankbarkeit des Verfassers, wo immer in der Welt sie sich derzeit auch befinden. Es sind dies die vielen Zeitzeugen, die Dokumente und Informationen zur Verfügung stellten, allen voran Frau Helene Preis, Frau Sofie Neurath, Herr Ing. Reuwen Kalisch und Herr Simcha Glaser. Aus all dem geht auch hervor, daß die Forschungsarbeiten von nicht geringen Kosten begleitet waren. Deshalb ist der Verfasser dem Kuratorium des Theodor-Körner-Stiftungsfonds zu besonderem Dank verpflichtet, weil es einen Preis als Beitrag zur Deckung eben dieser Kosten verliehen hat.

Dr. August Walzl

Klagenfurt, im Juli 1987

Einleitung

Am Beginn dieser Arbeiten konnte der Verfasser von wohlmeinenden Ratgebern den Hinweis hören, daß über dieses Thema in Kärnten nichts auszusagen wäre, weil es eben praktisch keine Juden gegeben hätte und weil nichts vorgefallen wäre. Dies verblüffte ihn umso mehr, weil es gänzlich den Beobachtungen und Wahrnehmungen seiner eigenen Kindheit und Jugend in Klagenfurt widersprach. Natürlich muß sogleich eingeräumt werden, daß der jüdische Bevölkerungsanteil in Kärnten stets ein ganz wesentlich geringerer war als etwa in Wien oder Graz, wenn man die vielen Abkömmlinge, Getauften und Versippten nicht dazurechnet, die gerade in Kärnten einen besonders hohen Prozentsatz ausmachen. Die mit der zahlenmäßigen Schwäche verbundene leichtere Überschaubarkeit der Dinge aber erwies sich eher als ein Vorteil, und zugleich minderte sie keineswegs die Bedeutsamkeit der Gesamtthematik. Es ging nämlich darum, gerade die Situation einer zahlenmäßig schwächeren und kleinen Minderheit zu untersuchen und gerade diese Spielarten jüdischer Existenz mit ihren spezifischen Rahmenbedingungen einer genauen Betrachtung zu unterziehen. Die Grundfrage lautete daher: Welche sind (oder waren) die charakteristischen Voraussetzungen des Existierens für eine kleine jüdische Minderheit in einem Land, dessen Bevölkerung a priori ein besonderes Ausmaß an nationaler Gesinnung nachgesagt wird? Welche generalisierbaren Muster des Reagierens unter wechselnden gesellschaftlichen und politischen Voraussetzungen können festgestellt werden? Daß unter diesen Rahmenbedingungen seit den Anfängen des k. u. k. Verfassungsstaates auch die gesetzlichen Festlegungen gemeint sind, und die Art, wie mit ihnen umgegangen wurde, liegt auf der Hand.

Unter diesem staatsrechtlichen und verwaltungsrechtlichen Aspekt muß aber auch nach jenen bombastischen Formen einer perfiden Scheinlegalität gefragt werden, welche das nationalsozialistische Regime als Deckung um seine schamlose Judenverfolgung aufbaute, weil mit diesen Formen verschieden hantiert wurde und sie für viele Mitwirkende eine entscheidende psychosoziale Funktion erfüllten. Und das zeigt sich ja bis in die Prozeßschriften nach dem VG und KVG hinein.

Es erscheint daher gerade angesichts dieser Thematik besonders ungünstig, in der Untersuchung und Darstellung allzusehr im Allgemeinen und Ungefähren zu bleiben, sondern als zweckmäßiger erweist es sich wohl, so konkret und genau wie möglich zu werden, und zwar bis zu den Steuersummen und Kaufpreisen, will man Klarheit in jene Verhältnisse der „sanften" Vernichtung bringen, die als totale wirtschaftliche Ausplünderung in Erscheinung trat. Auch solche Ausplünderung kann ja in Anbetracht des Ausmaßes an Angst, Wehrlosigkeit, Zeitverlust, Ausbildungsverlust, Stabilisierungsverlust und Vermögensverlust, mit dem sie verbunden war, nur als versuchte Vernichtung aufgefaßt werden – und Überleben als eine andere Form von innerlichem Widerstand. Dies das dritte thesenartige Postulat dieser Arbeit.

Unter den generalisierbaren Reaktionsmustern der Minderheit auf das Verhalten von Verfolgern werden – das als weitere These – assimilatorische und imitatorische Rollenübernahmen eine gewisse Bedeutung haben, doch sollte dies nicht daran hindern, auch nach Distanzierung und Kontrastierung zu suchen, wie sie sich gegenüber Mehrheit, aber auch innerhalb der Minderheit selbst entwickeln kann.

Schließlich ein weiterer Aspekt: Ist es nicht so, daß zwischen Minderheit und Mehrheit, zwischen Opfer und Verfolger, ein Kreisprozeß in Bewegung gerät, der zwangsläufig sich entfaltet. Unsere These lautet daher, daß auch die Machthaber innerhalb der Mehrheit differenziert reagieren, so daß auch bei ihnen und der schweigenden Gruppe der anderen nach verschiedenen Verhaltensmechanismen zu fragen ist. Man kann deshalb mit Grund vorausschicken, daß gerade eine zahlenmäßig kleine Minderheit als eine Art Katalysator wirkt, welcher in der Führungsschichte, i. e. bei den Verfolgern Strukturierungen oder gar Polarisierungen schärfer vor sich gehen läßt, als es sonst etwa der Fall wäre, ja dieser Katalysator fördert bei der Mehrheit etwa Lernprozesse oder ein permanentes Dilemma der Eigenverantwortlichkeit, das Verdrängungsmechanismen zum täglichen Brot macht. Dies muß zwangsläufig der Fall sein, wenn zur Region weitere Gebiete gewaltsam hinzugefügt werden und mit dem gleichen, scheinbar erprobten Verfolgungs- und Ausplünderungsapparat „bearbeitet" werden.

Daraus ergibt sich zwangsläufig eine weitere These dieser Arbeit. Es ist unmöglich, eine Darstellung der Kärntner Judenverfolgung oder Slowenenverfolgung zu unternehmen, ohne zugleich eine zumindest partielle Geschichte des Kärntner Nationalsozialismus zu schreiben. Dies liegt umso mehr auf der Hand, als es eine solche bisher nicht gibt. Genauso wichtig aber erscheint das letzte Glied der Kette: Unter funktionellen Aspekten ergibt sich von selbst die Einbeziehung der slowenischen Minderheit in die Betrachtung wie auch die Berücksichtigung des größeren, eigentlich schon überregionalen Betrachtungsraumes Slowenien und Friaul–Julisch-Venetien – doch dies wieder führt ebenso zwangsläufig dazu, den Fragen der Rückstellung und Wiedergutmachung größeres Augenmerk zuzuwenden, als dies bisher in Österreich geschehen ist.

1. Auf dem Wege zur gesetzlichen Gleichberechtigung

1.1. Der Schwebezustand

> *„So ist es mein Großonkel Adolf Freund gewesen, dessen Wohnung am Alten Platz 8 durchreisenden Juden und den vielen jüdischen Hausierern als Herberge und Bethaus diente."*
>
> Reuwen Kalisch in einem Interview 1980 in Jerusalem

Es geschah im Jahre 1822, daß einem Salomon Rosenfeld zwischen Klagenfurt und Völkermarkt einige Kleidungsstücke gestohlen wurden: ein dunkelgrünlich-schwarzseidenes langes Gewand mit Goldborte und schwarzem Pelzkragen, gefüttert mit weißem und rotem Baumwollstoff, sodann ein braun-schwarz-gestreiftes Seidengewand und ein schwarzseidenes Gewand, vorne zwar mit zwei Flecken gestückelt, aber doch auch mit einem Pelzkragen und Schnüren von Orleans-Perlen versehen[1] – fürwahr also keine Kleider eines armen Mannes, sondern eher solche eines begüterten Reisenden, an denen jedermann auch deutlich dessen religiöse Eigenart erkennen konnte. Ob er sie jemals zurückerhalten hat, wissen wir nicht. Viele seiner Glaubensgenossen, die damals über die Straßen und Wege in Kärnten, der Steiermark und Krain zogen, aber mußten sich mit Einfacherem begnügen, mit Tuchröcken, schwarzen Manchesterwesten und ähnlichen Beinkleidern, mit runden, schwarzen Hüten. Es dürften nicht wenige gewesen sein, die man damals auf den Straßen dieser Herzogtümer treffen konnte, wenngleich die Juden 1496 angeblich für ewige Zeiten aus dem Land vertrieben worden waren.[2] Weder der Landesverweser Veit Welzer noch die Kärntner ständischen Verordneten oder gar Kaiser Maximilian selbst hätten es sich damals träumen lassen, daß sich später einmal jemand dazu versteigen könnte, diese ihre Vertreibung gleichsam symbolisch nachzufeiern.

Seit dieser Vertreibung von 1496 hatte sich in rechtlicher Hinsicht nichts Wesentliches geändert, obwohl schon die josephinischen Maßnahmen trotz allem Festhalten am Bisherigen den ersten Impuls für neue wirtschaftliche und auch gesellschaftliche Entwicklungen gaben, wurde durch sie ja auch den auswärtigen Juden wie überhaupt allen „In- und Ausländern christlicher oder anderer Religion" eine gewisse Teilnahme am Kärntner, steirischen und Krainer Wirtschaftsleben dadurch gestattet, daß sie nun seit 1783 wenigstens die großen Märkte in Graz, Klagenfurt und Laibach besuchen durften. Zuvor hatten 1781 die Kärntner Landstände, als sie von Joseph II. um ihre Meinung hinsichtlich der beabsichtigten Tolerierung der Juden gefragt wurden, eher lapidar die Erlaubnis Kaiser Maximilians I. von 1496 zur Judenvertreibung (und natürlich auch ihre Bezahlung dieser Erlaubnis) in Erinnerung gebracht, zugleich aber ihr allgemeines Unbehagen eher spärlich mit dem Hinweis rationalisiert, daß wegen der beschränkten landwirtschaftlichen Nutzfläche vor allem in Oberkärnten viele Kärntner in Industrie und Gewerbe tätig sein müßten, von den Juden aber daraus verdrängt werden könnten und zugrunde gehen müßten. Hätten die Stände damals als Sprecher der Kärntner Gewerbetreibenden gesprochen, wären in ihrer Äußerung wohl kaum Wettbewerbsoptimismus und wirtschaftliche Tatkraft zum Ausdruck gekommen. Unter der Oberfläche aber dürfte für ihre Ablehnung wohl ein ganzes Bündel von Motivationen maßgebend gewesen sein, von denen die sozusagen natürliche Abneigung von Landständen gegen Intentionen eines Landesherrn kaum die geringste gewesen sein dürfte.

Daß es wohl so war, zeigte sich 1783 recht deutlich, als zwei mährische Juden bei der Wiener Zentralbehörde um die Erlaubnis ansuchten, die Jahrmärkte in der Steiermark, Kärnten und Krain besuchen zu dürfen. Dabei waren die Kärntner Stände dann sehr wohl in der Lage, sachliche volkswirtschaftliche Aspekte für ihre Befürwortung einer Erlaubnis anzuführen. Sie erwarteten sich vom jüdischen Marktbesuch eine allgemeine Belebung des Wirtschaftslebens, einen größeren Bekanntheitsgrad der Kärntner Produkte außerhalb der Landesgrenzen und niedrigere Warenpreise in Kärnten zum Vorteil der Konsumenten im Lande. Immerhin wurde dann – wie schon festgestellt – von allerhöchster Seite die Besuchserlaubnis auf die Jahrmärkte in den erwähnten Ländern beschränkt.[3] Als dann in Wien 1788 die Überlegung angestellt wurde, ob es nicht überhaupt einfacher wäre, statt dieser sich durch den Marktbesuch ergebenden beschränkten Aufenthaltsbewilligung den unbeschränkten Aufenthalt der Juden in Innerösterreich zu erlauben, reagierten die Kärntner Landstände bei ihrer Ablehnung neuerlich mit volkswirtschaftlichen Argumenten in umgekehrtem Sinn, wobei sie das hinter ihrer Argumentation sichtbare Feindbild mit eher klischeehaften ökonomischen Eigenschaften und Verhaltensweisen ausstatteten. In ihren Befürchtungen statteten sie die bei Niederlassungserlaubnis zu erwartenden Juden gar mit beträchtlicher Kaufkraft aus. Damit sollte es auch in Kärnten den Juden möglich sein, den ärmeren Leuten, vor allem der Landbevölkerung, in Notzeiten Vorschüsse zu geben und sich damit zu niedrigen Preisen und drückenden Bedingungen Verfügungsmöglichkeiten über spätere gute Erträgnisse und Produktionen zu sichern.

Zugleich verrät die ständische Argumentation natürlich einerseits die typische Schwarzweißzeichnung, die den jüdischen Händler als Wucherer und Übervorteiler, den nichtjüdischen als redlichen Mann hinstellt, der von solchen Methoden völlig abstinent bleibt – sie verrät aber zugleich eine außerordentlich pessimistische Einschätzung der unternehmerischen Fähigkeiten der einheimischen Kräfte in Handel und Gewerbe, eine abschätzige Einstellung also, die wohl am ehesten standesbedingt erscheint. Da wird der Kärntner Wirtschaftstreibende mit den ziemlich verächtlichen Augen des Adeligen gesehen.

Zugleich wird in diesen landständischen Überlegungen sehr delikat zwischen diesem „niedrigern Teil der jüdischen Nation" unterschieden, welchem man Wucher und Übervorteilung als „allgemein anklebende Eigenschaft" zuschreibt, und offensichtlich anderen Juden, die man aus Wien oder Italien sehr wohl kannte, bezog doch auch der Kärntner Adel – wenn auch in eher bescheidenem Ausmaß – seine Kredite zum Teil auch von jüdischen Geldverleihern und Geschäftsleuten. Diese Präsenz jüdischen Kapitals in Kärnten war ja auch durch die Niederlassungsdiskussion nicht berührt, sie dürfte aber, volkswirtschaftlich gesehen, im Herzogtum Kärnten kaum ins Gewicht gefallen sein, so geringfügig sind ihre Spuren. Die Schulden, die Kärntner Adelige auch in der josephinischen und nachjosephinischen Zeit bei jüdischen Kreditgebern machten – vor allem der Hofadel –, scheinen vor allem für Angelegenheiten der Familie und des Lebenswandels verwendet und nicht als betriebliches Fremdkapital eingesetzt worden zu sein. Im Gefolge der Revolution von 1848 wurde mit deren Scheitern auch der Versuch der bürgerlichen Gleichberechtigung der Juden wieder zunichte. Was danach in bescheidenem Ausmaß in manchen einstigen Kärntner Grundherrschaften zur Schaffung von neuen industriellen oder gewerblichen Betrieben investiert wurde, stammte aber, soweit feststellbar, aus den Geldmitteln, die im Zusammenhang mit der bäuerlichen Grundentlastung flüssig wurden, so daß es also nicht angebracht wäre, hier entscheidende außerkärntnerische oder gar jüdische Impulse zu vermuten. Als 1857 eine private Aktiengesellschaft den Bau einer Bahnlinie Klagenfurt – Marburg versuchte, wurde dafür auch Kapital des Wiener Bankhauses Rothschild in Anspruch genommen. Das Projekt scheiterte aber.

Gleichfalls nicht berührt von der josephinischen Tolerierungsdiskussion der Juden wurden jene beispielsweise aus dem Südwesten hereinziehenden Unternehmer, deren Assimilationsfähigkeit dazu führte, daß man sie nicht als besonders Fremde erkennen konnte oder wollte. Auch dort, wo später in solchen Fällen manchmal größere Industrie- oder Handelskapazitäten entstanden, gingen die Anfänge oft in Form von kleinen Händlerniederlassungen vor sich.[4] Seit 1864 setzte sich die Handelskammer von Triest mit Nachdruck für Bahnverbindungen von der Hafenstadt zum Bodensee und nach Böhmen ein. Dabei ergab sich starkes positives Echo in Kärnten wie in der Steiermark und in Wien, und für dieses Projekt sollte auch jüdisches Kapital aus Triest unter anderem eingesetzt werden. Nach den politischen Veränderungen wurde dann erst 1873 mit dem Bau der Linie Udine – Pontebba begonnen und sie dann in Pontebba an die Rudolfsbahn angeschlossen.

Kehren wir zurück zu jener Ausgangssituation, wie sie durch die josephinische Regelung entstanden war, jüdischen Händlern wohl den Zutritt zu den Jahrmärkten in Graz, Klagenfurt und Laibach zu gestatten, nicht aber die Niederlassung im Land selbst, in dem sie sich des Jahrmarktbesuches wegen aber ohnehin beträchtliche Zeit aufhalten mußten. Zusätzlich war ja dem jüdischen Händler auch das Hausieren auf dem Weg zum und vom Jahrmarkt und zur Marktzeit in der Stadt selbst auch verboten, doch scheint schnell der Brauch eingerissen zu sein, „nicht nur außer der ihnen zugestandenen Jahrmarktszeit im Lande herumzuschleichen, sondern auch zuwider des ausdrücklich bestehenden allgemeinen Hausierverbots in kleinen Städten, Märkten und Dörfern von Haus zu Haus verschiedene Waren zu verkaufen..."[5] 1787 wurde das Hausierverbot neuerlich durch kaiserliches Patent vom 4. Juni bekräftigt, doch änderte sich nichts an der Situation, da sie mehr als drei Jahrzehnte später gleich geschildert und auch eine noch zunehmende Tendenz festgestellt wird. So heißt es in einer Eingabe des „bürgerlichen Handelsstandes" an das Kreisamt Klagenfurt vom 17. Oktober 1825, daß die Juden „das Land nach allen Richtungen und selbst die abgelegensten Orte und Dörfer trotz allerhöchsten Verbots durchstreifen und mit Waren hausieren" und daß es sich dabei um einen „stets sich vergrößernden Unfug und ganz widerrechtliche Eingriffe in die Rechte der im Lande ansässigen Handelsleute" handle.[6]

In anderen Kronländern war den Israeliten, wie sie damals noch amtlich stets genannt wurden, die Freizügigkeit schon gewährt. So erfolgte beispielsweise im Königreich Ungarn nach 1805 aus diesem Grunde ein starker Andrang von Einwanderern aus Böhmen, Mähren und Galizien.[7] Leute ohne festen Wohnsitz kamen von Deutschland über die habsburgischen Länder bis Italien. So stammte ein unter anderem auch in Klagenfurt gesuchter Nathan Strauß aus Niederhessen, ein Mayer Schön aus dem Elsaß, ein Joseph Anchel aus Breslau, ein Lion Bischburg aus Bamberg, ein Josef Heimann aus Hamburg, ein Jakob Rosenbaum aus Westfalen und so fort.[8]

Die Polizei-Hofstelle verfolgte im Jahre 1819 mit Aufmerksamkeit Ausschreitungen gegen Juden in verschiedenen deutschen Ländern und verbot in diesem Zusammenhang nachdrücklich die Verwendung des berüchtigten „Hepp, hepp!" gegenüber jüdischen Hausierern, weil man befürchtete, daß aus solchen Beschimpfungen größere Exzesse „wider die Juden und sohin auch gegen andere Gewerbsklassen" entstehen könnten. Scharfe Unterdrückung solcher Tendenzen und ungesäumte Anzeigen gegen die Täter wurden von den Behörden erwartet.[9] Auch von den Juden hoffe man, daß sie keinerlei Anlaß zu Ausschreitungen gäben. So wurde das Abhalten des Purimfestes während der christlichen Fastenzeit streng verboten, weil es als Faschingsball aufgefaßt werden konnte und damit Ärgernis erregen mußte.[10] Wozu eine solche Anweisung des Kreisamtes Klagenfurt gut war in einem Land, in dem es angeblich keine ansässigen Juden gab, muß dahingestellt bleiben. Jedenfalls lief der jüdische Hausierhandel in Innerösterreich weiter. Im Jahre 1843 etwa forderte das Kreisamt Klagenfurt in einer Currende an alle Bezirksobrigkeiten diese „zur strengeren Handhabung" der allgemeinen Vorschrift vom 16. Jänner 1786 bezüglich des Hausierhandels in den österreichischen Erblanden auf. Im Betretungsfalle seien die Beschlagnahme der Waren und die Behandlung der Übeltäter nach den Schubgeneralien durchzuführen.[11]

Es scheint also über den langen Zeitraum von 1784 bis 1843 die gleiche Situation, nämlich ein permanentes Abweichen von bestehenden Vorschriften, zudem gar mit zunehmender Tendenz, geherrscht zu haben. Eine ökonomisch-gesellschaftliche Entwicklung ging über eine gesetzliche Regulierung in breitem und langsamem Flusse einfach hinweg. Schwer vorstellbar wäre es, daß unter dem Druck von Kreisämtern stehende Bezirks- und Ortsbehörden eine solche Entwicklung nicht hätten unterbinden können, wenn schon anfangs ein nachhaltiges Interesse daran bestanden hätte. So aber kam die Situation zwar nicht unbedingt dem einheimischen Handelsstand, offensichtlich aber der Masse der ärmeren Konsumenten überall im Lande zugute.

Der exemplarische Typus am Beginn der Neuansiedlung in Kärnten ist also nicht der gelegentlich den Kärntner Adel mit Schmuck und Krediten versorgende italienische Jude, sondern der wesentlich ärmere jüdische Hausierer aus Böhmen, Mähren, Galizien und Ungarn, der sich in den Produktionsstätten in Prag, Wien oder Budapest mit Waren versorgt und diese in den Alpenländern an den Käufer bringt. Die Belieferung des Hausierers im Landes selbst – also in Kärnten – war zur damaligen Zeit wegen des Fehlens eines geeigneten Großhandels noch nicht möglich. Erst auf einer späteren Entwicklungsstufe erfolgte die Versorgung des jüdischen Hausierers tatsächlich zum Teil durch Kärntner Firmen – dies aber zu einem Zeitpunkt, als der Hausierhandel allgemein den Höhepunkt seiner Entwicklung bald überschritten hatte.

In all dieser Zeit aber war der mit seiner Trage oder seinem Handwagen herumziehende jüdische Hausierer in bester Gesellschaft. Er zog ja nicht allein über die Straßen Kärntens, sondern vor und hinter ihm waren die Kollegen aus der Slowakei, aus Böhmen, aus Friaul, aus Krain und aus dem Flitscher Land unterwegs. Das ganze alte Österreich in der buntfarbigen Vielfalt seiner Völker war präsent und der jüdische Hausierer keine Einzelerscheinung. Soweit der Hausierer des vorigen Jahrhunderts überhaupt über einen festen Wohnsitz im Sinne des Gesetzes verfügte, kann demnach wohl angenommen werden, daß auch jüdische Wanderhändler schon vor 1867 zur ständigen Bevölkerung Kärntens gehörten. Und neben ihnen dürften zu den beiden großen Jahrmärkten nach Klagenfurt auch wirtschaftlich leistungsfähigere jüdische Händler aus Wien, Ungarn und Böhmen gekommen sein. An ihren wirtschaftlichen Möglichkeiten änderte sich in gesetzlicher Hinsicht bis 1867 ebenfalls nichts. War schon mit den Regelungen von 1783, 1784 und 1787 neben dem Hausierverbot auch das Verbot des Aufkaufes von Altsilber ausgesprochen worden, so änderte sich an dieser Bestimmung auch später nichts. Mit kaiserlicher Entschließung vom 15. November 1819 wurde immerhin für das Herzogtum Steiermark das Verbot des Getreidehandels für Juden aufgehoben, da Absatzschwierigkeiten der Landwirtschaft damit ausgeglichen werden sollten, doch wurde ausdrücklich festgestellt, daß damit keinerlei andere Änderungen des gesetzlichen Status verbunden wären.[12]

Die restaurative Aufhebung jener Zugeständnisse im Sinne der Gleichberechtigung, wie sie im Zuge der Revolution von 1848 zustande gekommen waren (§ 27 der Verfassungsurkunde vom 25. April 1848 und kaiserliches Patent vom 4. März 1849), konnte hernach leicht so vor sich gehen, daß Zugeständnisse auf jene Kronländer nicht anwendbar waren, in denen die Juden bisher kein Ansiedlungsrecht und Besitzrecht hatten und sie nicht unter den anerkannten Religionsgemeinschaften zu finden waren. Und die beiden kaiserlichen Verordnungen vom 18. Februar 1860 (Reichsgesetzblatt Nr. 44 und Nr. 45), in denen das Besitzrecht der Juden geregelt wurde, bezogen sich ebenfalls nicht auf Oberösterreich, Salzburg, die Steiermark, Kärnten, Krain, Tirol und Vorarlberg, so daß die Juden in diesen Gebieten weiterhin vom Besitz unbeweglicher Güter ausgeschlossen blieben.

Bis zum Jahre 1867 war demnach auch für Kärnten jener Schwebezustand charakteristisch, welcher sich aus dem Widerspruch zwischen der Gesetzeslage und der gesellschaftlichen Realität ergab.

1.2. Die freie Ansiedlung

> *„Bald hatten Glaubens- und Gesinnungstreue die Häupter dieser wenigen Familien einander finden lassen . . ."*
> Rabbiner Hauser 1928 über die ältesten jüdischen Familien in Kärnten

Mit den Artikeln 2, 4, 6, 14 und 15 des Staatsgrundgesetzes vom 21. Dezember 1867 (R.G.Bl. Nr. 142) über die allgemeinen Rechte der Staatsbürger für die im Reichsrate vertretenen Königreiche und Länder waren auch die persönlichen Beschränkungen der Juden in Kärnten endgültig aufgehoben. Die bürgerlichen und politischen Rechte wurden vom Religionsbekenntnis unabhängig, zugleich war die Glaubensfreiheit uneingeschränkt zugestanden. Damit bildete der nunmehrige liberale Verfassungsstaat tatsächlich die entscheidende Rahmenbedingung für Emanzipation und Aufstieg auch des jüdischen Teiles der Gesamtbevölkerung Österreich-Ungarns.[13] Nach diesem Zeitpunkt begann auch in Kärnten die offene und legale Niederlassung von Juden, wenngleich die wirklichen Neueinwanderer keinesfalls prompt und in großer Masse auftraten. Für die Einwanderer aus Galizien wirkte zwangsläufig Wien ebenso als Filter wie die steirischen Städte.

Die Frage nach dem Beginn der legalen Ansiedlung verliert an Bedeutung, wenn wir die ihr vorangehende Periode der illegalen Präsenz im Lande, wie sie vor allem durch die kleinen Händler und Hausierer, aber auch durch die Getauften gegeben war, berücksichtigen. Sie ist aber auch nicht ganz einfach zu beantworten.

Als problematische Quellen für die frühen Verhältnisse kommen in Frage: Zuerst einmal die Festschrift der Chewra Kadischa (Heilige Gesellschaft), also des israelitischen Leichenbestattungs- und Krankenunterstützungsvereins zu dessen 40jährigem Bestand 1928. Der damalige Rabbiner Ignaz Hauser setzt in seiner geschichtlichen Rückschau die erste Ansiedlung von Juden in Klagenfurt mit dem Jahr 1885 fest und neigt dazu, die erste Ansiedlung mit der Vereinsgründung gleichzusetzen.[14] Es wäre aber unklug, die ältesten Ansiedler unbedingt unter den altverdienten Funktionären der Vereine zu suchen.[14] Eine andere Quelle stellen die Erinnerungen von einstigen Kärntner Juden dar[15], und drittens bleiben angesichts der Unergiebigkeit der Volkszählungen nur die Matrikelbücher der Kärntner Israeliten die Grundlage genauerer Überlegungen.[16] In der bisherigen spärlichen Literatur zum Thema werden samt und sonders Jahreszahlen ohne Beweisführung genannt.[17]

Wenn man aber davon ausgeht, daß die illegale Ansiedlung von jüdischen Hausierern und Krämern in Kärnten neben jener der wenigen Getauften aus Wien und Italien schon nach 1783 einsetzte und im 19. Jahrhundert eine durchwegs steigende Tendenz aufwies, so ergibt sich daraus die Schlußfolgerung, daß nach dem Inkrafttreten des Staatsgrundgesetzes eine mehrfache Entwicklung eintrat: Alte Kärntner Hausierer wurden seßhaft im Sinne des Gesetzes, obwohl sie es eigentlich zuvor schon waren, andere Hausierer blieben weiterhin unstet oder schufen sich einen Lebensschwerpunkt in der Steiermark oder in Krain, und drittens ließen sich echte Neuankömmlinge als Geschäftsleute nieder. Man geht also nicht fehl, wenn man die ältesten Ansiedler in Kärnten auch unter den Hausierern und Getauften, gar nicht mehr identifizierbaren Geschäftsleuten sucht – und nicht nur unter den mit mehr oder weniger Aplomb in Kärnten neu eintreffenden Händlern. Zugleich ergibt sich in dieser Phase logischerweise bei den Hausierern oft der Übergang zum seßhaften Krämer oder eine Mischform beider Erwerbsarten. Manche dieser alten Kärntner Hausierer allerdings, wie etwa Abraham Arnold, gaben – wenn er auch zur Marktfierantie überging – das Hausieren, das ihnen im Blut lag, erst im hohen Alter auf.

Abraham Arnold gab sein Hausierbuch, das ihm noch in Stanislau ausgestellt worden war, erst 1885 an die Behörde zurück, als er schon längst in Klagenfurt wohnte.[18]

Natürlich wäre es zu naiv, einfach aus den Angaben der 1873 einsetzenden

Sterbematrikel unreflektierte Daten abzuleiten, zumal die Matrikel das Jahr der Niederlassung in Kärnten nie angibt und auch sonst die angegebenen Fakten sehr spärlich sind. Auch die Gesichtspunkte für die Angaben wechseln mehrmals. Immerhin aber ist es möglich, mit der Sterbematrikel sozusagen die tiefste Schichte der Entwicklung in Umrissen zu fassen und durch Korrelation mit Daten aus anderen Quellen zu sichereren Angaben zu kommen.

Als älteste jüdische Hausierer in Kärnten lassen sich folgende erfassen: Abraham Arnold, der 1817 geboren wurde; Wolf Deutschmann, der 1842 geboren wurde; Emmanuel Goldmann, dessen Tochter Charlotte um 1870 aus Klagenfurt nach Klattau heiratete; der Hausierer Heinrich Forst, der 1873 schon in Klagenfurt wohnte (Kaserngasse 5) und um 1835 geboren worden sein dürfte.

Ferner sind aufzuzählen: Der Hausierer Samuel Guttman, der um 1860 mit seinem Kollegen, dem Agenten Kohn, schon in Kärnten lebt und dessen Sohn Gabor um 1880 Kohns Tochter heiratet. Zu erwähnen ist auch der Hausierer Abe Hochman, der 1845 geboren wurde – damit ungefähr zur gleichen Zeit wie seine Berufskollegen Moriz Scherz und Heinrich Singer, die beide um 1865 in Klagenfurt seßhaft wurden. Ein anderer Hausierer dieser frühen Zeit war Bernhard Spitz, der um 1830 geboren wurde. Der um 1860 schon in Kärnten lebende Hausierer Peter Stern wiederum wurde 1805 geboren. Sein Sohn Adolf starb im Alter von 45 Jahren 1888 in Klagenfurt. Während bei Peter Stern mit Sicherheit zutrifft, daß er nach der Niederlassung vom Hausierer zum Händler wurde, erscheint es bei einer Reihe von Kärntner Händlern, die bereits recht früh im Lande feststellbar sind, eher wahrscheinlich, daß sie bereits als Händler ins Land gekommen waren, da ihre spätere Berufspraxis eine entsprechend rasche Aufwärtsentwicklung nimmt.

Beispiele für diese Gruppe wären etwa: Abraham Askinazi, Moriz (Moses) Bibring (geb. 1835), sein Bruder Leon Bibring (bis 1887 in Klagenfurt, dann in Knittelfeld), Adolf Freund (geb. um 1845), der aber erst nach 1868 nach Klagenfurt gekommen sein kann, ferner der 1820 geborene Samuel Hellman, sodann der 1817 geborene Moses Hirschenstein, der um 1860 schon in Kärnten war, desgleichen Herman Leib (geboren um 1840, aber möglicherweise erst nach 1882 nach Kärnten gekommen).

Sigmund Kramer, 1818 geboren, verheiratete 1885 einen Sohn mit einer Tochter Hirschensteins. Frühe Ansiedler und Händler waren auch der um 1820 geborene Moriz Neumann sowie der 1823 geborene Samuel Thorsch. Ferner befanden sich um 1875 bereits in Kärnten: Der k. k. Landesgerichtsoffizial Markus Zipper in Klagenfurt, der Arzt Dr. Adolf Fischhof in Emmersdorf bei Pitzelstätten und sein Bruder Simon, der Arzt Dr. Salomon Porges in Gmünd, der Arzt Dr. Franz Weißmann in Kirchbach, die Ärztin Dr. Esther Simon in Sachsenburg, der Zahnarzt Dr. Salomon Hußa in Klagenfurt.

Will man wirklich die Frage nach den ältesten legalen Ansiedlern in Kärnten stellen, so kommen dafür naturgemäß mehrere der Obengenannten in Frage. Dr. Porges war vor 1873 bereits in Gmünd, Bernhard Spitz in Völkermarkt, Samuel Thorsch hat bereits 1858 geheiratet, seine Kinder waren bereits so alt, daß sie in den Geburtsmatrikeln (ab 1874), wie viele andere, nicht mehr aufscheinen, was beim jüngsten Kind Adolf Freunds aber der Fall ist. Peter Sterns Heiratsdatum liegt vermutlich um 1840, was aber über den Zeitpunkt seines Eintreffens in Kärnten nichts Verbindliches aussagt. Samuel

Thorsch, der in späteren Lebensjahren so begütert war, daß er seine Kinder zur Ausbildung nach Wien schicken konnte, dürfte das Vermögen wohl durch lange Arbeit im Lande erworben haben.

Bei den heutigen Nachkommen der Kärntner in Israel besteht keine eindeutige und starke Tradition hinsichtlich der Anfänge ihrer Vorväter. Dezidiert beantwortet wird die Frage nach den ersten legalen Ansiedlern in Kärnten nur in zwei Fällen, wobei bezeichnenderweise Klagenfurter Israeliten genannt werden: Reuwen Kalisch nennt Adolf Freund[19], Lotte Weinreb nennt Moriz Bibring.[20] Von Adolf Freund wissen wir aus der gleichen Quelle, daß er in seiner Wohnung am Alten Platz Hausierer beherbergt und Gottesdienste gehalten hat. Freund war also in dieser Phase des Überganges vom Hausierertum zur legalen Seßhaftigkeit ein entscheidender Kristallisationspunkt. Er kann aber nicht vor 1868 in Klagenfurt gewesen sein, da seine Tochter Lydia in diesem Jahr in Neutra geboren und er dort als wohnhaft verzeichnet wurde.[21] Moriz Bibring hingegen hat 1852 bereits im Alter von 17 Jahren geheiratet, seine fünf Kinder scheinen in den Geburtsmatrikeln Kärntens gar nicht mehr auf. Sehr früh scheint sich neben Samuel Thorsch auch der „Productenhändler" Moriz Neumann in Kärnten niedergelassen zu haben, desgleichen gab es um 1875 in Friesach eine Familie Jonas Neumann.

Vergleicht man die Liste der ältesten faßbaren Hausierer und Händler mit jenen Persönlichkeiten, die an der Bildung der ersten Vereine beteiligt waren, so ergibt sich nur eine teilweise Übereinstimmung. An der Bildung des Kultusvereins sind 1887 Adolf Freund, Moriz Neumanns Sohn Emmanuel Neumann und Moriz Bibring beteiligt, also niemand aus der Gruppe der Hausierer. An der Bildung der Chewra Kadischa im Jahre 1887/88 beteiligten sich Moriz Bibring, Adolf Freund, Emanuel Neumann und Samuel Thorsch. Mittlerweile waren aber schon andere Familienoberhäupter zu diesen frühesten hinzugestoßen, und so wie sie selbst zu den älteren aufsahen, so erschienen auch sie selbst einige Jahre später schon in den Augen der Nachgekommenen als ein Teil jener ehrwürdigen Pioniere, die die Kärntner Tradition und Erfahrung verkörperten. So bildete sich bis ungefähr um 1890 in Klagenfurt eine Gruppe von Familien besonderen Ansehens. Wenn man emporkommen wollte, war es für Neue gut, sich geschäftlich oder privat mit ihnen zu verbinden – am besten durch Einheirat, wenn man angenommen wurde.

1.3. Herkunft und wirtschaftliche Lage

> *„Wirtschaftlich litt keiner an Not, und Reiche waren wenige, und jeder lebte für sich."*
> Lotte Weinreb über die frühen Kärntner Israeliten 1979 in Rehovot

Betrachtet man die Herkunftsorte der feststellbaren frühen Kärntner Israeliten, so ergibt sich folgendes Bild: Abraham Arnold stammte wie Abraham Askinazi und Moriz Bibring aus Stanislau, Wolf Deutschmann aus Lublin, Heinrich Forst und seine Frau kamen aus Groß-Beczkerek in Ungarn, Abe Hochman aus Roznotor im Bezirk Kalucz,

Galizien, Moriz Scherz wie seine Frau aus Uragna im Bezirk Pisino in Istrien, Heinrich Singer aus Denitz in Böhmen, Bernhard Spitz aus Döllitschau und Peter Stern aus Altstadt, ebenfalls beide Orte in Böhmen. Desgleichen stammte Adolf Freund aus Neutra, Samuel Hellman aber war aus Antenhausen in Bayern, Leib Herman aus Kolomea, Moses Hirschenstein aus Warasdin, Sigmund Kramer desgleichen aus Acza in Ungarn, Samuel Neumann aus Miskowitz im Bezirk Tabor in Böhmen, Samuel Thorsch aus Brandeis in Böhmen, Dr. Salomon Porges aus Neuern in Böhmen, Dr. Adolf Fischhof und sein bei ihm lebender Bruder Simon sind in Ofen gebürtig, aber eher als Wiener anzusprechen, Markus Zipper ist in Großwardein gebürtig, von den andern läßt sich der Geburtsort nicht mit Sicherheit feststellen.

Die Zusammenfassung ergibt also ein vielfältiges, aber auch vielsagendes Bild: Aus dem Bereich Galizien–Bukowina stammen sieben Männer, aus dem Bereich Böhmen/ Mähren sechs, aus Ungarn fünf, zwei aus Wien, einer aus Deutschland, einer aus Italien (Küstenland). Hinsichtlich der Berufszugehörigkeit werden elf als Hausierer ausgewiesen, wobei diese Bezeichnung nur in einigen Fällen später durch die Bezeichnung „Handelsmann" oder „Marktfierant" ergänzt wird. Auf Askinazi, Bibring, Hellman, Herman, Hirschenstein und Kramer trifft die vage Bezeichnung „Kaufmann" zu, die nur selten durch „Krämer" ersetzt ist. Freund erscheint als „Geschäftsmann", ein anderes Mal wieder als „Handelsagent"; Thorsch war Getreidehändler, wird dann später als „Militärlieferant" bezeichnet, weil er Heu und Stroh an die Truppe lieferte; Zipper wird stets als Beamter bezeichnet; bei den Ärzten ist der Beruf eindeutig.[22] Es wird später dann mehrmals die Frage zu stellen sein, ob dieses Grundmuster der Herkunft und beruflichen Streuung variiert oder grundsätzlich ein anderes wird.

Es wäre zweifellos angenehm, könnte man die Persönlichkeit des bekannten liberalen Politikers Dr. Adolf Fischhof in unmittelbaren Zusammenhang mit der legalen Niederlassung der Juden in Kärnten bringen, ja ihn vielleicht gar als deren Urheber sehen. Dafür fehlen aber die Beweise.

Adolf Fischhof wurde in Ofen geboren. Die Angabe des Geburtsdatums durch seinen Biographen Richard Charmatz[23] (8. Dezember 1816) differiert interessanterweise um elf Jahre mit der Angabe in den Sterbematrikeln (1907) oder älteren Lexika. Der Vater Fischhofs kam aus der jüdischen Gemeinde in Eibenschitz in Mähren. Der junge Adolf Fischhof besuchte das Piaristen-Gymnasium in Pest und ging 1836 nach Wien, um unter Entbehrungen Medizin zu studieren. 1846 erhielt er die Stelle eines Sekundararztes im k. k. allgemeinen Krankenhause in Wien. Ohne zuvor jemals in politischer Hinsicht außerhalb von Studentenkreisen hervorgetreten zu sein, war er es, der am 12. März 1848 im Hof des niederösterreichischen Landhauses jene revolutionäre Rede hielt, mit der angesichts der Ständeversammlung die Ereignisse in Gang gebracht wurden. Fischhof war stets ein Mann der liberalen Freiheiten, aber auch der Mäßigung und der Zusammenarbeit aller Völker des Habsburgerreiches. Sein politischer Aufstieg führte ihn dann 1848 steil nach oben in entscheidene Positionen: Er wurde Vorsitzender des Sicherheitsausschusses und schließlich Abgeordneter zum Reichstag. Seine gemäßigte Haltung zeigte sich im Widerstand gegen die Ermordung Latours und in der Rettung Doblhoffs der Öffentlichkeit besonders deutlich. Nach der Flucht des Kaisers wurde Fischhof Präsident der Permanenzkommission des Reichstages und arbeitete dann in

Kremsier entscheidend im Verfassungsausschuß an den grundlegenden Regelungen liberaler, aber auch gesamtösterreichischer Art.

Nach der Sprengung des Reichstages weigerte sich Fischhof zu fliehen, wurde deshalb verhaftet und schließlich nach Wien transportiert, wo er als Hochverräter in Untersuchungshaft blieb, schließlich aber doch enthaftet und freigesprochen wurde. Vor allem im Zusammenhang mit der Lösung der ungarischen Frage und der Dezemberverfassung trachtete Fischhof in den sechziger Jahren wieder in die Öffentlichkeit zu treten. Mit Fragen des Judentums im Habsburgerreich aber hatte sich Fischhof in für seine Position typischer Weise beschäftigt. Zwar zielte im Revolutionsjahr 1848 sein Eintreten für die Aufhebung aller an das Glaubensbekenntnis geknüpften politischen Beschränkungen auch auf die Gleichberechtigung der Juden, aber nicht nur darauf, sondern es war viel allgemeiner und umfassender gemeint. Allerdings sah Fischhof das Problem der Juden im Habsburgerreich zweifellos weniger oberflächlich als viele andere. Er wußte nur zu gut, daß die rechtliche Gleichstellung allein nicht entscheidend war, sondern erst eine Verbesserung der wirtschaftlichen und sozialen Verhältnisse vor allem in den östlichen Kronländern dies sein konnte.

Als Fischhof in seiner Eigenschaft als Ministerialrat des Innenministeriums im Herbst 1848 beauftragt wurde, wegen der sich ausbreitenden Cholera eine Inspektionsreise nach Galizien, Böhmen und Mähren zu unternehmen, erkannte er in Galizien mit großer Schärfe die sich ständig verschlechternde Situation des jüdischen Kleingewerbes und Kleinhandels, dem angesichts von Bevölkerungszunahme und permanenter Krise des vorwiegend polnischen Großgrundbesitzes aus der Vermittlertätigkeit zwischen Landwirtschaft und Stadtbevölkerung nicht mehr genug zum Leben blieb. Fischhof meinte die Situation mit der stärkeren Integration von Juden in der Landwirtschaft bessern zu können. Er selbst entwarf 1851 das Statut für einen „Israelitischen Ackerbauverein in Galizien" und trachtete Gelder dafür aufzutreiben.

Der landwirtschaftliche und genossenschaftliche Aspekt ist dabei kaum so stark herausgearbeitet, daß man einen Vergleich mit einem Kibbuz unternehmen sollte, andererseits konzipierte Fischhof die Kolonie zugleich als Kultusgemeinde und als öffentlich-rechtliche Körperschaft, die gerade dadurch der Stärkung der Anliegen einer jüdischen Nationalität in der Donaumonarchie dienen könne, eine eigentlich religiöse Komponente tritt aber gegenüber der rein pragmatisch-politischen zurück. Auch in seiner Schrift „Österreich und die Bürgschaften seines Bestandes" unternimmt Fischhof zwar zweifellos einen glänzenden visionären Entwurf eines konsequent föderalistisch erneuerten Österreich, in dem die einzelnen Nationalitäten in einem Klima der autonomen Gleichberechtigung leben sollten, doch im wesentlichen sollte dies auch für die Juden eine politische, kaum religiöse Erneuerung bringen. Mag sein, daß er später mit den Juden Kärntens kaum stärkeren Kontakt hielt, weil er ihnen seiner politischen Aktivitäten wegen eher geschadet hätte, mit Adolf Freund jedenfalls wechselte er hebräische Briefe.[24]

Anfang der siebziger Jahre verschlechterte sich Fischhofs Gesundheitszustand so stark, daß er beträchtliche Zeit an der italienischen Riviera verbringen mußte, ja er schämte sich sogar, in seinem kranken Zustand jemals wieder nach Wien zurückzukehren.[25] Beim großen Wiener Börsenkrach des Jahres 1873 verlor er sein Vermögen, das er wie viele zum größten Teil bei der Waidhofener Forstindustriegesellschaft investiert hatte. Nach diesem Schicksalsschlag hielt sich Fischhof längere Zeit in Nervi auf und verbrachte dann auf der Rückreise nach Wien längere Zeit auf Schloß Pitzelstätten bei Klagenfurt, das der ihm schon lange bekannten Wiener Familie Strasser gehörte. Anschließend blieb Fischhof ein halbes Jahr bei seinem älteren Bruder in Perchtoldsdorf, um im Frühjahr 1875 wieder nach Kärnten zurückzukehren. Er nahm Wohnung in dem kleinen Anwesen „Koglhof" in Emmersdorf, das er bei seinem Aufenthalt im nahen Pitzelstätten kennengelernt hatte. Der „Koglhof" mit seiner schönen Lage und seiner schönen Einrichtung bewirkten, daß ihn die Armut nicht so bedrückte, wie dies anderswo der Fall gewesen wäre. „Die Einsamkeit, die mir sonst höchst peinlich gewesen wäre", schrieb er, „affiziert mich jetzt weniger, da es mir an Anregung von außen nicht fehlt. Nur, daß ich ganz ohne Fühlung mit dem Leserpublikum bin, trifft mich schwer."[26]

Wirkens- und Lebensweise Fischhofs bewogen seinen Biographen, ihn den „Weisen von Emmersdorf" zu nennen, doch das weitere politische Denken und Wirken Fischhofs beschäftigt sich kaum mit speziellen Fragen des österreichischen Judentums oder etwa mit den Israeliten Kärntens und anderer Regionen und deren Situation. Auch diesbezügliche engere Kontakte sind außer zum Besitztum Strasser in Pitzelstätten und zu Adolf Freund in Klagenfurt nicht feststellbar. Der von Fischhof mehrmals erwähnte Siegmund Singer kann wohl kaum aus der Familie des Klagenfurters Heinrich Singer stammen, der 1877 noch als Hausierer bezeichnet wird[27], sondern aus einer gleichnamigen Wiener Familie.

Hatte der unverheiratete Fischhof aus gänzlich privaten Gründen Kärnten als Aufenthaltsort gewählt, so war auch in den folgenden Jahren seine Distanz zu den Kärntner Israeliten eine beträchtliche, wenngleich er für die Menschen, die zu ihm kamen, als Arzt tätig war, ohne dafür jemals Geld zu nehmen. Auf dem Höhepunkt der Krise der österreichischen Deutschliberalen suchte Fischhof noch einmal direkt in das politische Tagesgeschehen einzugreifen und gegen den diskreditierten Dualismus für die Realisierung eines konsequenten Föderalismus im Habsburgerreich einzutreten. Am 31. Oktober 1878 trafen einander im „Koglhof" Michael Etienne, der damalige Chefredakteur der „Neuen Freien Presse", als Sprecher der Deutschliberalen, und Dr. Franz Ladislaus Rieger als Sprecher der tschechischen Liberalen im Beisein von Alexander Scharf, dem Herausgeber der „Wiener Sonn- und Montagszeitung" und Fischhof zu einem Verständigungsgespräch, als dessen Ergebnis das sogenannte „Emmersdorfer Memorandum" in die Geschichte der österreichischen Innenpolitik eingegangen ist. Gemeinsames Bekenntnis verschiedener liberal orientierter Parteien zu einem Föderalismus der nationalen Gleichberechtigung sollte die Vorstufe zu folgenden Verfassungsmaßnahmen sein. In der ersten Hälfte der achtziger Jahre beschäftigte sich Fischhof zunehmend auch mit der heiklen Frage des Sprachenrechtes, die ihn auch in den folgenden Jahren noch im Zusammenhang mit dem Schulwesen sehr interessieren sollte.

Zugleich aber bewegte sich sein politisches Denken und Wirken in diesen Jahren auch auf einer anderen Ebene, nämlich jener der Parteierneuerungen zum Nutzen der Deutschliberalen. Auch in dieser entscheidenden und krisenhaften Phase der österreichischen Innenpolitik findet sich die Spur Fischhofs, als es um die Gründung einer neuen deutschliberal orientierten Mittelpartei mit dem Namen „Deutsche Volkspartei" ging, der 1882 in Wien schon in ihrer Entstehungsphase durch Deutschliberale und Deutschnationale der Untergang bereitet wurde. Daran änderte nichts, daß Fischhof die Gründung dieser Partei unter der Mitarbeit von Graf Wurmbrand und Freiherr von Walterskirchen, mit denen er viel persönlichen Umgang pflegte, auch in Emmersdorf versuchte.

Die Interessenrichtungen und Schaffensschwerpunkte von Fischhof sind damit wohl deutlich dargelegt. Nirgends findet sich nach außen hin ein sonderliches Interesse gerade für die Kärntner Juden. Unter den Antragstellern, die 1887 beim Präsidium der k. k. Landesregierung unter der Führung von Adolf Freund den „Israelitischen Kultusverein" anmeldeten, scheint Fischhof überhaupt nicht auf, auch unter den Antragstellern für die beabsichtigte Gründung der Kultusgemeinde im Jahre 1890 fehlt Fischhof, ja er kommt nicht einmal in Freunds Aufzählung der Juden vor. Ebenso existiert er für die Bezirkshauptmannschaft Klagenfurt bei ihren Erhebungen über die in Kärnten lebenden Juden nicht. Erst als Freund für die Chewra Kadischa nicht die erforderliche Mindestanzahl von Mitgliedern fand, trat er an zusätzliche Persönlichkeiten um ihr Einverständnis heran, und Adolf wie auch Simon Fischhof ließen sich neben einigen Wiener Herren aus Freundlichkeit auf die diesbezügliche Liste setzen, wofür beispielsweise niemand aus der Familie Strasser oder gar Dr. Salomon Porges seine Zustimmung gab. Daß Fischhof 1928 in der Festschrift der Klagenfurter Chewra Kadischa als deren prominentestes Aushängeschild verwendet wurde, und zwar eben lange Zeit nach den erwähnten Ereignissen, steht auf einem anderen Blatt. Es ist also nicht möglich, die alte These von der entscheidenden Bedeutung Fischhofs für die Entwicklung der Kärntner Judenschaft, ja seine Mitbegründung der genannten Vereine, aufrechtzuerhalten.[28] Erst als er nach seinem 1893 in Emmersdorf erfolgten Tod nach Wien überführt und in einem Ehrengrab der Stadt Wien im katholischen Teil des Zentralfriedhofes beigesetzt wurde, entzündete sich die Diskussion über sein Judentum. Adolf Freund, der damals schon in Preßburg war, legte dabei die hebräisch geschriebenen Briefe Fischhofs an ihn vor, und eine Preßburger Zeitung engagierte sich nachdrücklich für die Verlegung des Grabes. Demgegenüber betonte man im Wiener Gemeinderat, Fischhof sei völlig assimiliert gewesen. Es kam dann zu dem Kompromiß, das Grab im katholischen Teil beim zweiten Tor zu lassen, aber den Stein mit einer hebräischen Inschrift zu versehen.[29]

Adolf Fischhofs Bruder Simon lebte bis 1899 noch allein in Emmersdorf, wurde dann aber nach seinem Tode auch in Wien beigesetzt.[30]

Überblickt man die Verhältnisse der frühen Kärntner Juden, so ergibt sich hinsichtlich der Herkunft ein eher ausgewogenes Verhältnis zwischen Einwanderern aus Böhmen und solchen aus Galizien. Andererseits ist der Zuzug aus dem italienischen Raum viel geringer, als angenommen wurde.[31] 1853 hat ein gewisser Ferdinand Spieß aus Triest das Haus Wiener Gasse 2 gekauft, es dann verkauft, wieder zurückgekauft und 1894 endgültig an Adolf Preis weiterverkauft. Die geringe italienische Einwanderung hat sich ja überhaupt zum Großteil durch kaum greifbare getaufte Juden vollzogen. Schon gar nicht sind die Kärntner Juden vor dem Ersten Weltkrieg nur aus Böhmen und Ungarn, mit Beginn des Krieges aus Galizien gekommen, wie es der letzte Kärntner Landesrabbiner, Dr. Josef Babad, formulierte, der nach 1940 Professor für Bibelauslegung und Dekan des hebräisch-theologischen Colleges in Chikago wurde.[32]

Hinsichtlich der beruflichen Zugehörigkeit ist auffallend, daß bei vielen die

Hausierertätigkeit mit der Niederlassung nicht eindeutig aufhört, die Krämer andererseits gleichsam die alte berufliche Funktion zu erfüllen trachteten wie in ihren Heimatländern, was eigentlich auch noch für den Getreidehändler Thorsch zutrifft. Es sind also auch die Zuwanderer aus dem böhmischen Raum – und zwar dem kleinstädtischen böhmischen Bereich – noch nicht in jene Weiterentwicklung hin zu moderneren Berufstätigkeiten eingetreten, wie sie für andere böhmische Israeliten oft charakteristisch erscheint. Zippers Familie dürfte aus Böhmen zuvor nach Ungarn gewandert sein, bei ihm und den unerwartet vielen Ärzten ist die vom Vater auf den Sohn erfolgte Höherentwicklung auch für Kärnten nicht untypisch.

Bezüglich der Verteilung in Kärnten ergibt sich zweifellos eine gewisse „Kopflastigkeit"[34] dadurch, daß der größte Teil der Hausierer und Krämer sich in der Landeshauptstadt niederließ – sie wird aber in augenfälliger Weise durchbrochen von den Ärzten.

Gerade diese standen Klagenfurter jüdischen Aktivitäten distanziert oder uninteressiert gegenüber. Es wäre also verfehlt, zu sagen, daß nur die räumliche Entfernung – große Reiseschwierigkeiten waren damals ja nicht mehr gegeben –, die nicht in Klagenfurt lebenden Juden von der Landeshauptstadt auf Distanz hielt. Sie wollten auch gar nicht mitmachen, was auch ihren höheren Grad an Assimilationsbereitschaft ausdrückt.

Es sind also auch Israeliten höherer sozialer Rangordnung in beträchtlichem Ausmaß bereits in dieser frühen Entwicklungsphase in Kärnten feststellbar, ja man könnte auch schon einen Gutsbesitzer neben den Ärzten dazurechnen. Das noch vor kurzem entworfene Bild von den extrem armen und fast ausschließlich der Unterschicht angehörenden Juden Kärntens stimmt also von Anfang an nicht, auf keinen Fall gab es bis zum Ende der Monarchie neben Dr. Fischhof nur einen einzigen jüdischen Arzt in Kärnten (und schon gar keinen Beamten).[35] Desgleichen ist die Meinung, daß die Zuwanderung zuerst nur in die Zentralorte der Steiermark und Kärntens erfolgte, nicht stichhältig.

2. Anfänge eines gesellschaftlichen Bewußtseins

2.1. Zunehmende Differenzierungen unter den Kärntner Juden

> *„Andererseits wird eine zu große Ausdehnung der Kultusgemeindesprengel bei dem natürlichen Hang der israelitischen Glaubensgenossen zum Separatismus gewiß nicht den berechtigten Wünschen der israelitischen Bevölkerung entsprechen . . ."*
>
> Der Kultusminister im Mai 1890 an den Landespräsidenten für Kärnten

In den achtziger Jahren verstärkte sich die Zuwanderung von Juden nach Kärnten, und eine ganze Reihe von Familien, die damals ansässig wurden, bestimmten über mehrere Jahrzehnte hinweg das Bild der Kärntner oder zumindest der Klagenfurter Judenschaft. Zugleich darf aber nicht übersehen werden, daß auch schon in dieser frühen Zeit eine Tendenz zum Weiterwandern oder Abwandern vorhanden war. Folgende neue Familien treten nun in Erscheinung:[1]

Neben Abraham Arnolds Sohn Berl (Bernhard) Arnold begegnet man nun auch dem zweiten Sohn Jakob Arnold, der 1890 ebenfalls schon verheiratet war. Die Arnold-Sippe hatte aber angesichts der Sorge ums tägliche Brot kaum Zeit, sich um andere Dinge zu kümmern. Moriz Bibring hatte einen Bruder Leon (Leonhard) Bibring, der ebenfalls aus Stanislau stammte und nach Knittelfeld gezogen war. 1887 ist er dann in Klagenfurt zu finden. Wahrscheinlich war es seine Tochter Perl, die 1881 noch in Uscie-Zcilove bei Stanislau geboren worden war, vielleicht aber handelte es sich auch um eine Nichte aus der Heimat.

Neu ist auch die Familie Bonyhadi in Klagenfurt. Daniel Bonyhadi, der als Lederhändler tätig war, kam im Laufe des Jahres 1887 in die Landeshauptstadt. In diesem Jahr wohnte er in der Kaserngasse (später Karfreitstraße). Sein ältester Sohn Edgar kam dort schon 1888 zur Welt.

Jakob Fellner ließ sich im Haus Kardinalplatz 5 nieder und war weiterhin als Hausierer tätig. Er stammte aus Mattersdorf, kam aber in näheren Kontakt zu vielen anderen Klagenfurter Familien, da er für sie auch als Schächter tätig war. Fellner wurde 1836 in Mattersdorf geboren und starb noch vor der Jahrhundertwende in Klagenfurt. Für die reicheren Israeliten war er aus dem oben genannten Grund wichtig, zugleich spielte er deshalb auch eine Rolle in ihren Bestrebungen nach der Gründung einer eigenen Gemeinde.

Moriz Hofman (später schrieb er sich Hoffman oder Hofmann) kam als kleiner Krämer spätestens 1885 aus Lackenbach in Westungarn – das Burgenland bestand noch nicht – nach Klagenfurt und wohnte in der Bahnhofstraße 10, dann am Kardinalplatz 2. Er selbst bezeichnete sich einmal als Weißwarenhändler, in einer behördlichen Liste von 1890 wird sein Betrieb einfach als „Pfaidlerei" geführt. Seine Schwester Regina Hofman, die 1855 in Lackenbach geboren wurde, kam ihm nach und betrieb 1890 ebenfalls eine Krämerei in Klagenfurt, 1889 war sie nur mehr als Marktfierantin tätig.

Sigmund (Moriz) Klinger stammte aus Szevnicz in Ungarn. Er dürfte erst 1888 oder 1889 nach Klagenfurt gekommen sein und war zuerst in der Burggasse 21 zu finden, wo er den Kleiderhandel versuchte und schließlich damit auch Erfolg hatte. Nichts Näheres bekannt ist über einen gewissen Ignaz Kronberger, der lediglich von Adolf Freund unter die Gründungsmitglieder der Chewra Kadischa gezogen wurde. Seine Schwester Clotilde heiratete Daniel Bonyhadi.

Markus (Max) Preis kam aus Kobersdorf und etablierte sich in Klagenfurt mit Erfolg als Möbelhändler zuerst in der Fröhlichgasse (später 8.-Mai-Straße), dann in der Pernhartgasse 3. Er gehörte 1887 schon zu der direkten Schar um Adolf Freund. Nicht ganz zu ihr gehörte in dieser Zeit der in seinen ersten Klagenfurter Jahren durch seinen beruflichen Aufstieg noch besonders engagierte junge Adolf Preis (einmal fälschlich Arnold), der auch in der behördlichen Liste von 1890 als „ledig" geführt wird, hat doch der 1859 in Schwarzenbach in Niederösterreich geborene Adolf Preis, der dann nach Linz kam, noch als Lediger seit 1887 in der St. Veiter Vorstadt (später Wodleystraße = die spätere St. Veiter Straße zwischen Heuplatz und Ring) seinen Konfektionsbetrieb aufgebaut, um dann erst 1892 in Linz Hermine Mautner zu heiraten und nach Klagenfurt zu bringen. Nachkommen von Adolf Preis gehören zu den letzten noch in Kärnten lebenden Mitgliedern der israelitischen Gemeinde im Lande.

1887 kam auch der Lederhändler Max Stössl aus Bruck an der Mur (er stammt aus Lackenbach) nach Klagenfurt. Bei der in der Öffentlichkeit stärker in Erscheinung tretenden Klagenfurter Gruppe war er dann über viele Jahrzehnte die führende Persönlichkeit.

Von anderen Juden dieser Zeit, die nicht in Zusammenhang mit den ersten Vereinsgründungen traten, wissen wir ebenfalls einiges: Zwischen 1887 und 1890 kam Elias Lilian aus Stanislau – vermutlich über einige Zwischenstationen – nach Kärnten, um sich in Klagenfurt als Marktfierant niederzulassen. 1890 wird hier sein erstes Kind geboren.

Gegen 1890 kam aus Schlaining in Westungarn der Händler Moriz Klein nach Klagenfurt, dessen Unternehmen behördlich dann wie jenes Hoffmans als „Pfaidlerei" eingestuft wurde. Der ältere Sohn ging später nach Knittelfeld, der jüngere nach Wolfsberg, beide wurden Kaufleute. Zur gleichen Zeit lebte in Klagenfurt auch ein Kleiderhändler Julius Koch mit Frau und vier Kindern, der nur der Behörde bekannt war, von dem Adolf Freund aber nichts wußte oder der von Adolf Freund nichts wissen wollte. Auch der mosaische Getreidehändler Anton Kövesdi, der um 1890 mit Frau und zwei Kindern in Klagenfurt lebte, war Freund unbekannt, wohl aber wußte er von einem Tuchwarenhändler Hermann Wolf, der seit vielen Jahren in Klagenfurt wohnte, wogegen seine Familie in Ungarn geblieben war. Auch der Beamte der k. k. Landesregierung Leo Pines (Frau und ein Kind) und der Papierhändler A. Perlhefter waren Freund unbekannt. Zwischen Freund und dem neuankommenden Agenten und Geschäftsreisenden Salomon Scholten hingegen entwickelte sich 1890 rasch Kontakt.

In der uns schon bekannten Familie Peter Sterns hatte es Veränderungen gegeben: sein Sohn Adolf starb 1888, er selbst ein Jahr später, Adolfs Witwe Anna und ihre

Schwiegermutter kümmerten sich gemeinsam um Adolfs drei Kinder. Moriz Bibrings Sohn Veit war 1892 schon Krämer in der Spitalgasse 10. Dem Kreis um Freund fern blieb auch der Kaufmann Isidor Strassberger aus Slawonien in der Bahnhofstraße 6, dessen älteste Tochter Ella schon 1882 in Klagenfurt geboren worden war.

Die Veränderungen außerhalb Klagenfurts sind schwerer greifbar, da dort der Anpassungswille der Juden größer war, sie sich des öfteren gar nicht deklarierten und so auch der Behörde weniger bekannt wurden. Dr. Salomon Porges war inzwischen als k. k. Bezirksarzt nach Spittal übersiedelt. In Villach finden wir 1890 einen Samuel Mahler und einen Adolf Wrießmayer, der erstere aus Brandeis, der letztere aus Kallady in Ungarn; in Bleiburg lebte der Verzehrssteueragent Philipp Pollak mit Frau und drei Kindern, der später seines Berufes wegen oft den Wohnsitz wechseln mußte; in Kühnsdorf wohnte ein gewisser Siegmund Winternitz aus Raubowitz in Böhmen, in Wolfsberg als Bediensteter der Staatsbahnen ein Moriz Monschein aus Lackenbach und in St. Paul der Holzagent Edmund Hirschler aus Nagy Kanisza. Daß damit aber auch der Behörde nur ein Teil der in Kärnten lebenden Israeliten bekannt war, wird sich zeigen.

Analysiert man die Herkunft und die Berufszugehörigkeit der Neuankömmlinge, so ist für diese Entwicklungsphase um 1888 das sehr starke Eindringen von Ansiedlern aus den traditionsreichen alten Orten des damaligen Westungarn charakteristisch, das schon bei einem kurzen Überblick über die Periode zwischen 1887 und 1918 bemerkbar ist.[2] Für die engeren Jahre um 1888 ist es aber nicht nur charakteristisch, sondern es tritt beinahe mit völliger Ausschließlichkeit auf. Neben der Zuwanderung aus diesen traditionsreichen alten Orten, wie Lackenbach, Mattersdorf, Kobersdorf, Schlaining gibt es nur eine einzige feststellbare Zuwanderung aus Galizien, eine aus Slawonien und eine solche aus Böhmen, die eigentlich eine Rückwanderung ist. Ansiedlungen aus dem oberitalienischen Raum treten, wie wir später noch genauer verstehen werden, überhaupt nicht auf. Man kommt daher in der Tat nicht um die Überlegung herum, daß die 1496 durchgeführte Vertreibung der Kärntner Juden, die viele von ihnen in westungarische Orte geführt hatte, nun den anderen Pendelschlag zurück nach Kärnten ausgeführt hätte, so als ob ein kollektives Unterbewußtsein über Jahrhunderte hinweg die „Nachfahren" jener Leute von 1496 in die einstige steirische und Kärntner Heimat zurückgeführt hätte, die bei entsprechendem Auswanderungsbedürfnis, wie es die soziale Lage in Westungarn wohl bot, allerdings auch geographisch recht „naheliegend" war. Zugleich richtete sich der Andrang damals ja auch besonders stark nach Wien. Ein Namensvergleich zwischen den Kärntner Juden von 1496 und jenen Glaubensbrüdern des 19. Jahrhunderts ist nicht möglich, war ja die Namengebung seit den Tagen des Josephinismus im modernen Sinne geregelt. Schon durch das kaiserliche Patent vom 23. Juli 1787 war auch den Juden vorgeschrieben, daß jeder Hausvater für seine Familie einen Geschlechtsnamen und jede einzelne Person einen deutschen Vornamen verwenden mußte, der lebenslang nicht geändert werden sollte. Zugleich wurden auch die Namen aus der jüdischen Sprache verboten.[3] Bei den aus Galizien und der Bukowina nach dem Westen ziehenden Juden wurden aber diese Vorschriften, vor allem was die Vornamen betraf, noch bis über 1914 hinaus nicht immer eingehalten, und zusätzliche Verwirrung bei den Namen stiftete es noch, daß viele jüdische Ehepaare lange Zeit nur nach jüdischem Ritus miteinander verheiratet waren.

Bezüglich der beruflichen Strukturierung der Einwanderer um 1888 ändert sich das Bild nicht wesentlich: Die Krämer mit Kurzwaren und Kleidern überwiegen, zugleich auch typische Berufe, die zwischen dem agrarischen Produktionsbereich und dem städtischen Konsumentenbereich vermitteln: Hierzu gehören die Lederhändler Bonyhadi und Stössl genauso wie der Getreidehändler Kövesdi, der sich in eine Reihe stellt mit den Produktenhändlern Moriz Neumann und Samuel Thorsch. An gehobeneren Professionen der weiterentwickelten städtischen Welt begegnen wir noch dem Möbelhändler und dem Papierhändler, auch zwei Beamte fehlen nicht, die Söhne Dr. Hußas befinden sich zu diesem Zeitpunkt noch in Ausbildung, doch jener Dr. Bernhard Kramer, der sich um 1896 in Kirchbach im Gailtal etabliert, kann kein Sohn Sigmund Kramers aus Klagenfurt sein. Er muß seinem Heiratsdatum entsprechend spätestens um 1873 geboren sein, Sigmund Kramer hat aber erst 1885 geheiratet.

Billigerweise müßte auch von den Frauen dieser Männer die Rede sein. Ihnen kam zweifellos bei Ansiedlung und beruflichem Wurzelfassen die größere und schwerere Belastung zu. Diese ergab sich aber nicht nur daraus, daß in der Regel in den Betrieben der „Aufsteiger" zumindest für eine bestimmte Entwicklungsperiode die Frauen ununterbrochen hart mitarbeiteten.[4] Dazu aber kamen noch die schweren zusätzlichen Belastungen der Frauen durch den außerordentlich großen Kinderreichtum vieler Familien und durch den die Hausfrau besonders belastenden häufigen Wohnungswechsel, der an vielen Beispielen belegt ist.

Leon Bibring aus Stanislau hatte eine gewisse Kathi Salz aus Mattersdorf geheiratet, Daniel Bonyhadi aus Lackenbach noch in Lackenbach eine Schwester Clotilde jenes Ignaz Kronberger, der unter den ersten Gründern der Chewra Kadischa aufscheint und der deshalb als jüngerer Bruder seiner Schwester nach Klagenfurt gefolgt sein dürfte. Jakob Fellner aus Mattersdorf hatte eine Fanny Geier aus dem nahen Kiryolez geehelicht, Moriz Hoffman aus Lackenbach eine Antonia Grünhut aus Kuklow in Ungarn, die 1887 in Klagenfurt im Alter von 32 Jahren an Bauchfellentzündung und Erschöpfung starb. Hoffmans zweite Frau Johanna Stöhr stammte ebenfalls aus Kuklow wie die erste. Ihre Schwester Mathilde heiratete dann Sigmund Klinger. Markus Preis aus Kobersdorf hatte auf der Zwischenstation seines beruflichen Werdeganges in Graz Fanny Kadisch geheiratet. Adolf Preis, dessen Eltern auch noch aus Kobersdorf stammten, hatte sich nach seiner Etablierung in Klagenfurt erst seine Frau Hermine aus der angesehenen Familie Mautner in Linz geholt. Max Stössl aus Lackenbach hatte in Lackenbach Jenny Ullmann geheiratet, die 1904 nach sechs Geburten in Klagenfurt starb. Stössls zweite Frau war Rosa Herman, eine Tochter des schon lange in Villach ansässigen Leib Herman. Moriz Klein aus Schlaining hatte eine Leni Rosenberger aus Schlaining geehelicht, sein Sohn Leopold heiratete dann Anna Zipper, eine der Töchter des Landesgerichtsbeamten gleichen Namens in Klagenfurt. Auch Isidor Straßberger hatte seine Frau Victoria Müller vor der Niederlassung in Klagenfurt geheiratet, Philipp Pollak, der selbst aus Stampfen in Ungarn stammte, hatte Kathi Eisinger aus Kostel in Mähren geheiratet. Vergleicht man das Todesjahr der Männer mit jenem der Frauen, so liegt die mittlere Lebensdauer der Frauen im arithmetischen Durchschnitt um 6,8 Jahre unter dem der Männer.

Die Herkunft der Frauen unterstreicht, wie zu sehen ist, noch den Trend aus den westungarischen Orten. In 79 Prozent der betrachteten Fälle haben die Auswanderer dieser frühen Phase noch in der Heimat geheiratet, in wenigen Fällen auf Zwischenstationen ihrer Wanderungen. Soweit die lückenhaften Matrikel einen solchen Schluß zulassen, verstrich aber zwischen Eheschließung und endgültiger oder zumindest als endgültig erhoffter Niederlassung stets nur eine Zeit von wenigen Jahren. Die Niederlassung wurde in praktisch allen Fällen von Mann und Frau gemeinsam bewältigt.

Eine eher selbständige Rolle spielten nur wenige Frauen. Eine Tochter Charlotte aus der alten Klagenfurter Familie Emanuel Goldmanns war nach Klattau in Böhmen geholt worden, wo sie einen gewissen Adam Fleischmann geheiratet hatte. 1878 war dort beider Sohn David Fleischmann geboren worden, doch 1890 zog Charlotte Fleischmann, geborene Goldmann, mit dem Kind wieder in ihre Vaterstadt zurück, wogegen Adam Fleischmann bis zu seinem Tod von ihr getrennt (1905) in Klattau blieb.

Für die Trennung dürften wohl eher persönliche Interessen als wirtschaftliche Pflichten maßgebend gewesen sein. Man erfährt jedenfalls nichts über eine Firma in Klattau, die nach Klagenfurt geliefert hätte. Jener Sohn David aber begründete dann 1905 nicht zuletzt durch seine Einheirat in die Familie Stössl den Aufstieg der Firma Fleischmann.

Emanuel Neumann hatte sich mit Hilfe seiner Frau Mathilde Taussig, die als eigentliche Besitzerin aufscheint, schon 1899 in der Klagenfurter Innenstadt angekauft, sein Vater Moriz aber blieb mit seiner lange Jahre schwerkranken Tochter Caroline (also einer Schwester Emanuels) in Obergoritschitzen und starb im gleichen Jahr wie sie, nämlich 1900.

Auch im beruflichen Bereich fehlt es nicht an Beispielen: So kümmerte sich nach dem Tod Adolf Sterns 1888 dessen Mutter um die drei Enkelkinder, obschon sie ein Jahr später selbst Witwe wurde, und ihre Schwiegertochter, die verwitwete Anna Stern, arbeitete als Modistin und beschäftigte sich mit den damals noch sensationell neuen Strickmaschinen. Regina Hoffman war ihrem Bruder Moriz aus Lackenbach nach Klagenfurt gefolgt, betrieb dort 1890 eine Krämerei, sank wenige Jahre später aber zur Marktfierantin herab. Eine wirkliche berufliche Emanzipation – auch diese ausschließlich im Bereich der Selbständigen – beginnt bei den Frauen aber erst um die Jahrhundertwende, wie noch zu sehen sein wird.

Überblickt man die Geschicke dieser vielen Menschen, die auch im Kärnten der achtziger Jahre neben Deutschsprachigen, Krainern, Flitschern, Furlanern, Kroaten und Böhmen, Ungarn und Sudetenländern viel zur bunten Völkerpalette des alten Österreich beitrugen, so zeichnet sich in Klagenfurt deutlich eine Gruppe von Familien ab, die zählte: Einerseits durch die Dauer ihrer Anwesenheit, andererseits durch ihren wirtschaftlichen Erfolg, drittens aber auch durch ihr Ansehen bei den Nichtjuden und ihre öffentlichen Aktivitäten. Ohne vollständig oder ungerecht sein zu wollen, kann man zu dieser Gruppe von quasi „Patriziern" etwa die Familien Bibring (beide), Bonyhadi, Freund (nur für die Zeit der nicht mehr langen Anwesenheit Adolf Freunds), Hermann Hirschenstein, Neumann, Preis (beide Familien), Singer und Stössl rechnen. Wer später kam und höherkommen wollte, verband sich mit ihnen geschäftlich oder heiratete ein, wie etwa Kramer in die Familie Hirschenstein, Ostermann bei Bibring, Fleischmann und Salzberger bei Stössl, Ignatz Fischer bei Hermann. Ein treffendes Beispiel sind auch die verschiedenen Mitglieder der Familie Friedländer. Da heiratete Meyer (Max) Friedländer in die Familie Bibring ein, Elias Friedländer wieder in die Familie Ostermann, doch wurde die sich schnell weiter entfaltende Verwandtschaft Friedländer bald selbst das Ziel heiratslustiger junger Männer. Gerade dieser Clan selbst zeigte dann aber auch deutlich die Tendenz, sich mit religiösen Funktionären, nämlich mit Religionslehrern oder Rabbinatsanwärtern zu umgeben und auszustatten, was man als Ausdruck religiöser Gesinnung und höherer sozialer Rollenerwartung verstehen kann.

2.2. Die Vereinsgründungen

Für eine ganze Reihe von habsburgischen Kronländern, und darunter auch Kärnten, hatte die Gesetzgebung, welche durch die Revolution von 1848 ausgelöst worden war, zugleich zwei Schritte vor und mindestens einen zurück bedeutet. Es war ja nur die Verfassungsurkunde vom 26. April 1848 gewesen, an der Fischhof allerdings entscheidend mitgearbeitet hatte, welche im § 17 die Glaubens- und Gewissensfreiheit, im § 24 die Erwerbung von Grundbesitz, die Ergreifung jedes Erwerbszweiges und die Erlangung aller Ämter und Würden für jeden Bürger, sowie im § 25 die Gleichheit vor dem Gesetz und gleiche Behandlung bezüglich der Wehr- und Steuerpflicht in Aussicht genommen hatte. Auch hatte ihr § 27 die Beseitigung aller noch bestehenden Verschiedenheiten in den bürgerlichen und politischen Rechten einzelner Konfessionen angestrebt und in ihrem § 31 speziell die freie Ausübung des israelitischen Kultus geplant. All das sollte gemäß dem Willen des Reichstages Realität werden[5], und das kaiserliche Patent vom 20. Oktober 1848 hob alle speziellen Judensteuern und Judenabgaben auf und machte Juden und Christen zu gleichen Steuerzahlern. Der Verlauf der Revolution brachte es gar noch mit sich, daß mit dem kaiserlichen Patent vom 4. März 1849 (R.G.Bl. Nr. 151) Juden und Christen einander ausdrücklich in staatsrechtlicher und privatrechtlicher Hinsicht gleichgestellt wurden.

Die Etablierung des Neoabsolutismus nach der Revolution ergab aber, daß mit dem kaiserlichen Patent vom 31. Dezember 1851 (R.G.Bl. Nr. 3) gerade diese Regelung aus 1849 wieder außer Kraft gesetzt wurde, und mit der kaiserlichen Verordnung vom 2. Oktober 1853 (R.G.Bl. Nr. 190) wurden für alle jene Kronländer, in denen vor und bis zum 1. Januar 1848 für die Besitzverhältnisse der Juden beschränkende Vorschriften bestanden hatten, diese wieder ausdrücklich in Kraft gesetzt, bis eine endgültige Regelung ihrer staatsbürgerlichen Verhältnisse durchgeführt werden sollte. Weil die schon in Kapitel I/1 zitierten kaiserlichen Verordnungen von 1860 sich nur auf Niederösterreich, Böhmen, Mähren, Schlesien, Ungarn, die serbische Wojwodschaft und das Temeser Banat, Kroatien, Slawonien, Siebenbürgen, das Küstenland, Dalmatien, Galizien, die Bukowina und das Großherzogtum Krakau bezogen hatten, blieben Oberösterreich, Salzburg, die Steiermark, Kärnten, Krain, Tirol und Vorarlberg weiterhin außerhalb dieser Regelung und damit in der Entwicklung einen Schritt zurück[6], so daß diese Situation den „Nachholbedarf" aus der Zeit des Josephinismus noch verstärkte. So ging in Wien sogar für die zahlenmäßig viel stärkeren ashkenasischen Juden die neuzeitliche Organisation einer Kultusgemeinde dank kaiserlicher Bewilligung schon 1852 vor sich, wogegen die zahlenmäßig geringer vertretenen sephardischen Juden, die nicht das Jiddische, sondern das Spaniolische als Sprache pflegten und ihre typischen Kultusformen vor allem im Mittelmeerraum bis weit hin ins Osmanische Reich ausgebreitet hatten, schon 1778 eine statutenmäßig abgesicherte Gemeinde hatten bilden dürfen. Daß es in Böhmen, Mähren und Galizien schon zuvor unter staatlicher Ägide organisierte israelitische Gemeinden gab, liegt auf der Hand.

In Graz hatten im gleichen Jahr 1862 zwei dort ansässige Juden um die Erlaubnis zur Abhaltung von öffentlichen Gottesdiensten angesucht, und 1863 durfte die „Grazer Israelitische Korporation" gegründet werden, die bald den sogenannten „Israelitischen Religionskurs" schuf, aus welchem später die bekannte Grazer israelitische Volksschule hervorging.

War die Bildung der Wiener Kultusgemeinde 1852 durch kaiserliche Gnade entstanden, so spielte sich auch die Bildung der Grazer Korporation umso mehr noch in jener diffusen Phase unübersichtlicher und einander widersprechender staatsrechtlicher Vorschriften ab, die bis 1867 andauerte, zumal die Steiermark ja durch die beiden Verordnungen vom 18. Februar 1860 noch von den Erleichterungen ausgeschlossen war, diese aber hinwiederum in spezifischer Hinsicht sich mehr mit der Besitzfähigkeit der Juden als mit deren Auftreten in der Öffentlichkeit beschäftigten – jener Juden, die es eigentlich gemäß der alten Vorschriften in der Steiermark wie in Kärnten und Krain noch gar nicht geben sollte.

In Kärnten aber konnte es angesichts der zahlenmäßigen Schwäche und niedrigen gesellschaftlichen Stellung der dortigen Juden einen solchen Versuch einer Vereinsbildung überhaupt nicht geben, wie er in Graz gelang. Auch hätten die Behörden sicherlich eher hart auf eine solche Initiative reagiert. In Graz waren es dann das Vereinsgesetz vom 15. November und das Staatsgrundgesetz vom 21. Dezember 1867, welche die Initiative jener Grazer Juden um Max Pollak und Moritz Fürst stärkten, denen es sogleich um die Schaffung einer wirklichen Kultusgemeinde ging, die allen Juden im Stadtbereich Kultusbeiträge vorschreiben konnte, wogegen die Korporation noch eine durchaus freiwillige Sache gewesen war. Nur wer außerhalb des Stadtbereiches lebte, konnte freiwillig Mitglied werden oder dies bleiben lassen. So wurden erst 1869 die Statuten durch die k. k. Staathalterei bewilligt und die ersten Vorstandswahlen durchgeführt.[8] Vorbeter und Matrikelführer wurde Leopold Kollisch, wobei die Behörde auch bereits das Gesetz vom 10. Juli 1868 über die Beweiskraft der Geburts-, Trauungs- und Sterbematrikel der Israeliten in Betracht zog. Kollisch wurde dann auch mit der Führung der Matrikel für die in Kärnten lebenden Israeliten beauftragt und begann so im Jahre 1873 mit der Führung der Matrikel.

Die Staffelung zwischen Sterbe-, Geburts- und Trauungsmatrikeln läßt Rückschlüsse auf die altersmäßige Zusammensetzung der Kärntner Israeliten dieser Anfangszeit zu: Zuerst mußte Kollisch 1873 wegen der Todesfälle einiger ganz alter Israeliten und der in wenigen Jahren sichtbar werdenden hohen Säuglingssterblichkeit bei den Ehepaaren in der Altersstufe zwischen 20 und 30 Jahren mit der Sterbematrikel beginnen, dann folgte aber der Anwesenheit der erwähnten jungen Familien wegen 1874 die Geburtsmatrikel, doch weil die „Pioniergeneration" schon vor der Niederlassung auswärts geheiratet hatte, beginnt die Trauungsmatrik erst mit dem Jahre 1890, da zuvor kein Bedarf dafür war. Da nach der Gesetzeslage primär weiterhin die standesamtsmäßige Zuständigkeit der Gemeindeämter bzw. der Stadtmagistrate blieb, mußten für die Eintragungen bis 1890 zuvor die Zertifikate dieser Behörden vorliegen, doch wurde dies nicht genau und lückenlos gehandhabt.

Kollisch und der Grazer Rabbiner Dr. Mühsam führten die Kärntner Matrikel bis zum Februar 1907, mit Jahresbeginn 1908 begann damit der neue eigenständige Kärntner Kultusbeamte Bernhard Glaser.[10] Die Kärntner Matrikel müssen bis zu diesem Zeitpunkt in Graz aufbewahrt worden sein, da Kärntner Israeliten in dieser Zeit über die Anzahl der eingetragenen oder vorgefallenen Geburten, Todesfälle und Trauungen völlig falsche Angaben an die Behörde machten. So schreibt Max Stössl 1893 an die k. k. Landesregierung in Kärnten, daß in Kärnten in den letzten sechs Jahren 39 Geburten, 9 Trauungen und 10 Sterbefälle vorgefallen sind.[11] In Wirklichkeit aber waren es nach den Matrikeleintragungen in diesem Zeitraum 59 Geburten und 16 Sterbefälle. Trauungen allerdings hat es nur zwei gegeben, und zwar im September und im November 1890. Stössl konnte also nicht einmal die für seine Argumentation damals günstigeren Zahlen verwenden.

Im Gegensatz zu den schon bestehenden Gemeinden in Wien und Graz war zwischen 1848 und 1867 die Lage nicht nur in Klagenfurt stagnierend, was die öffentliche Präsenz und Vereinsbildung der Israeliten – so wurden sie damals amtlich durchwegs genannt – betraf, sondern in den israelitischen Ansiedlergruppen in Judenburg, Knittelfeld, den kleineren in Leoben, Bruck, Marburg und auch in jener in Laibach war die Situation ähnlich. Stärkere Lebenszeichen gaben Judenburg und Knittelfeld, aber auch Laibach verfügte über eine Gruppe von Ansiedlern, deren Zusammensetzung sich mit jener in Kärnten mit Erfolg vergleichen läßt. Bis 1890 wuchs sie in ähnlicher Weise wie jene in Kärnten auf folgende Beschaffenheit:

Der Händler und Agent Josef Deutsch war erst 1884 nach Laibach gekommen, er selbst stammte aus Agram, das erste Kind war noch in Pakraz in Slawonien geboren worden, das zweite erst in der Hauptstadt Krains, die Frau nach der Geburt gestorben.

Der Händler Albert Ebenspanger stammte aus Schlaining, seine Frau aus Czakathurn, die beiden Kinder waren 1877 und 1879 schon in Laibach geboren worden.

Der Hausierer Adolf Götz stammte aus Mattersdorf, seine Frau aus Deutsch Kreuz, die Familie mit fünf Kindern pendelte in den siebziger Jahren ständig zwischen Graz und Laibach, was sich von den Geburtsorten der Kinder ablesen läßt.

Der Händler Ludwig Koppels stammte aus Prag, seine Frau aus Güssing, die Familie mit den fünf Kindern war seit 1879 in Laibach und hatte kurz vor der Ansiedlung noch auswärts geheiratet. Unter den jüdischen Bewohnern Laibachs war in dieser frühen Zeit auch bereits der Vertreter eines damals künstlerischen Berufes, nämlich der Photograph Alexander Landau aus Krakau, dessen Frau aus Tarnow stammte. Landau hatte lange im Südosten gearbeitet, während das erste Kind noch in Krakau zur Welt gekommen war, waren die anderen drei in Banja Luka geboren worden, ehe sich Landau in Laibach niedergelassen hatte.

Der Lederhändler Julius Hoises wiederum stammte wie seine Gattin aus Varasdin. Auch die beiden Kinder waren dort zur Welt gekommen, ehe er sich 1879 in Laibach seßhaft machte.

Der Händler Ferdinand Neuwirth, der sich auch als Handelsgesellschafter bezeichnete, stammte aus Czakathurn, seine Frau aus Lowasitz in Ungarn. Die beiden Kinder waren nach der Ansiedlung 1876 und 1883 in Laibach geboren worden. Der noch ledige Ing. Samuel Österreicher stammte aus Höcvary Vasarhely, seine wie er ledige Schwester war noch nicht dreißigjährig nach Laibach gekommen.

Andere Ledige waren der Optiker Josef Philipp Goldstein aus Böhmisch Ludeletz, der Handelskommis Alexander Kohn aus Nagy Kanisza, der Buchhalter Adolf Levy aus Temesvar, der Buchhalter Emil Rosner aus Agram und der Agent Wilhelm Steinherz aus Güssing. Zur Laibacher Judenschaft gehörte sodann noch der Fabriksdirektor Hermann Steinberg aus Tarnopol. Seine Gattin stammte aus Rohatin. Das Ehepaar hatte zuerst in Wien gelebt, wo das erste Kind zur Welt gekommen war, dann war Steinberg kurz vor seiner Ansiedlung mehrere Jahre in Graz tätig, wo die beiden anderen Kinder geboren wurden.

Bei den acht Familien und sieben Ledigen handelt es sich durchwegs um Leute mittleren Alters, bei deren Lebenslauf zum Teil Zwischenstationen vor ihrer Ansiedlung feststellbar sind. Wenn man bei einer so kleinen Anzahl überhaupt repräsentative Merkmale suchen mag, so fällt der hohe Anteil an Ledigen auf – er liegt wesentlich höher als etwa um 1888 in Klagenfurt. Auch fehlen die ganz alten Leute. Das Niederlassungsjahr schwankt zwischen 1876 und 1890, so daß die kleine Gruppe also wesentlich jünger erscheint als die benachbarte von Klagenfurt.

Auch die Herkunft differiert insofern, als mehr als die Hälfte der Einwanderer aus Ungarn stammt, Böhmen und Galizien den gleich niedrigen Anteil von 13 Prozent. Berücksichtigt man die Frauen, so zeigt sich das gleiche Übergewicht der Herkunft aus Ungarn, keine allerdings stammt aus Böhmen, so daß die beiden aus diesem Kronland stammenden Männer wohl unterwegs geheiratet haben. Der Eindruck der Zwischenstationen verstärkt sich neuerlich. Festgehalten muß werden, daß überhaupt niemand aus Italien stammt.

Die berufliche Gliederung verrät wie auch in der Gruppe in Klagenfurt einen sehr hohen Anteil an Selbständigen, im Bereich der allgemeinen Berufsgruppe „Händler", wobei auch Kommis und Buchhalter als zukünftige Selbständige angenommen werden können. 65 Prozent Selbständigen stehen nur ein Hausierer und ein Lederhändler, also auch hier ein typisch jüdischer Handelszweig, gegenüber. Auffallend sind zwei Gewerbetreibende, die höhere Konsumentenbedürfnisse befriedigen – der Optiker und der Photograph. Der erste jüdische Photograph der benachbarten Gemeinde in Klagenfurt trifft erst rund ein Jahrzehnt später ein. Höherer sozialer Status ist mit einem Fabriksdirektor vertreten, auch einen Akademiker gibt es, die Ärzte fehlen aber in dieser sehr jungen Gemeinde noch vollkommen. Auch in den folgenden Jahren gibt es wie in Klagenfurt keine Zuwanderung aus Italien, womit die Situation in Laibach den ergänzenden Beweis für die Situation in der nördlicheren Landeshauptstadt bietet, zumal ja die gesetzliche Lage in den beiden Kronländern gleich war.

Gerade in gesetzlicher Hinsicht war die Situation in den im Westen angrenzenden Gebieten eine durchaus andere. Um diese Situation um 1890 zu verstehen, ist es nötig, etwas weiter auszuholen. Die älteste erhalten gebliebene Nachricht von der Anwesenheit eines jüdischen Kaufmanns in Triest stammt aus dem Jahre 1236. Es handelte sich um einen gewissen Daniel David, der aus Kärnten gekommen war, um sich dort niederzulassen und dem Bischof 500 Mark für die Ausbesserung der Stadtmauern zur Verfügung zu stellen. Weitere Nachrichten stammen erst aus dem 14. und 15. Jahrhundert, wobei die Israeliten in der Stadt schon vor der Übernahme durch die Habsburger im Jahre 1382 durch die Stadtrechte von 1350 und 1373 eine günstige, ja beinahe gleichberechtigte Stellung einnehmen konnten. Aus dem 14. Jahrhundert gibt es weitere Nachrichten von Israeliten in der Stadt, solchen aus Kärnten, aus Judenburg, doch zeigt sich, daß Kärnten meist nur die Durchgangsstation war, denn die überwiegende Zahl jener, die in Urkunden aufscheinen, stammt aus Straßburg, aus Nürnberg, aus Konstanz und Marburg. Im Vergleich zu den wenigen aus Italien stammenden Familien hatten die Frauen dieser Männer weitgehende geschäftliche Mitspracherechte und Befugnisse, auch die Gattinnen des Leo aus Judenburg oder des Aharon aus Marburg.[12]

In Cividale wurden einige dort ansässige jüdische Kaufleute, die seit 1271 nachweisbar sind, 1321 rechtlich den anderen Kaufleuten der Stadt gleichgestellt. Was Udine betrifft, beziehen sich die ältesten Nachrichten über jüdische Ansiedler auf das Jahr 1337, aus dem Jahr 1387 ist ein Bankier Mose bekannt. Im gleichen Jahr kam es zu einer vertraglichen Regelung zwischen den Juden und dem consiglio cittadino, 1405 durften die Juden einen Friedhof anlegen. In Gemona waren gegen Ende des Jahrhunderts ein Mann aus Aydelbach und ein Joseph von Garlacht, etwas später ein David aus Kassel, in Venzone findet man 1444 einen Benedikt aus Regensburg. Stärkere Judengemeinden entwickelten sich in San Daniele und in Chiavris bei Udine.

Damit ist die überwiegende Anwesenheit deutscher Juden in Friaul und Julisch-Venetien ausreichend belegt. Ihre Tätigkeit dürfte sich aber vor allem auf den italienisch-deutschen Güteraustausch und die Nutzung von Berg- und Münzrechten konzentriert haben, denn Aktivitäten in Richtung Istrien, Dalmatien und Griechenland sind nicht feststellbar. Jene lagen in dieser Zeit wohl eher in den Händen der christlichen Kaufleute aus Florenz, Siena und Pistoia.[13] Für die Weiterentwicklung dieser kleinen israelitischen Ansiedlungen ist trotz einiger Vertreibungen eine gewisse Kontinuität charakteristisch, wobei der deutsche Anteil zurückging und sich ein stärkerer aus Mittel- und Süditalien bzw. aus Spanien der Vielfalt hinzufügte. Die Entwicklung der Einwanderung läßt sich aber nicht auf die scheinbare Polarität zwischen ashkenasischem und spaniolischem Kultus reduzieren,[14] sondern in dieser Hinsicht zeigte sich auch im östlichen Oberitalien eine tiefergreifende Differenzierung: Vor allem durch das Wirken der Priester und Dichter in Rom und in Süditalien entwickelte sich der alte Ritus von Jerusalem im Italien des Spätmittelalters weiter zum romanischen Ritus. Die Juden Spaniens und Portugals, die Sephardim, brachten im Zuge ihrer Ausbreitung, die im Schutz des Osmanischen Reiches weit nach Osten vor sich ging, ihren sephardischen oder spaniolischen Ritus mit, der – wie wir gesehen haben – auch in Wien früh geduldet und privilegiert wurde. Die Juden Rußlands, Polens, Deutschlands und des Habsburgerreiches, die Ashkenazim, fanden mit ihrem Ritus ebenfalls Eintritt in Italien, doch war bei ihnen in der Tat auch die Anpassungsbereitschaft an andere rituelle Gegebenheiten groß. Es läßt sich denken, daß es innerhalb jedes rituellen Großbereiches wiederum eine Fülle von örtlich und herkunftsmäßig bedingten Nuancen und Schattierungen gab, und noch größer wird die Vielfalt des gottesdienstlichen Lebens und der Alltags- und Festtagsbräuche durch die Strömungen des aufklärerischen Reformjudentums mit seinen Verkürzungen und Weglassungen, wie sie im Zuge der gesteigerten Assimilationsbereitschaft auftraten. Im Triest des 19. Jahrhunderts beispielsweise dominierte romanischer Ritus neben verschiedenen sephardischen Formen, aber auch einigen ashkenazischen Manifestationen.[15]

Zurück zum Beginn der Neuzeit: San Daniele und Udine waren 1424 unter venezianische Herrschaft gekommen, 1556 erfolgte in Udine im Zusammenhang mit dem Auftreten der Pest die Vertreibung, 1622 kam es erneut zu einer solchen, da sich inzwischen wieder Juden ansiedelten. Auch in Süditalien waren die Juden bis zu diesem Zeitpunkt schon überall vertrieben worden. Im habsburgischen Triest, in Görz und der alten Gemeinde von Gradisca d'Isonzo hingegen konnte die Entwicklung ruhiger weitergehen.

Die Situation um 1770 ist auf der Apenninhalbinsel durch einige markante Schwerpunkte gekennzeichnet: Auf Sizilien und Sardinien und in Süditalien konnte man wegen der harten Maßnahmen vergangener Jahrhunderte keine Juden mehr finden, wogegen sie im Kirchenstaat unter der Herrschaft verschiedener Päpste konstant Aufenthalt und Tätigkeit unter verschiedenen gesetzlichen Beschränkungen und Diskriminierungen beanspruchen konnten. In den Fürstentümern Parma, Piacenza, Modena und Mantua waren diese Beschränkungen noch wesentlich gravierender, Ligurien und die Lombardei waren faktisch völlig von Juden verlassen. Die Handelsrepublik Venedig betrieb eine eher wankelmütige und restriktive Judenpolitik, wovon natürlich auch Udine, San Daniele und Chiavris abhängig waren. Görz und Gradisca aber zählten um diese Zeit einige hundert Juden, die größere Gruppe in Triest war in rascher zahlenmäßiger Vergrößerung und gesellschaftlichem Aufstieg begriffen, in dem sie Rom und Livorno fast überrunden sollte, zumal nicht nur die Verbindungen nach Deutschland, der Zuzug aus der Levante, sondern auch die fluchtartige Verlagerung aus dem übrigen Italien dazu beitrugen.

Gerade für die Stadt Triest wurden dann die gesetzlichen Regelungen Joseph II. besonders bedeutsam. Die Juden erhielten nicht nur Zutritt zu allen selbständigen Professionen, auch zur Tätigkeit an der Börse, sondern das nur durch Vogteirechte und Patronatsrechte begrenzte Recht des Erwerbs und der Pachtung von Grundbesitz. Die aufklärerische Erneuerung des Schulwesens nach dem Willen dieses Herrschers führte dazu, daß an der neubegründeten jüdischen Normalschule die Bildungsgrundsätze Naftali Hart Wesselys mit besonderer Konsequenz verwirklicht wurden, und auch die Gemeinde in Gradisca wandte sich mit besonderer Zustimmung diesen Entwicklungen an ihrer Schule zu, hatten nach dem Willen Joseph II. nun ja auch jüdische Kinder die gleichen Bildungsrechte und -pflichten. Die Zeit des Ghettos war für diese Gemeinden damit endgültig vorbei.

Schließlich bekam die Judenschaft in Triest auch eine durch Statuten geregelte feste Gemeindeorganisation und war damit sogar Wien voraus. Viel später brachte dann das kaiserliche Patent vom 4. März 1849 und die kaiserliche Verordnung vom 18. Februar 1860 für Triest und die Grafschaft Görz nichts Neues, sondern de facto nur eine Wiederholung, und nur für die anderen israelitischen Gruppen in dem größeren Bereich, der dann schon „Küstenland" genannt wurde, war das ein weiterer Schritt zur Gleichberechtigung. Es ist daher nicht verwunderlich, daß sich in Triest wegen dieser freien

Lebens- und Schaffensbedingungen – und wegen der drückend hohen Steuern in einigen anderen Staaten der Apenninhalbinsel die Einwanderung verstärkte. Das frühe und starke Ausmaß der Emanzipation führte naturgemäß auch dazu, daß Triestiner in den revolutionären Bemühungen von 1848 eine Rolle spielten. An der Universität in Padua war schon 1829 das in Europa lang am höchsten geschätzte Institut für die höhere Rabbiner-Ausbildung geschaffen worden. Seine Programme stammten von dem Görzer Isak Samuel Reggio.

Es ist also zu sehen, daß sowohl hinsichtlich seiner wirtschaftlichen Kapazität als auch seiner Bildungshöhe und seines Emanzipationsausmaßes das Judentum im habsburgischen Nordostitalien jenem in Krain, Kärnten und der Steiermark weit voran war. Gerade dieser außerordentliche Entwicklungsvorsprung machte daher für Triest, Görz oder Gradisca eine einfache Ansiedlung in Kärnten oder Krain gänzlich uninteressant. Man war schon längst auf einer Entwicklungsstufe angelangt, auf der die wirtschaftliche Erfassung eines Marktes anders vor sich ging, nämlich im Wege des Bankwesens, der Versicherungsgeschäfte, des Eisenbahnbaues und des Großhandels. Daher darf uns das Fehlen von Einwanderern aus Oberitalien nach Krain und Kärnten nach 1860 nicht wundern.

2.3. Der Nachholbedarf in Kärnten

Nach diesem nötigen weiteren Ausblick nun zurück zur Situation in Kärnten, in der – wie zu sehen war – eine gewisse Konzentration von Israeliten noch vor der Nachbarstadt Laibach, aber später als in Graz vor sich ging. Während in Laibach die Verhältnisse noch lange stagnierten, hatte Graz, wie gesagt, bereits seit 1863 seine „Israelitische Corporation" und seit 1869 seine vereinsrechtlich fundierte Kultusgemeinde. 1871 wurde auch die dortige Chewra Kadischa genehmigt, doch war sie zuvor schon in Tätigkeit gewesen. Ähnlich regte sich jüdisches Leben in Judenburg und Knittelfeld.

Dann erfolgte der k. k. Ministerialerlaß vom 6. Dezember 1873, da mit der Matrikelführung für Kärnten 1873 in Graz begonnen wurde. Das schon zitierte Gesetz über die Matrikelführung allein kann dafür nicht ausreichend gewesen sein, sondern das Kultusministerium traf wohl in Zusammenwirken mit der k. k. Statthalterei der Steiermark mit diesem Ministerialerlaß die Entscheidung. Daß Kärntner Israeliten aus freien Stücken an Kollisch das Ansinnen gestellt hätten, Geburten und Todesfälle ihrer Angehörigen matrikelmäßig zu führen, ist schwer vorstellbar, auf jeden Fall aber nicht belegt. Für die in Kultusangelegenheiten zuständigen Beamten der k. k. Kärntner Landesregierung aber bestand damit schon in den siebziger Jahren die feste (und fixe) Vorstellung, daß die Kärntner Judenschaft zur Gemeinde Graz gehöre.

Als nun Adolf Freund und Max Stössl sich in Klagenfurt umsahen, da erfuhren 1887 ihr religiöses Engagement und ihr Verständnis ihrer eigenen sozialen Rolle entscheidende Antriebe von der Tatsache, daß Graz, Judenburg und Knittelfeld ihnen in der öffentlichen Gruppenbildung weit voraus waren, ganz zu schweigen von den böhmischen Verhältnissen, die Freund ja gut kannte. Er hatte demnach einfach einen extremen Nachholbedarf sicherzustellen, als er am 17. August 1887 nach längeren Vorbereitungen gemeinsam mit Max Stössl, Markus und Adolf Preis, Moriz Hoffmann (diesmal so geschrieben), Emanuel Neumann, Moses und Leon Bibring den Antrag an das k. k. Landespräsidium stellte, einen ,,Israelitischen Kultusverein" in Klagenfurt bilden zu dürfen.

Als Aufgaben dieses Vereins nannte Freund die Abhaltung des Gottesdienstes und den Unterricht der israelitischen Jugend in der Religion. Zu diesem Zweck sollte in gemeinsamem Zusammenwirken aller freiwillig und individuell beitretenden Mitglieder ein Bethaus samt Unterrichtslokal aufgenommen und erhalten sowie für einen Religionslehrer, einen Vorbeter und einen Schächter gesorgt werden. Die erwarteten Auslagen beschrieb Freund als solche für die Miete des Bethauses oder Lokals und die Bezahlung des Religionslehrers. Mitglied sollte jeder in Klagenfurt oder außerhalb wohnende volljährige Israelit werden können.

Die Rechte der Mitglieder werden folgend umrissen: Jedes Mitglied samt seiner Familie war zur Teilnahme an jedem Gottesdienst berechtigt und konnte den Religionsunterricht in Anspruch nehmen. Beim Eintritt in den Kultusverein sollte ein fixer Beitrag von fünf Gulden bezahlt werden, die weitere Bestreitung der Ausgaben war so geplant, daß der Verein bestimmte Beiträge für die Sitze im Bethaus, den Religionsunterricht, für das Schlachten des Geflügels und den Bezug des nach den mosaischen Bestimmungen gerichteten Fleisches festlegen und diese zu bestimmten Terminen von allen Mitgliedern verlangen sollte.

Nichtmitglieder sollten an den Gottesdiensten teilnehmen, aber einen Bethaussitz nur in Anspruch nehmen dürfen, wenn sie vorher den Betrag für den Sitz bezahlten. Bei Interesse am Religionsunterricht der Kinder mußte vorher das hierfür vorgesehene Schulgeld bezahlt werden. Wenn Nichtmitglieder koscheres Fleisch haben wollten, so war auch für sie neben dem normalen Fleischpreis die Begleichung des Fleischkreuzers oder des Geflügelschlachtgeldes verpflichtend. Die Nichtmitgliedschaft schloß also vom religiösen Leben nicht aus, doch waren die Statuten so gehalten, daß auch dann für die Erhaltung der Funktionäre und des Betsaales Sicherheit bestand, wenn sich zu wenig Glaubensgenossen für die Bezahlung der direkten Beitrittsgebühr entschlossen. Die finanzielle Frage drängte sich also bereits in diesem Fall unangenehm in den Vordergrund, und es zeigte sich bald, daß die Erwartungen der Gründer enttäuscht werden sollten. Das Präsidium der Landesregierung bewilligte mit 12. September 1887 gemäß Vereinsgesetz vom 15. November 1867, R.G.Bl. Nr. 134, den Antrag, der Klagenfurter ,,Israelitische Kultusverein" konnte Wirklichkeit werden. In den Augen der Behörde erschien Freund eindeutig als der Gründer des Vereins. An ihn wandte sich die Behörde auch mit allen Zuschriften.

Die Reaktion der Kärntner Israeliten war folgende: Außerhalb Klagenfurts wohnende traten überhaupt nicht bei, von den in Klagenfurt ansässigen war es nur die Hälfte.[16] Die Gründe für diese Haltung waren sicherlich mehrfach, und in manchen Fällen dürften sie alle maßgebend gewesen sein: Offensichtlich stimmte bei manchen Israeliten ihre Vorstellung von Assimilation nicht mit der offenen Mitgliedschaft in dieser Gruppierung überein, manchen wiederum dürfte – wie etwa den fortschrittlichen Intellektuellen der Kultusverein zu altgläubig und konservativ erschienen sein. Die k. k.

Beamten wohl schlossen aufgrund ihres Rollenverständnisses als Beamte derlei Mitgliedschaften vollständig aus. Für die außerhalb Klagenfurts wohnenden Israeliten war zum Teil wohl auch die Frage der Fahrtkosten von Bedeutung, wie überhaupt für die ärmeren Glaubensgenossen, für die Hausierer, Marktfieranten oder Agenten die Mitgliedschaft fünf Gulden nicht wert erschien. Es hat aber nicht den Anschein, daß dieser niedrige Betrag von Freund, Stössl und den anderen so festgesetzt wurde, daß er selektiv wirken konnte – zumindest finden sich keine Hinweise darauf.

Zusammenfassend muß jedenfalls festgestellt werden, daß trotz der geringen Anzahl der damaligen Israeliten in Kärnten bei ihnen offensichtlich zweierlei fehlte: Das reflektierte Bewußtsein, eine Minderheit in einer wenn auch keineswegs homogenen Mehrheit darzustellen, und das daraus resultierende Bedürfnis zu engerem und festerem Zusammenschluß. Zu den Rahmenbedingungen, die diese Situation bewirkten, gehört sicherlich die allerdings nur bei einem Teil feststellbare schwache finanzielle Lage und ihre Sparsamkeit, zum anderen aber auf jeden Fall das völlige Fehlen einer wirklichen Bedrohungserfahrung.

Unter geänderten Rahmenbedingungen waren sehr viele durchaus zu einer sehr intensiven Vereinsbildung und einem vielfältigen Vereinsbeitritt auch unter finanziellen Opfern bereit, nämlich in den dreißiger Jahren, wie noch zu sehen sein wird. Die Frage nach einem markanten, politisch orientierten Kärntner Antisemitismus des 19. Jahrhunderts bleibt demnach weitgehend eine rein theoretische, wenngleich sich Spuren einer gewissen Latenz zeigen.

Die Meldung Freunds bei der Vereinsbehörde zeigt jedenfalls, daß von seiten der interessierten Israeliten Vorbereitungen getroffen worden waren, die dann die Entfaltung eines geregelten Vereinslebens ermöglichten. Bevor sich das religiöse Leben des Vereins um die Platzgasse vor allem mit den Häusern Nr. 8 und Nr. 3 konzentrierte, fanden die Gottesdienste in einem gemieteten Gasthaussaal in der Kaserngasse 17 (später Karfreitstraße) statt.[17] Als Schächter und Tempeldiener war Jakob Fellner tätig, der dafür jährlich 370 Gulden bekam. Da ein Rabbiner weniger für Geburt und Begräbnis, denn für die Trauungen gebraucht wird, fiel der Mangel an einem solchen noch nicht sehr ins Gewicht. Die Beschneidung der Knaben hatte schon lange vor der Gründung des Kultusvereins, sicher jedenfalls ab 1878 meist Jakob Fellner vorgenommen, doch scheint dieser damals als Hausierer noch nicht ständig in Klagenfurt gewesen zu sein. Selten scheint auch Max Schischa aus Graz als Beschneidungsoperateur auf, einmal (1889) auch Jakob Fischer aus Wien, und dann in den Jahren 1888 und 1889 neben Fellner auch Ignaz Kornfein aus Lackenbach. Als Kornfein dann 1890 nach Wien ging, wurde er auch von dort noch mehrmals nach Klagenfurt geholt. Als Religionslehrer wirkte in den letzten achtziger Jahren ein gewisser Wilhelm Sternfeld in Klagenfurt, der mit Frau und vier Kindern aus Graz gekommen war. Sternfeld arbeitete neben Fellner auch als Schächter, da die beiden Berufskollegen oder Konkurrenten anscheinend verschiedene Kundenkreise hatten.

Auch die Lage dieser niedrigen israelitischen Kultusfunktionäre ist demnach damals nicht rosig gewesen. Sie hing überall von der Zahlungsfähigkeit ihrer Gläubigen vollkommen ab, wenn sie nicht noch nebenberuflich tätig waren. Eine sehr hohe Mobilität dieser niedrigen Funktionäre in der Provinz war deshalb das Ergebnis.

Über eigene Einrichtungen verfügte der damalige Kultusverein noch nicht. Für den Betsaal wurden pro Jahr 122 Gulden Miete bezahlt, es bestand noch gar kein Bedürfnis nach einem eigenen Tempel, da der mit wesentlich höheren Kosten der Anschaffung und Erhaltung verbunden gewesen wäre. (Graz hatte damals ebenfalls noch keinen.) Auch einen Friedhof hatte der Kultusverein noch nicht, sondern die verstorbenen Israeliten wurden überall in Kärnten bei den christlichen Friedhöfen außerhalb der Friedhofsmauer begraben.[18] Das zeigt sich dann auch noch an dem späteren israelitischen Friedhof in Klagenfurt, dessen Areal einfach außerhalb der bestehenden Mauern an den christlichen Friedhof von St. Ruprecht angeschlossen wurde. Ein Mikwa, ein rituelles Badehaus, war ebenfalls nicht vorhanden. Im Sommer wurde dafür die Lorettobucht am Wörther See verwendet, im Winter begab man sich nach Warmbad Villach.[19]

Der Nachholbedarf eines Teils der Klagenfurter Israeliten war aber ein noch größerer: Am gleichen Tag, an dem die Behörde der Bildung des Kulturvereins zustimmte, traten Adolf Freund, Moses Bibring, Daniel Bonyhadi, Jakob Fellner, Emanuel Goldmann, Moriz Hoffmann, Ignaz Kronberger, Emanuel Neumann, Markus Preis und Samuel Thorsch zusammen, um auch die Bildung einer Chewra Kadischa in Angriff zu nehmen. Die Gründungsmitglieder sind mit jenen des Kultusvereins also nicht ganz identisch. Es zeigte sich aber, daß die Zahl der Interessenten zu gering war, so daß die Behörde zuerst die Vereinsbildung ablehnte. Man mußte deshalb trachten, Beitrittswillige von auswärts hinzuzugewinnen. Außer Adolf und Simon Fischhof stellten sich dafür aus Kärnten keine Hilfsbereiten zur Verfügung, sondern nur einige Wiener, nämlich Albert Dub, Anton Goldstein, Direktor Karl Porges und Jacquez Horovitz. Mit diesem erweiterten Gründungskomitee wurde dann die Chewra Kadischa am 16. August 1888 von der k. k. Landesregierung genehmigt, aber bis 1890 ging der Mitgliederstand über 17 nicht hinaus. Er betrug auch 1913 nur 32 Mitglieder.

2.4. Das Bemühen um eine eigene Kultusgemeinde

Durch das Staatsgrundgesetz von 1867 waren die Israeliten als Einzelmenschen, als Individuen, gleichberechtigt geworden, aber das, was eher auch im Denken Fischhofs liegen sollte, nämlich die Anerkennung als Nationalität wurde bis zum Ende der Monarchie nicht Wirklichkeit.[20] Das unter den bekannten Umständen zustandegekommene Gesetz vom 21. März 1890, betreffend die Regelung der äußeren Rechtsverhältnisse der israelitischen Religionsgesellschaft (R. G. Bl. Nr. 57) zielte ebenfalls in eine andere Richtung: Nicht als Nationalität, sondern nur als Religionsgemeinschaft sollten die Israeliten staatsrechtlich als Ganzes in Erscheinung treten, wobei die Masse der einzelnen durch das Instrument der Kultusgemeinde in den Griff bekommen werden sollte. Deshalb wurde es als ihre und nur als ihre Aufgabe festgesetzt, die religiösen Bedürfnisse ihrer Mitglieder zu befriedigen und die dafür nötigen Anstalten zu erhalten (§ 1). Um diese zusammenfassende Ordnungsfunktion erfüllen zu können, mußte jeder Israelit rechtlich gesehen einer Kultusgemeinde angehören (§ 2). Daher erschien es vom staatlichen Standpunkt aus nur zweckdienlich und logisch, unter den Kultusgemeinden keine rechtliche Rangordnung oder übergeordnete Verbände zu schaffen. Die Kultusgemeinde sollte Trägerin des religiösen Lebens in dem ihr zustehenden Sprengel sein und dabei auch entscheidende Kontrollfunktionen ausüben: die Veranstaltung und Überwachung der öffentlichen Gottesdienste, die Beaufsichtigung der religiösen Funktionen, die Erhaltung und Förderung der nötigen Anstalten. Die innere Organisation der Kultusgemeinde sollte sich in Statuten entwickeln, die von ihr selbst entworfen und von der staatlichen Behörde bewilligt wurden. Auch die Art und das Ausmaß der von den Gemeindemitgliedern zu fordernden Beiträge schlug die Gemeinde vor und die Behörde genehmigte unter Berücksichtigung der von ihr festgelegten Maximalgrenzen. Der Religionsunterricht, gemeinschaftliche Andachtsübungen, Privatbethäuser unterstanden durchwegs der Aufsicht und der Zustimmung der Kultusgemeinde, die für die Abwicklung des Gemeindegeschehens einen Vorstand und die religiösen Funktionäre wählte – beides unter dem Vorbehalt staatlich-behördlicher Zustimmung.[21] So weit, so gut. Die Problematik liegt aber in der Praxis.

Das erste Problem, das sich nach dem Inkrafttreten des Gesetzes ergab, war jenes, wo alte, einst schon bewilligte Kultusgemeinden weiterbestehen, neue geschaffen und wie die ihnen zukommenden Gebiete beschaffen sein sollten. Aus dem Grundgedanken der allgemeinen und zwingenden Zugehörigkeit jedermanns zu einer Kultusgemeinde ergab sich die unvermeidbare Frage, wer wo in welcher Weise dazugehören sollte, nicht aber, ob er von dieser Zugehörigkeit etwas hatte oder nicht. Die Kontrolltendenz stand im Vordergrund. All diese Entscheidungen sollten herbeigeführt werden auf der Grundlage der zur Zeit der Kundmachung „bestehenden Cultusgemeinden sowie jener staatlich zugelassenen Verbände, die in Gemäßheit ihres Zweckes thatsächlich einer Cultusgemeinde gleichstehen".

In Gebieten, die bisher keiner Kultusvereinigung angehörten – nicht der Mensch, sondern die Ortschaft, das Gebiet, steht im Vordergrund, um die Totalität zu erreichen – in diesen Gebieten also, „in welchen jedoch eine größere Anzahl von Israeliten ansässig ist, sind letztere mittels öffentlicher Kundmachung zu einer Erklärung aufzufordern, ob sie sich zu einer selbständigen Cultusgemeinde constituieren, oder einer bereits bestehenden einverleibt werden wollen". (§ 3, Abs. 3)

Wenn dann die Kultusgemeindesprengel festgelegt und gebietsmäßig umrissen würden, dann sollten die bestehenden Verhältnisse einerseits tunlichst berücksichtigt werden und neue Kultusgemeinden nur dann geschaffen werden, „wenn hinreichende Mittel zu Gebote stehen, den Bestand der nöthigen gottesdienstlichen Anstalten und Einrichtungen, die Erhaltung der Religionsdiener und die Ertheilung eines geregelten Religionsunterrichts zu sichern, und daß anderseits, insofern die Voraussetzungen zutreffen, die Sprengel der Cultusgemeinden nicht allzusehr auszudehnen sind". (§ 3, Abs. 4)

Diese auf die Schaffung von eindeutigen Gebieten hinorientierte Sehweise mochte dem Gesetzgeber selbst aber schon Bedenken verursacht haben, sobald überblickt wurde, welche privilegierten Kultusgemeinden vor 1890 schon bestanden. Da konnte es nun nur die eine Alternative geben, sozusagen im Territorium zwischen ihnen neue zu schaffen, um das gesamte Gebiet organisatorisch und kontrollmäßig zu erfassen, wollte man nicht die bestehenden Gebiete unmäßig vergrößern. Interessanterweise suchte man letztere Problematik mit einer eigenartigen Halblösung zu neutralisieren: „Rücksichtlich aller jener Gebiete, welche in die Cultusgemeindeeintheilung im Sinne des § 3 nicht einbezogen werden, ist im Verordnungswege festzusetzen und zu verlautbaren, welchen Cultusgemeinden die daselbst jeweils wohnenden Israeliten zugewiesen werden. Die Zuweisung ist länder-, bezirks-, gemeinde- oder ortschaftsweise vorzunehmen und mit thunlichster Berücksichtigung der Entfernungen, der Verkehrs- und aller sonst maßgebenden Verhältnisse. Die Zugewiesenen sind den Gemeindeangehörigen mit den aus den besonderen Verhältnissen sich ergebenden, in den Statuten festzusetzenden Beschränkungen ihrer Rechte und Pflichten gleichzuhalten." (§ 6)

Soweit die wesentlichen Gesichtspunkte dieses neuen Gesetzes, das in der Literatur durchaus als ein wichtiger Markstein in der emanzipatorischen Weiterentwicklung der österreichischen Judenschaft geschätzt wird.[22] Es mag daher von Bedeutung sein, an einem Einzelbeispiel festzustellen, wie dieses Gesetz in der Praxis verwendet werden konnte.

Drei Wochen nach der Veröffentlichung des Gesetzes im Reichsgesetzblatt beauftragte das Ministerium für Kultus und Unterricht auch die Kärntner Landesbehörde mit den nötigen Vorarbeiten. Es wurde die Aufgabe gestellt, den geplanten Kultusgemeindesprengel abzugrenzen und festzulegen, die Israeliten in Kärnten zur Einbringung ihrer Vorschläge aufzufordern, Überblick über die im Lande lebenden Israeliten zu gewinnen, das auf diese Weise anfallende Aktenmaterial zu sammeln und zu ordnen und „sodann die Frage der territorialen Organisierung des israelitischen Cultus im dortigen Verwaltungsgebiete in eingehende Erwägung zu ziehen". Von ministerieller Seite erwartete man offensichtlich die Gründung einer eigenen Kultusgemeinde, gab dabei aber insofern Entscheidungsspielraum, als es – wie überall – darum ging, den faktischen, gegenwärtig bestehenden Zustand der Kultusgemeindeeinteilung „zur Grundlage der Neuorganisation zu machen".[23] Dabei wurde noch eingeschärft, daß eben diese erwähnten faktisch bestehenden Verhältnisse als die „eingelebten und traditionellen Einteilungen und Einrichtungen, die den Israeliten geläufig" waren, darunter zu verstehen seien.

„Abweichungen vom bestehenden faktischen Zustand werden sich nur ausnahmsweise als zweckmäßig und geboten erweisen", teilt die Anweisung weiter mit, „wobei alle maßgebenden Momente zu prüfen (bisheriger Cultusverband, Entfernung, Verkehrsverhältnisse usw.), die Wünsche und Gewohnheiten der israelitischen Bevölkerung tunlichst zu berücksichtigen ... sein werden". Aber auch die ministerielle Weisung selbst ist sich der Richtigkeit des vorgezeichneten Weges nicht ganz sicher, wenn sie einerseits nochmals betont, daß neue Kultusgemeinden nur dann geschaffen werden sollen, wenn ausreichend Mittel für die Erhaltung der gottesdienstlichen Einrichtungen vorhanden sind, anderseits weist sie darauf hin, „daß eine zu große Ausdehnung der Kultusgemeindesprengel bei dem natürlichen Hang der israelitischen Glaubensgenossen zum Separatismus gewiß nicht den berechtigten Wünschen der israelitischen Bevölkerung entsprechen" würde.

Im folgenden Juni und Juli des Jahres 1890 forderte dann die k.k. Landesregierung von Kärnten mit Fristsetzung 31. Juli von ihren Bezirkshauptmannschaften Listen der im Dienstbereich wohnhaften Israeliten an. Für diese Listen wurden zum Teil die Ergebnisse der noch laufenden Volkszählung 1890, zum Teil ältere Ergebnisse verwendet, und schon für das Jahr 1890 zeigt sich, daß die Listen weniger Israeliten enthalten, als im Lande lebten.

Zur gleichen Zeit wurde Adolf Freund, der damals wieder Präsident des Israelitischen Kultusvereins war – zwei Jahre zuvor war es Max Stössl gewesen –, aufgefordert, von sich aus ebenfalls eine Übersichtsliste einzubringen. Die Listen der Bezirkshauptmannschaften und jene Freunds stimmen deutlich miteinander überein, Freund hat in seiner Liste rund 5 Prozent weniger Kärntner Israeliten verzeichnet. Vor allem was Villach und einige Orte Oberkärntens betrifft, sind sowohl die Behörde als auch Freund recht schweigsam. Immerhin kommen die Beamten dann trotz einiger Rechenfehler auf die Zahl von 126 Israeliten in Kärnten, darunter 109 in Klagenfurt. Die Zählung der Behörde war also in der Landeshauptstadt am sorgfältigsten und die Bereitschaft der Israeliten, sich zu bekennen, am größten. Immerhin haben die Beamten nicht die niedrigeren Zahlen aus der Liste Freunds genommen.

Letzterer fügte seiner Liste bereits eine grundsätzliche Information an, obschon er noch gar nicht als Partei gehört werden sollte: „Der untertänigst Unterfertigte wagt es noch, zu bemerken, daß zu dem von ihm gegründeten Verein nur ungefähr die Hälfte der hiesigen Israeliten beigetreten sind, daß der Israelitische Cultusverein hier dennoch einen Religionslehrer, Schächter und Betstube erhält. Würde man uns nicht an die Grazer Gemeinde, die uns absolut nichts bieten kann, binden und somit alle hier ansässigen Israeliten, die nach dem neuen Gesetz hier die Steuern entrichten müssen, so könnten wir einen Funktionär bestellen, der das Rabbinat verwesen und die Matrikel führen könnte."

Freund gab also zu diesem Zeitpunkt bereits die grundsätzliche Absicht seiner Klagenfurter Gruppe kund, umriß die Stellung gegenüber der Kultusgemeinde in Graz und wies auch auf die entscheidende Neuerung gegenüber der Situation vor dem Gesetz von 1890 hin: Damals war im Kultusverein jedermann freiwillig Mitglied oder nicht und zahlte seine Beiträge, oder er zahlte nichts. Das neue Gesetz zwang jeden sich bekennenden Israeliten irgendwo zu einer der beiden Arten der Zugehörigkeit und zwang ihn nach Maßgabe seiner Einkünfte auch zur Entrichtung einer „Steuer" an diese Kultusgemeinde. Auf dieses Signal Freunds reagierte die Landesregierung bis zum Herbst nicht, dann erst bekam Freund den Auftrag, eine formelle Stellungnahme mit entsprechenden Anträgen einzubringen.

Unter dem Datum vom 18. September 1890 gab er dann diese Stellungnahme ab, der aber in Anbetracht der vielfältigen argumentativen Gesichtspunkte verschiedene Diskussionen mit verschiedenen Stellen vorausgegangen sein dürften. Freunds Eingabe ist neben ihm auch von einer Reihe anderer, allerdings ausschließlich Klagenfurter Israeliten unterschrieben, die eine eindrucksvolle Phalanx bilden sollten: Max Stössl, der in dieser Zeit schon deutlich in den Vordergrund drängt, dann Markus Preis, Moriz Hoffmann, Jacob (so geschrieben) Fellner, Elias Lilian (ebenfalls ein in den Vordergrund tretender „Neukommer"), Leon Bibring, Salomon Scholten, Bernhard Arnold, Abraham Arnold, Moses Bibring, Sigmund Klinger und Abraham Askenazi.

Der grundlegende Antrag dieser Männer lautete, die Erlaubnis zur Bildung einer selbständigen Gemeinde zu erhalten, der sich alle Kärntner Israeliten als vollwertige Gemeindemitglieder anschließen sollten. Die folgenden Argumente entbehren nicht der Eindringlichkeit: Auch die wenigen freiwilligen Mitglieder des bisherigen Kultusvereins unterhalten bereits einen Religionslehrer, einen Schächter und ein Bethaus, um wieviel leichter sollte dies erst sein, wenn alle, und zwar alle Kärntner Israeliten, zur Mitbestreitung der Kosten beitragen. Auch die Chewra Kadischa habe bisher bereits ihre Aufgabe voll erfüllt, obwohl ihr nur wenige angehörten. Der Rabbiner in Graz habe bisher für die Kärntner nichts geleistet als nur gegen 20 Fälle in die Matrikel eingetragen. Hier erweisen sich die Klagenfurter als schlecht informiert. Sie wissen nicht einmal, daß die Eintragungen nicht nur der Rabbiner Dr. Mühsam, sondern oft der Matrikelbeamte Kollisch gemacht hat – auch kein Beweis für einen sonderlich engen Kontakt zwischen Graz und Klagenfurt.

Ein weiteres Argument: Der weiten Entfernung wegen könnte eine auswärtige Gemeinde (wie Graz) auch gar nicht mehr bieten als die Matrikelführung, „. . . und es ist für uns dasselbe, ob wir der israelitischen Gemeinde in Krakau oder der Grazer israelitischen Gemeinde zugeteilt werden." Den Männern um Freund dürfte also sehr wohl von Graz oder der Landesregierung angedeutet worden sein, welche Pläne man favorisiere.

Dann wird mit großer Offenheit das finanzielle Problem angeschnitten, wobei wir neuerlich sehen, wie nach dem Gesetz von 1868 über die Matrikelführung gerade dieses Gesetz schon dazu verwendet wurde, die Kärntner Israeliten behördlicherseits so fest wie möglich an Graz zu binden. Die Männer um Freund weisen jetzt ganz direkt darauf hin, daß die Grazer Kultusgemeinde bisher von den Kärntnern auch keinerlei Beiträge verlangt hat, die Bindung also nicht ganz so korrekt und legal ist, wie man meinen möchte, die Grazer nicht darauf angewiesen sind und stets sehr wohl gewußt hätten, daß die Kärntner sich dagegen gewehrt hätten. Wenn nun aber alle Kärntner Israeliten durch das neue Gesetz verpflichtet seien, an ihre Kultusgemeinde eine angemessene Steuer zu zahlen, so könnte man damit einen „Rabbinatsverweser und Religionslehrer" bezahlen. Außerdem könnte eine eigene Kultusgemeinde am Ort mit Spenden rechnen, so wie das bisher für den Betsaal der Fall war. Einen eigenen Tempel und ein Badhaus brauche man nicht. Die Beschneidung stelle in keinem Land ein Problem dar, weil man überall Leute finde, die gegen geringes Entgelt dafür befähigt seien. So nehme etwa in Graz seit 30 Jahren der Schächter und Fleischbankaufseher Max Schischa die Beschneidungen vor, ohne daß die Gemeinde selbst dafür etwas bezahlen müsse.

Einen eher angstvollen Ausblick, der aber die Behörde abschrecken sollte, unternahmen die Antragsteller dann mit der Feststellung: „Eine fremde Gemeinde, auch wenn sie eine unverhältnismäßig hohe Steuer von uns einzuheben berechtigt wäre, könnte keineswegs das bieten, was wir jetzt bereits haben."

Dann wird ein Voranschlag gemacht, der einfach, aber einleuchtend aussieht: Für einen Religionsleher brauche man 800 Gulden jährlich, für einen Schächter und Tempeldiener wie bisher 370 Gulden, an Miete für das Bethaus 122 Gulden oder 220, wenn man noch zusätzlich zwei größere Zimmer für Unterrichtszwecke einrichtete. Das alles ergäbe zusammen ein Jahresbudget von 1390 Gulden, die alle Kärntner Israeliten gemeinsam auf Grund ihrer Verpflichtung zur Beitragleistung leicht aufbringen könnten.

Wie aus der Formulierung im Antrag hervorgeht, dachte man daran, daß der Religionslehrer zugleich auch als Rabbinatsverweser fungieren könnte, bis er seine weiteren Studien abgeschlossen oder von der Behörde Dispens von der gesetzlich vorgeschriebenen „höheren Bildung" enthalten hätte. Man dachte dabei aber nicht mehr an den bisherigen Religionslehrer Sternfeld, der fortzog oder verdrängt wurde, sondern an einen Neuankömmling, mit dem zugleich auch der älteste Vertreter eines Clans auf der Bühne erscheint, der später in der Geschichte der Kärntner Judenschaft eine wichtige Rolle spielen sollte: Daniel Friedländer stammte aus Krikinin im Bezirk Stanislau, scheint aber nach Aufenthalten in der Steiermark und Kärnten wieder dorthin zurückgegangen zu sein. Er gab eine Tochter dem jungen Religionslehrer Samuel Mayer Eisler aus Nagytarna zur Frau. Eislers Vater war Rabbiner in Esseg. Zugleich heiratete Samuel Mayer Eislers Schwester Ettel Eisler Daniel Friedländers Sohn Berl in Krikinin, und Samuels Schwester Rosa Eisler ging mit dem Bruder nach Klagenfurt, wo sie schließlich in der Schüttgasse 5 eine Damenkleidermacherei eröffnete. Es ist wohl auch der Einfluß von Ettel Friedländer, geborene Eisler, gewesen, die ihren Geschwistern und Samuels Kindern nach Klagenfurt folgen wollte, daß Berl Friedländer schließlich ebenfalls nach Klagenfurt zog. In diesen Vorgängen kommt geradezu „dynastisches" Denken zum Ausdruck, das der Stärkung der eigenen gesellschaftlichen Position unter den Glaubensgenossen galt.

Dieser Samuel Mayer Eisler sollte nun dem Einfluß seines finanzkräftigen Schwiegervaters entsprechend Religionslehrer und Rabbinatsverweser in Klagenfurt werden, und Freund berichtet in seiner Antragsergänzung an die k. k. Landesregierung, daß für 800 Gulden ein guter und gebildeter Mann da wäre, ja es gäbe noch günstigere Bedingungen, denn er „wäre sogar sofort bereit, diesen Posten anzutreten, wenn wir ihm durch die ersten drei Jahre ein Fixum von 600 Gulden jährlich zahlen".

Die Auffassung der zuständigen Funktionäre der k. k. Landesregierung wurde bereits angedeutet. Sie kam schon mehrmals darin zum Ausdruck, daß die Kärntner oder zumindest die Klagenfurter Israeliten Graz unterstünden, wofür man ja schon früh jene Matrikelabhängigkeit geknüpft hatte, die schon beschrieben wurde. Diese Einstellung zeigte sich nun auch deutlich darin, daß nicht nur der Klagenfurter Kultusverein, sondern auch die Grazer Kultusgemeinde zur Antragstellung aufgefordert wurde – eine Vorgangsweise, die rechtlich eher diskussionswürdig erscheint.

Die Grazer Kultusgemeinde unter ihrem Präses Moriz Fürst ersuchte dann gar um Fristverlängerung für ihren Antrag, wohl, um zuvor die Argumente der Gruppe um Freund kennenzulernen. Am 15. Oktober legte sie dann auf dem Wege über die k. k. Statthalterei für die Steiermark der k. k. Landesregierung von Kärnten ihre Stellungnahme und ihre Anträge vor. In ihrer umfangreichen Stellungnahme entwirft die Grazer Kultusgemeinde zuerst ein eindrucksvolles Bild von ihren bisherigen Leistungen und dem dafür erforderlichen hohen Jahresbudget von 9000 Gulden. Sie weist dann darauf hin, daß sie schon – was für uns nichts Neues ist – seit einer Reihe von Jahren gesetzlich beauftragt war, für die außerhalb von Graz lebenden Israeliten Matrikelführung und Eheangelegenheiten durchzuführen. Wir entnehmen daraus, daß die Grazer Kultusgemeinde nicht nur gegenüber den Kärntnern, sondern auch gegenüber den Judenburgern, Knittelfeldern, Leobenern und Bruckern wie auch den Marburger Israeliten diese Befugnisse ausübte, von denen man in Klagenfurter israelitischen Kreisen so gar nicht erbaut war.

Dann aber beschreiten die Verantwortlichen der Grazer Kultusgemeinde einen sehr bezeichnenden Weg, der ihre genaue Kenntnis des Paragraphen 6 des neuen Gesetzes und die damit mögliche Strategie verrät: Sie sprechen einerseits den Klagenfurtern die Möglichkeit und Fähigkeit zur Führung einer eigenen Kultusgemeinde vollkommen ab, verwahren sich aber andererseits zugleich nachdrücklich dagegen, für die Israeliten außerhalb von Graz mehr Leistungen zu übernehmen als bisher.

Dies hatte der Vorstand der Grazer Kultusgemeinde auch der steiermärkischen Statthalterei zur Kenntnis gebracht und dabei den Antrag gestellt, „daß der territoriale Sprengel der Grazer Israelitischen Cultusgemeinde bloß die im Weichbild der Landeshauptstadt Graz wohnenden Israeliten umfasse, während ihr die außerhalb Graz ansässigen im Sinne des § 6 des Gesetzes ‚zugewiesen' werden. Dasselbe machen wir auch gegenüber den Israeliten in Kärnten geltend." Und dann wird rhetorisch ein Schritt nach vorne und gleichzeitig einer zurück unternommen. „Wir stellen ihnen unsere Institutionen gern und bereitwillig zur Verfügung, sorgen nach wie vor für die Matrikelführung und in bezug auf Eheschließung und Trauung, sind aber außerstande, für ihre religiösen Bedürfnisse in anderer Weise Sorge zu tragen."

Die Abqualifizierung der Bemühungen jener Klagenfurter Israeliten, die eine eigene Kultusgemeinde für Kärnten gründen wollten, geht in der Stellungnahme so vor sich, daß die finanziellen Möglichkeiten für diesen Plan bestritten werden. Unter Ignorierung der Angaben Freunds wird behauptet, daß in Klagenfurt der Rabbiner zugleich Religionslehrer und Matrikelführer, aber auch in einer Person Schächter und Tempeldiener sein müsse, was dem Ansehen dieser einen Person außerordentlich abträglich sei. Dies wird behauptet, obschon bekannt sein mußte, daß in Klagenfurt für das Amt des Religionslehrers schon bisher Sternfeld und für das Amt des Schächters schon lange Jahre Fellner vorhanden waren. Die Grazer Kultusgemeinde habe für diese Funktionen aber sieben Personen angestellt, wird berichtet, aber zugleich auch verschwiegen, daß die Grazer Gemeinde über eine um ein Vielfaches höhere Mitgliederzahl verfügte.

Sehr geschickt wird dann von Grazer Seite weiter argumentiert, daß eine solche Ämtervereinigung vom Religionslehrer bis zum Schächter in einer Person für eine Landeshauptstadt wie Klagenfurt aus Gründen des Ansehens und der Würde nicht möglich wäre. In der Folge werden zwar nirgends die Bestimmungen des neuen Gesetzes über die zwangsweisen Beitragsgebühren erwähnt, doch scheinen sie sehr wohl unausgesprochen im Hintergrund der Überlegungen zu stehen: Die Klagenfurter Israeliten sollten wie bisher selbst für die Befriedigung ihrer religiösen Bedürfnisse sorgen und Graz wie bisher die Matrikel und Eheangelegenheiten betreiben. Alles war aber nicht „wie bisher", denn nun konnten gesetzlich fundierte Beiträge eingehoben werden. Dementsprechend stellte die Kultusgemeinde Graz dann bei der k. k. Landesregierung von Kärnten den Antrag, der Sprengel der Israelitischen Kultusgemeinde Graz solle nur das territoriale Gebiet der Stadt Graz umfassen (wofür die k. k. Landesregierung Kärnten ohnehin nicht zuständig wäre), die Israeliten in Kärnten sollen der Grazer Kultusgemeinde zugewiesen werden.

In dieser Haltung kommt also auf seiten des Vorstandes der Grazer Kultusgemeinde zweierlei zum Ausdruck: ein beträchtliches Maß an finanziellen Erwägungen, wofür das neue Gesetz Anhaltspunkte bot, ein Bedürfnis, das wir vorerst einfach unreflektiert mit dem Terminus „Machtbedürfnis" etikettieren und ebenso unreflektiert in Zusammenhang mit Assimilations- und Emanzipationsbestrebungen stellen wollen.

Gleich verhielt sich die Grazer Kultusgemeinde auch gegenüber den Glaubensgenossen in Marburg, Judenburg, Knittelfeld, Leoben und Bruck, wobei allerdings nur in Judenburg ähnlicher Widerstand wie in Klagenfurt geleistet wurde. Selbstverständlich können wir die beschriebene Tendenz nur auf den Vorstand der Grazer Kultusgemeinde, keineswegs aber auf die gesamte Grazer Judenschaft mit ihren vielen Nuancen beziehen. Soviel fürs erste über die innere Anatomie der israelitischen Gruppen in den Ostalpenländern.

Die k. k. Landesregierung von Kärnten reagierte auf diese Sachlage entsprechend der vorhandenen Intentionen sehr deutlich. In der Sitzung des zuständigen Gremiums vom 14. November 1890 wurde die Entscheidung gefällt: Den Vorsitz führte Landespräsident Franz Freiherr von Schmidt-Zabierow, Teilnehmer der Sitzung waren Hofrat Leopold Graf Goëss, Regierungsrat Anton Stanfel, Bezirkshauptmann Josef Kopp, Regierungssekretär Hans Schuster und der Sachbearbeiter, Bezirkskommissär Franz Xaver Mayrhofer von Grünbühel. Es wurde nach Antrag einstimmig Beschluß gefaßt. Wer den Antrag stellte, bleibt unbekannt, doch ist dies angesichts der starken Homogenität des Gremiums in politischer Hinsicht eher belanglos. Der einstimmige Beschluß lautete, in Kärnten keine Kultusgemeinde zu bilden, das Territorium „nach Steiermark einzuverleiben" und die Kärntner Israeliten nach Graz zuzuweisen. Die Verantwortlichen wollten also kein stärkeres Hervortreten der Kärntner Israeliten in der Öffentlichkeit. Auch wenn es dafür keinen schriftlichen Beleg gibt, da das eigentliche Sitzungsprotokoll nicht erhalten ist, kann man mit Sicherheit annehmen, daß sie bei einer stärkeren organisatorischen Struktur der Israeliten in Kärnten und der damit verbundenen stärkeren staatsrechtlichen Präsenz – die gewählten Mitglieder des Gemeindevorstandes waren ja öffentliche Funktionäre – eine starke Zunahme der Israeliten in Kärnten befürchteten, ja sie hatten vielleicht schon mit der frühen Bindung an Graz durch die Matrikelangelegenheiten eine Abwanderung von Kärnten in die Steiermark fördern wollen. In der Neigung zum Niederhalten von allzu vielen emanzipatorischen Tendenzen, die bis in die öffentlich-rechtliche Sphäre aufsteigen wollten, wußte man sich mit der k. k. Statthalterei für die Steiermark eines Sinnes, wie die ähnliche Vorgangsweise gegenüber Judenburg zeigt. Es wäre aber wohl übertrieben, dies als eine Art „behördlichen Antisemitismus" zu bezeichnen, zumal er zum Großteil sicherlich Produkt der katholisch-konservativ bzw. deutschnational orientierten Einstellung der Verantwortlichen war und den Rahmen bestehender gesetzlicher Bestimmungen keineswegs überschritt, sondern im Gegenteil gerade mit jenem Gesetz der Emanzipation als Instrumentarium hantierte.

Als in der Folge jener in Kärnten keineswegs geschätzte Adolf Fischhof gar hierzulande mit der neuen liberal-föderalistisch eingestellten „Deutschen Volkspartei" zur unangenehmen Überraschung in Erscheinung trat, begriff man deren Sinn als Versuch der Erneuerung der schon zerfallenden deutschliberalen Bewegung keineswegs, sondern scheint eher die Befürchtung gehegt zu haben, daß ihre Mitgliedschaft sich zum Großteil aus Israeliten rekrutieren könnte, die damit einen Schritt näher auf ihrem Weg zur Anerkennung der jüdischen Nationalität wären.[24]

Das zuständige Gremium der k. k. Landesregierung von Kärnten begründete seinen beschlossenen Antrag an das Ministerium für Kultus und Unterricht folgend: In Kärnten gäbe es derzeit nur 37 israelitische Familien, von denen der größte Teil der bisherigen Kultusgemeinde in Graz angehöre. Diese schiefe, aber immerhin von langer Hand seit 1873 vorbereitete Argumentation fußt auf Absatz 1 des § 3, der aber genauso zuließe, den bisher bestehenden Klagenfurter Kultusverein als „zur Zeit der Kundmachung staatlich zugelassenen Verband" stark zu gewichten. Ferner wird als Begründung angeführt, „daß die Aufbringung selbst des geringst präliminierten Ertrages von 1350 Gulden bei der wie schon erwähnt geringen Anzahl der Israeliten in Kärnten, von denen die meisten noch dazu arm sind, für die Länge der Zeit unmöglich erscheint". Dividiert man 1360 Gulden lediglich durch die Zahl der festgestellten Familienväter und Erwerbstätigen, so erscheint der Jahresbetrag von 36 Gulden sicherlich hoch, wenn die verschiedene Vermögenslage der einzelnen Gemeindemitglieder ebensowenig berücksichtigt wird wie die Möglichkeit regelmäßiger Spenden. So befanden sich demnach die Kärntner Israeliten 1890 in dem gleichen Dickicht finanzieller Behinderungen und Einschränkungen wie drei Jahrzehnte zuvor die Protestanten bei ihrer Gemeindeorganisation.

Die Haltung der Verantwortlichen in der israelitischen Kultusangelegenheit hingegen erscheint beinahe als konsequente Weiterführung der ständischen Politik von 1496 und 1781, so daß man von einer Prolongation und Konservierung standes- und glaubensbedingter antisemitischer Haltung sprechen könnte.

2.5. Versuch einer neuen Gesamtkonzeption für den Ostalpenraum

Das k. k. Ministerium für Kultus und Unterricht war offensichtlich mit dem kurzen und bündigen Kärntner Lösungsvorschlag nicht einverstanden, zumal den Verantwortlichen für die Durchführung des Gesetzes von 1890 sicherlich auch dessen organisatorischer Schwachpunkt durchaus bewußt geworden war: Wollte man die Gründung neuer Kultusgemeinden nicht zulassen, mußte das unweigerlich zur völlig unpraktikablen Aufblähung alter Gemeindesprengel und zu einem ausgesprochenen Defizit an religiöser Versorgung der Israeliten und damit zum Austritt oder Abwanderung führen. Nach einer längeren Denkpause gab das Ministerium der k. k. Landesregierung von Kärnten mit 2. Mai 1891 den Auftrag, die Frage der Errichtung einer Kultusgemeinde in Klagenfurt unter der Voraussetzung nochmals zu überdenken, ob die Gemeindebildung unter Einverleibung nicht nur aller Kärntner, sondern auch aller im Herzogtum Krain lebenden Israeliten möglich wäre. Bei diesen Erwägungen sollte man wieder die Fakten der Volkszählung berücksichtigen.

Die k. k. Landesregierung von Kärnten leitete diese Gedankengänge schon am 13. Mai 1891 an die Landesregierung von Krain weiter, welche nun in dieser Frage tätig wurde. Sie scheint den Ergebnissen der Volkszählung ein wenig mißtraut zu haben, sah aber keine Möglichkeit, von diesen als Entscheidungsgrundlage abzuweichen. Jedenfalls setzten sich die zuständigen Beamten mit den Vertretern der Israeliten in den diversen

Orten, vor allem aber in Laibach selbst in solcher Weise ins Einvernehmen, daß sich „alle Israeliten mit der Zuweisung zu einer benachbarten Cultusgemeinde einverstanden erklärten". Die kleine Laibacher Gruppe, die wir schon kennen, faßte dabei interessanterweise den einstimmigen Beschluß, die Behörde möge sie zur großen Kultusgemeinde nach Triest zuweisen, obwohl die Grazer Gemeinde auch für sie schon teilweise die Matrikelführung besorgt hatte. Was die Attraktivität der natürlich weitum sehr angesehenen Triester Kultusgemeinde im besonderen ausmachte, ist aktenmäßig nicht belegt. Geringe Entfernung und günstige Verkehrslage dürften bei den Laibacher Überlegungen wohl ebenso eine Rolle gespielt haben wie die Hoffnung, geschäftliche Beziehungen anknüpfen und eine Aufwertung des eigenen Ansehens vollziehen zu können.

Wegen dieses so dezidert ausgesprochenen Wunsches der Laibacher Israeliten nahm die Landesregierung von Krain Kontakt mit der k. k. Statthalterei in Triest auf, die ihrerseits die israelitische Gemeindevertretung in der Hafenstadt informierte und deren Stellungnahme anforderte. Diese Stellungnahme aber fiel sofort negativ aus. Der Vorstand der Triestiner israelitischen Gemeinde lehnte eine Einverleibung der Laibacher Glaubensbrüder ab und machte geltend, daß die Beitragszahlung der Laibacher in Triest für erstere eine zu große Belastung darstellen, andererseits aber auch die Deckung der religiösen Bedürfnisse der Laibacher Gruppe für Triest mit zu hohen Kosten verbunden sein könnte. Als Hauptargument führte die israelitische Gemeinde Triests ins Treffen, daß zwischen ihren Angehörigen und den ashkenasischen Israeliten Laibachs zu große sprachliche, rituelle und liturgische Verschiedenheiten bestünden. Am 19. Mai 1891 teilte die k. k. Statthalterei für das Küstenland in Triest der k. k. Landesregierung von Krain diesen Sachverhalt mit und nahm in nachdrücklicher Form selbst insoferne Stellung, als sie den Ausführungen der Triester Israeliten vorbehaltlos beitrat. Zwischen den Landesregierungen und Statthaltereien entwickelte sich eine Art Ballspiel, dem die Emanzipationsbestrebungen kleinerer israelitischer Gruppen spielend zum Opfer fielen. Bereits am 25. Mai berichtete die Krainische Landesregierung an die Landesregierung in Klagenfurt, daß somit nur eine Zuweisung, aber keine Einverleibung der Krainer Israeliten an eine andere Kultusgemeinde, nicht mehr an Triest, in Frage komme. Die Beamten drückten zugleich ihre Überzeugung aus, daß die „hierländischen Israeliten" voraussichtlich gegen die Zuteilung nach Klagenfurt besondere Einwendungen nicht erheben dürften.

Dann erst wurde wenige Tage später Adolf Freund von dem Karussell insoferne ein wenig unterrichtet, als angefragt wurde, ob in Klagenfurt Einwände gegen eine Aufnahme bestünden. Freund stimmte sofort freudig zu und meinte überzeugt, daß Klagenfurt auch bei den bisherigen Verhältnissen besser als jede andere Gemeinde die Laibacher versorgen könnte, zugleich hoffe er aber wie viele Menschen damals in Kärnten und Krain auf den Bau der vieldiskutierten Loiblbahn, so daß ein Rabbiner, ein Religionslehrer und ein Schächter in beiden Städten tätig sein könnten. Man machte gar schon Pläne und überlegte, daß der Religionslehrer zweimal die Woche nach Laibach fahren könnte, der Schächter dreimal im gleichen Zeitraum.

Zugleich führte Freund als Argument für seine Zustimmung an, daß ja ohnehin schon jedes Jahr zum Versöhnungsfest und zum Neujahrsfest einige Israeliten aus Krain kämen, „um in unserem Betlokale den Gottesdienst zu verrichten. Ja nur aus dem

Grunde, daß viele Auswärtige zu den hohen Festtagen hier erscheinen, müssen wir Jahr für Jahr einen großen Saal zu dieser Zeit mieten, da unser ständiges Bethauslokal die große Zahl der Zugereisten nicht zu fassen vermag." Freund ließ in seiner Stellungnahme sowohl die Möglichkeit einer Einverleibung als auch einer bloßen Zuweisung, was ja – wie wir schon wissen – auch von der finanziellen Leistungsfähigkeit abhing, offen.

War die Frage einer eigenen Kultusgemeinde in Laibach bzw. die Frage einer Einverleibung an Triest sozusagen Zug um Zug mit so großer Geschwindigkeit zwischen dem 13. und 25. Mai 1891 abgewickelt worden, daß man wohl keine ernsthafte Bereitwilligkeit der beteiligten Behörden vermuten konnte, so trat nun eine auffallende Pause in der Entwicklung ein – eine Pause in den behördlichen Aktivitäten, die offensichtlich für Absprachen genutzt wurde. Die Vertreter der Laibacher Israeliten erhoben am 15. September 1891 bei ihrer Landesregierung Bedenken gegen eine Zuweisung nach Klagenfurt und erbaten sich eine Frist von sechs Wochen für eine endgültige Stellungnahme. In dieser Frist nahmen sie Verbindung mit den Vertretern der Grazer Kultusgemeinde auf, um deren (finanzielle) Angebote zu hören und zu erwägen. Die Grazer Angebote und Versprechungen waren günstiger als der erwogene Anschluß an Klagenfurt, so daß der Vertreter der Krainer Israeliten mit Zuschrift vom 31. Oktober 1891 sich entschieden gegen die Einverleibung oder Zuweisung „an eine eventuell in Klagenfurt zu errichtende Kultusgemeinde" erklärte, weil das „eine allzu empfindliche finanzielle Belastung der einzelnen beitragspflichtigen Mitglieder nach sich ziehen würde, wenn hinreichende Mittel geschaffen werden sollen, den Bestand der nötigen gottesdienstlichen Anstalten und Einrichtungen, die Erhaltung der Religionsdiener und die Erteilung eines geregelten Religionsunterrichtes zu sichern".

Die Krainische Landesregierung fügte in ihrer Mitteilung an die Kärntner Landesregierung noch einen eher hämischen Hinweis darauf hinzu, daß die Klagenfurter oder Kärntner Israeliten „ebenfalls nur einer minder bemittelten Classe angehören", und kündigte ihrerseits weitere Verhandlungen mit der k. k. Statthalterei in Graz über eine Zuweisung der krainischen Israeliten an die dortige Kultusgemeinde an.

Ähnlich ging es mittlerweile auch in den Bestrebungen der israelitischen Gruppen in Judenburg, Knittelfeld, Leoben und Bruck zu, denen gegenüber die Grazer Sirenentöne nicht weniger süß als gegenüber Laibach und Marburg waren, und so ging gerade durch das scheinbar so emanzipatorisch gemeinte Gesetz von 1890 die gemeindemäßige Emanzipation der Israeliten im gesamten Ostalpenraum in profanen finanziellen Überlegungen und Rechnungen der beteiligten Israeliten unter. Den Behörden spielte das im Sinne ihrer Unterdrückungstendenz in günstigster Weise in die Hände.

Der Sachreferent in der k. k. Landesregierung von Kärnten, Regierungssekretär Hans Schuster, faßte nach der Jahreswende am 18. Februar 1892 die für ihn günstigen Fakten neuerlich in einer Eingabe an das Ministerium für Kultus und Unterricht zusammen: Die Kärntner Israeliten hätten sich mit der Einverleibung der Krainer Israeliten vollkommen einverstanden erklärt. Die letzteren hätten sich dagegen ausgesprochen, weil es für sie eine zu große finanzielle Belastung sei. Von den Kärntner Israeliten, ohnehin gering an Zahl, seien die meisten sehr arm. „Unter diesen Umständen stellt daher die k. k. Landesregierung unter Vorlage der Bezugsakten ... die ergebenste Bitte, von der Bildung einer selbständigen israelitischen Kultusgemeinde für Kärnten hochgeneigtest abzusehen und die hierländischen Israeliten an die israelitische Kultusgemeinde in Graz einverleiben oder zuweisen zu wollen."

Damit waren die Würfel endgültig gefallen. Bis im Ministerium für Kultus und Unterricht entschieden wurde, verging aber noch sehr viel Zeit, in welcher der schlecht informierte Freund meinte, die Entwicklung noch beeinflussen zu können. Am 31. Juli 1892 machte er eine Eingabe an das Ministerium, in der er seine persönlichen Vorstellungen und Hoffnungen präzisierte und gleichsam handstreichartig die ursprünglich vom Ministerium ausgehende Idee eines Anschlusses anderer Gruppen an Klagenfurt kühn weiterspann: Es möge festgestellt werden, daß die in Klagenfurt seßhaften Israeliten eine neue Kultusgemeinde zu bilden haben und daß dem Verband dieser Gemeinde die in den Städten Laibach, Marburg, Knittelfeld, Judenburg, Leoben, Bruck seßhaften Israeliten anzugehören haben.

In der Begründung dieses Vorschlages erweist sich Freund als kein sehr guter Kenner der genauen Bestimmungen des Gesetzes von 1890, so daß seine ganze Immediateingabe allein schon damit an Überzeugungskraft verliert. Er weist darauf hin, daß die Kultusgemeinde in Graz nur „ein Ganzes für sich" bilden möchte und die anderen Gruppen nicht aufnehmen wolle, weil deren Versorgung die Einnahmen durch die Kultusbeiträge der Mitglieder übersteige. Dabei übersieht Freund, daß ja daran gedacht war, diese anderen israelitischen Gruppen Graz „zuzuweisen", so daß der Kultusgemeinde und der Behörde wohl Aufsicht und Kontrolle, aber keine eigentliche Leistung erwüchsen. Freund übersieht das und behauptet, daß die Grazer Glaubensgenossen Bruck und Leoben gar nicht möchten.

Was Judenburg und Knittelfeld betrifft, meint Freund, daß allein schon wegen der viel geringeren Entfernung der Anschluß an Klagenfurt sinnvoll wäre. Hinsichtlich Marburgs sei eine Einverleibung bei Klagenfurt allein schon „aus Gründen der Zentralisierung" erwünscht – die Israeliten dort und in Laibach wüßten ja noch nicht sicher, ob in Klagenfurt überhaupt eine Kultusgemeinde gebildet würde und tendierten derzeit nur deshalb nach Graz. Neuerlich gibt Freund seiner kämpferischen Überzeugung Ausdruck, daß die Befriedigung der religiösen Bedürfnisse all dieser Gruppen nur durch den Zusammenschluß mit dem Zentrum in Klagenfurt möglich sei.

Die Entwicklung hatte aber schon längst den anderen Weg eingeschlagen; auch wenn noch mehr als ein halbes Jahr verstrich, bis das Ministerium unter den letzten zu entscheidenden Fällen am 18. März 1893 die Frage der jüdischen Gemeinden im Ostalpenraum entschied: Mit Ministerialverordnung von diesem Tag wurde festgesetzt, daß im Herzogtum Steiermark nur eine einzige israelitische Kultusgemeinde zu bestehen habe, nämlich jene von Graz. Sie umfaßte kraft dieser Entscheidung die Landeshauptstadt Graz und „die im politischen Bezirk Graz-Umgebung gelegenen Gemeinden und Ortschaften." Im § 2 der Ministerialverordnung wurden die außerhalb davon sowie in den Herzogtümern Kärnten und Krain „jeweils wohnenden Israeliten" der Israelitischen Kultusgemeinde in Graz zugewiesen.

In dem nachfolgenden Erlaß vom 26. März 1893 erklärte das Ministerium seine Entscheidung. Die Juden der Umgebung von Graz wurden der dortigen Kultusgemeinde einverleibt, damit deren Wünsche nach religiöser Versorgung berücksichtigt würden, aber auch diese Kultusgemeinde eine „finanzielle Kräftigung" erfahre. Die Zuweisung aller anderen Israeliten in der Steiermark, Kärnten und Krain sei „konform mit den Anträgen der beiden Landesregierungen" erfolgt.

Weiter heißt es: „Auf die von den Israeliten in Judenburg und vom Israelitischen Verein in Klagenfurt gestellten Wünsche wegen Errichtung selbständiger Cultusgemeinden wurde nicht eingegangen, da die gegebenen Verhältnisse der Israeliten in Steiermark, Kärnten und Krain die Errichtung der angestrebten Kultusgemeinden dermaßen nicht zulässig erscheinen lassen."

In den folgenden Zeilen des Erlasses glaubte das Ministerium auch nochmals auf den rechtlichen (und steuerlichen) Unterschied zwischen „Gemeindegenossen" und „bloß Zugewiesenen" hinweisen zu müssen. Vertreter beider Sorten sollten für die Beratung der Statuten herangezogen werden. Wenigstens zwei Vertrauensmänner der Israeliten Kärntens und Krains sollten mit vollem Stimmrecht an diesen Beratungen teilnehmen, um die „berechtigten Wünsche der Zugewiesenen" wahren zu können.[25]

DIE ERGEBNISSE DES GESETZES VON 1890

Im Umfeld entwickelten sich die Dinge ähnlich: Die Tiroler Israeliten wurden der alten Kultusgemeinde Hohenems zugewiesen, die Salzburger, die sich ebenfalls um eine eigene Gemeinde bemüht hatten, an Linz. Charakteristisch entwickelten sich auch die Verhältnisse im Küstenland.[26] Außerhalb Triests – Fiume rechnen wir zu Transleithanien – gab es Israeliten vor allem im habsburgischen Görz, in Cormons, Tolmein, Aidussina, Monfalcone, Gonars und Terzo, ferner im italienischen Udine, Spilimbergo, San Daniele und Chiavris. Wie Triest hatten auch Görz, Cormons und Gradisca d'Isonzo um 1779 viele venezianische Juden aufgenommen, die wegen der harten restriktiven Maßnahmen aus dem Gebiet der Republik geflüchtet waren – venezianische Juden, die immer stolz auf ihr Italienertum blieben. Wie in Triest hatten sich auch in Görz schon lange vor der faktischen Auflösung des Ghettos durch das Toleranzpatent für dieses Kronland die Verhältnisse im Ghetto recht liberal gestaltet, ja das Ghetto von Görz zog wegen der blühenden jüdischen Seidenspinnereien schon um 1740 Massen von christlichen Arbeitskräften an.[27] Erst Leopold II. war es, der dann mit einigen Änderungen die geltende Judenordnung von Galizien auch in der Grafschaft Görz und Gradisca in Wirksamkeit setzte.[28] Damit bekamen diese beiden Orte nun auch eine vorteilhafte Gemeindeorganisation. Während der napoleonischen Zeit nahm vor allem Gradisca an den freiheitlichen Aktivitäten der Triestiner Gemeinde teil,[29] doch besonders ab der Mitte des 19. Jahrhunderts zeigte sich in Gradisca eine Entwicklung, die für kleinere Landstädte, reich geworden als Zentren eines Agrargebietes, typisch erschien: Die Abwanderung in die größeren Orte Görz und Triest verringerte die jüdische Gemeinde ständig. Interessanterweise verlief auch in dem von Handel, Verkehr und Gewerbe stärker bestimmten Udine – wie Zorattini deutlich zeigen konnte – die Entwicklung ähnlich wie in Klagenfurt, obwohl es seit 1866 – das Lombardo-Venetianische Königreich der Habsburger war dahin – nun zu Italien gehörte. Udine hatte wie Klagenfurt eine Zeitlang einen eigenen Kultusverein, aber die endgültige Gemeindebildung wurde nicht gestattet. So führten das Ausbleiben der zahlenmäßigen Konzentration und der stärkeren wirtschaftlichen Erfolge zu Auflösungstendenzen. Gerade dieses organisatorische Manko, wie es auch in Klagenfurt bestand, beklagte noch 1912 Leone Morpurgo im „Corriere Israelitico" vom 12. Oktober dieses Jahres. Udine lag zu weit von den Judengemeinden im Veneto entfernt, Görz und Triest aber befanden sich jenseits der Grenze im Habsburgerbereich, so daß Leone Morpurgo von den „vergessenen Söhnen Israels" in Udine redete (cit. Zorattini S. 56). Auch die organisatorischen Umrisse sind ähnlich wie in Klagenfurt. Hatten die Juden in Udine um 1840 noch ein kleines Bethaus mit deutschem Ritus besessen, wo sich ein Religionslehrer und ein Schächter um das religiöse Leben bemühten, so kam dann später auch die Anlage von Matrikeln dazu, und als schließlich Angelo Landon in den achtziger Jahren die staatliche Matrikelberechtigung bekam, wurde in seiner Wohnung in der Via Palladio Nr. 1 auch der Betsaal eingerichtet.

So nahm Gradisca den umgekehrten Weg wie Klagenfurt. Während sich die Bevölkerung in jener ruhmreichen alten Gemeinde ständig verminderte, nahm sie in Klagenfurt ständig zu. 1865 zählte die Gemeinde in Gradisca 101 Israeliten, 1880 nur 52. Im Jahre 1890 gehörten zu ihr in der Stadt Gradisca selbst 29, 10 in Monfalcone, 2 in Cormons und 1 Israelit in Terzo. Die israelitische Gemeinde in Triest hatte zur gleichen Zeit 4640 Mitglieder, jene in Görz 256. 3 Israeliten lebten zu dieser Zeit noch in Tolmein und 2 in Aidussina.[30] Der Vorstand der Israelitischen Gemeinde von Triest vermochte seine Interessen nicht nur Laibach gegenüber zu wahren. Die Vertreter der israelitischen Gemeinde in Gradisca schlugen den Weiterbestand ihrer alten privilegierten Gemeinde vor, doch die Behörde entschied anders. Am gleichen Tag, an dem auch über Kärnten, die Steiermark und Krain dekretiert wurde, also am 18. März 1893, wurde auch die Ministerialverordnung für das Küstenland ausgefertigt. Das Kultusministerium faßte demnach sehr wohl den ganzen Südostalpenraum als eine Einheit auf, die konsequent in einem Zug durchgestaltet werden sollte. Die Ministerialverordnung entschied, daß Gradisca nicht mehr als eigene Gemeinde zu existieren hatte, sondern die Israeliten der Stadt wie jene von Monfalcone, Cormons, Tolmein usw. der Kultusgemeinde von Görz zuzuweisen seien.[31] Damit bestärkte man sozusagen noch von Amts wegen die Tendenz des Abzugs der Israeliten in wenige größere Zentren, um das Land frei von ihnen zu machen und Kontrollen leichter durchführen zu können, dabei wohl auch jene Wege der Assimilation nicht ganz aus den Augen zu verlieren, die nicht aufzuhalten waren.

Überblickt man das Ergebnis der Durchführung des Gesetzes von 1890, so ergibt sich folgendes Bild: Böhmen und Mähren erhielten 256 Kultusgemeinden, Galizien 253, die Bukowina 15, das österreichische Schlesien 10, Österreich unter der Enns 14. Demgegenüber hatte Dalmatien 2 Kultusgemeinden, das Küstenland ebenfalls 2, Österreich ob der Enns 2, die Steiermark, Kärnten, Krain 1, Tirol-Vorarlberg 1.[32] Das Schwergewicht lag mit Ausnahme der Haupt- und Residenzstadt und ihres Umfeldes in den Gebieten von Böhmen bis zur Bukowina. Alte Konzeptionen aus der Zeit vor 1781 scheinen da durchzuschimmern.

Das Gesetz vom 21. März 1890 betreffend die Regelung der äußeren Rechtsverhältnisse der israelitischen Religionsgesellschaft hatte sich demnach in der Praxis als durchaus restriktiv für bestimmte Gebiete erwiesen, und es wäre naiv, dies lediglich auf jene angeblich zu geringe Anzahl von Israeliten zurückzuführen, die in jenen Gebieten lebte, auch ist der Abs. 4 des § 3 im Gesetz so dehnbar, daß in keiner Weise jene

„hinreichenden Mittel" definiert werden, die für die Gründung einer neuen Kultusgemeinde ausreichen sollten. Damit erweist sich der Absatz 4 dieses Paragraphen als genauso vage und dehnbar wie der Absatz 1 von den „staatlich zugelassenen Verbänden", die in Anbetracht ihrer Aufgabe einer Kultusgemeinde gleichstehen und die Gundlage für die Feststellung von Gemeindesprengeln bilden sollten. So hat Gradisca genauso seine Kultusgemeinde durch das Gesetz verloren wie Klagenfurt seinen Kultusverein.

Zugleich hatte das Gesetz mit diesem Gesichtspunkt die Überbetonung der finanziellen vor den geistigen und religiösen Fragen in einem Ausmaß gefördert, wie es zuvor nicht der Fall gewesen, und es hatte offensichtlich aus Gründen der staatlichen Kontrollierbarkeit zwei Sorten von Israeliten geschaffen, die wirklichen und einverleibten Gemeindemitglieder einerseits und die Unterschichte, die „Zugewiesenen", ohne eigentliche religiöse Versorgung andererseits, von der man erwarten konnte, daß sie sich im Zuge des gesellschaftlichen Prozesses durch Übertritt und Vermischung vielleicht auflösen würde.

Mit der Zuweisung der Kärntner Israeliten an Graz hatte nach rechtlicher Logik naturgemäß der „Israelitische Cultusverein Klagenfurt" seine Berechtigung verloren. Er wurde demnach dann liquidiert, was dem Nachfolger Freunds, Max Stössl, wohl nahegelegt worden war. Letzterer meldete jedenfalls mit 1. April 1895 die Auflösung des Vereins an die Behörde, „da die durch denselben angestrebten Zwecke von nun an von der Israelitischen Cultusgemeinde Graz erfüllt werden". Diese dürfte wohl entsprechende Bedingungen gestellt haben, und Stössl selbst war dies vielleicht gar nicht so unlieb, erinnerte der Verein doch stark an die Verdienste und Leistungen seines Vorgängers Adolf Freund. Der Sachbearbeiter der Landesregierung fügte noch den Aktenvermerk hinzu, daß der Verein sich freiwillig aufgelöst habe.[33]

In der bisherigen auf Österreich bezüglichen Literatur wird der Aspekt der Wirkung des Gesetzes von 1890 in der Praxis nicht berücksichtigt – was Kärnten betrifft, bestehen überhaupt gewisse Irrtümer.[34] Interessanterweise ist der Aspekt der gescheiterten Gemeindegründung von 1891 aber auch der späteren Klagenfurter Judenschaft nicht bewußt geworden. Dr. Silvio Stössl, ein Sohn Max Stössls, folgt getreu der üblichen Argumentation, daß zuwenig Geld vorhanden gewesen sei, ohne die Sachlage wirklich zu reflektieren, und bewahrt auch keinerlei Wissen um die Tradition, wenn er sich ganz die Grazer Sehweise aneignet.[35]

Die unmittelbare weitere öffentlich-rechtliche Entwicklung der Verhältnisse der Israeliten in Kärnten entbehrt nicht der dramatischen Ereignisse. Die Grazer Kultusgemeinde entwarf ihre Statuten. In diesen wird festgehalten, daß alle Gemeindemitglieder als ihr Vertretungsgremium den Kultusrat wählen und dieser wiederum als engeres Führungs- und Verwaltungsgremium den Kultusausschuß und den Vorstand. Der Kultusrat hat das Recht, religiöse Veranstaltungen oder Privatbethäuser zu genehmigen oder zu verbieten. Der Kultusausschuß wiederum macht das Jahresbudget und schreibt mit behördlicher Genehmigung auch die Beiträge an die einzelnen Mitglieder vor. Religionsunterricht erteilt der Rabbiner oder ein sonstiger dazu bestimmter Religionslehrer. Die Beschlußfassung über den vom Rabbiner verfaßten Lehrplan und die Lehrbücher obliegt dem Kultusausschuß, der dafür auch die schulbehördliche Genehmigung einholt. Für den Besuch der jüdischen Gemeindeschule in Graz wurde ein Schulgeld von 1 Gulden 20 Kreuzer pro Schulsemester beschlossen – für Kinder, die neben dem Besuch der staatlichen Schulen zusätzlich den israelitischen Religionsunterricht erhalten sollten, also praktisch für alle Kinder außerhalb von Graz, wurde ein Schulgeld von 3 Gulden pro Schulsemester festgesetzt. Bestehende Vereine und Stiftungen wie etwa der Klagenfurter Kultusverein und die Klagenfurter Chewra Kadischa sollten laut Statut unter der Aufsicht des Kultusrates stehen.

Während diese Statuten entwickelt wurden, ging die indirekte Auseinandersetzung zwischen den Grazer und den Klagenfurter Israeliten insofern weiter, als Freund im Frühling 1893 – als die Ministerialverordnung schon erschienen war – wenigstens in einem Teilbereich Selbständigkeit für seine Klagenfurter Gruppe zu erringen trachtete. Das Kultusministerium kam ihm dabei insofern entgegen, als es schon am 15. März 1893 die Landesregierung gefragt hatte, ob für Kärnten eine eigene Matrikelführung in Klagenfurt gebildet werden sollte. Auch dies wurde aber aus Kreisen der Landesregierung und der Grazer Kultusgemeinde abgelehnt, und die Beamten befragten zu diesem Problem „unbefangene Israeliten" in Kärnten wie etwa Dr. Porges, der als k. k. Bezirksarzt nur die erwartete Antwort geben konnte. Im Zuge dieser Diskussion hatte Freund jene nicht stimmenden Informationen über die Anzahl der eingetragenen Geschäftsfälle gegeben, die schon erwähnt wurden, und die Landesregierung nahm dann durch die Sachbearbeiter Hans Schuster und Franz Xaver Mayerhofer von Grünbühel in der Form Stellung, daß sie ausführten, es handle sich um so wenige Eintragungsfälle, daß die Errichtung eines eigenen Matrikelamtes für Kärnten „überhaupt nicht ernst genommen werden könne". Graz behielt also die Matrikelführung, und Kollisch oder Dr. Mühsam führte weiterhin in den in Graz befindlichen Büchern die Eintragungen durch.[36]

Diese harte behördliche Entscheidung wurde vielleicht noch dadurch bestärkt, daß Adolf Freund und seine Gruppe den Beamten wieder andere Mühe gemacht hatten – der Kultusverein bestand ja zu diesem Zeitpunkt noch. Sie hatten nämlich schon vorher, am 11. Januar 1894, in einer Eingabe an die Landesregierung gegen die Statutenentwürfe der Grazer Kultusgemeinde Protest eingelegt, und dieser Protest wurde schließlich in der Kärntner Landesregierung bearbeitet.

Nun trat aber eine entscheidende Wendung ein. Als Mayerhofer von Grünbühel einen Vertreter des Klagenfurter Kultusvereins zu einer Besprechung über den Protest vorlud, erschien nicht mehr Adolf Freund, der auch nicht mehr Obmann des Kultusvereins war. Sein Fernbleiben wurde mit einem Todesfall in der Familie begründet. Dieser hatte 1893 tatsächlich stattgefunden, Adolf Freund verließ aber ohnehin bald Kärnten, um nach Preßburg zu gehen, und dies wohl wegen familiärer Schwierigkeiten, die Stössl die Konkurrenz leichtgemacht hatten.[37] Anstatt des geradsinnigen, altmodischen Freundes war nun der wendige Max Stössl an die erste Stelle gerückt, und der konnte Mayerhofer von Grünbühel von seinem Standpunkt überzeugen und auch eine simple, aber dem Beamten plausible Erklärung für die Feindschaft zwischen der Grazer Kultusgemeinde und den Klagenfurter Israeliten suggerieren: Die Grazer seien Anhänger des fortgeschrittenen Reformjudentums, wogegen die Klagenfurter „an der orthodoxen Richtung festhalten".[38]

Die Argumente, die nun Stössl vorbringen konnte, waren aber gewichtig genug:

Das Komitee der Grazer Israeliten, welches die Statuten verfaßt hatte, hatte dies ohne Beiziehung eines Kärntners getan und in den Statuten eine völlige weisungsmäßige und finanzielle Abhängigkeit der Kärntner Israeliten vom Grazer Kultusrat und Kultusausschuß begründet. Damit zeigt sich in der Praxis eine neue Schwäche des Gesetzes von 1890, die sich nicht nur im Verhältnis Kärnten zu Graz, sondern auch in der Situation vieler Gruppen von „Zugewiesenen" im Habsburgerreich zeigte. Mayerhofer von Grünbühel erlaubte sich sogar, in seiner Mitteilung des Falles an die k. k. Statthalterei für die Steiermark zu formulieren, daß „der Entwurf gerade die Regelung der aus der Zuweisung auswärtiger Israeliten zur Grazer Kultusgemeinde sich ergebenden Verhältnisse in äußerst unklarer und flüchtiger Weise behandelt und jeder näheren hier fälligen Erörterung gänzlich aus dem Wege geht".

Mayerhofer wußte, daß der Grazer Statutenentwurf sich die Statuten von Wien und Troppau zum Vorbild genommen hatte, er sah aber plötzlich gerade darin einen Mangel. Stössl gelang es jedenfalls in seiner überzeugenden Art, den Beamten als Fürsprecher zu gewinnen. Er verlangte verschiedene Abänderungen des Statutenentwurfes: Die Kosten der sachlichen und persönlichen Erfordernisse in Klagenfurt sollten durch Kultussteuereingänge in Kärnten gedeckt werden. Offenbar wollte Stössl damit schon den Grundstein für den Beweis liefern, daß Kärnten seine Einrichtungen als selbständige Kultusgemeinde hätte selbst erhalten können. Die einheimischen Israeliten sollten Einfluß auf die Bestellung des Schächters und Religionslehrers nehmen können und nicht der Grazer Entscheidung ausgeliefert sein, das Klagenfurter Bethaus, also der gemietete Betsaal, sollte als Gemeindebethaus anerkannt und die vom Vorstand des Klagenfurter Kultusvereins eingegangenen Verpflichtungen sollten anerkannt werden.

Im Zusammenhang mit diesem Kärntner Protest machte dann Mayerhofer namens seiner Landesregierung weitere Vorschläge an die Grazer Kultusgemeinde, die auf eine Aufwertung der Klagenfurter Israeliten abzielten. Ob das nun getan wurde, weil unverbindliche freundliche Worte an der grundsätzlichen Situation nun ohnehin nichts mehr ändern konnten, muß dahingestellt bleiben. Mayerhofer meint jedenfalls in seiner Stellungnahme gegenüber der Grazer Statthalterei weiter, daß „das Streben der Kärntner Israeliten nach Erlangung einer gewissen Selbständigkeit innerhalb der Kultusgemeinde durch die nunmehr zutage liegenden Gründe hinlänglich gerechtfertigt ist", ja er plädiert direkt dafür, daß „statutarisch bestimmte Garantien . . . für ihre unleugbar vorhandenen Sonderinteressen" gegeben werden, und nennt Klagenfurt mit Nachdruck eine „Filialgemeinde".

Natürlich kommt das entscheidende finanzielle Problem ebenfalls in den Vordergrund, doch Mayerhofer vertritt nun den Standpunkt, daß die Kärntner Israeliten keine Kultussteuerbeiträge an Graz abliefern können, wenn sie „ihre selbstgeschaffenen örtlichen Kultuseinrichtungen fernerhin zu bestreiten" haben. Es schwebt ihm letztlich folgende Konstruktion vor: „Es würde sich also darum handeln, daß der Gesamtheit der Israeliten Kärntens, wenn nicht ausdrücklich, so doch dem Wesen nach der Charakter einer Filialgemeinde zu Graz zugestanden wird – ein Zugeständnis, das nach ha. Anschauung im Rahmen des Gesetzes vom 21. März 1890 ohne weiteres zulässig erscheint."

Auch wenn es sich bei dieser Klagenfurter Stellungnahme gegenüber der k. k.

Statthalterei in Graz nur um „kostenlose" tröstende Worte für die Kärntner Israeliten handeln sollte, zeigt die ausführliche Darlegung von Franz Xaver Mayerhofer v. Grünbühel doch an, daß der Rangjüngste in dem mit den israelitischen Entscheidungen betrauten Klagenfurter Gremium die aufgeschlossensten und flexibelsten Auffassungen vertrat. Der Beamte entwirft auch durchaus die praktischen Konsequenzen einer solchen Sachlage, wenn er vorschlägt: „Es wird in Erwägung gezogen, daß die hierortigen Israeliten mit Ausnahme der Matrikelführung sowie hinsichtlich einzelner nach § 17 dem Rabbiner in Graz vorbehaltenen Funktionen[39] die Einrichtungen der dortigen Cultusgemeinde gar nicht in Anspruch nehmen, und da für die erwähnten Verrichtungen ohnehin besondere Gebühren vorgeschrieben sind, so erscheint das Verlangen, daß die in Kärnten aufgebrachten Abgaben der Israeliten ausschließlich für die eigenen örtlichen Cultusbedürfnisse zu verwenden seien, zweifellos gerechtfertigt."

Mayerhofer macht diese angestrebte völlige finanzielle Trennung der Kärntner Israeliten von der Grazer Kultusgemeinde noch dadurch plausibel, daß er einräumt, für den Mangel an Kärntner Abgaben nach Graz ergäbe sich ohnehin dadurch eine Entschädigung, daß die Kärntner Israeliten für die erwähnten Dienste des Rabbiners und Matrikelführers ohnedies höhere Gebühren zahlen als die sonstigen Mitglieder der Grazer Kultusgemeinde, „um ihr damit ein teilweises Äquivalent für den Entgang der sonstigen Abgaben aus Kärnten zu bieten". Daher sei es nur logisch, daß die Kärntner auch eine eigene Schätzungskommission für die Einhebung des Kultusbeitrages bilden dürfen.

Was das Amt des Schächters betrifft, so zeigt die Klagenfurter Behörde nunmehr auch größeres Verständnis, und Mayerhofer weist darauf hin, daß für die Israeliten die Inanspruchnahme des Schächters eine Sache besonderen Vertrauens sei. Er müsse unbedingt die gleichen religiösen Anschauungen haben wie diejenigen Menschen, für die er bestellt wird. Dahinter steht die Überlegung, daß sich also zwischen einem aufklärerisch-reformbesessenen Schächter und östlich-altgläubigen Israeliten dieses besondere Vertrauensverhältnis nicht einstellen könne. Dementsprechend müsse die Bestellung des Schächters eine rein Kärntner Angelegenheit sein. Eine ähnlich heikle Sache sei das Bethaus bzw. der Betsaal. In dieser Kärntner Stellungnahme an die k. k. Statthalterei in Graz wird im Sinne der Kärntner Israeliten auch nachdrücklich dafür eingetreten, daß der Betsaal in Klagenfurt als Gemeindebethaus anerkannt werde, um seinen Bestand sicherzustellen. Auch auf diesem Gebiet soll also eine gewisse Kärntner Selbständigkeit garantiert werden, denn „ein aus den örtlichen Mitteln zu erhaltendes Privatbethaus würde nicht genügen, weil ein solches nach § 25, Abs. 3 des Gesetzes vom Gutdünken der Grazer Gemeinde abhängig wäre", das heißt, der dortige Kultusvorstand könnte seine Verwendung jederzeit verbieten.

So zeigt sich also in dieser nichts weniger als nachhaltig geführten Auseinandersetzung zwischen den Klagenfurter und Grazer Israeliten bzw. profilierten Führungsgruppen innerhalb dieser Menschen mit besonderer Deutlichkeit Sinn und Schwäche des Gesetzes vom 21. März 1890: Es diente in besonderem Maße der Vereinheitlichung und Nivellierung und ermöglichte die Entfaltung starker Kontrollinstanzen innerhalb der Israelitengruppen, auf welche sich wiederum die kontrollierende staatliche Behörde mit Erfolg stützen konnte. Interessanterweise klingt in dieser Auseinandersetzung zwischen

Israeliten von Klagenfurt und Graz auch schon jener vor allem durch Stössl als Erklärungsschema verwendete Gegensatz zwischen Reformisten und Altgläubigen an, der sich bald aber unter der Schar der Klagenfurter Israeliten selbst mit aller Schärfe auftun sollte.

Auch die Grazer Statthalterei griff nun in die Angelegenheit ein und befahl Verhandlungen zwischen Vertretern der beiden israelitischen Gruppen. Diese Verhandlungen führte auf Grazer Seite nur der bevollmächtigte Gemeindesekretär Albert Löwit, Vorstand oder Kultusrat blieben ihnen aus Protest und Verachtung fern. Die Klagenfurter Seite aber trat mit allen ihren „Aktivisten" auf: Adolf Freund, Max Stössl, Sigmund Klinger, Adolf und Markus Preis, Daniel Bonyhadi, Moses Bibring, Jakob Arnold, Elias Lilian, Abraham Azkenasi, Jakob Fellner, Bernhard Arnold und Leon Bibring.[40]

Trotz des großen Aufgebotes und des behördlichen Wohlwollens, das allerdings bezüglich der Grazer Statthalterei nicht belegt ist, setzten sich die Kärntner gegen Löwit nicht durch. Es wurde ein gütliches Übereinkommen einstimmig erzielt, welches der Grazer Kultusvorstand ratifizierte – die Kärntner hingegen zogen ihren Protest zurück. Es war sicherlich auf den Einfluß der Kärntner Landesregierung zurückzuführen, daß die teilweise Selbständigkeit der Kärntner Israeliten auch formal zum Ausdruck kam: Es wurde nicht der Entwurf der Grazer Statuten geändert, sondern zu diesen Statuten ein zusätzliches Übereinkommen hinzugefügt, welches das Datum vom 18. November 1894, also des Verhandlungstages, trägt. Da aber Leobner und Judenburger Israeliten auch schwere Vorwürfe gegen die Führungsgruppe der Grazer Israeliten erhoben hatten, führte nun der besonders nachhaltige Kärntner Protest dazu, daß auch diesen israelitischen Gruppen des Murtales ein gleiches Maß an Selbständigkeit eingeräumt wurde wie den Klagenfurtern.

Wie sah aber dieses Zugeständnis aus: Die Einstellung von Gemeindebeamten oder Funktionären wie auch die Bestätigung derzeitiger Angestellter in Klagenfurt (und Judenburg wie Leoben) war nur mehr über Vorschlag der dortigen Israeliten möglich.

Neben Klagenfurt hatten auch Judenburg und Leoben Bethäuser. Dieser Situation wurde folgend Rechnung getragen: Die von den an diesen Orten lebenden Israeliten beschlossenen Bethaus- und Gebetsordnungen müssen vom Grazer Kultusvorstand bestätigt werden. Änderungen dieser Ordnungen sind nur möglich über begründetes Verlangen von mindestens einem Drittel der an diesen Orten lebenden Israeliten. Durch die Bestätigung seitens des Grazer Kultusvorstandes gelten diese Bethäuser als Gemeindebethäuser.

In finanzieller Hinsicht aber sicherte sich die Grazer Kultusgemeinde ihre Interessen: Absatz IV des Abkommens lautet: „Die Kosten sämtlicher sachlicher und persönlicher Bedürfnisse für die kulturell-jüdischen Institutionen in Klagenfurt müssen durch die Beitragseingänge aus dem ganzen Kronland Kärnten, abzüglich der 15 Prozent für die Central-Leitung, die abzugsfrei der Grazer Cultusgemeinde verbleiben, gedeckt werden." Die völlige finanzielle Lösung von Graz gelang also weder Klagenfurt noch Leoben und Judenburg. Die kommissionelle Schätzung der Einkünfte der Israeliten und die Vorschreibung ihrer Kultusbeiträge wurde ebenfalls durch Grazer Vorstandsmitglieder durchgeführt, und zwar nach den bestehenden staatlichen Vorschriften. Die bestehenden Schulden des Israelitischen Kultusvereines in Klagenfurt in der Höhe von 250

Gulden wurden zur Tilgung in mehrjährigen Raten in das Kärntner Budget eingebaut und mußten auch durch Kärntner Beiträge getilgt werden, nicht durch Grazer Gelder.

So hatte die Grazer Kultusgemeinde ihre finanziellen Interessen sichern können, davon abgesehen waren aber die israelitischen Gruppen in Leoben, Judenburg und Klagenfurt ein wenig autonomer geworden. Interessanterweise wird im Text des den Grazer Statuten hinzugefügten Sonderabkommens einzeln nur auf die Klagenfurter Rechte Bezug genommen und nur in einem Pauschalsatz festgestellt, daß Gleiches auch für die beiden obersteirischen Gruppen gilt. Mit diesen Diskussionen war für lange Zeit die endgültige organisatorische Struktur der israelitischen Gruppen im Ostalpenraum festgelegt. Die Diskussion wurde auch nur von Klagenfurter – nicht einmal von Vertretern der Villacher – Juden, geführt.

Wie zu sehen ist, zeigt sich gerade am Beispiel der jüdischen Kärntner Minderheit besonders deutlich, wie Assimilation und Realisierung gewisser kollektiver Rollenerwartungen einander nicht ausschließen. Dabei ergibt sich, daß Assimilation in diesem Land – und nicht nur dort – grundsätzlich Teilnahme am Germanisierungsprozeß bedeutete. Schon die verkehrsgeographische Lage und noch mehr das Netz ökonomischer und sozialer Gegebenheiten hatten immer schon die zuströmenden Auswärtigen wie in einen Strudel in den laufenden Germanisierungsprozeß integriert, da gerade dieser Eindeutschungsvorgang die Vorbedingung für materielle Sicherheit und gesellschaftlichen Aufstieg darstellte. Es muß also die Intensität und auffallende Permanenz des Eindeutschungsvorgangs als Charakteristikum für die neuzeitliche Entwicklung Kärntens angesehen werden.

Eine nicht einfache Position ergab sich dabei für die einheimische slowenische Minderheit im Lande, die diesen Germanisierungsprozeß sehr wohl registrierte.

Dieser Germanisierungsprozeß bedeutete ja zugleich auch die Auflösung unverwechselbarer kultureller Elemente, die gerade in der eigenen Sprache in großem Ausmaße existent waren. Die jüdischen Einwanderer verloren im Lande sehr rasch den Gebrauch des Jiddischen, ja viele von ihnen, die aus Böhmen und Westungarn gekommen waren, hatten es zuvor schon abgelegt. Am stärksten war es noch bei den Einwanderern aus Galizien und der Bukowina vertreten, doch bis Anfang der Zwanzigerjahre löste sich dieser Sprachgebrauch so weitgehend auf, daß man das Jiddische in den sonntäglichen Theateraufführungen schon eher als eine liebenswerte, aber nicht mehr ganz zeitgemäße Kuriosität genoß. Dies umso eher, als man zugleich ja auch die Rückzugsmöglichkeit in die Kultsprache noch immer zur Verfügung hatte. Was für die slowenische Minderheit dann das grundsätzliche Festhalten an der Sprache war, das war bei der anderen Minderheit das Festhalten an Glaube und Kult.

Und wenn die Grazer Kultusgemeinde dann sicherlich auch im Zusammenhang mit der erstrebten Anerkennung der jüdischen Nationalität auf besondere Geschlossenheit und sraffe Einheitlichkeit der Organisationsform drängte, dann ergab sich darauf ein unüberbrückbarer Widerspruch zu den Kärntner Interessen.

3. Zwischen Emanzipation und Anpassung

3.1. Die Expansion der Ansiedlung

> „Unsere Zahl ist noch in fortwährender Steigerung begriffen und dürfte, da Klagenfurt mit der bevorstehenden Eröffnung der Tauernbahn ein wichtiger Knotenpunkt des Handels und Verkehrs zu werden verspricht, in den nächsten Jahren noch eine sehr beträchtliche Zunahme erfahren."
>
> Max Stössl im September 1905 an die k. k. Landesregierung von Kärnten

Von den neunziger Jahren des 19. Jahrhunderts bis in die Jahre vor dem Ersten Weltkrieg nahm die israelitische Bevölkerung in Kärnten in einem sehr ausgeprägten Rhythmus zu. Stössl berichtet bis zum Jahre 1905 ungefähr eine Verdreifachung ihrer Zahl, und tatsächlich sind vor und nach diesem Stichjahr viele Familien und Einzelpersonen als Neuansiedler in verschiedene Orte Kärntens gekommen. Auch wenn die Volkszählungen in den Jahren 1880, 1890, 1900 und 1910 erfolgten, bietet sich doch das Jahr 1905 als ein günstiges Stichjahr an, weil zu diesem Zeitpunkt Behörde und Israeliten selbst eine gewisse Überschau durchführten.

In Klagenfurt haben sich beispielsweise folgende neue Familien niedergelassen:[1]

Der Getreidehändler Moritz Braun ließ sich 1904 in Klagenfurt nieder, wo seine Frau Sarah Schönwald aus Szolonak schon im folgenden Jahr starb. Als Braun dann zum zweiten Male heiratete, ging er mit der zweiten Gattin, Therese Kaufmann, 1906 nach Villach, wo er ein Geschäft in der Weißbriachgasse eröffnete. Später erfolgte eine deutliche Ausweitung der Firma.

Der Hausierer Franz David, der sich selbst meist als „Colporteur" bezeichnete, war mit seiner Frau Rosalia Lindenfeld nach Klagenfurt gekommen, wo sie viele Kinder hatten. Seine Brüder Albert und Isidor folgten nach, blieben aber auch im gleichen Beruf.

Der Kaufmann David Duschinsky aus Nadas in Ungarn war zuerst nach Wien gezogen, wo er seine Frau, Regi Eisenschimmel, geheiratet hatte. Dann zogen die beiden nach Klagenfurt, wo 1905 der Sohn Josef geboren wurde.

Der Religionslehrer Samuel Mayer Eisler, der uns schon bekannt ist, war 1903 gestorben, seine Frau Rosa Eisler erhielt sich und die Tochter Irene als Krämerin, bezeichnete sich selbst aber meist als „Kaufmann".

Im Jahre 1905 war auch schon Chaim Fischbach in Klagenfurt, der hier einen großen Clan begründete. Der 1855 geborene Mann hatte ein weites Wanderleben hinter sich. Er stammte aus Jagielnica in Galizien, war mit seiner Gattin Chaje Weißman, mit der er bis 1917 nur rituell, also nach staatlichem Gesetz ungültig, verheiratet war, nach Nizborgnovy im Bezirk Husiatyn gezogen, von dort in die Bukowina, nämlich nach Neu-Zuczka bei Czernowitz, schließlich nach Sarapczin in Rumänien, ehe er in die

Steiermark und zuletzt nach Klagenfurt kam. Dort entstammten der Ehe mehrere Kinder, aber auch Brüder Fischbachs kamen aus Galizien nach Klagenfurt nach. Der soziale Aufstieg ging, da Chaim Fischbach ursprünglich nur Hausierer gewesen war, relativ langsam, aber beständig vor sich.

Anders war es mit dem Clan der Friedländer, der sich ebenfalls in Klagenfurt entfaltete. Nach Daniel Friedländer wird in Klagenfurt Meyer Max Friedländer vor 1905 feststellbar, der als Kommis in die Landeshauptstadt gekommen war und 1905 nicht in Klagenfurt, sondern in Wien Perl Bibring geheiratet hatte. Wenn diese eine Tochter Moriz Bibrings gewesen ist, dann fand die Hochzeit vielleicht aus Reputationsgründen in Wien statt, wie es auch bei einigen anderen Familien festzustellen ist. Meyer Friedländer war 1877 in Kalucz in Galizien geboren worden, sein Vater Berl Friedländer, der Ettel Eisler, die Schwester des seinerzeitigen Religionslehrers geheiratet hatte, stammte hingegen wie Daniel Friedländer aus Krikinin im Bezirk Stanislau.

Ein gewisser Julius Lustig aus Szempcz im Komitat Preßburg war 1905 noch ledig, hatte aber schon Kontakt mit Max Stössl in Klagenfurt. Vier Jahre später sollte er dann in Preßburg seine Cousine Hedwig heiraten, mit der er sich unmittelbar darauf endgültig in Klagenfurt niederließ. In Zusammenarbeit mit Moritz Braun entstand später die Firma Braun und Lustig.

Ein Berufskollege Stössls war der Lederhändler Adolf Mechur aus Tyrnau, der sich mit seiner Frau Hermine 1902 in der Renngasse in Klagenfurt niedergelassen hatte. Die Familie läßt sich nur bis zur nächsten Generation in Klagenfurt verfolgen. Gleich ist es mit dem Krämer Moses Markus Meninger aus Stanislau, der ebenfalls in die Familie von Moriz Bibring eingeheiratet hatte. Als er starb, führte die Witwe Regina (Rebekka) Meninger, geb. Bibring, das Unternehmen als „Geschäftsfrau" weiter.

Als junger, lediger Angestellter tauchte auch Josef Müller in Klagenfurt auf. Er stammte aus dem Bezirk Ledec in Böhmen. Im Jahre 1906 holte sich Müller aus der angesehenen Judenburger Familie Posamentier die Braut Hedwig, die er in Linz heiratete. Dann ließ er sich endgültig als Likörfabrikant in Klagenfurt nieder.

Früher schon war der strebsame junge Ignatz Ostermann aus Kalucz in Galizien nach Klagenfurt gekommen. Er lernte bei dem Kaufmann Leon Bibring in der Domgasse 15, der zuvor in Knittelfeld gewesen war. Leons Sohn Max zog später nach Fohnsdorf. Ignatz (Isak) Ostermann heiratete aber die Tochter Eleonora von Moriz Bibring, mit der er vorübergehend nach Mürzzuschlag zog, dann aber wieder nach Klagenfurt zurückkehrte. Von seinen drei Töchtern heiratete später Regine jenen Max Bibring und zog zu ihm nach Fohnsdorf.

Dr. Salomon Porges, der schon mehrfach erwähnt wurde, befand sich nicht im engeren Kreis um Max Stössl, war aber naturgemäß eine Persönlichkeit, die jener zur Kenntnis nehmen mußte. Er war 1881 aus Gmünd weggezogen und k. k. Bezirksarzt in Spittal/Drau geworden. Viele seiner Kinder, die zum Teil noch in Gmünd geboren worden waren, heirateten aber meist nicht in Kärnten, sondern zogen aus dem Kronland fort. Dr. Porges starb im Alter von 77 Jahren 1918 in Spittal, seine Gattin Johanna, geb. Sattler, erst nach 1922. In der Tradition der jüdischen Ärzte Kärntens ist er eine der einprägsamsten Erscheinungen. Sein Sohn Dr. Walter Porges übernahm die Praxis in Spittal.

In der Familie des uns schon bekannten Möbelhändlers Markus Preis ereigneten sich Schicksalsschläge. 1894 starb die junge Frau Fanny, vielleicht aus Kummer über die tödliche Krankheit ihres ältesten Buben. Die 1891 geborene Tochter Rosa wurde nach der Tante Rosa Preis benannt, die 1887 in der Schulhausgasse gestorben war (später 10.-Oktober-Straße). Markus Preis hatte dann 1895 zum zweiten Male geheiratet, und zwar Gisela Zilz aus Neutra, die ihm fünf Kinder schenkte, ehe er im Jahre 1900 in der Pernhartgasse 3 starb. Gisela Preis führte als Witwe die Firma und das Haus weiter.

Adolf Preis, der Hermine Mautner geheiratet hatte, war aus der Wodleystraße schon 1895 in das Haus Wiener Gasse 2 übersiedelt und hatte seinen Betrieb ständig ausgebaut. Aus dieser Ehe stammten fünf Kinder. Adolf Preis starb 1931.

Ein gewisser Moriz Rosenbaum hatte sich in Klagenfurt als Kaufmann niedergelassen; er heiratete eine gewisse Elsa Hecht, deren Familie man bald in Velden begegnet. In Völkermarkt ließ sich Alfred Bauernfreund als Kaufmann nieder. Wieder einen anderen Clan begründete in Klagenfurt Jakob Schaier, der 1882 in Jablonow in Galizien geboren worden war und 1946 in New York starb. Er kam allerdings mit seiner Frau Sala Shapira erst 1908 nach Klagenfurt, wogegen seine Schwestern Amalie (Malke), Freide und Rosa Schaier schon vor ihm in der Landeshauptstadt tätig waren. Die Schreibweise des Namens wechselt zwischen „Schaier" und „Scheyer".

Aus Kis-Varda in Ungarn stammten Bernhard und Alexander Seelenfreund. Ersterer hatte eine Schwester Mendel Rosners in Villach, nämlich Rosalie, geheiratet und war 1901 Buchhalter in Klagenfurt, wurde aber bald darauf städtischer Beamter und schließlich 1908 Direktor des städtischen Gaswerkes. 1910 kam er auf tragische Weise ums Leben. Seine fünf Kinder verheirateten sich außerhalb Kärntens. Der Bruder Alexander wurde Geschäftsführer in Villach, hielt aber engen Kontakt zum Bruder und zur Gruppe um Max Stössl in Klagenfurt, was man nur von wenigen Villacher Israeliten sagen kann.

Der Besitzer von Schloß Pitzelstätten aus der mit Adolf Fischhof befreundeten Familie, Vitus Strasser aus Wien, starb 1904 an schwerer Krankheit, seine Frau Selma lebte weiter in Kärnten.

Von jenen Kärntner Israeliten, die uns schon aus der Zeit vor 1890 bekannt sind, finden sich um 1900 in den meisten Fällen Nachrichten, die das weitere Anwachsen der Familie und ihre soziale Rolle beschreiben, in 17 Prozent aller bekannten Fälle aber finden sich keine Nachrichten mehr, so daß die Familien ausgestorben, die Menschen weggezogen oder in andere Konfessionen übergetreten sein müssen. Bei Menschen, die Stössl in seinem amtlichen Schriftverkehr mit der Behörde nicht anführt und die er daher wohl auch nicht kennt oder zumindest nicht zu den Seinen zählt, ist naturgemäß das Moment der Abwanderung oder die Ferne vom mosaischen Glauben besonders groß.

Beispiele für die Distanz von der Klagenfurter „Stössl-Gruppe" wären etwa: der k. u. k. Regimentsarzt beim 12. Ulanen-Regiment in Villach Dr. Siegmund Allers, der eine Schwester Fanny des Direktors Popper aus Limmersach geheiratet hatte. Ferner der k. u. k. Regimentsarzt Dr. Eugen Andauer in Millstatt, der k. u. k. Regimentsarzt Dr. Sigmund Ornstein, der sich 1895 nach seiner Pensionierung in Velden niedergelassen und dort angekauft hatte, sodann der k. u. k. Distriktsarzt Dr. Bernhard Kramer in

Kirchbach im Gailtal, der Direktor Poppers Schwester Julie geheiratet hatte. Zu erwähnen ist ferner der k. u. k. Regimentsarzt Dr. David Schwartz in Villach.

Ein besonders großes Element der Mobilität stellen zum Teil die vielen Bediensteten der k. k. Staatsbahnen in Kärnten dar, wobei sich nicht nur unter den Technikern, sondern auch unter dem allgemeinen Personal viele Israeliten befinden, die zum Großteil der „Stössl-Gruppe" durchaus fernbleiben, andererseits aber ihre Kinder mit Sorgfalt in die Grazer Matrikel eintragen lassen. Der Gruppe der Glaubensaustretenden ist auf diesem Wege also zahlenmäßig kaum nahezukommen, wenngleich ganz wenige von ihnen ihre Kinder nicht beschneiden ließen. Zwischen 1890 und 1905 waren als Bedienstete der k. k. Staatsbahnen in Kärnten tätig:[2] Jonas Fabian, gebürtig aus Pirnitz in Mähren, lange Zeit Stationschef in Paternion-Feistritz, Ing. Adolf Allina der k. k. Staatsbahnen in Villach, Ing. Hugo Mauthner der k. k. Staatsbahnen in St. Veit/Glan, Dr. Ferdinand Östreicher, Kommissär der k. k. Staatsbahnen in Villach, Ing. Max Pollak der k. k. Staatsbahnen in Villach, Zugführer der k. k. Staatsbahnen in Glandorf, Ing. Wilhelm Winternitz, Baukommissär der k. k. Staatsbahnen in Klagenfurt, desgleichen Ing. Adolf Tersch, Ing. Josef Winter und Ing. Friedrich Tuch in Klagenfurt, Ing. Carl Stankover in Villach, Südbahn-Assistent Bernhard Seiden in Prävali, Mendel Rosner, Rechnungsbeamter der k. k. Staatsbahnen in Villach, Ing. Alfred Margulius der k. k. Staatsbahnen in Villach sowie Ing. Emil Fuchs in Villach.

Eine größere Gruppe von Kärntner Israeliten war Stössl gänzlich unbekannt: Jakob Eisinger in Klagenfurt, der Bruder der Gattin des Steueragenten Filipp Pollak in Bleiburg, dann der 1902 als Finanzkonzipist aus Böhmen nach Klagenfurt gekommene Dr. Alexander Fleischer, sodann der Händler Smelka Horn in Tarvis, dessen Gattin Johanna nach ihrer Scheidung in Villach lebte, die Familie Horowitz in Klagenfurt, die 1919 wieder nach Wien zog und aus Galizien stammte, der Beamte Heinrich Recht in Wolfsberg. Auch unter den Berufsunteroffizieren der k. u. k. Armee finden sich in dieser Zeit zwei Glaubensgenossen, und zwar speziell beim 8. Husarenregiment in Klagenfurt Unteroffizier Rudolf Gold und Wachtmeister David Manheimer, die, wie ihre Frauen, aus Ungarn stammen und ihre Kinder sorgsam in die Grazer Matrikel eintragen ließen.

Als erstem Vertreter einer in Klagenfurt später viel stärkeren Berufsgruppe begegnet man dem Schauspieler Wilhelm Frucht des Stadttheaters Klagenfurt. Auch das Führungspersonal der inzwischen in Limmersach bei Klagenfurt etablierten Spirituosen- und Hefefabrik Fischl – die Besitzer selbst befanden sich manchmal nicht in Kärnten – gehört in diesen Zusammenhang: Fabriksdirektor Emil Popper aus dem Bezirk Beneschau mit seiner Gattin Eugenie Fantl aus Rosenberg in Böhmen, eine Familie, von der später weitee Mitglieder nach Kärnten kommen sollten, sodann der Fabriksleiter Gustav Roth, ebenfalls aus der Umgebung von Prag, und der Gutsverwalter Bernhard Pachner aus Arbelowitz in Böhmen.

Die Volkszählungen

Für das Stichjahr 1905 rechnen die Klagenfurter Israeliten selbst mit einer Anzahl von über 60 israelitischen Familien in Kärnten.[3] Dabei, wie in vielen anderen Fällen, erweist sich die Frage der absoluten Zahlen als eher problematisch.

Die Volkszählung des Jahres 1880 weist für Kärnten eine Gesamtzahl von 114 Israeliten aus. Bei einer Gesamtzahl der Wohnbevölkerung von 324.857 Personen sind das nur 0,04 Prozent aller Kärntner. Diese 114 Israeliten des Stichjahres 1880 ergeben gerade jene 27 Familienhäupter und wenigen Einzelpersonen samt ihren Frauen und Kindern, welche wir betrachtet haben. Auch wenn das Verhältnis der Familienhäupter zur Gesamtzahl der Israeliten mit 1:3 niedrig erscheint, muß man bedenken, daß die damaligen Ansiedlerfamilien jung und noch nicht alle Kinder geboren waren. Diese 114 Kärntner Israeliten werden in der Volkszählung folgend ausgewiesen[4]: 94 in Klagenfurt (das sind 0,4 Prozent der Gesamtbevölkerung), 2 im Bezirk Klagenfurt (2 in Emmersdorf), 6 im Bezirk Spittal (6 in der Stadt Spittal selbst), 1 im Bezirk St. Veit (in der Stadt St. Veit selbst), 11 im Bezirk Villach-Land einschließlich der Stadt (1 in Maglern, 2 in Tarvis, 1 in Coccau, 7 in der Stadt Villach selbst). In den Bezirken Hermagor, Völkermarkt und Wolfsberg werden bei dieser Volkszählung keine Israeliten ausgewiesen, man hat die dort lebenden nicht zur Kenntnis genommen oder sie haben sich nicht zu ihrem Glauben bekannt.

Im Jahre 1890 fanden im Zusammenhang mit der geplanten Errichtung einer Kultusgemeinde in Klagenfurt eigene Erhebungen der Bezirkshauptmannschaften zusätzlich statt. Ihre Tendenz ist noch deutlicher. Hierbei ergab sich für Kärnten die Gesamtzahl von 126 Personen. Wenn das stimmte, dann ist also die Masse der im einzelnen bereits beschriebenen Ehepaare bzw. Familien schon in den siebziger Jahren in Kärnten seßhaft geworden. Für Klagenfurt-Stadt ergeben diese Zählungen auch einschließlich der damals selbständigen Gemeinden von Klagenfurt-St. Ruprecht und St. Peter 109 Personen, Klagenfurt-Land ergibt Leermeldung. Wenn das stimmte, müßten Adolf Fischhof und sein Bruder Simon, die damals in Emmersdorf natürlich noch lebten, sich nicht als Israeliten bekannt haben.

Ebenso deutlich ist die behördliche Unwilligkeit im Bezirk Villach-Stadt und -Land. Dort werden im Gegensatz zu 1880 nur zwei Israeliten angegeben, nämlich die beiden schon erwähnten Staatsbahnbediensteten, obschon beispielsweise Smelka und Johanna Horn nachweislich dort lebten. Für den Bezirk Spittal werden sieben Personen angegeben, da sich in der Familie Porges ein weiteres Kind eingestellt hatte – für den Verwaltungsbezirk Völkermarkt werden 1890 durch die Anwesenheit der schon namentlich bezeichneten Personen und des Kinderzuwachses in der Familie Pollak korrekt sechs Personen angegeben, für den Bezirk Wolfsberg zwei Israeliten, für den Bezirk St. Veit wird ebenso wie für den Bezirk Hermagor Leermeldung abgegeben, die nicht den Tatsachen entspricht. So hieße das etwa für letzteren Bezirk, daß die dort lebenden israelitischen Ärzte sich nicht bekannt hätten. Die behördliche Gesamttendenz ist demnach eher als Zögern zu bezeichnen.

Für das Jahr 1897 nennt etwa der Jahresausweis der Grazer Israelitischen Kultusgemeinde für Kärnten die Anzahl von 166 und für Krain jene von 50 Israeliten. Die Volkszählung von 1900 hinwieder gibt für Kärnten folgendes Bild:

Gesamtzahl 212 Israeliten (Gesamtbevölkerung 343.531). Davon in Klagenfurt-Stadt 139 (0,4 Prozent der Bevölkerung), Bezirk Klagenfurt diesmal mit St. Ruprecht und St. Peter 20 Personen, Bezirk Völkermarkt 1 Person, Bezirk Spittal 6, Hermagor 4, Wolfsberg 12, St. Veit 5 und Villach 25 (0,10 Prozent der Bevölkerung). Die

Zahlenwerte nähern sich – von Klagenfurt abgesehen – in den einzelnen Bezirken also eher jenen von 1880. Als Ganzes gesehen ergibt der Zeitraum von 1890 bis 1910 jene starke Steigerung, die wir mit der Beschreibung vieler einzelner Familien bis zum Jahre 1905 schon in Umrissen wiedergegeben haben.

Die Volkszählung von 1910[5] nun weist für Kärnten insgesamt 341 Israeliten aus, das ist nicht einmal 0,1 Prozent der Gesamtbevölkerung von 371.372 Personen. Die Zahl der Israeliten hat sich also etwas mehr als verdoppelt. Auf Klagenfurt-Stadt entfallen dabei 214 Personen, das sind 71 Prozent aller Kärntner Israeliten. Villach-Stadt zählt zu diesem Zeitpunkt 56 Israeliten laut behördlicher Zählung, was rund 18 Prozent aller Kärntner Israeliten ausmacht. In Klagenfurt stellen die Israeliten zu diesem Zeitpunkt 0,5 Prozent der Gesamtbevölkerung dar, in Villach 0,2 Prozent, also Zahlen, die schon auf den ersten Blick kein außergewöhnliches volkswirtschaftliches Potential erwarten lassen.

Die Verteilung der Israeliten in Kärnten nach ihren Wohnstätten wird insgesamt durch diese Volkszählung folgend angegeben: Verwaltungsbezirk Hermagor 2 (1 Hermagor, 1 Kötschach), Bezirk Spittal 8 (Stadt Spittal 8), Bezirk Klagenfurt-Land 43 (1 Feldkirchen, 5 Reifnitz, 12 St. Peter bei Klagenfurt, 25 St. Ruprecht bei Klagenfurt), Bezirk St. Veit 3 (1 Brückl, 1 Eberstein, 1 Friesach), Villach-Land 5 (1 Arnoldstein, 1 Rosenbach, 1 Malborghet, 1 Tarvis, 1 Landskron), Bezirk Völkermarkt 5 (1 Kühnsdorf, 4 Völkermarkt), Wolfsberg 5 (Stadt Wolfsberg 5). Die Tendenz vor allem in den Städten Klagenfurt und Villach ist damit nun eindeutig sehr stark zunehmend. In Klagenfurt bedeutet das 72 Prozent Zunahme gegenüber 1900, in Villach gar eine Zunahme von 124 Prozent gegenüber diesem Jahr. Damit ist in Klagenfurt die Zunahme der Israeliten um fast 50 Prozent höher als die Zunahme der Gesamtbevölkerung zwischen 1900 und 1910, in Villach um rund 80 Prozent. Das bedeutet aber in Wirklichkeit nicht viel, da in absoluten Zahlen die Zunahme der Israeliten ja um ein bedeutendes kleiner ist als jene der Gesamtbevölkerung. Daher steigt auch der Anteil der Israeliten an der Gesamtbevölkerung in Klagenfurt in diesem Zeitraum nur von 0,4 auf 0,5 Prozent und in Villach von 0,1 auf 0,2 Prozent. In benachbarten Städten aber ist die Situation wegen des starken Andranges der Landbevölkerung in die Städte für die Israeliten schlechter.

In Triest nimmt zwischen 1900 und 1910 der Anteil der Israeliten an der Gesamtbevölkerung von 2,9 auf 2,5 Prozent ab, in Görz geht er von 1,0 auf 0,8 Prozent zurück, in Laibach bleibt er angesichts des prozentuell gleich niedrigen Zustroms von Landbevölkerung und Israeliten auf konstant 0,2 Prozent, in Marburg ist die Situation dieselbe (ebenfalls 0,2 Prozent im Jahre 1900 und im Jahre 1910), in Graz hingegen ist wie in Klagenfurt und Villach ein leichter Anstieg von 1,0 auf 1,1 Prozent festzustellen, desgleichen in Leoben von 0,5 auf 0,6 Prozent der Gesamtbevölkerung der Stadt.

Vergleichbar sind diese Zahlen durchaus miteinander, weil die Bedingungen ihres Zustandekommens die gleichen sind, fraglich ist nur, in wie hohem Grad sie die reale gesellschaftliche Wirklichkeit wiedergeben. Zweifellos ist in Kärnten die prozentuelle, aber nur die prozentuelle Zunahme der israelitischen Bevölkerung stärker, als es der Durchschnitt ergibt, aber mit 0,1 Prozent der Gesamtbevölkerung ist er auch der geringste Anteil am Ganzen.[6] Bei diesem hohen Grad an Zunahme spielt also der natürliche Zuwachs durch höhere Geburten als Todesfälle nur eine untergeordnete Rolle,

63

das Hauptgewicht kommt, wie zu sehen war, auch in diesem Zeitraum primär der starken Zuwanderung zu.

Zurück zur Kärntner Volkszählung des Jahres 1910: Auch sie zeigt Erscheinungen, die schon 1880 und 1890 zu beobachten waren. In ihren Angaben in absoluten Zahlen fehlen diverse Israeliten. Einige Beispiele mögen genügen: Dr. Schefftel Berliner in Ferlach, Dir. Eduard Fraenkel in Klagenfurt, Josef Gintzler in Klagenfurt, Samuel Federmann in Villach, Pinkas Halpern in Obervellach, Ludwig Kerö in Klagenfurt, Max Lindenbaum in Klagenfurt, Ing. Hermann Müller in Klagenfurt, Wilhelm R. in Mallnitz, Gedalie Rosenheck in Obervellach, Matthias Spierer in Eisenkappel, Dora Weismann in Klagenfurt usw.

Die Volkszählungen schränken daher den Betrachtungsbereich nicht nur auf die Glaubensisraeliten ein, sondern unter ihnen wieder auf jene, die sich bekannten oder deren Erklärung zur Kenntnis genommen wurde.

Betrachtet man das Verhältnis der Geburten zu den Todesfällen, so ergibt sich folgendes Bild:

Zeitabschnitt	Geburten	Todesfälle	Trauungen
1890 bis 1899	65	29	1
1900 bis 1909	72	44	4
1910 bis 1919	69	27	9
1920 bis 1929	44	11 (bis 1922)	20
1930 bis 1938	21	–	12

Das Größenverhältnis zwischen Sterbefällen und Geburten zeigt demnach deutlich, daß etwa zwischen 1895 und 1912 beim Wachstum der kleinen Minderheitengruppe in Kärnten ständige Zuwanderung die größte Bedeutung hatte. In diesen Jahren fallen zwei Erscheinungen zusammen: größte Stärke der Zuwanderung und zugleich größter Kinderreichtum der israelitischen Familien. Ab ungefähr 1915 nimmt von ganz wenigen Ausnahmen abgesehen der Kinderreichtum der Familien ständig ab. Mit 1920 beträgt die durchschnittliche Kinderzahl pro Familie statistisch gesehen nur mehr 1,6, wogegen sie zwischen 1890 und 1910 bei 4,2 lag. Ein direkter Zusammenhang zwischen Geburtenreichtum und sozialer Lage ist nicht festzustellen. Wenn auch die eher dem niedrigen Mittelstand (einschließlich Staatsbahnbeamten) angehörenden Familien im Geburtenreichtum in dieser Zeit etwas zurückbleiben, so ist er eher bei den ganz reichen und den ganz armen Familien am stärksten. Um daraus Zusammenhänge zur religiösen Überzeugung herzustellen, ist das statistische Material vielleicht doch zahlenmäßig etwas zu gering, da es kaum über 140 Familien hinausgeht.

Der stärkste Geburtenüberschuß ist in den Jahren zwischen 1900 und 1914 gelegen, wobei er in dieser Zeit auch durch eine beträchtliche Abwanderung von jungen, ledigen Personen abgeflacht wird. Daß der Höhepunkt an Trauungen mit der Kurve der Geburten nicht übereinstimmt, hat – wie schon angedeutet – seinen Grund darin, daß in der Phase der ersten Ansiedlung vor allem junge Familien nach Kärnten kamen und daß auch in den folgenden Jahren die vorwiegend jungen Ansiedler (zwischen 22 und 32 Jahren) oft geheiratet hatten, ehe sie ins Land kamen. Eine Ausnahme machen dabei lediglich die ausgesprochenen Einheiraten junger Männer in etablierte Familien im Lande.

Die Entwicklung nach 1922 läßt sich nicht mit gleicher Deutlichkeit verfolgen, da ab 1922 die Sterbematrikel fehlen. Vor allem in den Jahren von 1912 bis 1922 sterben die Menschen der ersten „Pioniergeneration", die nach 1860 ins Land gekommen sind.

Die behördliche Zählung der Kärntner Israeliten des Jahres 1921 ergibt wegen der seit 1910 besonders zunehmenden Austritte aus der israelitischen Religionsgemeinschaft und der sich innerhalb der israelitischen Bevölkerung entwickelnden Spannungen ein lückenhaftes Bild. Unter den schon bekannten Kriterien wurde eher außerhalb des Bereiches von Klagenfurt gezählt, wobei sich folgende Zahlen ergaben:

Verwaltungsbezirk Völkermarkt: 12
Klagenfurt-Land: 21
Wolfsberg: 5
St. Veit/Glan: 3
Hermagor: 0
Spittal/Drau: 10
Villach-Stadt und -Land: 43
Klagenfurt-Stadt: 62

Die dürftigen Zahlen stehen also in keinem rechten Verhältnis zur Realität, auch wenn man das Nachlassen der Zuwanderung seit 1910, den Glaubensaustritt und die Abwanderung berücksichtigt. Neben dem wahrscheinlichen Desinteresse der Behörde bei den Zählungen kommt noch zur Wirkung, daß in Klagenfurt Magistrat und Max Stössl als Vertreter einer standesbewußten Gruppe von Israeliten gemeinsam zählten. Dabei weigerte sich Stössl, die ärmeren Israeliten der Stadt mitzuzählen, da sie für die Bezahlung eines Kultusbeitrages ohnehin nicht in Frage kamen. Damit sind wir aber auf einen weiteren entscheidenden Grund für die niedrige Zahl an Israeliten gestoßen: Auch in der Zeit ab 1890 vermieden es schon viele Israeliten, sich zu deklarieren, um nicht in die Liste der Beitragspflichtigen für die Kultusgemeinde Graz aufgenommen und in ihrer Einkommenssphäre beobachtet zu werden. Das ging vor allem außerhalb Klagenfurts, wo die Beobachtung und der Kontakt mit Glaubensgenossen geringer waren, mit dem größeren Erfolg, so daß diese Tendenz des „Untertauchens" die bereits zitierte „Kopflastigkeit" von Klagenfurt durchaus in irreführender Weise verstärkte.

Wenn man also aus den behördlichen Zählungsergebnissen des Jahres 1921 eine Gesamtsumme bildete, so ergäbe sie 156 Menschen, was in keinem Verhältnis zu den deklarierten 341 Kärntner Israeliten des Jahres 1910 und dem Zählungsergebnis von 1934 stünde. Bei dieser letzten nichtnationalsozialistischen Zählung ergab sich folgendes Bild:[7]

Verwaltungsbezirk Völkermarkt: 9 (3 in Eisenkappel, 6 in Völkermarkt)
Klagenfurt-Land: 22 (4 Feldkirchen, 1 Waiern, 2 Reifnitz, 6 St. Martin bei Klagenfurt, 6 St. Peter bei Klagenfurt, 3 St. Ruprecht bei Klagenfurt)
Wolfsberg: 7 (1 St. Leonhard, 6 Wolfsberg)
St. Veit/Glan: 9 (3 Friesach, 6 St. Veit)
Spittal/Drau: 8 (2 Radenthein, 6 Spittal)
Villach-Stadt: 26

Villach-Land: 5 (1 Weißenstein, 1 Velden, 2 Landskron, 1 St. Martin bei Villach)
Klagenfurt-Stadt: 180
Gesamtzahl: 269

Die Konzentration in Klagenfurt ist also weiter zurückgegangen, wenngleich die „Armenquartiere" in St. Peter und St. Ruprecht zum großen Teil schon endgültig aufgegeben waren. Als besonders stark erweist sich der Rückgang in Villach. Dort spielen die starke Fluktuation bei den Staatsbahnen und auch die vielen Glaubensaustritte eine Rolle. Insgesamt ist die Streuung im Land größer geworden und damit wohl auch die Integrationsneigung. Ein Anknüpfen an alte Traditionen, etwa in Friesach oder Völkermarkt, zeigt sich dabei aber nicht.

Insgeamt sind in Kärnten im Zeitraum zwischen 1880 und 1934 rund 1610 Glaubensjuden in irgendeiner Weise aktenkundig geworden. Bis zum Jahre 1934 ist der Anteil der Israeliten an der Gesamtbevölkerung demnach mit 0,06 Prozent (Gesamtbevölkerung 405.129) von einem Anteil von knapp 0,1 Prozent im Jahre 1910 (Gesamtbevölkerung 371.372) beträchtlich zurückgegangen.

In Klagenfurt betrug der Anteil an der Gesamtbevölkerung 1934 nur mehr 0,3 Prozent gegenüber 0,5 Prozent im Jahre 1910. In Villach war der Anteil 1934 noch bei knapp 0,1 Prozent, gegenüber 0,2 Prozent im Jahre 1910.

Berücksichtigt man die getauften Juden und Abkömmlinge aus Mischehen, so wären zu den konkreten obigen Zahlen vor dem Jahre 1920 noch durchschnittlich 40 Prozent hinzuzurechnen, nach 1920 jedoch etwa 65 Prozent. Von der namentlichen Bezeichnung wird dabei abgesehen, wenn es nicht für bestimmte Vorgänge oder Sachverhalte signifikant und unumgänglich ist.

3.2. Die Wege nach Kärnten

> *„... zumal sich in dem gesamten Sprengel Kärnten auch nicht eine Ortschaft befindet, in welcher dreißig Familienhäupter israelitischer Konfession ihren Wohnsitz haben."*
>
> Der Vorstand der Grazer Kultusgemeinde in einer Eingabe an das k. k. Ministerium für Kultus und Unterricht vom Mai 1909

Daß eine Angabe wie die obige von einem ganz bestimmten Interessenstandpunkt aus erfolgt sein muß, geht schon aus den viel höheren statistischen Werten hervor, welche stets nur in etwa die deklarierten Israeliten umfassen – zugleich aber hatte sich gerade in den Jahren vor dieser gewagten Feststellung die Zuwanderung in das Kronland Kärnten noch erheblich verstärkt. In dem Zeitraum von 1890 bis 1910, in der Phase der stärksten Zuwanderung also, kamen die Neuankömmlinge aus folgenden Ursprungsländern:[8] In 83 Fällen, in welchen die Herkunft eindeutig klärbar ist, kamen 29 Neuansiedler aus dem böhmisch-mährischen Raum, 26 aus Galizien und der Bukowina (23 Galizien, 3 Bukowina) und 24 aus Ungarn. Ein Ansiedler kam aus Slawonien (also eigentlich Ungarn), einer aus der nördlichen Slowakei, einer aus Wien, und ein Holzhändler aus Triest ließ sich bis 1915 in Villach nieder. Die Einwanderung hat sich im Vergleich zu jener der Pionierjahre nur insofern geringer verändert, als nun aus den drei Ursprungsgebieten die Zuwanderung fast die gleiche Größenordnung erreicht, keineswegs jene aus Böhmen und Mähren aber abgenommen hat. Im Gegenteil, diese traditionelle Einwanderungsrichtung dominiert nach wie vor.

Was den böhmisch-mährischen Raum betrifft, so kommen viele Heimatorte mehrmals vor wie Döllitschau, Neuern, Prossnitz, Neuhaus, Radaun, Brandeis, Trebitsch, Iglau, Leipnik, Postelberg, Klattau, Beneschau, Rosenberg, Holleschau, auch Auspitz und Mährisch Weißkirchen, ebenso Miskovic und Neu-Etting. Systematisiert man diese am häufigsten vorkommenden Orte, so ergibt sich, daß die Zuwanderer sowohl aus dem nordböhmischen wie dem zentral- und südböhmischen Raum stammten. Die ländliche Kleinstadt mit ihrer in den achtziger Jahren raschen Entwicklung hin zu großgewerblichen und industriellen Betriebsformen dominiert, Prag und Brünn kommen bei den Zuwanderern nur je einmal als Ursprungsorte vor. Bei den meisten dieser Zuwanderer ist der Geburtsort mit jenem der gesetzlichen Zuständigkeit identisch[9], was auf geringere Mobilität der Eltern schließen läßt als in anderen Kronländern. In diesem Zeitraum dominieren bei den Zuwanderern aus Böhmen und Mähren auch bereits „gehobenere" Berufe, die nicht mehr unmittelbar mit der agrarischen Produktion und Güterverteilung zusammenhängen.

Besonders hoch unter den Zuwanderern aus Böhmen und Mähren ist der Prozentsatz der technisch ausgebildeten Menschen, im speziellen Fall der Eisenbahntechniker, aber auch der nichttechnischen Eisenbahnbediensteten. Auch die Anzahl von jüdischen Schauspielern und Musikern aus Böhmen ist auffallend. Entsprechend der gesetzlichen Zuständigkeit kann man annehmen, daß auch die zahlenmäßig geringer vertretenen Zuwanderer aus Mähren nicht aus Galizien dorthin gekommen sind und Mähren für sie nur Durchgangsstation gewesen sei. Im Süden reicht das Ursprungsgebiet bis nach Freistadt, das aber bei Betrachtung der Heimatverhältnisse ebenfalls nicht Durchgangsstation gewesen sein kann, vielmehr kann man in wenigen Fällen noch feststellen, daß die Vorfahren etwa zwischen 1830 und 1860 aus Westungarn nach Böhmen gezogen sind. Für böhmische Zuwanderer nach Kärnten ist nur in drei Fällen Linz bzw. Wels als Zwischenstation feststellbar.

An den Beispielen in der Kärntner Judenschaft kann man ersehen, daß die Zuwanderer aus Böhmen im allgemeinen zum Reformjudentum oder überhaupt zum Glaubensaustritt neigen, doch spielen dabei viele andere Faktoren eine Rolle. Das Gegenteil von den Zuwanderern aus Galizien und der Bukowina zu sagen, wäre ebenfalls Anwendung einer Klischeevorstellung.

Zwischen 1890 und 1910 sind also 26 Einwanderer in Kärnten aus Galizien und der Bukowina gekommen, was die eindeutig klärbaren Fälle betrifft. Bei dieser Zuwanderung spielen die Orte Przemysl, Stanislau, Kolomea, Tarnopol, Budzanow, Roznotor, Jagolnice, Krywcie, Nizborgnovy im Bezirk Husiatyn, Jablonow im Bezirk Kolomea, Losiacz im Bezirk Borszcow, Krikinin bei Stanislau, Wasylkow im Bezirk Husiatyn, Jaslowice und Sokol die größte Rolle, aber auch aus dem Norden Galiziens, aus Brody und Rawa Ruska, stammen noch einzelne Zuwanderer. In der Bukowina sind es vor

67

allem der Bezirk Kimpolung und Czernowitz selbst, aus dem die Zuwanderer stammen. Die Menschen, die Galizien und die Bukowina verließen, kamen also zum größten Teil aus dem städtischen Elendsbereich und den besonderen ländlichen Notstandsgebieten des Landes. Bei vielen von ihnen war schon vor dem endgültigen Verlassen der Heimat die Mobilität außerordentlich groß. So zog etwa Chaim Fischbach mit seiner Frau jahrelang als Hausierer im Raum Stanislau–Kolomea–Czernowitz umher, ehe er endgültig das Land verließ. Sehr unübersichtlich sind auch die frühen Wohnsitzverhältnisse der ältesten Angehörigen der Sippe Friedländer, und auch einzelne Angehörige der Sippen Schaier und Reinisch weisen eine besonders starke Mobilität vor dem endgültigen Verlassen des Landes auf. Dementsprechend stimmen bei besonders vielen Zuwanderern aus Galizien und der Bukowina der Geburtsort und der Ort der Heimatzuständigkeit nicht überein.

Stammten die böhmischen und mährischen Zuwanderer zum Teil nur deshalb aus den gleichen Orten, weil sie einfach miteinander verwandt waren, so ergibt sich bei Betrachtung der Zuwanderung aus Galizien stärker der Eindruck, daß sogar das ferne Kärnten noch einen geringen Anteil an der galizischen Elendsauswanderung hatte. Naturgemäß war dabei sehr oft Wien eine Zwischenstation von längerer Dauer, denn die Reichshaupt- und Residenzstadt wirkte wie ein starker Filter für die Weiterwanderung, doch sind viele Menschen auch direkt und zielbewußt aus Galizien nach Kärnten gelangt, was wiederum mit der Art der Wanderung zusammenhängt.

Bei der Einwanderung aus Ungarn nimmt in dem Zeitraum zwischen 1890 und 1910 jene aus den traditionellen westungarischen Orten beständig ab, viele Neuzuwanderer stammen aus Orten Zentral- und Ostungarns wie Szolnok, Esseg, Zemlin, Szegedin, Budapest, Gran. Wie aus Oberitalien, so gibt es auch aus anderen Ländern nur einzelne Zuwanderer, wie etwa den Apotheker Srol Raskin aus Moskau, der dann aber nach kürzerer Zeit in Klagenfurt starb, oder den Goldarbeiter Nachem Palzeff aus Migorod, der aber in Klagenfurt einheiratete. Der Teppichstopfer Medina Sabetei wiederum stammte aus Istanbul, arbeitete kaum zwei Jahre in Klagenfurt, schied aber dann durch eigene Hand aus dem Leben.

In dem Zeitabschnitt von 1910 bis 1920 kamen von 46 eindeutig klärbaren Zuwanderungen 13 aus Böhmen und Mähren, 18 aus Galizien, 2 aus der Bukowina und 13 wiederum aus Ungarn. Ein starkes Ansteigen der Zuwanderung aus Galizien durch die Kriegsereignisse, wie es beispielsweise für Wien so offensichtlich ist, traf demnach nicht ein.[10]

Die Art der Einwanderung war in all diesen Jahrzehnten, in denen nur die Eisenbahn das Fuhrwerk ablöste, stets die gleiche: Die häufigsten Verfahrensweisen sind folgende:

1. Junge Ehepaare gingen auf die Migration, um sich niederzulassen – sehr selten wurden dabei Eltern oder Großeltern mitgenommen. Bei der Zuwanderung aus dem Osten blieben in manchen Fällen hingegen die Eltern und Geschwister in Wien.

2. Junge Männer, unverheiratet oder verheiratet, nahmen ihre heiratsfähigen Schwestern mit, für die sie sich verantwortlich fühlten. Diese unverheirateten jungen Männer trachteten oft nach Einheirat in eine schon am Ort befindliche angesehene Familie.

3. Oft entwickelte sich dann als nächster Schritt ein umfangreiches Nachziehverfahren: Brüder folgten ihren Brüdern, Schwestern folgten von weit ihren schon in der Fremde verheirateten Schwestern, um sich ebenfalls verheiraten zu lassen. Am stärksten entwickelte sich dieses Nachziehverfahren bei den Sippen Kramer, Spitz, Friedländer, Schaier, Reinisch, Lilian, doch ein unübertreffliches Beispiel bot diesbezüglich die Sippe Fischbach. Die Art der Einwanderung blieb demnach in all der Zeit stets eine private, eine auf den persönlichen Kontakt und die persönliche Geborgenheit abzielende Bemühung.

Was in Wien und Niederösterreich nach dem Kriegsbeginn im Jahre 1914 zu erregten Diskussionen führte, nämlich die Einwanderung großer Massen von Kriegsflüchtlingen aus der Bukowina und Galizien, unter denen besonders viele Juden waren, das blieb in Kärnten fast vollständig aus. Zwar lobte sich die Klagenfurter Chewra Kadischa 1928 selbst mit Nachdruck, daß sie „schwere Anforderungen durch die auch im Lande Kärnten erfolgte Zuströmung von mittellosen, evakuierten israelitischen Familien" bewältigt habe, doch handelte es sich dabei nur um eine geringe Zahl, ja offiziell existierte das Problem der Kriegsflüchtlinge im Lande gar nicht und wurde dann 1915, als Kärnten selbst zum Kriegsschauplatz zu werden drohte, vollends illusorisch. Mendel Reinisch' Schwester Fanny ist damals aus Galizien zum Bruder gekommen, der Hausierer Hersch Brenner traf in Klagenfurt ein, hat aber erst dort geheiratet, Moriz Zeichner ist damals gekommen, ebenso Jakob Steiner und Abraham Oerker, Simon Friedländer hat seine Frau Sluwe aus Galizien zu Max (Meyer) Friedländer nach Klagenfurt gebracht, der eingerückte Iganz Fischbach brachte Mirl Epstein aus Galizien bei den Verwandten in Klagenfurt unter, eine behördliche Organisation und Unterstützung trifft also auch auf diese Ereignisse nicht zu.

Die israelitische Einwanderung in Kärnten war demnach nie im eigentlichen Sinne organisiert, sondern sie erfolgte meist im Familienverband, nie aber politisch oder religiös geordnet. Kein Funktionär, kein Rabbiner war hierbei organisatorisch tätig, nur einige wenige Male scheinen heiratswillige Mädchen aus Galizien über eine Privatperson nach Klagenfurt vermittelt worden zu sein. Während des Ersten Weltkrieges gab es de facto keine eigentliche Zuwanderung mehr, die wenigen Neuankömmlinge trafen aus beruflichen Gründen in Kärnten ein wie etwa Benjamin Hammer als Oberbuchhalter der Filiale des Wiener Bankvereins, Nandor Salzberger als für die Geniedirektion arbeitender Lieferant, Direktor Abeles, der mit seiner Frau, einer Schwester von Hermine Preis-Mautner, nach Klagenfurt gekommen war. Während der Kriegsjahre kamen auch der Kontorist Max Landauer und mit Ende des Krieges der Postkonzipist Dr. Hermann Altmann aus Karlsbad.

3.3. Berufe und Unternehmungen

> *"Von Frau X. erzählte man sich, daß sie imstande ist, den Eskimos Eisschränke zu verkaufen."*
> Erich Röger 1980 in Tel Aviv über eine Glaubensgenossin im Klagenfurt der dreißiger Jahre.

Überblickt man die Berufstätigkeit der Kärntner Israeliten zwischen 1890 und 1910, so bietet sich ein Bild beträchtlicher Vielfalt, das sich aber in den folgenden Jahrzehnten noch weiter differenzieren sollte. In der Berufsgruppe der Hausierer und unspezifischen Agenten sind nur mehr sieben Juden zu finden, die ihr Hausierbuch und die gewerbliche Bewilligung in Kärnten bekommen haben. Dazu kommen folgende weitere Berufsgruppen:

Handelsangestellte: 3

Handwerker: 4

Beamte (Eisenbahn, Finanzdienst, Gerichtsdienst, Landesverwaltung, Agrarbehörde, Militär): 26

Privatbeamte (gehobener Kontordienst größerer Firmen): 10

Kaufleute: 27

Ärzte: 9

Direktoren und leitende Angestellte mit Prokura: 8

Fabriksbesitzer: 3

Gastwirte, Pensions- und Hotelbesitzer: 12

In Anbetracht der Schwierigkeit der eindeutigen Identifizierung handelt es sich bei diesen Zahlenangaben stets nur um die ganz sicheren Fälle und damit um Mindestzahlen.

In der Gesamtzahl der im Lande lebenden Juden ist also die Zahl der Berufsträger durchaus dem damaligen Durchschnitt entsprechend. Unter diesen Berufsträgern ist gerade die Hälfte zu den Selbständigen zu zählen, die nächstgrößere Gruppe machen mit 26 Prozent die Beamten aus, doch erscheint diese hohe Zahl nur typisch für die Kärntner Verhältnisse dieser Zeit und die gerade laufenden Planungs- und Baumaßnahmen der Staatsbahnen, da sich unter diesen Beamten 42 Prozent technische und allgemeine Bedienstete der Staatsbahnen befinden.

Das Gewerbe ist traditionell schwach, wie in anderen Kronländern, vertreten. Unter den Privatbeamten befinden sich mehrere der Fabrik Fischl bei Klagenfurt und der chemischen Fabrik Brückl. Die Gruppe der leitenden Angestellten oder Direktoren rekrutiert sich mit Ausnahme des Klagenfurter Gaswerkdirektors Seelenfreund und des Direktors Samaya in Villach (italienischer Holzgroßhandel) ebenfalls aus den leitenden Personen der Fabrik Fischl, nämlich Dir. Popper, Dir. Jellinek, Ing. Rosenbaum u. a.

Außerordentlich unübersichtlich ist die Lage in der großen Gruppe der Kaufleute, da dieser vage Begriff verschiedenste Spielarten kommerzieller Tätigkeit vom Krämer bis zum erfolgreich spezialisierten Großkaufmann umfaßt. Am stärksten ist mit 72 Prozent die Gruppe „Gemischtwarenhandel" vertreten, danach folgen Herren- und Damenkonfektion, Kurz- und Galanteriewaren, an letzter Stelle liegen Getreidehandel,

Holzhandel und Handel mit Leder- und Rauhwaren sowie Geschirr und Glaswaren. Auch der Übergang zu industriellen Kleinbetrieben wie der Zementwarenerzeugung Bernhard in Spittal oder der Likörfabrik Müller in Klagenfurt ist durchaus fließend.

Auffallend ist bei vielen Berufsträgern mit der Bezeichnung „Kaufmann" auch die Kumulation von Gewerbescheinen verschiedener Art. So ist Gemischtwarenhandel immer kombiniert mit dem Gewerbeschein des Marktfieranten und meist auch mit jenem für den Verkauf von Kurz- und Schnittwaren.

In Klagenfurt beispielsweise hatten Gemischtwarenhandlungen in dem genannten Zeitraum David Duschinsky, Sigmund Vary, Jakob Schaier, Ludwig Rosenberg, Bernhard Spitz, Moriz Rosenbaum. Neben ihnen traten 111 Kärntner als Gemischtwarenhändler in der Landeshauptstadt auf, ferner zwei Wiener, zwei Triestiner, acht Steirer, zwei Händler aus Böhmen, sechs aus Krain, einer aus Friaul, einer aus Tirol, drei aus Niederösterreich und einer aus Lucca, der besonders auch Gipsfiguren verkaufte.

Unter den Marktfieranten, die nur über ein Magazin, aber über kein Geschäftslokal verfügten, sind Rosa Schaier, Josefine Arnold und Regina Hoffman. Neben ihnen gab es in Klagenfurt von gleicher Art noch drei Marktfieranten aus Kärnten, vier aus Friaul, einen aus Tirol, zwei aus Böhmen und die aus Mailand stammende Witwe Maria Plahna, deren Mann – er stammte aus Böhmen – bis zu seinem Tode die Marketenderei in der Jesuitenkaserne geführt hatte.

Unter den Klagenfurter Trödlern und Lumpensammlern dieser Zeit befindet sich kein Jude. In der Branche der allgemeinen Handelsagenten trifft man Maximilian Fantl und Karl Preisler aus Böhmen, ferner Isidor Kohs und Moriz Schuh sowie Adolf Schlesinger, der auch Gastwirt war. Neben ihnen gab es in dieser Branche 49 Kärntner, vier Niederösterreicher, drei Böhmen, 13 Steirer, zwei Wiener, einen Krainer, einen Triestiner und den Lorenzo Minini aus Udine. Zu ihnen kommt noch Siegmund Kramer, der sich nach dem Fortgehen von Adolf Freund wie dieser in erster Linie dem Grundstücksgeschäft gewidmet haben dürfte. Wie der hünenhafte und biedere Adolf Freund scheint er auf diesem Gebiet Erfolge erzielt zu haben. Da wir schon die Spur jenes unglücklichen Teppichstopfers gefunden haben, sei über die Teppichhändler Überschau gehalten: Malome Borosch aus Gyarmat (Rabbinat Budapest) war ebenso wie Heinrich Brucher aus Luzawa in der Bukowina in dieser Branche einige Zeit in Klagenfurt tätig, neben ihnen aber auch Moriz Duschak (vielleicht jüdisch) aus Lundenburg, Heinrich Pollak (vielleicht jüdisch) aus Petrowitz sowie Abbas Ali aus Täbris, Gabriel Madinger aus Galatz, Max Koncai aus Budapest, Enul Aidinian aus Triest und Behar Daut aus Istanbul.

Nun ein weiterer Überblick über die Branchen: Markus Preis war um 1900 im Möbelhandel und daneben in der Bettwarenerzeugung tätig, was seine Witwe konsequent fortsetzte. Neben ihm gab es sechs andere Möbelhändler. Bonyhadi und Max Stössl handelten mit Leder und Rauhwaren, im Kleiderhandel waren neben Adolf Preis noch sieben andere Klagenfurter tätig; Mathilde Neumann in der Wiener Gasse 4, Veit Bibring in der Spitalgasse 10, und Isak Ostermann in der Wodleystraße 1 bezeichneten sich stets als Krämer, neben ihnen gab es noch 61 nichtjüdische in Klagenfurt. Für Damenkonfektion gab es neben Adolf Preis in der Wiener Gasse 2 noch drei andere Branchenspezialisten, doch sind dabei die Schneidermeister für Damenkleider nicht

71

gemeint. Von ihnen gab es zur gleichen Zeit 39 nichtjüdische in Klagenfurt. Im Zeitraum von 1910 bis 1920 ist in der kleinen Gruppe der jüdischen Berufsträger eine weitere Differenzierung zu verzeichnen. Die Zahl der Hausierer ging weiter zurück – jener Hausierer Josef Reihs, der 1913 von unbekannten Tätern auf dem Kreuzbergl erschossen wurde, war nicht in Kärnten gemeldet, er wurde aber in St. Ruprecht beerdigt. Unter den Handelsangestellten waren drei zu Geschäftsführern aufgestiegen, zwei neue Handwerker waren hinzugekommen, einer aber zum Schneidermeister geworden (so avancierte Ludwig Körner in Leon Abrahamers Geschäft zum Geschäftsführer und Leo Kornhauser im gleichen Etablissement vom Schneidergesellen zum Schneidermeister). Unter den Kaufleuten war beispielsweise Nathan Kriegsfeld in Klagenfurt eingetroffen. Er stammte aus Sereth in der Bukowina, war als junger Mensch von dort in die USA ausgewandert und hatte 1903 in Brooklyn eine gewisse Regina Brender aus der gemeinsamen Heimat geheiratet. Kriegsfeld gefiel es aber nicht im Land der unbegrenzten Möglichkeiten, er kam wieder in die k. u. k. Monarchie zurück, um sich mit Frau und Kind 1911 in Klagenfurt niederzulassen, wo noch im gleichen Jahr sein zweiter Sohn Max zur Welt kam. Fast drei Jahrzehnte später sollte er unter wesentlich anderen Umständen neuerlich in die USA auswandern.

In jenen Jahren vor dem Ersten Weltkrieg faßte Kriegsfeld zuerst als Krämer und Marktfierant Fuß, seine Frau Regina betätigte sich im gleichen Geschäft in der Bahnhofstraße 27 im Kurzwarenhandel.

In der Gruppe der Beamten ging nach 1910 im Zusammenhang mit den geringeren Aktivitäten auch die Zahl der jüdischen Eisenbahntechniker zurück. Dafür lebte in dieser Zeit in Klagenfurt die jüdische Lehrerin Eugenie Schönbrunn, deren Spur sich aber bald wieder verlor. Die Zahl der Privatbeamten stieg in dieser Zeit durch die Niederlassung oder Versetzung einiger Fachleute des Versicherungswesens leicht an.

Die Tradition des italienischen Holzhandels in Arnoldstein und Villach wurde nach der Tätigkeit Samayas durch Albert Melli aus Rovigo fortgesetzt, der in Villach Kontakt zu den Glaubensgenossen aufnahm und seine Kinder auch in die Matrikel eintragen ließ. In Villach war in dieser Zeit auch der kaiserlich-königliche Tabakverleger Sigmund Patek tätig, der aus Randnitz in Böhmen stammte.

Hatte Elias Lilian aus Stanislau schon um 1890 sich in Klagenfurt niedergelassen, wo er zuerst als Marktfierant, dann als Krämer tätig war, so folgten ihm um 1909 seine beiden Neffen Moses Hirsch Lilian und Philipp Lilian nach, die sich beide als Kaufleute bezeichneten, im Gegensatz zu ihrem Onkel aber nicht in der Chewra Kadischa mit solchem Nachdruck tätig waren. Philipp Lilian ging dann 1909 nach Villach, wo er schließlich auf der Draulände ein Geschäft besaß. Ungefähr zur gleichen Zeit kam – ebenfalls aus Stanislau – ein gewisser Heinrich Lilien als Kaufmann nach Klagenfurt, der sich beharrlich mit e schrieb. Seine Gattin Sabine Beiler zog später ihren Bruder aus der Heimat in die Landeshauptstadt.

Zu einem Zeitpunkt, da die Getreidehändler der „Pionierzeit" schon aus dem Geschäftsleben zurückgetreten oder gestorben waren, erhielt der jüdische Getreidehandel in Kärnten einen neuen Impuls durch Julius Lustig aus Szempcz im Komitat Preßburg, der schon als Lediger in Klagenfurt tätig gewesen war, dann in Wien geschäftlich fester Fuß faßte und wieder nach Klagenfurt kam. Wieder war es sein Neffe Nandor Lustig, der 1924 dann dem Onkel aus Wien nach Klagenfurt nachfolgte und dort Beamter wurde.

Ein gewisser Moriz Braun kam vor 1905 als Kaufmann nach Klagenfurt und übersiedelte später nach Villach in die Weißbriachgasse. In der Draustadt war bereits sein Bruder Ludwig tätig, und ein weiterer Bruder, Ignaz Braun, arbeitete als Kaufmann in Knittelfeld; 1919 eröffnete er für einige Zeit auch eine Filiale in der Salmstraße in Klagenfurt. Moriz Braun und Julius Lustig traten später in engere Geschäftsverbindung und begründeten in Klagenfurt einen großen Getreidehandel, dessen Aktivitäten der Ein- und Ausfuhr über Kärnten hinausgingen.

Zusammenfassend muß man also feststellen, daß die Etikette „Kaufmann" nur ein Sammelbegriff für die verschiedensten kommerziellen Aktivitäten war. Diese reichten vom beliebigen Vermittlungsverkauf und von der Krämerei bis zum Marktfahren, schlossen aber den sachgerechten und erfolgreichen Handel in einer speziellen Branche mit zunehmendem Erfolg ebenfalls ein. Gerade in der Textilbranche erscheint dann auch der Übergang zur eigenen Konfektion eine Begleiterscheinung der Firmenexpansion zu sein. Dabei waren viele der Geschäftsverbindungen von den persönlichen Verbindungen getragen, wie sie die Verwandtschaft oder der gemeinsame Glaube schuf, so daß das dünne Netz von persönlichen Beziehungen mehr oder weniger großer Reichweite auch stets zugleich ein geschäftliches System darstellen oder zu einem solchen funktioniert werden konnte.

Von der Masse der Kaufleute hebt sich eine kleinere Gruppe von Unternehmern ab, bei denen die Tendenz zur Weiterentwicklung am deutlichsten zutage tritt. Einige hatten aus östlichen Ländern die Bezeichnung „Basar" für ihre Geschäfte in Klagenfurt gewählt, wobei die Frage offenbleibt, ob die Kunden gerade dieses Reizwort mit ganz bestimmten Vorstellungen und Wertungen verbanden. Gerade von diesen „Basaren" ging aber schon in den letzten Jahren der Monarchie dann jene Entwicklung aus, die zum großen, gemischten Warenangebot bestimmter Preisklassen und letztlich zum Warenhaus führte, wie es zur gleichen Zeit in den USA unter unähnlichen Entstehungsbedingungen und Zielsetzungen sich entfaltete.

So führte etwa Elias Lilian schon 1912 in der Schulhausgasse 4 (später 10.-Oktober-Straße) den „Klagenfurter Basar" oder Leon Abrahamer den Basar „Zum Matrosen" (Kramergasse 6), dem schließlich David Fleischmann mit dem „Wiener Basar" in der Paradeisergasse 4 folgte. Auch Max Friedländer nannte 1912 sein Spielwarengeschäft in der Pernhartgasse 1 den „Storch-Basar" und verfolgte damit neue Gesichtspunkte, da er an einem Ort von der Babywäsche bis zum Gitterbett und Spielzeug alles konzentrierte, was zu dem Bedürfniskreis Geburt und Kleinkind gehört.

Wir sind dem Namen Friedländer schon begegnet, als Daniel Friedländer, Geschäftsfreund von Klagenfurter Juden, Einfluß auf seines Schwiegersohnes Samuel Mayer Eislers Schicksal nahm, der Rabbiner werden sollte. Zugleich hatte ja Eislers Schwester Ettel Daniels Sohn Berl Friedländer geheiratet. Daniel wie Berl blieben zuerst in Galizien, doch schließlich wurde als erster von den Söhnen Berls 1905 Meyer (Max) Friedländer von der noch in Klagenfurt lebenden Witwe Eislers eingeladen, hierher zu kommen. Auf Max – so nannte er sich dann in Kärnten – folgte schließlich dessen Bruder Elias und dann Simon als letzter. Elias heiratete klug in die alte Klagenfurter Familie Ostermann ein, Max in die ebenso alte Familie Bibring, wenngleich jene Perl Bibring, die – wie gesagt – seine Frau wurde, von ihm in Wien geheiratet wurde. 1914 kamen dann auch die Eltern Berl und Ettel Friedländer nach Klagenfurt.

Zu diesem Geschäftsimperium der Brüder Max, Elias und Simon Friedländer kam dann noch nach dem Ersten Weltkrieg die Schwester der drei Brüder, Lea (Lotte) Friedländer, hinzu, die 1898 in Krikinin geboren worden war und vor ihrer Ankunft in Klagenfurt schon in Wien Isak (Isidor) Weinreb geheiratet hatte, der auch aus Krikinin stammte. Fürwahr ein treffendes Beispiel für die persönlich-familiäre Festigung der eigenen Position in fremdem Land und zugleich auch für die Festigung der kommerziellen Position durch konsequente Zusammenarbeit und Funktionsteilung aller Verwandten auf einem Markt.

Eine ähnliche Entwicklung hin zur Firmenvergrößerung zeichnete sich vor dem Ersten Weltkrieg in Umrissen auch schon bei Leopold Czuczka ab, der wie seine Frau Stefanie Sax aus Ungarn stammte und seit 1912 in Spittal/Drau ein Kaufmannsgeschäft aufbaute.

Ein weiteres Beispiel wäre Leopold Blau aus Preßburg, der schon 1904 in Villach arbeitete, dann wieder wegzog und 1910 Elsa Rosenberg aus Graz heiratete, deren Eltern aber ebenfalls aus dem Komitat Preßburg stammten und die Blau auch in der alten Heimat heiratete. 1911 waren sie gemeinsam wieder in Villach, um dann dort in der Weißbriachgasse 12 ein Geschäft als Filiale eines Wiener Unternehmens aufzubauen.

Die hervorstechendste Erscheinung auf industriellem Gebiet war vor dem Ersten Weltkrieg die Fabrik in Limmersach bei Klagenfurt. Vor der Jahrhundertwende stand die Malz-, Preßhefe- und Spiritusfabrik Puntschart und Söhne in Limmersach samt dem Stadtverkaufsgeschäft in der Schulhausgasse 9 zum Verkauf und wurde von dem einschlägig tätigen Fabriksbesitzer Siegmund Fischl aus Wien übernommen und mit Hilfe beträchtlicher Investitionen modernisiert und vergrößert. Daraus wurde auf diese Weise die „Klagenfurter Kornspiritus-, Preßhefe- und Malzfabrik und Spiritusraffinerie Sieg. Fischl & Co. Sie versendet täglich frische Frucht- und Preßhefe in vorzüglicher, triebkräftigster Qualität zu billigsten Preisen, liefert bestes, sorgfältig erzeugtes, durch mindestens 24 Stunden vorsichtig und langsam gedörrtes Malz für lichte, goldfärbige und dunkle Biere". Wie etwa Stössl, die Friedländer, Bonyhadi, Abrahamer und Fleischmann trachtete auch Fischl – dieser allerdings mit wesentlich größeren Möglichkeiten – als Personal möglichst nur Glaubensgenossen aufzunehmen und ihnen sichere Arbeitsplätze zu bieten. In anderen größeren Unternehmungen hingegen war es vor allem seit den zwanziger Jahren auch durchaus üblich, nichtjüdische Verkäufer, Reisende und Büroangestellte zu haben. Dieser Trend zur Konsolidierung auch in personeller Hinsicht erscheint demnach eher auf bestimmte rollenbewußte Unternehmer oder auf so sozial und karitativ gesinnte Menschen wie Fischl beschränkt. Die Fabrik in Klagenfurt zählte immerhin schon vor 1920 rund 110 Arbeiter und über 15 Büroangestellte. Gemeinsam mit der Fabrik erwarb Fischl auch das Gut Großnighof mit über 86 Hektar Waldbesitz und das damals im Besitz der Kärntner Sparkasse befindliche Gut Portendorf mit über 149 Hektar, ferner das Gut Harbach. Vor der Jahrhundertwende war also mit diesen Gütern jüdischer Großgrundbesitz in Kärnten vertreten, wozu nur das Gut und Schloß Pitzelstätten und Gut Thurnhof – Unterdrauburg des Ujlaki Hirschler kommen.

Ein eigenes Kapitel stellt der Kärntner Fremdenverkehr der Jahre vor dem Ersten Weltkrieg dar. Es ist Adolf Freund gewesen, der als Agent in Wiener jüdischen Kreisen das Interesse an Grundbesitz an den Kärntner Seen weckte.[14] Unter den ersten, die sich ankauften, war schon das Haus Wahliss und viele weitere folgten. So hatten sich in Pörtschach vor 1890 schon Hof- und Gerichtsadvokat Moritz Münzer aus Wien, Franz Josef Platz (Hausers Erben) aus Wien, Bankdirektor Jakob Horowitz aus Wien angekauft.[15] Ähnlich entwickelte sich die Situation in Velden, dann in Krumpendorf und schließlich auch in Millstatt. Ein nächster Schritt der Entwicklung bestand darin, auch Pensionen und Hotels zu eröffnen, und die jüdischen Gäste kamen schließlich nicht nur aus Wien, sondern auch aus Prag, Budapest, Paris und München. Sogar rituelle Eheschließungen solcher Urlaubsgäste gab es in den Hotels oder in Klagenfurt im Bethaus.[16]

Allmählich aber wurde es auch üblich, daß neben den Hunderten von Touristenfamilien jüdische Patienten das milde Seeklima nicht nur für einen Urlaub, sondern über längere Zeiträume nützten, und im Zusammenhang damit etablierten sich in den Orten am Wörther See auch jüdische Badeärzte, die zum Teil nur im Sommer anwesend waren.[17] Bei den Patienten handelte es sich vor allem um solche aus Wien und Budapest. In Pörtschach waren vor 1900 schon die Badeärzte David Fischer und Alfred Leopold tätig, in Velden kaufte sich beispielsweise nach seiner Pensionierung der k. u. k. Regimentsarzt Dr. Sigmund Ornstein bereits 1895 an und war dann lange Zeit in dem Kurort als Arzt tätig. Auch Warmbad Villach zog nach der Erneuerung seiner Anlagen schon um 1895 viele zahlungskräftige jüdische Gäste aus Wien und Prag an. Allmählich wurde es in den Großstädten der k. u. k. Monarchie auch Mode, die Pension nicht nur in Karlsbad oder Meran, sondern auch in Pörtschach, Velden, Warmbad oder Millstatt zu verbringen. Dementsprechend vergrößerte sich der Grundbesitz in diesen Orten, zugleich aber steigerten sich auch die Impulse für einen zahlenmäßig begrenzten, aber lukrativen frühen Kärntner Fremdenverkehr, der zweifellos auf die Initiativen jener Klagenfurter in Wien zurückgeht. Auch einige Klagenfurter verbrachten ihren Ruhestand auf diese Weise wie etwa Samuel Thorsch, dessen Kinder nach Wien gegangen waren. Nach dem Tode seiner Frau zog er vom Alten Platz 3 weg und verbrachte die letzten Lebensjahre in einer Pension in Pörtschach.

Auch eine freischaffende Berufsgruppe muß erwähnt werden. Der weitgereiste Photograph Rudolf Grünthal, der 1912 eine Anna Bertha Klein aus Königsberg geheiratet hatte, ließ sich damals in Klagenfurt nieder und wohnte bei Neumanns in der Wiener Gasse 4, in dem gleichen Haus, in dem nach 1905 für eine glanzvolle Theatersaison im neuen Stadttheater auch der Opernkapellmeister Emil Herrmann untergebracht war. Das damals im Zusammenhang mit dem Neubau gar nicht so recht provinzielle Kaiser-Franz-Joseph-Jubiläumstheater beschäftigte eine ganze Reihe jüdischer Künstler, die in der Fachwelt Rang und Namen hatten. So war damals die Opernsängerin Elisa Sonnenschein, die am Kardinalplatz 8 wohnte, in Klagenfurt, ebenso die Schauspielerinnen Risa Meinhardt und Leopoldine Renstein, die in der Koschatstraße 8 wohnten. Zum Ensemble gehörten auch die Schauspieler Siegfried Holger und Rudolf Fischel sowie der Komponist Alexander Frisch. Auch der Theaterkassier Heinrich Pisk zeigt, daß die Welt der Bühne auch in der Provinz des altösterreichisch-jüdischen Elements nicht entbehrte. Der überhaupt erste jüdische Schauspieler in Klagenfurt, der schon vor diesem Ensemble auftrat, war Wilhelm Frucht. Er war mit einer Franziska Grünfeld verheiratet, stammte selbst aus Iglau, war zuvor längere Zeit in Brünn tätig gewesen und wohnte zuerst in Gottesbichl, bevor die junge Familie in die Adlergasse 4 ziehen konnte.

DIE VERMÖGENSVERHÄLTNISSE

Über die Vermögensverhältnisse der Kärntner Israeliten bis 1920 kann man füglich eher nur Vermutungen anstellen, doch gibt es immerhin eine Reihe von Hinweisen, die genützt werden können. Ein solcher Hinweis ist zuerst einmal die Einschätzung durch die israelitische Kultusgemeinde Graz. Dabei spielen aber zwei Faktoren eine Rolle: Einerseits war die Kultusgemeinde daran interessiert, von möglichst vielen Kärntner Glaubensgenossen, die sich deklariert hatten, gemäß den behördlichen Bestimmungen Kultussteuer zu bekommen, andererseits liebte es der Grazer Kultusausschuß aber immer wieder, in eher verächtlicher Art von den Kärntnern zu sprechen. Daher paßte es ganz gut ins Bild, wenn diese Glaubensbrüder jenseits der Pack als armseliges Volk erscheinen konnten. Zugleich aber hatten die Kärntner Israeliten aus mehr Sparsamkeit denn Gläubigkeit stets ein vitales Interesse daran, den so wenig geliebten Grazern möglichst große Armut zu demonstrieren, um eben keine Kultussteuer zahlen zu müssen und ganz niedrig eingeschätzt zu werden. Max Stössl beispielsweise hatte dabei stets den festen Glauben, daß sich die Zahlungsunwilligkeit schlagartig ändern könnte, hätte Kärnten nur endlich eine eigene Kultusgemeinde.

Im Jahre 1897 waren im eigentlichen Sprengel der Kultusgemeinde Graz (Stadt und Umgebung) von insgesamt 1306 Mitgliedern ihres niedrigen Einkommens wegen nur 234 zur Entrichtung der Kultussteuer verpflichtet, die nach dem Einkommen in mehrere Klassen gestuft war. In der übrigen Steiermark, also unter den nur zugewiesenen 673 Israeliten waren 131 steuerpflichtig, in Kärnten und Krain zusammen waren in diesem Jahr nur 40 Israeliten verpflichtet, den ihnen von der Grazer Kommission über Vorschlag von Klagenfurter bzw. Laibacher Vertrauensmännern vorgeschriebenen Beitrag an Kultussteuer zu zahlen. Die Anzahl ist so niedrig, daß sie nicht einfach mit geringem Einkommen oder totaler Armut erklärbar ist, wie später noch zu zeigen sein wird.

1905 war die Zahl der Steuerpflichtigen in Kärnten und Krain kaum höher, viele Israeliten, die zur Zahlung einer Kultussteuer nach Graz verpflichtet waren, erhoben dagegen Beschwerde oder waren ohne Beschwerde mit ihren Zahlungen in Rückstand. Für Kärnten betrug dieser Rückstand an Kultussteuer in diesem Jahre 1443 Kronen.[18] In den Jahren zuvor war die Situation nicht besser, so daß die Kultusgemeinde Graz wie vorgeschrieben aus ihren, i. e. aus den nicht aus Kärnten gezahlten Mitteln aushelfen mußte. Unter den Schuldnern befinden sich neben kleinen Krämern und Zeitschriftenverkäufern auch wohlhabendere Kaufleute und Ingenieure der Staatsbahnen, so daß kaum pauschal Zahlungsunfähigkeit angenommen werden kann.

Für 1909 rechnete man in Kärnten mit dem Eingang von 3603 Kronen Gesamtbudget[19], doch von seiten des Grazer Kultusausschusses rechnete man wegen der Pensionsfonds- und Krankenfondsbeiträge für die Kärntner Funktionäre und in Anbetracht einiger Abschreibungen mit 3686 Kronen. Von dieser Summe sollte ein Betrag von 3250 Kronen durch die vorgeschriebenen Kultussteuerbeiträge hereinkommen, und 487 Kronen gebührten davon als 15prozentiger Anteil in Form eines Verwaltungsbeitrages der Grazer Kultusgemeinde. Die finanziellen Grazer Interessen betrugen also ein schwaches Sechstel der Gesamtsteuersumme. Ob diese Summe der entscheidende Grund für die steirisch-kärntnerischen Diskrepanzen wäre, ist zu fragen.

Der Rest der Gesamtbudgetsumme wurde stets durch Spenden und die Miete der Betsaalsitze gedeckt.

In diesem Jahr hatte die Schätzungskommission jene 3250 Kronen auf 63 Kärntner Israeliten aufgeteilt, die zahlungskräftig genug erschienen, und dagegen liefen 31 Reklamationen ein, obwohl in der höchsten Beitragsklasse (180 Kronen) nur zwei, in der zweithöchsten (148 Kronen) ebenfalls nur zwei zugewiesene Mitglieder eingestuft waren. Zugleich stammte der größte Teil der Reklamanten aus den höheren Beitragsklassen, woraus der Grazer Kultusrat die Schlußfolgerung ableitete, daß die Leute mit der niedrigeren Beitragspflicht sich nicht die Mühe einer Reklamation machten, weil sie zu einem möglichen Exekutionszeitpunkt ohnehin schon verzogen wären oder sich dann ihre völlige Zahlungsunfähigkeit herausstellen könnte. Unter den Zahlungsunwilligen befinden sich aber zu diesem Zeitpunkt ein hoher Magistratsbeamter, ein Holzhändler, ein Tabakverleger, ein gutbezahlter Finanzkommissär, der obendrein mit seinem Austritt drohte, mehrere Hausbesitzer und ein Kaufmann, dessen Gattin im gleichen Jahr das Haus Wiener Gasse 4 kaufte.

Es muß also angenommen werden, daß bei dieser offensichtlichen Zahlungsunwilligkeit nicht nur Armut, sondern auch allgemeine Sparsamkeit, begrenzte Religiosität (nur bei wenigen) und vor allem der ständige Widerstand gegen die Grazer Kultusgemeinde ausschlaggebend waren. Von Kärntner Seite wurde selbstverständlich stets betont, daß die Israeliten im Lande durchaus zahlungsfähig seien. So meinte Max Stössl 1905, daß „die Kärntner Israeliten ohnehin allein für alle ihre Kultusbedürfnisse aufkommen und hierzu auch wirtschaftlich vollkommen in der Lage sind"[20]. Im Zusammenhang mit dieser Behauptung beantragte Stössl aber die Bildung einer eigenen Kultusgemeinde, und seine Angaben sind alles in allem Ausdruck einer berechtigten Hoffnung, zumindest was seinen Freundeskreis betraf.

Sucht man nach eindeutigen Fällen von Armut, so ergeben sich mehrere deutliche Kriterien dafür. Ein solches Kriterium wäre beispielsweise die hohe Kindersterblichkeit, die eben auch mit allgemein schlechten Einkommensverhältnissen in Zusammenhang steht. So sterben beispielsweise bei einem Kaufmann zwischen 1890 und 1900 zwei von fünf Kindern, bei einem anderen Kaufmann vier von acht, bei einem Kolporteur drei von sieben, bei einem anderen Kaufmann zwei von fünf Kindern, bei einem Hausierer fünf von neun Kindern. Dabei ist der Rückschluß auf sozialen Notstand unvermeidlich, auch wenn beispielsweise außerhalb der Gesetzmäßigkeit auch in einer Arztfamilie die Kindersterblichkeit hoch ist.

Ein anderes Kriterium für Armut oder Elend wäre die Wohnweise, vor allem der häufige Wohnungswechsel, der offensichtlich stets mit der Unmöglichkeit der Mietzahlung zusammenfällt.

Einige wenige Beispiele mögen genügen: So wohnt beispielsweise der Hausierer

Arnold Berl 1895 in der Lastenstraße 3, 1898 in St. Ruprecht 110, 1900 in der Spengergasse 8, 1902 am Viehplatz 9 (später Völkermarkter Platz).

Der Hausierer Heinrich Forst wiederum wechselt folgendermaßen: 1873 wohnt er in der Kaserngasse 5, 1874 in der Villacher Vorstadt Nr. 5, 1880 in der Schulhausgasse 5, 1882 in der Lidmanskygasse 3. Der Pfaidler und Weißwarenhändler Moriz Hoffman wiederum ist 1885 in der Bahnhofstraße 10, 1887 am Kardinalplatz 2, 1889 in der Bahnhofstraße 17, und dort bleibt die Familie dann, sobald die materiellen Verhältnisse sich gefestigt haben.

Moriz Neumann wohnte in der St. Veiter Vorstadt, ging dann nach Obergoritschitzen, sein Sohn Emanuel blieb in einer anderen Wohnung in der St. Veiter Vorstadt, bis seine Gattin Mathilde das Haus in der Wiener Gasse kaufte, Emanuels Sohn Alfons Neumann aber wohnte in der Deutenhofenstraße, bis er mit seiner Frau Nelly Sachs nach Graz ging, wo 1917 die Tochter Edith zur Welt kam, die später zeitweise nach Klagenfurt zurückkehrte und Besitzerin des Hauses wurde.

Der Zeitschriftenkolporteur Franz David wiederum wohnt 1898 in der St. Ruprechter Straße 20, 1901 in der gleichen Straße auf Nummer 18, 1903 in der Völkermarkter Straße 37, 1904 in der Völkermarkter Straße 26, und ins Nachbarhaus Nummer 25 ist schon ein Jahr zuvor sein Bruder Albert David gezogen.

Chaim Fischbach wiederum wohnt zuerst in der St. Ruprechter Straße 9, dann in der Feldhofgasse 16, nach einigen weiteren Zwischenstufen gelingt es ihm, in der Platzgasse 10 festen Fuß zu fassen und dort zu bleiben, so daß der feste und endgültige Wohnsitz schließlich Symbol für den materiellen Aufstieg seiner und der Familien seiner Söhne wird.

Der Kaufmann Ignaz Ostermann ist 1895 in der Lidmanskygasse 51, 1896 in der Domgasse 15, 1898 in der St. Veiter Straße 4, 1903 in der St. Veiter Straße 6, wonach sich der Wohnsitz nicht mehr ändert.

Wie in anderen Städten gab es auch in Orten Kärntens Konzentrationen hinsichtlich der Wohnsitze. Waren es in Laibach vor allem die Wiener Straße, die Franz-Josefs-Straße und die Häuserzeile Unter der Trantsch, wo sich die Juden sammelten, so konzentrierte sich dies in Villach am Anfang der Italiener Straße, in der Weißbriachgasse und in den Häusern der Klagenfurter Straße. Am deutlichsten entwickelte sich diese Konzentration auf bestimmte Häusergruppen in Klagenfurt. In St. Ruprecht bei Klagenfurt waren dies die St. Ruprechter Hauptstraße selbst, die Renngasse und die Feldhofgasse. Im inneren Stadtgebiet zeigt sich eine deutliche Konzentration schon um 1885 bis 1890 in der Lidmanskygasse und ihren Quergassen Bäckergasse und Spitalgasse, sodann in der Neue-Welt-Gasse, in der schmalen Spengergasse, etwas später in der Lastenstraße, die damals hinter der Platzgasse nur aus wenigen Häusern bestand, und in der Platzgasse sowie ein wenig in der Wulfengasse.

Der Grund für diese Konzentration war nicht vielleicht jener, daß es sich um jüdischen Hausbesitz gehandelt hätte, sondern die besonders niedrige Miete für Wohnung oder Laden oder beides. Gleichzeitig war wohl bei den armen Leuten das Bedürfnis zur Gruppenbildung als Mittel gegen Not und Isolierung ein besonders großes, ohne daß man deshalb gleich von dem Entstehen des typischen einstigen „jüdischen Gaßls" reden muß.[21] Es gab also sehr wohl auch in Klagenfurt so eine Art jüdisches Elendsviertel.[22]

Wer – aus armen Verhältnissen kommend – in Klagenfurt Fuß fassen wollte, der mußte einfach einmal in die St. Ruprechter Straße oder Feldhofgasse als Durchgangsstation, um später ins Innere der Stadt zu gelangen oder wieder wegzuziehen. Nicht allzu viele blieben aus eigenem Willen in der Vorstadt.

Andererseits vollzog sich in vielen Fällen vom ersten und ursprünglichen Wohnsitz aus Schritt um Schritt der Aufstieg, wie schon in einigen Beispielen zu sehen war. Der meist mit Kleiderhandel beschäftigte Sigmund Klinger etwa begann 1889 schon in der Burggasse 21, kam dann ein Jahr später in die Bahnhofstraße 31, um 1894 auf den Neuen Platz 11 zu gelangen.

Der Möbelhändler Markus Preis begann 1894 in der Fröhlichgasse (später 8.-Mai-Straße) 5, ging 1898 auf den Alten Platz ins Haus Nr. 33, um dann im Jahre 1900 das Haus Pernhartgasse 3 zu beziehen, in dem auch seine Witwe später blieb.

Adolf Preis wiederum war aus der St. Veiter Vorstadt in die Wiener Gasse 2 vorgedrungen, das Haus am Obstplatz (später Flensburgplatz, später Dr.-Arthur-Lemisch-Platz) kam erst später hinzu. Der Likörfabrikant Josef Müller begann 1906 in der Bahnstraße, doch 1908 wurde die Domgasse (Nr. 19) vorerst endgültiger Wohn- und Geschäftssitz.

Max Stössl hatte in der Kaserngasse 11 (später Karfreitstraße) zu wohnen begonnen, ließ sich 1901 endgültig in der Domgasse 8 nieder. Max Friedländer hatte in der St. Veiter Straße 13 begonnen, dann folgte 1911 das Haus Mariannengasse 5a und schließlich 1910 ebenfalls die Domgasse. Elias Friedländer fing in der St. Ruprechter Straße 12 an. Maxens Geschäft aber war 1901 schon in der Pernhartgasse 1.

Bei den Emporstrebenden waren Wohnung und Geschäft nur so lange nicht getrennt, als man sich die Trennung nicht leisten konnte. Bonyhadi hatte 1892 sein Ledergeschäft am Heuplatz 8, Stössl seines wie gesagt in der Kaserngasse 1. Veit Bibrings Laden war damals in der Spitalgasse 10, Samuel Thorsch wohnte am Alten Platz 3, wo auch ein Agent Josef Weiß logierte, sein Magazin befand sich in der St. Veiter Vorstadt, doch war er bereits dabei, in den Ruhestand zu gehen.

David Fleischmann hatte 1912 seine „Kaufhandlung" in der Paradeisergasse 4, Elias Lilian in der Schulhausgasse 4 seinen Basar, Heinrich Lilien sein Geschäft in der Kaserngasse 3, Adolf Mechur sein Ledergeschäft am Neuen Platz 4, wogegen Stössl mit seinem Geschäft in der Paradeisergasse 4 blieb und in der Domgasse wohnte, wie es Max Friedländer tat. Die Getreidefirma Julius Lustig und Moriz Braun hatte allein schon aus Transportgründen sich am Viktringer Ring 20 niedergelassen, und einige wenige blieben in der Vorstadt: Chaim Fischbachs Sohn Moriz Fischbach mit seinem Kleider- und Glaswarenhandel in der St. Ruprechter Straße 7, Rosa Schaier in der Villacher Straße 23 mit ihrem Kurzwarenhandel, Amalia Schaier mit ihrem Geschirrhandel am Viktringer Gürtel 2, Jakob Schaier mit seiner Gemischtwarenhandlung in der St. Ruprechter Straße 22.

Was Firmensitze betrifft, zeigte sich schon vor dem Ersten Weltkrieg demnach immer deutlicher eine gewisse Konzentrationstendenz auf das Stadtzentrum – wenn schon nicht an den besten Plätzen, so in deren unmittelbaren Seitengassen: Neuer Platz, Schulhausgasse, Kaserngasse, Pernhartgasse, Burggasse, obere Bahnhofstraße, Adlergasse, ebenso der untere Alte Platz. Als Wohnstraße gewann auch die Deutenhofenstraße an Wichtigkeit.

Ein anderer Indikator für die Vermögensverhältnisse der israelitischen Minderheit wäre der Hausbesitz. Als Beispiel kann am besten Klagenfurt neuerlich dienen. 1905 werden Max Stössl (Domgasse 8), Adolf Preis (Wiener Gasse 2), Gisela Preis (Pernhartgasse 3), Sigmund Kramer (Khevenhüllerstraße 10), Emanuel Neumann (Wiener Gasse 4, eigentlich seine Gattin), als Hausbesitzer ausgewiesen.[23] 1909 sind zu diesen noch Elias Lilian (Fröhlichgasse 4), Lustig und Braun (Bahnhofstraße 55), Josef Müller (Domgasse 19) hinzugekommen. Bis 1914 ergänzt sich diese Liste noch um vier Posten: Amalia Schaier (St. Ruprechter Straße 12), ihre Schwester Rosa Schaier (St. Ruprechter Straße 22) und schließlich Betty (Barbara) Fischbach (Laibacher Straße 40, später Rosentaler Straße). Betty ist die Frau von Chaims später nachgekommenem Bruder Israel Fischbach. Bis 1914 haben außerdem Lustig und Braun das Geschäftsgelände am Viktringer Ring 20 käuflich erworben. 1916 haben dann noch Chaim und Jonas Fischbach gemeinsam das Haus Platzgasse 10 gekauft.

Die Belastung der genannten Häuser mit Pfandrechten ist unauffällig, sie entspricht jedenfalls dem damaligen Durchschnitt. Im Verhältnis zur Gesamtzahl ergibt sich, daß 1910 von allen jüdischen Einwohnern Klagenfurts (einschließlich St. Peter und St. Ruprecht) neun Personen, das sind 2,6 Prozent, Hausbesitzer sind. Die Tendenz ist dabei leicht steigend.

4.3. Stabilisierungsversuche in der Öffentlichkeit

„Sie haben sich an verschiedenen vaterländischen Organisationen beteiligt und diese unterstützt."

Rabbiner Dr. Babad im Jahre 1979 über die Kärntner Israeliten

Bis gegen Ende des Jahrhunderts ergab sich bei jedem Begräbnis die unangenehme Tatsache, daß die jüdischen Verstorbenen an besonderem, nicht ganz zufriedenstellendem Ort bei den katholischen Friedhöfen beerdigt werden mußten. In der Praxis hielt man es aber auf manchen Friedhöfen nicht so genau, daß man Israeliten partout außerhalb der Mauern beisetzte. Das zeigte sich naturgemäß besonders während des Ersten Weltkrieges bei der Bestattung von Soldaten oder russischen Kriegsgefangenen. Der Klagenfurter Krankenunterstützungs- und Leichenbestattungsverein Chewra Kadischa („Heilige Gesellschaft") war die berufene Instanz für die Bemühung um einen eigenen israelitischen Friedhof, als der Kultusverein in Klagenfurt behördlich aufgelöst wurde. Obwohl der Verein lange Zeit nur 17 Mitglieder hatte, scheuten diese Männer weder Anstrengungen noch Geldspenden. Die Gemeinde St. Ruprecht kam diesen Bemühungen entgegen und übergab anscheinend im Jahre 1895 der Chewra Kadischa schließlich um den Preis von 500 Gulden ein Grundstück, das direkt an den katholischen Friedhof von St. Ruprecht im Norden angrenzte, so daß die Anlegung eines israelitischen Friedhofes sich besonders günstig ergab, weil dort an der Mauer schon zuvor Juden beigesetzt worden waren. Für die Geländegestaltung, die Mauer und das Leichenhaus mußten nochmals 550 Gulden aufgebracht werden, wofür naturgemäß neuerlich freundliche Spender herangezogen wurden. Unter diesen Umständen konnte dann in der Tat auch das kleine Gebäude für die Bestattungsriten errichtet werden, das nur über die bescheidenste Einrichtung verfügte. Der einfache, mit Zinkblech verkleidete Tisch und die Ablage für die geschnittenen Haare im Dachgebälk des kleinen Gebäudes überdauerten das Ende der jüdischen Gemeinde in der Landeshauptstadt noch lange.

Mittlerweile war es auch gelungen, hinsichtlich der Gottesdienste eine günstigere Regelung zu treffen. Sie wurden aus dem Saal in der Kaserngasse in das Haus Platzgasse 8 verlegt, das aber nicht im Besitz der Chewra Kadischa war, sondern wo die Räumlichkeiten durch einen langfristigen Mietvertrag mit dem Hausbesitzer sichergestellt werden mußten. Die Religionslehrer hatten ebenfalls in diesem Haus ihre Wohnung. Als 1891 Samuel Mayer Eisler Rabbinatsverweser werden sollte, scheiterten ja – wie wir schon wissen – die Pläne zur Errichtung einer eigenen Kultusgemeinde. Eisler blieb deshalb lediglich als Religionslehrer, Beschneidungsoperateur und auch Schächter in Klagenfurt und wohnte mit seiner Familie in dem Haus Platzgasse 8. Nach seinem Tod im Dezember 1903 sahen sich die Klagenfurter Israeliten nach einem neuen Religionslehrer um und fanden diesen über Vermittlung dann in Ludwig Schap aus Preßburg.

Schap heiratete eine Hermine Grünsfeld aus Lackenbach und ließ sich dann in Klagenfurt nieder, wo er ebenfalls die Wohnung in der Platzgasse 8 bezog. Er war ebenfalls als Religionslehrer für die über 30 Kinder in Klagenfurt tätig, wobei ihm der Landesrabbiner der Kultusgemeinde Graz, Dr. Samuel Mühsam, den Unterricht vorschrieb und dann am Semesterende nach Klagenfurt kam und die Prüfungen abnahm. Mühsam hatte an der Universität Leipzig 1867 das Doktorat erlangt und stand entsprechend dem Gesetz von 1890 der Kultusgemeinde Graz in deren Sprengel als Rabbiner zur Verfügung, kam aber auch gegen Verrechnung zu den Israeliten in den anderen Orten, wenn diese nach ihm verlangten. Im Sommer 1905 gelang es dann der Chewra Kadischa, in unmittelbarer Nähe das Haus Platzgasse 3 zu erwerben. Die Gesellschaft unter ihrem Obmann, Elias Lilian, bezahlte dafür den Erben 16.000 Kronen, wobei naturgemäß Max Stössl, Adolf Preis, Max Friedländer und andere Männer wieder ausgiebig spendeten. Da man in dem Haus vor allem einen Betsaal einrichten wollte, mußten weitere 5000 Kronen aufgebracht werden, was das bestehende Darlehen noch vergrößerte, das man schon für den Kaufpreis aufgenommen hatte. Der Hausbesitz war noch gar nicht grundbücherlich eingetragen, als Max Stössl als Sprecher der Klagenfurter Israeliten bei der Behörde neuerlich um die Bewilligung zur Bildung einer neuen, eigenen Kultusgemeinde ansuchte. Hatte die Grazer Kultusgemeinde in den Jahren zuvor mehrmals bei der k. k. Statthalterei in Graz beantragt, den Betsaal in Klagenfurt, Platzgasse 8 zu schließen, weil sie immer wieder wegen der säumigen Kärntner Beitragszahler zu seiner Aufrechterhaltung beitragen mußte, so war dadurch umgekehrt der Ehrgeiz jener Männer um Stössl erst recht angespornt worden, es zu einem eigenen Bethaus als Vorbedingung für die Konstituierung einer Kultusgemeinde zu bringen.

Zugleich machte sich Ludwig Schap, der nach Eislers Tod nicht nur Beschneidungsoperateur, sondern auch Sieder und Schächter sein mußte, Hoffnungen darauf, Rabbiner dieser neuen Gemeinde zu werden, da er die entsprechende Ausbildung absolviert hatte und sich bereits „autorisierter Rabbiner" nannte.

Bei seinem neuerlichen Ansuchen an die k. k. Landesregierung von Kärnten führte Stössl wieder all jene Gründe aus dem Jahre 1890 an, konnte aber zugleich mit

Nachdruck darauf hinweisen, daß sich die Zahl der Israeliten in Kärnten nicht nur vergrößert habe, sondern daß nun auch ein eigener Friedhof und ein eigenes Bethaus zur Verfügung stünden. Dann begann das gleiche Spiel von neuem. Die k. k. Landesregierung ersuchte auf dem Wege über die k. k. Statthalterei Graz die Israelitische Kultusgemeinde Graz um Stellungnahme, das heißt sie benützte den dortigen Ehrgeiz neuerlich zum Niederhalten der Kärntner Initiativen.

Daß diese Kalkulation richtig war, erwies sich aus der Antwort der Grazer Kultusgemeinde, welche sich neuerlich scharf gegen das Klagenfurter Ansinnen stellte.[25] Präses Bernhard Müller und Sekretär Anton Ungar wiesen in umfangreichen Ausführungen auf die Armut und Zahlungsunwilligkeit der Kärntner Israeliten hin, und das pikanterweise gerade zu einem Zeitpunkt, da jene bettelarmen Leute ein Haus gekauft hatten. Deshalb reklamierte die Grazer Stellungnahme mit Schärfe, daß nun in Klagenfurt aber das rituelle Bad fehle und der vorgesehene Rabbiner zu ungebildet sei. Es wird zwar eingeräumt, daß es in anderen Kronländern Gemeinden gäbe, deren Mitgliederzahl auch nicht größer wäre, aber viele von den kleinen Kultusgemeinden in Böhmen und Mähren etwa hätten aus früheren Zeiten Synagogen, Schulen, Naturalwohnungen, reiche Stiftungen und großen Grundbesitz. Was für eine Provinzstadt oder einen Marktflecken möglich wäre, könne nicht auf die Landeshauptstadt bezogen werden, zumal Schap ja auch Operateur und Schächter sein müßte, was in einem kleinen Ort kaum auffalle, wogegen eine solche Kumulierung verschiedener Arbeiten in der Person eines Rabbiners „in der Landeshauptstadt unwürdig und armselig, um nicht zu sagen lächerlich erscheint".

Auf Grund dieser negativen Stellungnahme zögerte die Kärntner Landesregierung nicht, dem Ministerium für Kultus und Unterricht die Ablehnung des Klagenfurter Ansinnens vorzuschlagen. (Der Sachbearbeiter in der Landesregierung hatte mittlerweile gewechselt.) Mit 9. Juni 1906 lehnte das Ministerium ab, weil die Voraussetzungen des Gesetzes von 1890 nicht zuträfen. Die Klagenfurter Israeliten hatten nun zwar einen Friedhof, ein eigenes Bethaus, aber nicht jene Selbständigkeit, die ihren Erwartungen entsprach. Schap blieb nun bis Ende 1906 als Religionslehrer, Operateur, Sieder und Schächter in Klagenfurt, dann aber zog er mit Frau und zwei Kindern wieder fort. Die Klagenfurter Israeliten mußten sich deshalb wieder um einen neuen Religionslehrer umsehen. Es kam dann Josef Güntzler nach Klagenfurt. Der war 1875 in Erdöbenya im Komitat Semplen geboren worden und hatte 1902 in Modor bei Preßburg die Tochter des dortigen Rabbiners Abraham Singer, nämlich Therese Singer, geheiratet. Da inzwischen ja das Bethaus gekauft worden war, konnte Güntzler als erster schon in diesem Gebäude wohnen. Er hatte ebenfalls Rabbinerausbildung genossen und suchte dann in der Folge bei der k. k. Landesregierung von Kärnten um Nachsicht der höheren allgemeinen Bildung an. Dem Ansuchen wurde stattgegeben, so daß Güntzler nun ebenfalls wie Schap und Eisler vor ihm ein Aspirant auf ein mögliches Rabbinat in Klagenfurt war.

Da Güntzler aber nicht als Operateur tätig war, kamen nach dem Fortziehen Schaps nun Beschneidungsoperateure aus Graz auf Anforderung jeweils nach Klagenfurt. Zuerst waren dies Nathan Weininger und Nathan Kaufmann, die abwechselten, ab 1910 dann Josef Benedikt, der über die Jahre des Krieges und der folgenden Umwälzungen hinweg bis Ende 1928 immer wieder nach Klagenfurt kam, um im Bethaus die Beschneidungen vorzunehmen.

Nach dem Weggang von Schap war aber noch etwas geschehen. Mit Ende 1906 hören in den Klagenfurter oder besser Kärntner Matrikeln die Eintragungen von Rabbiner Dr. Mühsam auf, der mit Kollisch abgewechselt hatte. Dann folgt über das Jahr 1907 hinweg die große, scharfe Schrift, welche die Hand von Kollisch verrät. Mühsam war gestorben. Während der Zeit, in welcher man sich in Graz um einen neuen Rabbiner umsah, der naturgemäß auch Matrikelführer sein sollte, wurde in Klagenfurt der Antrag gestellt, die Matrikelführung von Graz nach Klagenfurt zu übertragen. Dem Antrag wurde von der Grazer Statthalterei und der Landesregierung in Übereinstimmung mit dem Ministerium für Kultus und Unterricht stattgegeben, und mit Jahresbeginn 1908 wurde in der Platzgasse 3 der 25jährige Bernhard Glaser aus Pozsony in Ungarn angestellt. Er heiratete erst im gleichen Jahr in Lackenbach eine Jakobovits aus Sopron, und der Ehe entstammten bis zum Jahre 1922 vier Kinder, die alle in Klagenfurt zur Welt kamen. Mit dem Jahre 1908 beginnt Glasers korrekte und vorzügliche Matrikelführung, die bis zum Jahre 1922 dauern sollte.

Zur gleichen Zeit war auch Güntzler in Klagenfurt, aber seltsamerweise kam er als Matrikelführer nicht in Frage. Da er auch nicht Beschneidungsoperateur war, ist auch nicht anzunehmen, daß er das Schächteramt ausgeübt hat, doch muß die Frage nach dem Schächter offenbleiben. Zwar lebte ab 1904 in St. Ruprecht der Kantor und Schächter Simon Samson Heilpern, der 1872 in Brody geboren worden war, doch dürfte sein Kontakt zum Bethaus in der Platzgasse 3 nicht sehr eng gewesen sein. Er trat dort jedenfalls nicht als Beschneidungsoperateur in Erscheinung. Gegen Beziehungen zur Platzgasse spricht auch, daß er die zweite Tochter Abe Hochmans und der nur rituell mit ihm verheirateten Amalie (Malke) Schaier, nämlich Jutte Schaier, geheiratet hatte. Schon 1905 wurde Juttes Tochter Helene geboren, doch heiratete auch Simon Heilpern Jutte Schaier nur rituell, nicht nach staatlichem Recht, ja er weigerte sich sogar, die Geburt der Tochter Helene den staatlichen Behörden und der Grazer Kultusgemeinde anzuzeigen.

Alle bisherigen Funktionäre religiöser Art, die von den Anfängen an in Klagenfurt auftraten, stammten demnach aus Ungarn, und Heilpern ist der erste, der aus dem östlichsten Galizien in die Landeshauptstadt gekommen war, um dort in der Vorstadt tätig zu sein.

Die Chewra Kadischa selbst befand sich nach dem Ankauf des Hauses Platzgasse 3 angesichts des beträchtlichen Schuldenstandes in keiner sehr angenehmen Situation. Der Vorstand trachtete daher, unter allen Umständen Geld zu beschaffen, wo immer sich solches bot. Dabei traten Glaube und Ritus nicht immer als lenkende und beherrschende Kraft auf. Ab Frühling 1907 war der Architekt Egizio Bauer aus Alexandrien in Klagenfurt und in Friesach in geschäftlichen Angelegenheiten unterwegs gewesen. Dabei hatten ihn sein Schwager Bernhard Tauber und Bauers Gattin Margerita begleitet. Alle drei stammten aus der sephardischen Gemeinde von Alexandrien. Unglücklicherweise brach bei Margerita Bauer, die schon lange an einer schweren Krankheit litt, diese durch die Reisebeschwernisse mit voller Wucht aus. Sie mußte – da kein jüdisches Krankenhaus erreichbar war – in das Landeskrankenhaus Klagenfurt, wo sie trotz aller Bemühungen am 12. Oktober 1907 verstarb. Obwohl Egizio Bauers Geschäftsreise in Kärnten nicht erfolgreich gewesen war, wollte er die Leiche der Gattin aus Gründen der Pietät unbedingt nach Alexandrien überführen lassen, damit sie dort auf dem Friedhof der sephardischen Gemeinde beigesetzt werden könnte. Im Landeskrankenhaus war man ihm durch Hinweise auf einen Leichenbestatter und die Chewra Kadischa in Klagenfurt behilflich, und der Stadtphysikus von Klagenfurt erklärte sich auch bereit, die Konservierung der Leiche vorzunehmen.

Deshalb waren Bauer und dessen Schwager bemüht, möglichst rasch die rituelle Waschung und Einsegnung der Leiche durchführen zu lassen, bevor sie konserviert wurde und die beiden gesetzlich vorgeschriebenen Metallsärge verlötet werden mußten. Sie suchten anscheinend Güntzler auf, der sie an Elias Lilian verwies, und jener versprach, für alles am 13. Oktober nachmittag Sorge zu tragen.

Die beiden Sephardim aus Ägypten gerieten in schwere Sorge, als sie zur angegebenen Zeit feststellen mußten, daß über dem Eingang der von Lilian vorgesehenen Leichenhalle ein steinerner Engel mit einem Kreuz angebracht war und daß im gleichen Raum, in dem die Leiche von Margerita Bauer lag, die Leichen von zwei christlichen Kindern aufgebahrt waren. Für die rituelle Waschung war nicht vorgesorgt – Lilian, Stössl und Güntzler hatten nur mehrere Frauen und einige Meter Leinwand mitgebracht. Von dem christlichen Leichendiener mußte deshalb ein Blechlavoir ausgeborgt und die rituelle Waschung mit kaltem Leitungswasser vorgenommen werden, was de facto so geschah, daß das Wasser einfach über die nur auf einer Bahre liegende Leiche gegossen wurde. Güntzler sprach jedoch die vorgeschriebenen Gebete und auch die übliche Leichenrede.

Bauer und Tauber hatten auf Grund ihrer Erfahrungen in anderen österreichischen Ländern mit Kosten für diesen Vorgang in der Höhe von 60 bis 80 Kronen einschließlich Armenspende gerechnet, sie wollten daher gleich vor der Leichenhalle bezahlen, doch Stössl und Lilian beschieden sie ins Kaffeehaus, wo der Vorstand der Chewra Kadischa versammelt sein werde. Erst über langes Drängen gab Lilian eine Rechnung in der Höhe von 786 Kronen heraus, was die beiden Sephardim in Schrecken versetzte. Sie machten deshalb bei der nachfolgenden tatsächlichen Verhandlung im Kaffeehaus den Klagenfurter Glaubensgenossen Vorhaltungen, wurden aber dahingehend informiert, daß nur ein Mindesttarif von 300 Kronen bestünde, jedoch der Vorstand laut Statuten jeden darüber liegenden Tarif selbst festlegen könne. Als Bauer und Tauber sich für zahlungsunfähig erklärten, drohten die Vorstandsmitglieder, den Abtransport der Leiche zu verhindern. Schließlich einigte man sich auf einen Betrag von 410 Kronen, worüber Bauer und Tauber den Vorstandsmitgliedern ein Akzept über diesen Betrag per Ende November 1907 unterschrieben, in dem wieder Order und Valuta freigelassen werden sollten, was weitere Diskussionen ergab. Dann konnte die Leiche erst vorübergehend in der Sammelgruft des Friedhofs Annabichl untergebracht und schließlich von einem christlichen Leichenbestatter nach Triest zur Einschiffung gebracht werden. Die Matrikeleintragungen erwähnen nichts von der speziellen Glaubenszugehörigkeit der jungen Verstorbenen, und Stössl und Lilian machten Kollisch auch keine Mitteilung von den näheren Umständen des Falles, sondern wollten diesem suggerieren, die Tote sei in St. Ruprecht beerdigt worden.[26]

Unglücklicherweise war Bernhard Tauber Kanzleisekretär des k. u. k. österreichisch-ungarischen Konsulats in Alexandrien. Architekt Bauer hatte schon vor der Abreise aus Klagenfurt versucht, sich beim Kultusreferenten der Landesregierung zu beschweren, war aber abgewimmelt worden. Dann aber setzte Tauber von Alexandrien aus eine massive Beschwerde in Gang, welche dazu führte, daß der Vorfall in Klagenfurt und Graz bekannt wurde.[27] Tauber wies darauf hin, daß der Klagenfurter Stadtphysikus für seine Tätigkeit nur 120 Kronen, die Friedhofsverwaltung nur 90 und der Leichenbestatter für Einsargung, Dokumentenbesorgung und Transport nach Triest nur 312 Kronen verlangt hatten. Er verlangte Zurechtweisung und Schadenersatz, es kam aber weder zu dem einen noch zu dem anderen. Der Vorfall zeigt mit Deutlichkeit nicht nur die finanzielle Situation der Chewra Kadischa auf, sondern er verrät bei den beteiligten Klagenfurter Exponenten ein besonders hohes Aggressionsbedürfnis – und das Menschen gegenüber, die von ihnen nicht als Glaubensbrüder, sondern als Fremde, ja sogar als Andersgläubige aufgefaßt wurden. Stössl und der Kreis der Männer um ihn hatten in diesen Jahren nämlich recht sorgenvolle diesbezügliche Erfahrungen gemacht.

Bei der Bestreitung der Kosten für das Bethaus und den Religionslehrer spielte neben der Hereinbringung der Beiträge an Kultussteuer auch die Vermietung der Sitze im Gotteshaus eine nicht unbeträchtliche Rolle. Wer dort Anspruch auf seinen eigenen ständigen Sitz haben wollte, mußte einen nicht ganz niedrigen Betrag dafür zahlen, und so ergab sich, wie in manchen christlichen Kirchen auch hier der Fall, daß die israelitische Prominenz der Stadt auf ihren gemieteten Sitzen prangte. Es wäre aber unzutreffend, dies als entscheidenden Grund dafür anzusehen, daß viele Klagenfurter Israeliten schon bald nach der Jahrhundertwende den Gottesdiensten fernblieben – zu einem Zeitpunkt, als diese noch im Haus Platzgasse 8 abgehalten wurden. Wer fernblieb, waren vor allem die ärmeren Juden der Vorstadt, zum Großteil Ostjuden, die mit viel größerer Beharrlichkeit an ihren alten Bräuchen und Riten festhielten und zum Teil auch noch die strengen Bekleidungsvorschriften berücksichtigten. Auch zeigt sich ihr Konservativismus deutlich am Festhalten an den alten Namen, die sie, ihre Frauen und Kinder in Galizien getragen hatten, ja manche von ihnen weigerten sich bis in die Zeit nach dem Ersten Weltkrieg hinein, die rituelle Trauung durch die staatliche Anerkennung, also durch die Immatrikulation bei einem durch den Staat vereidigten Matrikelbeamten bzw. durch die Meldung gemeindeamtlicher Art, zu ergänzen. Diesen besonders frommen Ostjuden waren jene Art der Emanzipation, wie sie die reformistischen „Aufsteiger" der Innenstadt betrieben, und der finanzielle Erfolg dieser Leute eher suspekt, ja sie galten ihnen vielfach wohl überhaupt als glaubenslos. Wenn sie das christkatholisch geprägte alte Vorurteil der nichtjüdischen Kärntner spürten, so erschien ihnen das Festhalten am alten Glauben als der wirkungsvollste und auch logischeste Schutz vor Spott und Verdächtigung übler Geschäftspraktiken. Wenn daher diese Israeliten aus der Erfahrung ihrer Isolierung und Minderwertigkeit heraus, soweit sie dies überhaupt erfuhren, sich dem Glauben an ein ideales Palästina und eine Auferstehung des Judentums zuwandten, so war auch das für sie eine religiöse, keine politische Angelegenheit.

Es muß allerdings gesagt werden, daß sie mit ihrer Einschätzung der „Innenstadtjuden" den einstigen „Pionieren", wie sie in den achtziger und neunziger Jahren im Vorstand des damals noch bestehenden Kultusvereins und dann auch der Chewra

Kadischa tätig waren, sicherlich auch Unrecht getan haben, soweit das Abraham Azkenasi, Daniel Bonyhadi (ging 1908 nach Salzburg), Moriz Hoffman, Moses Hirschenstein, Sigmund Kramer, Moses Bibring, Adolf Freund, Samuel Thorsch u. a. betraf.

Jedenfalls begann der Hausierer Abe Hochman, der mit Amalia (Malke) Schaier rituell getraut war, schon 1903 mit der Abhaltung von jüdischen Gottesdiensten, die sich über die Jahre fortsetzten. Am meisten ging es Hochman um die jüdischen Herbstfeiertage, aber dazwischen immer wieder auch um die wöchentlichen Gottesdienste, die in den Wohnungen der Schwestern Amalia, Rosa und Resi Schaier, aber auch an anderen Orten, z. B. Renngasse 8, abgehalten wurden. Natürlich brachten es vor allem die hohen Feiertage mit sich, daß die Teilnehmer an den Gottesdiensten von morgens bis abends in mehreren Räumen einer Wohnung beisammen waren. So zog sich diese Sonderentwicklung viele Jahre hin, unter den Teilnehmern findet man Mitglieder der Sippe Fischbach und der Sippen Reinisch und Lindenbaum, aber auch viele junge Leute, Kommis und Lehrlinge der jüdischen Unternehmen der Innenstadt. Meist sollen es über 30 Teilnehmer an den Gottesdiensten gewesen sein.

Max Stössl erfuhr davon, meldete dies an die Kultusgemeinde in Graz und verlangte von dieser das Verbot der Gottesdienste, für welches sie den Statuten entsprechend zuständig war. Zugleich machte Stössl Abe Hochman und wohl auch Simon Heilpern, der 1904 sicher in diesen Kreis eingetreten war, Vorhaltungen, daß sie die Einheitlichkeit der jüdischen Ansiedlung in Klagenfurt damit störten und so der allgemeinen Sache Schaden zufügten. Stössl gegenüber redete Hochman in der Tat von einer eigenen Bethausgemeinschaft in St. Ruprecht, und es traf zu, daß die Teilnehmer an den Gottesdiensten auch Kosten nicht scheuten. Sehr oft holten sie einen Vorbeter aus Wien, für dessen Bezahlung sie Beträge von über 100 Kronen aufbringen mußten. Stössl wiederum trachtete, Hochman zu ködern, und versprach ihm bei einem solchen Fall zur Deckung dieser Kosten 50 Kronen, wenn er mit diesen Gottesdiensten aufhöre.[28]

Die Kultusgemeinde Graz hatte 1903 und 1905 nach dringenden Meldungen Stössls bei der Bezirkshauptmannschaft Klagenfurt das Verbot dieser Gottesdienste beantragt, war damit aber nicht durchgedrungen, da man bei der Behörde die Veranstaltungen als private unter Familienangehörigen und Verwandten eingestuft hatte.[29] Nach einer neuerlichen Grazer Beschwerde im Jahre 1908 sprach die Bezirkshauptmannschaft ein Verbot aus, das aber anscheinend nichts nützte. Stössl jedenfalls teilte der Grazer Kultusgemeinde mit, daß bei der Miete der Sitze im Bethaus ein empfindlicher Rückgang eingetreten wäre, und er wie die Grazer Glaubensbrüder trachteten, die Gegensätze so zu vereinfachen, als ob es nur um die für manche Leute zu hohen Mieten dieser Sitze ginge. Zugleich klagte Stössl den Grazern gegenüber unvorsichtigerweise darüber, daß manchmal der Sabbatgottesdienst ausfallen müßte, weil man nicht das religiöse Gebot erfüllen könne. Es kämen nämlich manchmal nicht zehn erwachsene Männer zusammen, was tatsächlich Grundvoraussetzung für die Abhaltung des Gottesdienstes ist. Es ist aber völlig unzutreffend, Abe Hochman dafür die Schuld zu geben. Tatsächlich hielt er der Vorschrift entsprechend am Sabbat seine Gottesdienste ab – dies aber aus Protest und Ersatz, denn in der Platzgasse 3 gab es gar keine Gottesdienste. Die Unternehmer der Innenstadt hielten nach reformistischer Art nämlich am heiligen Sabbat ihre Geschäfte offen, was es in St. Ruprecht anscheinend nicht gab.[30] Nur die großen

Feiertage waren es im wesentlichen, die die meisten Israeliten im Bethaus vereinten, und es war ihre eigene Schuld, daß der Mangel an regelmäßigen Sabbatgottesdiensten Seelenstiftungen und damit Geldeinkünfte unmöglich machte.

Ein einziges Mal war in den Verhandlungen im Zusammenhang mit dem Gesetz von 1890 von seiten der Kärntner Landesregierung der Vorschlag gemacht worden, die Israeliten Klagenfurts als eine Art Filialgemeinde aufzufassen. In Graz hatte man darauf – wie wir schon wissen – nicht reagiert, doch als nun Abe Hochman Schwierigkeiten machte, wurde plötzlich seitens der Grazer Kultusgemeinde Stössl als Vorsteher dieser „Filialgemeinde" bezeichnet und ihm die Verantwortung für die Auflösung dieser St. Ruprechter Bethausgemeinschaft gegeben.

Abe Hochman rechtfertigte sich in seinen Eingaben an die Bezirkshauptmannschaft Klagenfurt stets damit, daß es sich nur um das Beten von Familienangehörigen handle und all das spontan erfolgt sei. Das wurde natürlich durch die Anforderung der Wiener Vorbeter stets ad absurdum geführt.

Die k. k. Landesregierung von Kärnten sah sich dann genötigt, in ihrer Sitzung vom 18. Februar 1909 den Bescheid der Bezirkshauptmannschaft Klagenfurt aufzuheben, weil „Versammlungen zu Kultuszwecken von der Staatsbehörde nur aus öffentlichen Rücksichten untersagt werden können und da – falls diese Voraussetzung nicht zutrifft, was zu erwägen wäre – es sich um eine Angelegenheit handelt, welche im Sinne der Statuten der israelitischen Cultusgemeinde in Graz der Entscheidung des Cultusrates bzw. des Schiedsgerichtes unterliegt".[31] Die oberste Landesbehörde wählte also den Weg der Nichteinmischung, und Abe Hochman hielt weiter seine Gottesdienste ab, gegen die jedoch Stössl und die Grazer Glaubensgenossen neuerlich Verbote aussprachen.

1912 suchte die Bezirkshauptmannschaft Klagenfurt Hochman und seine Gemeinschaft dadurch lahmzulegen, daß man die Versammlungen aus sanitätspolizeilichen Gründen verbieten wollte. Obwohl der Amtsarzt gegen die Wohnung in der Renngasse 8 nichts einzuwenden hatte, bemühte sich der bearbeitende Beamte in der Bezirkshauptmannschaft gar, die Kubikmeter Luft in den drei Räumen der Wohnung auszurechnen und daher ein Verbot abzuleiten. Schließlich erfolgte ein solches wegen Nichteignung des Lokales. Abe Hochman, der in seinen früheren Rechtfertigungen mehrmals betont hatte, daß er auch in das Bethaus in der Platzgasse gehe, brachte nun plötzlich nach so vielen Jahren der Schwierigkeiten zum ersten Mal eine neue Begründung in seinem Rekurs gegen die Entscheidung der Bezirkshauptmannschaft vor: Seine Gruppe habe einen Anspruch auf diese Gottesdienste, weil jene anderen in der Platzgasse 3 aschkenasisch seien, er und seine Anhänger sich aber zum sephardischen Ritus bekannten.

Die Strategie im Umgang mit der feindseligen Behörde ist im wesentlichen die gleiche, wie sie seinerzeit Stössl in der Diskussion um die Klagenfurter Selbständigkeit angewendet hatte: Religiöse Ritus-Unterschiede als Scheinbegründung für eine emanzipative und damit gesellschaftlich orientierte Selbständigkeit werden nun ein Mittel der Glaubensbewahrung. Die Bezirkshauptmannschaft aber winkte ab: Dies sei interne Angelegenheit und für die rechtliche Beurteilung des Falles unmaßgeblich. Auch hier zeigt sich also der Rückzug auf rein rechtlich-formale Positionen, wie sie der Staat im Laufe der langen Entwicklung nicht nur einmal eingenommen hatte.

Während dieser Auseinandersetzungen mit der St. Ruprechter Bethausgemeinschaft war einer ganzen Reihe von anderen israelitischen Gruppen, in denen man Verwandte oder Geschäftsfreunde hatte, der Schritt zur Selbständigkeit geglückt: Die Gruppen in Baden, Wiener Neustadt, Neunkirchen, St. Pölten, Amstetten, Horn, Steyr waren selbständig geworden, einige davon waren kleiner als jene in Klagenfurt. Das ließ nun Max Stössl nicht ruhen, in Übereinstimmung mit seinen Mitkämpfern neuerlich am 26. Februar 1909 bei der k. k. Landesregierung von Kärnten die Verselbständigung, i.e. die Bildung einer eigenen Kultusgemeinde und die völlige Trennung von Graz zu beantragen. Und sofort begann wieder jener schon eingespielte Mechanismus zu wirken: Die Kultusgemeinde Graz wurde aufs neue um Stellungnahme gebeten und reagierte nun durchaus verärgert: Es seien nach wie vor zu wenige Israeliten in Kärnten, vor allem nicht die für eine Gründung vorgesehenen 30 Familienhäupter in Klagenfurt selbst, alle Juden Kärntens seien arm, es gäbe keine Zuwanderung, sondern die Gruppe in Kärnten stagniere, die behördliche Nachsicht dem Rabbinats-Aspiranten Güntzler gegenüber sei rechtlich anfechtbar, er könne nicht einmal den Religionsunterricht ohne strenge Aufsicht durch den Grazer Rabbiner durchführen. Dort hatte der Kultusrat in seiner Sitzung vom 20. Oktober 1907 den angesehenen Rabbiner Univ.-Doz. Dr. David Herzog definitiv auf Lebenszeit für den gesamten Bereich der eigentlichen Kultusgemeinde und der zugewiesenen Israeliten angestellt und dieser könnte wirtschaftlichen Schaden von der Einschränkung seines Tätigkeitsbereiches nehmen, meinte man nun in Graz.

Auch all die Argumente, die Stössl durch seine Auseinandersetzung mit Abe Hochman geliefert hatte, wurden nun gegen Klagenfurt verwendet. Die Kultusgemeinde Graz müsse sich daher gegen die immer wieder Schwierigkeiten verursachenden Klagenfurter Glaubensbrüder und deren Absicht aussprechen, denn dann könnten auch Leoben, Judenburg, Marburg und Laibach die Forderung nach Verselbständigung erheben, und „diese selbständig gewordenen Zwerggemeinden wären unhaltbar", zugleich aber auch der große Verwaltungs- und Beamtenapparat in Graz nicht mehr ausgelastet und damit umso teurer, da man die Beamten nicht beliebig hinauswerfen könne.

Auch wenn die Kultusgemeinde Graz in ihrer Argumentation schon schwerer als bisher nach Luft rang und Gründe aus emotionellen, religiösen und wirtschaftlichen Bereichen mit mehrfachen Fehldarstellungen verband, erwies sich das alte Konzept der Niederhaltung jüdischer Expansion in Steiermark, Krain und Kärnten behördlicherseits noch als wirksam. Das k. k. Ministerium für Kultus und Unterricht ordnete zwar eine neuerliche Zählung der Israeliten Kärntens an, gab dem Ansuchen aber mit Bescheid vom 13. Juli 1911 dann keine Folge.

In diesem Jahr gelang auch der benachbarten Kultusgemeinde Salzburg die Verselbständigung. Mit Ministerialverordnung vom 22. Februar 1911 war die Zuweisung der Salzburger Israeliten zur Kultusgemeinde Linz aufgehoben und im Gebiet Salzburg eine neue israelitische Kultusgemeinde errichtet worden.[32]

Dies bewog nun Max Stössl und seine Mitstreiter, im Jahre 1913 mit neuem Zahlenmaterial und neuen Angaben über die Bevölkerung wieder einen Antrag auf Gründung einer eigenen Kultusgemeinde für Kärnten zu stellen. Die Sache schleppte sich diesmal noch länger hin und wurde während der Kriegsjahre von der Behörde überhaupt nicht bearbeitet.

Warum also diese so auffallenden Bemühungen einer Gruppe von Kärntner Israeliten um organisatorische Selbständigkeit und Unabhängigkeit von Graz? Auch wenn man ihre persönliche Religiosität nicht in Frage stellen will, gab es doch wenig Gottesdienste in einem Bethaus, das sie mit großer Mühe erworben hatten, hielten sich viele von ihnen nicht mehr an das koschere Fleisch, blieben am Sabbat die Geschäfte offen und entwickelte sich eine beträchtliche Aggressivität gegen Sephardim und altgläubige Ostjuden. Hochman hatte dieses Argument ja nur aus taktischen Gründen verwendet. Alle seine Anhänger stammten aus Galizien, auch hätte er seine Tochter Jutte nicht Heilpern gegeben, wäre er wirklich ein Sephardim gewesen. Hätte die Gruppe um Max Stössl vielleicht von den alexandrinischen Sephardim noch ein religiös getöntes Feindbild haben können, so wäre dies den frommen Ostjuden gegenüber absurd gewesen, kamen sie doch wie diese vom gleichen rituellen Ausgangspunkt her. Die Aggressivität ihnen gegenüber muß demnach nichtreligiöse Gründe gehabt haben, und Stössl selbst hat sie ja deutlich genug angezeigt: Hochman schadete ihm bei den Emanzipationsbestrebungen gegenüber Graz.

Angesichts des latenten christlich bestimmten Antisemitismus alter Prägung und der deutschnationalen Gesinnung vieler Beamter zeigen die Kärntner Israeliten zwei divergierende Spielarten der Assimilation, die synchron zu den trotz der ungünstigen Wirtschaftslage Kärntens schwach bleibenden Ansätzen eines wirtschaftlich bedingten Antisemitismus einhergingen: Die frommen Ostjuden blieben im schützenden Bereich ihrer traditionellen Frömmigkeit und begnügten sich mit der ihnen vom Durchschnittskärntner zugewiesenen Rolle des Minderen und Armen. Das war aber bei der zögernden industriellen und verkehrsmäßigen Entwicklung im Lande keine speziell jüdische Rolle und konnte es wegen der geringen Anzahl von Juden gegenüber den vielen Berufsgenossen der Hausierer, Agenten, Kleinhändler und Marktfahrer aus Krain, Friaul, dem Küstenland, Kroatien und Böhmen auch gar nicht sein.

Bei den jüdischen Zuwanderern aus dem böhmischen oder niederösterreichischen und westungarischen Raum, die in weit stärkerem Maß unter dem Einfluß des Liberalismus standen, schloß die Assimilation durchaus auch die Erfüllung eigener hoher Rollenerwartungen in sich, zumal sie alle die liberale Weltanschauung mit einem starken deutsch-österreichischen Kulturbewußtsein verbanden.[33] Und in den Sog dieser Haltung gerieten auch die erfolgreicheren unter den Einwanderern aus Galizien. Für sie alle bedeutete Assimilation zugleich Integrationsbereitschaft, aber auch Anerkennung als Individuen einer Gruppe, die in erster Linie wegen ihrer öffentlich-rechtlichen Bedeutung so erstrebenswert schien. Wenn die Führungsgremien der Kultusgemeinde Graz gegenüber den Glaubensgenossen in Krain, der Steiermark und Kärnten über einen so langen Zeitraum mit größtem Nachdruck auf ihrer Führungsrolle beharrten, so war es dieses Bedürfnis nach Anerkennung und Gleichheit mit dem nichtjüdischen Österreich, das man gar nicht so sehr als föderalistisches, sondern als ein deutsches sah. Und so waren es auch die gänzlich gleichen Rollenerwartungen jener Klagenfurter Gruppe, die in der Zubilligung einer eigenen Kultusgemeinde den Ausweis ihrer emanzipativen Gleichwertigkeit sahen. Deshalb das ebenfalls über einen so langen Zeitraum bestehende

Streben nach einer selbständigen und repräsentativen eigenen Kultusgemeinde, das ihnen von den Grazer Glaubensgenossen in ihrem ganz gleichen Streben nach Macht und gesellschaftlicher Gewichtigkeit immer aufs neue verwehrt wurde, so daß die Behörde beide gegeneinander ausspielen konnte. Denn daß es den Grazern um kaum mehr als 400 Kronen pro Jahr gegangen sein könnte, wäre eine zu geringe Begründung für ihre Hartnäckigkeit, zumal sie sich ja auch voll und ganz gemeinsam mit Wien dafür eingesetzt hatten, daß eine Gesamtorganisation aller österreichischen Israeliten mit hierarchischem Aufbau und straff zentralistischer Spitze in einem Reichsverband leitende Funktionen übertragen bekäme. Ob auf diesem Wege die stärkere staatsrechtliche Verankerung oder gar die Anerkennung als Nationalität eher zu erreichen gewesen wäre, sei dahingestellt, jedenfalls kamen die schärfsten Proteste dagegen aus Böhmen, Galizien und der Bukowina, also aus dem Bereich jener vielen kleineren Kultusgemeinden, deren religiöse Individualität und gesellschaftliches Emanzipationsstreben dabei unterdrückt werden mußten.

Auch für eine große Anzahl von Kärntner Juden war die selbständige Kultusgemeinde, dieses immer wieder angestrebte Ziel, unbeschadet ihrer persönlichen Religiosität primär ein Garant ihres Ansehens und ihrer gleichrangigen Stellung im Lande. Die andere Komponente ihrer Haltung war die Übernahme konsequenten Deutschtums. Im Zuge ihres wirtschaftlichen Aufstieges wurde dieses Ziel auch für viele fromme Ostjuden der frühen Zeit erstrebenswert, und sie wurden von Stössl dafür auch nachdrücklich geworben, um zur Erhöhung der zahlenmäßigen Stärke seiner Gruppe bei seinen behördlichen Eingaben 1910 und 1913 ihre ungelenken Unterschriften neben viele pompöse und elegante Schriftzüge arrivierterer Glaubensgenossen zu setzen.

Angesichts dieser deutsch-liberalen Haltung konnten die zahlenmäßig obendrein schwachen Juden Kärntens gar nicht im Kärntner Nationalitätenstreit zwischen zwei Feuer geraten, da sie früh und deutlich ihre Stellung entschieden hatten.[35]

Die wenigen, nach 1914 aus dem Osten in Kärnten eintreffenden Kriegsflüchtlinge konnten keine Diskussion hervorrufen. Einige davon, wie etwa die Eltern der Brüder Friedländer, Berl und Ettel Friedländer, waren auch auf Fürsorge nicht angewiesen.

Eine andere Aufgabe erwuchs der Chewra Kadischa aus der Versorgung der jüdischen Verwundeten und Kranken in den Kärntner Militärlazaretten. Unter ihnen befanden sich sogar türkische Soldaten, also Sephardim. Auf ihrem Friedhof in St. Ruprecht bestattete die „Heilige Gesellschaft" 24 jüdische Soldaten, die in Kärntner Lazaretten verstorben waren. Von den Kärntner Juden selbst wurde der Militärdienst in der k. u. k. Armee ohne Einschränkungen bejaht. Es gab kaum eine Familie im Kronland, aus welcher nicht ein Mann einrückte, in Klagenfurt allein 25, darunter mehrere Offiziere. Von den Klagenfurter Eingerückten fielen Leutnant Ludwig Kramer, Korporal Ludwig Rosenberg, die Infanteristen Ignaz Fantl und Max Zeichner, die Krankenschwester Terka Kramer, eine Tochter Sigmund Kramers. Die Krankenschwester Margarethe Fischl kam durch eine Vergiftung ums Leben, die sie sich im Dienst zugezogen hatte. Adolf Preis' Sohn Felix geriet bei einem Stoßtruppunternehmen einer Kompanie des JR 7 schwerverwundet in italienische Kriegsgefangenschaft[36] und kam erst nach Kriegsende zurück. Leutnant Leo Lilian, ein Sohn von Elias, fiel in russische

Kriegsgefangenschaft, war jahrelang vermißt und kam erst Anfang der zwanziger Jahre wieder nach Klagenfurt zurück.

Der gesellschaftlichen Geltung vor allem der jüdischen Führungsgruppe sollten auch verschiedene Vereinsgründungen dienen. So gründete man einen jüdischen Humanitäts-Geselligkeits-Verein, und Stössl beantragte dann 1908 auch einen „Israelitischen Frauen- und Mädchen-Wohltätigkeitsverein in Klagenfurt", da man hinter den vielen anderen Vereinen der Zeit nicht zurückstehen wollte. Die Mitglieder sollten vor allem arme Frauen, Witwen, Wöchnerinnen und Waisenkinder unterstützen. Hedy Lustig wurde Präsidentin, daneben gab es viele andere Funktionärsstellen, die führenden Leute der Chewra Kadischa und der „Filialgemeinde" waren automatisch Vorstandsmitglieder. 1935 wurde der Verein wegen Mangels an Mitgliedern aufgelöst.[37]

Sehr bezeichnend ist es hingegen, daß eine andere Vereinsgründung dieser Zeit ganz andere Initiatoren hat: Jakob Schaier und Israel Fischbach in der Vorstadt waren es (mit Unterstützung des damals noch jungen Max Friedländer), welche „Ahavas Zion", einen Einzelverein des Verbandes der Vereine für die Kolonisation Palästinas und Syriens, im Jahre 1911 gründeten. Da waren es die frommen Ostjuden mit ihrem eigenen, vielleicht größeren Kompensationsbedürfnis für die erfahrene soziale Ungleichwertigkeit in Kärnten, die stolz darauf waren, an der Verbreitung zionistischer Schriften und der Pflege der hebräischen Sprache sowie der Förderung „einer rechtlich gesicherten Kolonisation Palästinas durch Juden" teilzuhaben. In diesem Verband „Zion" fehlt aber noch jene kämpferische politische Tendenz der späteren Zionisten.

4. Die Kärntner Judenschaft in der Ersten Republik

4.1. Die zweite Phase der wirtschaftlichen Entwicklung

> „*Er hatte ein großes Haus mit drei Fronten und ein Geschäft am Neuen Platz und ein Geschäft im rückwärtigen Teil des Hauses. Das Haus war ein Palais und stand unter Denkmalschutz.*"
> Gisi Friedländer 1981 in Tel Aviv über ihren Onkel Simon

Wie schon festgestellt wurde, hatte sich die Zuwanderung nach Kärnten in den Jahren des Ersten Weltkrieges wesentlich verringert, doch setzte sie noch während der großen Veränderungen um das Kriegsende mit neuer Stärke wieder ein.

Zum einen erfolgte erst jetzt mit beträchtlicher zeitlicher Verschiebung die Niederlassung einer Reihe von Kriegsflüchtlingen, die während des Krieges aus Galizien nach Wien gekommen und bis 1918 dort geblieben waren. Einige Beispiele für solche

„nachgeholten" Kriegsflüchtlinge wären Friedrich Harnisch aus Jakobeny, Jonas Fischbach d. J. aus Stare Konstantinowa, Isidor Weinreb aus Stanislau, der zuvor (1920) in Wien Lea Friedländer, die Schwester von Max, Elias und Simon Friedländer, heiratete und dann nach Klagenfurt kam, ferner Jakob Klein aus Kolomea, Max Reinert aus Sokal, der allein nach Klagenfurt kam und dort in die Familie Ostermann einheiratete (Gattin Alma), Wilhelm Silber und sein Bruder Sigmund Silber, die aus Galizien nach Graz als Kriegsflüchtlinge gekommen waren und dann nach Klagenfurt weiterzogen, Matthias Spierer, der nach Wien geflohen war und sich nach dem Krieg zuerst in Villach, dann in Eisenkappel niederließ, ferner Julius Gruber, der aus Wien kam, Dora Fischbach heiratete und sich in Feldkirchen niederließ, und andere. Die Zuwanderung aus Gebieten der einstigen Monarchie hörte in den folgenden zwanziger Jahren nicht auf. Es kamen noch Ansiedler, die erst nach dem Krieg ihre Heimat verlassen hatten, wie etwa Leon Linker, der 1924 noch in Sereth in der Bukowina war und nun seinem älteren Verwandten Samuel Linker nach Klagenfurt folgte, oder Josef Scharfberg, der 1929 aus Galizien kam und bei Spierer in Eisenkappel einheiratete und zugleich dessen Geschäft übernahm, da Spierer selbst in Völkermarkt eröffnete. Andere Fälle wären Gustav Fall aus Bosnisch Petrovac, der eine Jellinek-Tochter (einstiger, dann pensionierter Direktor bei Fischl in Limmersach) heiratete, oder Julius Laufer, der 1928 nach Wien und anschließend als Handelsangestellter nach Klagenfurt kam. Ing. Hermann Schiller wiederum kam nach 1924 aus Gorlice nach Klagenfurt. Jakob Eisinger wiederum kam 1924 aus Auspitz in Mähren nach Klagenfurt, wo er Verkäufer bei Adolf Preis wurde und in die Familie Spitz einheiratete (Hermine Spitz). Eisingers Verwandter Bruno war schon lange zuvor nach Kärnten gekommen. Ebenfalls aus der Tschechoslowakei kam um 1924 Nandor Lustig, um ebenfalls in Kärnten bei Verwandten Halt zu suchen. Späterhin wurden noch Frauen von auswärts geholt, was auch alter Tradition entsprach: Ignaz Friedländer, ein Sohn Simons, holte sich 1931 seine Frau aus Stanislau, Max Fischbach 1935 aus Laa an der Thaya usw. Soweit es Kärnten betrifft, hörte demnach die Zuwanderung von Juden bis Mitte der dreißiger Jahre nicht auf.[1]

Verschiedene Niederlassungen sind eher beruflich bedingt gewesen: Fabrikant Boskovits, Direktor Abeles, Industrieller Adolf Beiler, Kaufmann Moriz Altstädter, Schuhfabrikant Cäsar Hübschmann, Exporteur J. Laykam, Direktor Immanuel Katz, Direktor Moriz Löwy, Direktor August Terner, Direktor Dr. Gustav Baum, Ing. Otto Kulka, Industrieller Josef Balogh, RA. Dr. Janowitzer, Notar Dr. Weißberger, Direktorstellvertreter Carl Perlberg der Böhmischen Union-Bank usw.

Verschiedene Berufstätige wurden auch durch ihre Firmen nach Kärnten versetzt, so etwa Erich Röger durch die Firma Fischl 1919 von Wien nach Limmersach oder Ing. Max Redlich, der bei der gleichen Firma den pensionierten Direktor Jellinek 1928 ersetzte. Zusammen mit Fritz Epstein und Ing. Forchheimer stellten sie das letzte Führungsteam der Firma in Klagenfurt dar; das Gesamtunternehmen wurde nach dem Tode von Siegmund Fischl durch Ing. Josef Fischl, dessen Bruder Ernst und den Kompagnon Braun geleitet.

Beispiele aus dem Bereich der Ärzte wären etwa Dr. Walter Porges in Spittal, der Amtsarzt Dr. Menninger v. Lerchenthal in Hermagor, der Generalstabsarzt Dr. Gustav Stein in Villach, der nach seiner Pensionierung in Stöcklweingarten lebte und die

Tradition Dr. Adolf Fischhofs würdig fortsetzte. Bis zu seinem Tode 1938 behandelte und operierte er zahllose Patienten, ohne je Geld dafür zu nehmen. In Klagenfurt ließ sich 1935 der aus Wien stammende Facharzt Dr. Arthur Revai nieder, vor ihm war da schon der Zahnarzt Dr. Max Neumann, ebenso Dr. Max Kalmus.[2] Aus der alten Sippe Glesinger in Leoben war schon vor langer Zeit Eduard Glesinger als Kaufmann nach Villach gekommen, wo dann auch sein Sohn Arthur die Firma weiterführte. 1933 kam der Neffe, der Rechtsanwalt Dr. Marzell Glesinger, ebenfalls nach Villach. Weiters ließen sich in Klagenfurt Dr. Paul und Dr. Reinhold Loebel, sodann Dr. Oskar Wittner und Dr. Emil Rosenkranz als Anwälte nieder, wozu noch Dr. Josef Heller in Feldkirchen kam.

Im Überblick zeigt sich, daß zwischen 1920 und 1938 sich das Verhältnis der Selbständigen zu den Unselbständigen nicht verändert, wohl aber die Berufssparten teilweise gewechselt haben. Unter den seit 1910 kaum abnehmenden Beamten sind nun gar einige Beamtinnen zu finden, z. B. Marianne Salter in Villach, Malwine Bloch in Klagenfurt, einen Grenzpolizeibeamten gibt es in Rosenbach, einen neuen Gerichtsbeamten in Gurk.

Im Bereich des Handels bleibt – von 12 Ausgleichverfahren bis zum Jahre 1936 abgesehen – bei den Klein- und Mittelbetrieben der Umsatz ungefähr gleich. Darunter sind auch Geschäfte in den Bezirksstädten und Orten ähnlicher Größenordnung wie etwa Adolf Groß in Wolfsberg, der schon vor dem Krieg Emma Popper in Wien geheiratet und dann die alte Firma Klein in Wolfsberg übernommen hatte, ferner Gruber in Feldkirchen, Scharfberg in Eisenkappel, Spierer in Völkermarkt und Ing. Dickstein in Ferlach (Kleidergeschäft).

Bei einem kleinen Teil der Unternehmen im Handel erfolgte die Weiterentwicklung vom Basar zum spartenübergreifenden Warenhaus meist mit Schwerpunktbildung im Textilbereich, wie bei Lotte Weinreb, den Friedländers und Elsa Blau (Warenhaus „Elba" in der Weißbriachgasse in Villach, weitere Warenhäuser in Wien).

Max Friedländer stirbt 1927, seine Witwe Perl (Pepi) und der Sohn Emil, der Alia Czuczka aus Spittal geheiratet hat, führen diese Firma weiter. Elias und Simon Friedländer expandieren, Simons Sohn Ignaz geht mit Isidor Weinreb am Viktringer Gürtel 5 die Zusammenarbeit ein, Simon Friedländer selbst etabliert am Viktringer Gürtel 4 einen großen Wäsche- und Wirkwarenhandel, so daß sich neben den Geschäften im Bereich des Neuen Platzes dort ein anderer Schwerpunkt bildet.

Typisch für die Situation im Handel ist aber auch dort die geschickte Verwendung von Innovationen, um eigene Produktion und Distribution miteinander zu verbinden. So eröffnet beispielsweise Elias Friedländer eine Wirkwarenfabrik unter Verwendung der damals noch neuen Strickmaschinen. Dieses Vordringen in die eher kleinindustrielle als gewerbliche Produktion ist auch typisch für Jonas Fischbach, der in St. Ruprecht eine kleine Lodenfabrik betreibt, oder für Cäsar Hübschmann und einige andere Kleinindustrielle, die in der Schuherzeugung tätig sind.

Elias Friedländer holte für seine Strick- und Wirkwarenfabrik 1924 Alfred Neurath aus Wien, dessen Familie aus Böhmen stammte. Neurath war Fachmann und arbeitete als Strickmeister für Elias Friedländer, bis er sich 1935 mit einem eigenen Betrieb selbständig machte.

Im Bereich der Kleidermode waren einige Firmen tonangebend hinsichtlich des modischen Fortschritts, wobei sie sich mit Neuerscheinungen durch Wiener und Triestiner Firmen versorgen ließen und diese Vorbilder zum Teil in der eigenen Produktion nachahmten. In diesen Zusammenhang gehören Adolf Preis und seine Söhne, sodann Kornhauser mit seinem Schneidersalon, das Modehaus Herbert Bittmann in der Kramergasse und David Fleischmann mit dem Damenmodengeschäft in der Domgasse. Andere Beispiele für die besonders starke innovative Haltung der jüdischen Geschäftsleute in der Provinz wären Geschäfte für Schreibmaschinen und Photoapparate in Klagenfurt. Josef Müller hatte die Likörerzeugung aufgegeben und ein Fahrrad- und Nähmaschinengeschäft eröffnet.

Dabei darf allerdings auch nicht übersehen werden, daß diese Entwicklung Opfer kostete. Falscher Kapitaleinsatz konnte bei den niedrigen Spannen und unsicheren Umsätzen der damaligen Zeit sehr rasch gerade in der Modebranche zu Schwierigkeiten und Illiquidität führen. Außerdem ging in manchen Branchen wie in der Ledererzeugung und dem Lederhandel die Entwicklung eindeutig zum technisierten und organisatorisch weit in den Markt ausgreifenden Großbetrieb. Das bekamen die Firma Stössl und noch viel mehr Moriz Zeichner zu spüren. Auch im Getreidehandel waren – wie die Firma Braun & Lustig zeigt – angesichts geänderter Zollgrenzen und verstärkten Genossenschaftswesens die Zeiten der Donaumonarchie vorbei.

Zugleich ermöglichte einigen Händlern aber die Verstärkung der eigenen Produktion auch das expansive Eindringen in den Großhandel. Im 19. Jahrhundert hatten sich die Hausierer vor allem bei Fabriken und Großhandel in Wien, Budapest und Triest versorgt. Ihr Tätigkeitsbereich war ein außerordentlich weiter bei relativ geringer Intensität der Marktbearbeitung. Anfang der zwanziger Jahre kamen die Dinge mehr in Schwung, und die sinkende Kaufkraft des Durchschnittskonsumenten verstärkte noch diese Tendenz: Der Hausierer bearbeitete kleinere Gebiete als zuvor, diese aber wesentlich intensiver als in früheren Zeiten. Und zugleich konnten auch Kärntner Großhändler an seiner Versorgung mitwirken.

Neben Nichtjuden war es in Oberkärnten vor allem Leopold Czuczka, der viele Hausierer versorgte. Sie bearbeiteten von dort aus Oberkärnten, Osttirol und das östliche Südtirol. Czuczka konnte auch eine günstige Versorgung aus Wien sicherstellen, da seine Tochter Erika einen Weißmann-Sohn geheiratet hatte.[3] Allmählich übernahmen mit ihrem Großhandel Elias und Simon Friedländer ähnliche Funktionen für Unterkärnten, Slowenien und die Untersteiermark. Auch hierbei war – wie schon dargestellt – die persönliche Verbindung der Familien Czuczka und Friedländer durch eine Heirat nicht unbedeutend.

Mit Beginn der zwanziger Jahre zeichnet sich also auch im Handel und im Gewerbe der Beginn einer ganz neuen Entwicklungsstufe mit kurzen Übergangsphasen und einem starken Stagnieren bei alten Betriebsformen und Betriebstechniken ab. Typisch für die Weiterentwicklung sind die neue Betriebsform des Warenhauses, die Einbeziehung des Produktionssektors für gängige Billigwaren, die Verstärkung des Großhandels und der eigenen Kärntner Hausiererversorgung und überhaupt ein sich in vielen Branchen bewährender starker Sinn für Innovationen. Damit machte ein Teil der jüdischen Unternehmer auch in der Provinz, nicht nur in Wien neuerlich einen entscheidenden

Sprung nach vorne und vertiefte einen gewissen Entwicklungsabstand zu den Betrieben der Kärntner Unternehmer. Noch mehr aber unterschied sich der ökonomische und damit auch gesellschaftliche Entwicklungsstand der jüdischen Minderheit Kärntens von jenem der slowenischen Minderheit, die in der Hauptsache noch im agrarischen Bereich tätig war.

Dabei ging das Alte aber oft problemlos und flüchtig im Neuen auf. Die Brüder Friedländer etwa scheuten sich auch in den zwanziger Jahren nicht, als Marktfieranten selbst auf den verschiedensten Jahrmärkten und Wochenmärkten aufzutreten.

Knappe Kalkulation, sehr flexible Preisgestaltung und Kapitalverfügbarkeit in entscheidenden Okkasionen sowie Vertragsabschlüsse auf langbefristete Ziele sind Kennzeichen dieser Tätigkeit, wobei auch der risikofreudige Einsatz von Fremdkapital mit Hilfe von Beteiligungen oder Bankkrediten eine Rolle spielte. War es zuerst die Böhmische Union-Bank gewesen, die viele Konnexionen aufrechterhielt und mit ihrer Kreditpolitik bei vielen Unternehmen stabilisierend wirkte, so wurde es in den zwanziger Jahren dann die Steiermärkische Escompte-Bank, bei welcher in Klagenfurt dann Carl Perlberg als Direktor wirkte.[4]

Was den Fremdenverkehr in Kärnten betraf, zeigte die Entwicklung der zwanziger Jahre in leichter, aber stetiger Aufwärtsentwicklung ältere Tendenzen. Auch der jüdische Grundbesitz am Wörther See, Ossiacher See und Millstätter See vergrößerte sich noch um rund 18 Prozent – was die eigentlichen Fremdenverkehrsbetriebe betraf, so machte sich allmählich aber ein gewisser Mangel an Investitionskapital bemerkbar, der die Gefahr der Veralterung in sich barg. Die Entwicklung führte dabei zum Teil zur Gründung von Kapitalgesellschaften (z. B. die Firma Seehotel), was aber die Tendenz zu Innovationen im wesentlichen nicht verstärkte.[5] Auch im Bereich der kleineren Hotels und Pensionen wurde um 1930 ein gewisser Mangel an Investitionskapital spürbar, so daß manche Firmen um 1938 zum Teil in der Einrichtung veraltet schienen. Schweren Schaden richtete ab 1933 für die Betriebe, und zwar nicht nur für die jüdischen, die nationalsozialistische deutsche Tourismuspolitik Österreich gegenüber an. Die Tausendmarksperre hielt zuerst die deutschen Touristen vom Urlaub an den Kärntner Seen ab, verhinderte aber nicht, daß die tschechischen, französischen, ungarischen und englischen Gäste weiter kamen, bis wegen der vielen nationalsozialistischen Gewalt- und Terrorakte auch diese Gäste ausblieben. Die nichtjüdischen Fremdenverkehrsbetriebe suchten sich zum Teil abzusichern, doch der Schauplatz des arischen Fremdenverkehrs war im wesentlichen weder der Millstätter noch der Wörther See.

Vor allem die großen Fremdenverkehrsbetriebe gerieten angesichts dieser Situation zusehends in Zahlungsschwierigkeiten und mußten eine immer größere Hypothekenlast tragen. Dabei bewiesen allerdings einige Kärntner Banken außerordentliches Entgegenkommen, da ja die Einteilung von Zwangsmaßnahmen letzten Endes für die Hypothekargläubiger selbst nicht unbedingt positiv gewirkt hätte. Auf diese Weise war auch die von der Bundesregierung eingeleitete Hotelstützungsaktion nicht nur für Tirol und Salzburg, sondern auch für Kärnten in den dreißiger Jahren durchaus erfolgreich.[6]

Auf dem Industriesektor zeichnete sich in Kärnten schon im ersten Jahrzehnt der Ersten Republik eine gewisse Steigerung der Interessen und Verfügungsmöglichkeiten ab. Als Schwerpunkte erwiesen sich allmählich die chemische Fabrik Brückl, die

Papierfabrik Rechberg, die Maschinenfabrik Villach (Jonas), die Eisenwarenfabrik Seebach (August Terner). Während es sich bei diesen Unternehmen um Leitungsbefugnisse oder Beteiligungen handelte, war die Fabrik Fischl besitzrechtlich eindeutig deklariert und zugleich auch durch ihren hohen Marktanteil hervorstehend. Das Unternehmen Siegmunds bzw. Ing. Josef und Ernst Fischls mit seinem Zentralbüro in Wien, Porzellangasse, verfügte über zwei Fabriken in der Tschechoslowakei (Prag-Slichov und Mezimostie) sowie drei in Jugoslawien (Tuzla, Bosnisch Brod, Belgrad), hatte also mit dem Werk in Limmersach sechs Fabriken, durch deren Erzeugnisse die Märkte mehrerer Länder beliefert wurden, aber auch die Rohstoffbeschaffung bzw. der Rohstofftransfer von Fabrik zu Fabrik sich als günstig für das Unternehmensgeschehen auswirkte. So erzeugten beispielsweise die drei Gutsbesitzungen Großnighof, Harbachhof und Gut Portendorf in Kärnten einen Teil des Rohmaterials für den Kornspiritus, waren aber auch in landwirtschaftlicher Hinsicht hochproduktive Unternehmen, die jedes Jahr auf den Pferde- und Rindermärkten in Kärnten und den Nachbarländern Prämiierungen errangen. Neben diesen drei jüdischen Gutsbesitzen sind an neuen Betrieben dieser Art in den zwanziger Jahren noch Feldbauer in Leifling, Schrenger in Eis, Schloß Wimitzstein, Schloß Lengsberg, zwei Besitzungen in Moosburg und der Gutshof „Berghof" (Loewe) in Sattendorf zu nennen.

Die Fabrik und die Gutsverwaltung Fischl in Limmersach beschäftigten 1928 nicht weniger als 127 Arbeiter und 22 Angestellte. Die Auftragslage wurde auch im folgenden Jahrzehnt noch als sehr gut bezeichnet, und die Anlagen waren stets zu 100 Prozent ausgelastet. Der Markt in den österreichischen Bundesländern wurde sehr intensiv bearbeitet, und eine große Anzahl von Vertretern war ständig unterwegs. Die soziale Gesinnung der Besitzer zeigte sich in laufenden Spenden für die verschiedenen jüdischen Vereine in Kärnten, darunter in besonders hohem Maße auch für die Zionisten. Das jüdische Blindenheim in Baden bei Wien wurde fast zur Gänze durch die Familie Fischl erhalten.[7]

Auf dem Export- und Importsektor in Kärnten zeigten sich geringe jüdische Schwerpunkte in den zwanziger- und dreißiger Jahren vor allem im Bereich des Getreidehandels und des Holzhandels. Die ständige Abhängigkeit Kärntens von Getreideeinfuhr führte durch die Firma Braun und Lustig beispielsweise zu starken Verbindungen in die Tschechoslowakei und Ungarn, wie sie mengenmäßig der Handel mit Leder und Häuten kaum erreichte.

Auf dem Gebiete des Holzexports trachtete vor allem ein Unternehmen so wie die großen nichtjüdischen Holzexporteure zum Kauf ausgedehnter Waldungen und damit zur Forstwirtschaft überzugehen, nämlich die Firma „Alpes Legnami e. C." unter Beteiligung von Mathilde Roifer, welche Firma ausgedehnte Waldungen in den Katastralgemeinden Feistritz im Rosental und Matschach produktiv bearbeitete und nach Italien exportierte. Mit dem Gurker Domkapitel wiederum arbeitete zu dessen voller Zufriedenheit lange Zeit Nandor Salzberger zusammen. Der außerordentlich innovative Exporteur setzte sich gegen schwere Konkurrenz in Monfalcone durch und lieferte durch viele Jahre Spezialsorten für die Schiffswerft. Zugleich exportierte er ins übrige Italien und nach Griechenland und drang schließlich auf dem ägyptischen Markt ein, wo er

1937 mehrere günstige Lieferverträge für Kärntner Holz aus dem Gurk- und Metnitztal abschloß.[8]

Zusammenfassend muß gesagt werden, daß die jüdische Präsenz im Wirtschaftsleben Kärntens der Ersten Republik eine im Verhältnis zum Bevölkerungsanteil große Zahl an Initiativen in verschiedenen Branchen setzte und dabei sehr stark innovative Züge zeigte. Es waren zum Großteil Aktivitäten, die sich auf dem Kapital- und Arbeitsmarkt positiv auswirkten und nicht zum Kapitalabfluß aus dem Lande führten. Bezeichnend ist dabei das hohe Interesse für neue technische Entwicklungen. Anfang der dreißiger Jahre wird auch das neue Gebiet des Autos und Autotreibstoffes erfaßt. Beispiele dafür wären die Errichtung der großen Werkstätte „Triumphgarage" in Klagenfurt (Villacher Ring). Ihr Schöpfer, Simon Gasser, starb 1937. Ing. Hermann Schiller wiederum gründete in der Völkermarkter Straße in Klagenfurt eine Handelsfirma für chemische Produkte, vor allem für Schmieröle und Benzin, war aber dann später zugleich Geschäftsführer einer Leimfabrik in der Völkermarkter Straße. Eine gewisse Marktbeherrschung könnte man etwa durch die großen Wiener Schuhfirmen „Paga", „Mira" und „Aeterna" mit ihren Zweigstellen in Kärnten einräumen, doch hielt sich der Kapitalabfluß zweifellos in Grenzen.

Die Merkmale, welche für die neue Entwicklungsphase des Handels gelten, treffen auch auf die Industrie der dreißiger Jahre zu. Brückl, Rechberg, Maschinenfabrik Villach, Eisenwarenfabrik Seebach und Fischl sprechen da eine deutliche Sprache. Jüdischer Kapitaleinsatz bzw. Entscheidungskompetenzen zeigen sich weiters in Weißenstein, in der Papierfabrik Poitschach, in der Papierfabrik Frantschach (Direktor Dipl.-Ing. Max Diamant), in der Drahtverarbeitung Hutter & Schrantz Klagenfurt-Wien, ferner nicht minder in der Spezialpappefabrik „Albeko" (Josef Sternschuß) in Obere Fellach und der Betonindustrie Kollmann und Guszmann in Spittal. Die Schwerpunkte liegen demnach in der metallverarbeitenden, der chemischen und der Papierindustrie. 1937 machte sich in einigen Betrieben ein gewisser Mangel an Investitionskapital für technische Erneuerungen bemerkbar.

War die Industrialisierungskurve in Kärnten in der zweiten Hälfte des 19. Jahrhunderts außerordentlich flach ausgefallen und auch die Entwicklung des Eisenbahnwesens eher zögernd und in der Gesamtkonzeption nicht ganz glücklich erfolgt (worunter auch Triest zu leiden hatte), so zeigte sich nun deutlich eine gewisse Phasenverschiebung gegenüber anderen Ländern der einstigen österreichisch-ungarischen Monarchie. Erst in den zwanziger und dreißiger Jahren des 20. Jahrhunderts kam der Nachholschwung für Kärnten und erfuhr eine neue Industrialisierungswelle jene starken innovativen Züge und finanziellen Impulse, die nach 1848 teilweise ausgeblieben waren. Und schwache Kaufkraft im eigenen Land, begrenzte Verfügbarkeit von Investitionskapital, aber niedrige Personalkosten drängten diese innovative Industrie besonders stark in den Export und zwangen sie, besonders flexibel, leistungsfähig und kreativ zu sein, wenn sie sich behaupten wollte.

Nicht unerwähnt bleiben darf das stark innovative chemisch-technische Unternehmen „Ligno-Carbon" von Dipl.-Ing. Dr. Oswald Heller in St. Ruprecht bei Klagenfurt, das ein neues Verfahren für die Herstellung von Aktivkohle anwendete und 1937 entscheidende Schritte im zusätzlichen Anlagenbau unternahm, dies in Zusammenarbeit mit Wiener und tschechischen Fabriken der chemischen Industrie, die beträchtliches Investitionskapital nach Kärnten brachten. Die Entwicklungen Hellers, der nach Italien und in die Schweiz exportierte, waren immerhin so zielführend, daß I. G. Farben nach dem März 1938 sofort auf Stillegung drängte.[9]

Die Entwicklung des jüdischen Hausbesitzes ist wiederum am günstigsten von den Verhältnissen in Klagenfurt abzulesen: Bis 1916 konnten wir in der Stadt 14 jüdische Hausbesitzer feststellen, wobei auf je eine Familie ein Haus kam.

Im Jahre 1923 findet man 13 Häuser. Amalie Schaier ist wenige Jahre nach Abe Hochman (gest. 1918) verstorben, das Haus wurde von den Erben verkauft, Betty Fischbach hat ihr Haus wieder verloren, aber Jakob Schaier eines (Altes Platz 17) gekauft. In Villach ist nur Moriz Fischbach in der Klagenfurter Straße als Hausbesitzer festzustellen – jener Moriz Fischbach, der schon lange zuvor wie sein Bruder Osias als Kaufmann nach Villach gezogen war.

Die Situation hat also in den ersten Nachkriegsjahren diesbezüglich stagniert. Für das Jahr 1937 ergibt sich folgendes Bild: Moriz Zeichner hat ein Haus in der Adlergasse 14 erworben, aber wieder verloren, Jakob Schaier besitzt seines am Alten Platz 17 noch, ebenso Braun und Lustig jenes in der Bahnhofstraße 55, die Familie Kramer hat ihres in der Deutenhofenstraße verloren, ebenso die Familien Stössl und Müller jene in der Domgasse (Max Stössl ist gestorben). Simon Friedländer hat schon 1927 das Haus Neuer Platz 13 um 150.000 Goldschilling gekauft (1937 hieß der Neue Platz Dollfußplatz), Felix Preis besitzt das Haus Domgasse 8, Simon Friedländer und das Warenhaus Weinreb (Lea und Isidor Weinreb) besitzen gemeinsam die Wirk- und Strickwarenfabrik in der Gabelsbergerstraße 15, Katharina Ostermann eines in der Gerichtsgasse (Nr. 4).[10] Am Obstplatz (1937 hieß er Kaiser-Franz-Joseph-Platz) besitzen Marianne, Dora und Felix Preis das Haus Nr. 1, in der Platzgasse 10 hat Jonas Fischbach noch sein Haus, Platzgasse 14 (später Gasometergasse 6) gehört seit 1925 Weinreb, Prinzhoferstraße 4 Walter Friedländer, einem Sohn von Elias. Das Haus St. Ruprechter Straße 12 hat Jakob Klein, und jenes in der Spengergasse 8 gehört gemeinsam Florian und Julius Spitz, Berta Zeichner, Julie Spitz und Hermine Eisinger. Am Viktringer Gürtel gibt es die Betriebsanlagen von Braun und Lustig nicht mehr, desgleichen bestehen auch jene von Ing. Hermann Schiller in der Völkermarkter Straße nicht mehr, die Gebäude Viktringer Gürtel 5 und 7 besitzt Simon Friedländer, die Triumphgarage am Villacher Ring ist noch im Besitz von Hans Gasser. Mathilde Neumann besitzt noch das Haus Wiener Gasse 4 und Robert und Emil Preis Wiener Gasse 2.

Das ergibt insgesamt einen jüdischen Hausbesitz von 19 Gebäuden, wobei einige alte Familien starke Einbußen an finanzieller Substanz hinnehmen mußten, die manchmal auch mit dem Tod des Familienoberhauptes, wie im Falle Stössls, verbunden waren. Eine sichtbare Konzentration ist nur bei den Familien Preis, Friedländer und Weinreb als deutlicher Ausdruck ihrer wirtschaftlichen Leistungen eingetreten. Zwischen 1916 und 1937 ist demnach in Klagenfurt keineswegs eine breite Weiterentwicklung klein- und mittelständischer jüdischer Unternehmen zu größeren Unternehmensformen und größerem Eigenkapital eingetreten. Im Gegensatz zu diesem alten Schauplatz jüdischer Entwicklung ist hingegen die Streuung in ganz Kärnten eine wesentlich stärkere geworden, und gerade dabei haben in einer zweiten Phase jüdischer Emanzipation außerhalb

Klagenfurts viele Kaufleute, Fabrikanten, Direktoren, Ärzte und Rechtsanwälte im Zuge ihres wirtschaftlichen Erfolges – und damit auch ihrer Integration – sich eine breitere Basis an Grundvermögen und Hausbesitz schaffen können. Das hohe Integrationsausmaß ist dabei ein entscheidender Faktor, da es ja viel zu wenige jüdische Kunden und Klienten im Lande gegeben hätte. Ein nationalsozialistisches Flugblatt aus den dreißiger Jahren hingegen behauptet, daß es 1914 in Klagenfurt nur drei Hausbesitzer „asiatischer Herkunft" gegeben habe, daß dort aber 1930 schon 32 Hausbesitzer gewesen seien.[11] Weder das eine noch das andere ist zutreffend, die Nationalsozialisten wollten lediglich ohne Rücksicht auf die Wahrheit einen möglichst steilen und damit besonders gefahrdrohenden Anstieg des jüdischen Besitzes vortäuschen.

4.2. Deutschnationale Position und Gegenreaktion

> „Nach Kriegsende erfüllte die Chewra Kadischa die traurige Pflicht, ihren auf dem Felde der Ehre gefallenen Mitgliedern sowie auf jene Grabstätten jüdischer Helden, die fern von ihrer Heimat hier auf fremdem Boden ihre ewige Ruhe gefunden, Ehrendenkmäler zu errichten."
>
> Rabbiner Hauser im Jahre 1928

Nicht nur in Klagenfurt, sondern in ganz Kärnten hatte die jüdische Minderheit während des Ersten Weltkrieges Konformität so deutlich unter Beweis gestellt, daß es in der Öffentlichkeit registriert werden konnte. Zuerst hatte die geringe Zahl der Kriegsflüchtlinge, die über Wien bis Kärnten gefunden hatten, keine gravierenden Versorgungsprobleme und damit kein Ärgernis verursachen können. Sodann waren die jüdischen Unternehmer auch durch ihre Haltung keinerlei Anreiz für Agitationen jener Art, wie sie etwa in Wien um die Schlagworte „Wucher" und „Preistreiberei" entwickelt werden konnten. Zum dritten war auch die Kriegsteilnahme vieler Männer der Kärntner Judenschaft eine so signifikante, daß sie keinerlei Anlaß zu nationaler Kritik oder Verleumdung bot. Es ist müßig, in diesem Zusammenhang von Kriegsbegeisterung zu reden, allein schon das Bedürfnis nach Gleichrangigkeit dürfte ausreichende Motivierung gewesen sein.[12] Es dürfte sich aber in diesen allgemeinen Willen zur Teilnahme doch schon ein spezifisch kärntnerisches Element gemischt haben, zumal ein größerer Teil der Kärntner Juden an der kärntnerisch-italienischen Front eingesetzt war und daher auch das Bedrohungssyndrom wohl stärker erfahren wurde – ging es doch um das eigene Land im engeren Sinne. Die folgende Entwicklung aber ist sicherlich nicht mehr unter dem Gesichtspunkt eines Fortwirkens dieses allgemeinen Teilnahmewillens zu sehen, sondern stellt etwas Eigenes dar. Vor dem Ersten Weltkrieg waren in Kärnten höchstens Spuren jenes aus alter Zeit stammenden, christlich-ökonomisch geprägten Bildes vom Juden sowie jener gewisse „bürokratische Antisemitismus" festzustellen, in dem deutschnationale Abneigung zugleich Mißbehagen an einer vielleicht theoretisch denkbaren Anerkennung der jüdischen Nationalität fürchtete. Als solches war er im Verein mit israelitischen Zentralismusbestrebungen, die sich als Werkzeug verwenden ließen, am stärksten in der Steiermark, in Kärnten, im Küstenland und in Tirol sichtbar geworden.

Zugleich aber waren in Kärnten die deutschnationalen Kräfte so sehr von der Diskussion mit der slowenischen Minderheit in Anspruch genommen, daß eigentlich kaum ein „bodenständiger Antisemitismus"[13] entstehen konnte, weil die jüdische Minderheit hinter der slowenischen Minderheit im Größenverhältnis weit zurücktrat und Anpassung signalisierte.

Auch die Situation in der Presse des Landes zeigt dies deutlich. Die traditionsreiche, streng unparteiische „Klagenfurter Zeitung" sah solche Fragen überhaupt nicht. Die großdeutsch eingestellten „Freien Stimmen" zeigten schon in den siebziger Jahren unter Anton und Alwin Matschnig und später in den achtziger Jahren unter den Redakteuren Wolfgang Dobernig und Adolf Teichmann eine zunehmende Neigung dazu, für all jene Dinge, welche dem Deutschtum angeblich schädlich seien, hie und da auch den Terminus „jüdisch" zu verwenden, sie folgten dabei aber lediglich jenen allgemeinen Schreibstrategien und politischen Etikettierungen, wie sie aus den gleichgesinnten Wiener und Münchner Blättern jener Zeit wörtlich übernommen wurden. Auch nach der Jahrhundertwende verlief die Entwicklung bei den „Freien Stimmen" und der ebenfalls antiklerikal und großdeutsch orientierten „Villacher Zeitung" gleich. Auswärts abrollende Diskussionen zum Nationalitätenstreit, zu Wirtschaftspolitik und Kirchenmacht werden mit provinzieller Verzögerung nachvollzogen, wobei bei diesem Import des öfteren das Wörtchen „typisch semitisch" für Erscheinungen verwendet wird, die mit dem Judentum nicht das geringste zu tun haben – doch all dies bleibt im Allgemeinen, im Unkonkreten und Beziehungslosen, es wird nicht eigentlich bodenständig. Nie gibt es einen Hinweis oder gar einen Angriff auf konkrete Kärntner Personen oder Verhältnisse der jüdischen Minderheit, die anscheinend gar nicht als Minderheit aufgefaßt wurde. Und zum Thema Kriegsflüchtlinge oder Kriegswucher wußte man in Kärnten auch in der Tat nichts zu sagen. Einzig und allein die Aggressionen gegen die jüdischen Kriegsheimkehrer in Villach kamen in Frage, aber auch da sah man primär den auswärtigen, den Wiener oder böhmischen Heimkehrer. Die Chewra Kadischa etwa verhielt sich wiederum völlig passiv. Die Diskussionen im Wiener Gemeinderat des Jahres 1919 oder die Auseinandersetzungen in der Regierung über die Ostjuden im Jahre 1920 finden in der Kärntner Presse ebensowenig ein Echo wie Seipels Äußerungen vom März 1920 oder die Ausschreitungen im Zusammenhang mit den Wiener Frontkämpfern und dem Antisemitenbund. Auch in den Gemeinderatssitzungen in Villach und Klagenfurt sind schon lange vor dem Ersten Weltkrieg Fragen des örtlichen Judentums kein Thema.

Schärfer als in den „Freien Stimmen" und der „Villacher Zeitung" werden die Töne in der ab 1920 in Villach erscheinenden „Kärntner Tagespost", welche mit verläßlicher Regelmäßigkeit die Versammlungstermine des Villacher Antisemitenbundes bekanntgibt, die „Wiener Morgenzeitung" kritisch zitiert, eine verbotene „Reigen"-Aufführung vom Februar 1921 in Wien mit einem großen Bericht berücksichtigt und anläßlich des Antisemitentages im März 1921 laut zum „Kampf gegen die Verjudung" aufruft. Auch dies alles tut das Blatt aber, ohne in irgendeiner Form eine Beziehung zu Kärntner Gegebenheiten herzustellen. Das dem Heimatschutzverband nahestehende Blatt macht sich aber von Anfang seines Bestehens an auch stark für den Anschluß und führt dabei nach üblichem Vorbild eine Verbindung herbei zwischen den „Versailler Freimaurern" und dem Weltjudentum, die „jenes Zerrgebilde, das sich heute Deutsch-Österreich nennen muß", nur geschaffen haben, um ihre Besitz- und Ausbeutungsmöglichkeiten zu sichern. Die Übernahme der Schreibstategien auswärtiger Blätter geht durch die Jahre weiter, bis sie 1924 im „Kärntner Sturmruf" einen ersten Höhepunkt erfahren. Zu diesem Zeitpunkt aber werden die Beziehungen der „Kärntner Tagespost", in welcher der „Kärntner Sturmruf" als Beilage erscheint, schon problematisch. Zwar schreiben bekannte nationale Autoren in diesen Jahren für die „Kärntner Tagespost", doch bleibt es unklar, ob die antisemitische Polemik im „Kärntner Sturmruf", der als „Nachrichtenblatt für den Gau Villach des Heimatschutzverbandes Kärnten, herausgegeben vom Villacher Sturmbataillon" erscheint, auf sie zurückgeht.

Mittlerweile war die Frage des Kanaltales zu ungunsten Kärntens und jene Unterkärntens gegen den jugoslawischen Gebietsanspruch entschieden worden. In letzterer Auseinandersetzung hatten die Kärntner Juden eindeutig Stellung bezogen und diese ihre Position den politischen Kräften des Landes deutlich signalisiert. Dies geschah durch die nachdrückliche Beteiligung an verschiedenen Spendenaktionen, und als es zur militärischen Auseinandersetzung kam, nahm ein Teil jener Kärntner Juden, die in der k. u. k. Armee gedient hatten, aktiv an den Abwehrkämpfen teil, und zwar nicht nur die Klagenfurter Glaubensgenossen. Dabei gerieten beispielsweise Dr. Weißberger in die Nähe von Leutnant Karl Fritz oder Robert und Emil Preis in die Nähe von Hptm. Klausner, was später seine Folgen haben sollte. Als es dann während der Zeit der jugoslawischen Besetzung zu jener Unterschriftenaktion kam, mit der Klagenfurter Wirtschaftstreibende bei der Pariser Friedenskonferenz für den Verbleib der jugoslawischen Besetzung petieren sollten, nahmen Vertreter der Kärntner Judenschaft daran nicht teil – auch nicht, als die Stipanek-Kerschbaumer-Gesellschaft für die Unterschriften Geld bot.[14]

Es wäre verfehlt, für diese quasi deutschnationale Haltung nur wirtschaftliche Gründe zu suchen, etwa die Furcht vor der Abtrennung von einem größeren österreichischen Wirtschaftsraum oder die ungeklärte staatsrechtliche Stellung der Juden im neuen slawischen Staat. Entscheidend war wohl, daß die Kärntner Judenschaft im Zuge ihrer deutschliberalen Emanzipation und Anpassung ein Rollenverständnis entwickelt hatte, das einen Rollenwechsel nicht zuließ. In ähnlicher Weise hatte die Triestiner und Görzer Judenschaft wie jene von Fiume nach dem Kriegsende 1918 mit Nachdruck ihre Geldmittel der italienischen Irredenta zur Verfügung gestellt und bei der Sicherung der italienischen territorialen Ansprüche gegen den neuen südslawischen Staat selbst mitgewirkt.[15] Natürlich hatten die Juden des Küstenlandes ein vitales Interesse an der Zugehörigkeit zum Königreich Italien, da ein jugoslawisch gewordenes Küstenland ihre wirtschaftliche Tätigkeit und die kommerziellen Verbindungen nach Italien schwer behindert hätte – vor allem aber hatten die Juden, deren Vorfahren aus Deutschland und den Ländern der österreichisch-ungarischen Monarchie gekommen waren, einen Anpassungsprozeß vollzogen, der im wesentlichen ein Italienisierungsprozeß war, und der andere Teil der Juden des Küstenlandes war überhaupt aus dem übrigen Italien dorthin gekommen. Die logische Fortsetzung dieser Entwicklung konnte dann auch nur die Anpassung der Triestiner Hochfinanz an den Faschismus sein.[16]

Die Haltung der Kärntner Juden in der territorialen Frage und somit das Ausmaß ihrer Assimilation wurden von den politischen Kräften im Lande auch umgehend honoriert. Dies geschah in der Frage der Optionen und jener einer eigenen Kultusgemeinde. Es ist verständlich, daß unter solchen Vorzeichen die Abwicklung der Optionsfälle nicht auf entscheidende Schwierigkeiten stieß, als die Mehrzahl der in Kärnten ansässigen Juden um die österreichische Staatsbürgerschaft ansuchte, da ihre ursprünglichen Heimatgebiete ja nun ungarisches, polnisches oder rumänisches wie tschechisches Staatsgebiet geworden waren.

Bis Jahresbeginn 1922 waren 43 Fälle erledigt. Das sagt aber nichts aus über die Dauer ihrer Ansässigkeit in Kärnten, da auch Ansuchende mit Heimatrecht in Wien oder der Steiermark in Kärnten um die österreichische Staatsbürgerschaft ansuchen konnten und viele Verfahren noch liefen, bei denen die Nichteinrechnung der Kriegsjahre für die Erteilung der Staatsbürgerschaft keine Rolle spielte.

In Klagenfurt (einschließlich St. Ruprecht) waren dies folgende Personen: Robert Boscovitz, Maximilian, Karl und Leo Fantl, Dr. Alexander Fleischer, David Fleischmann, Max Friedländer, Anna Hochman, Siegmund Kramer, Georg Kramer, Nathan Kriegsfeld, Elias und Leo Lilian, Heinrich Lilien, Regina Meninger, Emanuel und Alfons Neumann, Ignaz Ostermann, Adolf, Emil, Robert und Felix Preis, Jakob und Rosa Schayer (Schaier), Bernhard und Julius Spitz, Max, Simon und Dr. Silvio Stössl, Benjamin Trieger, Moriz Zeichner, Egon Zeisl, Max Zweig, Mendel und Simon Reinisch. In Villach waren österreichische Staatsbürger zu diesem Zeitpunkt: Jonas Benesch, Ignaz Fischer, Osias Fischbach, Arthur Glesinger, Philipp Lilian, Moriz Löwe (Löwy), Felix Patek, Johann Terner, Leo Zwerling. Die anderen Verfahren waren noch nicht abgewickelt.

Im Vergleich dazu die Situation vom September 1938: Zu dieser Zeit hatten in Klagenfurt Josef Müller, David Duschinsky, Nandor Salzberger und Dipl.-Ing. Oswald Heller die tschechische Staatsbürgerschaft, was vor allem bei Josef Müller auf freie Entscheidung zurückzuführen ist, da er die Wartefrist schon längst überschritten hatte. Hermann Fischbach und Samuel Linker hatten die rumänische Staatsbürgerschaft, hingegen Sigmund Kornhauser und Sigmund Lilian die polnische. Unklar war den damals schon nationalsozialistischen Behörden die Staatsbürgerschaft der Gastwirtin Mina Blum in Millstatt, des Gastwirtes Wilhelm Sohn in Preisdorf sowie der Inhaber der Firma Kollmann und Guszmann in Spittal und jener von drei Fremdenverkehrsbetrieben in Stöcklweingarten und Velden.

Auch wenn die Angaben in den Akten[17] lückenhaft sein sollten, ergibt sich doch das Gesamtbild einer kontinuierlichen Entwicklung hin zur österreichischen Staatsbürgerschaft der meisten wirklich in Kärnten ansässigen Juden. Dagegen finden sich speziell in den Kurorten Kärntens als Haus- und Grundbesitzer auch tschechische Staatsbürger, die einstmals k. k. Untertanen waren.

Zurück zur Zeit der Optionen nach dem Ersten Weltkrieg: Da Kärnten damals keine eigene Kultusgemeinde hatte und der Informationsfluß zwischen Graz und Klagenfurt ein denkbar schlechter war, ergab sich naturgemäß die Sachlage, daß die Juden Kärntens von sich aus nicht in der Österreichisch-Israelitischen Union, jener politischen Vertretung der Juden des Habsburgerreiches, Sitz und Stimme hatten. (In der Republik hieß die Vereinigung „Union deutschösterreichischer Juden" und nach 1931 dann „Union österreichischer Juden".) Die Entfernung von Wien und Graz tat noch ein übriges, daß die Kärntner Judenschaft, deren politische Einstellung in Umrissen schon beschrieben wurde, an den Wiener Auseinandersetzungen zwischen der Union und dem dort entstandenen Jüdischen Nationalrat für Deutschösterreich kaum Anteil nahm. Das Wiener Präsidiumsmitglied Dr. Isak Margulies ist auch wohl kaum mit jenem Ing. A. Margulies identisch, der um 1905 in Villach tätig war, oder mit dem Sekretär B. Margulies, der um 1910 in Klagenfurt, Wiener Gasse 11, wohnte.[18] Wir haben gesehen, daß „Ahavas Zion" schon 1911 in Kärnten Fuß faßte, die neuen zionistischen Gruppen, die nach der Balfour-Erklärung über eine jüdische Heimstätte in Palästina besondere Aktivität entfalten konnten, kamen aber erst in den dreißiger Jahren nach Kärnten.

Ein schwacher Schatten der Wiener Auseinandersetzungen fiel aber doch auf die Kärntner Judenschaft. Die Österreichisch-Israelitische Union bekannte sich zum Deutschtum und war in diesem Zusammenhang auch dafür, daß alle Optanten bei ihrem Ansuchen um die österreichische Staatsbürgerschaft ein Bekenntnis zur deutschen Nationalität ablegten. War ein Kärntner Jude 1919 schon mehr als zehn Jahre im Lande ansässig – die Kriegsjahre wurden dabei nicht mitgerechnet –, so hatte er Zuständigkeit und Heimatrecht in einem Ort in Kärnten, und die Frage der österreichischen Staatsbürgerschaft war klar, wenn er dafür optierte und das Bekenntnis ablegte. Im anderen Fall war die Wartezeit zu erfüllen, doch es ist auch denkbar, daß jemand nicht optierte, da er das Bekenntnis nicht ablegen wollte, weil es gemäß der Einstellung vor allem des Jüdischen Nationalrates für Österreich und seiner Nachfolgeorganisationen die Anerkennung der jüdischen Nationalität in Österreich verlangte. Neben der heftigen Auseinandersetzung über das Nationalitätsproblem ging es zwischen Union und Nationalrat in Wien aber naturgemäß um die Frage, ob der Jüdische Nationalrat überhaupt ein Recht habe, für die Judenschaft Österreichs zu sprechen, hatte doch beispielsweise bei den Wahlen in die Führungsgremien der Israelitischen Kultusgemeinde Wien die Union stets weitaus die Mehrheit.

Angesichts der Lückenhaftigkeit der Kärntner Quellen läßt sich daher die Frage nicht eindeutig beantworten, wer nach dem Ersten Weltkrieg nicht für die österreichische Staatsbürgerschaft optiert hat, weil er überzeugter Zionist war. Auf Josef Müller oder Hermann Fischbach, die erst nach dem Ersten Weltkrieg nach Kärnten kamen, aber 1937 ebenfalls schon die Wartezeit hinter sich gebracht hätten, könnte dies zutreffen, vielleicht auch auf David Duschinsky, wogegen bei den anderen Beispielen aus dem Jahre 1938 eher geschäftliche Interessen vermutet werden könnten.

Umgekehrt erscheint aber dann die frühe Option so überzeugter Zionisten wie Iganz Fischer und Johann Terner für Österreich nur so erklärlich, daß sie in Kärnten die Feststellung des Jüdischen Nationalrates, auch alle nationalen Juden wollen treue Bürger des deutschösterreichischen Staates sein,[19] klarer verstanden hatten, als dies in Wien der Fall war. Trotzdem erscheint das Optionsverhalten der Kärntner Juden in der unmittelbaren Nachkriegszeit kein eindeutiger Indikator politisch-weltanschaulicher Einstellung zu sein.

Die Wiener Diskussion zwischen den jüdisch-nationalen und damit meist auch zionistischen Gruppen einerseits und der Union andererseits, die naturgemäß auch in der gesetzgebenden Körperschaft stattfand, zeigten sich, wie gesagt, in Umrissen auch in Kärnten. Hatte die führende Persönlichkeit des Jüdischen Nationalrates für Deutschösterreich, Ing. Robert Stricker, mit der von ihm gegründeten Jüdischnationalen Partei bei den Februarwahlen 1919 zwar den Einzug ins Parlament geschafft, so war das Ergebnis (nur ein Mandat) doch weit hinter den Erwartungen zurückgeblieben. Mit dem neuen Wahlgesetz von 1920 schafften die Nachfolgegruppierungen der Jüdischnationalen die Hürde nicht mehr. Naturgemäß kam in Kärnten nie eine Kandidatur in Frage. Trotz des allmählichen Rückganges der Jüdischnationalen, was ihren parteipolitischen Einfluß betrifft, übten sie sehr starke Impulse auf die zionistische Bewegung und ihre organisatorischen und ideellen Neuformierungen aus.

Die Wiener Diskussionen zwischen den Jüdischnationalen und der Union spiegelten sich in Kärntner Verhältnissen, als 1920 bei der Behörde um die Genehmigung zur Gründung einer Ortsgruppe Klagenfurt des Zionistischen Landesverbandes für Österreich angesucht wurde. Antragsteller waren bezeichnenderweise der Kaufmann Ignaz Fischer in Villach und der Kaufmann Jonas Fischbach in Klagenfurt, dessen Onkel Israel schon 1911 den eher erfolglosen Verein „Ahavas Zion" mitbegründet hatte. 1935 dann sollte Jonas' Sohn Norbert Brith Trumpeldor in Kärnten gründen.

Fischer und Jonas Fischbach dachten an eine breite Entwicklung der zionistischen Bewegung und damit wohl zugleich auch jüdischnationaler Präsenz in Kärnten. Sie wollten von Villach aus ganz Oberkärnten und von Klagenfurt aus den anderen Teil des Landes erfassen und möglichst viele Mitglieder werben. In diesen Bemühungen kommt deutlich das Streben der Jüdischnationalen nach mehr Macht innerhalb der österreichischen Judenschaft zum Ausdruck. Die bewilligende Behörde, also die Kärntner Landesregierung, war hingegen durchaus über die Auseinandersetzungen zwischen jüdischnationalen und deutschjüdischen Gruppen in Wien informiert, und da sie offensichtlich die zionistische Idee als eine Erscheinungsform jüdischnationaler Bestrebungen interpretierte, versuchte sie eine solche Realisierung zu unterbinden. Die Proponenten legten der Landesregierung dann gar ein Schreiben Strickers vor, wonach das Zionistische Landeskomitee für Deutschösterreich mit der Ortsgruppengründung in Klagenfurt einverstanden sei, doch dies schadete mehr als es nützte. Aus eher formalrechtlichen Gründen wurde die Genehmigung zur Vereinsgründung versagt, da es nicht eindeutig ersichtlich sei, wie von einer Ortsgruppe aus die Tätigkeit für Ober- und Unterkärnten gesteuert werden könne und wie dabei der Stützpunkt Villach einzustufen sei.[20] Es ist also möglich, diese behördliche Entscheidung als eine Entscheidung im deutschjüdischen Sinne und damit im Sinne der Union und der IKG Wien zu deuten.

Diese damals vom Großteil der Kärntner Judenschaft auch tatsächlich erbrachte deutschliberale Haltung, ja vielleicht eher fast deutschnationale Haltung, wurde 1921 nachdrücklich honoriert, wogegen – wie zu sehen war – die jüdischnationalen Intentionen unterdrückt wurden. Am 15. Jänner 1920 suchte Max Stössl, dessen Beharrlichkeit ein außergewöhnliches Phänomen darstellt, auch wenn sie als Emanzipationsbedürfnis völlig verständlich ist, neuerlich um die Genehmigung zur Bildung einer eigenen Kultusgemeinde an. Er wies auf das Ansuchen von 1913 hin und wurde aufgefordert, ein neues zu stellen. Seine Argumente bewegten sich dann neuerlich auf mehreren Ebenen: Zum einen wies er auf die große Entfernung nach Graz und die damit verbundenen Behinderungen hin, wenn das dortige Rabbinat, Matrikelamt oder ein Beschneidungsoperateur gebraucht wurden, zum anderen reklamierte er nachdrücklich die direkte religiöse Versorgung der über 100 in Kärnten lebenden jüdischen Familien durch einen in Klagenfurt lebenden Rabbiner, und schließlich wies er auch darauf hin, daß der amtliche Verkehr der Kärntner Judenschaft mit den Behörden außerordentlich erschwert sei, solange in Kärnten keine eigene Kultusgemeinde bestehe, „die im Namen der Israeliten Kärntens formell und gesetzmäßig sprechen und handeln kann".[21]

In der Tat fußte Stössls Initiative auf keiner eindeutigen Funktion. Er teilte sich mit Elias Lilian in den verschiedenen Jahren in der Aufgabe des Tempelvorstehers, war im Vorstand der Chewra Kadischa und wurde zugleich auch von der IK Graz als deren „Vertrauensmann" in Kärnten bezeichnet, wogegen die Kärntner Behörden ihn als den „Sprecher der israelitischen Institution in Klagenfurt" ansahen.

Das Staatsamt für Inneres und Unterricht in Wien reagierte langsam auf diese neuerlichen Absichten, die Kärntner Landesregierung aber informierte im Frühjahr 1921 bereits die steiermärkische Landesregierung zwecks Anforderung einer Stellungnahme der IK Graz, bat aber zugleich auch schon die Salzburger Landesregierung um deren Akten anläßlich der seinerzeitigen Errichtung der Kultusgemeinde Salzburg, die sie in der Folge auch zugesandt erhielt. Da bei der Volkszählung von 1919/1920 das religiöse Bekenntnis nicht berücksichtigt wurde, führte zugleich die Kärntner Landesregierung erneut eine Erhebung betreffs der in Kärnten lebenden Juden über die Bezirkshauptmannschaften durch, bei der sich die gleichen Erscheinungen wiederholten, die bereits mehrmals festzustellen waren. Zugleich verriet sich auch die Vertretungsproblematik deutlich. Die Zählungen zeigten die Israeliten, die sich vertreten lassen wollten, auf jeden Fall.

Als der seinerzeitige Salzburger Statutenentwurf Stössl ausgehändigt wurde, um ihm Hinweise beim Entwurf eigener Statuten zu geben, korrigierte Stössl vor allem Einzelheiten, die ein größeres Geltungs- oder Emanzipationsbedürfnis verrieten: mehr Mitglieder im vorbereitenden Wahlkomitee für den Kultusgemeindevorstand, weniger behördliche Kontrolle des Wahlvorganges. Zugleich distanzierte sich Stössl in einer Vorsprache im Magistrat der Landeshauptstadt nachdrücklich von einem Teil, wohl dem ärmeren Teil, der Klagenfurter Juden, die nicht in die Zähllisten aufgenommen werden sollten, da sie für die Bezahlung eines Kultusbeitrages ohnehin nicht in Frage kämen. Daß Stössl damit aber zugleich die eher kritischen und eher zionistischen Ostjuden vor allem der Vorstadt, meinte, liegt auf der Hand.

Mit 1. August 1921 stimmte die IK Graz grundsätzlich dem Klagenfurter Begehren zu, äußerte aber Bedenken, ob die nötigen Mittel für einen wirklich qualifizierten Seelsorger in der Tat bereitgestellt werden könnten, und forderte eine Abgeltung für die Verluste Dr. Herzogs, der ja auf Lebenszeit auch zum Landesrabbiner für Kärnten bestellt sei. Von Klagenfurter Seite wiederum wurden all diese Bedenken und Forderungen schärfstens zurückgewiesen. Die Kärntner Landesregierung aber beschloß sodann in einer Sitzung am 8. November 1921 in Anwesenheit des Landeshauptmannes Florian Gröger (Sozialdemokratische Partei) und der Landeshauptmannstellvertreter Vinzenz Schumy (Landbund und Großdeutsche Volkspartei) und Sylvester Leer (Christlichsoziale Partei) einstimmig, die Gründung einer eigenen Kultusgemeinde zu befürworten. In dem diesbezüglichen Schriftstück an das Bundesministerium für Inneres und Unterricht, Kultusamt, vom 9. November 1921 wird ebenfalls die Zahl von etwa 100 jüdischen Familien im Lande angegeben, wobei in der Tat ärmere Leute (oder Zionisten) ausgelassen erscheinen. Die Befürwortung wird mit der materiellen Situation der Kärntner Israeliten begründet: „Die überwiegende Mehrzahl der hierländischen Israeliten, die größtenteils dem Handels- und Industriellenstand angehören, befinden sich in günstigen Vermögens- und Erwerbsverhältnissen."[22] Es wird betont, daß die rituellen Einrichtungen schon lange bestehen und bei entsprechender Opferwilligkeit Mehrkosten eigentlich nur durch einen zu bestellenden Rabbiner erwachsen und auch leicht zu decken wären.

Von der Israelitischen Kultusgemeinde Graz hätte man in der damaligen Situation ungeteilte Zustimmung zu den Klagenfurter Wünschen erwarten können, da ja ihre seinerzeitige Homogenitätspolitik zur Regelung der Nationalitätenfrage – wenn jemals ernstgemeint – nun nach dem Zerfall der Monarchie und dem allmählichen Auslaufen der Wiener Diskussionen zwischen Union und Jüdischnationalen eher anachronistisch geworden war. Das Grazer Geltungsbedürfnis aber scheint weiterhin groß gewesen zu sein, und auch das Kultusamt in Wien zögerte, wahrscheinlich wohl auch über Grazer Vorstellungen. Es wollte eine Fülle von zusätzlichen Informationen über die Staatsbürgerschaft der Kärntner Israeliten und die Kärntner Zahlungen nach Graz, und als diese Forderungen erfüllt waren, störten es diverse Einzelheiten des Klagenfurter Statutenentwurfes, speziell alles, was von den Salzburger Statuten abwich. Zugleich reklamierte es nachdrücklich das Fehlen von Bestimmungen, wonach im Vorstand nur Gemeindeangehörige mit österreichischer Staatsbürgerschaft sitzen dürften. Auch müsse eine Bestimmung in die Statuten eingefügt werden, die es sicherstelle, daß die Religionslehrer österreichische Staatsbürger seien. Der im Jahre 1922 noch nicht recht abgeflaute Streit um das Bekenntnis zur deutschen Nationalität und damit zur österreichischen Staatsbürgerschaft und die als suspekt angesehene Haltung der Jüdischnationalen, i. e. Zionisten, wirkte sich bis in diese Entscheidungen aus. Dabei dürfte die Union deutschösterreichischer Juden als Berater des Kultusamtes im Hintergrund gestanden sein. Am Vorgang der Gründung der Kärntner Kultusgemeinde läßt sich demnach die Polarisierung zwischen deutschjüdischen und jüdischnationalen (= zionistischen) Kräften deutlich ablesen und die staatliche Haltung dazu.

Weitere Grazer Quertreibereien führten dann dazu, daß das Kultusamt im Februar 1922 gar drohte, auch wenn eine Kultusgemeinde in Kärnten begründet würde, könnte ihr später die staatliche Anerkennung wieder entzogen werden, wenn ihre materiellen Mittel nicht ausreichten. Schließlich aber wurde mit Verordnung des Bundesministeriums für Inneres und Unterricht vom 10. November 1922 die Zuweisung der Kärntner Israeliten zur Kultusgemeinde Graz außer Kraft gesetzt und die Errichtung einer eigenen Kultusgemeinde für Kärnten genehmigt. „Die Maßnahmen zur Aktivierung der neuerrichteten Kultusgemeinde werden von der kärntnerischen Landesregierung getroffen." Der Stadtmagistrat Klagenfurt habe Sorge zu tragen, daß die Wahl der provisorischen Kultusgemeindevertretung sofort eingeleitet werde. Der provisorische Kultusgemeindevorstand müsse mit 1. Jänner 1923 in Funktion treten.

Diese Wahl fand am 17. Dezember 1922 statt. Präses des Vorstandes wurde Max Stössl, Präsesstellvertreter Adolf Preis, weitere Vorstandsmitglieder Ignaz Ostermann,

Max Friedländer und ferner Elias Lilian. Der provisorische Vorstand ließ sich dann von der IKG Wien bei der Suche nach einem Rabbiner beraten und fand dabei Ignaz Hauser, der im Bezirk Mistelbach angestellt war. Die diskreten Erkundigungen des Vorstandes und sodann die vertrauliche Anfrage der Kärntner Landesregierung bei der Bezirkshauptmannschaft Mistelbach wollten wissen, „ob gegen ihn in sittlicher und staatsbürgerlicher Beziehung etwas Nachteiliges vorliegt. Gleichzeitig wolle auch mitgeteilt werden, ob er tatsächlich Rabbiner ist und die Funktionen eines solchen dort ausübt. Da sich der Genannte noch in ungekündigter Stellung dort befindet, wird ersucht, die Mitteilung auf Grund eigener Wahrnehmung zu machen."[23]

Der bisherige Kultusbeamte in Klagenfurt, Bernhard Glaser, hatte entweder nicht die entsprechende Unterstützung oder auch nicht die vollständige Rabbinerausbildung. Er sah anscheinend, daß für ihn in Klagenfurt keine Möglichkeit mehr bestand, und beendete seine Tätigkeit bereits mit Jahresende 1922. Als letzte Eintragung in den Geburtsmatrikeln konnte er im Dezember 1922 noch die Geburt seiner Tochter Frieda festhalten. Vielleicht galt er in Klagenfurt auch eher als verlängerter Arm von Graz. Er ging mit seiner Familie in die Tschechoslowakei, wo er als Rabbiner tätig war, darunter auch eine Zeitlang bei der tschechischen Armee. Die in Klagenfurt geborenen Kinder Helene, Herbert, Siegfried und Frieda gelangten nach der nationalsozialistischen Besetzung noch mit einer zionistischen Jugendaliyah nach Palästina. Das war 1939. Bernhard und Nora Glaser, die Eltern, hingegen wurden 1942 in ein Vernichtungslager in Polen verschickt und kamen dort ums Leben.[24]

Ignaz Hauser, der neue Rabbiner, nahm im Februar 1923 bereits in Klagenfurt eine Trauung vor, sein Amtsantritt in Klagenfurt wurde von Stössl der Landesregierung erst mit 5. Dezember 1923 gemeldet.

Nach dem Weggang Glasers erhob sich noch eine heftige Auseinandersetzung um die Position des Matrikelführers. Stössl beantragte, man möge ihn zum provisorischen Matrikelführer ernennen. Da die Grazer Kultusgemeinde sich dazu nicht äußerte, bekräftigte Stössl in einer Eingabe an die Kärntner Landesregierung diesen Antrag und behauptete, daß er seit Beginn des Jahrhunderts Aufzeichnungen über die Standesfälle in Kärnten in Form von Matrikeln führe, daß gegen ihn in sittlicher und staatsbürgerlicher Hinsicht nicht das geringste vorliege, daß er in Klagenfurt heimatberechtigt und somit österreichischer Staatsbürger und zugleich auch voll geeignet für dieses Amt sei. Zugleich erkundigte er sich bei der IKG Salzburg über einen Präzedenzfall, den er sodann als Bekräftigung seines Ansuchens anführte. Trotz oder wegen dieser Überreaktion ernannte ihn die Kärntner Landesregierung zum provisorischen Matrikelführer – als solcher wurde er dann mit 1. Jänner 1924 von Ignaz Hauser abgelöst.

Die Klagenfurter Kultusgemeinde hatte dann Hauser als Rabbiner und Religionslehrer. Als Kantor wirkte ein gewisser Haas, der zugleich auch Beschneidungsoperateur gewesen sein dürfte[25], wenngleich auch weiterhin bis 1928 Benedikt aus Graz kam und dazwischen von 1924 bis 1926 auch der Kantor Leo Fränkl als Operateur (und Schächter?) in Klagenfurt wirkte. Nach ihm findet man den Kantor Gerson Sungolovsky und ab 1929 dann Abraham Chaneles. Er war zugleich Kantor, Beschneidungsoperateur, Schächter und Sieder in Klagenfurt. Chaneles stammte aus Nizankovice in Galizien, wo er 1896 geboren worden war. Seine Frau Syma Amarant war im gleichen Jahr in Lemberg geboren worden. Auf dem Umweg über Wien kamen sie schließlich nach Klagenfurt und blieben hier bis zum Ende der Gemeinde. Zuvor war als Kantor auch schon ein gewisser Beiler in Klagenfurt tätig gewesen, der aus Stanislau stammte und wahrscheinlich als Kriegsflüchtling zuerst in Wien war, wo dann auch sein Sohn Adolf noch längere Zeit blieb. 1922 war aber auch Adolf Beiler mit seiner Frau Rosa Hübschmann in Klagenfurt, wo Adolf Beiler dann als Fabrikant tätig war und auch seine Kinder Ernst und Gertraud zur Welt kamen.

4.3. Der Kärntner Antisemitismus der zwanziger und dreißiger Jahre

> *„Die große Presse gehört den Juden, das Zeitschriftenwesen, die Literatur, das Theater sind beherrscht von ihnen. Das bedeutet: Das Judentum macht die öffentliche Meinung."*
> „Kärntner Sturmruf" vom 2. Februar 1924

Es mutet nicht wenig seltsam an, daß eine propagandistische Dauerphrase wie die obige in einer kleinen Kärntner Provinzzeitung wiederholt wird, obwohl eine solche Behauptung die Verhältnisse am Ort in keiner Weise beschreibt, ja im Gegenteil, die Judenschaft in Kärnten weder über eine Tageszeitung noch über eine Zeitschrift oder eine ähnliche Möglichkeit von Mitteilungen an die Öffentlichkeit verfügte. Jedenfalls aber gehörten jene Standardklischees der deutschnationalen Propaganda des 19. Jahrhunderts auch in Kärnten nach dem Ersten Weltkrieg teilweise noch zum Repertoire der Agitation in all jenen Gruppen vom Deutschen Turnverein, der Villacher Deutschen Gemeinschaft von 1918, der Großdeutschen Volkspartei, dem Landbund bis zu den Ordnerschaften des Vaterländischen Schutzbundes und dem Heimatschutzverband. In all diesen Gruppierungen, deren ideologische Homogenität man keineswegs übertreiben sollte, entwickelten sich die verschiedensten ideologischen und personellen Gruppierungen, und es trifft zweifellos auch auf Kärnten zu, daß der kleinere Teil der späteren Nationalsozialisten aus ihnen hervorging. Keineswegs aber wandelten sich diese Gruppen als Ganzes im Laufe der zwanziger Jahre zu nicht offen bezeichneten nationalsozialistischen Verbänden, und vielfach sind öffentliche Äußerungen nicht repräsentativ für die Gesamtheit der Gruppe gewesen. Ein charakteristisches Beispiel sind die vom Villacher Sturmbataillon des Heimatschutzverbandes Kärnten verantworteten Beilagen zur „Kärntner Tagespost", also jener „Sturmruf", von dem bereits die Rede war. Die verbale Strategie in diesen Beilagen zeigt die ganze Fülle der traditionellen Klischees. Von den Juden wird festgestellt, daß sie „das Volk bis in den Kern seiner arisch-deutschen Seele vergiften", der Materialismus der Zeit zwinge deutsche Männer, „sich zu verkaufen an den Mammonismus der Juden". Bedrohung wird simuliert, um eine allgemeine Alarmstimmung permanent aufrechtzuerhalten: „Seht hinein in unseren Handel! Er liegt fast ganz in jüdischen Händen. Die Hochschulen sind von Juden überschwemmt."[26]

Auch eine „allgemeine deutsche Geisteskrise" wird festgestellt, an der die Juden mit jener für sie typischen Mittelmäßigkeit schuld haben, welche „Schleier über die arisch-deutsche Seele legt". Es komme vielmehr darauf an, „daß Geist und arischdeutsche Tugenden in die Herzen der deutschen Jungmannschaft Villach getragen werden".[27] Auch die letzten Nachwehen der Wiener Nationalitätendiskussion klingen noch an, wenn behauptet wird: „Der Jude ist der größte von allen Nationalisten. Dagegen versteht er es meisterhaft, andere Völker zu entnationalisieren."[28]

Der Antislawismus kommt also mit der Krücke des Antisemitismus gegangen: Zugleich wird eine ständige Bedrohung des deutschen Kärnten durch das slawische Element ins Bewußtsein gehämmert und dabei im gleichen Atem eine Verschärfung dieser Gefahrensituation suggeriert, die dadurch einträte, wenn dieses bedrohte Deutschtum zugleich auch durch das Judentum „vergiftet", „verkauft" und von ihm „überschwemmt" würde. Bei dem extrem niedrigen jüdischen Bevölkerungsanteil in Kärnten also eine Paradoxie, wirkungsvoll aber durch diese Konnexion mit dem Antislawismus. Dieser Konnexion gegenüber tritt in Kärnten eine andere Konnexion eher in den Hintergrund, nämlich jene, bei der sich nationale Abneigung gegen die Sozialdemokratie als Antisemitismus äußert. Bezogen auf die Kärntner Sozialdemokraten wäre dies in Hinblick auf die Übereinstimmung aller Parteien in der territorialen Frage überhaupt absurd gewesen. Immerhin soll die nationale Einigung unter Einbeziehung der Arbeiterschaft vor sich gehen, und daher heißt es: „Eine kluge Arbeiterschaft wird im Kampf gegen das Judentum, der einmal kommen muß, auf unserer Seite stehen müssen."[29]

So zeigt also auch ein Teil der Kärntner Heimwehrbewegung in viel schärferer Form, als es je zuvor die deutschnationalen „Freien Stimmen" unternommen hätten, die permanente Wiederholung des ganzen auswärtigen Repertoires an Sprachstrategie auf: die Verallgemeinerung auf einer so hohen Abstraktionsebene, daß das Konkrete und damit Regionale völlig vernebelt wird, die absichtliche Verwechslung von Besitz und Leistung, so daß durch Leistung erworbener Besitz einfach verkürzt als wirtschaftliche oder kulturelle Bedrohung suggeriert wird, das Schlagwort von der nationalen Einheit, welches fordert, daß die Arbeiterschaft gegen das Judentum auf der nationalen Seite steht, wie sie schon im Kampf gegen jugoslawische Ansprüche auf der nationalen Seite stand.

Die sozusagen offiziellen Vertreter der Kärntner Judenschaft suchten, sich gegen diese Aggressionen von der Seite der Heimwehren durch den Hinweis auf ihre militärischen Verdienste zu wehren und ihre national-liberale Haltung möglichst deutlich zu signalisieren: Dies geschah durch die mit beträchtlichen finanziellen Opfern verbundene Ausschmückung der Kriegergräber im Friedhof Klagenfurt-St. Ruprecht und durch die Anbringung einer eigenen Gedenktafel für die gefallenen Kärntner Juden und die auf diesem Friedhof begrabenen jüdischen Soldaten. So wichtig war der neuen Kultusgemeinde diese Maßnahme, daß die Chewra Kadischa auf ihre Kosten auf jedes Einzelgrab einen Marmorstein setzen ließ und natürlich auch die Gedenktafel stiftete. Die Enthüllung der Gedenktafel wurde am 30. August 1926 in feierlicher Form vorgenommen.

Auf dem Friedhof Klagenfurt-St. Ruprecht waren während der Kriegsjahre folgende jüdische Soldaten beigesetzt worden, deren Gräber nun Jahre später ausgestaltet wurden: Filip Rosenfeld, Meyer Brot, Andor Vago, Bernhard Spiegelmann, Moses Wagner, Rubin Cina, Ludwig Rosenberg, Ludwig Kramer, Pinkas Horowitz, Max

Zeichner, Franz Zelenka, Sigmund Weiß, Hermann Sagl, Gabor Weiß, Lajos Mozes, Imre Biro, Michael Ortenberg, Benjamin Rasaljewitsch, Eduard Somljo, Max Kohn, Paul Fischbach, die Krankenschwester Margarethe Fischl, der türkische Soldat Anisim Ismerlik und die beiden russischen Kriegsgefangenen Zlotin Jakobovits und Kult Rapaport.

In Klagenfurt-Annabichl wurden der Infanterist Zacharias Seidl vom Infanterieregiment Nr. 4 sowie der Oberleutnant Ludwig Liebermann beerdigt, in Villach der Gefreite im Honvedregiment Nr. 29 Anton Breier, der Infanterist im Honvedregiment Nr. 4 Lajos Faludi, der Infanterist in der Brigade Nr. 21 Karl Mandl, der Infanterist im Infanterieregiment Nr. 85 Hersch Steinberg und der Infanterist im Landsturmbataillon Nr. 151 Abraham Schor. In Tarvis wurden der Korporal Georg Markus und der Leutnant Dr. Robert Frankl beigesetzt und auf dem Militärfriedhof in Grimminitzen der Infanterist des Infanterieregimentes Nr. 90 Hersch Majer Pasternak. Andere jüdische Soldaten wurden nach Wien übergeführt.

Die feierliche Klagenfurter Gedenktafelenthüllung ging unter beträchtlicher Aufmerksamkeit der Öffentlichkeit vor sich. Oberregierungsrat Dr. Erker von der Landesregierung, Bürgermeister Dr. Heinrich Bercht von Klagenfurt und Bürgermeister Friedrich Schatzmayr von der Vorortgemeinde St. Ruprecht waren unter den geladenen Gästen. Unter diesen befand sich aber interessanterweise auch ein geladener Vertreter des Bundes der Reichsdeutschen in Kärnten, obwohl keiner der toten Soldaten reichsdeutscher Staatsbürger gewesen war. Und der Präses Max Stössl betonte in seiner Festrede, daß die Toten ihre Treue zum Vaterlande mit ihrem Blut besiegelt haben.[30] Deutlichere Signale konnten wohl kaum gegeben werden, zumal die anwesenden Honoratioren ja Vertreter ihrer politischen Parteien waren, darunter Schatzmayr, Mandatar der Sozialdemokratischen Partei. Sozialdemokratische Ressentiments gegen die jüdische Minderheit in Kärnten sind deshalb genauso wenig feststellbar wie solche von christlichsozialer Seite, was angesichts jener schon aufgezeigten fundamentalen Übereinstimmung der innenpolitischen Parteien in der territorialen Frage und der Anpassungspolitik der Kultusgemeinde nicht wundern kann. Im Bereich der selbständigen Unternehmer, vor allem der Kaufleute, äußerte sich eine gewisse Spannung. Dimension und Heftigkeit der Konkurrenz aber überschritten ebensowenig bestimmte Toleranzgrenzen wie auch die aus ihr resultierenden Ressentiments, wenn es um die Konkurrenz zwischen Kaufleuten in der gleichen Straße oder am gleichen Platz ging.

Die Frage nach der persönlich-individuellen politischen Einstellung und dem Wählerverhalten der jüdischen Minderheit in Kärnten läßt sich heute nur mehr in Umrissen klären. Hinsichtlich der Spendenfreudigkeit jüdischer Unternehmer standen in den zwanziger Jahren die Kultusgemeinde und die Chewra Kadischa an erster Stelle. Erst in den dreißiger Jahren spendete ein Teil von ihnen auch für die zionistischen Gruppen. Parallel zu den Spenden „für das eigene Haus" liefen aber ständig auch Spenden für andere Gruppierungen: Ein Teil der Unternehmer spendete für nationale Belange, dabei in den zwanziger Jahren anscheinend auch für den Kärntner Heimatbund und den Schulverein Südmark.[31] Später verstärkte sich wohl die Spendentendenz für die Christlichsozialen und bei den zunehmenden zionistischen Gruppen eher für die Sozialdemokraten. Ähnlich dürfte auch das Wählerverhalten verlaufen sein. Die direkte Parteimitgliedschaft scheint dabei eher selten gewesen zu sein, die Mitgliedschaft in der Kultusgemeinde und den verschiedenen zionistischen Gruppen erschien primär als der angemessene Ausdruck gesellschaftlich-politischer Stellung. Wenn anscheinend auch nur ein einziger jüdischer Klagenfurter sozialdemokratisches Parteimitglied gewesen ist[32], so ergab sich eine gewisse Nähe zur Sozialdemokratie nicht nur bei gewissen Zionisten, sondern auch im Bereich der teilweise jüdischen Angestelltenschaft der größeren jüdischen Firmen. Diese Angestelltenschaften waren stark im Zentralverein der kaufmännischen Angestellten Österreichs und später im Gewerkschaftsbund der österreichischen Arbeiter und Angestellten organisiert, manche auch in den örtlichen Arbeiter-Turn- und Sportvereinen, in den „Naturfreunden" oder im Arbeiterbestattungsverein „Die Flamme". Da es bei den jüdischen Firmen aber keine Arbeitskonflikte gab, sondern Probleme einvernehmlich gelöst wurden, dokumentiert dies auch die indirekten guten Kontakte der Unternehmer zur Sozialdemokratie oder sozialdemokratischen Vorfeldorganisationen.[33]

In der Namensgebung der Kärntner Juden für ihre Kinder kommen verschiedene Tendenzen zum Ausdruck: Grundsätzlich sind in der Zeitspanne von 1874 bis 1938 die von jüdischen Eltern für ihre Kinder in Kärnten verwendeten Namen in der Reihenfolge ihrer Häufigkeit: Paul (Pauline), Ernst, Kurt, Grete, Friedrich, Josef (Josefine), Heinrich, Robert und Rosa. „Typische" Namen wie Osias, Ruth, Immanuel, Salomon, Moritz, Jakob stellen dagegen nur eine verschwindende Minderheit dar, so daß diese Tendenz der Namensgebung primär den Willen zur Assimilation verrät. Das Vorkommensschwergewicht von Namen wie Paul, Grete, Johann liegt eindeutig in der Zeit der Monarchie, Namen wie Hermine, Emil, Rosa, Gisela, Ignaz kommen überhaupt nur in der Zeit der Monarchie vor. Umgekehrt tauchen Namen wie Eva, Martha, Hermann erst nach 1912 auf. In diesem Zeitraum gibt es dann auch mehrmals den Namen Siegfried, nach 1922 auch den Namen Adolf, der vorher nur bei Adolf Freund aufscheint. Dürften die Namen Eva, Martha, Osias, Lea eher auf zionistische Einstellungen zurückgehen, zumal auch die zeitliche Übereinstimmung mit dem Auftreten dieser Gruppen in Kärnten gegeben ist, so verraten die zahlenmäßig nicht häufigen Namen Zita, Karl, Franz Josef, Viktoria eine legitimistische Strömung unter den Kärntner Israeliten. Ferdinand kommt nach 1912 nur dreimal vor, Rudolf überhaupt nur einmal, und zwar vor 1912.

Gerade diese – wenn auch kleinere – legitimistische Tendenz bei Teilen der Kärntner Judenschaft beeinflußte zweifellos auch die Beziehungen zu den Kärntner Christlichsozialen unter Franz Reinprecht und Silvester Leer. Die christlich-konservative Tageszeitung „Kärntner Tagblatt" hielt sich im Vergleich zu Wiener Organen in der Polemik außerordentlich zurück und ignorierte in ihrer Berichterstattung den Großteil der Wiener Ereignisse und politischen Äußerungen der zwanziger Jahre, was aber auch die „Freien Stimmen" ähnlich hielten. Zur Zeit der Verschärfung der politischen Auseinandersetzung am Beginn der dreißiger Jahre wurde diese Haltung noch deutlicher. Chefredakteur Msgr. Paulitsch berichtete zwar nach Wiener Vorbild über den Linzer Hirtenbrief vom Jänner 1933 und verband die Ablehnung des nationalsozialistischen Rassenmaterialismus im Sinne Bischof Gföllners mit der Ablehnung des radikalen

Antisemitismus, aber auch des jüdischen Atheismus[34], gegen den die katholische Kirche das stärkste Bollwerk sei, doch andererseits nahm er auch projüdisch, weil antinationalsozialistisch, Stellung. So war es zum Beispiel bei der groß aufgemachten Darstellung des vermeintlichen nationalsozialistischen Attentats auf die jüdische Ärztin Dr. Meller in Wien. Davon berichteten die „Freien Stimmen" erst, als sie über diese Fiktion höhnen konnten.[35] Die zunehmende Auseinandersetzung mit den Nationalsozialisten unterband überhaupt jedes weitere Kärntner christlichsoziale Engagement in antisemitischer Hinsicht, ja die Beziehungen zwischen Klagenfurter jüdischen Kreisen und manchen Christlichsozialen wie auch Msgr. Paulitsch wurden dadurch noch enger, daß Malwine Neumann, die Gattin des Zahnarztes, Vorsitzende des Zita-Bundes für Kärnten war. Der nationalsozialistische „Kärntner Grenzruf" machte nach der Machtergreifung dann seine gehässigen Anspielungen auf die persönliche Freundschaft zwischen Malwine Neumann und der Schwester von Chefredakteur Msgr. Paulitsch.[36] Dem Chefredakteur selbst trug man auf nationalsozialistischer Seite seine guten Kontakte und seine verständnisvolle Haltung noch lange nach, so daß man dann 1939 in höhnischer Weise die Öffentlichkeit an die projüdische Haltung des zuerst christlichsozialen und dann der Väterländischen Front nahestehenden „Kärntner Tagblattes" erinnerte.[37]

Die „Kärntner Tagespost", deren kurzlebige Beilage, und seit 1930 dann der Nachfolger der „Kärntner Tagespost", nämlich die „Kärntner Volkszeitung", verfolgten ihre antisemitische Tendenz über die Jahre weiter, ohne die Methode zu wechseln, und auch die Personen der Schreiber wechselten kaum. Die Perfidie dieser ständigen Verallgemeinerungen und Unterstellungen mutet besonders seltsam an, da diese propagandistischen Klischees auch weiterhin nicht auf die konkrete Realität in Kärnten paßten. Deshalb dürften sie wohl eher als ein unvermeidliches Ritual nationaler Rhetorik aufgefaßt worden sein – und dies auch bei den Betroffenen selbst. Trotzdem hat diese Propaganda sicherlich latent ihre Wirkung erreicht, denn als dann als nächster Schritt der Entwicklung die unverhüllte Form nationalsozialistischer Propaganda jene unkonkrete, generalisierende Rhetorik mit gezieltem Terror auf konkrete Ziele verband, stellte sich auf dem Boden dieser „Vorbereitung" die Wirkung ein.

Angesichts der schon vorgestellten Propagandastrategie des „Kärntner Sturmrufs", bei der sich Antisemitismus als Avers des Antislawismus entpuppte, ist es nicht schwer, die Standortbestimmung der Schreiber eher im Bereich der Deutschen Gemeinschaft von 1918 oder der Ordnerschaften des „Vaterländischen Schutzbundes" als in anderen nationalen Gruppierungen zu versuchen. Auf diesem diffusen Feld der ideologischen und vereinsmäßigen Zugehörigkeit wurde die Inhomogenität der organisatorischen Gruppierungen dadurch noch unübersichtlicher, daß viele Leute Mitglieder in mehreren Gruppierungen waren und sich vielerlei Einflüsse in vielen Überschneidungszonen verstärkten: Einflüsse von den frühen Nationalsozialisten um Walter Rentmeister, Einflüsse der Riehl-Gruppe von Wien her, die bei manchen Leuten in den verschiedensten Gruppen ihre Wirkung taten, aber damit diese Gruppe in ihrer ideologischen Ausrichtung nicht homogener und überschaubarer machten, wo der kleinste gemeinsame Nenner nur in der gemeinsamen Ablehnung jugoslawischer territorialer Ansprüche bestand. Wie im Landbund, so begann auch im Heimatschutzverband eine ständig zunehmende Polarisierung, die sich 1926 durch den Übergang der Landesleitung von

Klimann auf Kapretz deutlich ankündigte und 1927 mit der Übernahme dieser Funktion durch Franz Altrichter noch verstärkte. Schon 1924 aber war dem „Kärntner Sturmruf" die Berechtigung entzogen worden, für die gesamte Heimatschutzbewegung zu sprechen, was die Einstellung dieser Beilage zur Folge hatte.

Im gleichen Jahr 1924 noch klagte die „Kärntner Tagespost" in ihrer normalen Ausgabe über die Notsituation in der Kärntner Wirtschaft, ohne auch nur mit einem Wort jüdischen Wirtschaftstreibenden dafür eine Schuld zuzuschieben.[38] Noch zurückhaltender blieben die „Freien Stimmen", und bis zum Jahre 1938 erschienen mit Regelmäßigkeit Jahr für Jahr die Inserate jüdischer Kärntner Firmen in dieser Zeitung, und zwar auch jene zionistisch gesinnter Unternehmer.[39]

4.4. Das Anwachsen der nationalsozialistischen Aggression in Kärnten

> „Die Kärntner waren genau solche Feinde der Slowenen wie der Juden."
> Erinnerung des Zionisten Erich Röger in Jerusalem 1980 an die zwanziger Jahre in Kärnten

Auch wenn ein Teil der Kärntner Nationalsozialisten aus den Bereichen der verschiedenen nationalen Gruppierungen kam, so ist es doch unmöglich, jene Gruppierungen als Ganzes als frühe Entwicklungsstufen der nationalsozialistischen Präsenz im Lande anzusehen – ja es distanzierten sich in Landbund und Heimatschutzverband oder in diversen Turner- und Kriegervereinen zunehmend auch Gruppen vom Nationalsozialismus, um dann in den dreißiger Jahren umgekehrt Opfer von brauner Unterwanderung zu werden –, vor allem was die organisatorischen Schlüsselpositionen betraf. Zugleich traten vor allem ab 1929 in die NSDAP und SA wie auch in die SS in zunehmendem Maße immer mehr junge Männer ein, die zuvor nirgends organisiert und politisch nicht interessiert gewesen waren. Die Wirtschaftskrise tat auch im südlichsten Bundesland ihre Wirkung. SA und SS waren bis 1933 auf jenen Entwicklungsstand von ugf. 3000 Mann angewachsen, der sich durch die starken Neuzutritte seit 1929 ergab. 1930 existierte in Kärnten unter der Führung von Otto Schatzmayr schon die 38. SS-Standarte mit je einem selbständigen Sturmbann in Klagenfurt, Villach, Spittal, St. Veit und Wolfsberg. Kutschera führte damals den Sturmbann Spittal. Nach dem Abgang Schatzmayrs nach Deutschland änderte sich das im Zusammenhang mit der allmählichen Neugliederung nach dem Juliputsch. Schatzmayr wurde nach dem gescheiterten Putsch aus Deutschland in das nationalsozialistische Flüchtlingslager Warasdin geschickt, in dem er als Lagerleiter dann die Voraussetzungen für den Abtransport der geflüchteten Nationalsozialisten nach Deutschland schuf. Er selbst war auch Transportführer, als die Masse der aus Österreich geflüchteten Nationalsozialisten von Susak mit einem KdF-Schiff nach Deutschland gebracht wurde. 1935 wurde dann Kutschera Führer der Kärntner SS. Diese 38. SS-Standarte unterstand damals noch dem SS-Abschnitt VIII in Linz. Erst später wurde dann die Umgliederung zur 90. SS-Standarte mit dem Sturmbann I/90 in

Klagenfurt, II/90 in Villach und III/90 in St. Veit perfekt. Auch bei der SA ergab sich dann bis 1938 die endgültige Gliederung der 97. SA-Brigade in die Standarten 7 (Villach), 8 (Klagenfurt), 17 (Spittal), 1 (St. Veit), 4 (Völkermarkt) und die Reiterstandarte 97 in Klagenfurt. Die Standarten 7, 8 und 17 waren SA-Gebirgsjägerstandarten, die Standarten 1 und 4 SA-Gebirgsschützenstandarten.

Während die frühen Kärntner Nationalsozialisten noch Mitgliedsnummern meist zwischen 20.000 und 30.000 zugeteilt bekamen, lag bei den Neubeitritten in den Jahren 1930 bis 1935 die Mitgliedernummer meist um 300.000 bis 400.000. Viele Mitglieder erhielten bei der Neuorganisation im Jahre 1938 wieder ihre alte Mitgliedsnummer, doch war dies nicht die ausnahmslose Regel. Um die alte Mitgliedsnummer bemühte man sich genau so wie um die Ostmarkmedaille und das bronzene oder silberne Parteidienstabzeichen, da man die Berücksichtigung illegaler Tätigkeit bei der Durchsetzung eigener Interessen gut brauchen konnte, als die „Machtergreifung" gelungen war. Auch Zurückdatieren half enorm.

DIE UNTERWANDERUNG DER „VATERLÄNDISCHEN ORGANISATIONEN"

Zum Verständnis der späteren Ereignisse ist es auch nötig, die Entwicklung einiger anderer Kärntner Gruppierungen zu berücksichtigen: Hatte der Schulverein „Südmark" schon lange in der Zeit der Monarchie auch in Kärnten Germanisierungspolitik betrieben, so wurde im Zuge des Abwehrkampfes in Kärnten die seit August 1919 bestehende Landesagitationsleitung schließlich auf eine andere Basis gestellt:

Am 10. März 1920 gründete die Kärntner Landesversammlung den „Kärntner Heimatdienst", kurz KHD, als die Kampfhandlungen durch den endgültigen Waffenstillstand und die einschlägigen Maßnahmen der Pariser Friedenskonferenz abgelöst worden waren. Der Vorstand des KHD bestand aus Vertretern der einzelnen politischen Parteien: Vinzenz Schumy für den Landbund und die Großdeutsche Volkspartei, Franz Reinprecht für die Christlichsoziale Partei und Franz Pichler-Mandorf für die Sozialdemokratische Partei. Vorsitzender war Schumy. Der Zweck des Heimatdienstes war „die Vorbereitung der Kärntner Volksabstimmung und vom Oktober 1920 an die Wahrnehmung der Interessen des früheren Abstimmungsgebietes in nationalpolitischer, kulturpolitischer und wirtschaftlicher Hinsicht. Der Kärntner Heimatdienst war sozusagen eine Interessenvertretung der sogenannten heimattreuen Bevölkerung in der früheren Zone A. Er hatte sich aber auch um die nationale Befriedung im Lande zu kümmern".[41] Im KHD war unter dem Geschäftsführer Hans Steinacher an entscheidender Stelle, und zwar als Abteilungsleiter, auch der Leobener Forstfachmann Alois Maier-Kaibitsch tätig. Er war während des Ersten Weltkrieges Offizier im Kärntner Hausregiment, dem k. u. k. Infanterieregiment Nr. 7, gewesen und hatte nach Kriegsende seine Maschinengewehrkompanie anscheinend mit dem kompletten Mannschaftsstand sogleich im Kärntner Abwehrkampf einsetzen können. Als Oberleutnant war er beispielsweise neben Hans Steinacher an der militärischen Besetzung des Mießtales beteiligt und nahm dann mit seiner Kompanie auch an verschiedenen weiteren Kämpfen bis zum Aufhören der militärischen Auseinandersetzung teil. Deshalb wurde er als wichtiger Mitarbeiter in den Kärntner Heimatdienst übernommen. Dann wurde er bei der Aufstellung des Bundesheeres reaktiviert und dem Radfahrbataillon Nr. 5 in Villach zugeteilt. Im KHD war er mit agitatorischen und organisatorischen Aufgaben betraut.

Im Jahre 1923 wurde Vinzenz Schumy Landeshauptmann, und in dieser Phase der Entwicklung änderte sich auch die Einstellung der Parteien, vor allem der Sozialdemokraten, zur Notwendigkeit dieser Agitationstätigkeit innerhalb gewisser Grenzen. Maier-Kaibitsch selbst beschrieb in seiner bekannten Rede vom 10. Juli 1942 in Klagenfurt anläßlich der Tagung des nationalsozialistischen Gauamtes für Volkstumsfragen diese Situation folgend: „Nach der Volksabstimmung waren die Meinungen unter den damals führenden Männern der einzelnen Parteien darüber geteilt, ob es noch notwendig sei, dem doppelsprachigen Gebiet Kärntens ein besonderes Augenmerk zu schenken. Es traten namhafte politische Parteiführer auf, die sagten, eine besondere Obsorge für das Gebiet sei nicht notwendig. Die politischen Parteien stürzten sich auf das Gebiet. Die Vertreter der politischen Parteien waren der Ansicht, daß sich die Bevölkerung des Abstimmungsgebietes auf die einzelnen politischen Parteien aufteilen werde und daß damit in kürzester Zeit dem Nationalitätenkampf in Südostkärnten ein Ende gesetzt werden könne."[42] Im Zuge dieser breiten Parteiendiskussion über die weitere innenpolitische Gestaltung einschließlich der endgültigen Bereinigung des Nationalitätenproblems – Maier-Kaibitsch vereinfacht rückblickend die Sachlage beträchtlich – kam es dann zur Auflösung des Kärntner Heimatdienstes. Ein Teil der politisch Maßgebenden wirkte dann bei der Schaffung des Vereines „Kärntner Heimatbund", kurz KHB, mit, der die Aufgaben des KHD übernehmen sollte. Maier-Kaibitsch wurde Hauptgeschäftsführer des Kärntner Heimatbundes, sein Vorsitzender war bis 1930 Martin Wutte, hernach bis 1938 Josef Friedrich Perkonig, der nach der nationalsozialistischen Machtergreifung nicht einmal abgesetzt, sondern nur ignoriert wurde. Die entscheidende Funktion war zweifelsohne jene des Hauptgeschäftsführers, der alle Kontakte mit dem ehemaligen Abstimmungsgebiet genauso wie die Geldgebarung und den Schriftverkehr und die Aktenerledigung in Händen behielt, wogegen dem Vorsitzenden im wesentlichen nur die gesellschaftliche Repräsentation des KHB oblag. Perkonig selbst unterschied rückblickend im KHB zwei Richtungen, und zwar eine mit ausgesprochen defensivem Charakter und eine andere mit offensivem Charakter, die er mit Maier-Kaibitsch in Zusammenhang brachte. „Während ich für eine weitestgehende Verständigung mit den Kärntner Slowenen eintrat, hat Maier-Kaibitsch weniger hierfür Verständnis gehabt", sagte er nach dem 2. Weltkrieg[43]. Im Vorstand des KHB befanden sich unmittelbar nach seiner Gründung neben dem Vorsitzenden Martin Wutte auch Vinzenz Schumy und Franz Reinprecht, später auch Hans Steinacher und General Groß[44], jedoch kein sozialdemokratischer Vertreter mehr. Die genannten Vorstandsmitglieder allerdings dokumentieren schon die Nähe des KHB zu Kreisen der Landesregierung und die sich damit ergebenden Möglichkeiten von Unterstützung und Zusammenwirken. Geführt wurde der Bund nicht eigentlich als Verein mit eingetragenen Mitgliedern in den verschiedenen Teilen des Landes, sondern als ein Netz von Vertrauensleuten und Aktivistengruppen wie etwa den verschiedenen Spielscharen. Sie alle waren an der zentralen Leitung in Ausschüssen zusammengefaßt.

Diese Tendenz zur straffen zentralen Leitung wurde noch dadurch verstärkt, daß Maier-Kaibitsch auch Geschäftsführer des Schulvereins „Südmark" war, wogegen Hans Steinacher in Berlin in der Geschäftsführung des „Vereins für das Deutschtum im Ausland: leitend tätig wurde (ab 1933 Volksbund für das Deutschtum im Ausland, kurz VDA). Wenn der KHB sozusagen als Gegenpol zur „Koroska Slovenska Stranka" eine scharfe Kontrolle über die slowenische Minderheit in Kärnten ausübte[45], so ergibt sich bei differenzierendem Blick, daß dies vor allem auf die Richtung Maier-Kaibitsch zutrifft, nicht aber auf die Gesamtheit der Aktivisten und Vertrauensleute. Schwerpunkte der Aktivität von Maier-Kaibitsch waren unter anderem zweifellos auf dem Sektor des Schulwesens und jenem der Seelsorge zu finden, so daß sich eine besondere Intensität der Zusammenarbeit mit Stellen der Landesregierung, des Landesschulrates und des fürstbischöflichen Ordinariates ergab.

Der KHB trachtete, im doppelsprachigen Gebiet auf wichtige Posten nur kärntnertreue Personen zu setzen, wobei die Qualifikation als „kärntnertreu" von seiten des KHB durchgeführt sein wollte und sich dabei zwangsläufig Auffassungsunterschiede gegenüber Vertretern der verschiedenen slowenischen Gruppierungen ergaben. „Sie wollten ihre Lehrer, wir wollten unsere Lehrer – sie wollten ihre Geistlichen, wir wollten deutschgesinnte." Durch diese Intentionen von Maier-Kaibitsch, „Priester in das doppelsprachige Gebiet zu bekommen, die beide Landessprachen beherrschen, jedoch deutschgesinnt waren und sich nicht nach Laibach orientieren ließen",[46] ergab sich eine besondere Häufigkeit der Kontakte zu Fürstbischof Hefter und dem Generalvikar und zugleich die Grundlage für jene Abkommensbereitschaft der Kirche[47] gegenüber nationalsozialistischen Stellen, die sich unter dem massiven braunen Druck nach dem März 1938 noch verbreitern sollte.

Neben dieser allgemeinen Entwicklung lief aber noch eine andere, speziellere, einher: Schon vor 1918 gab es den sogenannten „Deutschen Volksrat", dessen Ausschußmitglieder zum Teil auch Landesregierungsmitglieder waren. Dieses Gremium bemühte sich u. a. zu verhindern, daß Grundbesitz von gefallenen Soldaten in die Hände von Besitzern geriet, die als nationalslowenisch qualifiziert wurden. Dieser Volksrat hatte auch entsprechende Beziehungen nach Wien. Er gründete schließlich die sogenannte „Kärntner Bodenvermittlungs G.m.b.H.", um mit ihr auf die Vermittlung von käuflichem Grundbesitz an deutschnationale Interessenten besser Einfluß nehmen zu können. 1924 wurde nun Maier-Kaibitsch in den Aufsichtsrat dieser Firma berufen, doch befriedigte ihn die vorliegende Wirkungsmöglichkeit nicht. So stellte er den Antrag, die „Kärntner Bodenvermittlungs G.m.b.H." dem KHB anzugliedern, was tatsächlich durchgeführt wurde.

Nach dieser Straffung der organisatorischen Strukturen begann der KHB unter der Initiative von Maier-Kaibitsch, zwei Konzeptionen zu verwirklichen: Zum einen sollte in Fortsetzung der bisherigen Bodenvermittlungs-Politik mit neuen Methoden eine größere Effektivität erzielt werden, wobei es dem KHB nunmehr nicht nur um die Vermittlung von käuflichem Grundbesitz im gemischtsprachigen Gebiet, sondern in ganz Kärnten ging. Die bevorzugten Zielgruppen waren deutschnational gesinnte Käufer aus Wien, dem Sudetenland und aus der Weimarer Republik, wobei sich sogleich eine intensive Zusammenarbeit mit dem „Verein für das Deutschtum im Ausland", insbesondere mit Steinacher, ergab.

Zum anderen trachtete der KHB, auch neue Konzeptionen im Kärntner Fremdenverkehr zu verwirklichen, die insgesamt auf eine Verstärkung des deutschen und holländischen Gästezustroms hinausliefen und damit eine bewußte Gegenentwicklung zu dem bisher stark jüdisch betonten Fremdenzustrom aus England und Frankreich, aus Wien, Prag und Budapest einleiten sollten. Gemeinsam mit Josef Friedrich Perkonig lud Alois Maier-Kaibitsch Journalisten verschiedener deutscher Zeitungen zu 14tägigen Aufenthalten nach Kärnten ein. Das ergab jährlich 15 bis 20 Journalisten, denen die landschaftlichen Schönheiten des Landes gezeigt, seine Geschichte nahegebracht, aber auch seine wirtschaftlichen Strukturen verdeutlicht wurden. Die Journalisten wurden angeregt, in ihren Zeitungen die Leser auf die Urlaubsmöglichkeiten in Kärnten aufmerksam zu machen, auf diesen Fahrten durchs Land wurde aber auch immer wieder nachdrücklich auf die Kauf- und Pachtmöglichkeiten von Grundstücken hingewiesen, und in deutschen Zeitungen wurde in diesem Sinne berichtet.

Selbstverständlich schrieb das Blatt des VDA, die Zeitschrift „Drinnen und draußen", oftmals mit großem Nachdruck über die Grundkaufsmöglichkeiten in Kärnten und die großzügige Unterstützung, die dabei erwartet werden könne, aber auch die Schlesische Zeitung oder die München-Augsburger Abendzeitung war unter den ersten Blättern, die in diesem Sinne in Deutschland für den Grundstückskauf in Kärnten warben. Vor allem in Deutschland und in der Tschechoslowakei in Kreisen von Sudetendeutschen wurde dann auch eine Broschüre verbreitet, die der KHB 1929 herausgab: „Kärnten als deutsches Siedlungsland". Sie enthielt deutschnational getönte Schilderungen der Landschaft, der geschichtlichen Entwicklung und der wirtschaftlichen Lage. Dabei wurde vor allem auf die für deutsche Käufer außerordentlich günstigen Grundstückspreise hingewiesen. Daneben wurden auch Auskünfte über Pachtungsmöglichkeiten und die Hilfe gegeben, mit der der deutsche Ansiedler dann in Kärnten rechnen könne. Zugleich enthielt die Broschüre auch eine genaue Schilderung der rechtlichen und verwaltungstechnischen Schritte, die beim Ankauf zu unternehmen waren. Im Vordergrund dieser Bemühungen stand der Verkauf von landwirtschaftlichen Liegenschaften, doch dabei sollte es nicht bleiben. Nach einigen ersten, eher zögernden Versuchen kamen immer mehr Siedler aus dem Sudetenland, aus Deutschland und auch aus Wien nach Kärnten, die keineswegs nur im Unterland sich ankaufen konnten. Unter den ersten waren sogenannte Neusiedler aus dem Sudetenland, die sich im Raum Millstatt ankauften.[48] Ein anderer Schwerpunkt von deutschen Ansiedlern entwickelte sich im Raum Feldkirchen – Moosburg, also ebenfalls nicht im gemischtsprachigen Gebiet.

Maier-Kaibitsch behauptete 1946, er habe mit Rücksicht auf die mehrheitlich katholische Bevölkerung stets gefordert, daß nur katholische Neusiedler nach Kärnten kämen. Das war aber keineswegs der Fall, sondern der Protestantismus in Kärnten bekam durch viele dieser Neusiedler – auch solcher aus Wien – starke neue Impulse, so daß sich zum historisch gewachsenen Protestantismus Kärntens eine neue Komponente durch diese Neusiedler und ihre Aktivitäten ergab, zu deren Verstärkung die scharfe Reaktion mancher katholischer Ortsgeistlicher beitrug. Diese protestantischen Impulse wurden nach 1938 durch die nach Kärnten kommenden Reichsdeutschen noch verstärkt.

Im Jahre 1946 meinte Maier-Kaibitsch: „Durch diese Werbung in den reichsdeutschen Blättern kamen einige Dutzend Reichsdeutsche nach Kärnten, um sich dort anzukaufen. Es zeigte sich jedoch, daß sich nur ein Teil einleben konnte, weshalb dann die ganze Aktion immer mehr zum Einschlafen kam."[49] Dem war aber in Wirklichkeit nicht so – lediglich das Verbot der NSDAP in Österreich bedeutet eine gewisse Zäsur, da die Neusiedlungen von diesem Zeitpunkt an sorgfältiger getarnt werden mußten. Bis zum Jahresbeginn 1933 – die Bodenvermittlungs G.m.b.H. war inzwischen in die „Kärntner Bodenstelle" umgewandelt worden – ließen sich insgesamt 139 deutsche Neusiedlerfamilien in Kärnten nieder, wobei der Schulverein „Südmark" und der VDA meist mit Geldern unterstützend mitwirkten und stets der KHB und die Bodenstelle die Wege ebneten. Diese deutschen Neusiedler hatten insgesamt 26.500 Joch Grundbesitz inne, wobei es sich vorwiegend um landwirtschaftlichen Grundbesitz handelte. Sie waren in der „Vereinigung der deutschen Landwirte in Kärnten" unter dem Vorsitzenden Hauptmann a. D. Wolf Küchler organisiert. Der deutsche Konsul in Kärnten, Freiherr von Hahn, nahm sich ihrer besonders an. Vom österreichischen Staat erwarteten sie sich die baldige Verleihung der Staatsbürgerschaft, wobei sie an den Landeshauptmann und späteren Vizekanzler und Minister Vinzenz Schumy besondere Hoffnungen knüpften. Diese wurden aber nicht erfüllt.[50] Es liegt auf der Hand, daß von diesen deutschen Neusiedlern auch sehr starke Impulse auf den Kärntner Nationalsozialismus ausgingen[51], doch wird es nötig sein, auch hier zu differenzieren und zugleich die Dynamik des sozusagen „landeseigenen" Kärntner Nationalsozialismus der zwanziger Jahre nicht zu unterschätzen. Immerhin befanden sich diese deutschen Neusiedler trotz des Kapitals, das sie nach Kärnten brachten, ja in einer eher delikaten Lage, zumal sie ständig darauf achten mußten, mit den terroristischen Nationalsozialisten in keinen direkten Zusammenhang gebracht zu werden.

Hauptmann a. D. Wolf Küchler wies in der Jahreshauptversammlung der „Vereinigung der deutschen Landwirte in Kärnten" im Februar 1933, also zu einem schon recht heiklen Zeitpunkt, mit Nachdruck darauf hin, daß die deutschen Siedler in Kärnten sich aller parteipolitischen Betätigung zu enthalten haben, er konnte aber nicht umhin, stolz zu erklären, daß sie trotzdem im Lande „völkische Aufgaben" zu erfüllen hätten. Dieser provokante Stil könnte durchaus ein Grund dafür sein, warum Schumy sowohl dieser Jahreshauptversammlung als auch dem nachfolgenden Kameradschaftsabend fernblieb. In der gleichen Jahreshauptversammlung gab Küchler einen Rechenschaftsbericht über die bisherige Tätigkeit der Vereinigung und dankte der Bodenstelle und dem KHB für die Zusammenarbeit. Zugleich kündigte Küchler mit Nachdruck eine Ausweitung des Programms dieser „völkischen Arbeit" an, die in der Praxis durchaus als Ausbreitung des Nationalsozialismus in Erscheinung trat: Von nun an werde nicht nur der Ankauf von Kärntner Grund und Boden für landwirtschaftliche Zwecke durch Reichsdeutsche verstärkt werden, sondern die Tätigkeit werde auch auf die Erfassung, die Vermittlung und den Verkauf von Seevillen, Pensionen und Hotels an reichsdeutsche Bewerber ausgedehnt werden. Woher dafür die Initiative kam, gab Küchler unumwunden zu: „Diese Bemühungen der Kärntner Bodenstelle können nur begrüßt werden, da hierdurch nicht nur unser Fremdenverkehr bestimmt gewinnen wird, sondern anderseits auch neuer Unternehmungsgeist und neues Geld ins Land kommen."⁵² Ganz so neu waren diese Pläne nicht, sondern mit dem Eindringen in die Kärntner Fremdenverkehrsorte hatten die Nationalsozialisten schon früher begonnen, als dies öffentlich zugegeben wurde. Und auch die terroristischen Bemühungen konzentrierten sich zu einem gewichtigen Teil in eben denselben Orten.

Was auf den ersten Blick paradox anmutet, nämlich den Fremdenverkehr durch Terror zu ruinieren und dann durch Verdeutschung zu stärken, ist durchaus Teil der gleichen inferioren Logik, denn dieses Interesse am Verkauf von Villen, Pensionen und Hotels an reichsdeutsche Interessenten richtet sich eindeutig gegen die jüdische Präsenz im Fremdenverkehr und trachtete dort nach einem Vorgehen, wie es jenem gegen die Slowenen durchaus gleichzusetzen ist. Die Richtung von Maier-Kaibitsch im Kärntner Heimatbund und in der Kärntner Bodenstelle fühlte sich also auch zum Vorgehen gegen die jüdischen Mitbürger berufen und dokumentierte damit ebenfalls die fatale braune Konnexion von Antislawismus und Antisemitismus, die für Kärnten so typisch ist.

Unter dem Gauleiter und Landtagsabgeordneten Hugo Herzog – österreichischer Landesleiter war damals noch Proksch in Linz, Hauptmann a. D. Josef Leopold hingegen nur Gauleiter von Niederösterreich – begannen die Kärntner Nationalsozialisten mit der Herausgabe ihrer eigenen Zeitung „Der Vormarsch", für die Herzog auch verantwortlich zeichnete. In ihrer außenpolitischen Grundlinie und der Behandlung von Fragen der österreichischen Innenpolitik folgte sie dem „Völkischen Beobachter", von dem sie auch die antisemitische allgemeine Agitation übernahm – zugleich trachtete die Zeitung aber ein eher gemischtes inhaltliches Programm zu bieten, das von den verschiedensten Lokalnachrichten und Unfallsmeldungen bis zum Gartenratgeber reichte. Der polemische Grundton aber wurde dort, wo er angewendet wurde, weit gröber, als es etwa noch im „Kärntner Sturmruf" der Fall gewesen war, und in die allgemeine antisemitische Polemik mischten sich, zwar nicht häufig, aber doch gezielt, konkrete Angriffe gegen jüdische Kärntner Mitbürger, wobei dem Leser wieder völkische „Verunreinigung" oder wirtschaftliche Bedrohung suggeriert werden sollte. Noch seltener als diese konkreten Angriffe waren solche auf Kärntner, die in engem Kontakt mit Juden standen.⁵³ In dieser Weise betätigte sich der „Vormarsch" von 1931 bis zum Verbot der NSDAP im Juni 1933, ohne daß er vorher eingestellt worden wäre.

Zur gleichen Zeit nahm parallel zu den propagandistischen Angriffen die konkrete Aktion auch gegen jüdische Mitbürger ständig zu, wobei lange Zeit die öffentliche Beleidigung und Provokation, schließlich auch die Beschädigungen von jüdischen Geschäften und Wohnhäusern im Vordergrund standen.⁵⁴ In diesem Zeitraum bis Sommer 1934 erfolgten auch schon die ersten Aufkäufe von wirtschaftlich schlechtstehenden jüdischen Villen und Kur-Pensionen im Raum Spittal durch Reichsdeutsche.⁵⁵ Als nach dem Verbot der NSDAP die illegalen Aktionen zunehmend häufiger und aggressiver wurden, spielten in der Fülle der verschiedenen Angriffsziele doch immer auch der jüdische Geschäftsmann und Urlaubsgast eine gewisse Rolle – sie hatten sozusagen ihren festen Stellenwert, auch wenn die Masse der Schmieraktionen, Sprengstoffanschläge, Zettelstreuaktionen, Hakenkreuzfeuer und Bölleraktionen sich zum Großteil gegen Personen und Einrichtungen des Staates, der Parteien und auch der Kirche bzw. nach der Einrichtung der austrofaschistischen Diktatur in gleicher Weise gegen die Vaterländische Front richteten.

Sicherlich trachtete man in den Jahren 1933 und 1934 mit dem versuchten Steuerstreik, den Störungen des Strom- und Telefonnetzes, den Feuerüberfällen, dem Ruinieren des Fremdenverkehrs und den Sprengungen von Brücken und Straßen direkt danach, den Staat als Ganzes niederzuringen, doch spürbar bleibt in all diesen Aktivitäten stets auch der Griff nach dem Eigentum, zumal auch dem jüdischen Eigentum, was die entsprechenden Rückschlüsse auf die soziale Lage vieler Kärntner Nationalsozialisten in der SA und SS zuläßt. Dieser besonders große soziale Nachholbedarf der Mitglieder nicht nur aus dem ländlichen Raum und dem Bereich der Bergbauern zeigt sich als Kontinuum in immer neuen Aktivitäten, ja er versucht sich auch nach der Machtergreifung mehrmals Luft zu verschaffen.

Die von Nationalsozialisten durchgeführte Sprengung der Brücke über den Afritzbach am 4. Juni 1934, die Sprengung der Lieserbrücke bei Spittal am 29. Juni 1934 und die Sprengung der Bahnstrecke zwischen Pritschitz und Pörtschach am gleichen Tag, die auf den Wiener D-Zug gezielt war, sollten abgesehen von der allgemeinen Wirkung stets auch gewisse Fremdenverkehrsbetriebe in diesen Gebieten „kaufreif" machen. Auch am 30. Juni 1934 wurde neuerlich versucht, die Bahnstrecke am Wörther See zu sprengen. Zugleich gab es aber auch direkte Beschädigungen von Häusern, Booten und anderen Einrichtungen jüdischer Fremdenverkehrsbetriebe in verschiedenen Kärntner Fremdenverkehrsgebieten. Am 23. Juni 1934 erfolgte sogar ein Sprengstoffanschlag auf die vom spanischen König gemietete Villa Born in Pörtschach, und als am 28. Juni 1934 im Parkhotel in Pörtschach das Spielkasino eröffnet wurde, um damit eine stärkere Belebung des schon stark in Mitleidenschaft gezogenen Fremdenverkehrs zu erzielen, mußte dies unter starkem Polizeischutz geschehen. Am 9. Juli 1934 spätabends erfolgte ein Sprengstoffanschlag vor dem Hotel „Excelsior" in Velden, bei dem es glücklicherweise keine Schwerverletzten gab.[56] Als dann am 25. Juli der eigentliche Aufstand ausbrach, gab es in verschiedenen Orten Kärntens auch Beschädigungen von jüdischem Eigentum und in geringem Ausmaß auch Plünderungen von jüdischen und nichtjüdischen Geschäften, mit denen sich anscheinend ein Teil der nationalsozialistischen „Basis" wieder Luft machte.

Stets fällt bei den Aufstandsaktionen auch das Zielen auf die Fremdenverkehrsorte und die dortige jüdische Präsenz auf. Pörtschach beispielsweise wurde in diesen Jahren von den Nationalsozialisten meist „Pörtschacheles" genannt, ein Wort, das wahrscheinlich in Kreisen deutscher Neusiedler geprägt und dann von vielen Nationalsozialisten übernommen wurde. In Millstatt etwa scheint während der Kampfhandlungen auf einen jüdischen Sommergast, einen gewissen Dr. Weiß aus Prag, während er sich in seinem Zimmer aufhielt, durchs Fenster geschossen worden zu sein. Es könnte sich aber auch um eine verirrte Kugel gehandelt haben. Jedenfalls führten die Ereignisse dazu, daß in diesem Juli die Masse der Sommergäste in Kärnten fluchtartig das Land verließ und den Urlaub in Jugoslawien und Italien fortsetzte. KHB und VDA konnten in den folgenden Jahren trotz ihrer Bemühungen, die intensiv fortgesetzt wurden, diesen Abgang auch vieler nichtjüdischer Sommergäste durch neuen Zustrom aus Deutschland nicht annähernd ersetzen.[57]

Es wäre eine unzulässige Vereinfachung, wollte man meinen, daß mit dem Scheitern des Juliputsches und der folgenden Verhaftung oder Flucht vieler Nationalsozialisten nun alle braunen Radikalen aus dem Land verschwunden wären und Ruhe hätte einkehren können. Der nationalsozialistische Bauernführer Reinthaler versuchte in Zusammenarbeit mit der Bundesregierung eine Befriedungsaktion, die zugleich auch mit einer gewissen Beibehaltung und Offenlegung der Parteiorganisation verbunden war, doch hinter dieser alten, „offiziellen" Organisation bauten jene mit der Befriedung nicht einverstandenen Nationalsozialisten, die in die Positionen der Geflohenen und Verhafteten nachrückten, die neue illegale Struktur auf. So schob sich die Gruppe um Hubert Klausner allmählich in den Vordergrund, aber auch in Kärnten waren Anhänger Leopolds sehr zahlreich vorhanden, und die Gruppe um Klausner selbst scheint den Terror keineswegs aus ihrem Programm ausgeschlossen zu haben, so schwer es auch ist, jede der folgenden Aktivitäten einer der rivalisierenden Gruppen zuzuordnen. Die Diskussion um die Ablehnung oder Verwendung terroristischer Mittel ging vielmehr quer durch die Leopold- wie durch die Klausner-Gruppe, wobei es auch schon eine Vereinfachung darstellen würde, den Terminus „radikal" mit den sozialen Unterschichten innerhalb der Kärntner Nationalsozialisten geradewegs zur Deckung zu bringen.

Während etwa der 1904 in Oberwaltersdorf geborene Franz Kutschera auch in seinen Lebenslaufangaben der Partei und der SS gegenüber stets mit Nachdruck darauf hinwies, daß er aus einfachen Verhältnissen stammte und in seiner Jugend der schlechten Wirtschaftslage wegen keine Ausbildungs- und Aufstiegsmöglichkeiten hatte, sondern, wie sein Vater, Gärtner werden mußte, kaschierte etwa sein aus Triest stammender SS-Kollege Odilo Globocnik, ein gelernter Baupolier, stets seine berufliche Herkunft und machte sich selbst zum Baumeister und Architekten.[58]

Unter diesen Voraussetzungen festigte sich bis 1934 um Major a. D. Hubert Klausner in Latschach eine neue Führungsgruppe. Für politisch programmatische Grundsatzfragen profilierte sich der junge Friedrich Rainer, der damals als Notariatsanwärter in einer Klagenfurter Notariatskanzlei tätig war, neben ihm sein Freund Odilo Globocnik, als Stellvertreter Klausners Hubert Longin, und 1933 stieß dann der Beamte der Landesregierung Wladimir von Pawlowski dazu, der zuerst als Organisationsleiter tätig war. Globocniks Aufgabenbereich wurde diskret als „Außengeschäfte" bezeichnet, aber immerhin dabei eingeräumt, daß er im Zuge dieser vielfältigen Tätigkeit gegen 30 verschiedene Namen führte.[59]

Auf der Salzburger Tagung, an der von seiten der Klausner-Gruppe als Vertreter Kärntens Longin teilnahm, wurde dann bekanntlich Reinthaler gestürzt und seine Politik verworfen, obwohl sie auch unter den Kärntner Nationalsozialisten Anhänger hatte. Als dann Leopold wieder aus dem Gefängnis kam, ergab sich die Konkurrenz mit dem inzwischen bestellten österreichischen Landesführer Neubacher. Dabei hielt sich aber die Klausner-Gruppe sehr zurück, und Pawlowski als ihr Abgesandter setzte sich in Wien für den Kompromiß ein: Leopold, Landesführer der Nationalsozialisten für Österreich, Neubacher sein Stellvertreter. Die Gefolgschaften der beiden aber „gingen aufeinander los".[60] Auch in der folgenden Entwicklung – Leopold, neuerlich im Gefängnis, wollte Schattenfroh als Landesleiter, Seys-Inquart trat in den Vordergrund – verfolgte die Klausner-Gruppe eine vorsichtige Politik und erreichte immerhin die Verankerung von Rainer und Globocnik in der nationalsozialistischen Landesleitung für Österreich.

Hitlers Abkommen mit Schuschnigg vom 11. Juni 1936 sah die Klausner-Gruppe ganz auf linientreuem, deutschem Kurs, was durch Rainers und Globocniks Vorsprache bei Hitler am Obersalzberg vom 16. Juli 1936 noch verstärkt wurde. Auf ihrem nächtlichen Fußmarsch über die Grenze von Obersalzberg nach Anif klärten die beiden noch einmal ihren politischen und taktischen Standpunkt, um ihn dann bei der folgenden Konferenz der Stellvertreter der Gauleitungen in Anif auch wirkungsvoll durchzusetzen: strengste Disziplin der österreichischen Gesamtpartei, Streben nach unbedingter Einheitlichkeit in organisatorischer Hinsicht bei weltanschaulicher Kompromißabstinenz, zugleich aber Ausnützung aller durch das herrschende Regime gebotener Möglichkeiten der Unterwanderung, der Einmischung und der Partizipation. Daß dies weitgehend Theorie blieb und die Auseinandersetzungen zwischen den rivalisierenden Gruppen wie die Terroraktivitäten weiter anhielten, ist aus der folgenden Entwicklung verständlich.

In Kärnten allerdings hatte die Klausner-Gruppe mit ihrer politischen und taktischen Konzeption einerseits schon seit 1934 ihre Wirkungsmöglichkeiten im Lande wieder ausgebaut und anderseits eine besondere Nähe zu Hitler, Bormann, Himmler und anderen Führungsinstanzen in Deutschland begründet, die sie im Zuge späterer Entwicklungen systematisch zu nützen trachtete. Klausner war schon früh als geeignet für die Landesführung über alle österreichischen Gaue ins Gespräch gekommen, und Rainer wie Globocnik waren es dann ja auch, die vor Schuschniggs Treffen mit Hitler im Februar 1938 nach Berlin kamen, um dort die Forderungen der österreichischen Nationalsozialisten zu deponieren: totale Amnestie auch für die Sprengstoffverbrecher, Ministerposten für Seys-Inquart, Zulassung der Hakenkreuzbinde.

In Kärnten hatte das stets von Planung begleitete Vorgehen der Klausner-Gruppe schon seit 1934 seine Früchte getragen. Eines dieser Ergebnisse war die Unterwanderung mancher Vereinigungen und Gruppierungen – ein Gutes aber hatte der gescheiterte Juliputsch doch: Große Teile der Bevölkerung fanden sich in der einhelligen Ablehnung des Nationalsozialismus und stärkten damit auch die Position jener, die Zielgruppen der nationalsozialistischen Aggression waren.[61] Außerdem beschleunigte und verschärfte sich in vielen noch deutschnational angehauchten Vereinigungen die Polarisation, auch wenn jene, die den Nationalsozialismus als Ganzes oder zumindest seine Methoden ablehnten, zum Teil aus den Führungspositionen verdrängt wurden.

Einen speziellen Weg nahm beispielsweise der Kärntner Heimatbund, dessen Hauptgeschäftsführer Maier-Kaibitsch spätestens mit 1. Jänner 1934 Parteimitglied war.[62] Dadurch war gerade im KHB umso weniger Absicherung gegen das Einströmen von Nationalsozialisten gegeben, weil der „Verein" ja auch einen besonders schmalen gemeinsamen Nenner in der Übereinstimmung aller Vertrauensleute und Aktivisten aufwies. Perkonig drückte dies nach dem Krieg so aus: „In seiner Arbeit für die Unteilbarkeit des Landes bediente er sich der Angehörigen aller Parteien, ohne nach der Parteizugehörigkeit zu fragen. Für den Kärntner Heimatbund gab es, wenn überhaupt Unterscheidungen gemacht wurden, nur sogenannte heimattreue Kärntner und andere, die an dem Gedanken der Untrennbarkeit des Landes nicht in dem gleichen Maße interessiert waren. Da der Kärntner Heimatbund nur kärntnerisch eingestellt war, hat er zum Nationalsozialismus in keiner Weise Stellung genommen."[63] Außerdem konnte Maier-Kaibitsch seine heimlichen Kontakte mit Nationalsozialisten gegenüber antifaschistischen Kritikern immer so erklären, daß er mit jenen Kontakt aufnehmen müsse, um zu verhindern, daß die Nationalsozialisten entsprechend der ausgegebenen Losung bei den Landwirtschaftskammerwahlen wirklich Stimmenthaltung übten, weil das angeblich ein nationalslowenisches Übergewicht zur Folge gehabt hätte.[64]

Hatte der KHB schon in den Jahren vor 1934 seine Methoden der Informationsbeschaffung über die Vermögenslage von Besitzern im gemischtsprachigen Gebiet insofern verfeinert, als er auf dem Weg über die Grundbücher der „Kärntner Bodenvermittlungsstelle" Möglichkeiten des Grundvermittelns aufzeigen konnte,[65] so dehnte man diese Art der Informationsbeschaffung allmählich auch auf jene Ziele aus, die man bei der Jahreshauptversammlung der „Vereinigung deutscher Landwirte in Kärnten" im Jahre 1933 etwas unvorsichtig öffentlich zugegeben hatte: Auch die Wirtschaftslage von Fremdenpensionen, jüdischen Villen und Hotels wurde genau registriert und in ihrer Entwicklung verfolgt, um erfolgreich zugreifen zu können[66]. Im Jahre 1936 gründeten dann in Kärnten Männer um Klausner und Rainer auch den Sicherheitsdienst (SD) der SS, dessen langsam aufgezogenes System der Vertrauensleute und Informanten sich nicht nur für Tun und Planen von Personen des politischen Lebens interessierte, sondern auch einen möglichst genauen Überblick über die wirtschaftlichen Verhältnisse im Lande zu gewinnen trachtete. So übernahm der SD gleichsam automatisch auch die Überwachungsmethoden des KHB und der „Bodenvermittlungsstelle" und dehnte diese Methode des Ausspionierens und Überwachens allmählich auch auf Bergwerke und Industriebetriebe in Kärnten aus, womit er die Grundlage für weitere Aktivitäten gewann.[67] Überwachung und Vorgangsweise gegenüber der slowenischen und der jüdischen Minderheit mußten einander auf diese Weise immer näher kommen, auch wenn sie nicht immer so sehr von Erfolg gekrönt waren, wie die Nationalsozialisten sich dies erhofften. Dazu kommt noch, daß verschiedene Industriebetriebe mit jüdischen Besitzern oder jüdischer Kapitalbeteiligung sich teilweise schon seit den zwanziger Jahren solcher Rechtsberater und Firmenanwälte bedienten, die wie ein Teil der Kärntner Richter zunehmend ins nationalsozialistische weltanschauliche Fahrwasser gerieten. Auch bei einer ganzen Reihe von jüdischen Handelsfirmen in Klagenfurt und Villach ist das gleiche der Fall. Dabei ist es zum Teil schwer denkbar, daß die Mandanten von der politischen Einstellung ihrer Mandatare nichts gewußt hätten, so daß man diese Haltung nur als einen speziellen Versuch deuten kann, Frieden zu halten und die nationalsozialistische Haltung nicht überzubewerten.

Als durch das deutsch-österreichische Abkommen vom 11. Juni 1936 das nationalsozialistische Hilfswerk in Österreich zugelassen wurde, profitierten auch die Kärntner Nationalsozialisten vom Zustrom deutscher Gelder, die laut Abkommen nur zur sozialen Unterstützung verwendet werden sollten. Die Informationen über das Kärntner Wirtschaftsleben und seine Betriebe und später dann auch der Aufbau der Nationalsozialistischen Betriebszellenorganisation ermöglichten aber neben der Durchsetzung von Kaufabsichten auch andere Aktivitäten. Naturgemäß war es üblich geworden, Arbeitslose bei nationalsozialistischen Unternehmern unterzubringen, wenn diese Arbeitskräfte dem Nationalsozialismus nahestanden oder einfach in die SA oder SS eintraten. Die Unterbringung von Arbeitskräften oder das Druckausüben auf nicht nationalsozialistisch gesinnte Arbeitskräfte, die von der Entlassung bedroht waren, gelang bei sorgfältiger

Planung den Kärntner Nationalsozialisten aber zum Teil auch dort, wo nur diverse entscheidende Angestellte nationalsozialistisch gesinnt waren, wie etwa in einer Reihe von Industriebetrieben und großen Forstbetrieben, und zwar sogar solchen in Staatsbesitz. Dieses Kunststück gelang diversen Nationalsozialisten aber weiters auch heimlich in mehr oder minder jüdisch beeinflußten Betrieben unter den Augen von Unternehmern oder Führungskräften.[68] Wieder erweist es sich also, daß die nationalsozialistische Aufmerksamkeit nicht nur dem angeblich nationalslowenischen agrarischen Grundbesitz, sondern auch der Industrie galt.

In eine prekäre Lage waren nach dem Juliputsch die deutschen Neusiedler in Kärnten geraten, da ihnen nicht ohne Grund die besondere Aufmerksamkeit der Behörden galt. Aber auch bei ihnen sollte differenziert werden. Früh hatten diese Protestanten auch religiöse Aktivitäten gesetzt, wie etwa im Bereich Feldkirchen–Moosburg, und interessanterweise zielte gerade deren Interesse auch auf die Verankerung des Protestantismus in Orten wie Krumpendorf und Pörtschach, ja schließlich auch Velden, wo man zumindest trachtete, für die holländischen und deutschen protestantischen Gäste Gottesdienste zu arrangieren und damit in diesen Fremdenverkehrsorten präsent zu werden. Schon um die Jahrhundertwende hatte der zum protestantischen Glauben übergetretene jüdische Dresdener Porzellanfabrikant Wahliss, nachdem ihm Adolf Freund den großen Grundbesitz am Wörther See vermittelt hatte, in diesen Fremdenorten protestantische Gottesdienste abhalten lassen, doch waren später diese Versuche wieder eingestellt worden.

Ein Teil der deutschen Neusiedler jedenfalls distanzierte sich nach dem Juli 1934 nachdrücklich vom Terror und Putschversuch und konnte auch den diesbezüglichen Nachweis erbringen.[69]

Daß unter den Neusiedlern in diesem Raum, auf welche schließlich auch die Gründung des protestantischen Gemeindehauses Moosburg zurückging, auch Namen wie Volkenborn aufscheinen, belegt aber auch eine gegenläufige Entwicklung, und nach der nationalsozialistischen „Machtergreifung" stellte sich heraus, daß nicht weniger als drei hohe SD-Funktionäre aus dieser Gegend kamen.[70]

Die Flugschriftenpolitik der Kärntner Nationalsozialisten beschäftigte sich nach 1934 nur am Rande mit den jüdischen Mitbürgern. Der Slogan vom Anfang der dreißiger Jahre über den angeblich ungeheuren jüdischen Hausbesitz in Klagenfurt und Villach wurde noch sporadisch wiederholt, die erdrückende wirtschaftliche Macht der jüdischen Großwarenhäuser taucht als Thema in einigen gestreuten Flugzetteln auf, doch paßte das Wiener Klischee neuerlich nicht auf die Kärntner Realität, und auch die Flugzettelkampagne gegen die Arbeitsanleihe 1935 wurde österreichweit mit dem gleichen Schlagwort und dem gleichen nationalsozialistischen Bedrohungsklischee versehen, daß nämlich die Spareinlagen der vielen kleinen Sparer in Gefahr seien, weil von Juden und Großfirmen bereits Riesensummen abgehoben würden. Hauptziel aber blieb für die Nationalsozialisten der Schuschnigg-Staat, und in ihrer Propaganda gelang es ihnen nur mühsam, zwischen austrofaschistischer Unterdrückung und jüdischem Großkapital eine künstliche Konnexion herzustellen, die aber offensichtlich beim Kärntner genausowenig Wirkung erzielte wie die Boykottlisten, auf denen vaterländisch gesinnte und jüdische Kaufleute standen. Befolgt aber wurden alle diese Boykottaufrufe kaum, und zwar auch von vielen Nationalsozialisten nicht.[71]

Auch dort, wo sich die Kärntner Nationalsozialisten eine gewisse Politikverdrossenheit der Bevölkerung erhofften und in Flugzetteln die Meinung vertraten, daß in der Diktatur eigentlich die meisten Parteipolitiker der zwanziger Jahre angepaßt wiedergekehrt wären und alles gleich weiterginge, wurde kein Zusmamenhang mit jüdischen Belangen hergestellt.[72] Inwieweit die verschiedenen terroristischen Aktivitäten der Jahre bis 1937 – wie etwa der Faaker Fememord vom 4. Mai 1936 oder der versuchte Mordanschlag auf einen Klagenfurter Polizisten vom 7. Mai 1936 – Ausdruck der Rivalitäten zwischen den einzelnen nationalsozialistischen Gruppen sind, und inwieweit sich darin nicht nur die terroristische Aktivität gegen den politischen Gegner äußert, sondern auch versucht wurde, rivalisierende Gruppen in Zugzwang zu bringen, ist unsicher. Gering aber dürften diese Rivalitätsspannungen nicht gewesen sein.

Wladimir von Pawlowski aus der engeren Führungsgruppe Klausners, der 1936 wegen seiner nationalsozialistischen Betätigung von seiten der Landesregierung zwangspensioniert wurde, hatte zum Teil von organisatorischen Aufgaben zu publizistischen und solchen des Hilfsdienstes gewechselt und schon damals gegen terroristische Aktivitäten scharf Stellung genommen. Offensichtlich in Zusammenhang damit geriet er unter schwere Kritik einiger nationalsozialistischer Kärntner Gruppen, die ihm jüdische Abstammung vorwarfen. Klausner gelang es nur mühsam, Pawlowski in Schutz zu nehmen, und als letzterer anhand von Dokumenten seinen Ariernachweis erbrachte, gab es nur vorübergehend Ruhe[73], zumal „gewisse Kreise" der Kärntner NSDAP mit einem hohen Grad an Aktivitäts- und Aggressionsbedürfnis hinter diesen Angriffen standen.

Ein anderes Exempel ist der Abwehrkämpfer Hauptmann a. D. Karl Fritz, der seit den zwanziger Jahren als Holzfachmann tätig war. Schon vor dem Verbot der NSDAP am 19. Juni 1933 war er in diese Partei eingetreten und hatte dann später nach dem Juliputsch trotz mehrfacher Aufforderung durch Parteifunktionäre seine freundschaftlichen Kontakte zu mehreren jüdischen Familien nicht abgebrochen, zugleich aber auch immer wieder mit Nachdruck vor größeren Gruppen Terror und Juliputsch parteiintern scharf kritisiert.[74]

Da Fritz als einstiger Abwehrkämpfer engen Kontakt mit General Hülgerth hielt und bei Kärntner Regierungsstellen seine Tätigkeit als Bundeswehrturnführer im Deutschen Turnerbund bekannt war[75], scheint er in der Zeit, in welcher General Hülgerth Landeshauptmann war (April bis November 1934), auch dafür ausgewählt worden zu sein, als Gemäßigter auf radikale nationalsozialistische Kreise in Kärnten einzuwirken, damit man mit den Terrorakten aufhöre. Es scheint in Kärnten befürchtet worden zu sein, daß im Falle weiterer größerer Unruhen im Lande ein Einmarsch italienischer Einheiten sich wiederhole, wodurch unter Umständen auch ein jugoslawischer Einmarsch provoziert werden könnte. So war also diese Annäherung an die Nationalsozialisten von dringendem Gebot der Nützlichkeit getragen, wobei auch die damalige Sicherheitsdirektion mitgewirkt haben soll. Auf jeden Fall war Fritz später Mitglied in den beiden Kärntner Delegationen, die Bundeskanzler Schuschnigg und – beim zweiten Mal – Vizekanzler Guido Zernatto Bericht über die Lage in Kärnten erstatteten, und bei beiden

Gelegenheiten hat er sich öffentlich kritisch über die Terrortätigkeit der illegalen Kärntner NSDAP geäußert.

Zugleich wirkte Fritz auch in der wiederspruchsvollen Fremdenverkehrspolitik mit, als er mit dem damaligen Junglehrerquintett eine Vortrags- und Konzertreise nach Deutschland unternahm, zu der er von Steinacher beim Volksbund für das Deutschtum im Ausland eingeladen worden war. Bei einem vom VDA im Hotel „Kaiserhof" in Berlin gegebenen Empfang für die Kärntner war auch der damalige österreichische Gesandte Stefan Tauschitz anwesend.[76] Die ganze Paradoxie und Perfidie dieser Fremdenverkehrspolitik zeigte sich nach 1934 mit besonderer Deutlichkeit: Nachdem die Kärntner Nationalsozialisten durch ihren Terror die jüdische Präsenz in den Kärntner Fremdenverkehrsorten weitgehend verringert, zugleich aber die große Masse der zahlungskräftigen nichtjüdischen Gäste aus Frankreich und England und anderen Ländern vertrieben und letztlich viele Fremdenverkehrsbetriebe in eine finanziell schwierige Lage gebracht hatten, suchten sie dieses Vakuum durch eine Art frühen deutschen Sozialtourismus zu ersetzen, der vielfach aus Kollektivurlauben von deutschen Vereinen und Betrieben bestand und auch entsprechend abgewickelt wurde. Zugleich führte nicht nur die geistige Abhängigkeit der österreichischen Nationalsozialisten von Deutschland, sondern auch das Fremdenverkehrsinteresse dazu, daß auch die Kärntner Nationalsozialisten oder zumindest verschiedene Gruppierungen beispielsweise jedes Auftreten von deutschen Sportlern in Kärnten mit schmeichlerischen und begeisterten Kundgebungen für die deutschen Gäste begleiteten.[77]

Ständig wurden auch von verschiedenen Kärntner Nationalsozialisten zwecks Urlaub oder Betriebsausflug eintreffende deutsche Gästegruppen mit jubelnden Begrüßungsfeiern geehrt, es fanden Gemeinschaftsabende und nationalsozialistische Verbrüderungsfeiern mit diesen Urlaubsgästen statt, die mehr als einmal in braune Kundgebungen ausarteten. Wenn die Behörden nun aber gegen diese verbotene politische Betätigung einschritten, redeten die gleichen Nationalsozialisten, die in den Jahren vorher die jüdischen Gäste und auch andere Ausländer mit Terror vertrieben hatten, von Fremdenverkehrsschädigung.[78]

Der Verlauf der versuchten Einflußnahme von Karl Fritz auf die nationalsozialistischen Gruppierungen in Kärnten verrät Entscheidendes über die damaligen Strukturen innerhalb der Kärntner NSDAP, wobei man auch berücksichtigen sollte, daß Rainer, Globocnik und schließlich auch Klausner 1936 und 1937 auch sehr stark außerhalb Kärntens tätig waren. Fritz jedenfalls mußte deutlich erfahren, wie vielfältig die Gruppierungen waren und wo konkreter Druck ausgeübt wurde. Auch wenn man seine Berichte nach dem Krieg mit gebührender Sorgfalt beurteilt, bestätigt doch der Verlauf der Dinge seine Angaben. So berichtete er 1948: „In Besprechung mit mäßigeren Nationalsozialisten, die einer Befriedung nicht abgeneigt waren, wurde mir geraten, auch mit der illegalen SS Fühlung zu nehmen und durch diese auf die NSDAP Einfluß auszuüben. Nur aus diesem Grunde hielt ich mehrere Besprechungen mit führenden und auch kleineren SS-Persönlichkeiten, um zu versuchen, die SS zu überzeugen, daß sowohl Österreich wie auch das Deutschtum überhaupt von solcher Kampfart, wie sie die Nationalsozialisten zu dieser Zeit in Österreich angewandt haben, nur einen Schaden erleiden könne. Jedoch scheiterte meine Aktion an der Kompromißlosigkeit der radikalen Kreise, die unter Einfluß des damaligen illegalen Gauleiters (sic!) Kutschera gestanden sind."[79]

So kritisch der Bericht zu beurteilen ist, wird doch eine dominierende Rolle der Kärntner SS innerhalb des nationalsozialistischen Machtgefüges bereits für diese Entwicklungsphase anzumerken sein. Man sieht also: Bezüglich des Kärntner Nationalsozialismus stellt sich das Problem der selektiven Übereinstimmung der Mitglieder mit den Zielen ihrer Partei schon in den dreißiger Jahren mit aller Schärfe, und auch die jüdischen Mitbürger im Lande waren ein Katalysator dieser Selektion.

Zugleich ging nach 1934 bei den Ostmärkischen Sturmscharen und dem Heimatschutz die Konsolidierung in antifaschistischem Sinne weiter, zumal auch die Funktionäre und Mitglieder der einstigen Parteien, die schon seit 1918 angesichts der territorialen Forderungen Jugoslawiens eine gewisse Nähe der Zusammenarbeit eingegangen waren, nun neuerlich im Kampf gegen den Nationalsozialismus enger zusammenrückten, so daß das öffentliche Klima nicht mehr von nationalsozialistischem Terror und brauner Agitation bestimmt werden konnte. Dieses Zusammenrücken äußerte sich in einer gewissen Bejahung der Vaterländischen Front zum Zwecke der gemeinsamen Abwehr des Nationalsozialismus, und unter VF-Mitgliedern und Sympathisanten sind nicht nur Sozialdemokraten, sondern auch Kärntner Juden zu finden, deren Spendentätigkeit nicht aufhörte.[80] Auch im Bereich jüdischer Vereinstätigkeit zeigte sich diese Anlehnung an Prinzipien der vaterländischen Front, wie später zu sehen sein wird.

Umso besorgter wurde deshalb Ende April 1937 von der Bevölkerung die Regierungsankündigung über die Bildung eines volkspolitischen Referates aufgenommen, das die Mitarbeit der nationalen Opposition ermöglichen sollte. Es hätte gar nicht mehr der triumphierenden nationalsozialistischen Hakenkreuzstreuaktionen und Flugzettelverteilungen bedurft[81], um zu merken, wie das als Zeichen der Schwäche aufgefaßt wurde.

Und bald war es auch in Kärnten soweit, daß getarnte oder nicht getarnte Nationalsozialisten diesen Zugang zur Vaterländischen Front mißbrauchten. Karl Fritz hatte die Kontakte zur NSDAP abgebrochen und über Vorschlag von Perkonig begonnen, im Hermagorer Gemeindetag mitzuarbeiten. Maier-Kaibitsch hingegen wurde vom Nachfolger Hülgerths als Landeshauptmann, dem Landesführer der Vaterländischen Front, Arnold Sucher, in die Landesführung aufgenommen, nachdem er schon lange zuvor Obmann des Khevenhüllerbundes geworden war. Im Zuge seiner Bemühungen, mit den Kärntner Slowenen einen friedlichen Ausgleich herbeizuführen, führte Sucher viele Verhandlungen mit dem Slowenischen Kulturverband, zog zu diesen aber meist Maier-Kaibitsch als Vertreter des KHB bei.

Als Führer des Volkspolitischen Referates für Kärnten wurde von Sucher Josef Friedrich Perkonig ausersehen, dieser aber suchte, seiner Ernennung mit schriftstellerischer Arbeit in Dalmatien zu entfliehen. Als er zurückkehrte, wurde er doch mit dieser Funktion betraut, obwohl auch Maier-Kaibitsch im Gespräch gewesen war. Als dann 1938 Seys-Inquart in Wien von Penkbauer das Volkspolitische Zentralreferat übernahm, wurden die Referenten der einzelnen Bundesländer zu ihm gerufen, und Perkonig erhielt von ihm den Auftrag, „eine Liste derjenigen Persönlichkeiten aufzustellen, die in eine eventuell geänderte Kärntner Landesregierung aufgenommen werden müßten. Es sei eine Regierungsumbildung im Gange, und da würden auch in den Ländern Änderungen eintreten."⁸² Seys-Inquart habe an die Volkspolitischen Referenten in Wien damals auch die Weisung ausgegeben, sich selbst in jedem Bundesland an die Spitze der Liste zu setzen. Perkonig aber tat das nicht, da er „mit dieser Sache nichts zu tun haben wollte" und „nicht in das öffentliche Leben wollte". Perkonig setzte schließlich Maier-Kaibitsch, den einstigen (vor Hülgerth) Landeshauptmann Kernmaier und Kutschera auf diese Liste. Im Zuge seines Auftrages als Volkspolitischer Referent habe Perkonigs Weisung gelautet, mit Nationalen und Nationalsozialisten Kontakte aufzunehmen und sie auf dieser Liste zu berücksichtigen, wobei mit den „Nationalen" die einstigen Anhänger der Großdeutschen Volkspartei und des Landbundes gemeint gewesen seien.

Wieder ergibt sich ein Blick auf Führungsstrukturen bei den damaligen Kärntner Nationalsozialisten, der für die Beurteilung späterer Vorgänge nützlich ist: Kutschera, so sagte Perkonig, „war der Mann, der damals von seiner Partei den Auftrag hatte, mit mir Verhandlungen zu pflegen". Kutschera habe dabei von Perkonig dezidiert verlangt, in die Liste hineingenommen zu werden.⁸³

So ergab sich also auch in Kärnten durch die allzu diensteifrige Öffnung der Schuschnigg-Regierung nach rechts eine pränationalsozialistische Phase vor der eigentlichen braunen „Machtergreifung" – ein Zeitabschnitt, der in Anbetracht der Gefährlichkeit dieses politischen Kurses sehr lange dauerte.

Die jüdische Minderheit war alarmiert durch diese Entwicklung. Sie war nicht die einzige Personengruppe, die davon Schaden erlitt, aber immerhin eine von mehreren. Hatten diverse Richter schon 1934 Nationalsozialisten vielleicht manchmal auffallend milde beurteilt oder freigesprochen⁸⁴, so ergab sich in dieser pränationalsozialistischen Phase einiges, was speziell jüdischen Unternehmern schadete: Konkurse oder Zwangsversteigerungen ergaben sich auffallend rasch, Rechtsanwälte agierten eher unerwartet, Banken kündigten überraschend Kredite, stille Teilhaber verschafften sich mit Bankunterstützung dadurch stärkeren Zugang zum Firmengeschehen, daß sie Posten als Geschäftsführer erzwangen, – auch Steuerschulden und Rückstände bei den Sozialabgaben konnten eher gefährlich werden als in den Jahren zuvor. So kündigte sich für manche der Untergang auch unter eher häßlichen wirtschaftlichen Vorzeichen an, und das Folgende erscheint dann nur als Fortsetzung.

4.5. Jüdisches Leben in Kärnten vor dem Untergang

> „Von den Kärntner Juden litt wirtschaftlich keiner an Not, und Reiche waren wenige. Wir waren mit den Gojim in bester Beziehung..."
> Lotte Weinreb am 9. März 1979 in Rehovot/Palästina

Ganz im Gegensatz zu Erich Röger vollzieht Lotte Weinreb in der Erinnerung eine Pauschalierung im positiven Sinne – ob sie aber unter den Gojim auch die Kärntner Nationalsozialisten verstanden wissen wollte, bleibt offen. Sicherlich waren es auch in Kärnten in gewissem Ausmaß die Organisationen des alten deutschnationalen Lagers, aus denen der frühe Nationalsozialismus herauswuchs, doch gerade der geringen Stärke und der relativen Isolierung der frühen braunen Gruppen der zwanziger Jahre wegen mußte er sich vor allem im Windschatten der Heimwehrbewegung bergen[85] – allerdings nur für einen relativ kurzen Zeitraum, da sich die Heimwehr sehr bald deutlich von den Nationalsozialisten abgrenzte. Da den Nationalsozialisten im Lande angesichts der lange Zeit engen Kontakte der Sozialdemokraten zu den anderen Parteien eine Übereinstimmung mit diesen in einer antimarxistischen Grundhaltung nichts brachte, waren die Kärntner Nationalsozialisten der frühen Jahre von allem Anfang an besonders darauf angewiesen, nachhaltig auf jene nationale Sensibilisierung einzugehen, welche die politisch herrschenden Kreise gegenüber gesellschaftlichen Ansprüchen der slowenischen Minderheit und gegenüber jugoslawischen Territorialforderungen entwickelt hatten. Ja, die frühen Nationalsozialisten mußten in besonderem Maße werben und unterwandern, bekamen durch die Weltwirtschaftskrise wohl auch viele Neumitglieder dazu, sahen sich dann aber auch – vielleicht zu ihrer eigenen Überraschung – einer Masse von eher glatten, beflissenen Sympathisanten gegenüber, die der braunen sozialen Gier nach Eigentum, der Brutalität der Mittel und der so groben Abwertung nichtdeutscher Menschen nicht ganz das ausreichende Verständnis entgegenbrachten und mit der Freude über ihre eigene Karriere nicht immer ein gewisses Mißbehagen verdrängen konnten. Genauso begrenzt erscheint dann bei manchen auch das Verständnis für die antisemitischen Ausschreitungen, dies umso mehr, als die Assimilationsjuden praktisch selbst ins nationale Lager abgewandert waren. So blieb auch das austrofaschistische Regime in Kärnten nicht innerhalb der antisemitischen Klischees früherer Regierungen[86], die aber ohnehin in der südlichen Provinz mit geringerer Schärfe in Erscheinung traten. Allerdings schadete die Entwicklung der Volkspolitischen Referate in Kärnten nicht nur dem Regime selbst[87], sondern auch den Slowenen und Juden. Die Heranziehung jener „Nationalen" – in Wirklichkeit war ja auch Maier-Kaibitsch schon längst Nationalsozialist – war schon die eigentliche grundsätzliche Weichenstellung für die nationalsozialistische Machtübernahme.

Verständlich ist auch angesichts der allgemeinen Sachlage, daß für die Kärntner Juden nicht nur ihrer wirtschaftlichen Stellung wegen – bei aller Freundlichkeit der Kontakte und des gelegentlichen Wählerverhaltens – die Sozialdemokratie überhaupt nicht so attraktiv sein konnte wie etwa in Wien.[88]

Auf die nationalsozialistischen Aktivitäten der dreißiger Jahre reagierte die Kärntner Judenschaft im wesentlichen in dreierlei Weise: durch Vereinsgründungen zum Zwecke öffentlicher Beweisführung, durch Verstärkung der Assimilation und auch der Annäherung an die Vaterländische Front, im alltäglichen Leben aber auch durch Nicht-Reagieren bzw. durch einen eher verdrängungsreichen Rückzug ins ausschließlich Private. Bezeichnenderweise sind diese verschiedenen Verhaltensweisen nicht so sehr von verschiedenen jüdischen Gruppen realisiert worden, sondern eher alle Verhaltensmuster von den gleichen Leuten.

Um der nationalsozialistischen Propaganda im Lande eine demonstrative Entgegnung zu schaffen und das braune Feindbildklischee durch sachliche Gegendarlegung zu stören, trachteten die einstigen jüdischen Soldaten Kärntens schon früh, die Öffentlichkeit darauf hinzuweisen, daß praktisch alle wehrdiensttauglichen Kärntner Juden im

Ersten Weltkrieg eingerückt waren, und zwar viele von ihnen an der Front.[89] Diesem Zweck dienten schon – wie wir gesehen haben – die besondere Pflege der Soldatengräber auf dem jüdischen Friedhof St. Ruprecht und die Feststellungen in der Festschrift der Chewra Kadischa – hatte doch die Kärntner Judenschaft für ständige Präsenz in der Öffentlichkeit keine eigene Zeitung oder ähnliches zur Verfügung.

Im Jahre 1935 dann suchten auch bereits die einstigen Kärntner Soldaten um die Bewilligung zur Bildung einer Ortsgruppe Klagenfurt des „Bundes jüdischer Frontsoldaten Österreichs" an. Die Sicherheitsdirektion für das Bundesland Kärnten verschaffte sich dann Gewißheit darüber, daß die geplante Ortsgruppe in Übereinstimmung mit dem österreichweiten Gesamt- oder Hauptverein (Sitz in Wien) bestehen würde, und der Hauptverein Wien teilte sodann der Landesregierung von Kärnten mit, daß er von der geplanten Gründung Kenntnis habe, die Satzungen die gleichen wie in Wien sein sollten und die Satzungsgleichschrift am 6. Dezember 1935 beim Bundeskanzleramt zur Genehmigung eingereicht worden sei, die aktenmäßige Erledigung dort aber „in den nächsten Stunden" erfolgen würde. Ohne Zeitverlust, nämlich am 12. Dezember, gab dann die Sicherheitsdirektion dem Ansuchen statt, was deutlich genug zeigt, daß auch die Behörde und die politische Führung im Lande ein Interesse an dieser Gründung hatte, die ja auch in voller Übereinstimmung mit §§ 4, 5, 6 des Gesetzes vom 15. November 1867, RGBl. Nr. 134, erfolgte.

Josef Müller, der uns schon bekannt ist, stellte einen Teil seiner Wohnung in der Kramergasse 1 als „jüdisches Heim" der Ortsgruppe zur Verfügung, die dort am 16. Dezember 1935 offiziell gegründet wurde.[90] Müller selbst wurde Obmann der Ortsgruppe. Die Vereinsstatuten tragen – wie bekannt – der politischen Lage Rechnung, indem sie den „strengsten Ausschluß jeder politischen Tendenz" betonen. Was dem Schuschnigg-Regime jedoch nicht unangenehm war, ja in einer gewissen Übereinstimmung mit der Vaterländischen Front festgelegt wurde, das war die angestrebte „Pflege vaterländischer Gesinnung und traditioneller Kameradschaft unter den jüdischen Frontsoldaten sowie sonstigen jüdischen Kriegsteilnehmern, weiter mit nichtjüdischen Frontsoldaten usw.".

Auch in den weiteren Zielsetzungen des Bundes kommt der Versuch, das eigene Ansehen und die Rechte der jüdischen Minderheit mit Nachdruck zu wahren, deutlich zum Ausdruck, wenn als Vereinszweck angegeben wird: „Schutz und Wahrung der Ehre und des Ansehens der in Österreich wohnhaften Juden, deren Leben, Existenz, der staatsgrundgesetzlich gewährleisteten Rechte und Freizügigkeit mit allen erlaubten und zulässigen Mitteln."

Dabei wollte der „Bund jüdischer Frontsoldaten" aber keineswegs den Zusammenhang mit dem gesamten Judentum verlieren und auch keinen Unterschied zwischen einzelnen jüdischen Gruppierungen machen, denn es heißt in seinen Statuten: „Moralische und materielle Förderung sämtlicher jüdischen Institutionen." Auch die Fürsorge für jüdische Soldatengräber sollte zu seinen Aufgaben gehören, und auch die Klagenfurter Ortsgruppe nahm diese Aufgabe stets sehr ernst, solange sie bestand. Aus der Situation der Bedrängnis, wie sie in anderen Bundesländern stärker spürbar war und vor allem in Wien permanent zutage trat, resultierte auch jene Nachahmung des Gegners und auch jene Anlehnung an die Zielsetzungen der Vaterländischen Front, wie sie ein anderer Punkt der Statuten zeigt: „Förderung und Unterstützung aller Bestrebungen zur Hebung der Wehrfähigkeit der jüdischen Staatsbürger Österreichs, Ertüchtigung der jüdischen Jugend, tatkräftigste Förderung aller sportlichen Unternehmungen im Judentum Österreichs und Schaffung eigener Institutionen zur Pflege des Wehrsportes im Rahmen des Bundes." Gerade der letzte Passus weist in traditionsreiche deutschnationale Richtung, konkret zur deutschen Wehrturnerschaft, die auch in Kärnten präsent war.

Auch die Klagenfurter Ortsgruppe des „Bundes jüdischer Frontsoldaten" bemühte sich wie andere Vereinigungen um die jüdische Jugend Kärntens mit großer Sorgfalt und wirkte bei einer Reihe von Jugendveranstaltungen mit, von denen noch die Rede sein wird. Zugleich aber waren die jüdischen Kärntner Frontsoldaten durchaus auch in nichtjüdischen Vereinigungen Mitglieder: Eine Reihe von ihnen im Khevenhüllerbund, dem Traditionsverein des alten IR 7, und zwar auch noch, als dort die nationalsozialistische Unterwanderung der Führungspositionen schon begonnen hatte.[91] Andere wieder waren Mitglieder des Abwehrkämpferbundes und trugen ja auch das Kärntner Kreuz. Friktionen gab es um diese Mitglieder überhaupt nicht, und erst nach der nationalsozialistischen „Machtergreifung" versuchten einige fanatische Nationalsozialisten diesbezügliche Schritte, zogen dabei aber gegenüber den anderen Mitgliedern der Traditionsvereine den kürzeren.[92] Es ist also nicht zu übersehen, daß der jüdische Frontsoldatenbund in Kärnten präsent war, daß aber zugleich auch dieser Bund nicht isoliert dastand, sondern ein gewisser Integrationsgrad dieser einstigen jüdischen Soldaten in der Gesamtheit der Traditionsvereine vorlag.

Hatten Jakob Schaier, Max Friedländer und Israel Fischbach im Jahre 1911 Glück gehabt, als sie „Ahavas Zion" in Kärnten begründen wollten, so waren die innenpolitischen Verhältnisse 1920 ganz andere gewesen, und deshalb hatte die Behörde – wie wir schon gesehen haben – Jonas Fischbachs und Ignaz Fischers Versuch, eine Ortsgruppe des Zionistischen Landesverbandes für Österreich in Klagenfurt und Villach zu gründen, abgelehnt. Seit damals aber hatten verschiedene Neuankömmlinge aus Wien die zionistische Idee in immer neuen Formen ebenfalls nach Kärnten gebracht, und gerade die Neuankömmlinge hatten im Verein mit verschiedenen „Alteingesessenen" den Zionismus als die ihnen angemessene Art empfunden, Selbstbewußtsein und gesellschaftliche Emanzipation zum Ausdruck zu bringen. Bis in die Jahre des Ersten Weltkrieges hinein waren die Kontraste (und Gegensätze) zwischen den aus der alten deutschliberalen Dimension kommenden Assimilanten ungarischer und böhmischer Herkunft einerseits und den Ostjuden aus Galizien und der Bukowina andererseits eher verschwimmend und undeutlich gewesen, auch wenn sie etwa in der Auseinandersetzung Stössl–Hochmann akut aufgebrochen waren. Gewiß waren die Ostjuden ärmer, und deshalb blieb auch die Mobilität unter ihnen stets größer, aber viele von ihnen stiegen in wirtschaftlicher Hinsicht auf und verstärkten damit auch – wenngleich in Einschränkungen – ihr Assimilationsbemühen, aber auch bei ihnen blieb, wie etwa beim Fischbach-Clan, der Erfolg, Assimilation und Emanzipation miteinander zu verbinden wußte, eine gewisse Erinnerung an ursprüngliche Herkunft und ursprüngliche Tradition stets lebendig.

Man könnte nun meinen, daß die neu hinzugekommenen Zionisten sich in schärferen Kontrast zu den Assimilanten und Alteingesessenen begaben – die Dinge liegen aber eher anders.

Der „Zionistische Landesverband für Österreich" errang in den zwanziger Jahren in Wien seine endgültige behördliche Anerkennung, und nun wurde aus dem Kreise der spät nach Kärnten Gekommenen, die aus Wien den ideologischen Anstoß bereits mitgebracht hatten, neuerlich die Gründung einer Ortsgruppe in Klagenfurt versucht. Mit 31. Oktober 1929 stellten nun Direktor Adolf Terner als präsumptiver Obmann und eine Vertreterin der jungen, dynamischen und akademisch gebildeten Generation, Dr. Josefa Birman, als vorgesehene Schriftführerin den Antrag auf Genehmigung, dem diesmal entsprochen wurde.[93]

Die Obmannfunktion in der Klagenfurter Ortsgruppe des Zionistischen Landesverbandes wechselte dann zu einem ebenfalls spät nach Kärnten Gekommenen, nämlich zu Isidor Weinreb, dem Gatten Lotte Weinrebs, der schließlich zum Obmann gewählt wurde, weil er die größten Spenden gab.[94]

Zug um Zug entfaltete sich der gemäßigte Zionismus bürgerlicher Akzentuierung[95] auch in Kärnten weiter: Anfang des Jahres 1935 ging man daran, auch eine Ortsgruppe von „Womens International Zionist Organisation" (W. I. Z. O.) zu gründen, deren Ortsgruppen in Österreich unter dem Hauptverein „Organisation Zionistischer Frauen Österreichs" zusammengefaßt waren. Isidor Weinreb stellte als Obmann des Landesverbandes den entsprechenden Antrag bei der Vereinsbehörde am 6. Februar 1935. Dem Antrag wurde umgehend stattgegeben. Hatte die Ortsgruppe des Landesverbandes für Österreich ihren Sitz bei Weinreb in der Platzgasse 14, so wurde das „Wizo-Heim" ebenfalls bei Weinreb, aber im 1. Stock des Fabriksgebäudes, Gabelsbergerstraße 15, eingerichtet. Präsidentin von „Wizo" in Kärnten wurde zuerst Lotte Weinreb, am Schluß die Gattin von Adolf Terner, Ella Terner.[96]

Und noch im gleichen Jahr erfolgte dann auch die Gründung einer entsprechenden zionistischen Jugendorganisation. Mit 3. August 1935 suchte einer aus der jüngsten Generation des Fischbach-Clans, nämlich Norbert Fischbach, der Sohn von Jonas, um die behördliche Genehmigung des jüdischen Pfadfinderbundes „Brith Trumpeldor" an, wobei er in seinem Ansuchen darauf hinwies, daß der Verein in Wien und in fast allen größeren Städten Österreichs bereits bestehe „und dort den besten Ruf bei den Behörden genießt".[97]

Als Vereinssitz wurde das Haus Viktringer Gürtel 5 angegeben, der Vereinszweck wurde umschrieben mit sportlicher Ertüchtigung der Jugend, Förderung der Liebe zur Natur. Wanderungen und gesellige Zusammenkünfte im Vereinsheim sollten das Vereinsleben bestimmen. Auch um die behördliche Bewilligung der Pfadfinderuniform von „Brith Trumpeldor" mußte angesucht werden: schokoladebraune Pfadfinderbluse, brauner Pfadfinderlederknoten, himmelblaues Halstuch mit weißem Rand, dunkelblaues Käppi mit blau-weißer Kokarde, ein kleiner siebenarmiger Leuchter als Vereinsabzeichen.

Die Sicherheitsdirektion für das Bundesland Kärnten war sich bei dieser Anmeldung nicht ganz im klaren darüber, ob die Klagenfurter jüdische Pfadfindergruppe nur eine Ortsgruppe eines österreichischen Vereines oder eine selbständige Vereinsbildung sein sollte. Daher fragte man im Bundeskanzleramt an, ob ein Hauptverein in Wien bestehe, und bekam dann von der Generaldirektion für öffentliche Sicherheit mit 29. Oktober 1935 die Mitteilung, daß „Brith Trumpeldor" an jedem Ort als selbständiger

Verein aufzufassen sei, vom vereinsrechtlichen Standpunkt aus aber keine Bedenken bestünden.

Zugleich gab die Generaldirektion Mitteilung vom Bestehen weiterer jüdischer Jugendvereine, um der Kärntner Sicherheitsdirektion im Falle weiterer Anmeldungen die Gewissensbisse zu ersparen. Für die zionistische Bewegung im Österreich dieser Jahre ist die Vielfalt der Standpunkte und Vereine charakteristisch. Jüdisch-nationale Tradition setzte sich stark bei den eher bürgerlichen Judenstaatlern fort und bei W. I. Z. O., stärker von der jüdischen Arbeiterschaft und damit vom Programm antikapitalistischer Vergesellschaftung und Siedlung getragene neuzionistische Gruppierungen hatten ebenso ihre Anhänger, und dies alles führte zu einer breiten Palette von Organisationen wie Keren Hayesod, Maccabi, Mizrachi, Judenstaatspartei, Jüdische Wehrsport- und Schützenvereinigung Haganah, Jugend-Alijah, Zionistische Jugend u. a. Während innerhalb der zionistischen Gesamtbewegung Zionistische Jugend und Jugend-Alijah vor allem danach strebten, die junge Generation so vorzubereiten und zu begeistern, daß sie als die weiteren Pioniere der fortlaufenden Ansiedlung nach Palästina gingen, standen andere Jugendgruppen dieser praktischen Konsequenz des zionistischen Gedankens nicht so nahe: die Jugendgruppe des Bundes jüdischer Frontsoldaten, Brith Hankaim (Bund junger Juden), Zionistischer Jugendbund Menorah, die Jugendgruppe der Judenstaatspartei und – nicht zuletzt – Brith Trumpeldor. Weil aber als Dachorganisation Haluz (korrekt Hechaluz holeumi) für alle Jugendvereine gegründet wurde und in deren Leitung Jugend-Alijah und Mizrachi großen Einfluß hatten, verstärkte sich die Pioniertendenz.

Der Vielfalt dieser Gruppierungen und Strömungen in Wien entsprach die Einfachheit in der Provinz: Der Zionistische Landesverband mit seiner Ortsgruppe Klagenfurt wirkte ganz im angestrebten Sinne, eine Art einigendes Band und schützendes Dach der verschiedenen Strömungen darzustellen – jener Strömungen, die sich auch in Kärnten nicht so deutlich akzentuierten und voneinander abhoben wie in Wien. Die meisten Kärntner Zionisten waren eher bürgerlich orientierte Judenstaatler, ein geringerer Teil Neue Zionisten, doch zwischen beiden im Lande nur schattenhaft kontrastierenden Richtungen gab es bestes Einvernehmen, „und alle waren gute Freunde, und jedem stand es frei, seine Auffassung zu haben".[98] Dieses Verschwimmen der Konturen zwischen den verschiedenen ideologischen Richtungen in der Provinz geht zweifellos auf die geringere Anzahl von Zionisten und den durchwegs bürgerlichen gesellschaftlichen Status zurück.

Die Bildung des jüdischen Pfadfinderbundes „Brith Trumpeldor" wurde jedenfalls schließlich auch in Kärnten zugelassen. In Wien war sie schon 1930 erfolgt.[99] Insgesamt schlossen sich auch die jüdischen Jugendorganisationen Österreichs demnach damals nicht von dem allgemeinen Trend der turnerisch-quasimilitärischen Ertüchtigung und sportlich-kämpferischen Stählung aus, wobei das ideologische Pioniertum der betont zionistischen Jugendorganisationen noch eine besondere Note in diese allgemeine Ertüchtigungsideologie der damaligen politischen und unpolitischen Gruppen und Verbände brachte. Der Vereinsalltag auch der jüdischen Jugendvereine sah deshalb neben den Turnübungen und Sportveranstaltungen in gleicher Weise auch Wanderungen und Märsche mit sich steigernden Anforderungen, Bergbesteigungen und größere Aktionen wie regelmäßige Sommerlager.

Dabei sollte die Rückkehr zu einfachsten Lagerverhältnissen nicht nur der Ertüchtigung, sondern auch der Vertiefung des Gemeinschaftserlebnisses dienen, ja das zionistische Pioniertum kam gerade darin ebenfalls zum Ausdruck, daß auch diese Lager selbst gebaut wurden und das Gemeinschaftsleben vielfach Modell für die gleichsam vorweggenommenen Dimensionen des Kibbuz in Palästina sein sollte. Es wurde deshalb üblich, daß vor allem die Wiener jüdische Jugend – auch jene aus reichem Haus – den Sommer in einem dieser Sommerlager verbrachte, die in den Bundesländern angelegt wurden und von denen aus es auch eine Fülle von Bergbesteigungen gab. In Kärnten wurde auf diese Weise auch der Großglockner bestiegen. Als im Jahre 1926 ein jüdisches Sommerlager bei Trofaiach unter dem Druck der dortigen Antisemiten abgebrochen werden mußte, errichtete der „Bund für jüdisches Jugendwandern Blau-Weiß" nach diesen Vorfällen seine Lager in Kärnten, wo sie am Wörther See, am Faaker See und am Ossiacher See für viele Jahre errichtet wurden. „Blau-Weiß" etwa errichtete in Auen bei Velden auf den Grundstücken eines slowenischen Bauern ein Hüttenlager, „das viele Jahre wiederholt auch von anderen jüdischen Jugendorganisationen benutzt wurde. Das weiß ich genau, weil ich selbst dort drei Sommer verbracht und in zweien das Lager leitete. Wir wurden nie antisemitisch angerempelt."[100] Neben dem Hüttenlager von „Blau-Weiß" errichtete dann auch „Brith Trumpeldor" ein eigenes Sommerlager.

Auch das Zusammenleben von jüdischen und nichtjüdischen Schülern in Kärntens Schulen scheint relativ friktionsfrei verlaufen zu sein, wenn man den vielen diesbezüglichen Berichten Glauben schenken will. Dabei nahm im besonderen auch die katholische Geistlichkeit eine wohlwollende Haltung ein. Das entspricht auch durchaus den berichteten Kontakten von Geistlichen mit strenggläubigen und religiös gebildeten Juden, die sich zu regelrechten Fachgesprächen steigern konnten.[101] Geistliche erinnerten beispielsweise jüdische Kinder beim Unterricht am Samstag daran, daß sie an diesem Tag beim Unterricht nicht schreiben sollten.[102]

Trotzdem bleibt die Tatsache einer gewissen Isolierung der jüdischen Mitbürger auch im Alltagsleben bestehen, da sie vor allem von national getönten Vereinen als Mitglieder in den dreißiger Jahren nicht aufgenommen wurden, auch wenn die privaten Kontakte von Mensch zu Mensch bestanden.[103] Dieser äußeren entsprach aber auch eine interne Isolierung.

Treibende Kraft bei den zionistischen Gründungen war offensichtlich Erich Röger, der Ende 1919 von der Wiener Zentrale der Firma Fischl nach Klagenfurt-Limmersach versetzt wurde und viele neue Ideen mitbrachte, die bei anderen Neuankömmlingen und Alteingesessenen ebenfalls neue Tätigkeit bewirkten. Röger war als Judenstaatler schon in Wien im Landesverband tätig gewesen. Auf dem Zionistenkongreß 1925 kandidierte er dann von Klagenfurt aus als Vertreter der österreichischen Judenschaft hinter Stricker und Grubner an dritter Stelle. Wenn Röger – wie zu sehen war – auch nicht selbst Obmann der Ortsgruppe Klagenfurt des Landesverbandes wurde, so hat er doch den Gründungsvorgang selbst wesentlich beeinflußt und als nächsten Schritt der Entwicklung auch maßgeblich W. I. Z. O. in Kärnten angeregt. Außerdem mobilisierte Röger in besonderem Maße die Sammeltätigkeit. Es gab kaum jemanden unter der Kärntner Judenschaft, der für die Zionisten nicht spendete, und das nicht einmal, sondern regelmäßig. Erst 1937 wurde Röger wieder nach Wien versetzt, wo er im Fischl-Werk

Leiter der Hefeabteilung wurde. Die Beziehungen der Kärntner Zionisten reichten vor allem nach Wien und auch nach Palästina.

Eine klare Scheidung der Kärntner Juden in Assimilanten und Zionisten wäre – wie schon angedeutet – irreführend, in Wahrheit scheint die Situation etwas subtiler gewesen zu sein. Solange Max Stössl Präses der Kultusgemeinde war, scheint er für den Zionismus durchaus aufgeschlossen gewesen zu sein – nach seinem Tode folgte ihm Nathan Kriegsfeld als Präses, Vizepräses hingegen wurde Isidor Weinreb, und Kassier war schließlich ein ebenfalls den Zionismus direkt fördernder Mann, nämlich Simon Friedländer, wogegen sein Bruder Max Friedländer wiederum Präses der Chewra Kadischa wurde. Wenn Röger berichtet, daß die Zionisten in der Kultusgemeinde in der Minderheit waren[104], so kann sich das demnach nicht auf die Führungspositionen beziehen, sondern vielleicht auf die Mitglieder. Auch Lotte Weinreb stellt fest, daß 90 Prozent der Kärntner Juden Zionisten gewesen seien[105], ja es gab sogar Nichtjuden, die Zionisten waren[106]. Andererseits betont Röger, daß auch fast alle nichtzionistischen Juden eifrig für den Zionismus gespendet haben. Abgesehen von der engeren Gruppe der wirklich aktiv tätigen und von der Idee der Staatsgründung in Palästina begeisterten Funktionäre dürfte der Zionismus für die Kärntner Juden ein Element ihres gesellschaftlichen Rollenverständnisses gewesen sein, also etwas, wo „man" als Jude dabeisein sollte. Soweit feststellbar, ist von den Kärntner Zionisten auch nur die Familie Dickstein vor dem 13. März 1938 nach Palästina ausgewandert.[107]

Zugleich gab es innerhalb der sozusagen fast allumfassenden Gruppe der Zionisten nicht nur bürgerliche und Sozialzionisten, sondern im Gegensatz zu dem sehr frommen Friedländer-Clan beispielsweise Agnostiker wie Röger, der sich um religiöses Leben und orthodoxe Vorschriften nicht kümmerte.[108] Wie vor dem Ersten Weltkrieg, so gab es auch in den zwanziger und dreißiger Jahren noch Abstufungen in der Religiosität. „Es waren sehr wenig fromme Leute, nicht zu viele Gebete im Tempel, da Sabbath offengehalten wurde", berichtet Lotte Weinreb und weist auf die Religiosität ihrer eigenen Familie hin – Röger wiederum betont, daß die Ostjuden und Burgenländer frömmer waren als die anderen, und das koschere Fleisch, das man in Klagenfurt von Chaneles haben konnte, nicht von allen in Anspruch genommen wurde. Andererseits wird mehrfach betont, daß zu den Feiertagen fast alle Kärntner Juden stets zusammengekommen seien, und zwar auch jene aus den anderen Orten Kärntens.[109] Auf der einen Seite wenig fromme Leute, andererseits sehr starke Teilnahme an den Feiertagen – es wird daher auch das religiöse Leben im wesentlichen als ein Element des gesellschaftlichen Rollenverständnisses aufzufassen sein.

Was die materielle Situation betrifft, so stimmen alle Berichte darin überein, daß es zwar wenige Reiche gab, aber niemand wirklich Not litt, sondern alle ihr Auskommen hatten, sogar die wenigen noch vorhandenen Hausierer und Ratenhändler. Das religiöse Leben im Bethaus scheint demnach angesichts der geringen Anzahl von Orthodoxen durch die Erhebung der Kärntner Gemeinschaft zur eigenen Kultusgemeinde kaum eine entscheidende Vertiefung, wohl aber die gesellschaftliche Präsenz der Juden in Kärnten eine Aufwertung erfahren zu haben. Der regen Teilnahme an den Feiertagen im Bethaus steht die ebenfalls rege Teilnahme an den Veranstaltungen im Wizoheim gegenüber: Jede Woche gab es Vorträge und ähnliche Veranstaltungen. Die Vortragenden kamen aus

Wien, einige von ihnen auch aus Palästina, wohin vor allem Lotte Weinreb, Czuczka aus Spittal und Bohrer aus Lienz Kontakte hatten. Die Vorträge wurden von den Vertretern aller verschiedenen zionistischen Gruppen aus Wien gehalten[110], aber es gab im Wizoheim auch die gesellige Note, man servierte Torte und Tee, und zu Purim und Chanuka gab es fröhliche Unterhaltungen.[111] Unterschiede oder gar Spannungen zwischen Juden aus Böhmen, aus Galizien, dem Burgenland (früher Ungarn) und Wien habe es weder in den gesellschaftlichen Zusammenkünften noch überhaupt gegeben, wird übereinstimmend berichtet.

Dieser starken und allgemeinen Kommunikation auf der religiösen und gesellschaftlich-politischen Ebene steht in eigenartigem Kontrast die relativ starke Isolierung der Familien und engeren Freundeskreise voneinander gegenüber. Übereinstimmend heißt es in verschiedenen Berichten, im privaten, alltäglichen Verkehr „lebte jeder für sich"[112], oder „es gab wenig Kontakt mit anderen"[113], und diese tiefer liegende Ebene des Privaten wird auch beschrieben etwa in der Weise: „Jeder hatte seine Gesellschaft mit einigen Familien, und das genügte.[114] Die Berichterstatter wollen anscheinend mit Absicht das Privat-Individuelle und die allgemeine Sache der ganzen Minderheit nachdrücklich voneinander getrennt wissen, obschon es vielleicht so arg nicht gewesen sein kann, gab es doch die ständigen Zirkel im Café Schiberth und im Café Dorer, wo man einander mit Sicherheit zu treffen wußte und einander auch täglich traf, was die Kaufleute der Innenstadt von Klagenfurt betraf[115]. Außerdem gab es seit 1928 einen eigenen jüdischen Bridgeclub, in dem auch fast alle Klagenfurter Kaufleute und ihre Frauen sich betätigten.[116] Man wird daher – was Kärnten betrifft – auch den Terminus „Zionisten" wohl eher als eine Gattungsezeichnung im gesellschaftlichen Sinne aufzufassen haben, soweit es nicht die „echten" Zionisten der im engeren Sinne aktiven Gruppe betrifft. Diese wurden als politische und ideologische Kraft durchaus voll genommen, und das auch von dem Rabbiner Ignaz Hauser, der, noch der älteren Generation der Rabbiner zugehörig, der zionistischen Bewegung mit Mißtrauen gegenüberstand und sie tatsächlich – wie ein wirklich Außenstehender – als so etwas Chassidisches aus dem Osten Galiziens betrachtete. In diesem Sinne machte er gar bei einem jungen, zionistisch aktiven Paar noch im Jahre 1931 eine mißtrauische Anmerkung.[117]

Rabbiner Hauser war ursprünglich Schneider gewesen und hatte spät studiert, was ihm seine letzte Frau, eine Zahntechnikerin, ermöglicht hatte. Er war ein künstlerisch sehr begabter Rabbiner, der malte, dichtete, komponierte und die Geige spielte. Daher bereitete er mit der jüdischen Kinder- und Jugendgruppe, die er auch unterrichtete, viele verschiedene Aufführungen vor, die von allen Gemeindemitgliedern mit großem Beifall aufgenommen wurden. Umso tragischer erscheint es, daß die Familie später getrennt wurde und die Gattin ums Leben kam.[118] Als Hauser Anfang der dreißiger Jahre schwer krank wurde und sich mehreren Operationen unterziehen mußte, legte er schließlich auch sein Amt zurück. Die Kultusgemeinde mußte sich um einen neuen Rabbiner umsehen. Wieder wandte sie sich, wie im Falle Hauser, an die Israelitische Kultusgemeinde Wien um Beratung, und diese vermittelte den jungen Dr. Josef Babad als Rabbiner nach Klagenfurt. Babad war 1905 in Lubaczow in Galizien geboren worden und mit seinen Eltern während des Ersten Weltkrieges nach Wien gekommen, wo er auch seine Ausbildung erhalten hatte.

Als Hauser schon schwer krank war und die Kultusgemeinde noch vor der endgültigen Entscheidung stand, reiste zur Erfüllung der religiösen Funktionen nicht ein Rabbiner aus Graz nach Klagenfurt, sondern Rabbiner Dr. Mehrer aus Wien kam in den Jahren 1934 und 1935 immer wieder nach Klagenfurt. Die Anstellung Babads, die für Anfang 1935 schon vorgesehen war, komplizierte sich nämlich, da der zukünftige Klagenfurter Rabbiner noch nicht verheiratet war. Die Klagenfurter Gemeindemitglieder mußten dem gelehrten Mann lange zureden, bis er sich bereit erklärte, zu heiraten, und deshalb nach Wien auf Brautschau ging.

Dr. M. G. Mehrer von der Gemeinde in der Siebenbrunnengasse kam deshalb weiterhin nach Klagenfurt, um auszuhelfen. In Wien heiratete Babad dann die gleichaltrige Pelke Rathaus aus Rawa Ruska, also aus dem äußersten Osten Galiziens, die mit ihm nach Klagenfurt kam. Im Jahre 1936 wurde dort die Tochter Ada geboren.

Babad, der als erster – und auch letzter – Rabbiner in der Geschichte der Kärntner Juden die Matrikelbücher auch in hebräischer Schrift führte, unterschied sich schon durch seine Herkunft aus dem alten österreichischen Osten und seine Kindheit als Kriegsflüchtling in Wien sehr stark von Hauser und nahm einen ausgeprägten zionistischen Standpunkt ein. Neben seinen Pflichten beschäftigte er sich mit geschichtlichen Forschungen, darunter auch solchen über die Kärntner Juden des Mittelalters.[119]

Das Gemeindeleben erfuhr von ihm wesentliche zionistische Impulse. Er bemühte sich in diesem Sinn neben der religiösen Unterweisung um die Jugend. „Er hat die Jungen im Bethaus am Sabbath zur Thora aufgerufen und die Mädchen am Freitag nachmittag."[120] Daneben aber organisierte er zionistische Vorträge für die Jugend und unternahm viele Wanderungen, sorgte auch dafür, daß möglichst alle in die Sommerlager gingen, wo er sie – in Auen wie auch in anderen Lagern am Keutschacher See – häufig besuchte. „Er erzog sie zu Zionisten", urteilt Röger dezidiert.[121] Das ostjüdische Element kam zur Zeit Babads auch durch viele Theateraufführungen zu Wort – es kamen Schauspieler aus Wien, doch auch eine Klagenfurter Liebhabergruppe führte viele Stücke auf jiddisch auf, zu denen sich die ganze Gemeinde zusammenfand. Auffallend in den religiösen, zionistischen und auch kulturellen Kontakten nach auswärts war es, daß diese praktisch nur nach Wien und Palästina bestanden. Beziehungen zu Graz, Laibach oder Triest fehlen in dieser Zeit zur Gänze, obschon es sicher ist, daß einzelne Kaufleute beispielsweise starke geschäftliche Kontakte nach Triest unterhielten.

Die frühen Kärntner Juden, die aus den Ausgangspositionen des deutschen Liberalismus heraus ihre Entwicklung im Lande begannen, nahmen die Möglichkeiten der Emanzipation mit Beharrlichkeit und Nachdruck wahr und erfüllten sich durch teilweisen wirtschaftlichen Erfolg, Kultusgemeindebildung und Vereinsbildung in etwa ihre Rollenerwartungen. Die in solcher Weise als Kehrseite der Emanzipation einhergehende Assimilation führte fast zu einer gewissen Über-Assimilation, die manche von ihnen fast deutschnationale Positionen einnehmen ließ, obwohl sie damit in Krieg und Abwehrkampf eine Rolle spielten, die nicht ganz die ihre war. Jüngere Generationen und neu Zugewanderte unter den Kärntner Juden sahen die Erfüllung der eigenen Identität und damit zugleich der gesellschaftlichen Gleichberechtigung und Wertigkeit im Zionismus, dessen eigentlicher idealer Kern, die Palästina-Kolonisation, ihnen erst im Augenblick der Verfolgung so ganz bewußt wurde.

So wie die Juden im allgemeinen den anderen Bevölkerungen in der bürgerlich-kapitalistischen Entwicklung voraus waren und sich ihre wirtschaftliche Position – auch in der Kärntner Industrie und im Großhandel der Ersten Republik – eben daraus ergab, daß sie in früheren Jahrhunderten aus verschiedenen Berufen überhaupt ausgeschlossen waren, so sehr waren auch im besonderen die Kärntner Juden als Minderheit im Lande der slowenischen Minderheit in der wirtschaftlich-gesellschaftlichen Entwicklung um mehrere Generationen voraus, obwohl ihnen ein viel kürzerer Entwicklungszeitraum zur Verfügung stand, der durch ein schnelleres Entwicklungstempo und ein geringeres Ausmaß an Behinderung fast ausgeglichen wurde. Diese sehr große Distanz in den erreichten Entwicklungsphasen zwischen slowenischer und jüdischer Minderheit in Kärnten verhinderte auch das jüdische Verständnis für die andere Minderheit, so wie sie es etwa auch in Triest und Görz verhindert hatte, auch wenn beide Minderheiten im Lande – die jüdische und die slowenische – in der Zeit der Ersten Republik von sich aus ohne entscheidende gesetzliche Kanalisierung in eine Art privat praktizierte Kulturautonomie hineinzuwachsen begannen.

5. Unter der nationalsozialistischen Verfolgung

5.1. Die sogenannte Machtergreifung

> *„Ich habe in dieser Nacht nur den einen Gedanken gehabt, daß die Kontinuität des Verwaltungsapparates nicht unterbrochen werden darf, damit nichts passiert."*
> Wladimir von Pawlowski im Jahre 1947 über die Nacht vom 11. zum 12. März 1938

Ob es nur beamtengemäße Vorliebe für geordnete Übergänge war, die Pawlowski so sprechen und – vor allem im März 1938 – so agieren ließ, bleibt wohl sehr fraglich. Zweifellos hatten es die Nationalsozialisten in Kärnten besonders eilig, weil sie als die ersten unter allen Bundesländern die Vollzugsmeldung nach Wien und Berlin erstatten wollten und weil sie wohl auch von zwei Seiten her eine Störung ihrer glatten Macht-übernahme befürchteten: zum einen aus ihren eigenen Reihen durch jene besonders aggressiven und sozialbedürftigen Gruppen, die sich beim Juliputsch und überhaupt in der Zeit der Attentate und der Kämpfe zwischen der Leopold- und der Klausner-Richtung auf beiden Seiten so lautstark in Erscheinung gebracht hatten; und warum sollte es zum anderen gar so sicher sein, daß es unter der einheimischen antifaschistischen Bevölkerung nur deshalb keinerlei Proteste geben sollte, weil Schuschnigg in Wien zurückgetreten war? Es gab diese Proteste ja auch, und in dieser Hinsicht scheint man bei den Nationalsozialisten vorausschauend einige Befürchtungen gehegt zu haben, darunter auch solche bezüglich der Reaktionen im gemischtsprachigen Gebiet. Das läßt sich aus einigen nationalsozialistischen Maßnahmen deutlich ablesen. Keine Befürchtungen gab es aber bezüglich eines etwaigen jugoslawischen Eingreifens oder einer geplanten Abtretung Südkärntens.[1]

Die Machtkämpfe zwischen den einzelnen nationalsozialistischen Gruppierungen in Kärnten waren bis zum 11. März zu einem gewissen vorläufigen Abschluß gekommen, da immerhin zumindest bezüglich der höchsten Führungspositionen Entscheidungen vorlagen und anders die von brauner Seite so schnell und glatt erhoffte Machtübernahme nicht möglich gewesen wäre. Rainer und Klausner befanden sich schon lange zuvor im Zentrum des Geschehens, an der österreichischen Landesleitung in Wien, Globocnik war in Berlin, flog aber bereits am 11. März nach Wien zurück, um dort ab 12. März im Stab Himmlers zu arbeiten. In Kärnten waren die Weichen gestellt: Maier-Kaibitsch berichtete noch nach dem Zweiten Weltkrieg, er sei Ende 1937 an Josef Friedrich Perkonig herangetreten, um dann – als es so weit war – bei der geplanten Umgestaltung der Kärntner Landesregierung auf der Liste des Volkspolitischen Referates berücksichtigt zu werden. Und Perkonig, der 1947 noch bestimmt erklärte, er hätte damals nicht gewußt, daß Maier-Kaibitsch Nationalsozialist gewesen sei, sprach bezüglich des Wunsches von Maier-Kaibitsch damals mit Rainer. Dieser habe aber abgelehnt, da hierfür Pawlowski von seiten der Nationalsozialisten vorgesehen sei.[2] Als es dann so weit war, setzte – wie wir schon wissen – Perkonig Maier-Kaibitsch dann doch auf die Liste, und als führender NS-Vertreter erschien auf ihr dann nicht mehr Pawlowski, sondern Kutschera, da die SS offensichtlich das Rennen gemacht hatte. Darauf erfolgte aber in letzter Minute innerhalb der Nationalsozialisten noch eine neuerliche Gegenreaktion, die so aussah, daß man der führenden Persönlichkeit Kutschera, der Klausner in Kärnten vertreten sollte, immerhin Pawlowski als Aufpasser und Verwaltungsroutinier an die Seite setzte.

Dieser war damals als Beamter der Kärntner Landesregierung schon längst zwangspensioniert, weil sein Chef Zeinitzer seine nationalsozialistische Einstellung kannte und daher starke Spannungen bestanden hatten, und mit Jahresbeginn 1938 war ihm auch seine Pension gestrichen worden, was eigentlich kein wirkliches Einlenken der Vaterländischen Front gegenüber den Nationalsozialisten zeigt. Am 10. März erschien Kutschera am Wohnsitz Pawlowskis in St. Martin am Techelsberg, um ihn zu fragen, ob er bereit sei, „für den Fall der Machtübernahme durch die NSDAP die Leitung des Staates in Kärnten zu übernehmen".[3] Pawlowski habe angeblich nur unter der Bedingung zugestimmt, daß eine korrekte Beauftragung durch den Innenminister erfolge. Diesbezüglich wollte Kutschera in Wien rückfragen, und zugleich befahl er Pawlowski, sich bereitzuhalten. Zugleich verriet Kutschera, daß Klausner es sei, der großen Wert auf Pawlowski und sein fachliches Können als Beamter lege.

Gegen Mittag des 11. März wurde Pawlowski dann durch Kutschera von St. Martin nach Klagenfurt gerufen. Er traf dort Kutschera in einer Wohnung und wurde von diesem informiert, daß Klausner und Seys-Inquart mit Pawlowskis Bedingung einverstanden seien: Dann blieben Kutschera und Pawlowski in der Zentrale des Kärntner SD, mit dessen Aufbau einst Globocnik begonnen hatte und der nun immerhin bereits über gewisse Kapazitäten verfügte.[4]

Vom Klagenfurter SD reichten anscheinend die Verbindungen zu Globocnik nach Wien, die es ermöglichten, besonders schnell informiert zu werden und selbst Rückmeldung geben zu können. Eine besonders genaue Steuerung der Ereignisse in Kärnten durch die in Wien (und Umgebung) sich aufhaltenden Führer zeigt sich auch an den folgenden Ereignissen.

Der Landeshauptmann von Kärnten, Arnold Sucher, befand sich bis zum Abend in der Landesregierung, wo er schließlich auch noch die Rücktrittsrede Schuschniggs im Rundfunk hörte.

In Kärnten war an diesem Tage, dem 11. März, der Wahlkampf für die von Schuschnigg proklamierte Volksabstimmung in vollem Gange. Am Donnerstag, dem 10. März, hatte es noch eine ganze Reihe von Versammlungen der Vaterländischen Front und anderer Organisationen gegeben, bei denen auch sozialdemokratische ehemalige Abgeordnete und Führer katholischer Organisationen für ein Bekenntnis zu einem selbständigen Österreich geworben hatten, und den ganzen folgenden Freitag über wurden diese Aktivitäten fortgesetzt, und zahlreiche Werbetrupps und Plakatierungskolonnen zogen von Ort zu Ort. Am späten Nachmittag dieses 11. März, es war wie gesagt ein Freitag, konnte man aber schon bemerken, wie sich größere Gruppen von Nationalsozialisten, darunter besonders viele Jugendliche, aus der ländlichen Umgebung in die Städte Klagenfurt und Villach begaben. In geringerem Ausmaß erfolgte ein Zustrom von auswärts auch nach Spittal, St. Veit und Wolfsberg. Da sich diese Ankömmlinge auf den Straßen und Plätzen der Orte zu formieren begannen und zugleich verschiedene Gruppen ganz bestimmte Ziele anstrebten, versuchte man ihnen überall entgegenzutreten. In Klagenfurt ließen sich 400 Mann der Ostmärkischen Sturmscharen in schwere Zusammenstöße mit den aufmarschierenden Nationalsozialisten ein, doch scheint man dabei von nationalsozialistischer Seite geschickte Ablenkungsmanöver inszeniert zu haben, um von den eigentlich entscheidenden Vorgängen der Machtübernahme abzulenken.

In Villach ging das Sturmkorps gemeinsam mit der Polizei gegen die Demonstranten vor, und als diese bereits mit der Besetzung der öffentlichen Gebäude begannen, versuchten auch noch bewaffnete Kommunisten eine Aktion gegen die Nationalsozialisten. Als der Rücktritt der Regierung Schuschnigg allmählich bekannt wurde, erstickte das die weiteren Auseinandersetzungen, obwohl aus der Umgebung der Städte noch immer Werbetrupps und Plakatierungsgruppen zurückkehrten und gegen die Nationalsozialisten vorgehen wollten, bis sie erfuhren, was in Wien geschehen war.[5]

Kutschera und Pawlowski warteten beim Sicherheitsdienst der SS Schuschniggs Rücktrittsrede ab und begaben sich dann in das Gebäude der Landesregierung, bei dem sich zugleich SS sammelte. Einige dieser SS-Abteilungen besetzten zugleich mit dem Eintritt Kutscheras bereits das Gebäude, um die Kontrolle zu übernehmen.

Nach dem Weggang des Landeshauptmannes waren im Landesregierungsgebäude verständlicherweise der Sicherheitsdirektor für das Bundesland Kärnten, General Perko, und Landesregierungsdirektor Kryza-Gersch noch im Dienst. Kutschera beauftragte letzteren, Landeshauptmann Sucher zu verständigen und holen zu lassen, und führte dann Pawlowski in Anwesenheit von Kryza-Gersch als kommissarischen Landeshauptmann ein, wobei zugleich auch die Absetzung von Kryza-Gersch ausgesprochen wurde und dann Ferdinand Wolsegger an seine Stelle trat. General Perko wurde anschließend über diese Vorgänge informiert, zugleich gab ihm Kutschera den Auftrag, bis zur Ablöse im Dienst zu bleiben, um Sicherheit und Ordnung zu garantieren. Perko protestierte, kam aber schließlich doch der Aufforderung nach. Pawlowski nahm dann telephonisch Verbindung mit Seys-Inquart auf, der sein Regimentskamerad von den Tiroler Kaiserjägern her war. Seys-Inquart setzte ihn telephonisch als Landeshauptmann ein und erklärte zugleich auch das Provisorische der ganzen Situation. Mittlerweile traf dann Landeshauptmann Sucher im Gebäude ein. Die Gründlichkeit und Pedanterie, mit der die Nationalsozialisten die Kontrolle übernommen hatten, ging sogar so weit, daß man Sucher nicht mehr seinen Dienstwagen schickte, sondern ein anderes Fahrzeug. Sucher zog es aber vor, zu Fuß zur Landesregierung zu kommen. Dort wurde er in seinen Amtsräumen von Kutschera aufgefordert, die Amtsgeschäfte an Pawlowski zu übergeben, was er unter Protest tat, um sodann wieder das Gebäude zu verlassen.[6]

Pawlowski blieb nach seinem eigenen Bericht bis zum Nachmittag des nächsten Tages ununterbrochen im Gebäude, um die Übernahme der Landesverwaltung nachdrücklich durchzuführen. Noch in der Nacht vom 11. auf den 12. März, also von Freitag auf Samstag, stellte er die Verbindung mit den Bezirkshauptleuten her und versuchte seinen Einfluß auf alle Landesteile auszudehnen. Einige Tage später wurde er von Seys-Inquart noch einmal telephonisch aufmerksam gemacht, daß es vor allem darauf ankomme, die Verwaltung rasch unter wirkliche Kontrolle zu bekommen, daß aber im übrigen alle personellen Entscheidungen provisorisch seien und die Gauleiter in jedem Land Landeshauptleute werden sollten.

Klausner, der von Hitler noch vor dem „Umbruch" an der Stelle des abgesetzten Leopold zum österreichischen Landesleiter ernannt worden war, wurde Minister im Kabinett Seys-Inquart und in der nachfolgenden österreichischen Landesregierung, wogegen Seys-Inquart Rainer als Staatssekretär in die Regierung genommen hatte. Klausner wurde deshalb durch diese Funktion von Kärnten meistens ferngehalten, und Kutschera fungierte für ihn als stellvertretender Gauleiter. Mittlerweile war über das Wochenende vom 12. auf den 13. März 1938 auch die komplette Bildung der neuen Kärntner Landesregierung erfolgt, wobei die Nationalsozialisten zum Teil ihre schon im Volkspolitischen Referat einst festgelegte Linie verwirklichten: Landesrat für das Gemeindewesen und die Betreuung des gemischtsprachigen Gebietes wurde Maier-Kaibitsch. Unter den weiteren Landesräten war aus zwingenden Gründen auch ein damaliger Nicht-Parteigenosse, nämlich der Bankfachmann Meinrad Natmeßnig, welcher Landesrat für das Finanzwesen wurde, da Pawlowski und Wolsegger ihn vorgeschlagen und bei der Partei durchgesetzt hatten.

Mit der Ernennung der Gauleiter für Österreich am 23. Mai bestätigte Hitler Hubert Klausner als Gauleiter für Kärnten, und Globocnik wurde – allerdings nach beträchtlichem vorangegangenem Tauziehen – Gauleiter für Wien. Klausner kam nur kurz nach Kärnten, um Kutschera neuerlich mit seiner Vertretung in der Funktion des Gauleiters zu beauftragen, und in einem feierlichen Akt übernahm er zwar die Geschäfte des Landeshauptmanns, betraute aber sogleich Pawlowski mit der Führung der Geschäfte. So war Pawlowski Leiter der Landeshauptmannschaft für Kärnten, ohne Landeshauptmann zu sein. Als sich im Oktober Globocniks Position in Wien wegen seiner Finanzmethode so verschlechterte, daß schon seine Absetzung drohte, war Klausner sogar bereit, die Gauleitung Wien zu übernehmen, wenn Globocnik dafür jene von Kärnten bekäme.[7] Dazu kam es aber nicht. Kutschera überstand diese Kursschwankung unberührt.

Als Klausner im Februar 1939 starb, blieb seine Stelle unbesetzt, und Pawlowski wie Kutschera behielten ihre Funktionen. Erst die Realisierung des Ostmarkgesetzes änderte einiges:

Obwohl das Ostmarkgesetz selbst mit 1. Mai 1939 in Kraft trat, wurde der zentralistische Verwaltungsaufbau erst durch die vielen Durchführungsverordnungen verwirklicht, und mit 1. April 1940 wurden erst die neuen Behörden und Funktionen tatsächliche Wirklichkeit:[8] Im Bereich der zentralstaatlichen Verwaltung der Reichsstatthalterei Kärnten war dann Pawlowski anstelle eines noch nicht ernannten Reichsstatthalters dessen Stellvertreter mit dem Titel Regierungspräsident. Im Bereich der Gauselbstverwaltung für Kärnten war Pawlowski ebenfalls Stellvertreter eines nicht ernannten Reichsstatthalters und führte in dieser Funktion den Titel Gauhauptmann. Die Gauselbstverwaltung umfaßte sozusagen die Agenden „im übertragenen Wirkungsbereich", wie Wohlfahrts- und Gesundheitswesen, Landesfinanzen, Wirtschaftsförderung, Kunst- und Denkmalpflege, nicht aber beispielsweise Gemeindeaufsicht. Natmeßnig, der bisher als Landesrat für Finanzwesen tätig gewesen war, wurde nun in der gleichen Funktion der Gauselbstverwaltung als Gaukämmerer bezeichnet, führte aber neben Pawlowski de facto für ihn die Geschäfte des Gauhauptmannes. Der weiteren Entwicklung soll aber noch nicht vorgegriffen werden. Kutschera jedenfalls gelang es auch so lange nach dem Tode Klausners nicht, dessen Nachfolger als Gauleiter und Reichsstatthalter in Kärnten zu werden, sondern er blieb weiterhin stellvertretender Gauleiter.[9] Es erscheint durchaus nicht undenkbar, daß die Widerstände gegen ihn unter anderem auch von Rainer kamen.

Soviel über die nationalsozialistische Machtübernahme im Bereiche der politischen Verwaltung. So improvisiert und flüchtig diese vor sich ging, zumal sie auch von gewichtigen Diskussionen über die Führungspositionen begleitet war, so rasch, zielstrebig und brutal geschah die Entfaltung des nationalsozialistischen Sicherheits- und Unterdrückungsapparates, so daß es offensichtlich ist, um wieviel wichtiger den Nationalsozialisten – und nicht nur den deutschen – im Zuge der Machtübernahme das Erkennen, Erfassen und Einschüchtern der politischen Gegner war als die Etablierung neuer staatlicher und gesellschaftlicher Strukturen.

Als Kutschera am Abend des 11. März 1938 mit Pawlowski im Gebäude der Landesregierung erschienen war, hatte er dem Sicherheitsdirektor, General Perko, zwar Weisung gegeben, im Amt zu bleiben, zugleich aber ihn auch beauftragt, die Sicherheitsdienststellen im ganzen Lande von der nationalsozialistischen Machtübernahme zu informieren. Hand in Hand damit ging auch die Legalisierung von SS- und SA-Trupps, die zu Polizeizwecken eingesetzt und der bisherigen Exekutive gleichgestellt wurden. Während Pawlowski sich an seine eigenen Aufgaben machte und General Perko wohl oder übel der Weisung Kutscheras nachkam, begab sich dieser mit einer SS-Truppe, in der auch Theo Bauer war, zum Bundespolizeikommissariat Klagenfurt, wo der Leiter des Kommissariates, Hofrat Dr. Rudolf Weiß, abgesetzt und sein Stellvertreter Dr. Anton Jaklitsch festgenommen wurde. Auch zwei Kriminalbeamte wurden in Haft genommen.

Im Kommissariat bestand eine illegale Gruppe von Beamten der Bundespolizei, der Sicherheitswache und der Kriminalpolizei, die praktisch eine Gruppe der SS bzw. des SD darstellte und auch für diesen Augenblick schon Vorbereitungsarbeit geleistet hatte. Die SS-Truppe, die mit Kutschera die Besetzung des Kommissariates durchführte, tat ein übriges, um nun Abrechnung mit den Kriminalbeamten zu halten, die in der illegalen Zeit Untersuchungen gegen Kärntner Nationalsozialisten geführt hatten, doch scheinen Zeitdruck und Personalmangel eine größere Auseinandersetzung verhindert zu haben. Auch versuchten Hofrat Dr. Weiß und andere hohe Polizeibeamte, wie Dr. Johann Bauer, mäßigend zu wirken, damit Dr. Jaklitsch und anderen Beamten nichts passierte.

Kutschera verpflichtete alle Beamten des Kommissariates mit Ausnahme der Festgenommenen zur Dienstleistung und ernannte Theo Bauer zum kommissarischen Leiter des Kommissariates. Dieser übergab dann an Dr. Johann Bauer eine lange Liste von Personen, die zu verhaften waren, und befahl, noch in der Nacht mit dieser Verhaftungstätigkeit zu beginnen.[10] Zugleich wurde auch in den Bezirken, ebenfalls mit Hilfe von vorbereiteten Listen, mit großen Verhaftungsaktionen begonnen. Bei der Übernahme der staatlichen Verwaltung wie des Sicherheitsapparates ist in Kärnten die führende Rolle der SS bzw. die Vorarbeit des SD nicht zu übersehen.

Am Sonntag, dem 13. März, traf dann aus Berlin eine Gruppe von 20 reichsdeutschen Gestapobeamten unter der Führung von Isselhorst in Klagenfurt ein, um die Leitung der weiteren Aktionen zu übernehmen. Der Kärntner Öffentlichkeit wurde dann mitgeteilt: „Auf Befehl des Reichsführers SS und Chefs der deutschen Polizei (Oberbefehlshabers) hat SS-Obersturmführer Dr. Isselhorst die Sicherheitsdirektion in Kärnten übernommen. SS-Obersturmführer Nagele ist zu seinem Stellvertreter ernannt. Die gesamte Verantwortung für die politische und öffentliche Sicherheit im Lande Kärnten ist damit im Einvernehmen mit dem Gauleiter, SS-Standartenführer Kutschera, in die Hand des Sicherheitsdirektors Dr. Isselhorst übergegangen. Zwischen dem Landeshauptmann von Kärnten und dem neu ernannten Sicherheitsdirektor wurde das im öffentlichen Interesse gelegene engste Einvernehmen in allen Fragen hergestellt."[11]

Isselhorst übernahm aber nicht nur die Sicherheitsdirektion, sondern zog zentral die Leitung der gesamten Exekutive, auch der Polizei und Gendarmerie, an sich, so daß auch Theo Bauer seine Funktion übergab und bis Juli 1938 in der Zentrale des Kärntner SD tätig war. Dort war er Leiter der Abteilung II und als solcher für Kommunismus, Freimaurer, Kirche und Juden zuständig. Im Juli wurde er dann Leiter der Gauinspektion Kärnten, auf welchem Posten er bis 1942 blieb.[12]

Gleich nach Isselhorsts Gestapogruppe traf aber eine andere motorisierte deutsche Polizeieinheit in Kärnten ein, nämlich rund 1000 Mann Schutzpolizei unter dem Kommando von Oberstleutnant Strache. Die Einheit wurde von Pawlowski auf dem Neuen Platz, der schon Adolf-Hitler-Platz genannt werden mußte, feierlich begrüßt. Von Klagenfurt aus wurde die reichsdeutsche Schutzpolizei in größeren Abteilungen rasch auf das gemischtsprachige Gebiet verteilt, da man dort anscheinend mit stärkerem Widerspruch rechnete. Schon am Mittwoch, dem 16. März 1938, unternahmen Oberstleutnant Strache, Isselhorst und Maier-Kaibitsch gemeinsam eine Fahrt durchs Unterland, wobei längerer Aufenthalt in Rosegg, St. Jakob i. R. und Ferlach genommen und vor allem durch Maier-Kaibitsch größere Reden gehalten wurden. Isselhorst und Strache hatten erwartet, in ein potentielles Aufstandsgebiet mit katastrophalen gesellschaftlichen Zuständen geführt zu werden, und äußerten sich nachher erleichtert und erfreut über die glänzende Stimmung, den Schwung und die Freundlichkeit der „Bevölkerung", zumindest aber jener Leute, mit denen sie sprechen konnten.[13]

Die großen Verhaftungswellen dieser Woche waren anscheinend die Probearbeit der Kärntner Polizeibeamten, die dabei zur Mitwirkung befohlen waren. Am 23. März wurden dann elf Beamte des Polizeikommissariates Klagenfurt und vier solche von Villach ins Gebäude der Landesregierung in Klagenfurt befohlen, wo damals auch der Sitz Isselhorsts war, dort zur Gestapo abkommandiert und vereidigt. Einige dieser Beamten, die damit unter die 20 reichsdeutschen Gestapobeamten eingereiht waren, hatten zuvor schon bei der österreichischen Staatspolizei gearbeitet. Der gebürtige Wiener Dr. Johann Bauer wurde von Isselhorst im Referat II, Gegnerbekämpfung, eingesetzt und dort mit zahlreichen Erhebungen und Verhören im ganzen Land beauftragt, bis allmählich seine Spezialisierung auf die Kärntner Juden erfolgte.

Im Zuge der großen Verhaftungswellen wurden die von den Nationalsozialisten durch vorangegangene umfangreiche Planungen und Vorbereitungen erleichterten Aktionen allmählich aber auch durch eine Unzahl von neu einlaufenden Anzeigen, Verdächtigungen und Denunzierungen ergänzt, die einen großen weiteren Schub an Bedrohungen, Einschüchterungen und Verhaftungen zur Folge hatten und bei denen sich auch neuerlich die sozial besonders aggressive Tendenz der Alten Kämpfer und ihr Nachholbedarf zu Wort meldete. Isselhorst verwickelte sich angeblich dabei so sehr in die Rivalitäten verschiedener brauner Gruppierungen, daß er im Sommer 1938 angeblich deshalb aus Kärnten nach Köln versetzt wurde.[14] Er dürfte aber überhaupt nur nach Kärnten geschickt worden sein, um hier die Gestapotätigkeit in Gang zu bringen. Im August 1938 wurde dann der aus Westfalen kommende SS-Sturmbannführer Dr. Ernst Weimann Leiter der Gestapostelle Klagenfurt, die der Gestapoleitstelle Wien unterstand und später Nebenstellen in Villach, Spittal, Lienz, sodann auch Unterdrauburg unterhielt. Dr. Johann Bauer wurde im August 1938 Leiter der Abteilung II, wobei aber die Tätigkeitsbereiche Kirche und Slowenen ausgegliedert wurden und Bauer sich fast ausschließlich den Judenangelegenheiten widmete, wofür von Wien und dem Dienststellenleiter die Weisungen angeblich genau vorgegeben waren. Weimann blieb bis August 1943 Leiter der Gestapostelle Klagenfurt, dann folgte ihm von August bis Dezember 1943 SS-Obersturmbannführer Dr. Kristmann aus Wien, von Dezember 1943 bis April 1944 wurde die Leiterfunktion kommissarisch durch den reichsdeutschen Kriminalrat Weihrauch ausgefüllt, und ab April 1944 war SS-Obersturmbannführer Heinrich Berger aus Wien Leiter der Gestapostelle Klagenfurt, wogegen sich beim SD schließlich SS-Obersturmbannführer Fritz Volkenborn bis zum Frühjahr 1941 etablierte.

Die Verhaftungsaktionen, die auch in Kärnten bereits in der Nacht vom 11. auf den 12. März einsetzten, zielten auf alle potentiellen Gegner des nationalsozialistischen Regimes, auf Kommunisten, katholische Geistliche, Sozialdemokraten, diverse hohe Beamte, Funktionäre der Vaterländischen Front und angeschlossener Gliederungen – und im gleichen Zusammenhang auch auf die jüdische Minderheit, wogegen die slowenische Minderheit eine andere Behandlung erfuhr. Von allem Anfang an wurden auch in Kärnten die jüdischen Bürger zur Gänze in die allgemeine Verfolgung und Einschüchterung miteinbezogen.[15] Zwei Tage nach Globocnik landete Himmler selbst in Aspern, um in Wien das Leitungszentrum der Gestapo und des SD noch weiter auszubauen. Mag auch Rainer auf der politischen Ebene entscheidende Vorarbeit geleistet haben, so dürfte doch bei der Vorbereitung und Ingangsetzung des Verfolgungsapparates in den österreichischen Bundesländern Globocnik grundlegend gewirkt haben.[16]

Noch exzessiver konnten die Maßnahmen ab 20. März werden, als Reichsminister des Inneren Frick jene berüchtigte Verordnung erließ, wonach Himmler zur Aufrechterhaltung der Sicherheit und Ordnung notwendige Maßnahmen „auch außerhalb der sonst hierfür bestimmten gesetzlichen Grenzen" treffen könne.[17] Führend bei den meisten folgenden Aktivitäten war demnach auch offensichtlich die Gestapo bzw. der SD, doch waren in verschiedenen Orten in verschiedenem Ausmaß SA-Trupps und SS-Trupps bzw. einfach beliebig aus Parteimitgliedern zusammengestellte Gruppen als legalisierte Hilfspolizei eingesetzt. Die Verhaftungen der ersten Welle dürften in Kärnten durchwegs nach vorher verfaßten Listen durch die Gestapo und den SD angeordnet worden sein, wobei solche legalisierte Trupps von Nationalsozialisten nur zum Teil mitwirkten, für die Verhaftungen aber Polizeikräfte und überall auf dem Land auch die Gendarmerieposten eingesetzt wurden, welche telefonisch ihre Anweisungen bekamen.

Im Verlauf dieser ersten Verhaftungswelle zielte man neben den schon erwähnten Personengruppen bei den Kärntner Juden eigentlich eher pauschal auf alle, anstatt nur gezielt auszuwählen, doch wurden in der Behandlung nach der Verhaftung Unterschiede gemacht. Ebenso, wie die Gestapo in Klagenfurt unter Isselhorsts Leitung sofort die jüdischen Vereinigungen auflöste und deren Vermögen beschlagnahmte, zielte sie im gleichen Zusammenhang auf jüdische Funktionäre oder besonders prominente Wirtschaftstreibende. Diese befanden sich unter den ersten Verhafteten, und ein Teil von ihnen wurde dann auch schon im März zu einem ersten Aufenthalt nach Dachau gebracht. Unter ihnen befand sich sogar Emil Preis, obwohl dieser sich als Abwehrkämpfer so wie sein Bruder Robert des besonderen Schutzes von Klausner erfreute. Emil Preis kam allerdings rasch wieder aus Dachau zurück.[18]

Verhaftete Frauen und weniger prominente Juden, die nicht unter die obigen Kategorien fielen, blieben nur im Lande in Haft, doch dauerte diese im Durchschnitt wie bei den anderen Verhafteten zwei Wochen. Lotte Weinreb z. B. wurde nach dem 11. März gleich dreimal verhaftet – einmal als Wirtschaftstreibende, schließlich als führende Zionistin und schließlich gar noch wegen ihrer Beziehungen zu Leuten in Palästina. Nach ihrer ersten Verhaftung sammelten Funktionärinnen und Mitglieder anderer (nichtjüdischer) Klagenfurter Frauenvereine Unterschriften für ihre Freilassung und wurden deshalb von der Gestapo scharf verwarnt.[19]

Die in Klagenfurt und der Umgebung festgenommenen Opfer der Gestapo wurden – unter ihnen auch die Juden – im Polizeigefangenenhaus festgehalten, von wo auch der Abtransport der kleineren Gruppe nach Dachau erfolgte. Auf dem Lande draußen geschahen die Festnahmen der Juden in den kleineren Orten nach einem anderen Schema: Sie wurden in den meisten Fällen von Gendarmen, die telefonische Weisung bekommen hatten, festgenommen, zuerst am Gendarmerieposten perlustriert und schließlich dann ins nächstgelegene bezirksgerichtliche Gefängnis überstellt, wo sie verblieben. In wenigen Fällen erfolgte die über Weisung aus Klagenfurt erfolgte Festnahme auch durch SS- oder SA-Leute, aber auch dann führte der Weg über den Gendarmerieposten zum Bezirksgericht. Auch auf dem Lande in den kleineren Ortschaften waren diese Verhaftungen nicht nur der Juden, sondern aller in den Listen enthaltenen politischen Gegner bereits bis zum 15. März durchgeführt. Erst nach der Aufarbeitung der Klagenfurter Verhaftungsfälle gingen die Beamten der Gestapostelle Klagenfurt daran, auch die Verhaftungsfälle in den Bezirksgerichten durchzuarbeiten. Sie erschienen zu den Verhören in den Bezirksgerichten.

Die „Rechtsgrundlage" für alle diese Festnahmen war ebenso fadenscheinig wie die gesamte Scheinlegalität der nationalsozialistischen „Machtergreifung": Man redete von der Notwendigkeit, Sicherheit und Ordnung aufrechtzuerhalten, um selbst das Höchstmaß an Unsicherheit zu setzen. Über die Masse der Festgenommenen war insgesamt die Schutzhaft verhängt worden. Die Verhöre durch Beamte der Gestapostelle Klagenfurt dienten kaum dem Zweck, Anklagepunkte zu finden, etwa die Haltung des Verhafteten zu den illegalen Nazis für eine Anschuldigung zu verwenden, als primär der Absicht, die persönliche Situation des Festgenommenen noch genauer kennenzulernen, als man sie ohnehin schon kannte, und ihn in möglichst großem Ausmaß einzuschüchtern, ihn sozusagen für weitere und spätere Maßnahmen zu „präparieren", was nicht ausschließlich auf die Juden allein zutraf.

Waren die Verhaftungen in den meisten Fällen eindeutig Sache der Gestapo als Inszenator dieses Einschüchterungsspektakels, so traten bei einer Reihe von anderen nationalsozialistischen Aktivitäten eher die Parteiorganisation, die Kreisleitung oder überhaupt einfach die Ortsgruppe und die örtliche SA oder SS in Erscheinung. Es handelte sich dabei meist um Ausschreitungen in der Art von Anpöbelungen, aber auch um spontane Geschäftsbesetzungen, Plünderungen und boshafte Beschädigungen jüdischer Häuser oder gar Sommerhäuschen und Badehütten.[20] Dieser sozialaggressive Griff nach dem fremden Eigentum, wie er schon 1934 im Verlauf des Juliputsches als Nebenerscheinung in diversen Kärntner Orten festzustellen war, wiederholte sich nun unmittelbar nach dem 11. März neuerlich, und zwar schon in etwas stärkerem Ausmaß. Wenn bei den Verhaftungen und Ausschreitungen SS mitwirkte, so waren dies anscheinend meist Männer, die innerhalb der Organisation in einer gewissen Nähe zu Globocnik standen, da sie eigenartigerweise später auch dann in der Nähe Globocniks zu finden waren – einige Klagenfurter und Villacher, als dieser dann von 1939 bis 1943 in Lublin mit seiner „Aktion Reinhard" die Vernichtung der polnischen Juden anstrebte.[21]

Landauf, landab, praktisch von St. Andrä im Lavanttal bis Döllach im Mölltal, gingen parallel zu den Verhaftungen und Ausschreitungen auch Beschlagnahmungen und Sperrungen von Geschäften vor sich. Während die zerstörerischen Ausschreitungen sich eher im Raum Villach und an den Kärntner Seen konzentrierten, wurde bei diesen Sperrungen der Geschäfte von Juden – bevor Kassabuch, Schlüssel und Bargeld übernommen waren – von den beteiligten Nationalsozialisten auch recht kräftig geplündert, vielfach aber wurden Teppiche, Schreibmaschinen, Lampen, Tische u. dgl. auch für nationalsozialistische Dienststellen beschlagnahmt und abtransportiert.

Mehrere beabsichtigte Zerstörungen von Häusern und Geschäften wurden auch durch die örtlichen Gendarmeriekräfte verhindert, was ebenfalls darauf hinweist, daß vieles nicht von oben befohlen war, sondern spontan unternommen wurde von einer Basis, die glaubte, in dieser Stunde der Rache sich für die Entbehrungen der Verbotszeit oder überhaupt für sozial niedrige Position entschädigen zu können. Ja aus den Vorgängen ist geradezu ein gewisser Antagonismus zwischen Gestapo und spontaner Basis herauszulesen.

Örtliche, nicht von oben befohlene Aktivitäten dauerten auch in den folgenden Wochen an, erreichten aber nirgends in Kärnten jenes Ausmaß an Brutalität wie etwa in Wien und waren auch zahlenmäßig geringfügig: Dabei handelte es sich um verbale Anpöbelungen von Juden auf der Straße, um einige Drohbriefe oder in wenigen Fällen um versuchte Hausbesetzungen durch örtliche Gruppen von SA oder Hitlerjugend, die angeblich Räume oder Gebäude für dienstliche Zwecke dringend benötigten. Solche „Eroberer" wurden beispielsweise sogar durch private Mieter derartiger Häuser wieder vertrieben.[22] Viele aus der Schutzhaft Entlassene in den kleineren Orten auf dem Land wurden mit der Auflage schikaniert, daß sie sich täglich beim Ortsgruppenleiter melden mußten.[23] Aber auch viele Juden in der Stadt merkten, daß sie, obwohl nicht offensichtlich schikaniert, doch zunehmends in die Marginalienrolle gerieten: Banken wurden auffallend unfreundlich, Kunden blieben aus, Geschäftsfreunde brachen den Kontakt ab, Bekannte zogen sich zurück, weil man – wenn auch selbst guten Willens – doch Angst vor den Nationalsozialisten hatte.

Planmäßig und ohne Zeitverlust gingen Theo Bauer, nach ihm Isselhorst und Dr. Johann Bauer auch gegenüber den jüdischen Vereinigungen vor: Kultusgemeinde und Chewra Kadischa wurden zwar nicht aufgelöst, doch wurde sofort ihr Vermögen beschlagnahmt. Vor allem Präses Nathan Kriegsfeld brauchte man als Mitarbeiter für die geplanten weiteren Maßnahmen, in geringerem Ausmaß auch Ella Terner, sobald Lotte Weinreb in Klagenfurt nicht mehr zur Verfügung stand.

Von allen jüdischen Vereinigungen in Kärnten, die direkt aufgelöst wurden, kam die Ortsgruppe Klagenfurt des Zionistischen Landesverbandes für Österreich als erste an die Reihe, und zwar am 22. März 1938. Am gleichen Tag wurden noch die Ortsgruppe Klagenfurt der Organisation Zionistischer Frauen Österreichs und die Ortsgruppe Klagenfurt des Bundes Jüdischer Frontsoldaten aufgelöst. Der Vorgang geschah einfach als staatspolizeiliche Aktion auf Grund des Gesetzes über die Wiedervereinigung des Landes Österreich mit dem Deutschen Reich vom 18. März 1938, indem die Tätigkeit der Vereine als staatsfeindliche dargestellt wurde. Bei der etwas später erfolgten Auflösung von „Brith Trumpeldor" zitierte man auch noch den inzwischen herausgekommenen einschlägigen Erlaß Himmlers vom 23. März 1938. In allen Fällen wurde die Auflösung mit sofortiger Wirkung ausgesprochen, das Vereinsvermögen von der Gestapo beschlagnahmt und eine weitere Betätigung unter Strafandrohung verboten. Das alles ging mit bürokratischer Gründlichkeit im Erlaßwege seitens der Gestapostelle Klagenfurt vor sich, deren Beamte damals mit Hochdruck arbeiteten, da auch eine ganze Fülle von nichtjüdischen Vereinen im gleichen Zeitraum der Auflösung zugeführt wurde. Isselhorst selbst zeichnete als verantwortlich für die Erlässe.[24]

Die Reaktionsweisen der Kärntner Juden auf diese ersten ausbrechenden Verfolgungen und vor allem die Verhaftungswelle unterscheiden sich kaum von jenen in anderen Ländern. Auch in Kärnten glaubte man zuerst daran, daß der nationalsozialistische Antisemitismus sich beruhigen und eher als Theaterdonner politischer Art sich auflösen könnte. Sehr langsam nur wurde diese Verdrängung durch die zunehmende Furcht brüchig gemacht – dies umso zögernder, als die Erscheinungsformen der kollektiven Brutalität hier in der Provinz nicht mit dieser Stärke auftraten und manche überhaupt ausblieben. Die totale Unterschätzung der Gefahr ist demnach auch für Kärnten typisch. Ein einziger jüdischer Mitbürger las die Zeichen der Zeit richtig: Alfred Neurath kam am Morgen nach dem Machtwechsel, also am Samstag, dem 12. März, ins gewohnte Kaffeehaus zur gewohnten Freundesrunde, um dieser mitzuteilen, daß es nun seiner Meinung nach höchste Zeit wäre, Österreich zu verlassen. Er jedenfalls sei schon dabei, das zu tun. Seine Aufforderung, das gleiche zu unternehmen, fand aber kein Echo. Neurath verließ noch am gleichen Tag Klagenfurt. Er fuhr mit der Bahn über Tarvis nach Udine, was ihm unangefochten gelang. Dort nahm er dann Aufenthalt. Seine Tochter hatte er mitgenommen, die Gattin – eine Katholikin – blieb noch in Klagenfurt, um die Firma aufzulösen. Sie folgte dann später nach.[25]

Es gab aber in diesen Tagen nach der „Machtergreifung" auch andere individuellere Reaktionen, die sich vom Massenverhalten abheben. Der hochdekorierte Oberst i. R. Jonas Huschak, übrigens einer der jüdischen Kärntner Abwehrkämpfer, war schon lange zuvor zum Katholizismus übergetreten. Nun, in der Stunde der Gefahr, nahm er aus Protest gegen die nationalsozialistische Vorgangsweise den Glauben seiner Väter wieder an.[26]

Julie Spitz, eine Tochter des damals schon verstorbenen Alt-Klagenfurters Bernhard Spitz, war mit einem Kärntner verheiratet, der vor der Eheschließung zum Mosaischen Glauben übergetreten war. Dabei handelte es sich um einen der ganz wenigen Fälle eines Übertritts vom Christentum zum Mosaischen Bekenntnis, wie er in Kärnten außer vom Gatten der Julie Spitz nur von einigen Frauen, vor allem in der Zeit zwischen 1900 und 1920, vollzogen wurde. Das Ehepaar hatte damals, im März 1938, einen kleinen Sohn. Am 12. März, einem Tag neuerlicher großer nationalsozialistischer Demonstrationen und Kundgebungen in Klagenfurt, saß die Familie in der Wohnung noch beisammen, während von der Straße der Lärm einer Kundgebung hereinklang. Während des Anhörens neuer Rundfunkmeldungen über die politischen Vorgänge sprang der Mann plötzlich auf, erklärte, „So, jetzt gehe ich mich melden!" und verließ die Wohnung, um nicht mehr zurückzukehren.[27] Auf seinen Antrag erfolgte dann sehr schnell, nämlich bis Mitte Mai 1938, die Trennung der Ehe von Tisch und Bett, wie es der damaligen Gesetzeslage entsprach, und im Oktober 1939 wurden die Ehepartner dann nach der Übersiedlung des Mannes in einen anderen Gau endgültig geschieden.[28]

Ein leitender Angestellter eines Klagenfurter jüdischen Betriebes wiederum, der seinen Posten nicht verlieren wollte, sah sich schnell nach einem günstigen Ariernachweis um, was ihm angeblich in der Tschechoslowakei auch sogleich gelang. Gegen viel Geld bestanden dem Vernehmen nach dort noch am ehesten Möglichkeiten, sich die entsprechenden Papiere zu kaufen, wenn man auch über die entsprechenden Beziehungen verfügte.[29]

Will man zusammenfassen, so ergibt sich, daß auch in Kärnten die nationalsozialistische „Machtergreifung" sich durchaus als ein dreifacher Prozeß der Machtübernahme darstellt[30]: Die am 11. März erst durch die Befehle der Führer in Gang gesetzte

„Revolution von unten" äußerte sich in Demonstrationen, in Kämpfen mit antifaschistischen Verbänden, im Auftrag oder ohne Auftrag von oben durchgeführte Verhaftungen, Zerstörungsaktionen und Plünderungen, wobei aber auf das geringe Ausmaß dieser Ereignisse in Kärnten hingewiesen werden muß, zumal auch ein Teil dieser Kräfte „von unten" planmäßig für die Besetzungen von Amtsgebäuden, die Ergänzung exekutiver Kräfte und die Aufrechterhaltung der Nachrichtenverbindungen eingesetzt war. Der sozialen Herkunft nach handelte es sich bei diesen aggressiven Gruppen zum Teil um arbeitslose Arbeiter, um frustrierte Angehörige des unteren Mittelstandes, aber in großem Ausmaß auch um Angehörige des ländlichen Proletariats, aus den verschiedensten Teilen des ganzen Bundeslandes Kärnten, die alle später der Gauwirtschaftsberater in Kärnten als den „lebenden Beweis für die Richtigkeit und Wichtigkeit der Lehre von Blut und Boden" bezeichnete.[31] Hinzu kommt noch in beträchtlichem Ausmaß jene Gruppe von jungen Leuten, die während des Ersten Weltkrieges noch Kinder waren, dann in den beiden folgenden Jahrzehnten als Akademiker, vor allem als Rechtsanwälte und Richter in Erscheinung traten und ähnliche Frustrationserfahrungen machten wie viele junge Lehrer, die Nationalsozialisten wurden. Viele von ihnen hatten besonders gute Beziehungen zu Kutschera entwickelt.[32] Der Geist der einstigen Leopold-Gruppe ist sowohl bei all diesen Gruppen als auch bei Kutschera selbst noch nicht ganz wirkungslos gewesen. Ihr Bedürfnis nach Rache und nach wirtschaftlicher Verbesserung war es vor allem, das zu Aktionen führte, die meist auf der örtlichen Ebene der Parteiorganisation beschlossen und dann auch ausgeführt wurden.

Die zugleich ablaufende, wohlorganisierte Machtübernahme „von oben" hielt aber den Handlungsspielraum dieser besonders aggressiven Kräfte „von unten" relativ eng, so daß sie sich zum großen Teil nur außerhalb der größeren Städte austoben konnten, wo die Kanalisierung durch die Steuerung „von oben" nicht in vollem Ausmaß gelang. Gerade dort auf dem Land war aber auch die jüdische Präsenz eine weitaus geringere als etwa in Klagenfurt, so daß die jüdischen Kärntner zwangsläufig nicht das Hauptziel dieser aggressiven nationalsozialistischen Kräfte „von unten" sein konnten, sondern im Getümmel von Revanche und Besitzgier eher unscheinbar untergingen – abgesehen davon, daß außerdem viele ihre persönlichen Bekannten unter den Nationalsozialisten hatten, von denen sie dann auch geschützt wurden. So wurde fast kein jüdischer Kärntner Opfer von Prügelexzessen und ähnlichen Aggressionen. Die Kärntner, die etwa bei trunkenen Siegesfeiern geprügelt und angespuckt, unter Hohn und Spott durchs ganze Dorf getrieben wurden oder an einigen Orten bis zum Bezirksgericht Spießruten laufen mußten, waren durchwegs Funktionäre der Vaterländischen Front oder des Sicherheitsapparates – oder einfach persönliche Feinde von Nationalsozialisten. Beispielsweise gab es in Kärnten keine Gehsteigreinigung durch jüdische Mitbürger, und in den wenigen Fällen, in denen Verhaftete gezwungen wurden, Schuschniggs Volksabstimmungsplakate von den Hauswänden zu schaben, handelte es sich um Funktionäre der Vaterländischen Front. Auch wenn einige Nationalsozialisten glaubten, dann im Bezirksgericht Dunkelhaft verhängen und ärztliche Betreuung für kranke Verhaftete verweigern zu müssen, zielte das nirgends auf Kärntner Juden, sondern auf andere Opfer.[33]

So ergibt sich als Gesamtsumme die Tatsache, daß die nationalsozialistische Aggressivität sich in den Städten Kärntens in Grenzen hielt, dafür im ländlichen Raum größeres Ausmaß erreichte. Dieser ländliche Raum war es, wo Feindschaften und Interessengegensätze viel konkreter und persönlicher auftraten. Damit haftete dort den Ausschreitungen im Zusammenhang mit der „Machtergreifung" zugleich etwas Privates an, weil die Rache sich oft gar nur um dörfliche Tratscherei, einen nicht erlangten Arbeitsplatz oder ein weggeschnapptes Grundstück drehte.

Sieht man von wenigen Orten ab, so waren die Kärntner Juden de facto fast nur in das Verhaftungs- und Einschüchterungskonzept der „Revolution von oben" eingebunden, die auch hier das Chaos verhinderte. Und diese Machtübernahme auf der Ebene der Landesbehörden, die – wie zu sehen war – genau geplant und gesteuert ablief, konnte in Kärnten so früh und so reibungslos geschehen, weil auf dieser Ebene weniger Widerstand geleistet wurde als auf der Straße.

Hatten die Nationalsozialisten schon seit Beginn der dreißiger Jahre zunehmend Führungspositionen beispielsweise in verschiedenen Vereinen, Traditionsverbänden und auch Bünden besetzen können, so befanden sie sich seit Bestehen des Volkspolitischen Referates in einer quasi legalen Position im Lande, auch wenn hier die Dinge nicht so direkt in braunes Fahrwasser trieben wie anderswo und theoretisch zwischen Nationalen und Nationalsozialisten zu unterscheiden getrachtet wurde.[34] Trotz der Versöhnungspolitik mit der slowenischen Minderheit, die Landeshauptmann Sucher versucht hatte, war ja die Stellung von Maier-Kaibitsch, der an offiziellen Regierungssitzungen und -verhandlungen oft teilgenommen hatte, weiterhin dominierend gewesen.[35] Der völlige Mangel an Widerstand auf der Ebene der Landesbehörden ermöglichte deshalb auch in Kärnten[36] den Nationalsozialisten die so schnelle und vollständige Übernahme des Verwaltungs- und Sicherheitsapparates bis auf die Gemeindeebene hinab, was unter anderem auch eine Voraussetzung für die so „amtlich" und scheinkorrekt durchgeführte Masse der Verhaftungen der ersten Welle und deren Ausmaß war.

In dieser Hinsicht wurde die jüdische Minderheit Kärntens ganz anders behandelt als die slowenische. War der Griff der Gestapo und des SD nach den Kärntner Juden nach dem 11. März praktisch ein totaler, so blieben die Exponenten der slowenischen Minderheit zunächst fast ausgeklammert, mußte man doch diesbezüglich die Reaktion des Auslandes berücksichtigen – dies umso mehr, als man von nationalsozialistischer Seite das gemischtsprachige Gebiet offensichtlich als eine neuralgische Zone betrachtete, deren Verhalten die rosige Scheinlegalität des „Anschlusses" im Ausland empfindlich stören konnte, wenn es südlich der Drau zu Protesten kam.

Daher trat dort – wie zu sehen war – auch die deutsche Intervention von außen schnell und schlagartig mit dem Auftreten so massiver deutscher Polizeikräfte in Erscheinung. Prof. Josef Tischler wurde als Obmann des Slowenischen Kulturverbandes am 15. März in Villach verhaftet, doch gleich wieder freigelassen und zur Landeshauptmannschaft nach Klagenfurt befohlen, wo er einen Revers unterschreiben mußte, daß er nicht in Haft gewesen sei. Mit diesem Revers mußte Tischler persönlich zum jugoslawischen Konsul Dr. Koser in Klagenfurt gehen, damit die jugoslawische Regierung offiziell davon Kenntnis nehmen konnte.[37] Der am 12. März verhaftete einstige slowenische Landtagsabgeordnete Pfarrer Vinzenz Poljanec aus St. Kanzian im Jauntal allerdings wurde nicht enthaftet, sondern blieb bis Mai in den Händen der Gestapo.

Am 17. März 1938 erschienen sodann Dr. Petek und Prof. Tischler, die in diesem Zusammenhang als „Vertreter der nationalslowenischen Minderheit in Kärnten" bezeichnet wurden, bei Pawlowski „und gaben angesichts der fortdauernden Lügen- und Greuelmeldungen in südslawischen Zeitungen die Erklärung ab, daß der Slowenische Kulturverband als Minderheitenorganisation in Kärnten die in der ausländischen Presse verbreiteten Gerüchte über die Verhältnisse im Kärntner Unterland mit Entrüstung ablehnt. Die beiden Herren ersuchten den Landeshauptmann um Schutz und Fürsorge für die nationalslowenische Minderheit und stellten ausdrücklich fest, daß 1. das Organ der Kärntner Slowenen, ‚Koroski Slovenec', ungehindert weiter erscheint, 2. daß weder der Schriftleiter der erwähnten Zeitung noch irgendeine andere Person in Haft genommen wurde, 3. daß von den maßgebenden Persönlichkeiten der Landeshauptmannschaft die kulturelle Betätigung der Slowenen zugesichert worden sei".[38]

Maier-Kaibitsch hatte einen Tag zuvor schon ähnliche Zusicherungen gegeben wie Pawlowski – trotzdem wurden schon am 24. März „die ersten sechs slowenischen Priester aus ihren Pfarren und aus dem slowenischen Siedlungsgebiet verwiesen, darunter Dr. Blüml, der frühere slowenische Abgeordnete Pfarrer Starz, der Pfarrer Wornig, der Pfarrprovisor Thomas Holmar".[39] Auf Interventionen antwortete Maier-Kaibitsch, daß sie keinesfalls vor der Abstimmung vom 10. April zurückkehren würden.

Während die jüdischen Kärntner so wie die Opfer aus den anderen politischen Gruppen sofort nach der „Machtergreifung" festgenommen worden waren, aber nach durchschnittlich 14tägiger Einschüchterung wieder freigelassen wurden, zielte die Festnahme oder Verweisung von Führern der slowenischen Minderheit – meist später einsetzend – auf den 10. April, weil man auf nationalsozialistischer Seite vor dieser Abstimmung im gemischtsprachigen Gebiet Angst hatte. Ja gar Maier-Kaibitsch selbst mußte fürchten, daß mit schlechten Abstimmungsergebnissen seine eigene jahrzehntelange „Grenzlandarbeit" dort nun honoriert werden könne. Deshalb auch sein großes Interesse an der schnellen Erfassung des Gebietes durch die deutsche Polizei. Die Bevölkerung des gemischtsprachigen Gebietes konnte man ja nicht wie die Juden durch die VO vom 15. März von der Abstimmung ausschließen.

Die Abstimmung vom 10. April zeigte aber auch im gemischtsprachigen Gebiet eindeutige Ergebnisse.[40] Und Maier-Kaibitsch selbst konnte sich dann nachträglich über das Ergebnis folgend äußern: „Bei den sog. Hitler-Wahlen im April 1938 stimmten auch die nationalen Slowenen mit ‚ja'. So gab es z. B. sog. 100%ige ‚Führergemeinden', in denen die nationalen Slowenen die absolute Mehrheit hatten. Lediglich die Gemeinde Vellach bei Eisenkappel hatte ein oder zwei Dutzend ‚Nein'-Stimmen. Auf diese ‚Ja'-Stimmen beriefen sich die Vertreter der nationalen Slowenen bei ihren Forderungen. Zu dem Werte dieser ‚Ja'-Stimmen Stellung zu nehmen, erübrigt sich." So meinte Maier-Kaibitsch nach dem Kriege.[41] Was er nicht sehen wollte, war, daß die slowenische Minderheit ein deutliches Zeichen gegeben hatte. War die jüdische Minderheit Kärntens schon lange vor 1918 auf einer wirtschaftlichen und gesellschaftlichen Entwicklungsstufe, die es geboten erscheinen ließ, deutlichst Anpassung zu signalisieren, so geriet die slowenische Minderheit Kärntens erst 1938 in diese Situation, und sie signalisierte ihre

Bereitschaft mit nicht geringerer Deutlichkeit. Es wäre verfehlt, dieses Signal nur damit zu erklären, daß sich die Slowenen bedroht fühlten.

Mag die Erfahrung der Bedrohung auch entscheidend mitgewirkt haben, so war immerhin ein Teil der slowenischen Minderheit auf einem ökonomischen Entwicklungsstand angelangt, auf dem das Heraustreten aus dem vorwiegend agrarischen Status und die gleichberechtigte Etablierung in Handel und Gewerbe die einzige Möglichkeit der Emanzipation bedeuteten. Auch das Potential für den Ausgriff in den industriellen Bereich und die Entwicklung einer nicht mehr vorwiegend aus Geistlichen bestehenden Intelligenz schien gegeben. Und an dem so theatralisch verkündeten wirtschaftlichen Aufbruch des Landes, den die Nationalsozialisten herbeiführen wollten, mochte auch die Minderheit teilhaben.

Immerhin wurden die Dinge auch auf nationalsozialistischer Seite so verlockend versprochen, wenn etwa Gauwirtschaftsberater Ing. Alois Winkler feststellte: „Für alle diese Menschen, die die Heimat nicht verlassen, ergibt sich aus der schlechten Kenntnis der deutschen Sprache, und dadurch, daß sie mit ihrer Muttersprache keiner Kulturnation angehören, eine kulturelle Rückständigkeit, die sich im Wirtschaftsleben besonders stark bemerkbar macht. ... Der weitaus größere Teil dieser Bevölkerung hat sich bei der Volksabstimmung im Jahre 1920 und auch nachher als heimattreu und deutschzugehörig bekannt und verdient also eine besondere Betreuung, die ihr früher immer aus Dankbarkeit versprochen, aber nie gehalten worden war."[42]

So signalisierte auch die slowenische Minderheit Bereitschaft zur Anpassung und Konformität in einer ähnlichen Konstellation der ökonomisch-sozialen Verhältnisse wie einst um 1920 die jüdische Minderheit, nur in entwicklungsmäßig bedingter zeitlicher Verschiebung. Wer wollte denn auch davon reden, daß die wenigen Nein-Stimmen von Vellach kommunistische gewesen waren. Unmittelbar nach der Abstimmung vom 10. April sprachen Dr. Petek und Prof. Tischler erneut in der Landeshauptmannschaft vor, „um ihr Loyalitätsbekenntnis zu Führer und Reich zum Ausdruck zu bringen. Sie verwiesen darauf, daß die Kärntner Slowenen bei der Volksabstimmung fast einstimmig ihr Ja für den Führer abgaben, und versicherten, daß der Wahlkampf in keiner Weise zu nationalen Reibereien geführt habe, wie überhaupt die ganze Machtergreifung sich in beispielloser Disziplin und Ordnung vollzogen habe. Gegenteilige Meldungen, die in der ausländischen Presse veröffentlicht wurden, stellen die beiden Vertreter auf das entschiedenste in Abrede."[43]

Weder den jüdischen noch den slowenischen Kärntnern wurde die Anpassung honoriert.

5.2. Die wirtschaftliche Ausplünderung der Kärntner Juden

> *„Mir ist bekannt, daß wir nicht einen Groschen von dem Kaufpreis des Hauses erhalten haben. Ich habe in der Folge die Vorgänge wiederholt mit meinem Mann durchgesprochen, die zu unserem finanziellen Ruin und zum Verlust all unserer Lebensersparnisse geführt haben."*
>
> Beeidete Aussage von Amalie Fischbach vor dem öffentlichen Notar Leo Deitler am 17. November 1949 in Bridgeport, Connecticut.

Das Anlaufen der wirtschaftlichen Ausplünderung der Kärntner Juden nach der nationalsozialistischen Machtübernahme hing von einer Reihe von Faktoren ab, die diesen vielfältigen Prozeß in Gang setzten und von Stufe zu Stufe weiterführten: Es waren dies das Ausmaß der vorbereiteten Planung, die Herausgabe einer Reihe von nationalsozialistischen Gesetzen und Verordnungen, welche dem ganzen Prozeß eine gewisse Scheinlegalität verliehen, und das allmählich sich entwickelnde Zusammenspiel zwischen Kärntner Dienststellen und zentralen Leitungsstellen der Nationalsozialisten in Wien. Nicht ohne Bedeutung ist bei all dem auch jene Vorphase wirtschaftlicher Art vor der eigentlichen nationalsozialistischen Machtübernahme, in welcher schon ein deutlich ungünstiger brauner Einfluß bei manchen Banken, Richtern und Rechtsanwälten herrschte, der am wirtschaftlichen Scheitern einiger jüdischer Betriebe vor dem 13. März 1938 nicht ganz unbeteiligt war.

Auch bei der Einleitung der wirtschaftlichen Zwangsmaßnahmen war wie bei dem Beginnen der großen Verhaftungswelle wiederum die Gestapo an erster Stelle aktionsfähig. Dabei kam es den neuen Machthabern sehr zugute, daß sich die Übernahme der Gewalt an einem Wochenende vollzog, so daß am Montag, dem 13. März, bei Wiedereröffnung der Banken und Geschäfte schon eine Reihe von Maßnahmen vorbereitet sein konnte, die nun wirksam wurden. An diesem 13. März bereits erließ die Gestapo, also schon in der ersten Entwicklungsphase, die schließlich zur Unterstellung der Gestapostelle Klagenfurt unter die Gestapoleitstelle Wien führte, eine allgemeine Weisung an alle Banken, daß die Konten aller jüdischen Unternehmer und Besitzer sofort zu sperren wären und keine Abhebungen mehr erfolgen dürften. Die Weisung war ganz allgemein gehalten und noch nicht mit einer Namensliste verbunden – trotzdem wurde sie von den Banken, die ja Bescheid wußten, sofort lückenlos befolgt.[44]

Im gleichen Zusammenhang wurden auch die Konten vieler anderer, den Nationalsozialisten verdächtiger Firmen, Körperschaften und Vereine, ja auch öffentlicher Einrichtungen gesperrt, so daß die Totalität dieser Sperr- und Kontrollmaßnahmen typisch für jede Art von politischer Machtübernahme erscheint und stark an die ähnlichen Sperr- und Kontrollmaßnahmen der britischen Militärregierung für Kärnten nach dem Ende des Zweiten Weltkrieges erinnert.[45] Bezüglich der jüdischen Konten unternahm dann die Gestapo bis zum 25. März nichts Detailliertes. Am 17. März war aber dann an die Banken auch eine Weisung zur Sperre jüdischer Konten gelangt, welche von der Landeshauptmannschaft ausging. Diese Weisung war aber bereits mit einer umfangreichen Liste der „vermutlich jüdischen Unternehmungen" verbunden und nicht mehr lediglich allgemein gehalten wie der frühe Befehl der Gestapo.[46]

Noch zwei andere, ganz frühe Maßnahmen müssen erwähnt werden, die sich ebenfalls in erster Linie gegen jüdische Firmen und nicht gegen jüdischen Hausbesitz richteten: Organisiert durch die NSDAP-Ortsgruppen, zogen über Weisung der Gauleitung aus Klagenfurt vor den meisten jüdischen Geschäften Posten, vor allem der SA, auf, welche die Kunden vom Betreten der Geschäfte abhielten und binnen kurzer Zeit bei der Käuferschaft eine solche Wirkung hinterließen, daß diese Wachtposten in den folgenden Wochen meist wieder eingezogen wurden. Auch die Bosheitsakte, wie sie manche jüdische Kaufleute aus der Verbotszeit gewohnt waren, wurden zu einem geringen Teil, aber mit auffallender Müdigkeit noch weiter fortgesetzt. Im Zuge der allgemeinen Verhaftungswelle wurden den Verhafteten auch meist die Pässe abgenommen, so daß ein legaler Grenzübertritt nicht mehr möglich war.

Wenn man berücksichtigt, wie schnell und nachdrücklich der Griff der Gestapo nach dem bei den Banken liegenden Geld war, so nimmt es natürlich nicht wunder, daß auch versucht wurde, die bei den Firmen und Familien vorhandenen Bargeldbestände möglichst schnell und vollständig zu erfassen. Im Zuge der Verhaftungen und Hausdurchsuchungen ging es nicht nur um die Suche nach belastendem Material verschiedener Art, sondern immer zugleich um die Beschlagnahme der vorhandenen Bargeldbestände. Manchmal wurden dafür von den Polizeibeamten Bestätigungen und Aufstellungen ausgegeben, in diversen Fällen wurden diese Bestätigungen sogar bei nachfolgenden Hausdurchsuchungen und Kontrollen von den Beamten wieder zurückgefordert, ohne daß natürlich die Bargeldbestände zurückgegeben worden wären.[47] Auch Bankfächer wurden zu diesem Zweck von der Gestapo geöffnet.[48]

Im gleichen Zusammenhang kam es auch zu zahlreichen Beschlagnahmungen von Gegenständen wie Schreibmaschinen, Büromöbeln, Vervielfältigungsgeräten, Kassenschränken, mit denen sich vor allem die verschiedenen neugebildeten Parteidienststellen ausstatteten. Im Vergleich zu Wien wurden aber in Kärnten diese frühesten Ausplünderungen, bei denen auch die vorhandenen Autos der Opfer grundsätzlich beschlagnahmt wurden, meist von der Gestapo durchgeführt, und SA-Trupps oder örtliche Parteidienststellen kamen wesentlich weniger zum Zug. Um die wenigen Autos, die auf diese Weise beschafft werden konnten, entstand dann nachträglich noch zwischen verschiedenen Parteidienststellen ausgiebig Streit.

Für die meisten jüdischen Unternehmer wechselten in den folgenden Wochen – auch wenn sie nach der ersten Anhaltung wieder entlassen worden waren – neuerliche Verhaftung und neuerliche Freilassung mehrmals in bunter Folge ab, und auch viele Angestellte jüdischer Betriebe wurden wiederholt von der Gestapo vorgeladen. In all diesen Vernehmungen ging es stets auch um die Frage nach vorhandenen Geldbeständen und geargwöhntem Geldtransfer ins Ausland.

Der größere Teil der jüdischen Unternehmen wurde zuerst einmal nicht nur durch Wachposten und Kennzeichnung von seinen bisherigen Kunden getrennt, sondern manche Betriebe wurden überhaupt durch polizeiliche Anordnung geschlossen – die Firmen einstiger jüdischer Frontkämpfer wiederum waren von dieser Maßnahme ausgenommen. Im Falle der Firma Simon und Ignaz Friedländer in Klagenfurt war es etwa so, daß mit der Schließung die 25 Angestellten nach Hause geschickt wurden, in der Fabrik Fischl wechselten Kontrolle und Produktionsstillstand mehrmals einander ab, in industriellen Betrieben mit jüdischer Kapitalbeteiligung oder jüdischen Führungskräften fand sich die Gestapo nicht so rasch zurecht.

Bei der Firma Simon Friedländer ergriff schließlich der Obmann der Vertrauensmänner der Angestellten, Alois Krischke, mit den anderen Vertrauensmännern der Belegschaft, unter der keine Nationalsozialisten waren, die Initiative. Er erhob bei der Landesleitung der Gewerkschaft der Angestellten des Handels Vorstellungen, und diese wieder intervenierte beim Gaubeauftragten der Nationalsozialistischen Betriebszellenorganisation (NSBO), aus welcher dann die Deutsche Arbeitsfront hervorgehen sollte. Der Gaubeauftragte setzte dann bei anderen Parteidienststellen die Wiedereröffnung der drei Geschäfte Neuer Platz 12, 10.-Oktober-Straße 4 und Fröhlichgasse 6 (heute 8.-Mai-Straße) durch, verband sie aber mit der Bedingung, daß die zwei jüdischen Angestellten sofort beurlaubt werden mußten.[49] Der Vorgang erscheint symptomatisch: Die Firmeninhaber verloren vielfach bereits unmittelbar nach der nationalsozialistischen Machtübernahme die Verfügungsrechte über ihre Betriebe, auch wenn diese – wie im Falle Friedländer – „im Sinne des bisherigen Inhabers" weitergeführt werden sollten, und sie verloren diese, ehe noch in Wien die scheinlegalen Grundlagen für einschneidendere Veränderungen gelegt waren. Zugleich trachtete sich aber mit Nachdruck für Wirtschaftsfragen neben dem Gauwirtschaftsberater der NSDAP auch der Gaubeauftragte der NSBO zu profilieren und die Situation zu nützen, um Einfluß zu gewinnen bzw. bestehenden Einfluß nicht zu verlieren.[50]

Als aber Bürckel, der Reichskommissar für die Wiedervereinigung Österreichs mit dem Deutschen Reich, dann das „Gesetz über die Bestellung von kommissarischen Verwaltern und kommissarischen Überwachungspersonen"[51] erließ, kamen die Dinge erst recht in Fluß. Nach einer kurzen Vorbereitungsphase führte dieses Gesetz auch in Kärnten bis in die ersten Apriltage hinein zur Einsetzung von kommissarischen Verwaltern in den jüdischen Betrieben, was zugleich die Ausschaltung der bisherigen Besitzer bedeutete. Das ging überall überfallsartig vor sich, die Besitzer mußten meist binnen weniger Minuten ihre Betriebe verlassen, nachdem sie Schlüssel und Kassabuch übergeben hatten. Mitnehmen durften sie grundsätzlich nichts, so daß viele von ihnen völlig ohne Bargeld dastanden und vor dem Hinauswurf aus ihren Betrieben um Geld zum Leben bitten mußten.[52]

Diese Besetzungsvorgänge hatten fast überall im Lande de facto den Charakter von Überfällen, doch wurde dabei von den durchführenden Verantwortlichen von Fall zu Fall mit verschiedener Sorgfalt vorgegangen. Ziel dieser Vorgänge war die Ausschaltung des Firmeninhabers aus dem Betriebsgeschehen, die Feststellung des Ist-Zustandes, ferner die Einsetzung kommissarischer Verwalter, wobei zum damaligen Zeitpunkt – Ende März bis Anfang April – noch nicht entschieden war, ob jener die Liquidierung oder Weiterführung des Geschäftes zu übernehmen hatte. Diesbezüglich lief damals hinter den Parteikulissen noch in jedem einzelnen Fall die Auseinandersetzung verschiedener Interessengruppen. Die schriftliche Seite dieser Vorgänge zeigt deutlich die größere oder geringere Sorgfalt bei der Durchführung. Zwei Beispiele mögen genügen: Das eine wäre das Kaufhaus Adolf Groß in Wolfsberg:

„Wolfsberg, am 30. März 1938. NSBO Kreisleitung Wolfsberg bestätigt, daß an Bargeldern S 5.500,- sage Schilling fünftausendfünfhundert festgestellt und beschlagnahmt hat. Außerdem wurden aus der Tageskasse 79.76 neunundsiebzig sechsundsiebzig entnommen. Das Geschäft wurde von der NSBO Kreisleitung Wolfsberg besetzt." (Unterzeichnet vom Kreisobmann und zwei Zeugen).[53]

Im Falle der Firma „Warenhaus Weinreb" wiederum hieß es in dem verfaßten Schriftsatz: „Klagenfurt, den 22. März 1938. – Niederschrift über die Übernahme des Geschäftes Gemischtwarenhandlung der jüdischen Inhaberin Lotte Weinreb, Klagenfurt, Platzgasse 14, am 22. März 1938 durch die Gauleitung der N.S.B.O. Kärnten.

Als der der N.S.B.O. Gauleitung Kärntens gegenüber verantwortliche kommissarische Leiter des Geschäftes wurde Herr X., Kaufmann, Klagenfurt, bestellt. Ihm zur Seite gestellt ist Herr Y., Handelsangestellter, Klagenfurt. Herr X. übernimmt um 14 Uhr die Geschäftsführung, stellt die Bargeldbestände, Bankkredite, Sparkassenkonti fest und nimmt eine Aufstellung des Warenlagers auf Grund der letzten Inventur und der seither erfolgten Wareneingänge fest (sic). Der kommissarische Leiter X. hat die jüdische Angestellte Z. bis auf weiteres beurlaubt.

Die Zeichnungsberechtigung für Bankkonti sowie überhaupt der Firma Lotte Weinreb geht hiermit auf den kommissarischen Leiter des Geschäfts wie überhaupt die Rechte der bisherigen Geschäftsinhaberin über, soweit es für die Geschäftsführung erforderlich ist." (Namen vom Verfasser getilgt, sprachliche Form unverändert, Unterschriften des kommissarischen Leiters und des Beauftragten der NSBO-Gauleitung Kärnten)[54].

Diese überfallsartigen Besetzungen scheinen unter nicht unbeträchtlicher Aufregung auch der Besetzer vor sich gegangen zu sein, wie die Texte zeigen. In verschiedenen Fällen kam es auch dabei zu Beschlagnahmungen von Gegenständen und Wertpapieren, ja zu Plünderungsaktionen. Die Einsetzung kommissarischer Verwalter erfolgte grundsätzlich in jenen Geschäften später, die zuvor im März ohnehin schon von der Gestapo gesperrt worden waren. Das Warenhaus „Elba" in Villach wurde beispielsweise von der Gestapo schon am 16. März geschlossen, wobei die Besitzer zum sofortigen Verlassen aufgefordert worden und die Beschlagnahme ausgesprochen wurde. Dann blieb das Unternehmen gesperrt, ein kommissarischer Verwalter wurde erst im Mai eingesetzt, doch erfolgte dann schon die Einsetzung mit dem eindeutigen Auftrag der Firmenliquidation.[55] Auch die einsetzende Stelle war dann schon eine andere.

Bei der Sperre durch die Gestapo am 16. März war aber ebenfalls wie in den frühen Fällen der kommissarischen Übernahme ein Vertreter der Kreisorganisation der NSBO anwesend. Je mehr den nichtjüdischen Branchenkollegen ein Betrieb ein Dorn im Auge war, umso schneller scheint Sperre oder Beschlagnahme durchgeführt oder die Liquidation angestrebt worden zu sein, wobei die Meinungsbildung und Entscheidungsfindung zuerst durchaus im Bereich der örtlichen Organisationsstrukturen erfolgte und übergeordnete Dienststellen nur soweit nötig herangezogen wurden, wie es auch bei manchen „Entführungen" von Büromaschinen, Einrichtungsgegenständen, Warenposten oder Wertpapieren der Fall war.

Überblickt man die Fülle der eingesetzten kommissarischen Verwalter dieser ersten Welle, so bewahrheiten sich im wesentlichen auch in Kärnten die Erscheinungen, wie sie für Wien so typisch waren: Die Einsetzung erwies sich oft als echter Bereicherungsversuch. Manche kommissarischen Verwalter ließen Geld- und Warenbestände verschwinden, versuchten selbst ihre Gehälter und Spesen festzusetzen und schanzten Freunden etwas zu. Der Gesamttrend war ja wesentlich umfangreicher, als es auf den ersten Blick erscheinen mag, denn zu jedem Bewerber, der einen Posten als kommissarischer Verwalter haben wollte, muß ja immer der Kreis jener dazugerechnet werden, der ihn unterstützte, ihn vorschlug oder empfahl und dann auch meist berücksichtigt werden wollte. Die Grundtendenz scheint also gleich wie in Wien[56], doch waren dort die Erscheinungen der Bereicherung und Willkürwirtschaft wesentlich stärker ausgeprägt als in Kärnten. Hier wurde grundsätzlich in jeden Betrieb ein kommissarischer Verwalter eingesetzt, doch war auch von Anfang an seine Kontrolle meist schärfer. Das eigenmächtige Festsetzen der Gehälter gelang nur kurze Zeit.

Überblickt man die Masse der in Kärnten „in erster Welle" Ende März – Anfang April eingesetzten kommissarischen Verwalter, so läßt sich die These von der allgemeinen Bereicherung und Mißwirtschaft nicht aufrechterhalten bzw. verallgemeinern. 91 Prozent der Verwalter waren Parteigenossen, davon 62 Prozent Alte Kämpfer. Salzbergers erster kommissarischer Verwalter beispielsweise wirtschaftete so, daß er von der Partei rasch ausgetauscht wurde und dann aus Rache an Salzberger mit Verleumdungen über diesen von Behörde zu Behörde zog, bis er damit bei der Devisenfahndungsstelle Erfolg hatte.

Osias Fischbachs erster Verwalter in dem Geschäft in der Italiener Straße 2 in Villach stahl so viel, daß ihn die Gestapo zur Anzeige bringen mußte. Er wurde in Klagenfurt wegen Veruntreuung zu 18 Monaten Gefängnis verurteilt und erhängte sich dann in der Zelle.[57] Der Verwalter des Geschäftes von Jonas Fischbach in der Karfreitstraße in Klagenfurt wirtschaftete so, daß Fischbach noch versuchte, den Ausgleich anzumelden, damit nicht alle Vermögenswerte verschwanden. An die Gläubiger von Jonas Fischbach verschickte er Zirkulare, in denen er sie aufforderte, unverzüglich ihre Außenstände bei diesem, nicht aber im Geschäft einzukassieren.[58] Andere Verwalter wiederum suchten durch ständige massive Drohungen dem Vorbesitzer gegenüber möglichst schnell den Verkauf des Betriebes an einen ihrer Freunde zu erreichen.

Das ist aber nur die eine Facette des Bildes. Andere Verwalter wiederum waren ernsthafte Branchenkenner und zogen zur Unterstreichung ihrer korrekten Vorgangsweise sofort einen Buchprüfer bei, wenn sie sich nicht überhaupt weigerten, die kommissarische Verwaltung länger weiterzuführen, als ihnen ihre Lage klar wurde. Andere kommissarische Verwalter wieder, die für abgesetzte eintreten mußten, scheuten sich nicht, in Eingaben an ihre Auftraggeber die Mißwirtschaft ihrer Vorgänger genau zu kritisieren. Der zweite kommissarische Verwalter Salzbergers wiederum übersandte der Gestapo ein genaues Verzeichnis der von ihr in der Firma beschlagnahmten Gelder und Wertgegenstände und forderte ihre Rückgabe.[59]

Durchführende Instanz dieser ersten Einsetzungswelle von kommissarischen Verwaltern war insgesamt die Nationalsozialistische Betriebszellenorganisation mit ihrem Gaubeauftragten und den einzelnen Kreisobmännern, welche damit eine beträchtliche Machtposition auszubauen suchte. 78 Prozent dieser ersten Verwalter waren Arbeiter oder Angestellte aus verschiedenen Branchen, gehörten also insgesamt dem Bereich der

Arbeitnehmer an, für die die NSBO mit ihrer Aktivität soziale Ansprüche stellte. An einem Schauplatz wie Wien mußte sich für die höheren Partei- und Staatsinstanzen diese auf persönliche Bereicherung bedachte Tätigkeit vieler kommissarischer Verwalter als gravierende Beeinträchtigung der Bereicherungsinteressen des Staates darstellen, im Reichsgau Kärnten waren alle Dimensionen kleiner. Zugleich aber enthüllte sich die Entwicklung als innerparteiliche Auseinandersetzung zwischen Arbeitgebern und Arbeitnehmern.

Wenn man gegenüber den Verhaftungs- und Beschlagnahmewellen im Zusammenhang mit der nationalsozialistischen Machtübernahme die Masse von Firmenbesetzungen und Verwaltereinsetzungen nach Bürckels Verwalter-Gesetz als eine zweite Phase der Entwicklung unterscheidet, so ergab sich eine weitere Stufe der Eskalation, als nach Görings Verordnung vom 26. April 1938 über die Anmeldung jüdischen Vermögens über 5.000 RM der Aufbau des hierfür notwendigen administrativen Apparates erfolgte. Göring war als Beauftragter für den Vierjahresplan naturgemäß nur daran interessiert, daß dem Staat selbst nichts vom vorhandenen jüdischen Vermögen auch im Lande Österreich verloren ging. Die Anmeldung des jüdischen Vermögens war ja nur der erste, einleitende Schritt dazu, mit einer Fülle scheinlegaler Praktiken dieses Vermögen auch in die Hand zu bekommen. Als praktische Folge dieser sogenannten „Anmeldungsverordnung" wurde im Ministerium für Wirtschaft und Arbeit in Wien beim Staatssekretär in der Privatwirtschaft die „Vermögenverkehrsstelle Wien im Ministerium für Wirtschaft und Arbeit", Wien I., Strauchgasse 1, gebildet. Unter dieser zentralen Vermögensverkehrsstelle für die einst österreichischen Länder waren Zweigstellen in den einstigen Landeshauptstädten zu bilden. Zugleich wurde bei der Vermögensverkehrsstelle Wien im selben Haus auch eine „Prüfstelle für die kommissarischen Verwalter" eingerichtet.

Als es nun um die Einrichtung der Vermögensverkehrsstelle für Kärnten ging, gelang es der NSBO, die bisher in der Frage der jüdischen Firmen so nachdrücklich in Erscheinung getreten war, nicht mehr, ihre Position zu halten. Nicht der Gaubeauftragte für die Nationalsozialistische Betriebszellenorganisation, Kren, wurde ihr Leiter, sondern nach dem Willen Kutscheras und des Gaupersonalamtsleiters Prokop wurde dies der Gauwirtschaftsberater der NSDAP, der wie Kutschera aus Oberkärnten gekommene Ing. Alois Winkler, ein aus dem Sudetenland stammender Vermessungsingenieur. Kren war nach der nationalsozialistischen Machtübernahme erster Präsident der Landeshandelskammer Kärnten geworden, die erst ab 1941 Gauwirtschaftskammer hieß, hatte die Position aber nun an Winkler verloren. (Auch Industrie- und Handelskammern gab es damals in Österreich nicht.) Diese Vermögensverkehrsstelle, die jener in Wien unterstand, hatte nun gemäß der „Anmeldungsverordnung"[60] dafür zu sorgen, daß jüdische Unternehmen und Besitzungen entweder in nichtjüdische Hände übergeleitet, sprich arisiert, oder liquidiert wurden. Durch die Beauftragung von Alois Winkler und seine Funktion in der Handelskammer – er wurde später auch Direktor der Landesbrandschadenversicherung – fiel die Grundentscheidung über die Arisierung oder Liquidation weitgehend in den Einflußbereich der Selbständigen in der Kärntner Wirtschaft, und die Entscheidungskategorien von Konkurrenzbeseitigung oder Bereicherung wurden für die folgenden Ereignisse weithin maßgebend. Es ist daher auch nur logisch, daß die Vermögensverkehrsstelle im Gebäude der Handelskammer, Bahnhofstraße 36, untergebracht wurde. Im Zuge der Aneignung des jüdischen Vermögens stehen einander in der Provinz, wo sich die Verhältnisse übersichtlicher gestalteten, eine Zeitlang Arbeitnehmer und Arbeitgeber als Gegner gegenüber – in einer Gegnerschaft um Besitz, die sich nach nationalsozialistischem Willen in der Betriebsgemeinschaft (oder überhaupt der Volksgemeinschaft) aufheben sollte.

Führender Sachbearbeiter unter der Leitung von Ing. Alois Winkler wurde der alte Parteigenosse Matthias Hoi, dem mehrere weitere Bürokräfte zur Verfügung standen. Die NSBO, sprich Deutsche Arbeitsfront, konnte sich in der Folge nur mehr in ganz wenigen Fällen einmischen.

Im Zuge dieser Entwicklung wurden nun unter der Aufsicht der Wiener „Prüfstelle für die kommissarischen Verwalter" die meisten in den jüdischen Betrieben Kärntens tätigen kommissarischen Verwalter abgelöst, und die Vermögensverkehrsstelle ersetzte sie durch eine neue, zweite „Generation" von Aufsichtspersonen. Unter ihnen ist sowohl der Anteil der branchenkundigen Fachleute wie auch der Selbständigen wesentlich größer. Ein Teil von ihnen wurde bereits mit dem eindeutigen Auftrag der Arisierung oder Liquidation eingesetzt, da dieser Prozeß der Entscheidungsfindung im Bereiche der Gremien recht rasch voranging. Eine größere Anzahl dieser zweiten Verwalter sträubte sich gegen die ihnen zugewiesene Aufgabe und trachtete, diese auch so rasch wie möglich wieder loszuwerden. Der erste Schritt ihrer von der Vermögensverkehrsstelle überwachten Tätigkeit war eine genaue Bestandsaufnahme der Aktiva und Passiva, die meist unter Zuhilfenahme eines Buchsachverständigen geschah. Zum genaueren Einblick in die Lage der einzelnen Firmen mußte unter Zuhilfenahme der letzten Inventur und der neuen Wareneingänge überhaupt erst Überblick über die Lagerbestände gewonnen und auch die Buchhaltung seit dem 13. März fortgeführt werden, da viele kommissarische Verwalter der ersten „Generation" dies unterlassen hatten. Von diesen Ansätzen aus begann dann das Ringen um arisierenden Verkauf oder die Liquidation, und naturgemäß war in diese umfassende Bestandsaufnahme der Aktiva auch stets der vorhandene Hausbesitz des Opfers einbezogen, wobei zum Teil auch zusätzlich eigene Hausverwalter durch die Vermögensverkehrsstelle ernannt wurden. Um mit der peinlich genauen bürokratischen Abwicklung auch den Eindruck scheinbarer Legalität zu erzielen, ging die Ernennung und Abberufung von kommissarischen Verwaltern auch über die Gewerbebehörde erster Instanz und wurde daher auch entsprechend amtlich verlautbart.

HOCHFLUT DER VERORDNUNGEN UND MASSNAHMEN

Der Dschungel an scheinlegalen Vorschriften und Fallstricken für den jüdischen Mitbürger verdichtete sich aber von Woche zu Woche. Da die grundsätzliche Vertreibungsabsicht ja auch für das Land Österreich schon lange feststand, war man nach der Machtübernahme auch besonders schnell mit der deutschen Reichsfluchtsteuer bei der Hand. Die chronische Geld- und Devisenknappheit des deutschen Staatshaushaltes hatte schon in der Weimarer Republik zur Erfindung der „Reichsfluchtsteuer" geführt. Gemäß Verordnung des Reichspräsidenten zur Sicherung von Wirtschaft und Finanzen und zum Schutze des inneren Friedens vom 8. Dezember 1931[61] mußte jeder freiwillig

Auswandernde mit mehr als 200.000 Reichsmark steuerpflichtigem Vermögen oder mehr als 20.000 RM Jahreseinkommen 25 Prozent seines Vermögens an das Deutsche Reich abgeben, ehe er die Auswanderungs- und Vermögenstransferbewilligung bekam.

Diese Reichsfluchtsteuer war zur Zeit der Wirtschaftskrise vor allem eingeführt worden, um die Kapitalflucht aus Deutschland einzudämmen, nach der nationalsozialistischen Machtübernahme in Deutschland wurde aber die maßgebliche Vermögensgrenze auf 50.000 RM herabgesetzt, und naturgemäß wurden dann in zunehmendem Maße Juden die Opfer dieser Bestimmung. Hatte das Deutsche Reich vom Haushaltsjahr 1932/33 bis zum Haushaltsjahr 1937/38 immerhin 197 Millionen Reichsmark aus der Reichsfluchtsteuer eingenommen, so waren es allein im Haushaltsjahr 1938/39 dann nicht weniger als 342 Millionen RM.[62] Der nationalsozialistischen Ausplünderungspolitik blieb natürlich nicht verborgen, daß auch diese 342 Millionen noch einen Kapitalabfluß aus Deutschland von 1026 Millionen RM bedeutet hätte – wenn man nicht auch dies verhindert hätte.

Mit der nationalsozialistischen „Ersten Verordnung zur Einführung steuerrechtlicher Vorschriften im Lande Österreich" vom 14. April 1938[63] jedenfalls wurde festgesetzt, daß die Vorschriften über die Reichsfluchtsteuer im Lande Österreich anzuwenden seien. Die Wirksamkeit wurde erstreckt auf Personen, „die am 1. Jänner 1938 österreichische Bundesbürger gewesen sind und seither ihren Wohnsitz oder ihren gewöhnlichen Aufenthalt im Lande Österreich oder im übrigen Reichsgebiet aufgegeben haben oder aufgeben", und auf Personen, „die am 31. März 1931 Angehörige des Deutschen Reiches gewesen sind und nach dem 31. Dezember 1937 ihren Wohnsitz oder gewöhnlichen Aufenthalt im Lande Österreich aufgegeben haben oder aufgeben". Mit der letzteren Bestimmung konnte man auch deutsche Juden fassen, die nach der dortigen nationalsozialistischen Machtübernahme nach Österreich gegangen waren. Dieser Aspekt ist aber für Kärnten unergiebig.

Nach nationalsozialistischer Ansicht bildete die österreichische Vermögenssteuer keine geeignete Bemessungsgrundlage für die Reichsfluchtsteuer, weil sie zu viele Abzüge ermöglichte. Deshalb wurde in einer eigenen Durchführungsverordnung vom gleichen Datum grundsätzlich das Gesamtvermögen mit Ausnahme ganz weniger Wirtschaftsgüter als Bemessungsgrundlage angenommen. Vom Rohvermögen durften auch Schulden und Lasten nur abgezogen werden, wenn sie nicht beim Betriebsvermögen berücksichtigt wurden. Als nun viele jüdische Unternehmer oder Hausbesitzer angesichts des ständigen Drängens der Vermögensverkehrsstelle und der vielen Verhaftungen, Hausdurchsuchungen und Drohungen nur zu bereit waren, das Land zu verlassen, wurde ihnen allmählich bewußt, was diese Reichsfluchtsteuer für sie bedeutete. In der Praxis wurde diese Reichsfluchtsteuer dann von den Wohnsitzfinanzämtern mittels Steuerbescheid vorgeschrieben, doch erfolgte oft in Wien beim Finanzamt für den 1. Bezirk eine Nachrechnung und Erhöhung dieser Abgabe.[64]

Weniger Wirkung für die jüdischen Mitbürger Kärntens hatte eine andere Entwicklung: Im Stab Bürckels, des Reichskommissars für die Wiedervereinigung Österreichs mit dem Deutschen Reich, wurde die Dienststelle eines Stillhaltekommissars gebildet, der gemäß dem Gesetz vom 17. Mai 1938 über die Überleitung und Eingliederung von Vereinen, Organisationen und Verbänden[65] sich auch mit den jüdischen

Vereinen Kärntens beschäftigen sollte. Gemäß Paragraph 3 dieses Gesetzes war der Stillhaltekommissar befugt, für einen Verein die Auflösung zu beantragen und das vorhandene Vermögen einzuziehen. Da die jüdischen Vereine Kärntens bekanntermaßen über nur geringes Vermögen verfügten und die Dienststelle des Stillhaltekommissars in Wien einer enormen Arbeitsfülle gegenüberstand, kamen in Kärnten lukrativere Gruppierungen, wie etwa die Vaterländische Front oder die St.-Josef-Bücherbruderschaft, viel früher zur Bearbeitung dran.

Den Bund jüdischer Frontsoldaten in Kärnten beispielsweise wollte der Stillhaltekommissar erst am 29. September 1938 auflösen, „WIZO" Kärnten am 13. September, die Ortsgruppe Klagenfurt des Zionistischen Landesverbandes am 9. März 1939, wobei das mittlerweile zur Polizeidirektion umgebildete Polizeikommissariat Klagenfurt jeweils nicht ohne Ironie nach Wien meldete, daß die Gestapostelle Klagenfurt schon im März 1938 alle jüdischen Vereine Kärntens aufgelöst und Vermögenswerte beschlagnahmt hatte.[66]

Die rapide Entwicklung ging weiter, und diese vor allem in Wien vorgeschlagenen und beschlossenen Maßnahmen zur Ausplünderung und Vertreibung der österreichischen Juden, mit denen Österreich dem Reich tatsächlich binnen kürzester Zeit vorauseilte[67], wurden auch von unmittelbaren organisatorischen Maßnahmen in einem Ausmaß begleitet, daß sie auch in den einzelnen Gauen außerhalb Wiens rasch greifen und wirksam werden mußten.

Mit den Maßnahmen vom Juni und Juli verstärkte sich in Kärnten noch dieser Eindruck äußerster Bürokratie und Pedanterie, wie er sich schon mit der Anwendung der „Anmeldungsverordnung" gezeigt hatte. Nimmt man an, daß die Verantwortlichen dies absichtlich so wollten, so ist man gezwungen, weiter anzunehmen, daß sie damit in etwa die Regellosigkeit wie die offene Gewalttätigkeit steuern wollten. Waren mit 20. Mai 1938 die Nürnberger Gesetze in Österreich zur Geltung gebracht worden und die Juden damit nicht mehr Reichsbürger, so wurde mit der 3. Verordnung zum Reichsbürgergesetz vom 14. Juni der Begriff des jüdischen Gewerbebetriebes definiert.[68]

Zur Durchführung dieser dritten Verordnung zum Reichsbürgergesetz wurde am 14. Juli ein Runderlaß des Reichsministers des Inneren (286/38–5012c) herausgegeben, in welchem die Anlegung von Verzeichnissen der jüdischen Gewerbebetriebe angeordnet wurde und Hinweise dafür gegeben wurden. Diese Verzeichnisse waren in Österreich bei den Gewerbebehörden erster Instanz unter Oberleitung der Gewerbebehörde zweiter Instanz zu führen. Ein Stück der anzulegenden Verzeichnisse war für den innerdienstlichen Verkehr, das zweite für die Anschlagtafel, das dritte für die jeweilige Landeshauptmannschaft und das vierte für den jeweiligen Gauleiter vorgesehen.

Das Ministerium für Wirtschaft und Arbeit gab den Durchführungserlaß am 19. August 1938 an die Landeshauptmannschaft Kärnten weiter, wo Pawlowski vier Tage später die Weisung zur Durchführung an die Bezirksverwaltungsbehörden und die Bezirkshauptmannschaft Lienz weitergab und auch auf den späteren Zeitpunkt zum Vollzug, den 1. September des Jahres, hinwies. Die Bezirkshauptmannschaften bzw. die autonomen Städte Klagenfurt und Villach hatten demnach die Registrierung der jüdischen Gewerbebetriebe in ihrem Zuständigkeitsbereich vorzunehmen. Informationen hierüber sollten sie sich bei der Handelskammer bzw. über die Landhandel betreibenden

Firmen bei den Kreisbauernführern, allgemein aber auch bei Parteidienststellen und Finanzbehörden holen. Interessanterweise hatte Pawlowski in der Landeshauptmannschaft mit der Führung dieser Agenden einen hohen Beamten beauftragt, der mit einer Halbjüdin verheiratet war.

Die Gewerbebehörden arbeiteten dann in den folgenden Tagen an den Verzeichnissen, konnten aber den gestellten Termin nicht einhalten. Bei der gewerberechtlichen Definition hielten sie sich auch in den wenigen Fällen, wo es sich um OHG, Kommanditgesellschaften oder juristische Personen handelte, nicht mit Feinheiten auf, sondern der Begründungsterminus für die Registrierung hieß einfach permanent „Inhaber ist (sind) Jude(n)".

Als Beispiel mag das Verzeichnis von Klagenfurt dienen, weil es am deutlichsten auch das bis zu diesem Zeitpunkt gediehene Wirken der Vermögensverkehrsstelle widerspiegelt: Anfang September bestanden in Klagenfurt noch folgende Betriebe:

Filiale des Wiener Kleiderhauses „Zum Matrosen" (Leon Abrahamer), Kramergasse 6

Filiale des Juweliergeschäftes Julius Bogjanski, Wien, in Klagenfurt, Fröhlichgasse 5

Getreidehandel Braun & Lustig, Viktringer Ring 25, bereits aufgelöst, Gewerbeberechtigung noch aufrecht

Amalie Fischbach, Wäsche und Glaswaren, Platzgasse 10

Jonas Fischbach, Gemischtwarenhandel, Karfreitstraße 9

David Fleischmann, Modewarenhandel, Bahnhofstraße 24 (aus der Domgasse übersiedelt)

Elias Friedländer, Gemischtwaren, Gabelsbergerstraße 15 (schon gelöscht)

Gisela Friedländer, Strickwarenerzeugung, Gabelsbergerstraße 15 (Betrieb aufgelassen, Gewerbe noch nicht gelöscht)

Max Friedländer (OHG, Inh. Josefine und Emil Friedländer), Gemischtwaren, Pernhartgasse 1

Simon Friedländer, Adolf-Hitler-Platz 12 (Neuer Platz)

Sigmund Krammer, Futtermittelhandel, Sterneckstraße 50

Fa. Adolf Preis & Söhne, Modewaren, Gemischtwaren, Wiener Gasse 2

Jakob Klein, Handelsagentur, St. Ruprechter Straße 12

Robert Preis, Kleidermachergewerbe, Wiener Gasse 2 (Status Anfang September unklar)

Fa. Felix Preis, Kommanditges., Damenmodewaren, Paradeisergasse 4 (Status unklar)

Simon Reinisch, Konfektions- und Schuhwaren, Tarviser Straße 2

Jakob Schaier, Gemischtwaren, Alter Platz 17 (Anfang September Status unklar)

Josef Schaier, Gemischtwaren, Wiener Gasse 4

Ing. Hermann Schiller, Handel mit chem. und techn. Produkten aller Art, Völkermarkter Straße 59

Lotte Weinreb, Gemischtwaren, Platzgasse 14

Moritz Zeichner, Gemischtwaren und Leder, Adlergasse 14 (Ausgleichverfahren laufend)

Klara Laufer, Textilwaren und weibl. Handarbeiten, 10.-Oktober-Straße 4

So wie in den anderen Bezirksverwaltungsbehörden wurden auch in Klagenfurt die Juden mit tschechischer, rumänischer, polnischer Staatsbürgerschaft nicht in das Verzeichnis aufgenommen, sondern im Wege der Landeshauptmannschaft gesondert dem Ministerium für Wirtschaft und Arbeit gemeldet.

Das Ausmaß der bürokratischen und letztlich leerlaufenden Pedanterie wird erst bewußt, wenn man daran erinnert, daß dieses an einen Pranger erinnernde Verzeichnis von Anfang September 1938 de facto aber gar nichts darüber aussagt, ob die betreffenden Inhaber noch in Klagenfurt waren und ob ihre Firmen wirklich noch bestanden, da es ja hier nur um den Gewerbeschein und die Löschung der Gewerbeberechtigung ging. So war beispielsweise das Unternehmen von Gisela Friedländer schon seit 1. August liquidiert, die behördliche Löschung des Gewerbes erfolgte dann erst am 21. September. Die Firma Siegmund Lilians, Marktfierantie und Konfektionswaren, 10.-Oktober-Straße 4, etwa, war im Februar 1939 noch nicht gelöscht, da Lilian die polnische Staatsbürgerschaft hatte, er selbst aber wohnte schon seit Juli 1938 in Wien, Alserstraße 12/2/1.[69]

Wenig später wurden auch die Kaufleute mit ausländischer Staatsbürgerschaft in das Verzeichnis aufgenommen, und auch diesen Opfern wurde der amtliche Bescheid über die Eintragung samt Hinweis auf die Beschwerdefrist zugestellt. Das geschah alles im September 1938 und betraf Nandor Salzberger, Siegmund Kornhauser, Samuel Linker (Handel mit Rohprodukten und Altmetallen, Wohnung Bäckergasse 10, Geschäft am Kardinalplatz), Hermann Fischbach (Waren aller Art, Linsengasse 44), Josef Müller, David Duschinsky (Gemischtwaren, Bahnhofstraße 33, Wohnung Fröhlichgasse 26), aber auch keiner von diesen, die sich eigentlich noch als geschützt durch ihre Staaten empfinden sollten, unternahm irgendeinen Protest oder eine Beschwerde, obschon sie wissen mußten, daß die Eintragung Liquidation oder Arisierung bedeutete.[70]

Von den in die Liste aufgenommenen Kaufleuten befanden sich mit 29. August 1938 noch in Klagenfurt: Jonas, Amalie und Hermann Fischbach, David und Grete Fleischmann, Elias Friedländer, Gisela Friedländer, Josefine und Emil Friedländer, Simon und Rosalia Friedländer, Jakob Klein, Siegmund Krammer, Klara Laufer, Robert, Emil und Felix Preis, Simon Reinisch, Blanka Schiller, die Gattin von Ing. Hermann Schiller, Nandor Salzberger und Samuel Linker. Jakob Schaier wurde wenige Tage später vom Magistrat Klagenfurt noch in der Stollgasse in Wien gefunden, dort war auch Lotte Weinreb, aber Josef Schaier, David und Regina Duschinsky, Siegmund Kornhauser und Josef Müller konnten von der Klagenfurter Gewerbebehörde nicht mehr gefunden werden – bei Moritz Zeichner aber gelang es ihr schließlich nach einigem Suchen. Dieser war im Zuge der neuen Verhaftungswelle vom Mai 1938 wieder festgenommen worden, die Gewerbebehörde spürte ihn schließlich im Konzentrationslager Dachau auf und schrieb „an die Direktion der Lagerverwaltung Dachau" folgenden Brief:

„Moritz Zeichner, Kaufmann, geboren 23. März 1888 zu Jablonow, Polen, zuständig Klagenfurt, soll angeblich derzeit im dortigen Lager inhaftiert sein. Der Magistrat ersucht hiermit um gefällige Zustellungsveranlassung des beiliegenden Dienststückes gegen Unterfertigung des rückzuschließenden Zustellscheines."

Binnen einer Woche kam die Antwort der Kommandantur des Konzentrationslagers Dachau: „An den Stadtmagistrat Klagenfurt! In der Anlage wird ein Rückschein zurückgesandt, nachdem das verzeichnete Schreiben dem Häftling Moritz Zeichner persönlich ausgehändigt wurde. Der Lagerkommandant."

Auch bei der Suche nach Siegmund Lilian hatte der Magistrat Klagenfurt schließlich Erfolg. Ende Oktober, also nach recht langen Nachforschungen, gelang es, ihn in der Alserstraße in Wien aufzuspüren und ihm ebenfalls eine Unterschrift für die Mitteilung der Aufnahme seiner Firma in das Verzeichnis abzuringen.[71]

Auffallend an all diesen Vorgängen ist nicht nur die Hartnäckigkeit, mit der unter Zuhilfenahme einer Fülle von Gesetzen und Verordnungen immer wieder Scheinlegalität zu simulieren versucht wird, sondern mehr noch das extreme Ausmaß an bürokratischer Pedanterie, mit dem da vorgegangen wurde. Es scheint sich dabei um eine typische Reaktionsweise der betroffenen mittleren und unteren Beamtenränge zu handeln, die als Entlastungsvorgang und Sich-Verstecken hinter der Pflicht entstand, zumal ja nachweislich nicht allen Beamten diese Amtsgeschäfte angenehm waren.

Der Verlauf der Dinge in Klagenfurt ist charakteristisch für das ganze Land: Mit Ende August befand sich die große Mehrheit der besitzenden jüdischen Mitbürger noch in ihrer Heimat. Mittlerweile war aber – viel weniger bemerkt von der Öffentlichkeit – bereits ein anderer Vorgang abgelaufen: Die nichtselbständigen jüdischen Mitbürger, also die Angestellten bei Firmen in der Privatwirtschaft, die Eisenbahnbediensteten, Zoll- und Gerichtsbeamten, Angehörigen der Grenzpolizeibehörden, Bedienstete in Körperschaften und Ämtern wurden, nachdem sie von der Verhaftungswelle im März wieder freigekommen waren oder – in wenigen Fällen – unbehelligt geblieben waren, sogleich von ihren Arbeitsplätzen und Dienstposten entlassen. Eine Vertreibung aus Wohnungen erfolgte nicht, obwohl in ganz wenigen Fällen örtliche Parteifunktionäre bei der Gestapo aus persönlichem Interesse derartige Anregungen geben wollten.

Die Entlassung wurde meist fristlos ausgesprochen, es gab keine weiterreichenden Gehaltszulagen und Abfertigungen.[72] Jüdische Angestellte in jüdischen Firmen aber, wie etwa bei Simon Friedländer, wurden zuerst nur beurlaubt, dann erfolgte die Kündigung bei Berücksichtigung einer dreimonatigen Kündigungsfrist und entsprechender Gehaltszahlung, zugleich wurde auch noch die gesetzlich vorgeschriebene Abfertigung ausbezahlt.[73] Mischlinge ersten Grades wurden bei Körperschaften und Behörden mit reduzierten Bezügen in Pension geschickt, in einigen Fällen gab es – abgesehen von dem versuchten Griff nach dem Vermögen – auch anderweitige Einschränkungen. So erhielt etwa Dr. Menninger von Lerchenthal, Amtsarzt im Bezirk Hermagor, schließlich Berufsverbot in Kärnten und mußte in einem Krankenhaus in Frankfurt/Main Dienst tun.[74] Dem Sohn eines jüdischen Villacher Arztes wieder ermöglichte es die Intervention von Klausners Bruder, auf seinem Posten im Krankenhaus zu bleiben. Rein theoretisch war es nach den gesetzlichen Bestimmungen[75] auch möglich, daß jüdische Beamte – Volljuden im Sinne der Nürnberger Gesetze – mit verminderten oder vollen Bezügen in den Ruhestand versetzt wurden, doch blieben Durchführung oder Ausbleiben dieser Möglichkeit unerheblich, da all die Entlassenen von seiten der Gestapo sogleich gedrängt wurden, Kärnten zu verlassen, d. h. die Auswanderungsmöglichkeiten in Anspruch zu nehmen. Wieder erwiesen sich die Verhältnisse im ländlichen Raum teilweise als brutaler denn jene in den größeren Städten. Dieses rasche Drängen auf Auswanderung zielte sogleich auch auf die nicht vermögenden jüdischen Selbständigen. Wenn der kleine jüdische Kaufmann aus irgendeinem der kleinen Orte Ober- oder Unterkärntens sich nach der Enthaftung täglich beim Ortsgruppenleiter melden mußte, der Bevölkerung eingeschärft war, nichts in dem betreffenden Geschäft zu kaufen, dann war die Übersiedlung nach Wien meist sehr schnell erreicht. Auflösung des kleinen Warenlagers und Verkauf oder Versteigerung der Möbel gingen dabei meist zwanglos unter der Regie einheimischer Parteigrößen vor sich.[76]

Was war inzwischen mit den jüdischen Mitbürgern Kärntens geschehen, die Selbständige waren und Vermögen hatten? Sie waren primär durch die Vermögensverkehrsstelle unter Druck gesetzt, Firma, Haus und andere Vermögensteile zu verkaufen, gelegentliche neuerliche Verhaftungen oder Haussuchungen durch die Gestapo suchten diesen Druck zu verstärken. Im Zusammenhang mit der Veräußerung ihres Vermögens wurde allen die möglichst schnelle und günstige Auswanderung in Aussicht gestellt, wobei aber stets auch suggeriert wurde, daß sie dabei zumindest einen Teil dieses zu Geld gemachten Vermögens mitnehmen dürften. Die Vorsichtigeren wurden erstmals ein wenig mißtrauisch, als die Zweigstelle Wien des Devisenfahndungsamtes eine Außenstelle Klagenfurt (Inspektor Schleicher) errichtete und ab Juli 1938 gemäß Paragraph 24 der Devisenverordnung für das Land Österreich vom 23. März 1938[77] begann, gegen alle jüdischen Opfer die Sicherungsanordnung zu verhängen, welche besagte, daß alle Guthaben aus Verkäufen gesperrt waren. Die Begründung war stets die gleiche: „Die Sperre des Betrages ist erforderlich, um zu verhindern, daß ... unkontrolliert in den Besitz des zu seinen Gunsten bestehenden Guthabens kommt, weil zu vermuten ist, daß der Betrag oder Teile davon ohne Genehmigung ins Ausland verbracht werden könnten."[78] Je früher also jemand verkaufte und nach Wien ging, umso eher hatte er wenigstens noch eine kleine Chance, ins Ausland zu kommen und dabei Vermögensreste mitnehmen zu können, da das Dickicht der gesetzlichen Bestimmungen und die Leistungsfähigkeit der mit der Judenausplünderung befaßten Behörden ständig größer wurden.

Dem stand auf der anderen Seite wieder die Fehleinschätzung der Lage durch viele Kärntner Juden gegenüber. Der Großteil von ihnen glaubte gerade dann, als sie von Glaubensgenossen erfuhren, daß ein Verkauf diesen nichts eingebracht hatte, daß es auf jeden Fall besser sei, auszuhalten und nicht zu verkaufen. Sie hofften nämlich, daß die geltenden Bestimmungen wieder aufgehoben werden könnten und überhaupt ein Nachlassen der Judenverfolgung eintreten müsse. Daran änderte sich auch nichts, als sie amtlicherseits davon verständigt wurden, daß auch bezüglich ihrer Häuser im Grundbuch die Sicherungssperre eingetragen worden war.[79] Diese Haltung einer irrationalen Hoffnung verstärkte sich bei vielen immer mehr, je trister die Verhältnisse wurden, und ist nicht als ein bewußter Widerstand gegen Erpressung und Bedrohung anzusehen. In verschiedenen Fällen waren aber auch vor allem alte Leute gar nicht in der Lage, die verwirrende Situation wirklich zu überblicken und die richtigen Schlußfolgerungen daraus zu ziehen, obschon ja eigentlich bereits die Einsetzung eines kommissarischen Verwalters oder einer Hausverwaltung oder eben die Sicherungssperre den Tatbestand der Verfolgung und Einschränkung erfüllten.

So hielten viele jüdische Kärntner beharrlich stand, obwohl von den verschiedensten Seiten auf sie Druck ausgeübt wurde. Entweder zur gleichen Zeit oder schon vorher ging aber hinter den Kulissen der NSDAP ein meist recht dramatischer und keineswegs geradliniger Meinungsbildungs- und Entscheidungsprozeß vor sich, von dem das Opfer nur in wenigen Fällen etwas merkte.

Wenn es um ein gewerbliches Unternehmen ging, prallten mehrere Interessengruppen aufeinander. Da waren einerseits die nichtjüdischen Unternehmer der gleichen Branche am gleichen Ort, die Konkurrenz also, die sich in der Landeshandelskammer hinter ihrem Präsidenten verschanzte und auf diesen stärksten Einfluß ausüben konnte. Ing. Alois Winkler stand aber als Gauwirtschaftsberater Kutschera besonders nahe, wie seine Karriere zeigt, und daher war sein Einfluß innerhalb der Parteihierarchie nicht gering – und das auch schon vor Ende August, ehe noch die Ernennung aller Gauamtsleiter der Kärntner NSDAP erfolgt und Winkler zwar Gauwirtschaftsberater, aber noch nicht Leiter eines komplett ausgestatteten Gau-Amtes war. Als solcher hatte Winkler schon im Mai intensiven Kontakt mit den Wiener Zentralstellen aufgenommen.[80]

Die Nationalsozialistische Betriebszellenorganisation, die unmittelbar nach Bürckels Verwalter-Gesetz so nachdrücklich in Erscheinung getreten war, hatte den Machtkampf innerhalb der Kärntner Nationalsozialisten verloren. Im Zuge der Umgestaltung zur Deutschen Arbeitsfront war auch Kren als Gaubeauftragter durch Egger abgelöst worden. Kutschera selbst hatte dabei wohl eindeutig zugunsten des Gauwirtschaftsberaters und der Handelskammer Stellung bezogen, und schließlich wurde Kutschera selbst DAF-Gauobmann. Am 13. August 1938 schrieb er an Bürckel: „Die Personalunion zwischen Gauleiter und DAF-Gauobmann zwingt mich, von Zeit zu Zeit in das Getriebe der DAF Einblick zu nehmen, besonders in der letzten Zeit war ich aus verschiedenen Ereignissen heraus genötigt, mich eingehend mit den Fragen der DAF zu beschäftigen."[81] Die NSBO, in deren Reihen sich offensichtlich wie in der SA viele sozial unzufriedene Alte Kämpfer befunden hatten, war zur Räson gebracht worden.

Anders lagen aber die Dinge innerhalb der mittleren und unteren Ränge der Parteihierarchie selbst. Die selbständigen Unternehmer innerhalb der NSDAP waren grundsätzlich für die Liquidation jedes größeren und leistungsfähigeren jüdischen Betriebes und gegen den Übergang in nichtjüdische Hände, weil sie sich damit eine Konkurrenz vom Halse schaffen konnten, die sie offensichtlich in den zwanziger und dreißiger Jahren schon gespürt hatten. Ihnen war nicht damit gedient, wenn nun ein Nationalsozialist einen solchen Betrieb übernahm, weil ja auch er wieder Konkurrenz darstellte. Und diese Gruppe in der Handelskammer hinter dem Gauwirtschaftsberater setzte sich oft durch, was man daran ablesen kann, daß gerade bei größeren und zugleich hochaktiven Betrieben die Liquidation vor allem dann angestrebt wurde, wenn im Gremium der Handelskammer Gemeinnutz vor Eigennutz gehen mußte, d. h. die Herren nicht bereit waren, einem von ihnen die Betriebsübernahme zu konzedieren. So wurde beispielsweise bei den Firmen Warenhaus „Elba" in Villach oder Lotte und Isidor Weinreb in Klagenfurt von allem Anfang an auf die Liquidation hingesteuert.

In den kleineren Orten wie Wolfsberg, Völkermarkt, Feldkirchen, Spittal geschah es leichter, daß der Branchenkollege aus der gleichen Straße oder vom gleichen Platz im

Arisierungswege ein Geschäft übernahm, um damit seine Konkurrenzprobleme zu lösen. Es gab aber auch Ausnahmen und vom Normalfall stark abweichende Lösungen.

Zugleich aber gab es innerhalb der Parteistrukturen eine beträchtliche Anzahl von altgedienten Parteigenossen, viele von ihnen zuvor gar nicht Selbständige, die ihre Chance als Unternehmer und Arisierer haben wollten und diverse Befürworter einsetzen konnten, um ihr Ziel zu erreichen. Was die Arisierung von Firmen betrifft, so gingen insgesamt 92 Prozent der zur Arisierung zugelassenen Betriebe an illegale Parteigenossen, wobei in mehreren Fällen, etwa in jenem der Firma Adolf Preis und Söhne oder Warenhaus Max Friedländer, auch das Interesse an einer Liquidierung von einzelner Seite sehr stark war. Das Unternehmen Leopold Czuczkas ging trotz des starken Interesses mehrerer Parteigenossen an einen Nicht-Parteigenossen, da Czuczka selbst dies durchsetzen konnte. Er genoß als einstiger Frontsoldat in Spittal beträchtlichen Schutz, auch dürfte es nicht bedeutungslos gewesen sein, daß Dr. Bilgeri von der Vermögensverkehrsstelle Wien mit der Tochter eines Spittaler Bürgers verheiratet war.[82]

Im Falle der Geschäfte Simon Friedländers wiederum gelang es der NSBO noch, ihren Einfluß geltend zu machen, obwohl Klagenfurter Unternehmerkreise bei Winkler die Liquidierung durchsetzen wollten. Da sich dies wegen des Einspruchs der NSBO nicht so einfach bewerkstelligen ließ, meldeten einige Kaufleute ihr Interesse an einer Übernahme des Betriebes an. Nach Einsicht in die Bilanz waren sie aber nicht bereit, die Passiven mit zu übernehmen. Die NSBO wiederum war nicht bereit, für die Angestellten im Falle einer Liquidation die Arbeitslosigkeit hinzunehmen, die bei der damaligen Beschäftigungslage im Handel unvermeidlich schien. Die Vermögensverkehrsstelle erwirkte dann schließlich den Kompromiß, daß die beiden ältesten noch tätigen Angestellten von Simon Friedländer, nämlich Alois Krischke und Max Kogler, die sich um einen Privatkredit umsehen mußten, den Betrieb übernehmen sollten. Simon Friedländer ging auf den Vorschlag ein, verlangte aber von 80 Prozent seiner Gläubiger schriftliche Entlastungserklärungen, womit sie ihre Forderungen auf Kogler und Krischke übertrugen. Die endgültige Entscheidung zog sich wegen der hinter den Kulissen fortgehenden Machtkämpfe noch längere Zeit hin, fiel aber dann doch zugunsten einer Weiterführung im Interesse der Belegschaft. Die Gegner rächten sich bald: Schon im Frühjahr 1943 legte die Gauwirtschaftskammer das Geschäft Adolf-Hitler-Platz 12, die Großhandelsabteilung und den Schuhverkauf im Zusammenhang mit Schwierigkeiten in der Kontigentzuteilung still.[83]

Beim Verkauf einer Firma an einen „Arisierer" war der Vorgang grundsätzlich folgender: Wenn in Parteikreisen bereits Einhelligkeit darüber herrschte, wer das Geschäft „arisieren" sollte, wurde in Klagenfurt dieser bestimmte Käufer von der Vermögensverkehrsstelle dem Verkäufer nahegebracht, außerhalb Klagenfurts übernahm diese Aufgabe auch des öfteren die örtliche Parteiorganisation, um mit mehr oder weniger Nachdruck eine rasche Verkaufszustimmung des Opfers zu erreichen. Zugleich wurde unter Mitwirkung des kommissarischen Verwalters eine mehr oder weniger flüchtige Bestandsaufnahme gemacht und eine Kaufsumme meist unter Mitwirkung eines Buchsachverständigen festgelegt. Gegen andere Kaufinteressenten wurde der Fall durch die Vermögensverkehrsstelle gleichsam abgeschirmt, zugleich wurde für verdiente Alte Kämpfer ein Kredit bei einem Geldinstitut besorgt, der meist auch mit einer Reichsbürgschaft verbunden war. Bei der Festlegung der Kaufsumme ging man meist so vor, daß die vorhandenen Waren rein rechnungsmäßig bewertet und unter dem Gesichtspunkt der Neuheit und Verwendbarkeit möglichst niedrig eingestuft wurden. Daneben erfuhr meist auch das vorhandene Inventar noch eine rechnungsmäßige Berücksichtigung, sonst aber nichts. Allein durch diese Sehweise, bei welcher keineswegs der Betrieb als Ganzes mit all seinen Nutzfaktoren ins Auge gefaßt wurde, ergaben sich stets sehr niedrige Kaufangebote an die Opfer.

In der Folge hing es dann aber ganz von den Opfern ab, wie schnell sie sich bei den Verhandlungen zwischen kommissarischem Verwalter, Kaufinteressenten und Vermögensverkehrsstelle dem Angebot fügten. Bei einer gewissen Unerschrockenheit gelang es des öfteren, die Verhandlungen zu verzögern und etwas höhere Wertfestlegungen, i. e. eine Neufassung des entworfenen Kaufvertrages, zu erreichen. Noch leichter ging dies, wenn von Parteiseite oder Vermögensverkehrsstelle kein eindeutiger und ausschließlicher „Arisierer" festgelegt war, sondern das Opfer mit mehreren Interessenten verhandeln konnte. Der Vermögensverkehrsstelle wurde in diesem Zusammenhang auch des öfteren die Realisierung persönlicher Vorlieben nachgesagt.

Zusammenfassend zeigt sich, daß dem jüdischen Opfer bei entsprechendem Mut ein gewisser Handlungsspielraum gegeben war. Warum dieser Handlungsspielraum trotz scheinbarer Sinnlosigkeit oft genutzt wurde, ist uns ja bereits klar. Grundsätzlich versuchten die beteiligten Behörden die äußerste Konsequenz, nämlich die Sperre und Enteignung des Betriebes als staatspolizeiliche Maßnahme, wie es ja Himmlers Freibrief vom März 1938 schon ermöglicht hätte, unter allen Umständen zu vermeiden. Viel lieber wollte man den Schein aufrechterhalten, daß alle Transaktionen als nicht erzwungene freihändige Verkäufe erfolgt wären. Im Zusammenhang mit der ehrgeizigen Konkurrenz der Gaue miteinander, möglichst rasch „judenrein" zu werden, griff die Gestapo aber im letzten Viertel des Jahres dann zu einer anderen staatspolizeilichen Maßnahme, nämlich zum Gauverweis, wie noch darzustellen sein wird.

Beschlagnahmungen von jüdischen Vermögenswerten als staatspolizeiliche Maßnahme sind daher sehr selten. Sie wurden nur bei Abwesenheit des Besitzers durchgeführt, oder wenn man glaubte, ihm etwas Strafbares wie zum Beispiel den Versuch, Geld ins Ausland zu schmuggeln, anhängen zu können. Die Villa „Leonstein" in Pörtschach etwa, die Dr. Siegfried Leo Spitzer gehörte, wurde 1939 durch die Gestapo beschlagnahmt und das Eigentumsrecht schließlich mit 12. September 1939 für das Deutsche Reich, vertreten durch das Finanzamt Moabit-West, Berlin, einverleibt, da Unklarheiten hinsichtlich der Reichsfluchtsteuer bestanden.[84]

Jakob Schaier wiederum verließ schon im März 1938 Kärnten, weshalb sofort für sein Haus, Alter Platz 17, ein Hausverwalter bestellt wurde. Als Schaier von Wien aus Geld ins Ausland mitnehmen wollte, wurde er von der Gestapo zurückgehalten und das Haus am Alten Platz mit 10. November 1938 beschlagnahmt, und zwar zugunsten des Oberfinanzpräsidenten Graz. Betreibender Teil war hierbei die Gestapoleitstelle Wien.[85]

Im Vergleich zu späteren Enteignungen und dann zur Aussiedlung von Slowenen wurde demnach in den Fällen der jüdischen Minderheit noch nicht das Landbeschaffungsgesetz herangezogen, bzw. alles als staatspolizeiliche Aktion durchgeführt. Trotzdem bedeutet unter den beschriebenen Umständen der scheinbar freiwillige Kaufvertragsabschluß nichts, da ja gerade die Umstände zeigen, daß die Regeln des redlichen Verkehrs dabei nicht eingehalten wurden, sondern eindeutig Zwang und Benachteiligung vorlagen. War dieser schon mit der „Anmeldungsverordnung" vom 26. April de facto gegeben, so verstärkte sich dieses Element nach der Reichskristallnacht noch durch weitere scheinlegale Arrangements der Nationalsozialisten:

Es sind dies die „Verordnung zur Ausschaltung der Juden aus dem deutschen Wirtschaftsleben" vom 12. November 1938[86], mit der für das endgültige Ausscheiden der Juden aus Einzelhandel, Handwerk und Marktverkehr der 1. Januar 1939 als Termin gesetzt wurde, und schließlich dann die „Verordnung über den Einsatz jüdischen Vermögens" vom 3. Dezember 1938, welche de facto eine verschärfte Fassung der Verordnung vom 26. April darstellt.[87]

Bereits an der Entwicklung der Verkaufsgespräche war stets auch die Vermögensverkehrsstelle beteiligt, und sie war es, die bei zu hohem Kaufschilling den Kaufvertrag nicht bestätigte und eine niedrigere Summe festsetzte.[88] Wollte das Verkaufsgespräch nicht recht mit der gebotenen Schnelligkeit weitergehen, so griff – offensichtlich über Anforderung der Vermögensverkehrsstelle – auch die Gestapo mit einigen Vorladungen oder Hausdurchsuchungen ein. Der abgeschlossene Kaufvertrag wurde sodann von der Vermögensverkehrsstelle Klagenfurt der übergeordneten Vermögensverkehrsstelle Wien vorgelegt, und diese sprach dann in Bescheidform nach kürzerer oder längerer Zeit die Genehmigung des Kaufvertrages aus. In Fällen, in denen höhere Parteifunktionäre oder einflußreiche Parteigenossen betroffen waren, ging das des öfteren binnen zwei Wochen, ansonsten dauerte es über einen Monat und noch länger.[89]

Die Bewilligung durch die Wiener Vermögensverkehrsstelle war eher nur von formalrechtlicher Bedeutung, auch wenn Winkler noch 1948 behauptete: „Erstens wurde die Genehmigung ausschließlich von der Vermögensverkehrsstelle Wien erteilt, und zweitens wurde keinesfalls immer den Vorschlägen der Vermögensverkehrsstelle Klagenfurt entsprochen. Die Vermögensverkehrsstelle Wien hat aus eigenem Erhebungen über die Eignung der Geschäftsübernehmer durchgeführt."[90] Fälle solcher Korrekturen durch die Wiener Stelle lassen sich aber nicht finden, die Aussage diente wohl dem Zweck, die Kompetenz und den Handlungsspielraum der Klagenfurter Dienststelle möglichst klein zu halten. Wenn man aber die Vielzahl aller Fälle überblickt, läßt sich nicht leugnen, daß der Vermögensverkehrsstelle auch in Kärnten immerhin beträchtliche Eingriffe ins Wirtschaftsleben oblagen und sie starke Lenkungsimpulse geben konnte. Immerhin haben auch die Verantwortlichen selbst zugegeben, daß ihre Tätigkeit zu Zwangsmaßnahmen führte.

Dabei wurde noch nach dem Krieg ein delikater, aber gänzlich irrealer Unterschied gemacht zwischen österreichischen und ausländischen Juden wie auch zwischen Kaufinteressenten, die schwere Parteigenossen waren, oder Leuten, „die in Kreisen der Parteiführung nicht besonders beliebt oder bekannt" waren. So wurde etwa festgestellt: „Da das Haus einer Jüdin gehörte, die ausländische Staatsbürgerin war, so kam nur eine freiwillige Veräußerung und nicht eine zwangsweise Veräußerung in Frage. Bei den Zwangsverkäufen wurden im allgemeinen nur verdiente Parteikreise hinzugezogen. Das war aber nicht eine Richtschnur für alle Veräußerungen."[91] Ob die Beamten der Vermögensverkehrsstelle mit „Zwangsveräußerung" nur die Beschlagnahme zugunsten des Reiches meinten, bleibt völlig unerheblich, da auch die „freiwillige Veräußerung" nur unter Zwang erfolgte.

Zurück zur formalen Bewilligung des Kaufvertrages durch die Vermögensverkehrsstelle Wien. Diese diente zweifellos nicht dem Zweck, Entscheidungen von Klagenfurt zu ändern, sondern einem viel wesentlicheren, nämlich an zentraler Stelle rasch und sicher genauen Überblick über alle sich ergebenden Gelder zu gewinnen. Die zwingende Einschaltung und Berücksichtigung der Vermögensverkehrsstelle wurde laut Vorschrift in jedem einzelnen Kaufvertrag durch folgenden Passus sichergestellt: „Es wird festgestellt, daß der Verkäufer im Sinne des Gesetzes als Jude gilt, wogegen der Käufer Arier ist. Die Rechtsgültigkeit dieses Übereinkommens ist von der Genehmigung desselben durch die Vermögensverkehrsstelle in Wien abhängig."

In anderen Fällen wieder lautete die Feststellung flüchtiger so: „Der Verkäufer erklärt auf Befragen, Nichtarier zu sein. Der Käufer erklärt, Arier zu sein." In anderen Kaufverträgen dieser Zeit mußte daher immer festgestellt werden: „Beide Vertragsteile erklären, arischer Abstammung zu sein, so daß an diesem Geschäft keine Juden beteiligt sind."

Die Vermögensverkehrsstelle war aber keineswegs, um informiert zu sein, auf diese Erklärungen angewiesen, sondern wußte in den Fällen, welche sie angingen, schon im voraus Bescheid. Zu diesem Zweck wurden aber kaum Grundbuch, Gewerbekataster, Handelsregister herangezogen, sondern die nötigen Informationen bezog man primär aus den Aufzeichnungen der Kultusgemeinde und vor allem von ihrem Präses Kriegsfeld, der dafür verwendet wurde. Die Genehmigung eines Kaufvertrages durch die Vermögensverkehrsstelle Wien erging an Verkäufer und Käufer. Dabei wurde bis Anfang Dezember als „gesetzliche" Basis der Paragraph 1 der Verordnung vom 26. April 1938 zitiert, dann aber der § 8 der Kundmachung vom 3. Dezember 1938 über den Einsatz des jüdischen Vermögens, die praktisch nur eine schärfere Fassung der Aprilverordnung darstellt. Die entscheidenden Elemente dieser Bewilligungen waren aber stets die folgenden: „Der Kaufpreis wird mit RM . . . festgesetzt. In Anrechnung auf den Kaufpreis können die bis zum Zeitpunkte der Einverleibung des Eigentumsrechtes der (des) Käufer(s) eingetragenen bücherlichen Lasten übernommen oder bezahlt werden. Ebenso können in Anrechnung auf den Kaufpreis die nicht einverleibten rückständigen öffentlichen Abgaben (Wertzuwachsabgabe) bezahlt werden. Die mit Abschluß und Durchführung des oben angeführten Kaufvertrages verbundenen Kosten, Spesen und Provisionen können, soweit sie laut Vereinbarung aus dem Kaufpreis zu decken sind, gleichfalls ausbezahlt werden. Weiters können unmittelbar an die Forderungsberechtigten zugunsten des Verkäufers zum Zwecke der Auswanderung gegen Vorlage der Rechnungen folgende Zahlungen geleistet werden: Speditionskosten für die Versendung des Umzugsgutes, Kosten für Bezahlung der Eisenbahnfahrkarte, Schiffs- und Flugkarten sowie der Einreisevisa.

Der Restkaufpreis ist auf Grund des § 15, Absatz 1, der Verordnung vom 3. Dezember 1938 auf ein auf den Namen des Verkäufers lautendes, gemäß § 59 ff. Devisengesetz gesperrtes, mit der Bezeichnung ‚Entjudungserlös' versehenes Konto bei einer in der Ostmark geführten Devisenbank zu bezahlen, über welches nur mit Genehmigung der Devisenstelle Wien, Überwachungsabteilung, verfügt werden darf. Die Verwendung der nicht auf das oben angeführte Konto erlegten Gelder ist binnen 14 Tagen bei der Devisenstelle Wien, Überwachungsabteilung, im einzelnen durch Originalbelege nachzuweisen."[92]

Obschon die Bewilligung der Vermögensverkehrsstelle schon bindend die Überweisung des Restkaufpreises durch den Käufer auf ein Sperrkonto vorsah, wurde dieses zugunsten des Verkäufers errichtete Konto auch noch zusätzlich sogleich durch jene Sicherungsanordnung der Außenstelle Klagenfurt des Devisenfahndungsamtes gesperrt, von der schon die Rede war. Das heißt also, die Ausplünderung der Juden erfolgte mit dem Instrument der Devisenverordnung für das Land Österreich, welche die Möglichkeit gab, auch alle Erlöse aus Verkäufen von Firmen, Waren und Liegenschaften – und nicht nur bestehende Bankkonten – zu sperren.

Nach einem solchen „freiwilligen" Kaufabschluß mußte der zustandegekommene Vertrag binnen einer Woche dem zuständigen Finanzamt gemeldet werden, sobald er von der Vermögensverkehrsstelle genehmigt war. Der Käufer zahlte entsprechend der in der Bewilligung enthaltenen Anweisung den Kaufschilling meist auf ein Sperrkonto zugunsten des Verkäufers bei der Creditanstalt-Wiener Bankverein, Zweigstelle Klagenfurt, ein. Zugleich begann das Finanzamt mit dem Abzug rückständiger oder fälliger Steuern, manchmal wurden auch Steuerstrafen verhängt und die Beträge vom gesperrten Betrag abgezogen. Ebenso unternahmen die Käufer unter Anleitung durch die Vermögensverkehrsstelle – wenn sie Lasten laut Kaufvertrag mitübernommen hatten – deren Tilgung, und zwar natürlich unter Abzug vom Kaufschilling.

Zugleich wurde von jedem auf ein solches Sperrkonto eingezahlten Betrag durch das Finanzamt die Reichsfluchtsteuer abgezogen, da man von jedem Opfer automatisch die Erklärung der Bereitschaft zur Auswanderung annahm, auch wenn diese gar nicht abgegeben worden war. Der Abzug der Reichsfluchtsteuer vom gesperrten Betrag erfolgte durch das zuständige Finanzamt – im Falle vieler jüdischer „Auswanderungswilliger" dauerte es aber Monate, bis die ausplündernden Behörden Überblick über die gesamte Vermögenslage gewonnen hatten oder wirklich alles verkauft oder liquidiert war. Daher wurde meist erst am Schluß dieses komplexen Vorganges von der „Reichsfluchtsteuerstelle für das Land Österreich" beim Finanzamt für den I. Bezirk eine Gesamtüberschau gehalten, die bisher bezahlten Reichsfluchtsteuerbeträge wurden addiert und in Relation zum festgestellten Gesamtvermögen gebracht, was de facto meist noch eine abschließende Erhöhung der Gesamt-Reichsfluchtsteuer bedeutete.

Die Festsetzung erfolgte im Bescheidwege auf vorgedrucktem Formular als „normaler" Steuerbescheid: „Endgültiger Reichsfluchtsteuerbescheid.

A. Steuerfestsetzung und Fälligkeit: Nach meinen Feststellungen haben Sie Ihren Wohnsitz – gewöhnlichen Aufenthalt im Lande Österreich oder im übrigen Reichsgebiet – aufgegeben. Sie haben daher gemäß §§ 13, 14 der Ersten Verordnung zur Einführung steuerrechtlicher Vorschriften im Land Österreich vom 14. April 1938 (Reichsgesetzbl. I S. 389) eine Reichsfluchtsteuer zu entrichten. – Die gleiche Verpflichtung haben die mit Ihnen ausgewanderten Angehörigen (Ehefrau, Kinder), soweit sie mit Ihnen zur Einkommensteuer oder zur Vermögensteuer zusammen veranlagt worden sind oder zusammen zu veranlagen sind.

Das Ihnen und Ihrer Ehefrau sowie Ihren Kindern gehörige Gesamtvermögen am 1. Januar 1938 betrug nach meinen Ermittlungen 450.354 RM. Summe 450.354 RM. Es verbleiben als steuerpflichtiger Anteil am Gesamtvermögen 450.354 RM. Die Reichsfluchtsteuer wird hiermit gemäß § 15 Absatz 1 der eingangs genannten Verordnung auf ein Viertel dieses Betrages = 112.588,– RM festgesetzt. Die Reichsfluchtsteuer ist gemäß § 5 des Reichsfluchtsteuergesetzes am 25. September 1938 fällig geworden. Sie ist gemäß § 6 des Reichsfluchtsteuergesetzes mit einem Zuschlag von 1 vom Hundert für jeden auf den Zeitpunkt der Fälligkeit folgenden angefangenen Monat an mich zu entrichten; der Zuschlag beträgt mindestens 2 vom Hundert des Rückstandes.

B. Rechtsmittelbelehrung: Gegen diesen Reichsfluchtsteuerbescheid steht Ihnen der Einspruch zu; er kann bei mir schriftlich eingereicht oder zu Protokoll erklärt werden. Dies kann nur bis zum Ablauf eines Monats nach der Zustellung des Steuerbescheides geschehen. Durch die Einlegung eines Rechtsmittels wird die Wirksamkeit des Steuerbescheides nicht gehemmt, insbesondere die Vollstreckung nicht aufgehoben.

C. Folgen bei Nichtzahlung: Ist innerhalb eines Monats nach Fälligkeit nicht die gesamte Reichsfluchtsteuer nebst Zuschlägen entrichtet, so wird

1. gegen Sie das Strafverfahren gemäß § 9 des Reichsfluchtsteuergesetzes eingeleitet,

2. gegen Sie ein Steuersteckbrief erlassen und Ihr inländisches Vermögen mit Beschlag belegt. Der Steuersteckbrief und die Vermögensbeschlagnahme werden auf Ihre Kosten im Reichsanzeiger bekanntgemacht. Werden Sie nach der Bekanntgabe Ihres Namens im Reichsanzeiger im Inland betroffen, so ist jeder Beamte des Polizei- und Sicherheitsdienstes, des Steuerfahndungsdienstes und des Zollfahndungsdienstes sowie jeder andere Beamte der Reichsfinanzverwaltung, der zum Hilfsbeamten der Staatsanwaltschaft bestellt ist, verpflichtet, Sie vorläufig festzunehmen."[93]

Die Reichsfluchtsteuer wurde demnach unter allen Umständen abgezogen, soweit das entsprechende Mindestvermögen vorlag, auch wenn die Auswanderungsabsicht nur angenommen wurde. Nur in zwei Kärntner Fällen durfte mit Bewilligung der Vermögensverkehrsstelle und wegen des Entgegenkommens des Käufers auf die besondere Situation des Opfers insoferne Rücksicht genommen werden, als die Rechtswirksamkeit des Vertrages von der aufschiebenden Bedingung abhängig gemacht werden konnte, daß die Verkäufer in Wien eine Auswanderungsmöglichkeit in Form eines sogenannten Kapitalistenzertifikates bekommen. Für den Eintritt oder Nichteintritt der Bedingung wurden 6 Monate Frist festgelegt.[94]

Von solchen gesperrten Beträgen aus Verkäufen zog auch des öfteren die Gestapostelle Klagenfurt schwer verständliche Beträge ab, die einmal Geldstrafen waren[95], ein anderes Mal wieder ein hoher Geldbetrag für eine Einreiseerlaubnis einer Kärntner Jüdin, die schon in England war und zurückkehrte, um ihren Eltern zu helfen.[96] Ebenfalls abgezogen wurden von solchen Sperrbeträgen – oder vom Käufer direkt an die Konten der Betroffenen überwiesen – die Honorare und Gebühren an Notare und Rechtsanwälte, Buchprüfer und Sachverständige, die in diesen Zeiten eine Flut von Arbeit zu bewältigen hatten. Gelder für die Auswanderung der Opfer wurden von den Sperrbeträgen meistens erst freigegeben, wenn sich die Opfer in Wien befanden. Lag eine Beschlagnahme durch die Gestapo vor, so verfügte die Gestapo auch über alle bezogenen Konten.

Um es noch einmal zu betonen: Man vermied auch bezüglich der sich ergebenden Geldbeträge aus Verkäufen zuerst einmal tunlichst die Beschlagnahme, zumal man das gar nicht nötig hatte, da ja das Hilfsmittel der Devisengesetzgebung herangezogen werden konnte, um den Opfern jeden Verkaufserlös vorenthalten zu können. Ausgleichsabgaben oder Aufbauumlagen wurden in Kärnten von diesen gesperrten Beträgen nicht abgezogen.[97] Der Deckmantel der Devisengesetzgebung genügte vorerst durchwegs für die Ausplünderung, denn damit allein wurde alles Geld der potentiellen Auswanderer zur „Sperrmark", die im deutschen Reichsgebiet „eingefroren" war. 1938 war es auch gar nicht mehr möglich, etwas davon im deutschen Reichsgebiet an Ausländer, die deutsches Geld brauchten, gegen deren Devisen zu verkaufen.

Bezüglich Palästinas allerdings hatte die deutsche Reichsregierung im August 1933 mit der Zionistischen Bewegung und Hechaluz holeumi ein spezielles Abkommen getroffen: Deutsche Juden, die nach Palästina auswanderten, konnten auf einem Sonderkonto der „Palästina-Treuhandgesellschaft" in Deutschland größere Beträge nach Palästina transferieren, wenn umgekehrt durch den deutschen Export nach Palästina von dort gleich große Devisenmengen nach Deutschland kamen. An diese Möglichkeit suchte man in geänderter Form nun noch einmal anzuknüpfen, wie später zu zeigen sein wird. Davon abgesehen verlangte auch die britische Royal Commission for Palestine, die ja für das Mandatsgebiet Palästina des Völkerbundes zuständig war, vor allem von jenen Einwanderern, die nicht wegen besonderer beruflicher Fachkenntnisse in Palästina willkommen waren, eine Bestätigung, ein Zertifikat, welches darlegte, daß sie 1000 palästinensische Pfund aus dem deutschen Reichsgebiet transferieren durften. Dieses sogenannte „Kapitalistenzertifikat" kam einem Kärntner Juden, der es anstrebte, auf rund 62.500 RM zu stehen. Auch dieses Geld für ein Kapitalistenzertifikat konnte mit Bewilligung der Vermögenverkehrsstelle und der Devisenfahndungsstelle von einem solchen Sperrbetrag abgebucht werden.

Bezeichnend für die unverhohlene Tendenz der Ausplünderung ist es, daß die aus Verkäufen erfließenden Gelder von Auswanderungswilligen keineswegs auf Devisen-Ausländer-Sperrkonten kamen, sondern auf gesperrte Inländerkonten, deren „Besitzer" sich im Inland befanden und zum Teil keineswegs bereit waren, das Land zu verlassen, sondern nur unter einer permanenten Kumulation von Bedrohungen und Einschüchterungen wie etwa der „Reichskristallnacht" schließlich nolens volens die Entscheidung trafen. Und während dieser Zeit wurden mit ihren Konten ohne ihr Zutun durch die beteiligten Behörden die verschiedensten Dispositionen getroffen.

In Kärnten war es so, daß bis zum 22. November 1938 dann alle bei den verschiedenen Geldinstituten bestehenden Konten von Kärntner Juden, die selbstverständlich alle gesperrt waren wie die Konten mit Kaufbeträgen, zur Auflösung kamen. Das geschah so, daß alle auf den Sperrkonten befindlichen Beträge auf das Konto der Vermögensverkehrsstelle bei der Creditanstalt-Wiener Bankverein, Zweigstelle Klagenfurt, übertragen wurden, und zwar dort wiederum auf das Subkonto „Verwaltung jüdischer Gelder".[98] Wer nach diesem Datum einen Kauf einer jüdischen Firma oder einer Liegenschaft tätigte, wurde im Zuge der Kaufvertragsbewilligung durch die Vermögensverkehrsstelle meist aufgefordert, den Kaufschilling gleich direkt auf dieses Konto bzw. Subkonto einzuzahlen.

173

Eine bisher noch nicht behandelte Disposition mit solchen gesperrten Beträgen war in Kärnten sehr selten, nämlich eine Zahlung an die Gold-Discontbank Berlin, die vorgeschrieben war für neuerworbenes Vermögen. Solche Vermögenswerte wurden mit einer Taxe von 100 Prozent belegt, so daß durch jene Zahlung der Vermögenswert dem jüdischen Unternehmer damit wieder entzogen war.[99]

Die wirtschaftliche Bedeutung der „Reichskristallnacht" vom 10. November 1938 und der sporadischen vorangegangenen Plünderungsaktionen liegt nun darin, daß die materielle Basis der Kärntner Juden noch weiter verkleinert wurde. Hatten manche jüdische Familien nach der schlagartigen Besetzung ihrer Geschäfte und der Einsetzung der kommissarischen Verwalter überhaupt kein Bargeld mehr, um die alltäglichen Lebenshaltungskosten zu bestreiten, so machten die Aktionen im Rahmen der „Reichskristallnacht" es möglich, in den Wohnungen selbst nach noch verbliebenen Bargeldbeständen zu suchen und auch Gegenstände zu finden, die besonders leicht etwa unter der Hand noch zu Geld gemacht werden konnten. So interessierten sich die Zerstörungstrupps besonders für Schmuck, Briefmarken, Münzen, Teppiche und Bilder, aber um ganz sicherzugehen, wurden auch die Möbel zerstört, damit ein jüdischer Mitbürger auch nicht durch den heimlichen Verkauf einiger Einrichtungsgegenstände noch zu unkontrolliertem Geld kommen könnte.[100]

Als dann unmittelbar danach Göring in seiner Eigenschaft als Beauftragter für den Vierjahresplan auf jener berüchtigten Sitzung vom 12. November 1938 noch den deutschen Juden die Sühneabgabe von einer Milliarde Reichsmark auferlegte[101], wurden davon wiederum jene Juden betroffen, deren Gesamtvermögen 5000 RM überstieg. Die 20 Prozent Sühneabgabe, später 25 Prozent, wurden von den schon mehrfach erwähnten gesperrten Beträgen durch die zuständigen Finanzämter neuerlich im Bescheidwege als Judenvermögensabgabe, kurz JUVA, abgebucht – so ergab sich also eine weitere entscheidende Verringerung dieser Beträge, von denen allerdings ohnehin kaum ein Opfer mehr hoffte, etwas davon jemals zu bekommen. Auf diese Art und Weise waren allein in Kärnten die Finanzämter mit den jüdischen Mitbürgern in weit über tausend einzelnen Geschäftsfällen befaßt.[102] Rechnet man dabei nur die gesonderte aktenmäßige Behandlung hinsichtlich der Reichsfluchtsteuer und dann hinsichtlich der JUVA, so ergibt das immerhin noch über 500 jüdische Vermögensträger mit mehr als 5000 RM Gesamtvermögen.

In Relation zu den Volks- und Betriebszählungsergebnissen scheint das aber noch immer eine zu hohe Zahl, so daß es geboten erscheint, anzunehmen, daß diverse Besitzer auch im Zuge von Finanzstrafverfahren und zusammenfassenden Steuernachzahlungen drei- oder gar viermal aktenmäßig behandelt wurden.

Die folgende Ablieferungspflicht für Gegenstände aus Edelmetall sowie Edelsteine und Perlen wurde in Kärnten so realisiert, daß derlei Wertsachen – soweit sie seit den Plünderungen in der „Reichskristallnacht" überhaupt noch vorhanden waren – im Dorotheum in Klagenfurt verkauft und der Erlös unter genauer Bestätigung der vollen Summe sofort auf ein gesondertes Sperrkonto eingezahlt werden mußte.[103]

Auch nach der „Reichskristallnacht" wurde die ganze scheinlegale Fiktion mit den gesperrten jüdischen Geldern unbeirrt weiter aufrechterhalten. Vor allem dem Ausland gegenüber konnte man die „Freiwilligkeit" aller Verkaufsmaßnahmen betonen und darauf hinweisen, daß die erzielten Gelder – abzüglich „gesetzmäßiger" Auflagen – ja nur aus devisenrechtlichen Gründen vorübergehend gesperrt, nicht aber beschlagnahmt oder enteignet seien. Man hätte eine solche Enteignung ja auch aufgrund der Verordnung über die Einziehung volks- und staatsfeindlichen Vermögens im Lande Österreich vom 18. November 1938[104] durchführen können, hielt aber lieber den Schein aufrecht. Viel später erst mündete diese Entwicklung dann in die offensichtliche und nicht mehr kaschierte Ausplünderung, nämlich mit der 11. Verordnung zum Reichsbürgergesetz, mit der dann alle diese Gelder als zugunsten des Reiches verfallen erklärt wurden.

Typisch verlief in diesem Zusammenhang auch die Vorgangsweise hinsichtlich der jüdischen Versicherungspolizzen – auch sie gelangten um diverse „Hausecken" herum erst zur Verwertung durch den nationalsozialistischen Staat. Eine Reihe von Kärntner jüdischen Mitbürgern – Geschäftsleute, Ärzte, Rechtsanwälte, aber auch Arbeitnehmer – hatten Lebensversicherungen bei diversen Versicherungsanstalten abgeschlossen. Als sie im Sommer 1938 aufgrund der geschilderten Situation dann nicht mehr in der Lage waren, fällige Prämien zu bezahlen, mußten sie über Anweisung der Vermögensverkehrsstelle um Prämienfreistellung ansuchen, die von den Versicherungen gewährt wurde. Aufgrund der Prämienfreistellungen wurden alle diese Versicherungssummen nach Maßgabe der bis zum 31. Mai 1938 gezahlten Prämien herabgesetzt, aber keine neuen Polizzen mehr ausgestellt. Damit ergab sich die erste Verringerung dieser Summen. Das blieb aber unerheblich, da alle Versicherten das Land verlassen mußten und der Leistungsfall nicht eintreten konnte.

Die weitere Entwicklung hatte dann mit den ursprünglichen Versicherten nichts mehr zu tun: In den Jahren 1939 und 1940 erfolgten weitere Erniedrigungen der Versicherungssummen durch die „Verordnung zur Regelung der auf Goldschilling lautenden Schuldverhältnisse" vom 21. Juni 1939[105]. Damit wurden die ohnehin nur mehr zum Schein bestehenden beiderseitigen Leistungspflichten und Ansprüche aus diesen Versicherungsverträgen von Goldschilling auf Reichsmark zum Umrechnungssatz 1 Goldschilling = 0,80 Reichsmark umgewandelt, und die prämienfrei reduzierte Versicherungssumme erniedrigte sich zum zweiten Mal.

Nach dem Inkrafttreten der 11. Verordnung zum Reichsbürgergesetz vom 25. November 1941[106] wurden zuerst einmal Zug um Zug ohne besondere Eile die gesperrten Geldbeträge der Juden als für verfallen zugunsten des Reiches erklärt, ähnlich verfuhr man bei noch vorhandenen Liegenschaften. Lange später kamen dann die Versicherungen dran, die meisten erst 1944. Zunächst wurde ihnen meist Anfang 1944 vom Büro des Chefs der Sicherheitspolizei und des SD, Berlin, Prinz-Albert-Straße 8, mitgeteilt, daß das Vermögen des Versicherten gemäß der 11. Verordnung zum Reichsbürgergesetz dem Deutschen Reich verfallen sei. Für die Verwaltung und Verwertung des verfallenen Vermögens der Kärntner Juden sei der Oberfinanzpräsident Graz, Vermögensverwertungsstelle, zuständig.

Meist mit Abstand von zwei Monaten erfolgte dann vom Oberfinanzpräsidenten Graz die Weisung an die Versicherungen, daß die Versicherungsverträge zurückzukaufen seien. Auf diese Weisung hin kauften die Anstalten alle mit Juden einst abgeschlossenen Versicherungen um 87 Prozent der zuletzt gültigen Versicherungssumme zurück, führten aber weisungsgemäß den Rückkaufserlös sofort an die Oberfinanzkasse Graz, Postscheckkonto 50 Wien, mit dem Überweisungsvermerk „Judenvermögen X.Y." ab. Das heißt also, den Versicherungsanstalten wurden die einstmals eingezahlten Prämien zu einem Großteil durch den Staat abgenommen. Für Kärnten ergab sich dabei keine gravierend ins Gewicht fallende Summe, wohl aber dürfte eine solche für das gesamte Reichsgebiet sich ergeben haben, so daß auch dieser wohl letzte einheitliche Schritt der wirtschaftlichen Judenplünderung für den nationalsozialistischen Staat nicht bedeutungslos blieb.

Kehren wir nochmals zu den gesperrten Konten des Jahres 1938 zurück: Auf ihnen befanden sich

1. Barvermögen von Firmen und Eigentümern, das eben auf Konten zu verschiedenen Gelegenheiten eingezahlt worden war,

2. Erlöse aus dem erzwungenen Verkauf von Geschäften, Waren und Liegenschaften, die an Arisierer gegangen waren,

3. Erlöse aus der Liquidation von Firmen.

Von all diesen gesperrten Geldern, die schließlich auf dem erwähnten Subkonto der Vermögensverkehrsstelle landeten, wurden, wie schon gezeigt, Reichsfluchtsteuer, Vermögensabgabe, Steuern und Strafen abgezogen, daneben aber gab es noch drei andere Arten von Abbuchungen von diesen Konten:

1. Schon bald nach der Kontensperre und Firmenentfremdung waren viele Juden genötigt, zur Vermögensverkehrsstelle zu gehen und dort um Geld für den täglichen Lebensunterhalt zu bitten, weil sie über kein Bargeld verfügten. In diesen Fällen wurden dann stets kleinere Beträge zwischen 200 und 600 Reichsmark zur Behebung bewilligt und zu diesem Zweck meist auf ein anderes Konto bei einer anderen Bank überwiesen.

2. Von den gesperrten Konten wurden in vielen Fällen durch die Gestapo größere Beträge abgehoben, und zwar stets ohne Hinweis auf einen Bescheid oder eine Verordnung.

3. Weitere Abhebungen von den gesperrten Konten erfolgten sodann in Wien. Von ihnen wird noch die Rede sein.[107]

Wer bei der Freigabe bzw. Verwendung von Geldern aus den Sperrkonten die entscheidende Kompetenz hatte, erwies sich nach dem Zweiten Weltkrieg als kaum entwirrbares Mysterium. Rein theoretisch müßte das die Devisenfahndungsstelle gewesen sein, da ja die Sperre auch nur mit dem fadenscheinigen Mittel der Devisenbestimmungen erfolgt war – die jüdischen Opfer machten aber in der Praxis die Erfahrung, daß die Vermögensverkehrsstelle für ihren Lebensunterhalt Gelder freigab, und zwar meist nur mit scharfer Kritik und großem Widerstreben. Das Opfer ging zuerst zur Devisenfahndungsstelle, bekam dort eine Freigabebewilligung für einen bestimmten Betrag, hatte dann aber erst die viel schwierigere Hürde der Vermögensverkehrsstelle zu überwinden. Dort wurde für den Gesuchsteller dann ein Scheck ausgestellt, wenn das Ansuchen bewilligt wurde.[108] Oberste Kontrollinstanz und an keinerlei andere Instanzen gebunden war aber, soweit sich dies aus den Kontenbewegungen ersehen läßt, die Gestapo, welche sich um keine andere Behörde kümmerte und deren Anweisungen hinsichtlich Sperre und Überweisung von der Creditanstalt-Wiener Bankverein und den anderen Geldinstituten auch prompt befolgt wurden. Der Gauwirtschaftsberater drückte unter Entlastung seiner Dienststelle diesen Sachverhalt eher zurückhaltend aus, wenn er berichtete: „Die Freigabe von Sperrkonten bei der Kreditanstalt oblag der Zollfahndungsstelle (sic! – Anm. d. Verf.), möglicherweise hatte auch die Gestapo hier etwas dareinzureden. Ich bin darüber aber nicht informiert."[109] Wenn auch bei den Arisierungen und Liquidierungen stets die zuständige Kreisleitung der NSDAP um ihre Zustimmung zur Vorgangsweise und zur Person des Arisierers gefragt werden mußte[110], so hatte sie doch dann in diesen konkreten Geldangelegenheiten keine Kompetenz mehr.

In all diesem Gewirr von Vorgängen und Kompetenzen ist jedenfalls eines nicht zu übersehen: Auch diese restlichen gesperrten Gelder landeten schließlich gemäß der 11. Verordnung zum Reichsbürgergesetz an dem gleichen Ziel, an welchem auch gemäß Verordnung über die Einziehung volks- und staatsfeindlichen Vermögens jene Vermögenswerte ankamen, die aus staatspolizeilichen Beschlagnahmungen erflossen, nämlich an der Vermögensverwertungsstelle des Oberfinanzpräsidenten Graz. So schließt sich der Kreis.

DAS LABYRINTH DER LIQUIDATIONEN

Wir haben bisher primär von den Arisierungen von Firmen gesprochen, um die Grundzüge der Vorgänge zu erfassen. Eine nicht minder bedeutsame Rolle spielten aber auch die Liquidationen und die Verkäufe von Liegenschaften. Nun zu ersteren: Die Vermögensverkehrsstelle im Ministerium für Wirtschaft und Arbeit hat insgesamt die Fälle von über 25.000 jüdischen Betrieben in Österreich bearbeitet. Davon wurden bis Anfang 1940 rund 18.000 liquidiert und über 4.100 arisiert.[111] Auch wenn bis zu diesem Zeitpunkt die Verfahren noch nicht abgeschlossen waren, ergibt sich ein ungefähres Verhältnis der Liquidationen zu den Arisierungen von 4:1 – und zwar auf ganz Österreich bezogen. Für Kärnten aber ergibt sich bei den Gewerbebetrieben ein Verhältnis der Liquidierungen zu den Arisierungen von 1:1.

In diesen Verhältniszahlen spiegeln sich aber keineswegs die wirtschaftlichen Verhältnisse der betroffenen Betriebe wider, sondern einzig und allein das Kräftespiel innerhalb der Parteiorganisation, dessen Ergebnis das eine Mal die Begünstigung eines Parteigenossen und Alten Kämpfers, das andere Mal die Beseitigung der Konkurrenz zugunsten der branchengleichen arischen Unternehmer war. Zwar wurden in der Theorie ausgiebige Überlegungen hinsichtlich der Liquidität jüdischer Unternehmen und der Aspekte der Standortdichte und Modernität der Anlagen angestellt, ja es wurde sogar behauptet, „die Liquidierung dieser Betriebe ergab sich meist von selbst, da keine Bewerber auftraten".[112] Was Kärnten betrifft, blieben aber all diese Aspekte von sekundärer Bedeutung. Unter den liquidierten Betrieben waren nur zwei, die tatsächlich vor dem Ausgleich standen, bei den anderen war der Geschäftsgang gut bis sehr gut, zwei Betriebe hatten außerordentlich hohe Reingewinne und Rücklagenbildungen aufzuweisen. Die Entscheidung über Liquidation oder Arisierung war demnach eine ausschließlich politische.

In Villach beispielsweise wurden grundsätzlich alle jüdischen Betriebe liquidiert, wogegen in den kleineren Orten eine starke Tendenz zur Arisierung feststellbar war. In Klagenfurt wiederum hielten einander Liquidation und Arisierung genau die Waage.

Eine Firmenbewertung war bei den damals nicht nur in jüdischen Unternehmerkreisen des Handels üblichen Gewohnheiten für einen Außenstehenden auch durchaus nicht einfach: Die Auszeichnung des Warenlagers erfolgte meist nur nach den Einkaufspreisen, zumal ja in den dreißiger Jahren in größtem Ausmaß mit dem Warenkredit gearbeitet wurde. Die Fristerstreckung beim Warenkredit war bei den jüdischen Handelsbetrieben, die vor allem von jüdischen Industriebetrieben aus Wien Waren bezogen, eine außerordentlich weite. Weil dann aber all diese Wiener Industriebetriebe und Großhandelsfirmen zum Großteil liquidiert wurden, konnten sich in Kärnten dann auch für Arisierer bei der Ergänzung ihres Warenlagers Schwierigkeiten ergeben, zumal die Bewirtschaftung nicht lange auf sich warten ließ.

Hatte schon bei den Arisierungen der unter Druck gesetzte Verkäufer seine Überraschungen erlebt, als die Betriebsschätzung stets nur den rein rechnungsmäßigen Sachwert ergab[113], so erfüllten sich bei den Firmenliquidationen die rechnerischen Erwartungen der zur Liquidation gezwungenen Besitzer ebensowenig. Abgesehen davon, daß manche mit der Auflösung beauftragten kommissarischen Verwalter entweder unfähig waren oder sich persönlich bereicherten, geschah die Auflösung als reine Begünstigung der Konkurrenz und zum Teil auch des Konsumenten. Einige kommissarische Verwalter begannen nach dem Liquidationsbeschluß den freien Warenverkauf an den Konsumenten zu erniedrigten Preisen, andere verkauften größere Warenposten als Ganzes an andere Kaufleute zu erniedrigten Preisen.

Aus dem Geschäft Jonas Fischbachs in der Karfreitstraße 9 wurde beispielsweise ein Warenposten zum Einkaufspreis von S 37.960,– um 8000 RM weggegeben. Als diese Tendenz anhielt, versuchte Fischbach den Ausgleich zu eröffnen, damit dieser Werteabfluß durch das Ausgleichsverfahren unterbrochen würde. Das gelang aber nicht.[114]

In Osias Fischbachs Geschäft in Villach, Italiener Straße 2, wiederum wurde durch die kommissarische Verwaltung die schon erwähnte Mißwirtschaft verursacht, so daß die Gestapo Fischbach und seine Familie mit Jahresende 1938 besonders schnell abschob, damit die peinliche Angelegenheit vergessen werden konnte.[115]

Beim Warenhaus „Elba" in der Weißbriachgasse 12 in Villach wurde das Warenlager im Wert von ungefähr 60.000 Vorkriegsschilling zuerst im einzelnen zu reduzierten Preisen abverkauft, ein Teil davon auch in das Geschäft von Osias Fischbach zu diesem Zweck verlagert, ein Restbestand wurde dann bis November 1938 an einen Branchenkollegen im Ganzen abgegeben, der Gesamterlös an die „Vermögensverkehrsstelle im Gauwirtschaftsamt" überwiesen. Letzte Restbestände und Inventar übernahm dann bei Räumung des Lokals die NSV. Erst als alles erledigt und vollständig geräumt war, schloß ein anderer Unternehmer mit dem Hausbesitzer einen Mietvertrag über die Etablierung eines neuen Geschäftes ab, das aber mit dieser Arisierung nichts zu tun hatte.[116]

Aus dem Gemischtwarengeschäft Arthur Glesinger, Villach, Kirchenplatz 1, wurde ebenfalls zuerst bei offenem Laden abverkauft und dann ein verbleibender Teil des Warenlagers zu einem Viertel vom Einkaufspreis an diverse Villacher und Klagenfurter Geschäftsleute in großen Posten abverkauft, wodurch sich ein Fehlbetrag von rund 40.000 RM unter dem Wareneinkaufspreis ergab. Auch alle diese unter den Erwartungen weit zurückbleibenden Beträge waren naturgemäß gesperrt, und von ihnen wurden vor allem Reichsfluchtsteuer und JUVA abgezogen.[117]

Die Firma „Warenhaus Weinreb" in Klagenfurt, Platzgasse 14 (später Gasometergasse 6), wurde bei Gesamtaktiven (mit 31. Dezember 1937) von S 662.855,–, darunter allein ein Warenlager von S 299.479,–, unter kommissarische Verwaltung mit dem Ziel der Liquidation gestellt. Nach der ersten Sicherunssperre durch die Devisenfahndungsstelle Klagenfurt wurde ein erster Reichsfluchtsteuerbescheid in der Höhe von über 60.000 RM erlassen, der sich aber schließlich bei Zusammenrechnung aller Aktiva in Wien auf über 119.000 RM erhöhte. In diese Endberechnung wurden auch die auf Bankkonten liegenden Beträge in der Höhe von 276.770 RM (vor den Hausverkäufen) einbezogen, um die Reichsfluchtsteuer noch höhertreiben zu können, nicht einbezogen aber wurden die S 38.000,– Bargeld, die bei der Hausdurchsuchung durch die Polizei am 13. März mitgenommen wurden und die Schmuckstücke im Wert von S 3097,– sowie die Wertpapiere, die beim Überfall durch Hitlerjugend unter der Führung eines SS-Mannes eine Woche später mitgenommen wurden. Bei ihrer Ausreise aus dem Gebiet des Deutschen Reiches durften Lotte und Isidor Weinreb je 10 RM mitnehmen.

Die Liquidation des Warenlagers wurde nur zum kleinen Teil durch freien Abverkauf durchgeführt, der größere Teil wurde an die NSV verkauft. Das brachte es mit sich, daß nach Kriegsende noch größere Warenbestände lagerten.

Die Firmenliquidationen hatten also einen dreifachen volkswirtschaftlichen Effekt: Sie erstellten die Beträge für die scheinlegale Ausplünderung mittels Reichsfluchtsteuer und JUVA, sie gaben dem Konsumenten die Möglichkeit zu Billigeinkäufen und sie begünstigten die Konkurrenz, die nicht nur einen Betrieb der gleichen Branche los wurde, sondern sich auch mit besonders preisgünstigen Warenposten beim ruinierten Konkurrenten eindecken konnte. Vielfach argumentierten kommissarische Verwalter, daß sie beim Verkauf so niedrige Preise ansetzen mußten, weil es sich bei den Waren zum Großteil um Ladenhüter gehandelt habe. In Wahrheit dürfte aber eher die geringe Kaufkraft im Lande bei den Liquidationen eher verschleppend gewirkt haben. Auch war zweifellos ein Überfluß an Waren vorhanden.[119] Erscheinungen wie in Wien, nämlich Sturm der Konsumenten auf die arischen Geschäfte (die nichtarischen waren ja nach verschiedenen vorangehenden lokalen Maßnahmen durch die 3. Verordnung zum Reichsbürgergesetz gekennzeichnet), Nachlieferungsengpässe und Preissteigerungen, sind für Kärnten jedenfalls nicht zutreffend.[120]

Für Kärnten läßt sich auch kein „stockendes Interesse an der Arisierung" feststellen, ja als Bürckel sich von Wien aus diesbezüglich an die Unternehmer im Altreich wandte[121], rief er zugleich auch die Wirtschaftstreibenden im Lande Österreich dazu auf, sich in seiner Dienststelle im Parlamentsgebäude in Wien zu melden, wenn sie sich für den Erwerb eines nichtarischen Betriebes interessierten.

Mit 15. September 1938 meldete diese Dienststelle dann dem Gauwirtschaftsberater für Kärnten, daß „eine große Anzahl von Gesuchen" eingelangt sei. Manche könnten jedoch nicht erledigt werden, da sie zu unpräzise seien. „Mit Anträgen, die lediglich den Wunsch ausdrücken, ein Geschäft erwerben zu wollen, ohne Angabe der Branche, ohne Mitteilung, wie hoch die eigenen Mittel sind, ob Fachkenntnisse vorliegen, kann ich bei bestem Willen nichts anfangen. Solche Schreiben aus Ihrem Gaugebiet überreiche ich Ihnen beiliegend und bitte Sie, über Ihre Kreisleitungen und Ortsgruppen die Antragsteller dahingehend beraten zu wollen, daß sie sich in erster Linie entschließen, welches Geschäft sie zu kaufen beabsichtigen. Wenn hierüber Klarheit besteht, haben die von der Vermögensverkehrsstelle, Wien 1., Strauchgasse 1, aufgelegten grünen Antragsformulare vom Kaufwerber ausgefüllt eingesendet zu werden. Die Erledigung ist wesentlich erleichtert, wenn der Kaufwerber auch die Einsendung des weißen Antragsformulares des nichtarischen Verkäufers veranlassen kann."[122] Die meisten Kärntner Interessenten waren aber anscheinend in ihren Vorstellungen recht präzise, da nur wenige Ansuchen in diesem Zusammenhang zurückgereicht wurden. Unter den Interessenten befanden sich Selbständige der verschiedensten Branchen, aber auch Personen, die zuvor nicht als Unternehmer tätig gewesen waren, zum Teil Kapital plazieren wollten, zum Teil aber eher auf Fremdkapital angewiesen waren. Will man die Judenausplünderung als mißliche Kompensation einer ausbleibenden nationalsozialistischen Sozialpolitik interpretieren, wobei natürlich das Ausmaß des in der Region vorhandenen jüdischen Vermögens den Ausschlag gibt, so zeigt sich in diesen Arisierungsbewerbungen eben deshalb, weil sie so breit gestreut sind, wiederum ein deutlicher sozialer Nachholbedarf.

In der überwiegenden Zahl wurden aber von Kärntnern in Wien nicht ganze Betriebe gekauft, sondern nur bei Liquidationen günstige Käufe getätigt: Diese reichten von Möbeln über größere Posten von Stoffen für den Wiederverkauf bis zu Betriebsinventar und Maschinen. In der Überzahl waren in die Arisierung von Warenposten und Maschinen kleine Unternehmer vom Land verwickelt, was die These des Nachholbedarfes unterstreicht. Ein Schuldner wieder entledigte sich geschickt seiner Verpflichtung bei einem Grazer Juden, ein Kärntner Rechtsanwalt arisierte sich in Wien unter recht brutalen Begleitumständen die Kanzlei und Wohnung eines jüdischen Berufskollegen.[123]

Die gleichen Modalitäten wie bei Arisierung oder Liquidation von Betrieben ergaben sich auch beim Verkauf von jüdischen Liegenschaften. Oft ging auch beides Hand in Hand, und die Verschleuderung des Firmenvermögens durch den kommissarischen Verwalter war so vollständig, daß Reichsfluchtsteuer und JUVA nur mehr durch den Hausverkauf abgedeckt werden konnten. Auch beim Hausverkauf wählte meist die Vermögensverkehrsstelle Klagenfurt einen möglichen Käufer aus und hielt andere zurück. Der bevorzugte Kaufwerber oder die Vermögensverkehrsstelle leiteten das Verkaufsgespräch ein, eine amtliche Schätzung ergab den Kaufpreis. Auch in diesen Fällen wurde relativ niedrig geschätzt. Manchmal war es so, daß der Kaufinteressent den unwilligen Verkäufer erst lange „bearbeiten" oder die Vermögensverkehrsstelle ihn mit Drohungen und Warnungen unter Druck setzen mußte. Vielfach machte der Kaufinteressent unter Hinweis auf seine Parteimitgliedschaft und seine guten Beziehungen auch Versprechungen, wie gut er und nur gerade er den jüdischen Verkäufer vor größeren Unannehmlichkeiten schützen könnte.[124] Die Kaufverträge gingen die gleichen Genehmigungswege wie jene über Firmen, anders war es nur bei landwirtschaftlich nutzbaren Liegenschaften, für welche nicht der Reichskommissar in der Privatwirtschaft zuständig war, sondern das Ministerium für Landwirtschaft als oberste Siedlungsbehörde gemäß § 8 der Verordnung über den Einsatz des jüdischen Vermögens. Grundsätzlich ging die Erledigung dieser Arisierungen auf dem Lande wesentlich langsamer und später vor sich als im städtischen Bereich, weil der Arbeitsanfall bei den damit beschäftigten Behörden immer größer wurde. Von Herbst 1939 bis in das Jahr 1942 hinein ergab sich eine besonders deutliche Phase des Retardierens, da dann gemäß einer Verordnung Görings die „Entjudung des Liegenschaftsbesitzes" während des Krieges nicht forciert werden sollte, um jene Leute nicht zu benachteiligen, die wegen ihres Militärdienstes nicht an diesem Bewerb um jüdische Häuser und Grundstücke teilnehmen konnten.[125]

Grundsätzlich zeigen die vielen Beispiele von Hausverkäufen in Kärnten, daß hierbei wesentlich weniger darauf geachtet wurde, ob die Käufer Alte Kämpfer oder verdiente Parteigenossen wären. Zwang konnte rein theoretisch beim Liegenschaftsverkauf — abgesehen von der staatspolizeilichen Beschlagnahmung — erst seit der Verordnung über den Einsatz des jüdischen Vermögens vom 3. Dezember 1938 angewendet werden, doch blieb man auch diesbezüglich äußerst vorsichtig und griff nur bei besonders „appetitlichen" Objekten zu. Wenn laut Verordnung eine jüdische Liegenschaft durch Flucht des Besitzers „dem Verfall preisgegeben war", konnte ein Treuhänder eingesetzt und diesem die Veräußerung aufgetragen werden. Eine zwangsweise Veräußerung bei Anwesenheit des jüdischen Besitzers sah die Verordnung nur vor, wenn sie im öffentlichen Interesse lag. Dieses war aber laut Verordnung nur gegeben bei Bedarf für Partei- oder Staatszwecke.

Mittlerweile hatte sich aber auf dem Sektor der Liegenschaften die Situation in Kärnten in zweifacher Hinsicht noch weiter kompliziert. Die materielle Notlage der Kärntner Gebirgsbauern, welche das Schuschnigg-Regime in der Tat eher ihrem Schicksal überlassen hatte, erforderte neben verschiedenen wirtschaftlichen Förderungsmaßnahmen auch die Schaffung von freien Hofstellen für Neubauern, was von der Landesbauernschaft nachdrücklich reklamiert wurde. Bis 1939 war geradezu von einer Beunruhigung der Gebirgsbauern in Kärnten die Rede.[126]

In diese Bemühungen, die als volkspolitische aufgefaßt wurden, schaltete sich Maier-Kaibitsch rasch ein, zumal er ja schon in den dreißiger Jahren, wie wir gesehen haben, sich für die national akzentuierte Neusiedlung sehr engagiert hatte. Als im Jahre 1939 dann verschiedene Grenzgaue für die volkspolitische Arbeit die Genehmigung zur Bildung von Gaugrenzlandämtern erhielten — darunter auch der Reichsgau Steiermark —, suchte auch Kutschera an und bekam von der Reichsparteileitung die Bewilligung zur Bildung eines Gaugrenzlandamtes, dessen Leiter Maier-Kaibitsch wurde. Im Jahre 1942 wurde dieses Amt dann in ein Gauamt für Volkstumsfragen, schließlich gar in ein Gauhauptamt für Volkstumsfragen umgewandelt, doch blieben die organisatorischen Neuerungen, sprich Aufblähungen, eher auf dem Papier bestehen. Mittlerweile war Maier-Kaibitsch auch nach seinem Ausscheiden als Landesrat neu in der Staatsverwaltung und nicht nur in der Parteiorganisation verankert worden. Als im April 1940 im Zuge der Durchführung des Ostmarkgesetzes die alte Landeshauptmannschaft zur Reichsstatthalterei (für die staatliche Zentralverwaltung) und zur Gauselbstverwaltung umgegliedert wurde, übernahm man Maier-Kaibitsch als volkspolitischen Dezernenten in die Abteilung I der Reichsstatthalterei.

Noch im Jahre 1939 bahnte sich aber eine weitere neue Entwicklung an: Nach den kriegerischen Ereignissen in Polen kam dann am 7. Oktober 1939 Hitlers „Erlaß zur Festigung deutschen Volkstums" heraus, der sich mit der Möglichkeit des Großdeutschen Reiches befaßte, „deutsche Menschen, die bisher in der Fremde leben mußten, in seinem Raum aufzunehmen und anzusiedeln". Mit der Durchführung dieser Aufgabe wurde der Reichsführer-SS, Himmler, als Reichskommissar für die Festigung deutschen Volkstums beauftragt. Schon in diesem Grunderlaß ist von der „Gestaltung neuer deutscher Siedlungsgebiete durch Umsiedlung, im besonderen durch Seßhaftmachung der aus dem Ausland heimkehrenden Reichs- und Volksdeutschen durch Zuweisung bestimmter Wohngebiete" die Rede. Die „bestehenden Siedlungsgesellschaften" sollten dafür verwendet werden. Im Abschnitt V des Erlasses wird dann festgestellt:

„Sofern für die Seßhaftmachung zurückkehrender Reichs- oder Volksdeutscher Grund und Boden im Gebiet des Reiches benötigt wird, so finden für die Beschaffung des benötigten Landes das Gesetz über die Landbeschaffung für Zwecke der Wehrmacht vom 29. März 1935 (RGBl. I., S. 467) und die zu ihm ergangenen Durchführungsverordnungen entsprechende Anwendung."

Auf Grund des zwischen dem Großdeutschen Reich und dem Königreich Italien mit 21. Oktober 1939 abgeschlossenen Staatsvertrages über die endgültige Grenzregelung zwischen den beiden Staaten ging es dann auch darum, die Bevölkerung deutscher Volkszugehörigkeit in Südtirol und dem Kanaltal zur Option für das Großdeutsche Reich als Volksdeutsche zu gewinnen und die Umsiedlung dieser Optanten durchzuführen. Wenig später bestimmte man dann in Berlin Kärnten als Siedlungsgebiet für die Kanaltaler, etwas später wurde befohlen, auch die Grödnertaler und Fersentaler in Kärnten aufzunehmen. Einmal mehr erwies sich der Einfluß Himmlers und seiner SS in Kärnten als besonders stark, ja man könnte den Gau durchaus als einen SS-Gau bezeichnen. Selbstverständlich, daß die entscheidenden Gruppen der NS-Führung Kärntens stolz auf diese Aufgabe waren und sich zugleich auch starke Impulse für die Bauwirtschaft und Holzindustrie im Lande ergaben, da eine Fülle von Maßnahmen gesetzt wurde und dementsprechend Geld ins Land floß. Kutschera beauftragte Maier-Kaibitsch und dessen Gaugrenzlandamt am 27. März 1940 mit der Durchführung der Ansiedlung der Kanaltaler – es war dies sozusagen die erste größere Aufgabe des Gaugrenzlandamtes, für die nur die allgemeine Weisung, jedoch ohne detaillierte Befehle, gegeben wurde.[127]

Im Gaugrenzlandamt wurde daher neben der Hauptstelle für aktive Grenzlandarbeit, jener für völkische Schutzarbeit und der Hauptstelle für Presse, Propaganda und Schrifttum eine weitere Hauptstelle für die Umsiedlung der Kanaltaler eingerichtet, die eigentlich korrekt für die Ansiedlung in Kärnten zuständig war, wogegen für die Umsiedlung eine Reihe von Dienststellen in Tarvis gebildet wurde: die ADEURST (Amtliche Deutsche Ein- und Rückwandererstelle) unter Leitung von Dr. Starzacher, die Deutsche Abwicklungs-Treuhandgesellschaft und die Wertfestsetzungskommission, die mit spiegelgleichen italienischen Dienststellen zusammenarbeiten, die letztere aber ein gemischtes Gebilde.

Zur gleichen Zeit ließen sich in Kärnten aber auch bereits entsprechende Siedlungsgesellschaften nieder, wie sie in Hitlers Erlaß über die Festigung deutschen Volkstums gemeint waren. Es waren dies die Deutsche Ansiedlungsgesellschaft (DAG), eine Ges.m.b.H. mit dem Hauptsitz in Berlin, wo Hans Iversen und Dr. Heinz Aengenheister den Vorstand bildeten und SS-Gruppenführer Oswald Pohl Vorsitzender des Aufsichtsrates war. Die DAG richtete eine Geschäftsstelle in Klagenfurt ein, deren erster Geschäftsführer der Ostpreuße Dipl.-Landwirt Schmidt wurde. Ihm folgte nach seiner Versetzung der Wiener Ing. Jauernig und schließlich der Dipl.-Landwirt Krafft, der auf einer Dienstreise bei einem Bombenangriff in Oberitalien getötet wurde, sodaß dann Aengenheister nach Klagenfurt kam und den Österreicher Dipl.-Landwirt Schwammeis als Geschäftsführer einsetzte. Die DAG befaßte sich mit den direkten Ankaufsangelegenheiten und den organisatorischen und technisch-landwirtschaftlichen Aspekten der Ansiedlung.

Zur Ergänzung ihrer Tätigkeit wurde in Innsbruck eine Niederlassung der „Deutschen Umsiedlungs-Treuhand-Gesellschaft" gegründet und von dort aus eine Nebenstelle Klagenfurt unter dem Geschäftsführer Dr. Max Wöss eingerichtet. Der Hauptsitz dieser G.m.b.H. war ebenfalls in Berlin, sie war im wesentlichen ein Bankinstitut, wobei die Haupteinleger die NSDAP, die SS und auch der VDA waren, jener Volksbund für das Deutschtum im Ausland, dessen enge Verbindung zu den deutschen Ansiedlungen der Zwischenkriegszeit in Kärnten schon dargestellt wurde. Steinacher allerdings war wegen seiner scharfen Kritik an Hitlers Südtirol-Politik, die Steinacher nicht nur parteiintern als Verrat an den Südtiroler Volksdeutschen bezeichnete, mittlerweile bereits in Berlin in Ungnade gefallen.

Diese beiden Gesellschaften waren nun verhalten, mit dem Gaugrenzland eng zusammenzuarbeiten, was noch dadurch unterstrichen wurde, daß sich eine Abteilung der DAG im Dienstgebäude von Maier-Kaibitsch befand. Aus dem organisatorischen Aufbau des Gaugrenzlandamtes erkennt man unschwer die Ähnlichkeit mit den organisatorischen Strukturen des alten Kärntner Heimatbundes. Sicherlich diente dessen weites Mitarbeiternetz nach der nationalsozialistischen Machtübernahme zum Teil als verlängerter Arm der NSDAP im Kärntner gemischtsprachigen Gebiet, aber stärker zur Deckung kam der Kärntner Heimatbund als organisatorisches Gebilde erst mit dem Gaugrenzlandamt, ohne daß er dabei als solcher aber jemals de facto und de jure aufgelöst wurde. Der „Schulverein Südmark" hingegen war völlig im VDA aufgegangen, und Maier-Kaibitsch wurde auch Gebietsvorsitzender des VDA für Kärnten, wogegen er sich schließlich aus seinen Aktivitäten im „Schulverein Südmark" entlasten und abfertigen ließ.[128]

Die entscheidende Rolle in dieser Institutionenvielfalt kam dem Gaugrenzlandamt zu, das für die Aufnahme der Kanaltaler Umsiedler in Kärnten, für ihre Unterbringung und Eingliederung in den Arbeitsprozeß zu sorgen hatte. In diesem Zusammenhang begann ja auch unverzüglich der Bau der sogenannten „Kanaltaler-Siedlungen". Insgesamt wurden 6000 Kanaltaler nach Kärnten gebracht, größere Probleme der Eingliederung hatte das Gaugrenzlandamt vor allem mit den 600 Besitzenden, die für das Großdeutsche Reich optiert hatten, denn unter diesen 600 Besitzenden waren wiederum 400 Eigentümer landwirtschaftlicher Betriebe im Kanaltal gewesen, wogegen die anderen 200 Optanten Hausbesitzer und Besitzer von gewerblichen Betrieben, z. B. Sägewerken, gewesen waren. Als wegen der starken Stockungen in der Eingliederung der Südtiroler in anderen Reichsgebieten in zunehmendem Ausmaß auch Südtiroler nach Kärnten gebracht wurden, war das Verhältnis zwischen Besitzern und Nichtbesitzern so, daß die Optanten, welche nicht Besitzer von Liegenschaften in Südtirol waren, zahlenmäßig noch stärker vertreten waren. Damit provozierten sie glücklicherweise weniger

Probleme bei ihrer Eingliederung in Kärnten. Es erscheint dringend geboten, diese Perspektive zurechtzurücken, da ansonsten die klischeehafte Vorstellung weiter tradiert wird, alle eingegliederten Südtiroler und Kanaltaler wären indirekt Ursache für die Welle von Zwangsverkäufen und Enteignungen in Kärnten gewesen, die später abzurollen begann.

Um aber diesen Umsiedlern, die in Italien landwirtschaftliche Betriebe gehabt hatten, in Kärnten neue Hofstellen zu verschaffen, versuchte die DAG zuerst den freihändigen Ankauf von Liegenschaften, um diese dann mit kleinerem oder größerem zeitlichen Abstand an die Umsiedler weiterzugeben. Das ging im einzelnen so vor sich: Jene Vermögenswerte, welche die Umsiedler in Italien zurücklassen mußten, wurden von der gemischten italienisch-deutschen Wertfestsetzungskommission geschätzt. Eine der DAG nachgebildete italienische Gesellschaft übernahm dieses Vermögen der Umsiedler, zahlte den von der gemischten Wertfestsetzungskommission ermittelten Preis bei einer italienischen Devisenbank ein, und dieser wurde im Clearing-Verkehr bei der DUT in Innsbruck dem Deutschen Reich gutgeschrieben. Die DUT wiederum stellte den Umsiedlern in Kärnten entweder den Betrag bar zur Verfügung oder führte durch die DAG den Ankauf einer Liegenschaft durch, das heißt auf Rechnung der DUT.[129]

Die genaue Darstellung dieses Verfahrens hat ihren Grund darin, daß aus diesem Modell später ein ähnliches Verfahren für andere Zwecke abgeleitet wurde. Der freihändige Ankauf kam aber im Zuge der Kriegsereignisse schließlich zum Erliegen, da viele Leute Geldanlagen in Grundstücken suchten und die Grundstückspreise stiegen. Die erste Phase der Entwicklung ist aber unleugbar durch den freihändigen Ankauf von Liegenschaften gekennzeichnet.[130] Erst als sich dieser Versuch als wenig ertragreich erwies, gab Himmler in seiner Eigenschaft als Reichskommissar für die Festigung deutschen Volkstums die Anweisung, nun tatsächlich gemäß dem Erlaß Hitlers vom 7. Oktober 1939 das Gesetz über die Landbeschaffung für Zwecke der Wehrmacht anzuwenden und damit Grundstücke und Höfe durch Enteignung zu beschaffen. Enteignungsbehörde war nach der Anordnung Himmlers der Gauleiter in seiner Eigenschaft als Beauftragter des RFdV, der die Enteignung aussprach.

Bei diesen Enteignungsverfahren wirkten dann das Gaugrenzlandamt, die DAG, die Kreisleiter, die Ortsgruppenleiter und die Landesbauernschaft mit, denn in Übereinstimmung mit dem Gaugrenzlandamt wollte sich die Bauernschaft, also die Reichsnährstandorganisation, auch weiterhin einen gewissen Prozentsatz an Höfen für Kärntner Neubauern sichern. Das Gesetz über die Landbeschaffung wurde aber fast ausschließlich gegenüber deutschsprachigen Kärntner Grundbesitzern, darunter solchen mit ausländischer Staatsbürgerschaft, und gegen die katholische Kirche angewendet. Im Zuge dieser Verfahren wurden 13 landwirtschaftliche Betriebe und Liegenschaften enteignet, die Entschädigung für diese Liegenschaften wurden vom Reichsentschädigungsgericht festgestellt, wenn keine freie Vereinbarung zustande kam. Neben den privaten Grundbesitzern war Hauptbetroffene die katholische Kirche, da verschiedene Pfarrpfründen enteignet wurden. Die Enteignung von Pfarrpfründen wurde jedoch später auf Grund einer Vereinbarung zwischen der Gauleitung und dem fürstbischöflichen Ordinariat eingestellt.

Diese Widersprüchlichkeit zwischen den Kärntner Interessen und dem Ansiedlungsauftrag der Kanaltaler zog sich auch durch die weitere Entwicklung, ja auch noch bei der Tarviser Besprechung vom 27. September 1941 über die „Durchführung der beschleunigten Umsiedlung der Kanaltaler" war sie auf der Tagesordnung. Unter Punkt I. 1. der Tagesordnung wurde festgehalten: „Die Auswahl und Inanspruchnahme der Höfe richtet sich nach der im Landbeschaffungsgesetz vorgesehenen Reihenfolge (öffentliche Körperschaften, Stiftungen, Siedlungsunternehmen, Private). Bei der Inanspruchnahme von Kirchenbesitz ergeben sich Schwierigkeiten infolge Bedenken des Gauleiters. Der Reichsnährstand bereitet Schwierigkeiten, indem er geeignete Höfe zur Neubildung deutschen Bauerntums zurückhalten will."

Auf dieser Besprechung, bei der der entscheidende Planungsakzent für die folgende Slowenen-Aussiedlung gesetzt wurde, ist aber auch über die Erfahrungen und Methoden gesprochen worden, die man zuvor bei der Liquidation des jüdischen Vermögens in Kärnten gemacht hat – im Protokoll selbst hat dies keinen Niederschlag gefunden, da es von einem Nichtkärntner, nämlich Dr. Stier vom Stabshauptamt Berlin des Reichskommissars für die Festigung deutschen Volkstums, verfaßt wurde und man kein Interesse daran hatte, behördenintern die organisatorischen Überlegungen an die große Glocke zu hängen. So stellt sich der Zusammenhang zwischen der Kärntner Judenaussiedlung und der Slowenenaussiedlung eher als ein erfahrungsmäßig-organisatorischer denn als ein sachlicher dar, denn als die Maßnahmen zur Unterbringung der Kanaltaler Liegenschaftsbesitzer in Kärnten anrollten, war die „freiwillige" Veräußerung der jüdischen Liegenschaften schon beinahe vorbei, zumal unter den jüdischen Liegenschaften ja relativ wenig landwirtschaftliche Betriebe waren. Einige wurden noch im Wege des freihändigen Verkaufs durch die DAG–DUT erworben und dann weitergegeben, doch machte sich auch hier wieder der Gegensatz zwischen dem Ansiedlungsauftrag bezüglich der Kanaltaler und dem Kärntner Eigenbedarf an Hofstellen für Neusiedler geltend, der von Reichsnährstand und auch von Maier-Kaibitsch vertreten wurde. Letzterer hatte auch weiterhin das Recht, aus der Masse der freigemachten Hofstellen solche für Kärntner Bedürfnisse zu reservieren.

So nahm die DUT – allerdings nicht mit Bezug auf jüdisches Vermögen – noch 1942 gegenüber Maier-Kaibitsch zur Kenntnis: „In vorliegendem Falle hätte zweckmäßigerweise der Reichsstatthalter diejenigen slowenischen Vermögen auszuscheiden, bei welchen die Gauleitung oder Sie selbst die Absicht haben, diese anders als für Umsiedlungszwecke zu verwenden."[131] Und noch im Herbst des gleichen Jahres wählte Maier-Kaibitsch im Kreis Völkermarkt in Feistritz, Wackendorf, Ratschitschach, Haimburg, Abtei und Unterort eine Reihe von Höfen aus, welche die DUT nicht Kanaltalern anbieten durfte, „da sie aus volkspolitischen Gründen für den Ansatz von deutschen Kärntner Bauern vorgesehen sind".[132] So ging also auch die Siedlungspolitik der dreißiger Jahre noch weiter. Die frei gewordenen wenigen jüdischen landwirtschaftlichen Betriebe waren also in der Tat zum Großteil schon vergeben, aber auch bei solchen, die relativ spät zur Vergebung kamen, ging nur ein Teil an Umsiedler, andere wieder nicht.

Nur zwei besonders gelagerte Beispiele seien herausgegriffen: Bei den Kärntner Besitzungen der italienischen Firma „Alpes Legnami di Gallicchi e Cia." handelte es sich um einen Großbetrieb der Forstwirtschaft und Holzindustrie mit Gebäuden, Sägewerken, Lagerplätzen und dergleichen. Der Waldbesitz des Unternehmens in Kärnten befand sich vor allem in den Katastralgemeinden Feistritz/Rosental, Matschach und Windisch Bleiberg. Da sich die jüdische Gesellschafterin Mathilde Roifer in Italien befand, wurde die Verordnung über den Einsatz des jüdischen Vermögens vom 3. Dezember 1938 in Anwendung gebracht und ein Treuhänder mit allen Rechten eingesetzt. Mit Rücksicht auf die italienische Staatsbürgerschaft des Opfers und die Interessen der Landwirtschaftsbehörden zog sich die Angelegenheit lange hin, bis der Treuhänder dann mit 5. Oktober 1940 die gesamten Liegenschaften um den Preis von RM 300.000,– an einen Gutsbesitzer aus Bruneck verkaufte. Vom Kaufschilling wurden in der bekannten Weise die „rechtmäßigen" Juden-Sondersteuern abgezogen und der Restbetrag devisenrechtlich gesperrt, sodaß Mathilde Roifer keine Reichsmark davon erhielt.[133] Der Fall zeigt also, daß die Interessen der Staatskasse, die daraus die beträchtlichen Einnahmen bezogen, vor jenen der Kärntner Landwirtschaft der Vorrang gegeben wurde.

Ähnlich verhielt es sich in einem anderen Fall, der aber das genaue und komplexe Zusammenwirken vieler nationalsozialistischer Behörden zur Erreichung eines bestimmten Zieles deutlich aufzeigt. Die steuernde Leitfunktion in diesem Behördendickicht aber hatte über Wunsch des Gaugrenzlandamtes und der DUT offensichtlich die Vermögensverkehrsstelle. Das Haus von Adolf Preis am Flensburger Platz 1, ein typisches Beispiel für den Fleiß des auch bei der Konkurrenz hochgeachteten Unternehmers, war nach seinem Tode so aufgeteilt worden, daß die eine Haushälfte in den Besitz seiner Witwe Hermine Preis überging. Nach der Reichskristallnacht war nun auch für diese Haushälfte die Judenvermögensabgabe fällig. Schon der Einheitswertbescheid und Grundsteuermeßbescheid von 1940 trug dem in gewisser Weise Rechnung. Gemäß Reichsbewertungsgesetz vom 16. Oktober 1934[134] wurde der Vorkriegsjahreszins in Kronen um das Zehnfache vervielfacht, auf RM 199.520,–, was im Zusammenhang mit der einberechneten Mietenerhöhung um 10 v. H. einen abgerundeten Einheitswert von RM 219.500,– für die Gesamtliegenschaft ergab. Auf die Haushälfte von Hermine Preis entfielen damit an Zahlungsrückstand der JUVA einschließlich Gebühren bis 1942 insgesamt RM 22.440,–. Da die Vermögensverkehrsstelle dieses Haus schon längst enteignen wollte, unterstützte sie noch die Ankündigung der Finanzbehörde bezüglich einer Zwangsversteigerung der Haushälfte. Die DUT–DAG hatten das Gebäude auch schon längst in ihrer Liste der verfügbaren Häuser aufgenommen, die Kanaltaler Umsiedlern angeboten werden sollten, und zwar Liegenschaftsbesitzern, die nicht Bauern waren. Zweifellos unterstützte auch das Gaugrenzlandamt diese Bemühung, hatte doch Maier-Kaibitsch noch 1946 erklärt, daß sein Amt sich nicht nur um die Ansiedlung von Kanaltaler Landwirten kümmerte, sondern auch um Beratung bei Hauskauf, Wohnungsvermittlung, Pensionsfragen und ähnlichem.[135]

Die Tochter von Hermine Preis, Marianne Schiffler, suchte daher dringend einen Kredit, um diese Schuld beim Finanzamt abzudecken, wobei sie als Jüdin bei Banken keine Möglichkeit erwarten konnte. Ein privater Geldgeber war aber zu einem Kredit bereit und zahlte den aushaftenden „Steuerbetrag" bei der Finanzkasse ein. Mittlerweile hatte die DUT die Haushälfte neben anderen Gebäuden einer Tarviser Umsiedlerin angeboten, und diese entschied sich dafür. Darauf lehnte die Vermögensverkehrsstelle die mit dem Geldgeber getroffene Kreditvereinbarung ab, die Finanzbehörde zahlte den

Geldbetrag wieder zurück und erwirkte beim Amtsgericht die Zwangsversteigerung für den 15. August 1942.

Die Verwaltungsbehörde erteilte daraufhin gemäß Paragraph 8 Abs. 4 der VO über den Einsatz des jüdischen Vermögens der Tarviser Umsiedlerin die Bewilligung, bei der Versteigerung als Bieter gerichtlich aufzutreten. Diese Bewilligung wurde aber mit der Auflage verbunden, im Erstehungsfalle den Unterschied zwischen Zuschlagspreis und höchstzulässigem Gebot als Entjudungsauflage gemäß Erlaß des Reichswirtschaftsministers vom 6. Februar 1939 an das Deutsche Reich zu Händen des Finanzamtes Klagenfurt zu entrichten.

Mittlerweile hatte nämlich eine weitere Behörde mitgewirkt, da das Amtsgericht bei der Preisbehörde um die Festsetzung des höchstzulässigen Gebotes für ein Zwangsversteigerungsverfahren angesucht hatte. Der Sachverständige der Preisbehörde ermittelte das höchstzulässige Gebot für die gesamte Liegenschaft mit RM 230.000,–, was für die Haushälfte von Hermine Preis RM 115.000,– ausmachte. Warum das höchstzulässige Gebot also so niedrig angesetzt und einfach vom Einheitswert abgeleitet wurde, ist damit schon klar. Noch klarer wird es, wenn man berücksichtigt, daß die Verwaltungsbehörde über Einschreiten von DUT–DAG und Vermögensverkehrsstelle in ihrer Bewilligung für die Umsiedlerin auch entschied: „Weitere Bietgenehmigungen werden von der Verwaltungsbehörde zu der im Spruche genannten Versteigerung nicht zur Ausgabe gelangen."[136]

So kam es, wie es kommen mußte; es wirkten aber noch weitere Instanzen mit, um die Aktion glatt über die Bühne zu bringen. Hermine Preis war schon aus Kärnten entfernt worden, und ihre Tochter Marianne sowie deren Mann wurden von der Gestapo festgenommen und ins Gestapogefängnis im zweiten Stock des Landesgefangenenhauses Klagenfurt eingeliefert, sodaß sie nichts mehr unternehmen konnten. Bei der Tagsatzung zur Meistbotverteilung verlief demnach alles nach Wunsch, hatte doch Dr. Wöss selbst Maier-Kaibitsch des öfteren geklagt, daß er zu wenig Stadthäuser, Gaststätten usw. hätte, um die Wünsche der Ansiedler zu befriedigen.[136a]

Da bei der Zwangsversteigerung nur ein Interessent zugelassen war, so ersteigerte dieser die Haushälfte zum Ausrufpreis, nämlich um 56.001,– RM. Diese Summe, die damit zugleich das Meistbot darstellte, wurde dann teilweise zur Deckung der Schuld beim Deutschen Reichsschatz in Höhe von 22.440,– RM herangezogen, der Rest betrug wegen anfallender Gebühren nur mehr 30.305,99 RM, die eine Zeitlang nach der Einzahlung auf einem gesperrten Konto blieben. Die Ersteigerin wurde hernach verhalten, die Differenz zwischen Meistbot und höchstzulässigem Gebot auf Initiative der Vermögensverkehrsstelle tatsächlich zu bezahlen. Diese Entjudungsauflage war aber eine von wenigen, die wirklich gezahlt wurde, obwohl die niedrigen Einschätzungen von Firmen und Liegenschaften eigentlich fast stets hätten dazu führen müssen. Sie wurde aber bezeichnenderweise in nur ganz wenigen Fällen vorgeschrieben, wenn es sich bei den Käufern nicht um Alte Kämpfer oder prominente Parteigenossen handelte. Bei einigen dieser wenigen Fälle konnte sie von den Käufern bei der Vermögensverkehrsstelle noch etwas heruntergehandelt werden.

Marianne Schiffler und ihr Gatte wurden aus dem Gestapogefängnis entlassen, als die Transaktion vorüber war. Fast ein Jahr später, mit Bescheid der Gestapostelle

Klagenfurt vom 27. Mai 1943, wurde das Vermögen der Hermine Preis beschlagnahmt und zugunsten des Deutschen Reiches, vertreten durch den Oberfinanzpräsidenten Graz, eingezogen. Die Bank, bei der sich das gesperrte Konto befand, bekam die Weisung, den Betrag von 30.305,99 RM samt Zinsen auf das Postscheckkonto Nr. 50 Wien der Oberfinanzkasse Graz mit dem Überweisungsvermerk „Eingezogenes Vermögen der Jüdin Hermine Sarah Preis C 5300-131 P 8" zu überweisen und das alte Konto zu löschen. So ging auch dieser Betrag zu jenem allgemeinen Ziel, das wir schon kennen.

Charakteristisch ist dieser Fall, der für viele andere steht und deshalb als Beispiel so genau nachgezeichnet wurde, für zweierlei: Zum einen ist es die ungeheure bürokratische Umständlichkeit, mit der hier unmoralische Ausplünderung bemäntelt wurde, zum andern zeigt dieses unübersichtliche und doch funktionierende Zusammenspiel so vieler Behördenstellen, daß es den nationalsozialistischen Machthabern durchaus gelungen war, Verwaltungs- und Gerichtsinstanzen gänzlich in ihre Hand zu bekommen und zentral zu steuern.

An einem anderen Fall ist die Deutsche Ansiedlungsgesellschaft sozusagen indirekt beteiligt: Bei der Besetzung und zwangsweisen Einsetzung eines kommissarischen Verwalters der Firma „Warenhaus Weinreb" wurde dann durch einen Buchsachverständigen die Vermögensbilanz als Abschlußbilanz per 31. Dezember 1937 durchgeführt und darin das Haus von Lotte und Isidor Weinreb in der Platzgasse 14 (später Gasometergasse 6) mit S 47.500,- eingesetzt (der Drittelanteil an dem Haus Gabelsbergerstraße 15 mit S 29.100,-). Für ersteres Objekt interessierte sich alsbald eine einflußreiche Instanz, nämlich der Kärntner Heimatbund. Es ist wohl keineswegs als Zufall zu werten, daß der KHB von Maier-Kaibitsch zuvor schon sein Büro in einem Haus in der Bäckergasse, also quasi „mitten im Judenviertel" hatte. Antisemitismus erscheint als integrierender Bestandteil eines auf Germanisierung fixierten Sendungsbewußtseins. Nun trat der KHB gar als Arisierer auf. Anstelle des kleinen Hauses in der Bäckergasse sollte das geräumigere in der Platzgasse erworben werden, doch eigentlich war es gar nicht so sehr der Kärntner Heimatbund als Ganzes, sondern nur Maier-Kaibitsch mit seinem Gaugrenzlandamt, das da in Erscheinung trat, da ja auch Dienststellen dieses Parteiamtes allein schon wegen der Personalunion in den Führungspositionen dort untergebracht werden sollten. Die Vermögensverkehrsstelle Klagenfurt ging sofort auf diese Intentionen ein, und das Ehepaar Weinreb wurde dazu verhalten, ein formelles Verkaufsangebot in der Höhe von RM 47.500,- (ohne Umrechnung von Schilling in Reichsmark) Maier-Kaibitsch in seiner Eigenschaft als Hauptgeschäftsführer des Kärntner Heimatbundes vorzulegen.[137] Matthias Hoi von der Vermögensverkehrsstelle Klagenfurt fuhr mit diesem Angebot sogleich nach Wien zur Vermögensverkehrsstelle im Ministerium für Wirtschaft und Arbeit, erhielt dort sogleich die Genehmigung und kam mit dieser nach Klagenfurt zurück. Auch die anderen vom Kaufabschluß tangierten Behörden beeilten sich verständlicherweise auffallend, den Akt rasch zu erledigen, und mit 19. August 1938 wurde der Kaufvertrag abgeschlossen mit der aus der Vermögensbilanz übernommenen Summe von nunmehr RM 47.500,-. Als Käufer trat der Kärntner Heimatbund auf. Da aber Maier-Kaibitsch auch Geschäftsführer des Schulvereins „Südmark" in Kärnten gewesen war, ehe dieser in den Volksbund für das Deutschtum im Ausland übergeleitet wurde, war er es, der die Überleitung der Kärntner

Vermögensmasse des Schulvereins in die Länge zog. Er bezahlte den Kauf des Hauses mit RM 25.000,- in bar vom einstigen Schulverein „Südmark" und erhielt für den Rest der Summe einen Hypothekarkredit eines Klagenfurter Geldinstituts.

Die anschließend durchgeführte Renovierung und Vergrößerung des Hauses mit Kosten von RM 40.000,- bezahlte dann die Abrechnungsstelle Ostmark in Wien des Volksbundes für das Deutschtum im Ausland, und die gleiche Abrechnungsstelle übernahm auch die Abzahlung des Hypothekarkredites. Dies alles war möglich, weil Maier-Kaibitsch auch Gauverbandsleiter Kärnten des VDA war. War der KHB schon zuvor aus der Vermögensmasse des Schulvereins „Südmark" entschuldet worden, so setzte Maier-Kaibitsch auch hier wie bei dem Dilemma um die Ansiedlung der Kanaltaler die Tendenz fort, Kärntner Vermögenswerte auch für Kärntner Belange zu sichern. Es erscheint symptomatisch für diese Wirrnis von Interessengruppen und ihre Bestrebungen, daß der KHB bis Kriegsende nicht in den VDA übergeleitet wurde, sondern „dieser Verein blieb die ganzen Jahre hindurch selbständig und wurde dem VDA nicht angeschlossen. Es blieb also auch das Haus des Kärntner Heimatbundes in der Gasometergasse und ein Teil der Kanzleieinrichtung Eigentum des Kärntner Heimatbundes", wie Maier-Kaibitsch noch 1948 meinte.[138] Diese Feststellung bedeutet aber nichts, wenn man bedenkt, daß de facto in dem Hause Dienststellen des Gaugrenzlandamtes und der Deutschen Ansiedlungsgesellschaft arbeiteten, die damit also indirekt als die eigentlichen Arisierer erscheinen.

Natürlich haben Lotte und Isidor Weinreb von dem Kaufschilling nichts erhalten, sondern er wurde verwendet, um damit einen Teil der Reichsfluchtsteuer zu entrichten, die allerdings diesen Betrag weit überstieg.[139]

Auch andere Kärntner jüdische Liegenschaften gingen in den Besitz staatlicher Instanzen oder in jenen der NSDAP über – es sind aber auffallend wenige Fälle, die im Lande eingetreten sind.

Der Wiener Industrielle Moritz Schur, der auch Anlagen in der Tschechoslowakei besaß, war der Besitzer der großen Villa Schur in Augsdorf. Da er Österreich verließ und außerdem ein öffentliches Interesse vorlag, wurde die Verordnung über den Einsatz des jüdischen Vermögens so genützt, daß ein Treuhänder eingesetzt wurde. Dieser führte zuerst den freihändigen Verkauf der Kunstgegenstände und Möbel in dem Gebäude zu extrem niedrigen Preisen durch und nach Bewilligung durch die Verwaltungsbehörde – wie in der Verordnung vorgesehen – die Zwangsversteigerung durch das zuständige Amtsgericht. Auch bei der Versteigerung wurden extrem niedrige Ausrufpreise festgesetzt und auf diese Weise zum Vorteil der Käufer und Bieter sämtliche Kunstgegenstände und die Einrichtungen aller Räume verschleudert. Eine ganze Reihe von Personen beteiligte sich an Versteigerung und Verkauf. Wie die Exekutionsakten des zuständigen Amtsgerichtes zeigen, taten dort übereifrige Beamte noch ein übriges, um sogar ihre Unkenntnis der einschlägigen scheinlegalen Verordnungen zu dokumentieren. Das Protokoll der Meistbotsverteilung enthält einfach die lapidare Formel: „Der Restbetrag (gemeint ist nach Abzug der Reichsfluchtsteuer und aushaftender Grundsteuerzahlungen, Anm. d. Verf.) hätte sollen der verpflichteten Partei zugewiesen werden. Mit Rücksicht darauf, daß jedoch das Vorgehen der verpflichteten Partei und ihres vorläufigen Beistandes dem Gericht genügend bekannt sind, war der Betrag entgegen der gesetzlichen Bestimmung vorzubehalten."[140] Unter dem versteigerten Gut befanden sich auch vier Motorboote. Die Villa selbst wurde mit Bescheid der Gestapostelle Klagenfurt vom 14. Oktober 1939 beschlagnahmt und zugunsten des Oberfinanzpräsidenten Graz eingezogen. Dann wurde sie bis Kriegsende als Gebietsführerschule verwendet. Der Schaden wurde mit rund 1,466.000,– RM geschätzt. Der Gutshof „Berghof" von Dr. Erich Loewe in Heiligengestade wiederum wurde zugunsten der DAF arisiert. Ähnliches war mit der Pension Roland Richter im Stöckelweingarten geplant. Beide Liegenschaften waren schon im März 1938 geplündert und beschädigt worden.

Das Bethaus der Israelitischen Kultusgemeinde in der Platzgasse 3 in Klagenfurt wurde sofort nach der nationalsozialistischen Machtübernahme von der Gestapo, Staatspolizeistelle Klagenfurt, beschlagnahmt. Bei der Steiermärkischen Escomptebank hatte die Kultusgemeinde ein Bankguthaben über S 15.000,–, welches ebenfalls sogleich von der Gestapo beschlagnahmt wurde. Die Dienststelle des Reichskommissars für die Wiedervereinigung Österreichs mit dem Deutschen Reich – Stillhaltekommissar für Vereine, Organisationen und Verbände – beschäftigte sich erst nach langer Zeit mit dem Fall. Mit 31. März 1939 übereignete sie die Liegenschaft ersatz- und zahlungslos der sogenannten Aufbaufonds-Vermögensverwaltungsgesellschaft m.b.H., Berlin, und veranlaßte auch die diesbezügliche grundbücherliche Eintragung. Diese Gesellschaft verkaufte dann das Objekt mit Kaufvertrag vom 18. Dezember 1939 an die Nationalsozialistische Volkswohlfahrt – eingetragener Verein –, Berlin. Die NSV verwendete das Gebäude, das in der Reichskristallnacht beschädigt und geplündert worden war, für den Dienstbetrieb und als Lager.[141] Auch an der Liquidierung des Warenhauses „Elba" in Villach war – wie schon dargestellt – die NSV beteiligt. Indirekt betätigte sich auch die Gestapo in ganz geringem Ausmaß als Arisierer. Hatte sie schon bald in dem Haus Flensburger Platz 1 Wohnungen für reichsdeutsche Gestapobeamte beansprucht und dann, als es soweit war, mit bürokratischer Genauigkeit an der Hauptwohnungstür von Hermine Preis den Judenstern angebracht, obwohl diese Räume auch von den Beamten benützt wurden, so mietete sich die Gestapo dann auch in dem Haus Platzgasse 10 ein, das Jonas Fischbach verkaufen mußte.[142]

Was die Zwangsverkäufe im Bereiche des Kärntner Fremdenverkehrs betrifft, so ist auffallend, daß hierbei der Zugriff von Parteistellen oder der staatlichen Verwaltung fast gänzlich fehlt. In private Hände gingen zum Beispiel die Pension „Sonnenhügel" in Drasing, die Liegenschaft von Irene Siebenschein in Pörtschach, die „Seehotel- und Badeetablissement G.m.b.H." in Velden, die Liegenschaften Kress in Seeboden, die Villa „Anni" von Camilla Weishut in Velden, die Villa „Bellevue" von Jenny Scheyer in Pörtschach, die Villa „Leonstein" dortselbst, die Villa „Clotilde" von Charlotte Klarfeld in Velden, die „Parkvilla" von Minna Blum in Millstatt, die erst später einer nichtprivaten Zweckwidmung zugeführt wurde, über, so wie etwa 1944 ein Teil der Villa „Clotilde", die nach dem Reichsleistungsgesetz beschlagnahmt wurde, um dort ein Laboratorium einzurichten. Auch das Hotel „Excelsior" von Luise Hecht-Neustadtl in Velden wurde mit jener Strategie behandelt, die man am besten eine verdeckte Arisierung nennen könnte.

Im März 1938 hatte das Hotel „Excelsior" beträchtliche Schulden, die sich in Anbetracht der schwierigen Situation des Kärntner Fremdenverkehrs in den dreißiger

Jahren ergeben hatten. Die Hotelstützungsaktion und das Verständnis der Banken hatten es jedoch stets ermöglicht, den Betrieb weiterzuführen und über die schwierige Zeit hinwegzuretten. Nach der nationalsozialistischen Machtübernahme hörte dieses Verständnis schlagartig auf. Die Vermögensverkehrsstelle setzte im Einvernehmen mit der Hauptgläubigerin, einer Kärntner Bank, wie in vielen Fällen einen kommissarischen Verwalter ein, dessen Tätigkeit während der gut verlaufenden Saison 1938 Anlaß zu Kritik gab. Immerhin erzielte er einen Betriebsgewinn von RM 17.000,–, ließ aber die Außenstände der Gläubiger, vor allem jene der Landeskrankenkasse, weiter anwachsen, obschon zumindest letztere aus dem Betriebsgewinn leicht hätten abgedeckt werden können.

Wegen eines Beitragsrückstandes von RM 11.677,– beantragte dann die Landeskrankenkasse die Zwangsversteigerung, und diesem Verfahren schloß sich die Hauptgläubigerin an, weil diese sich zuvor vergeblich mit den anderen Gläubigern darum bemüht hatte, das Hotel zur Führung und endgültigen Verwertung zu übernehmen. Dieser Vorschlag wurde nämlich vom Staatskommissar in der Privatwirtschaft abgelehnt. Die Wiener Dienststelle bezeichnete das als nicht gangbaren Weg einer Arisierung, weil die jüdische Besitzerin bis zur endgültigen Verwertung im Grundbuch verbliebe.

Interessant ist dabei, daß der Weg zur Zerstörung gerade über die Krankenkassenrückstände genommen wurde, obwohl die Nationalsozialisten gerade dabei ganz anders konnten, wenn es in ihrem eigenen Interesse lag. Als beispielsweise die Kärntner NSDAP sich eine Druckerei besorgte, wurde durch den Stillhaltekommissar im Betrieb „Carinthia" des St.-Josef-Vereines der Diözese Gurk ein Klagenfurter Rechtsanwalt als kommissarischer Verwalter eingesetzt, der bei seiner Verwertung der Vermögensbestände einen eigenen Preßverein ins Leben rief. Die Berliner Druckerei- und Verlags-Ges.m.b.H. „Standarte" gründete gemeinsam mit Klausner als Treuhänder der Kärntner NSDAP den NS-Gauverlag und kaufte daher von diesem schon nazifizierten Preßverein mit 11. Oktober 1938 die Liegenschaften dieses Preßvereins und die Aktiva und Passiva der „Carinthia". Die Außenstände der „Carinthia" waren zum Großteil uneinbringlich, da es sich um solche des aufgelösten Bauernbundes und der Vaterländischen Front handelte. Die Vermögenswerte dieser Verbände waren schon längst von anderen nationalsozialistischen Instanzen weggenommen worden, sodaß der NS-Gauverlag da leer ausging. Zugleich hatte die „Carinthia" damals RM 28.029,– Beitragsrückstände bei der Landeskrankenkasse. Kurzerhand suchte der NS-Gauverlag im Ministerium für Wirtschaft und Arbeit einfach um Streichung dieser Beitragsrückstände an, was prompt gewährt wurde. Fast überflüssig zu erwähnen, daß beim Oberfinanzpräsidenten von Graz auch um Erlaß jener Grunderwerbssteuer in Höhe von RM 22.896,– (damals Liegenschaftsgebühr genannt) angesucht wurde, die sich aus dem Kauf der „Carinthia"-Liegenschaften vom nazistischen Preßverein ergab. Natürlich wurde auch diesem Ansuchen stattgegeben.[143]

Im Falle des Hotels „Excelsior" hingegen wurden gerade diese Krankenkassenbeitragsrückstände als Stolperstein verwendet, um eine verdeckte Arisierung durchzubringen. Die im Zuge der Zwangsversteigerung durchgeführte Schätzung ergab extrem niedrige Ausrufpreise für das Inventar bis zum letzten Korbsessel und Kaffeelöffel hinab. Ein Alter Kämpfer und höherer SA-Funktionär ohne Eigenkapital, jedoch mit einer

Kreditzusage über RM 500.000,– von der Golddiskontbank Berlin und der Volksbank Altheim, nahm Verbindung mit der Vermögensverkehrsstelle auf. Die weitere Strategie ist uns bereits bekannt: Bei der Zwangsversteigerung für die Liegenschaft am 14. Februar 1939 war die Hauptgläubigerin einziger Bieter, der Ausrufpreis von RM 293.151,– war das Meistbot. Die Hauptgläubigerin verkaufte sodann das Hotel an den Kaufinteressenten um RM 320.000,– weiter. Begünstigt bei diesem Verfahren waren also keineswegs die Banken, deren Forderungen zum Teil ungedeckt blieben, sondern der Letztkäufer. Mit der zum Hotel gehörigen Simahube in Schiefling wurde gleich verfahren.

Ein Paradoxon sei nur am Rande vermerkt: Diese Periode der Verhaftungen, Ausplünderungen und Verfolgungen mobilisierte mancherorts einen solch allgemeinen und instinktiven Ausländerhaß, daß gewisse Leute gegen die große Besitzung des Fürsten Flavio Borghese, des Don Valerio Borghese, der Donna Livia Scortzesco-Borghese, des Don Virginio Borghese und der Gräfin Marie Zlatarow-Hojos in Augsdorf mit einer Serie von Bosheitsakten vorgingen. Die Zäune, Bootshäuser, Boote und Zierbäume wurden bei nächtlichen Überfällen so oft beschädigt, daß die Besitzer sich schließlich zum Verkauf entschlossen. Und das alles, obwohl Italien damals als der engste Bundesgenosse Hitlerdeutschlands im öffentlichen Bewußtsein fest verankert schien. Die Verkäufer entschlossen sich zu diesem ihren Schritt sogar, obschon sie genau wußten, daß sie durch die deutsche Devisensperre größte Schwierigkeiten mit dem Verkaufserlös haben würden. Die große Liegenschaft wurde in verschiedene Parzellen aufgeteilt und verkauft, die Villa „Cap Wörth" selbst aber wurde dann an die Deutsche Arbeitsfront weiterverkauft.[144]

Nur langsam klang diese allgemeine wirre Stimmung des ersten Jahres der nationalsozialistischen Herrschaft ab, in der leider zu viele Menschen glaubten, jede Gelegenheit ergreifen und im allgemeinen Wettrennen um die Bereicherung dabeisein zu müssen, wie es die Großstadt Wien den Gauen vorspielte.

Als Beispiel für den nur durch wenige Betriebe vertretenen jüdischen Großhandel Kärntens könnte die aufstrebende und erfolgreiche Firma Nandor Salzbergers dienen, die bereits vorgestellt wurde. „Silvana Production et Commerce des Bois", so hieß die Firma, bestand seit 1927 und arbeitete seit 1933 eng mit dem Gurker Domkapitel zusammen, dessen Sägewerk Salzberger gepachtet hatte – ein weiterer Beweis für das friktionsfreie Verhältnis der katholischen Kirche Kärntens zu den jüdischen Kärntnern. Anfang 1938 erst war dieser Pachtvertrag um weitere fünf Jahre verlängert worden. Vor 1933 hatte Salzberger seine Exportgeschäfte mit Holz verschiedenster Lieferanten in Kärnten getätigt, nach der Begründung der Zusammenarbeit mit dem Domkapitel kaufte er das Holz fast nur mehr von diesem, kaum 10% der Holzaufbringung kam dann noch von anderen Lieferanten, wenn es galt, rasch große Exportaufträge zu erfüllen.

Im März 1938 befand sich Salzberger auf Geschäftsreise im Ausland. Er war also nicht anwesend, als am 19. des Monats das Büro in Gurk von SA und Polizei überfallsartig übernommen wurde, ebenso das Büro in Klagenfurt, wo in der bekannten Weise die Schlüssel abverlangt, das vorhandene Bargeld, Wertpapiere, die besten Möbel und drei Schreibmaschinen sofort mitgenommen wurden. Der erste eingesetzte kommissarische Verwalter verbot dem Personal und Frau Salzberger den Zutritt zur Firma, als der bisherige Inhaber Ende des Monats selbst nach Kärnten zurückkehrte, hatte er kein Geld mehr und bekam von der Vermögensverkehrsstelle monatlich RM 200,– zugewiesen. Die Unfähigkeit des ersten Verwalters, der sich auf die bekannte Weise rächte, führte zur Einsetzung eines zweiten, der ein ausgezeichneter Holzfachmann war. Dieser Verwalter wurde anscheinend auf Betreiben einer interessierten anderen Holzfirma wieder abgesetzt und ein dritter ernannt, der sich zuerst weigerte, diese Aufgabe zu übernehmen.

Salzberger hatte schon vor seiner Rückkehr in Pisa mit Roifer ein Kaufabkommen abgeschlossen, das ihm bei guten Übernahmepreisen auch das Rückkaufrecht in kommenden besseren Zeiten oder das Verbleiben in Compagnie gesichert hätte. Die Vermögensverkehrsstelle verbot aber diesen Verkauf und wies Salzberger an, an eine andere große Kärntner Holzfirma zu verkaufen, die sein Konkurrent, vor allem beim Rundholzeinkauf in Mittelkärnten, gewesen war. Mittlerweile waren am 27. Mai und 20. Juni die neuen Regelungen bezüglich der Holzpreise eingeführt worden, die für das Land Österreich durch die Angleichung an das Preisniveau des deutschen Marktes eine Preiserhöhung mit sich brachten. Salzberger hingegen wurde gezwungen, seinen Pachtvertrag mit dem Domkapitel zu lösen, den die Konkurrenzfirma neu einging. Mit Schlußbrief vom 9. Juni 1938 mußte er das in Gurk lagernde Holz (2985 Festmeter) um RM 148.897,– an die gleiche Konkurrenzfirma verkaufen, die inzwischen schon seine Arbeiter und seinen Pachtvertrag übernommen hatte.

Mit 11. Juli unterschrieb Salzberger dann auch ein Gedächtnisprotokoll, das ihn verpflichtete, seine Firma zu liquidieren. Als Salzberger dagegen protestierte, drohte die Vermögensverkehrsstelle mit dem KZ. Auch in diesem Falle wurde also die Technik angewandt, de facto eine Firma zu übernehmen, obwohl nur das Warenlager bezahlt wurde, und das zu einem niedrigen Preis, da der Käufer sogleich die erworbene Ware den auch in Kärnten ausschwärmenden deutschen Holzeinkäufern zu dem mittlerweile eingetretenen viel höheren Holzpreis verkaufte.[145]

Bis 20. September 1938 kamen dann aus diesem und weiteren Verkäufen insgesamt RM 191.000,– zusammen, die auf einem Sperrkonto verblieben, von welchem dann Sondersteuern, Strafen und überhaupt nicht deklarierte Beträge durch verschiedene Behörden abgehoben wurden. Der Rest verblieb auf dem Sperrkonto bis zu jener abschließenden Transaktion, die wir schon kennen, Salzberger bekam nichts davon. Auch das bei den Plünderungen entwendete Bargeld, die Anleihescheine, Bundesschuldverschreibungen, Wertpapiere der Societa Canottieri Timavo, die Schreibmaschinen und Möbel blieben verschwunden. Die Gestapostelle Klagenfurt erteilte ihm Gauverweis mit Jahresende, und bei Ansuchen um Verlängerung bekam auch Salzberger wie viele andere vom Polizeidirektor im Auftrag der Gestapo die Mitteilung, daß die Gestapo die Aufenthaltsbewilligung auf keinen Fall verlängere und er daher seine Angelegenheiten „mit der nötigen Beschleunigung betreiben möge".[146]

ARISIERUNG DER KÄRNTNER INDUSTRIE

Die Arisierung der Kärntner Industrie ging unauffälliger vor sich, da die meisten Firmen mit jüdischer Kapitalbeteiligung oder jüdischen leitenden Angestellten den Firmenhauptsitz in Wien hatten. Jüdische Direktoren und andere leitende Angestellte wurden in der üblichen Weise entlassen, Aufsichtsräte oder Vorstandsmitglieder entfernt und durch Parteigenossen ersetzt, Kapitalbeteiligungen liquidiert. Das hatte von Radenthein und Weißenstein über Fellach, Magdalen und Brückl bis in die Bezirke Völkermarkt und Wolfsberg die gleichen Folgen. Auch kleinere Betriebe, die auf Kärnten beschränkt waren, wurden entweder arisiert oder, wie etwa die Papierfabrik Poitschach, liquidiert, wobei die gleichen Überlegungen wirksam waren und das gleiche Kräftespiel sich entwickelte wie in den Bereichen der gewerblichen Wirtschaft.

Die chemische Fabrik „Ligno-Carbon" von Dr. Dipl.-Ing. Oswald Heller in Klagenfurt beispielsweise befand sich mitten in einem technologischen und kommerziellen Entwicklungsprogramm, als sie von der nationalsozialistischen Machtübernahme überrascht wurde. Damit wurden auch die guten Exportgeschäfte nach Italien und in die Schweiz, die expandierten, sofort in Mitleidenschaft gezogen. Kontensperre und Besetzung der Firma erfolgten bereits am 13. März 1938. Die am Entwicklungsprogramm mitbeteiligte Wiener chemische Fabrik Skodawerke-Metzler-AG wurde sofort zugunsten der IG-Farben arisiert, ihr Inhaber, Dipl.-Ing. Isidor Pollak, zugleich Teilhaber an „Ligno-Carbon" in Wien sofort verhaftet, wobei er dann in Gestapohaft verstarb. Schon am 29. März erhielt „Ligno-Carbon" von der bereits unter kommissarischer Verwaltung stehenden Wiener Firma die Mitteilung: „Ein Vertreter der I.G.-Farben wird in den nächsten Tagen zu Ihnen kommen, um die Erzeugung anzusehen." Die Überprüfung erfolgte in der Tat unverzüglich, und dann betrieb die I.G.-Farben als Teilhaberin von „Ligno-Carbon" die Liquidierung des Unternehmens in Klagenfurt. Damit man aber der wertvollen Devisen wegen bis zum Schluß ins Ausland abverkaufen konnte, wurde ein Reisender der Firma, natürlich ein Arier, von der Vermögensverkehrsstelle als öffentlicher Gesellschafter in die Firma gesetzt. So konnte man den Schweizer und den italienischen Kunden gegenüber vortäuschen, daß „Ligno-Carbon" nach wie vor eine österreichische Firma wäre, denn von I.G.-Farben hätten sie nicht gekauft. Mittlerweile war auch das Bankfach von Beate Heller, der Gattin des Inhabers, am 26. April durch die Devisenfahndungsstelle geöffnet worden. Ungarisches und amerikanisches Bargeld, Alpine-Montan-Aktien und amerikanische Eisenbahnaktien wurden ersatzlos beschlagnahmt. Nach dem Abverkauf und der Einstellung der Produktion wurden auch die Grundstücke verkauft, und mit den erzielten Geldern wurde wie üblich vorgegangen. Dr. Oswald Heller und seine Familie erhielten lediglich das Reisegeld, um Kärnten zu verlassen.[147]

Ebenfalls ein fetter Brocken für die nationalsozialistischen Behörden wurde die Spiritus- und Hefefabrik Fischl in Limmersach bei Klagenfurt, zu der — wie wir schon wissen — auch die landwirtschaftlichen Betriebe Gut Großnighof, Gut Harbachhof und Gut Portendorf gehörten, wobei der Grundbesitz bis in die Katastralgemeinde Zeiselberg reichte.

Als erster Akt der Verfolgung wurde auch in diesem Falle ein kommissarischer Verwalter eingesetzt, der seine Aufgaben dann an einen zweiten abgab. Im Bestellungsschreiben des zweiten vom 1. Juni 1938 stellte die Dienststelle des Staatskommissärs in der Privatwirtschaft nachdrücklich fest, daß er die Arisierung der Firma ehestens durchzuführen habe. Der verheißungsvolle Aufruf Bürckels im Altreich, daß im Land Österreich günstige Firmen zur Arisierung zu haben seien, führte dazu, daß eine in der gleichen

Branche tätige deutsche Firma mit Betrieben im Raum Aachen und Werne sich für den Betrieb Fischl in Klagenfurt interessierte, der getrennt von den Betrieben in anderen Ländern arisiert wurde. Die drei Gesellschafter der Firma in Limmersach waren damals Ing. Josef Fischl, Ernst Fischl und Alfred Braun. Die deutsche Firmeninhaberin arisierte zuerst die Jungbunzlauer Spiritus- und Hefefabrik in Wien und einigte sich schon am 16. Juni in Form eines Gedächtnisprotokolls bezüglich der Übernahme des Betriebes in Limmersach, da die Gesellschafter unter dem Druck der Vermögensverkehrsstelle keinen Widerspruch wagten.

Diese Abmachung wurde dann durch die Vermögensverkehrsstelle Wien formell genehmigt, sodaß sie in Gültigkeit treten konnte. Im Gegensatz zu anderen Arisierungsfällen ging man dabei so vor, daß Gestapo oder Parteiorganisation die vorhandenen Bargeldbestände und Bankguthaben nicht beschlagnahmt hatten, sondern diese von der deutschen Erwerberin wie die Realitäten mit allem beweglichen und unbeweglichen Inventar, die Landwirtschaften, Wasseranlagen und Rohstoffvorräte und die aushaftenden Außenstände mit übernommen wurden. Der Kaufpreis von RM 1,050.000,- wurde so geteilt, daß RM 600.000,- sogleich, der Rest in gleichen Teilbeträgen am 15. Jänner der Jahre 1940, 1941 und 1942 zu bezahlen war. Mit 21. Juli übernahm die deutsche Arisiererin bereits die Fabrik und die Landwirtschaften. Die Kaufpreisraten kamen auf Sperrkonten der drei Gesellschafter bei der Creditanstalt-Wiener Bankverein, ganz geringe Beträge für die Reisekosten der drei ins Ausland wurden abgebucht, ebenso die Juden-Sondersteuern, der große Rest verblieb fürs erste gesperrt und wurde dann aufgrund der 11. Verordnung zum Reichsbürgergesetz wie alle anderen gesperrten Beträge zugunsten des Deutschen Reiches für verfallen erklärt und eingezogen. Da aber Ernst Fischl wie viele andere österreichische Juden in die Tschechoslowakei gegangen war, wurde für diese Enteignung zusätzlich auch die Verordnung über den Verlust der Protektoratsangehörigkeit für Juden herangezogen.

Die deutsche Arisiererin der Liegenschaften betrieb auch die großen Landwirtschaften, in der Folge aber traten verschiedene Kärntner Dienststellen der NSDAP, der Wehrverbände und der DAF an sie heran, um einen Weiterverkauf zu erzielen. Diesbezüglich kam es zu einigen vorläufigen Absprachen, die dann wieder durch andere, rivalisierende Dienststellen durchkreuzt wurden, sodaß eine endgültige Entscheidung ausblieb. Das Paradoxon trat ein, daß bis Kriegsende Ing. Josef Fischl, Ernst Fischl und Alfred Braun grundbürgerliche Eigentümer der Landwirtschaften blieben, weil der Kampf der nationalsozialistischen Dienststellen nicht entschieden wurde. Die deutsche Arisiererin scheint in Limmersach von 1938 bis 1944 einen bilanzmäßigen Reingewinn von RM 1,077.701,- erzielt zu haben, doch stehen dem wieder Neuinvestitionen in die Anlagen gegenüber.[148]

Im Bereich der Selbständigen sind noch zwei andere Berufsgruppen zu berücksichtigen, nämlich die Ärzte und Rechtsanwälte. Rein theoretisch verloren die jüdischen Ärzte mit 30. September 1938 ihre Approbation[149], in der Provinz aber wurde diese Frist nicht so genau genommen. In Kärnten wurden sie erst mit 30. November aus der Liste der Kassenärzte gestrichen, wofür man die Verordnung zur Neuordnung des Berufsbeamtentums vom 31. Mai 1938 heranzog, da man sie in ihrer Eigenschaft als Kassenärzte als nicht hauptberuflich tätige Inhaber eines öffentlichen Amtes auffaßte.

Noch länger brauchte man die jüdischen Rechtsanwälte, die ja auch zum Teil in die vielfältigen Arisierungen und Liquidationen einbezogen waren. Sie verloren mit 30. November 1938 die Gerichtszulassung[150], doch wurden erst anschließend durch gesonderte Verfügungen des Reichsjustizministers die Streichungen aus der Anwaltsliste vorgenommen, und zwar nicht nur für jüdische Anwälte, sondern überhaupt für solche, die sich in irgendeiner Weise als Gegner des braunen Regimes betätigt hatten, so z. B. Funktionäre der Vaterländischen Front, Heimatschutzkommandanten, Sturmscharen-Kommandanten, einstige Bürgermeister oder überhaupt Leute, die von der Kärntner NSDAP einfach als „schwarze Hetzer" eingestuft wurden. Diese Verfügung des Reichsjustizministers betraf an jüdischen Rechtsanwälten in Kärnten den Rechtsvertreter des Bistums Gurk, Dr. Paul Loebel, dann Dr. Reinhold Loebel, Dr. Oskar Wittner, Klagenfurt, Dr. Emil Rosenfeld, Klagenfurt, Dr. Marzell Glesinger, Villach, Dr. Josef Heller, Feldkirchen.[151] Unter den Ärzten, die aus der Liste der Kassenärzte gestrichen wurden, befanden sich ebenfalls viele Exponenten der einstigen demokratischen Parteien oder der Vaterländischen Front und beispielsweise der jüdische Zahnarzt Dr. Max Neumann oder Dr. Walter Porges aus der altehrwürdigen Spittaler Familie.[152] Andere Ärzte hatten aber schon lange zuvor ihre Praxis geschlossen und das Land verlassen. Die Notare wurden in ähnlicher Weise aus dem Berufsleben ausgeschieden.

Im März und April 1938 waren aber die jüdischen Ärzte und Rechtsanwälte ebenfalls in die großen Verhaftungswellen einbezogen, es wurde ihnen erst nachträglich zum Teil wieder erlaubt, ihre Tätigkeit aufzunehmen. Zum Großteil waren sie zwischen März und Dezember dem gleichen Druck ausgesetzt wie die anderen jüdischen Selbständigen, denen man ihre Liegenschaften abnahm. Der Villacher Notar Dr. Egon Weißberger beispielsweise wurde während seiner ersten Verhaftung im März 1938 im Villacher Polizeigefängnis von einem Berufskollegen aufgesucht und von diesem und den Gestapobeamten „beeinflußt", eine abgelaufene Ranganmerkung einer Hypothekarschuld auf einer Liegenschaft in Lind ob Velden durch den Verkauf der Liegenschaft an den Gläubiger zu ersetzen.[153]

Die Verordnung zur Sicherstellung jüdischen Kunstbesitzes sollte dem Zwecke dienen, das Mitnehmen von Kunstgegenständen in das Ausland zu verhindern und die Wiener Zentralstellen als Sammelstellen solcher Gegenstände zu bevorzugen. Darüber hinaus bot es vor allem Wiener Parteigrößen die Möglichkeit zur billigen Bereicherung[154]. Ganz ohne Ambitionen allgemeinerer Natur war man aber auch in Kärnten nicht, doch ging dabei alles „legal" vor sich. So hatte die Gattin eines jüdischen Wiener Geschäftsmannes, Therese Neumann, sie selbst Nichtjüdin, im Frühjahr 1938, einem Aufruf folgend, drei Bilder von Egger-Lienz der Gaukulturstelle Kärnten leihweise zur Verfügung gestellt, und die Gaukulturstelle veranstaltete eine Reihe von Ausstellungen, für welche auch diese Bilder verwendet wurden. Als dann die Verordnung zur Sicherstellung jüdischen Kunstbesitzes herauskam, glaubte man in der Gaukulturstelle, daß die geeignete Stunde gekommen sei. Man schickte der Wienerin folgendes Telegramm: „Drei Egger-Lienz-Bilder über Auftrag von Wien zurückbehalten und sichergestellt. Grund Sicherstellung jüdischen Kunstbesitzes. Gaukulturstelle Kärnten."[155] Therese Neumann protestierte gegen diese Maßnahme und wies nach, daß sie nicht Jüdin sei, es sich also nicht um jüdischen Kunstbesitz handeln könne. Daraufhin verschleppte man die ganze Angelegenheit und wendete die doppelte Taktik von Drohungen und Versprechungen an, doch Therese Neumann verließ Österreich nicht. Schließlich bot ihr die Gaukulturstelle an, sie möge wenigstens eines dieser Gemälde verkaufen, und zwar um RM 7500,–. Die Besitzerin weigerte sich aber weiterhin, bis man ihr RM 13.000,– bot. Therese Neumann ging auch auf dieses Angebot nicht ein, doch die Gaukulturstelle teilte ihr schließlich mit, daß gerade dieses Gemälde als Geburtstagsgeschenk Kärntens für Hitler vorgesehen sei und die Partei ihre Schlüsse daraus ziehen würde, wenn sie nicht bereit wäre, an dieser ehrenvollen Aufgabe mitzuwirken. Zugleich schlug die Gaukulturstelle vor, Therese Neumann möge selbst RM 500,– als persönlichen Beitrag für dieses Geschenk stiften. Nun wagte die Bedrängte nicht mehr zu widersprechen, die anderen beiden Bilder wurden zurückgestellt und das Egger-Lienz-Gemälde „Weib und Kind" blieb gegen die Auszahlung von RM 12.500,– an Therese Neumann in Klagenfurt, bis es zu Hitlers Geburtstag 1941 nach Berlin kam. Der Beschenkte stellte es dann aber dem Reichsgau Kärnten als Leihgabe in Aussicht, was für die Kärntner NSDAP umso wichtiger erschien, als man 1942 endgültig daran ging, eine eigene Kärntner Landesgalerie zu eröffnen. Die organisatorische Abwicklung der Zurückverleihung ging schleppend vor sich, sodaß der präsumptive Direktor der Kärntner Landesgalerie, Max Bradaczek, am 29. Mai an die Kanzlei des Führers in der Voßstraße 4, nämlich an Hauptamtsleiter Bormann persönlich, schrieb:

„Der Führer hat in großmütiger Weise gestattet, daß das Gemälde ‚Mann und Weib' von Albin Egger-Lienz der Kärntner Landesgalerie als Leihgabe überlassen wird. Unter Berufung auf die Rücksprache, die Gauhauptamtsleiter Pg. Prokop vor kurzem in der Reichskanzlei mit Ihnen hatte, erlaube ich mir anzufragen, ob dieses Bild dort bereits abgegangen ist. Sollte dies noch nicht geschehen sein, dann bitte ich, die Absendung des Bildes ehestens veranlassen zu wollen, da der Termin der Eröffnung der Kärntner Landesgalerie von dessen Eintreffen abhängt."[156] Das Bild kam rechtzeitig. Es befand sich dann bis lange nach Kriegsende in der Kärntner Landesgalerie.

Obwohl der Selektionsvorgang ein sehr vielfältiger war, dem die aus dem ganzen Land Österreich in Wien zusammenkommenden jüdischen Kulturgüter unterzogen wurden, ging auch einiges in die Reichsgaue zurück. So kaufte das Gaumuseum Kärnten 1941 um RM 6022,– vom Kunstgewerblichen Museum Wien, das als Verteilerstelle dafür fungierte, eine Serie von alten Trinkgefäßen aus der einstigen Privatsammlung Franz Ruhmann in Graz.

So rundet sich das Bild der wirtschaftlichen Ausplünderung der Kärntner Juden – ein Vorgang, der aus vielen Einzelvorgängen bestand, aber an einigen Knotenpunkten kanalisiert wurde und sich zum Gesamtprozeß bündelte, dessen Ziel eindeutig war. Am Schluß der detaillierten Betrachtung ist es möglich, die Grundstrukturen dieses Prozesses zu überschauen:

1. Die nationalsozialistischen Machthaber wollten unter allen Umständen den Schein der Legalität wahren und verwendeten daher ein komplexes System von scheinlegalen Verordnungen und Vorschriften, wobei alle verschiedenen Strategien, die angewendet wurden, sich um das zentrale Postulat der angeblichen Freiwilligkeit des Opfers drehten. Die Tendenz dazu kam naturgemäß von auswärts, in der ersten Phase der Entwicklung aber wohl kaum aus Wien. Der Hang zur Scheinlegalität erfuhr zweifellos

im Lande selbst eine Verstärkung. Gerade sie übte für den Nationalsozialismus eine wichtige psychosoziale Funktion aus, da sich Massen von Menschen hinter ihr verstecken und ihre Mitverantwortung verdrängen konnten. Diese Fiktion von der scheinbaren Legalität, an die sich viele Nationalsozialisten klammerten, erreicht ihren unaufhebbaren Widerspruch in der Paradoxie, daß die Juden nicht gehen wollten, aber mußten, damit man – juridisch gesehen – von ihnen Reichsfluchtsteuer verlangen und die Vermögenswerte devisenrechtlich sperren konnte. Diese Affinität vieler Nationalsozialisten zur Scheinlegalität läßt auch ihre starken negativen Abwehrreaktionen gegenüber der Kärntnerischen Variante der Reichskristallnacht besonders verständlich erscheinen, weil die Reichskristallnacht die Verdrängung aufzuheben drohte. Zugleich aber führte sich diese Scheinlegalität aber selbst insoferne ad absurdum, als ihr ja – wie die gezeigte Verschränkung von mangelhafter jüdischer Fluchtbereitschaft und finanzieller Ausplünderung zeigt – die Phase der Einschüchterung unbedingt vorausgehen und jene Einschüchterung auch jeden einzelnen Schritt der wirtschaftlichen Maßnahmen begleiten mußte. Für alle gesperrten Vermögenswerte ist aber typisch, daß sie nach mehr als Jahresfrist zugunsten des Deutschen Reiches eingezogen wurden. In diesen einheitlichen Schritt mündeten dann unweigerlich alle Einzelvorgänge. Nationalsozialistische Ausplünderungsvorgänge anderer Opfer stellen gegenüber der Judenausplünderung demnach stets verkürzte Verfahren dar.

2. Die Folge dieser scheinlegalen Vorgangsweise war ein bürokratischer Aufwand, der auch in einem kleineren Reichsgau ungeheure Ausmaße annehmen mußte. In diesen komplexen Prozeß waren auch Massen von Rechtsanwälten, Sachverständigen, Notaren, Wirtschaftsprüfern, Grundstücksmaklern und Spediteuren miteingebunden – gerade für diese Gruppe bedeutete dies arbeitsmäßige Überlastung, aber auch Verdienstmöglichkeit. Der enorm große bürokratische Apparat, der zur Wirkung kam, hatte wie gesagt offensichtlich starken Alibicharakter, da er Verantwortung weitestgehend verdünnte und delegierte – zugleich ist er aber auch ein ergiebiger Indikator dafür, wie rasch und sicher es den Nationalsozialisten gelungen war, den bürokratischen Gesamtapparat im Lande unter totale Kontrolle zu bekommen. Zugleich hatte aber der Vorgang selbst wieder Rückwirkungen auf die Homogenität der Partei selbst.

3. Nutznießer der Ausplünderungsvorgänge waren in der ersten Phase des Ablaufs private Leute, vorwiegend Parteigenossen, aber keineswegs nur sie allein; ihr Vorteil bestand im Gewinn durch niedrige Preise bei gekauften Waren und Liegenschaften, für Kollektive von Wirtschaftstreibenden bestand der Nutzen auch in der Ausschaltung der Konkurrenz am gleichen Ort. Parteidienststellen traten als Arisierer auffallend wenig in Erscheinung, und zwar nicht einmal im Bereich der Fremdenverkehrsbetriebe. Der Weg, den die von der Gestapo beschlagnahmten Bargelder, Aktien, Schmuckstücke und Kunstgegenstände nahmen, bleibt unklar, auf jeden Fall führte er aus Kärnten hinaus. Die privaten Plünderungen hielten sich in relativ engen Grenzen – naturgemäß blieben sie weit hinter den Ereignissen in Wien zurück, sie scheinen aber auch geringer als in anderen Reichsgauen zu sein, wobei das Faktum der Rückerstattung auch eine Rolle spielt.

4. Die anlaufende Umsiedlung der Kanaltaler und Südtiroler konnte diesen Prozeß der Judenausplünderung nur mehr wenig mitgestalten, sie war daher auf die Ausplün-

derung von Antifaschisten und Slowenen in viel größerem Ausmaß angewiesen. Dies vor allem deshalb, weil die Umsiedlung zeitlich später einsetzte und weil auch gewisse geringe Reservierungen für die Interessen des Gaues selbst bestanden, die weiter durchgesetzt werden konnten. Trotzdem wurden Judenaussiedlung und Slowenenaussiedlung zwei Waggons am gleichen Zug, weil auffallende Übereinstimmung in den angewendeten Denkschemata der Verantwortlichen und ihren organisatorischen Lösungsstrategien bestehen.

5. In der zweiten Phase der Ausplünderungsvorgänge wurde der weitaus dominierende Nutznießer der nationalsozialistische Zentralstaat, der als organisatorische Handlanger für seine Vorgangsweise in schamloser Art die Finanzbehörden und die Geldinstitute heranzog, die sich dagegen nicht wehren konnten und naturgemäß auch nicht verantwortlich sind. Wegnahme ging also den irritierenden Weg des Steuerbescheides übers Wohnsitzfinanzamt und die Devisenstellen. Versucht man zu summieren, welche Vermögenswerte den verschiedensten Kategorien den Kärntner Juden insgesamt weggenommen wurden, so erscheint es dringend geboten, sich von jeder Spekulation fernzuhalten. Da sie von verkauften Firmen und Liegenschaften nichts mitnehmen durften, ist es gerechtfertigt, die Kaufsummen der Arisierer und die Ergebnisse der Liquidationen zu summieren. Eine Trennung zwischen der gesperrten Gesamtsumme und der Reichsfluchtsteuer und JUVA erübrigt sich in jedem einzelnen Fall, da ja das Endziel stets dasselbe war, nämlich der Deutsche Reichsschatz oder die Fonds der SS.

Es erscheint also aus Gründen der Sachlichkeit der gangbarste Weg zu sein, die „freiwilligen" Verkäufe zur Beantwortung der Frage nach dem Ausmaß der Ausplünderung heranzuziehen. Natürlich kommt man dabei nicht zu den wahren Vermögenswerten, sondern Werten, die weit unter diesen liegen, doch haben diese Angaben den Vorteil der dokumentarischen Konkretheit. Nimmt man also die damals extrem niedrigen Kaufsummen, die auf den Schätzungen im Auftrag der Vermögensverkehrsstelle beruhten, und die Verkaufssummen für Firmen, bei denen stets nur der Wert von Warenlager und Inventar gerechnet wurde, so ergibt sich trotzdem eine Gesamtsumme von entzogenen jüdischen Vermögenswerten in Kärnten von RM 6,621.345,–. Zu dieser Summe der Ist-Werte müßte man angesichts der sehr schwierigen und lückenhaften Quellenlage noch mindestens 20 Prozent für heute nicht mehr eindeutig klärbare Fälle hinzurechnen. Das ergäbe einen Betrag von mehr als 7,5 Millionen Reichsmark, jüdische Kapitalbeteiligungen an Firmen mit dem Hauptsitz in Wien nicht eingerechnet. Im Gegensatz zu diesem Betrag, der aus Kärnten abfloß, hatte das Deutsche Reich bis zum Frühjahr 1939 lediglich 1,33 Millionen Reichsmark an reichsverbürgten Förderungskrediten für die gewerbliche Wirtschaft Kärntens bereitgestellt. Die beiden Zahlen sprechen für sich, wobei man natürlich noch bedenken muß, daß dieses Abziehen von jüdischen Vermögenswerten aus Kärnten naturgemäß nicht nur die jüdischen Opfer traf, sondern den Gesamtwirtschaftsprozeß im südlichsten Reichsgau. Die weggenommenen Vermögenswerte in Kärnten machen also rund ein Dreihundertstel jener Summe von 2,295 Milliarden Reichsmark aus, die nach der Verordnung vom 26. April in Österreich angemeldet wurden.

Trotzdem wäre es nicht gerechtfertigt, diesen Prozeß der Ausplünderung in Kärnten als irrelevant abzutun. Bedeutsam erscheint er nicht wegen der Summen, sondern

weil dadurch ein großes Gesamtsystem wirtschaftlicher und gesellschaftlicher Bezüge in Bewegung gebracht wurde,
weil er sich in praktisch alle gesellschaftlichen Bereiche – von der Landwirtschaft bis zum Kunstleben – auswirkte und
weil er auf jeden Fall auch in Kärnten teilweiser Ersatz für ein als Gesamtkonzept ausbleibendes nationalsozialistisches Sozialprogramm war. Es erscheint also einigermaßen fraglich, ob man diesen wirtschaftlichen Prozeß außerhalb Wiens wirklich übergehen sollte.[157]

Die Öffentlichkeit wurde über all diese Vorgänge nicht informiert, lediglich die herauskommenden neuen Verordnungen wurden ohne konkrete Hinweise erwähnt, und im amtlichen Teil des „Kärntner Grenzruf" erschienen die Mitteilungen über die Einsetzungen von kommissarischen Verwaltern und die Löschungen von Gewerbeberechtigungen. Die alte Taktik, die konkreten Verhältnisse im eigenen Land totzuschweigen, wurde weiter angewendet, nur über den Fremdenverkehr gab es im Zusammenhang mit optimistischen Saisonbilanzen einige Hinweise, so etwa, wenn der „Kärntner Grenzruf" am 1. September 1938 jubelt, daß Pörtschach nunmehr nicht mehr „Pörtschacheles" heiße und Jiddisch dort weder gehört noch verstanden werde. Mit Genugtuung wird auch zur Kenntnis genommen, daß Feld am See 1937 70 Prozent jüdische Gäste und 30 Prozent Wiener gehabt habe, nun aber in der Sommersaison 1938 70 Prozent Altreichsdeutsche und 30 Prozent Wiener eingezogen wären. Von einem „Sommer der Tat" wird auch aus Velden berichtet und die Saison optimistisch beschrieben. In ganz Europa sei es eben nur der deutsche Gast, „der auch im April, im Mai, im Juni, im September, ja sogar im Oktober reist."[158]

Am 10. Oktober 1938 veröffentlichte der „Kärntner Grenzruf" einen Eigenbericht eines Mitarbeiters, in dem ein Überblick über den Stand der Arisierung und Liquidation in Österreich gegeben wird und die Verhältnisse in Wien in den rosigsten Farben geschildert werden: Das größte Warenhaus, Gerngroß, sei bereits seit Monaten in arischen Händen, das große Textilkaufhaus Herzmansky, ein das Wiener Geschäftsleben beherrschendes Unternehmen, sei schon kurz nach dem Anschluß von zwei bekannten Vorarlberger Industriellen übernommen worden, nur der Fall eines kleineren Warenhauses sei noch in Schwebe.

Der weitere Bericht beschäftigt sich mit anderen österreichischen Städten. Ungeklärt seien vorläufig noch die Verhältnisse in Linz und das Schicksal des Warenhauses Bauer-Schwarz in Innsbruck, das aber schon seit August geschlossen sei und vielleicht in ein Konzertcafé umgewandelt werden könnte. Auch das einzige „Kleinpreisgeschäft" in Innsbruck sei bereits arisch geworden, beim Warenhaus Schwarz in Salzburg stünde die Genehmigung zur Übernahme in arischen Besitz unmittelbar bevor. Dies alles weiß der Bericht durchaus anzuführen, über Kärnten aber fehlt jedes Wort.

Am 15. Januar 1939 veranstaltete der Landesgewerbebund für Kärnten gemeinsam mit der Abteilung Deutsches Handwerk in der DAF einen Handwerkerappell in Wolfsberg, bei dem der Gauwirtschaftsberater eine Art Vollzugsmeldung vor der Öffentlichkeit erstattete: In seiner Rede hieß es: „Zu den vielen Änderungen, die die nationalsozialistische Wirtschaftsauffassung mit sich brachte, gehörte naturnotwendig auch die Entfernung der Juden aus der deutschen Wirtschaft, was durch die Maßnahmen des vergangenen Jahres auch restlos erreicht ist. Wichtig aber und unumgänglich notwendig für die Sicherung nationalsozialistischer Politik auch in den letzten Wirtschaftszweigen ist die restlose Entfernung jenes jüdischen Geistes, der durch die jahrzehntelange Beeinflussung des deutschen Menschen durch den jüdischen Liberalismus und Marxismus in einem großen Teil des Volkes Fuß gefaßt hat."[159] Der Redner hätte aber gar nicht ein Weiterleben jüdischen Geistes im Wirtschaftsleben vermuten müssen – auch die „Ausschaltung" der jüdischen Mitbürger war zu diesem Zeitpunkt im Reichsgau Kärnten noch längst nicht abgeschlossen. Allein schon der regionale Ehrgeiz ließ es aber nicht zu, dies einzugestehen.

5.3. Die neue Vertreibung

> *„In Klagenfurt war in den gestrigen Morgenstunden der Tempel zerstört worden. Im Laufe des Tages kam es in der Stadt wiederholt zu judenfeindlichen Kundgebungen . . ."*
> „Kärntner Grenzruf" vom 11. November 1938

Die schon beschriebenen Umstände führten dazu, daß in den Monaten nach der nationalsozialistischen Machtübernahme auch Kärnten von immer mehr jüdischen Mitbürgern verlassen wurde, ja die sich über längeren Zeitraum hinziehenden Ereignisse und Begleitumstände ergeben den eindeutigen Tatbestand der Vertreibung – der zweiten allgemeinen Judenvertreibung in der Geschichte des Landes. Die näheren Umstände der ersten allgemeinen Vertreibung sind von Wadl endgültig geklärt und näher beschrieben worden – ein Vergleich der beiden Phänomene würde aber nicht nur Unterschiede, sondern auch Übereinstimmungen ergeben. Und überdies nahmen gewisse Kärntner Nationalsozialisten 1938 durchaus direkten Bezug auf jene Vertreibung von 1496, ja sie glaubten sich nunmehr berufen, den endgültigen Vollzug „vor der Geschichte" in Angriff zu nehmen.

Es ist bereits vielfach darauf hingewiesen worden, daß für die Juden Österreichs, die das Land verlassen wollten, sich bald ein ausgesprochener Auswanderungsnotstand ergab.[160] Die Nachbarländer sperrten bald ihre Grenzen bzw. führten den Visumzwang ein. Der Grenzübertritt nach Italien allerdings blieb weiterhin im Gegensatz zu jenem in die Tschechoslowakei, nach Ungarn, Jugoslawien oder in die Schweiz relativ unproblematisch und konnte leicht gelingen – trotzdem wurde er bezeichnenderweise nicht einmal von vielen Juden aus Kärnten versucht. Der Haupttrend der Flüchtlinge ging nach Wien, wo man die organisierten Auswanderungschancen nutzen wollte, obgleich diese von Monat zu Monat geringer wurden.

Solange die Büros und Verwaltungszentren der jüdischen Körperschaften und Vereine in Wien wie in den anderen Teilen Österreichs gesperrt waren, konnte das Verlassen des Landes nur regellose Flucht sein, die der einzelne für sich durchführen mußte und die von den Zufällen des Schicksals abhing. Während dieser Zeit wurden die Zentralstellen in Wien von der Gestapo überprüft, wobei der SS-Obersturmführer

Adolf Eichmann vom SD-Oberabschnitt Donau als Spezialist in Erscheinung trat, hatte er doch als Mitglied der Abteilung II/112 im Reichssicherheitshauptamt sich spezielle Kenntnisse hinsichtlich des deutschen Judentums und des Zionismus angeeignet. Als Anfang Mai die jüdischen Zentralstellen in Wien wieder eröffnet wurden, damit sie einer forcierten Auswanderung dienen konnten und den Geldgebern der ausländischen Hilfsorganisationen ein geeigneter Adressat gegenüberstand, wurde diese Eröffnung zugleich von einer neuerlichen Verhaftungswelle begleitet, die die Auswanderungsbereitschaft steigern sollte. In Kärnten schlugen die Wellen dieser Mai-Verhaftungen nicht hoch, in erster Linie wurden Funktionäre der zionistischen Vereine verhaftet und in Polizeigewahrsam gehalten oder nach Dachau geschickt, wie etwa Lotte Weinreb oder Moritz Zeichner, der nur mehr bei Weinreb beschäftigt und auch im zionistischen Landesverband engagiert war.

Für die Juden Kärntens wurden in zunehmendem Maße folgende jüdischen Stellen in Wien bedeutsam: Da war das Büro der mit 2. Mai wiedereröffneten Israelitischen Kultusgemeinde in der Seitenstettengasse. Ihr Präsident Dr. Friedmann war in Haft, der Direktor Dr. Löwenherz leitete mit einer Reihe von Assistenten die Aktivitäten, wobei seine Gattin vor allem für WIZO tätig war. Das Büro des Zionistischen Landesverbandes Österreich in der Marc-Aurel-Straße wurde von Direktor Dr. Pachtmann geleitet, da sich der Vorsitzende Ing. Stricker ebenfalls in Haft befand. Die Jewish Agency for Palestine hatte auch bei dem österreichischen Landesverband in Wien ein Palästina-Amt, kurz Pal-Amt, für die Auswanderung in das britische Mandatsgebiet schon lange in Betrieb. Es wurde dann 1938 von Dr. Rothenberg geleitet. Am 3. Mai ließen die Nationalsozialisten die Wiedereröffnung zu, obschon der Zionistische Landesverband nicht als eine offizielle jüdische Organisation von den nationalsozialistischen Behörden anerkannt war.

Daneben gab es noch die Neue Zionistische Organisation oder die sogenannten zionistischen Revisionisten, für die die Gründung des Judenstaates nicht Endziel ihrer Bemühungen war, sondern nur die totale Aufhebung der Diaspora als Ziel erscheinen konnte. Die Konsequenz dieser Einstellung wäre die Masseneinwanderung in Palästina gewesen, weshalb die Neuen Zionisten – auch die jungen Enwanderungswilligen von Alijah-Bet – schon seit Mitte der dreißiger Jahre von der Royal Commission on Palestine keine Einwanderungsbewilligungen bekommen hatten. In Wien scharten sich die Neuen Zionisten vor allem um ihr Vorbild Dr. Wilhelm Perl und seine Kanzlei am Stubenring. Da ihnen die legale Einwanderung in Palästina verwehrt blieb, hatten sie von Wien aus – obwohl ihre Exekutive in London saß – seit dem Frühjahr 1937 schon drei illegale Transporte über Griechenland nach Palästina gebracht, die den britischen Behörden im Lande entgingen. Leute von Alijah-Bet, also Betarim, und Angehörige der bewaffneten Irgun, die schon im Lande waren, halfen dabei den Einwanderern, heimlich an Land zu kommen.

Wer damals als Einwanderer in ein europäisches oder überseeisches Land kommen wollte, hatte Schwierigkeiten der verschiedensten Art. Es war allein schon schwierig, eine Einwanderungserlaubnis in ein Land zu bekommen. Oft war dabei entscheidend, wieviel Kapital man mitbrachte oder welche berufliche Vorbildung man angeben konnte. Zugleich waren die nationalsozialistischen Behörden aber bei allem Druck, den sie ausübten, nicht bereit, den Auswandernden ihr Vermögen mitzugeben, so daß sich damit erst recht der Teufelskreis schloß. Wenn es schon möglich war, in ein Land mit niedriger jährlicher oder monatlicher Einwanderungsquote die Einreiseerlaubnis zu bekommen, so wurde doch oft keine Arbeitserlaubnis erteilt, und wer kein Kapital hatte, war dann verloren. Die besten Chancen hatten in dieser Zeit noch Handwerker, technische Facharbeiter, Techniker oder Landwirte, also jene Berufsgruppen, die unter der Judenschaft Österreichs schwach vertreten waren.

Für ihre agrarischen Ansiedlungen in Palästina betrieben die Zionisten schon lange Umschulungskurse, in denen Angehörigen der verschiedensten Berufe landwirtschaftliche Grundkenntnisse vermittelt wurden. Nun wurden diese Schulungskurse verstärkt, ebenso begann die WIZO mit Kurzen für Frauen und Mädchen, um diese als Facharbeiterinnen und Hausgehilfinnen auszubilden. Die verschiedenen in der Dachorganisation Hehaluz holeumi zusammengeschlossenen Jugendverbände wiederum intensivierten ebenfalls ihre Ausbildungs- und Sprachkurse in verschiedenen Lagern in Niederösterreich und Wien, um mit großen Gruppen von Auswanderungswilligen auf die nächste sich bietende Chance zu warten.

Diese Chancen aber waren wegen der restriktiven Haltung der meisten Staaten in Sachen Einwanderung gering, und ein übriges tat die nationalsozialistische Devisenpolitik, die kein jüdisches Geld ins Ausland lassen wollte. Auch die internationale Konferenz von Evian im Juli 1938 brachte keine einschneidenden Erleichterungen für die jüdische Einwanderung in europäischen und außereuropäischen Ländern. Trotzdem stellten verschiedenste ausländische Hilfsorganisationen immer wieder Geld zur Verfügung, auch wenn ihre Regierungen selbst weniger verständnisvoll waren. Beträchtliche Gelder flossen im American Joint Distribution Committee, im Central British Fund for Refugees wie im Joint Fund in Paris zusammen, und eine gewisse Erleichterung versprach man sich schließlich auch durch eine zentrale Steuerung der Auswanderung, wie sie dann seit dem 20. August durch die „Zentralstelle für jüdische Auswanderung" unter der Leitung von Eichmann nicht ganz so gegeben war, wie es ein abgewandelter jüdischer Vorschlag gemeint hatte.

Von den verschiedenen Fonds hatte Dr. Löwenherz im Juni 100.000 Pfund Sterling erhalten und im September 210.000 Pfund. Die ganze Perfidie der nationalsozialistischen „Devisenpolitik" zeigte sich aber darin, daß reiche Juden mit ihrem eigenen Geld so viel von diesen ausländischen Devisen von der IKG Wien kaufen durften, wie sie für die Bezahlung von Landungsgeldern, Einreisevisa, Schiffskarten oder Transferbestätigungen brauchten, daß sie aber einen gleich hohen Betrag zusätzlich an die Gestapo zahlen mußten. Das ging so vor sich, daß von ihren Sperrkonten die nötigen Beträge freigegeben wurden, das übrige blieb weiterhin gesperrt. Hatte schon der holländische Quäker Frank van Gheel Gildemeester, der während der Systemzeit in Wien verhaftete Nationalsozialisten in den Gefängnissen karitativ betreut hatte, der Gestapo und Bürckel vorgeschlagen, die reichen Juden sollten für den Preis der Auswanderungserlaubnis auf ihr Vermögen zugunsten des Deutschen Reiches verzichten, davon aber fünf Prozent in einen Auswanderungsfonds getan werden, um armen Juden Reisekosten und Papiere zu bezahlen, so wurde nun von der Zentralstelle ähnlich vorgegangen, da Gildemeester selbst ab 1939 nur mehr die Auswanderung konvertierter Juden oganisieren durfte.[161] Paragraph 6 der Geschäftsordnung der Zentralstelle legte dann fest: „Eine progressive

Steuer wird erhoben für die Ausgabe von Pässen, die verwendet wird für die Förderung der jüdischen Auswanderung und die Unterstützung armer Juden."[162] Dieses Geld wurde dann für arme Juden verwendet, damit auch für sie Devisen gekauft oder Fahrtkosten bezahlt werden konnten. Der „Kauf" solcher oben erwähnter Devisen war aber kein wirklicher Kauf, denn der Gegenwert für Pfund oder Dollar ging nicht an die ausländischen Spender der Mittel des American Joint Distribution Comittee, des Central British Fund for Refugee oder des Joint Fund, sondern in die Kassen der IKG und von ihr zurück an die Zentralstelle. Die österreichischen Juden kauften also Hilfsgelder ausländischer Wohltäter, die ihnen diese Gelder als Geschenke zugedacht hatten.

Am kompliziertesten lagen die Verhältnisse wohl bei den sogenannten Kapitalistenzertifikaten für Palästina. Nach der alten Schablone des Währungstransfers und Clearingverfahrens zwischen dem Deutschen Reich und dem britischen Mandatsgebiet Palästina wurde dabei verfahren. Wer in Palästina einwandern wollte, aber keine für das Land wertvolle speziellen Berufsfähigkeiten hatte, war ein „Kapitalist". Er erhielt von der Royal Commission on Palestine eine Einwanderungserlaubnis nur dann, wenn er eine Bestätigung des Deutschen Reiches vorweisen konnte, daß er mindestens 1000 Pfund aus Österreich nach Palästina transferieren dürfe. Diese Einreisebewilligungen waren aber sehr kanpp gehalten, so daß Bewerber lange warten mußten, bis ein Kontingent freigegeben wurde.

In der Praxis ging das so vor sich, daß einem Bewerber um ein „Kapitalistenzertifikat" von seinem Sperrkonto 62.500 RM von der Vermögensverkehrsstelle freigegeben und an die IKG Wien überwiesen wurden. Für diesen Betrag verkaufte Dr. Löwenherz 1000 Pfund an den Auswanderer, der eine Einreisebewilligung und ein Zertifikat bekam. Die Transferierung des Betrages von 1000 Pfund erwies sich nachträglich als eher schwierig. Das konnte mit viel Glück als Überweisung des Geldbetrages nach Tel Aviv gelingen oder auch in der Einfuhr von Waren nach Palästina, die im Gebiet des Deutschen Reiches beispielsweise von Nazifirmen in Wien gekauft wurden.

Am besten war in allen Fällen jener auswanderungswillige Jude dran, der Verwandte oder Freunde im Ausland hatte. Die Verwandten konnten eben auf Grund ihrer Verwandschaft seine Einreiseerlaubnis erreichen, die Freunde konnten für ihn bürgen und ihm so ebenfalls die Einreise ermöglichen. Relativ gute Chancen hatte auch ein Techniker oder hochqualifizierter Facharbeiter. In den ersten Wochen nach dem 13. März war es noch am leichtesten, von einer diplomatischen Vertretung in Österreich ein Einreisevisum zu bekommen, wobei aber meist wieder das vorweisbare Kapital eine Rolle spielte. Verschiedene ausländische Hilfsorganisationen arbeiteten mit der IKG zusammen, um Transporte verschiedener Qualifikation zusammenzustellen. Mittlerweile setzten WIZO, Hechaluz, Jugend-Alijah, Maccabi, Mizrachi und die Betarim ihre Vorbereitungen fort, und die ideologischen Unterschiede zwischen den einzelnen Gruppierungen verblaßten in dieser Ausnahmesituation zusehend, zumal die Kultusgemeinde auch mit der Zionistischen Bewegung zusammenarbeitete und gar die Neuen Zionisten mit Geld unterstützte.

Solange nicht gewichtige Einwanderungssperren errichtet waren, trachtete man auch leichter gangbare Auswanderungswege verstärkt zu nutzen, wie etwa die Einwanderung in Paraguay, in Shanghai, in Madagaskar. Auch Möglichkeiten in Australien, in

Rhodesien und Britisch Guayana wurden erkundet. Nach der Kristallnacht vergrößerte sich vor allem in Großbritannien das Verständnis für die verzweifelte Situation auch der österreichischen Juden. Vor allem die Kinderauswanderung wurde auf 1000 pro Monat verstärkt und ein Viertel als Quote für Österreich festgelegt. Transitlager für junge Männer in Belgien und England wurden zum Zwecke der Ausbildung und des Wartens auf weitere Visa für andere Staaten errichtet, das einstige Armeelager Richborough in Kent wurde berühmt dafür. Auch in dieser Aktion – das Lager faßte ungefähr 3500 Plätze – erhielten die östereichischen Juden eine Quote von etwa einem Viertel.

Der Jugendwohlfahrtsabteilung der IKG Wien gelang es so in Zusammenarbeit mit ausländischen Hilfskomitees der verschiedensten Provenienz, von Dezember 1938 bis August 1939 2844 Kinder ins Ausland zu bringen, davon den größten Teil nach England, aber kleinere Gruppen auch nach Belgien, Frankreich, den Niederlanden und Schweden. Sogar nach dem Ausbruch des Krieges war noch eine geringfügige illegale Einwanderung nach England möglich.

In wenigen Fällen wurde mit Billigung der Zentralstelle, welche den Paß ausstellte, ein anderer Wegs der Ausreise beschritten, nämlich der Grenzübertritt als „Touristen", wofür manchmal auch zwecks Tarnung die Hilfe eines Reisebüros herangezogen wurde, bei dem man – wieder mit Billigung der Gestapo – im Inland Zimmer bestellen und bezahlen und auch Reisekosten im voraus abdecken konnte. Mitgenommen durften dann – wieder aus devisengesetzlichen Gründen – nur 15 oder 10 RM pro Paß werden. Von Januar bis März 1939 verließen 228 solche „Touristen" das Land Österreich, und auch in den folgenden Monaten wurde diese Methode nicht ganz fallengelassen, obschon sie praktisch nur in die Schweiz oder nach Italien führen konnte. Jene österreichischen Juden, die noch die polnische oder tschechische Staatsbürgerschaft besaßen, wurden ebenfalls in Wien konzentriert und dann von dort in die Tschechoslowakei oder nach Polen unter den gleichen devisenrechtlichen Beschränkungen ausgewiesen, die für alle anderen galten. Auf Grund der außenpolitischen Rücksichtnahme auf Ungarn ging man bei der Ausweisung nach Ungarn etwas großzügiger vor.

Verständlich ist es natürlich, daß in diesem allgemeinen Chaos der Auswanderungshetze viele Juden jetzt erst irgendeiner der Gruppen der Zionistischen Bewegung beitraten, um bessere Auswanderungschancen zu haben oder solche für die Kinder sicherzustellen, da eine große Kinder-Alijah und eine Jugend-Alijah (Alijah = Heimkehr) oft die letzte greifbare Hoffnung blieben.

Unter den geschilderten Umständen erscheint mehreres verständlicher, als es auf den ersten Blick erscheinen mag:

1. daß Facharbeiter, Techniker, agrarisch ausgebildete Leute oder junge Leute, die bereit waren, als Hauspersonal zu arbeiten, viel größere Auswanderungschancen hatten als Kaufleute, Ärzte, Rechtsanwälte, ja daß sogar Männer mehr Möglichkeiten hatten als Frauen;

2. daß bei der Erteilung von Einreiseerlaubnissen die betreffenden Staaten grundsätzlich jungen Leuten den Vorzug vor älteren gaben und sich daher ein erschreckendes Altenproblem entwickelte;

3. daß die individuelle Einzelauswanderung in den ersten Monaten noch wesentlich leichter war als später, daß aber – wie schon gezeigt wurde – gerade viele reichere Juden

diese Chance nicht nützten, weil sie sich schwer von ihrem Besitz trennten oder schwer Käufer fanden, um die Sondersteuer bezahlen zu können; im wesentlichen ging also arm vor reich und hatte oft mehr Glück;

4. daß grundsätzlich auf legalem Wege niemand Österreich verlassen konnte, dessen finanzielle Angelegenheiten nicht völlig geklärt, d. h. der nicht entsprechend den nationalsozialistischen Gepflogenheiten völlig ausgeplündert war und nicht auch den damit verbundenen bürokratischen Hindernislauf erfolgreich hinter sich brachte;

5. daß auch jener, der rasch auswandern wollte, oft extrem lange Zeit zurückgehalten wurde, weil die bürokratische Durchführung der Ausplünderung oftmals schleppend vor sich ging;

6. daß sich in Wien entsprechend den vielen verschiedenen Hilfsaktionen und restriktiven Wünschen der Einwanderländer sehr oft die tragische Tatsache der Familientrennung ergab. Kinder wurden von ihren Eltern getrennt, da sie in einer speziellen Aktion etwa sicherer zur Auswanderung drankommen konnten, ja Frauen wurden von ihren Männern getrennt, da sie in verschiedenen Aktionen und Wartelisten eingereiht wurden.

Diese Grundstrukturen der Auswanderungssituation lassen auch die Lage in Kärnten verständlicher werden. Grundsätzlich kann man davon ausgehen, daß – abgesehen von der wirtschaftlichen Bereicherung – das ausschließliche Interesse der nationalsozialistischen Instanzen im Land darin bestand, den größeren Teil der jüdischen Mitbürger rasch nach Wien zu bringen und dabei so unpersönlich vorzugehen wie möglich. Man versteckte sich hinter der bürokratischen Korrektheit, ohne aber die Möglichkeit außer acht zu lassen, amtliche Freiräume des Entscheidens und Handelns zu Milderungen zu nützen. Dies trifft auch für die Gestapostelle Klagenfurt zu, wo Dr. Johann Bauer zuerst als Erhebungsbeamter in der Abteilung II (Gegnerbekämpfung) und ab Herbst 1938 nach entsprechender Einschulung in Köln auch als Leiter der Abteilung II, wobei er selbst das Referat „Juden" führte, mit seinen Mitarbeitern übereinzustimmen wußte. Auch zwischen Dr. Bauer und dem Leiter der Gestapostelle, Dr. Ernst Weimann, entwickelte sich keine auffallende Gegensätzlichkeit, zumal Dr. Bauer schließlich auch sein Stellvertreter wurde. Typisch für das verwendete Verhaltensmuster erscheint in den Judenangelegenheiten eher das Befolgen von Befehlen von oben ohne Entwicklung eigener Initiative zur Verschärfung, sondern eher das Gegenteil. Bei Berücksichtigung vorhandener Aussagen scheint ein größeres Aggressionspotential eher bei kommissarischen Verwaltern, niedrigen örtlichen Parteifunktionären oder in der Vermögensverkehrsstelle zu suchen sein.

Ob diese bürokratische Kühle und „Korrektheit" im Befolgen selbst nicht zu verantwortender Befehle für das Opfer von Bedeutung war, erscheint eher zu bezweifeln, denn die typische Situation auch der Kärntner Juden gestaltete sich ja im wesentlichen so: Verhaftung oder Verhör – und kaum jemand war verschont davon – wirkte auf jeden Fall erschreckend und verunsichernd – noch mehr naturgemäß bei jemandem, der aus Dachau zurückkam. Der ständige Druck wurde verschärft durch die vorgeschriebenen regelmäßigen Meldungen bei der Gestapo bzw. am Gendarmerieposten oder beim Ortsgruppenleiter.

Auch Vermögenswegnahme als solche mußte erschreckend wirken, doch kam hinzu noch die ständige Hetze durch den bürokratischen Aufwand, der auf das Opfer von den verschiedenen behördlichen Stellen eindrang: Auch wenn Devisenfahndungsstelle, Finanzbehörde, Betriebszellenorganisation, Vermögensverkehrsstelle, Verwaltungsbehörde, Wehrbezirkskommando nur durch „korrekt" tätige Beamte in Erscheinung traten, war das Opfer durch die vielen Formulare, die es richtig ausfüllen mußte, durch die vielen Bestätigungen, die es brauchte, durch die Bewilligungen, die nötig waren, in einem solchen Regelkreis massiver Übermächtigkeiten gefangen, daß diese an sich terrorisierend wirken mußten.

Wenn das Opfer in Kärnten allen Vorschriften und Formalitäten genügt hatte, wurde es nach Wien gewiesen, wo es sich noch größeren Erschütterungen ausgesetzt sah: Diese begannen bereits mit der Suche eines Untermietzimmers oder eines Heimplatzes, führten über die mühevolle und langwierige Registrierung bei der Kultusgemeinde und dem Bemühen, Bangen und Hoffen um einen Auswanderungsplatz neuerlich zu diversen Devisen-, Finanz- und Wehrmachtsbehörden, um dort unter Umständen zu erfahren, daß die in Klagenfurt gewonnenen Bestätigungen und Erklärungen oder Bescheide noch nicht ausreichten und der Kreislauf von neuem beginnen sollte. Die Unbedenklichkeitsbescheinigungen, die man erlangen konnte, erschienen oft schon wie die Eintrittskarte zum Paradies. Da war die unersetzliche Bescheinigung des Finanzamtes, die jeder Steuerpflichtige haben mußte: „Steuerliche Unbedenklichkeitsbescheinigung: (Gültigkeitsdauer ein Monat ab Ausstellung) – Gegen die Ausreise des (der) . . ., Kaufmann, in Klagenfurt . . ., geboren am . . . in . . . und seiner Ehefrau . . ., geborene . . ., geboren am . . . in . . . und seiner Kinder . . ., geboren am . . . in . . . habe ich keine Bedenken. Finanzamt Klagenfurt. Dienststempel, Unterschrift."[163] Diese Unbedenklichkeitsbescheinigung wurde aber in jedem einzelnen Fall von der Devisenstelle Wien überprüft und dabei des öfteren für ungültig erklärt. War ferner der Auswanderungswillige nicht in der Lage, binnen eines Monats einen Auswanderungsplatz zu bekommen, mußte der Kreislauf vom Ansuchen bis zur Ausstellung der Bescheinigung von neuem beginnen.

Paradoxerweise mußten männliche Auswanderer auch eine eigentlich unnötige Bescheinigung über einen völlig offenkundigen Sachverhalt erbringen: „Bescheinigung. – Gegen die Auswanderung von . . . geboren . . ., wohnhaft Klagenfurt, . . ., bestehen von seiten des Wehrbezirkskommandos Klagenfurt keine Bedenken. Der Genannte unterliegt aufgrund der bestehenden Bestimmungen nicht der Wehrüberwachung, da er Volljude ist. Klagenfurt, den . . . Dienststempel, Unterschrift."[164]

An die Stelle der Beängstigungen und Schrecken in Kärnten war damit der viel größere Schrecken des Wartens auf einen Ausreiseplatz und der Wehrlosigkeit gegenüber dem bürokratischen Moloch getreten. Natürlich kam dazu noch etwas: „Vor meiner Abreise nach Wien Meldung bei der SS in Klagenfurt. In Wien dasselbe im Hotel ‚Metropole', nur noch mit der angenehmen Draufgabe, daß ich mich täglich während meines Wiener Aufenthaltes, welchen auch die SS bewilligen mußte, bei der Polizei stellen mußte."[165] Der Auswanderer war Gestapo und Ordnungspolizei also in doppelter Weise ausgeliefert. War es schon in Kärnten eine bittere Erfahrung gewesen, wie sich Freunde und Bekannte aus Angst vor der Partei und der Gestapo von den jüdischen Mitbürgern zurückzogen und Geschäftspartner und Banken nach jahrelangem freundlichen Kontakt nun plötzlich Fremde waren,[166] so wirkte das babylonische Gewirr in den Büros, Auswandererlagern und Ausspeisungsküchen der fremden Großstadt Wien noch erschreckender – vor allem auf Kinder und ältere Menschen.

Hinzu kam noch die nicht weniger schreckliche Erfahrung der Mittellosigkeit. Wenn das, was man in Klagenfurt an geringen Reisemitteln vom Sperrkonto zugestanden bekommen hatte, in Wien durch langes Warten verbraucht war, mußte man bei der Zentralstelle neuerlich um Zuweisung von Geld fürs Leben ansuchen und bekam unter Umständen vom Sperrkonto weitere kleine Beträge freigegeben. Wer aber ohne Sperrkonto aus einem Arisierungs- oder Liquidationsverfahren mit noch geringen Barmitteln nach Wien gekommen war, der war nun auf die Unterstützung der Kultusgemeinde oder der Hilfsorganisationen angewiesen. Wohin das den reicheren Juden als „progressive Abgabe" oder als „spiegelgleiche" Gebühr beim Kauf ausländischer Devisen durch die Gestapo abgenommene Geld zum Teil ging, ist damit klar: Neben der Bezahlung von Auswanderungsfällen wurde es für Hilfsmaßnahmen verwendet, hatte doch die IKG in Wien ein Krankenhaus, sechs Altersheime, sechs Jugendheime, mehrere Schulen und 15 Ausspeisungsstellen für täglich 24.000 Personen zu bestreiten.[167]

Warum die Gestapo freien Zugang zu den Sperrkonten bei den verschiedenen Banken hatte und zu welchem Zweck die Eingriffe erfolgten, scheint damit geklärt. Nicht weniger umständlich und von langem Warten begleitet war die Erlangung eines „Kapitalistenzertifikates". Soweit dies angesichts der schwierigen Quellenlage klärbar ist, haben in Kärnten und Osttirol jedoch überhaupt nur Bohrer in Lienz, Leopold Czuczka in Spittal und Simon Friedländer in Klagenfurt „Kapitalistenzertifikate" bekommen. Es wäre also unzutreffend, von einem generellen Vermögenstransfer von Kärnten nach Palästina zu reden, wie er auch für die Steiermark wohl beabsichtigt und auch durch Eichmann bewilligt war,[168] aber schließlich auch im Sande verlief. Wohl aber haben Kärntner bei dieser steirischen Aktion mitgewirkt, wie noch zu sehen sein wird.

Ein Hinweis aber auf die relativ, d. h. im Rahmen der allgemeinen Gesetze und Befehle „korrekte" Behandlung der Juden in Kärnten ist durch die enge Zusammenarbeit zwischen dem Judenreferenten der Gestapo und dem letzten Präses der Israelitischen Kultusgemeinde Klagenfurt, Nathan Kriegsfeld, gegeben. Darüber wurde sogar in jüdischen Kreisen selbst sehr viel herumgerätselt. Sicherlich hatten Hoi und Dr. Bauer einen Großteil ihrer Informationen über die jüdischen Mitbürger Kärntens von Kriegsfeld. Außerdem waren ihnen die Akten der IKG Klagenfurt ja schon seit März 1938 zugänglich, und auch der Kärntner SD hatte – wie wir wissen – auf diesem Gebiet ja schon lange vorgearbeitet. Ob der enge Kontakt zwischen Dr. Bauer und Kriegsfeld aber in persönlichen Beweggründen liegen soll, bleibt weitgehend fraglich. Es hieß von Kriegsfeld: „Er hatte einmal einem hohen Regierungsbeamten eine Gefälligkeit erwiesen, und es versprach ihm der Beamte, sich bei gegebener Gelegenheit zu revanchieren."[169] Ob dies auf Dr. Bauer zutrifft, bleibt wohl sehr fraglich, auch ob Klausners Wohlwollen gegenüber den einstigen Frontkämpfern und Abwehrkämpfern oder Pawlowskis Rücksichtnahme gemeint sind, muß ebenfalls offen bleiben.

Mit größerer Wahrscheinlichkeit ist wohl anzunehmen, daß die Gestapo in Kärnten einfach das gleiche Modell enger Zusammenarbeit mit dem Präses der Kultusgemeinde entwickelte wie in Graz mit dem Vorsitzenden der zionistischen Ortsgruppe, Elias

Grünschlag, um möglichst friktionslos den Wiener Befehlen nachzukommen. Während der Grazer Präses, Dr. Sonnenwald, nach Palästina auswanderte, blieb Grünschlag im Lande, um eine groß angelegte Auswanderungsaktion durchzuführen.[170] Die Parallelen zwischen den Verhältnissen in Graz und in Kärnten sind offensichtlich. In Graz ein Gauleiter, der an einer reibungslosen Auswanderung stark interessiert war, in Kärnten ein Landeshauptmannstellvertreter von wohlwollender persönlicher Gesinnung und beträchtlichem Einfluß auf Kutschera, in Graz ein hoher Anteil an einstigen österreichischen Beamten in der Gestapostelle, in Klagenfurt desgleichen. In allen österreichischen Ländern wirkte zugleich auch der Ehrgeiz der Gauleiter mit, die ihren eigenen Gau möglichst bald judenfrei melden wollten.[171] So wie Grünschlag in Graz freien Zutritt zur Gestapostelle hatte, war es auch mit Kriegsfeld in Klagenfurt[172]; manchen Juden, welche diese Entwicklung sahen, mußte dies aber übel erscheinen. Bedauerlicherweise hat auch Kriegsfeld im Gegensatz zu Grünschlag keinen Bericht über seine Tätigkeit geschrieben.

Drei andere Personen blieben in diesem Zusammenhang wider Erwarten ohne Belang, nämlich Kantor Chaneles, der pensionierte Rabbiner der Klagenfurter Kultusgemeinde Hauser und der letzte noch in Dienst stehende Rabbiner, Dr. Babad. Chaneles und Hauser traten als Organisatoren und Helfer für ihre Glaubensgenossen nicht in Erscheinung, von Dr. Babad berichtet ein Augenzeuge: „Ohne vorherige Ankündigung an seine Gemeinde verließ er gleich am Anfang bei Nacht und Nebel (von Freitag auf Sabbat) die Stadt und flüchtete nach Wien, von wo er genauso schnell nach USA auswanderte." Der Augenzeuge meinte, daß er diese Sache persönlich miterlebte und „bis auf heute nicht vergessen noch entschuldigen" konnte.[173]

Wann Babads Abreise erfolgte, bleibt aber letztlich unklar. Auf jeden Fall war er noch Ende Mai in Klagenfurt, denn von seiner Hand stammt die letzte Eintragung im Geburtsbuch der Klagenfurter Kultusgemeinde: „Die Eintragung des vorstehenden Geburtsfalles erfolgte über Anordnung der Landeshauptmannschaft Kärnten vom 18. Mai 1938, Zl. 20.814-4-38.Der Matrikelführer: Dr. Josef Babad."[174] Es könnte allerdings sein, daß Dr. Babad mehr Zugehörigkeitsgefühl zu seiner Mizrachi-Gruppe in Wien hatte, für die er im Sommer noch dort tätig war. In der letzten Nummer der in Wien herausgegebenen „Zionistischen Rundschau" vom 4. November 1938 wurde noch ein Aufruf von ihm für die Teilnahme an den Trainingsprogrammen der Jugend-Alijah veröffentlicht,[175] Dr. Babad aber ging nicht nach Palästina, sondern mit einem Kindertransport in die USA, wobei er als Transportarzt und seine Frau als Krankenschwester deklariert waren. Auch die beiden Kinder nahmen denselben Weg.[176]

Durch Kärnten zu den italienischen Häfen gingen in den ersten Monaten nach der nationalsozialistischen Machtübernahme noch wenige Sammeltransporte, die individuelle Ausreise der einzelnen Familien überwog. Ein spezieller Transport aber machte auch desinteressierten Bevölkerungsteilen das Auswanderungsproblem deutlich bewußt: Die Neuen Zionisten hatten bereits Anfang Juni 1938 von Wien-Südbahnhof einen Transport mit 386 Teilnehmern nach Süden geschickt, und Anfang August ging ein Transport mit sogar 750 Personen, darunter wieder viele Betarim, nach Italien ab. Es war gegen viel Geld ein griechisches Schiff gechartert worden, welches nach Fiume fahren und dort die Menschen vom Bahntransport übernehmen sollte. Obwohl die Mitglieder des Transportes griechische Transitvisa hatten, wurde der Zug in Thörl von den italienischen Behörden nicht durchgelassen, solange das griechische Schiff nicht in Fiume eingelaufen war. So wurde der Zug in Arnoldstein auf dem Bahnhof abgestellt, um die Ankunft des Schiffes und die Weiterfahrt abzuwarten.[177]

Die Kärntner Zionisten erfuhren von dem Mißgeschick und trachteten Hilfe zu leisten. Vor allem Lotte Weinreb setzte sich mit Nachdruck für die Versorgung der Wartenden ein, obwohl die Gestapo drohte, den ganzen Transport nach Dachau umzuleiten, wenn er nicht bald weiterführe. Während dieser Wartezeit unterstand der Transport dem Grenzpolizeikommissariat Villach, d. h. de facto der Gestapo-Außenstelle, da die Geheime Staatspolizei ja die grenzpolizeilichen Agenden bereits übernommen hatte. Vom Grenzpolizeiposten Arnoldstein versuchte auch der dortige Dienststellenleiter, Adolf Triebnig, bei der Versorgung zu helfen. Als zwei deutsche Grenzpolizisten Mitglieder des Transportes mißhandelten, nahm sie Triebnig fest und eskortierte sie persönlich nach Villach. Die IKG Wien bedankte sich später bei ihm. Nach dem Kriege wurden diese Fakten der Field Security Section bekannt, und Triebnig wurde als erster Gestapobeamter am 13. Juli 1945 bereits aus dem Lager Wolfsberg entlassen.[178]

Wegen ihres tatkräftigen Eingreifens in Arnoldstein wurde Lotte Weinreb dann mit Zustimmung von Dr. Bauer bereits Anfang September 1938 ins Pal-Amt nach Wien geholt, wo sie unter Dr. Rothenberg und ihrem unmittelbaren Vorgesetzten, Dr. Grün, arbeitete und sich um die Einreisebewilligung in Palästina und die Organisierung der Schiffsplätze kümmerte. Auch die Angelegenheit Arnoldstein gehörte weiter zu ihren Aufgaben, da das griechische Schiff Fiume nicht anlief und Ersatz zu spät beschafft werden konnte. Der Transport ging unverrichteter Dinge nach Wien zurück, und Dr. Grün und Lotte Weinreb realisierten eine Idee von Dr. Paul Diamant, Transporte auch auf der Donau nach Rumänien zu bringen. Zugleich wurden später weitere Transporte über Fiume durchgeführt. Auch ihre Branchenkenntnisse konnte Lotte Weinreb in Wien verwenden, da für die Teilnehmer der verschiedenen Transporte Ausrüstung bei Wiener Firmen eingekauft werden durfte. So kamen auch die über 300 Betarim, die in dem Transport von Arnoldstein gewesen waren, schließlich nach Palästina, und Lotte Weinreb nützte auch Eichmanns Zusage, aus den Gefängnissen zu entlassen, wer sogleich auswandern konnte, aus. Sie brachte auf diese Weise 60 Juden aus Wiener Gefängnissen in zwei Transporten unter.[179]

Lotte Weinrebs Mann Isidor aber wurde vom Pal-Amt mit Eichmanns Zustimmung für eine andere Aufgabe verwendet: Die Grazer Gestapo ließ Grünschlags Sohn schon im Sommer 1938 mit 132 jüdischen Kindern nach Palästina fahren, da Eichmann diesem Unternehmen zustimmte. Zugleich aber war Eichmanns Zentralstelle auch bereit, eine größere Massenauswanderung nach Palästina zuzulassen, und Isidor Weinreb wurde auf Grund seiner Personenkenntnisse beauftragt, über Triest nach Palästina zu fahren und dort als Quartiermacher Vorbereitungen zu treffen. Man dachte vor allem an eine größere Ansiedlung im Raum von Rehovot, doch die örtlichen Behörden waren nicht kooperationsbereit. Anfang Oktober kam Isidor Weinreb wieder nach Klagenfurt zurück, wo Maier-Kaibitsch nachdrücklich Wert auf eine formelle Begehung und Übergabe des Hauses legte, das der Kärntner Heimatbund gekauft hatte. Dann ging Weinreb zu seiner Frau nach Wien. Beide erhielten die Erlaubnis, einen Transport über Fiume zu begleiten, doch beauftragte sie die Zentralstelle, wieder nach Wien zurückzukommen. Für die Transportbegleitung wurden sie mit Touristenpässen ausgestattet, doch zu einer Rückkehr entschlossen sie sich nicht mehr.[180] Man wußte zu gut, daß man in Eichmanns Nähe stets in Lebensgefahr war. Ähnlich ging Eichmanns Zentralstelle für jüdische Auswanderung auch bei Chaneles vor, der Kenntnisse von Venezuela hatte. Er erhielt den Auftrag, in diesem Land Einwanderungsmöglichkeiten auszukundschaften, und wurde dafür auch mit einer größeren Geldsumme ausgestattet. Chaneles fuhr mit Frau und drei Kindern dorthin[181], aber Lotte Weinreb berichtete später von ihm lapidar: „... der bei Hitler Geld nahm, um den Juden zu helfen, herauszubringen, der in Übersee reich wurde und nicht zurückgab."[182]

In Kärnten versuchte die Gestapo weiterhin, möglichst viele Juden rasch zur Auswanderung zu „bewegen", was vor allem bei jenen leichter fiel, die keine Firmen und Liegenschaften zu verkaufen hatten oder dabei sehr rasch vorgingen. Auch verstärkte sich die Aufmerksamkeit auf Mischehen und Mischlinge ersten Grades. Die ganze Paradoxie des nationalsozialistischen Antisemitismus wurde dabei in der Praxis offenbar. Hatte der Nationalsozialismus schon seit den zwanziger Jahren unermüdlich das synthetische Feindbild vom „Rassejuden" entwickelt, der als Inbegriff alles Bösen zur Abreaktion der verschiedensten Ängste dienen konnte, so waren die Nürnberger Rassengesetze des Jahres 1935 eigentlich die eingestandene Hilflosigkeitserklärung in dieser Sache. Auch wenn die braune Propaganda und Pseudowissenschaft immer wieder behauptete, daß objektive anthropologische Merkmale die Juden von den Menschen reinen deutschen Blutes angeblich unterschieden, konnten die Nürnberger Gesetze den Volljuden nur mehr so beschreiben, daß das religiöse Bekenntnis seiner Großeltern entscheidendes Kriterium war.[183] Dementsprechend trommelte auch in Österreich die nationalsozialistische Propaganda von den angeblich so objektiven Merkmalen des Rassejuden, und in Wirklichkeit durchstöberten die Beamten des SD, der Getapo und der Partei unentwegt die Matrikelbücher der Kultusgemeinden und der Standesämter, um sich zugleich auch durch ihre Spitzel in der Bevölkerung nach Angaben umzuhorchen.

Mittlerweile hatte sich aber auch die Situation der anderen, größeren Minderheit in Kärnten schon so entscheidend verschlechtert, daß man die Phasenverschiebung der beiden Entwicklungsprozesse nicht mit ganzen vier Jahren angeben möchte. Der Zwang zur Anpassung war bereits im Frühjahr 1938 wesentlich stärker geworden, so wie die Welle der Germanisierungsbemühungen im gemischtsprachigen Gebiet fast schlagartig Platz griff. Die bereits ausgewiesenen slowenischen Priester kamen auch nach der Wahl vom 10. April nicht in ihre Pfarren zurück, die kulturelle Repression nahm zu, vor allem jene slowenischen Bevölkerungsteile, die sich nicht germanisieren lassen wollten, bekamen den Druck unverzüglich zu spüren. Veranstaltungen des Slowenischen Kulturverbandes wurden von Maier-Kaibitsch zuerst bewilligt, in den Tagen vor dem Veranstaltungstermin aber meist von der Gestapo verboten oder von einem Ortsgruppenleiter verhindert. Andererseits wollte Maier-Kaibitsch unbedingt die Mitgliederlisten des Slowenischen Kulturverbandes haben, wogegen sich die führenden slowenischen Funktionäre Dr. Vinko Zwitter und Dr. Josef Tischler nachdrücklich wehrten. Am 25. August 1938 mußen die nationalbewußten Slowenen Kärntens das erste Todesopfer verzeichnen: Vinko Poljanec, der vom 12. März bis 28. Mai in Haft gehalten worden war, starb an den Folgen der Magenvergiftung, die er sich im Arrest zugezogen hatte.

Zuvor aber war etwas Grundsätzliches offenkundig geworden: Am 4. August bereits hatte in der Landesregierung eine Besprechung zwischen Maier-Kaibitsch, Dr. Vinko Zwitter und Dr. Josef Tischler stattgefunden, in der es um den allgemeinen kulturellen Freiraum der Kärntner Slowenen ging. Nach dem Bericht Tischlers stellte dabei Maier-Kaibitsch nach langer, fruchtloser Diskussion die Frage: „Stehen die Herren noch immer auf dem Standpunkt, daß objektive Merkmale für die Bestimmung der Volkszugehörigkeit entscheidend sind?" Auf die bejahende Antwort der beiden Gesprächspartner erklärte Maier-Kaibitsch: „Seid ihr euch auch der Folgen bewußt? Die objektiven Merkmale sind gegenüber den Juden als Norm für die Feststellung der Volkszugehörigkeit aufgestellt worden und werden als solche auch praktiziert. Wenn Sie für die Slowenen diesen Standpunkt der objektiven Merkmale in Anspruch nehmen wollen, so hat dieser Standpunkt die Liquidierung dieses in meinen Augen chauvinistischen Slowenentums zur Folge."[184] Die praktische Anwendung dieses Standpunktes sollte nicht allzu lange auf sich warten lassen.

AUF DEM WEGE ZUR REICHSKRISTALLNACHT

Während vor allem in Wien zwischen März und November 1938 der Terror nie so ganz unterbrochen worden war und Vertreibungen, Überfälle und Zerstörungen immer wieder vorgekommen waren[185], war diesbezüglich seit April in Kärnten Stille. Die Kräfte, die für solche Aktivitäten verantwortlich waren, wurden unter Kontrolle gehalten wie der Dampf unter einem schweren Topfdeckel. Die Aktion der Wiener NSDAP vom 5. Oktober spiegelte sich in Kärnten nur in der nachfolgenden Weisung Bürckels an den stellvertretenden Gauleiter Kutschera vom 22. Oktober 1938: „Demonstrationen gegen Juden oder konfessionelle Einrichtungen sind unter allen Umständen zu verhindern. Die Gauleiter sind für die Einhaltung dieser Anordnung persönlich verantwortlich."[186] Geschehen aber war in Kärnten ohnehin nichts.

Auch die „Reichskristallnacht" zeigt in Kärnten einen ganz typischen Ablauf, welcher deutlich auf die Kräftegruppierungen und Spannungen innerhalb der Nationalsozialisten des Landes hinweist.

Bei der „Feier des 15. Jahrestages der nationalsozialistischen Erhebung" und dem Treffen der Alten Kämpfer am 9. November in München gab Goebbels bekanntlich den Befehl für diesen Pogrom aus, einen Befehl, dem im ganzen Reich nachgekommen wurde. Von den Alten Kämpfern Kärntens war nur ein relativ kleiner Teil nach München gefahren, da befehlsgemäß auch in Kärnten eine Reihe von Feiern stattzufinden hatte. Als Goebbels am Abend des 9. November um 22 Uhr den entscheidenden Befehl zum Auslösen dieser angeblich so „spontanen" Handlungen der Bevölkerung gab, befand sich auch Globocnik in München, der sofort seine Dienststellen unterrichtete. Er war ja damals auch Gauleiter von Wien. „Ich telefonierte an meine Dienststelle in Wien, daß Aktionen demonstrativer Art stattzufinden hätten, unter der Beifügung, daß das Tragen von Uniformen während der Aktion strengstens verboten ist. Ebenso gab ich das strengste Verbot, Brandstiftungen, Totschläge, Raub und Erpressungsakte jedweder Art zu vollführen, daher sich die Aktion nur auf das Zertrümmern von Fensterscheiben und Ähnlichem zu beschränken habe."[187]

Völlig unwahrscheinlich wäre es, wenn Globocnik nicht sofort auch die Dienststellen der Allgemeinen SS, der Gestapo und des SD informiert und auch dorthin die entsprechenden Befehle gegeben hätte, da doch gerade er einen Großteil dieses Organisationsnetzes in Österreich mit aufgebaut hatte. Zweifellos hat er als Kärntner sofort seine Parteigenossen in Kärnten informiert, und dort hatte sich die geeignete Ausgangssituation für das Kommende ergeben. In den Bezirksstädten fanden Feiern der SS, der Partei und der Hitlerjugend statt, in Klagenfurt wurde am späten Abend des 9. November im Landhaushof im grellen Scheinwerferlicht und unter Massen von qualmenden Fackeln die Rundfunkübertragung aus München angehört. Als beim Verlesen der langen Liste der toten Alten Kämpfer schließlich Kärnten an der Reihe war und die Versammelten dann viele bekannte Namen hörten, wirkte das wohl kaum versachlichend und beruhigend. Zuvor schon hatte beispielsweise die Hitlerjugend des Bannes Klagenfurt auf der Kreuzberglspielwiese, dem bevorzugten Treffpunkt während der Verbotszeit, ihre vorgeschriebene Gedenkfeier abgehalten. Bei ihr wurden 500 Buben und Mädchen vereidigt.

Um Mitternacht erfuhr dann die lange Feier im Landhaushof einen weiteren Höhepunkt, als in München die Vereidigung der SS-Verfügungstruppe und der Totenkopfverbände durch Himmler erfolgte und im Hof des alten Gebäudes der Kärntner Landstände, wo nun die Gauleitung untergebracht war, zur gleichen Zeit der Sturmbann I/90 und der Sturmbann III/90 gemeinsam mit einer Einheit der SS-Verfügungstruppe vereidigt wurden[188]. Mit dem Aufbau des Regimentes „Der Führer" als Teil der Verfügungstruppe hatten ja schon im Mai des Jahres Keppler in Wien und Harmel in Klagenfurt (Waisenhauskaserne) und Graz begonnen.

In diese Situation trafen nun die Pogrom-Befehle aus Wien, die – zumindest, was Kärnten betrifft – zweifellos über das Kommunikationssystem der SS kamen. Das zeigt sich allein schon darin, daß die erste Phase der Aktion zumindest in Klagenfurt und Villach reibungslos durchgeführt wurde, nämlich die Verhaftungsaktion, die nach dem Willen von Goebbels und Heydrich naturgemäß in die Zuständigkeit der Geheimen Staatspolizei fiel. Es war befohlen, so viele Juden, wie in Gefängnissen untergebracht werden konnten, festzunehmen, wobei man die wohlhabenderen den armen vorziehen sollte. „Es sind zunächst nur gesunde männliche Juden, nicht zu hohen Alters, festzunehmen. Nach Durchführung der Festnahme ist unverzüglich mit den zuständigen Konzentrationslagern wegen schnellster Unterbringung der Juden in den Lagern Verbindung aufzunehmen."[189] Zuerst kamen demnach sehr früh schon die Verhaftungskommandos, nämlich Leute der Gestapo und allgemeinen SS. Frauen waren nicht unter den Festgenommenen, wohl aber auch junge Burschen wie etwa der erst 16jährige Kurt Perlberg.[190]

In manchen Fällen wurden die Verhaftungskommandos durch die Zerstörungskommandos, die rasch hinter ihnen ankamen, geradezu gehetzt. So etwa in Villach bei Dr. Weißberger, in Klagenfurt bei Robert und Emil Preis, bei Jonas Fischbach und Dr. Hermann Schaier. In letzterem Fall war die Ursache die, daß man sich mit dem vorrangigen ersten Ziel der Aktion, dem Bethaus in der Platzgasse, nicht lange aufhielt und auf dem Friedhof in St. Ruprecht überhaupt kaum etwas getan wurde. Im Bethaus warf man die leichteren Möbel auf die Straße, zerstörte den Rest der Inneneinrichtung, zündete aber nichts an. Das Aktenmaterial übernahm sogleich Volkenborn vom SD persönlich, die Matrikelbücher wurden später als rein dienstlicher Vorgang an das Standesamt Klagenfurt weitergegeben, da man sie dort ja brauchte.

Die Verhafteten wurden im Polizeigefängnis und im landesgerichtlichen Gefangenenhaus in Klagenfurt sowie im bezirksgerichtlichen Gefangenenhaus in Villach und den anderen Bezirksgerichten konzentriert. Es dauerte zwei Tage, bis der Gesamttransport dann via Salzburg nach Dachau abging, ein Teil des Kärntner Transportes wurde aber wegen Überfüllung in Dachau nach Buchenwald weitergeleitet. Außerhalb der Orte mit Staatspolizei-Dienststellen erhielten die jeweiligen Gendarmerieposten von der Staatspolizeistelle Klagenfurt telefonisch die Aufträge für die Verhaftungen und Einlieferungen.

Die eigentlichen Zerstörungsaktionen unterschieden sich nur in einigen Nuancen von jenen in manchen anderen Ländern, relativ stark aber von den Aktionen in Wien. Die Zerstörungstrupps trachteten überall mit großer Schnelligkeit und besonderem Lärmaufwand zu agieren, um noch erschreckender zu wirken. Jüdische Kinder etwa erlebten den Lärm, als ob ein riesiger Eisenbahnzug durch die Wohnung gebraust sei.[191] Geschirr und Kunstgegenstände – soweit noch vorhanden – wurden zerschlagen, die Möbel zu den Fenstern geschleppt und auf die Straße oder in Hinterhöfe geworfen, auch wenn die Wohnungen in höheren Stockwerken lagen. An den Wänden hängende Bilder wurden grundsätzlich zerschnitten. Einige Beispiele mögen genügen: „Am 10. November um 7 Uhr früh wurden wir in unserer Wohnung von einer Horde von Nazis überfallen. Unsere Möbel wurden zerschlagen, Teppiche zerschnitten, Ölgemälde aus den Rahmen gefetzt, Spiegel, Haushaltsgegenstände und Kleider wurden vernichtet. Mein Mann und mein Schwiegersohn, Herr Dr. Hermann Schaier, wurden aus dem Haus fortgeschleppt und zwei Tage später nach Dachau verschickt."[192]

Julius Spitz berichtete vom Hause Spengergasse 8: „Am 10. November am frühen Vormittag kam eine Gruppe von Nazis und zerstörte meine Wohnungseinrichtung gänzlich, was meine Schwester Herma miterleben mußte. Die Einrichtung selbst war wertvoll, es gehörten dazu auch viele Kristallgefäße und Porzellangegenstände, elektrische Luster, Vorhänge. Das alles wurde vollkommen in Trümmer gelegt und zerstört. Die ganze Einrichtung hatte damals im Jahre 1938 einen ungefähren Wert von S 15.000,– gehabt. Hier in London kostet heute allein eine Schlafzimmereinrichtung von ähnlicher Qualität gegen 1.000 Pfund."[193]

Ein Beispiel aus einer Wohnung in der Peraustraße in Villach: „Die Nazis brachen die Wohnungstür auf und hatten dafür auch mehrere Werkzeuge mit. Sie machten sich über die Möbel her und warfen fast alles aus den Fenstern, zerschnitten die Vorhänge und Bilder und zerschlugen das schöne Geschirr. Dann warfen sie auch die Münzen aus der Sammlung meines Mannes auf die Straße, und was sie an Schmuck und Edelsteinen fanden, zertraten sie entweder am Boden oder warfen es auch aus den Fenstern."[194]

Allgemein scheint bei den Zerstörungsaktionen in beträchtlichem Ausmaß geplündert worden zu sein – in vielen Berichten finden sich Klagen über fortgenommene Gegenstände, Schmuck und Münzen. Über Kriegsfelds Rolle wurde folgendes berichtet: „Außerdem hat er, wie er selbst sagte, von den Nazis den Schmuck, den sie haben mitgehen lassen am 10. November, zurückbekommen, aber was wir von ihm zurückbekommen haben, das war nicht viel."¹⁹⁵ Der Staatspolizei gelang es offensichtlich nur mit sehr geringem Erfolg, den Plünderern ihre Beute wieder abzunehmen. Der SD verharmloste naturgemäß, und Volkenborn berichtete an den SD-Oberabschnitt Donau: „Plünderungen sind bis auf einen Fall, der schon durch die Staatspolizeistelle Klagenfurt geklärt ist, nicht vorgekommen."¹⁹⁶ Paradoxerweise waren aber Leute des SD selbst beteiligt, wie noch zu sehen sein wird. Immerhin nahm die Zerstörungswut mancher dieser hemmungslosen Kommandos die Ausmaße der Raserei an, denn vor allem in Klagenfurt und Villach zeigte es sich, daß manche Opfer mehrmals von den gleichen Trupps oder abwechselnd in mehreren Überfällen auch von verschiedenen Zerstörungskommandos aufgesucht wurden und die Ausschreitungen mehrmals von neuem begannen.¹⁹⁷

Bei manchen Opfern ging es so den ganzen Vormittag, und die wenigen noch nicht arisierten Geschäfte wurden keineswegs verschont. In manchen kleineren Orten wurden auch Juden eine Strecke durch die Stadt getrieben. Andererseits wieder gab es knifflige Situationen, wie etwa in dem Haus Alter Platz 2, wo das Geschäft schon arisiert und deshalb natürlich tabu war, die Wohnung von Emil und Robert Preis in den höheren Stockwerken aber nur durch das Geschäft erreichbar war, so daß die Akteure des Pogroms ihre Leidenschaften zeitweise kontrollieren mußten. Im Haus Flensburger Platz 1 wiederum unterschied man genau zwischen der Wohnung von Hermine Preis und der angrenzenden Wohnung von Marianna Schiffler-Preis. Die letztere wurde wegen des arischen Ehegatten nicht angerührt. Umgekehrt wieder wurde ein großes Zerstörungskommando ausgesandt, um den Besitz der arischen Melitta Stein in Annenheim „vorzunehmen", obwohl ihr jüdischer Gatte, der Arzt Dr. Stein, schon gestorben war. Dort gelang es dem Vizebügermeister von Treffen, Heinz Schützelhofer, mit Unterstützung durch den Bürgermeister Rudolf v. Gall und den Fremdenverkehrsreferenten Jacob Clementschitsch, die Zerstörung zu verhindern, wobei Schützelhofer sich dem Lastwagen mit den Nationalsozialisten einfach in den Weg stellte und ihnen im Zuge einer heftigen Auseinandersetzung die Rückkehr nach Villach befahl.¹⁹⁸

Wieder anders entwickelte sich die Lage in Spittal. Dort kam es überhaupt zu keiner „Reichskristallnacht", weil sich der Kreisleiter dagegenstellte. Auch in den meisten anderen Kreisen Kärntens hat es nicht den Eindruck, daß die Kreisleitungen bei dem Pogrom eine aktive Rolle gespielt hätten. In Spittal berichtete ein Zeuge beispielsweise: „Czucka hat sich darüber geäußert, daß er sehr zufrieden sei, unbelästigt zu sein und sehr anständig behandelt zu werden. Er berichtete mir, daß er sich dafür persönlich beim Kreisleiter bedankt habe, daß er so anständig behandelt wurde."¹⁹⁹ Auch das schlechte Gewissen mancher Nazis könnte eine Rolle gespielt haben, da Dr. Walter Porges schon nach der März-Verhaftung in Dachau gestorben war. Besonders charakteristisch erscheinen zwei Pogrome in kleineren Orten. In Velden fand am Karawankenplatz eine Propagandakundgebung mit örtlichen Parteifunktionären statt, während die SA-Männer zur Versammlung beim Feuerwehrhaus befohlen wurden. Der Befehl hierfür kam aus Villach, von wo auch ein höherer SA-Führer erschien. Dann wurden zwei Zerstörungstrupps aufgestellt. Der erste hatte den Auftrag, sich die jüdischen Häuser in Velden selbst „vorzunehmen", der zweite jene in Augsdorf. Der erste Trupp, der aus ugf. 25 Mann bestand, begab sich als erstes zur Villa Löwenfeld-Ruß. Einer der Männer wollte vom

215

Gärtner den Haustorschlüssel holen, inzwischen wurde das Tor aber bereits aufgebrochen. „Sämtliche Fenster, Türen, zirka acht Altwiener Öfen, Mobiliar, Kästen, Bilder, Porzellan, handgeschnitzte Treppengeländer sowie sämtlicher im Haus befindlicher Hausrat wurden kurz und klein geschlagen und zum Teil aus den Fenstern und über die Balkone auf den Wiesenabhang in den Park und in den See geworfen. Unser Gärtner wagte nicht, gegen die Unholde zu protestieren, welche unter lautem Gegröhle gegen die ‚jüdischen Besitzer' ihr Werk vollendeten. Als Ergebnis der Zerstörungsaktion wurden wir gezwungen, unseren Besitz ‚freiwillig'(?) an Reichsdeutsche zu verkaufen."[200]

Nach diesem Schauplatz wurden noch die Villen Mayer, Freißler, Edihaus und Ornstein aufgesucht und dort ebenfalls Zerstörungen angerichtet, wobei sich mehrere Männer zurückhielten, einer überhaupt nach Hause ging. In der Villa Ornstein erschien dann der damalige Bürgermeister und erreichte die Beendigung der Zerstörungen.

Der zweite Trupp wurde auf die Villa Kern und die Villa Weishut angesetzt, wobei drei der Männer sich an den Zerstörungen nicht beteiligten, einer von ihnen sogleich nach Hause ging. Als die Villa Weishut an der Reihe war, zerstörten die beiden anderen heimlich die elektrischen Sicherungen, so daß es im Haus stockdunkel war und die Zerstörer notgedrungen aufhören mußten.[201] Typisch erscheint die konsequente Steuerung der Aktion von außen, wobei in diesem Falle die SA in Erscheinung trat. Offensichtlich wurden dabei wohlüberlegt einfache Leute ausgesucht, von denen man glaubte, daß sie zu dieser Tat bereit wären, doch ging auch diese Rechnung nicht vollständig auf. Einige der Leute waren erst im Jahre 1938 von der HJ in die SA überstellt worden.

Junge Leute gleicher Art waren es auch in Krumpendorf, die von zwei SS-Männern aus Klagenfurt zusammengerufen wurden, um die Einrichtung des Hauses von Dr. Wittner zu zerstören. Der Ortsgruppenleiter hatte schon am Vormittag den Gendarmeriepostenkommandanten informiert, daß etwas bevorstünde, jedoch auf dessen Vorhaltungen gemeint, daß Dr. Wittner nichts geschehen werde. Um 11.45 Uhr erfolgte der telefonische Auftrag der Gestapo Klagenfurt an den Gendarmerieposten, Dr. Oskar Wittner festzunehmen. Das geschah dann um 14 Uhr, worauf der mit diesem Auftrage betraute Gendarmeriebeamte der Gattin des Verhafteten noch den Rat gab, das Haustor zuzusperren und an diesem Tage niemandem mehr zu öffnen. Dr. Wittner wurde dann ins Polizeigefängnis in Klagenfurt eingeliefert. Diese vorbereitenden Ereignisse beunruhigten den Kommandanten des Gendarmeriepostens so sehr, daß er sich in Außendienst begab. Als er dann am Nachmittag durch Lärm aufmerksam wurde, hatten die Zerstörer ihr Werk schon vollendet. Ein anderer auf dem Posten Dienst versehender Gendarmeriebeamter war aber vom Ortsgruppenleiter telefonisch ersucht worden, einzuschreiten und Übergriffe zu verhindern. Auf der Straße kam diesem Beamten dann bereits die Gattin des Verhafteten händeringend entgegen. Der Beamte traf die Zerstörer mitten in ihrer Arbeit an und forderte sie unter der Drohung des Waffengebrauchs auf, das Haus zu verlassen. Als später der Postenkommandant kam, belehrten ihn SS-Männer, daß die Gendarmerie dies alles nichts anginge. Am Abend kam der Zerstörertrupp nach Einbruch der Dunkelheit jedoch nochmals und begann, Gegenstände aus dem Haus in mitgebrachte Autos zu verladen.

Als am Abend der Postenkommandant selbst einschritt, um weitere Zerstörungen zu verhindern, stellte sich heraus, daß wieder SS-Männer bei dem Trupp waren, und zwar zwei Funktionäre des SD aus Klagenfurt. Sie jagten den Postenkommandanten zwar davon, doch dieser ließ es sich nicht nehmen, die Ereignisse telefonisch und hernach schriftlich durch seinen Untergebenen seiner vorgesetzten Dienststelle zu melden und auch das genaue Ausmaß der Plünderung zu erheben, nämlich: 320 RM Bargeld, sieben Teppiche, zwei Kassetten Silberbesteck für je sechs Personen, zwei Brillantringe, eine Brillantbrosche, zwei weitere Ringe, zwei goldene Armbänder und Ketten, eine silberne Puderdose, ein Photoapparat, ein Radioapparat, ein Ölbild, zwei Paar Handschuhe, zwei Tischdecken.

Geplündert wurde bei vielen Zerstörungsaktionen, es ist aber kaum wahrscheinlich, daß die Krumpendorfer Plünderung gerade jene ist, welche Volkenborn in seiner telegrafischen Meldung erwähnte, weil es sich ja bei den Tätern um Leute der eigenen Dienststelle handelte. Wie manches andere kam auch ein Teil dieser Güter einige Tage später wieder zurück.[202]

Auch dieses Ereignis zeigt das gleiche Grundmuster: Verwendung sehr junger, meist einfacher Leute, die diese „Schmutzarbeit" übernahmen, unter Mittäterschaft besonders agiler und aggressiver Leute, denen Zerstörung und Besitznahme direktes Anliegen waren. Zugleich erscheint die örtliche Parteiorganisation nicht in der Rolle des Befehlsgebers, sondern eher des Zuschauers. Auch in Klagenfurt wurden bei mehreren Zerstörungsfällen Block- oder Zellenleiter als untätige Beobachter gesehen. Nach dem Krieg begründeten sie ihre Anwesenheit damit, daß sie eventuelle Tätlichkeiten und extreme Zerstörungen verhindern wollten. Diese Motivationen konnten nicht widerlegt werden.[203] Jedenfalls ist es im Zuge der „Reichskristallnacht" in Kärnten zu keiner Mordtat und zu keiner schweren Körperverletzung wie etwa in anderen österreichischen Ländern gekommen.

Im Falle Krumpendorf tritt die Steuerung ganz offen zutage, weil sie sich nicht hinter der SA versteckt: Der SD und die allgemeine SS bildeten jenes Steuerungssystem, das Massen von unzufriedenen und aggressiven einfachen Parteigenossen die Möglichkeit zum Exzeß bot, um damit die eigene Machtposition zu dokumentieren. Die SA wurde in Kärnten nur als Werkzeug herangezogen, und zwar nur gewisse Kreise der SA. Zudem aber verfügte die SS offensichtlich noch über einen sehr aggressiven Troß in der Hitlerjugend, der sich bei dieser Gelegenheit austobte. Bei vielen Zerstörertrupps ergeben die Augenzeugenberichte das gleiche Bild: SS als Befehlsgeber, SA und Hitlerjugend als Befehlsempfänger. Das Grundmuster vieler dieser Gruppen sah so aus: Einige SS-Männer als Führer, ein Rudel der Hitlerjugend als ausübende Gefolgschaft. Dieses Grundmuster ist aber zum Teil schon bei jenen Gruppen festzustellen, die im März und April in den Betrieben die Konfiszierungen vornahmen.[204] Die gleiche Gruppenstruktur setzt sich bis in die Trupps der „Reichskristallnacht" fort. Auch da wurden wieder Männer der allgemeinen SS identifiziert, wie sie eine Meute von Hitlerjungen anführten.[205]

Das eigentlich Paradoxe an den Fällen Velden und Krumpendorf aber ist die Tatsache, daß diese Überfälle erst am Abend des 10. November stattfanden, als schon längst die Weisung nach Kärnten gekommen war, daß die Ausschreitungen sofort zu beenden seien. Es ist kaum anzunehmen, daß da einfach die hinterste Provinz in der Ausführung nachgehinkt wäre. Eher wohl dürfte die SS einfach einen Justamentstandpunkt eingenommen haben, um ihr Ansehen bei der Masse der unzufriedenen und

217

aggressiven Parteigenossen nicht zu verlieren und es den anderen zu zeigen, wer der Herr sei. Als in Krumpendorf noch zerstört und geplündert wurde, lief in Klagenfurt bereits die Schlußkundgebung ab, ,,an der auch sämtliche Formationen teilnahmen und bei der der Kreisleiter der allgemeinen berechtigten Empörung beredten Ausdruck verlieh. Abschließend forderte er Beendigung der verständlichen Demonstrationen und neuerliche feste Disziplin".[206]

Wenn auch Volkenborns Bericht nicht vom Klischee der angeblich so spontanen Demonstrationen und der berechtigten Empörung abweicht, so gibt er doch abschließend sogar zu, daß es beim Beifall und der Genugtuung der Bevölkerung ,,wenige Ausnahmen" gegeben hätte. In Wirklichkeit waren überall im Land die Passanten, die zufällig Zeugen dieser Aktionen wurden, nur betroffen und nachdenklich, und es mangelte nicht an Leuten, die dieser Betroffenheit in der Bevölkerung Ausdruck verliehen.

Schon im Sommer hatte die Welle der Arisierungen und Liquidationen dermaßen Unbehagen ausgelöst, daß sogar die braune Parteipresse auf diese Stimmung eingehen mußte. Sie konnte aber dagegen nichts anderes ins Treffen führen als das alte propagandistische Klischee aus der Verbotszeit. Natürlich erfolgte keine amtliche Stellungnahme, um die Angelegenheit nicht aufzuwerten, sondern man ließ einen plaudernden Kommentator sich äußern: ,,Die Juden sind auch Menschen, man sollte sie nicht so schlecht behandeln, hörte ich gelegentlich sagen. Sie sind auch Menschen? Flöhe sind auch Tiere, aber man zerdrückt sie. Nie hat ein Jude in der Verbotszeit in Österreich gesagt: Die Nazis sind auch Menschen."[207] Der Rest waren nur alte Propagandaphrasen.

Zugleich wollte man sich auch dadurch rechtfertigen, daß man die Verfolgung und Austreibung als einen ,,natürlichen", sozusagen unvermeidlichen Geschichtsprozeß hinstellte und auf die Kärntner Judenvertreibung des Jahres 1496 mit einer eigenen Vertreibungsfeier in Wolfsberg hinwies[208]. Nach der ,,Reichskristallnacht" trachtete man, der anscheinend zuwenig bereitwilligen Kärntner Leserschaft diesen historischen Aspekt der Sache noch deutlicher einzubläuen, und gab einen großen Überblick über die Kärntner Juden des Mittelalters. An die vielen heimlichen Kritiker des Pogroms aber wandte man sich mit der drohenden Mahnung: ,,Den Volksgenossen, denen es an Verständnis mangelt für Deutschlands Abwehr gegen die jüdische Rasse, und die der Meinung sind, daß diese Abwehr eine unerhörte Zeiterscheinung sei, ist zu empfehlen, einen Blick in die Geschichte vergangener Jahrhunderte zu tun. Sie würden eines Besseren belehrt werden; sie würden sehen, daß es notwendig und heilsam war, den Juden von Zeit zu Zeit die Flügel zu stutzen, um dadurch das eigene Volk, das in harter Arbeit das Land gerodet und urbar gemacht, vor der rücksichtslosen Auswucherung durch das jüdische Fremdvolk zu beschützen..."[209] Da wird der nationalsozialistische Zorn über die mangelnde Begeisterung der Bevölkerung schon fast weinerlich. Kritik gab es aber während der ,,Reichskristallnacht" selbst anscheinend in so großem Ausmaße, daß sich sogar die Redner der Schlußkundgebungen genötigt sahen, teilweise darauf einzugehen. In Klagenfurt stimmte der Kreisleiter ein großes Lamento über die Leiden und Verfolgungen an, denen die nationalsozialistische Bewegung in den zwanziger und dreißiger Jahren ausgesetzt war, und lehnte jede Verantwortung der Nationalsozialisten für den Pogrom ab, sondern bauschte naturgemäß die Erschießung Raths zur großen Märtyrertragödie auf. Die Zerstörungsaktionen in den Wohnungen verschleierte der Redner weisungsgemäß dadurch, daß er sie als Hausdurchsuchungen ausgab. Und daran wurde die erlogene Behauptung geknüpft, daß auch in Kärnten dabei „erhebliche Mengen an Waffen und kommunistischem Hetzmaterial sowie von unangemeldeten Devisen" zutage gefördert worden seien.[210]

Wie betreten die Kärntner Nationalsozialisten waren, weil die Öffentlichkeit sie als Übeltäter ertappt hatte, das zeigte sich auch in einer ganzen Reihe von weiteren Kundgebungen. In Villach etwa raffte man sich erst am 12. November zu einer Art Verteidigungs-Kundgebung im Kasinosaal auf, bei welcher der Ortsgruppenleiter Villach-Mitte betonte, „daß die Einzelaktionen von den zuständigen Parteistellen weder gewollt noch befohlen worden waren, wenngleich sie angesichts der frechen jüdischen Übergriffe psychologisch verständlich seien". Alle Volksgenossen hätten ja auch Goebbels Weisung zur Einstellung „auf die Sekunde Folge geleistet". Wenn aber einige empfindliche Volksgenossen die Aktionen allzusehr kritisierten, so möchten sie doch bedenken, „welcher Schaden größer gewesen sei – daß ein Radio oder ein Klavier auf die Straße geworfen und zertrümmert oder daß das Leben deutscher Menschen infolge des Terrors . . ."[211] Auch dieser Redner wich in leere Propagandaphrasen aus, krönte seine Verlegenheitstiraden aber dann mit der dicken Lüge, daß man im Hause von Dr. Weißberger ein Waffenlager gefunden habe.

Vor allem die niedrigen Parteifunktionäre scheinen in diesen Tagen von so manchen Partei- und Volksgenossen einiges gehört zu haben, was ihnen nicht sehr angenehm war. Zugleich aber vermittelt eine Reihe von Augenzeugenberichten[212] den Eindruck, daß diese niedrigen Funktionäre durch die SS von den bevorstehenden Aktionen nur ungenau und beschönigend unterrichtet wurden, so daß man vielfach glaubte, es werde sich nur um Sprechchöre vor den Häusern der Juden und höchstens um das Einschlagen von Fensterscheiben handeln.

Intern scheint sich auch in den höheren Führungsgremien eine beträchtliche Anzahl von Funktionären kritisch über den Pogrom geäußert zu haben, am schärfsten wohl Pawlowski selbst, der dies nicht nur privat, sondern auch bei dienstlichen Besprechungen tat und damit dafür sorgte, daß seine Einstellung auch bei anderen Dienststellen bekannt wurde.[213] Darauf reagierte eine Gruppe von Alten Kämpfern in Klagenfurt ähnlich, wie dies schon 1936 getan wurde: Man verbreitete, daß Pawlowski selbst jüdischer Abstammung sei und deshalb den Judenpogrom so kritisiere. Kutschera selbst war am 10. November in München, gab aber später dann mit Wissen Pawlowskis dem Gauarchiv den Auftrag, die Abstammung Pawlowskis genau zu klären. Dies wurde im Gauarchiv hinsichtlich der väterlichen und der mütterlichen Linie durchgeführt, und die Haltlosigkeit der Gerüchte stellte sich neuerlich heraus.[214] Dies änderte aber nichts an den Spannungen innerhalb der Klagenfurter NSDAP, wobei die Kritik an Pawlowski aus jener Ecke kam, von der aus auch Parteigenossen kritisiert wurden, die angeblich ohne Verdienste und Eignungen auf hohe Posten gekommen waren. Pawlowskis Äußerung zu Kutschera nach der Rückkehr beider aus München: „Jetzt gehört Goebbels an die Wand gestellt", wurde naturgemäß von dieser Gruppe entsprechend weitergetragen.[215]

Die Frage nach den entscheidenden Informations- und Befehlswegen bei der Auslösung des Pogroms hängt direkt mit jener nach der Führungsrolle zusammen. Der Kreisleiter von Klagenfurt, der nicht Mitglied der SS, sondern NSKK-Führer war, wurde angeblich vorher überhaupt nicht über bestehende Pläne und Vorbereitungen informiert und bekam erste Meldungen darüber am 10. November um 11 Uhr, bezeichnenderweise aber von einem damaligen Ortsgruppenleiter, der in der SS tätig und noch älteres Parteimitglied war.[216] Zufällig war jener auch der Führer der Angriffe gegen Pawlowski.

Die Situation in der Kärntner SA war zu dieser Zeit nicht so gelagert, daß sie Hauptakteurin des Pogroms, auf keinen Fall entscheidende Befehlsgeberin sein konnte. Was Klagenfurt betraf, so sah Julian Kollnitz, der seit März 1936 illegaler SA-Führer von Kärnten und nach der nationalsozialistischen Machtübernahme dann der Brigadeführer war, die Gefahr eines besonders starken Machtkampfes zwischen den einzelnen SA-Führern und eine Entwicklung nach der radikalen Seite hin. Deshalb suchte er für die kommissarische Führung der SA-Gebirgsjägerstandarte 8 einen Mann, der in diese Vorgänge nicht verwickelt war, und kam dabei auf einen Auswärtigen, da nach der Meinung von Kollnitz die Klagenfurter SA-Führer für die Führung der Standarte nicht geeignet seien. Als er dann Raimund Winkler als kommissarischen Führer vorschlug, der gar nicht Illegaler gewesen war und dessen Beitrittsdatum zur NSDAP deshalb vom Gaustabsamtleiter – wie öfter üblich – zurückdatiert werden mußte, gab das nicht nur beträchtliche Entrüstung in den Kreisen der Illegalen, sondern es vertiefte bei der Klagenfurter Standarte noch die Kluft zwischen den Radikalen und Gemäßigten. Zu dem sozialen Nachholbedarf der Radikalen kam daher noch die Erbitterung über die Lösung der Führungsfrage hinzu.

Im November 1938 war Kollnitz bei der Wehrmacht eingerückt, und ein Vertreter dieser radikalen Richtung übernahm die stellvertretende Leitung der Brigade. Den Pogrom benützten diese Leute, um ihrem Unmut möglichst deutlich Ausdruck zu verleihen, und über Raimund Winkler in Klagenfurt ging diese Welle der Abreaktion, bei der sich die SA willig der SS unterstellte, glatt hinweg.[217] Ähnlich lagen die Verhältnisse in Villach bei der Gebirgsjägerstandarte Nr. 7, die aus der illegalen SA-Standarte 44 hervorgegangen war. Auch dort war Standartenführer Hans Winkler im November bei der Wehrmacht. Diese Situation erleichterte es dem SD und der allgemeinen SS außerordentlich, die Führung zu übernehmen. Verständlicherweise war die ablehnende Haltung zum Judenpogrom auch beim damaligen Finanzreferenten Dr. Meinrad Natmeßnig sehr deutlich, der am 14. März 1938 über Vorschlag der beiden Präsidialbeamten Regierungsdirektor Dr. Wolsegger und Hofrat Dr. Kometter in die Landeshauptmannschaft gekommen war, weil ihn Pawlowski bei der Parteiführung durchboxte.[218] Im Kreis St. Veit wiederum war es der damalige provisorische Kreisleiter selbst, der den Verfolgungsaktionen entgegenzutreten versuchte.[219]

DER STROM NACH WIEN

Die Wirkungen der „Reichskristallnacht" in Kärnten waren demnach mehrfach: Zum einen gab sie den radikalen Kreisen aus den Reihen der Alten Kämpfer seit dem Juliputsch von 1934 und den Ausschreitungen vom März 1938 neuerlich Gelegenheit, ihre Radikalität und auch ihren sozialen Anspruch zum Ausdruck zu bringen. Nicht untypisch erscheint in diesem Zusammenhang die hohe Plünderungsrate.

Zum andern wirkte die „Reichskristallnacht" radikalisierend auf jene jungen Nationalsozialisten, die als Werkzeuge in diese Aktionen hineingezogen wurden und den Befehlen bedingungslos gehorchten.

Ferner diente sie dem SD und der allgemeinen SS im „SS-Gau" Kärnten dazu, ihre Machtposition zu verstärken. Dabei nützte die SS geschickt die Führungsrivalitäten und Spannungen aus, die innerhalb der SA bestanden.

Nicht geleugnet kann aber auch werden, daß die „Reichskristallnacht" bei manchen Nationalsozialisten auch Anstoß zur Reflexion gab. Viele, die an der Ausplünderung nichts fanden, waren nun eben deshalb peinlich berührt. In einigen Fällen wirkte sich diese Reflexion als offene Distanzierung aus. Sie schloß also nicht nach dem Motto „Mitgefangen, mitgehangen" die Reihen dichter, sondern drängte eher zu noch mehr Pluralität innerhalb der nationalsozialistischen Herrschaftsstrukturen in Kärnten, wenn auch der Verwaltungs- und Organisationskörper bei der Arisierung und Liquidation mittels vieler kleiner Beamter und politischer Funktionäre niedriger oder mittlerer Ebene glatt funktionierte. So stellt die Judenaustreibung eine Art Katalysator dar, an dem sich die Geister zu scheiden begannen, ähnlich wie später die Slowenenaussiedlung diesen Reflexionsprozeß weiter vertiefte – dann vor allem bei solchen Deutschkärntnern alter deutschnationaler Tradition, die sich einst dem Nationalsozialismus in die Arme geworfen hatten oder von diesem gar verlockend umarmt worden waren.

Betrachtet man nun, was ja das wichtigste wäre, die Position der Opfer, so muß festgestellt werden, daß verständlicherweise die „Reichskristallnacht" die Auswanderungsbereitschaft sehr radikal verstärkte und das Verlassen des Landes vor allem in Richtung Wien rapid beschleunigte.

Viele der verhafteten Männer hatten sich schon lange zuvor bei der Kultusgemeinde in Wien für die Auswanderung registrieren lassen, einige erhielten während ihrer Zeit in Dachau die Mitteilung, daß ein Einreisevisum in ein Aufnahmeland erreicht sei.[220] Sie wurden dann aus Dachau zur beschleunigten Ausreise sogleich entlassen. Nicht alle hatten Glück. Dr. Wittner aus Krumpendorf überlebte den Aufenthalt im Konzentrationslager nicht.[221] Gisela Friedländer berichtet vom Aufenthalt der Kärntner in Dachau: „Die Klagenfurter wurden als erste nach Hause geschickt. Natürlich revanchierte man sich, und so bekam er (gemeint ist Kriegsfeld, d. Verf.) von einem einen Teppich, von andern auch wertvolle Sachen."[222]

Der Rechtsvertreter von Emil und Robert Preis wiederum suchte schon vor dem 10. November in den Vermögensangelegenheiten der beiden Brüder Gauleiter Klausner auf, als dieser bei einem seiner kurzen Aufenthalte in Kärnten einmal zu erreichen war. Klausner meinte aber, daß er sich nun nicht mehr exponieren könne. Trotzdem sind Emil und Robert Preis aus Dachau rasch wieder zurückgekommen.[223] Kriegsfeld selbst aber war wie Czuczka in Spittal nicht verhaftet und in ein KZ gebracht worden. Die in Klagenfurt zurückgebliebenen Frauen der Verhafteten vermerkten das mit Erbitterung, allgemein aber wurde angenommen, daß er bei Dr. Bauer die Rückkehr der Verhafteten erreicht hatte. „Aber wir waren froh, daß unsere Männer wieder zurückgekommen sind", schrieb Gisela Friedländer.

Dr. Bauer rechtfertigte sich nach dem Krieg so: „Ich war in der Abteilung II/Bekämpfung mit der Verschickung der Juden in die KZ betraut. Dafür lagen die genauen Weisungen bereits vor. Der Oberrabbiner (sic! Anm. d. Verf.) kam öfters zu mir, und ich versuchte ihm zu helfen. ... Daß die Klagenfurter Juden nicht im KZ gestorben sind, ist auch mein Verdienst, da ich den Leuten es ermöglichte, rechtzeitig noch auszureisen. Ich fuhr deshalb mit dem Oberrabbiner Nathan Kriegsfeld nach Wien und verschaffte den Juden auch Reichsmarkbeträge."[224]

Bei wem die Bestechungsgelder und Geschenke nun wirklich blieben, läßt sich heute nicht mehr klären. Jedenfalls scheinen nicht alle Verhafteten gleich schnell aus Dachau zurückgekommen zu sein. Ein anderes Opfer, der damals noch minderjährige Kurt Perlberg, berichtete: „Ich selbst kam mit noch drei jüdischen Klagenfurtern in der Kristallnacht ins Stadtgefängnis und wurde am nächsten Tag für ungefähr sechs Wochen nach Dachau weitertransportiert. Im Gegensatz des Berichtes des Herrn OMR Th. Schneider. In der Zwischenzeit wurde unsere Wohnung und natürlich andere auch von den Nazis gänzlich zertrümmert und ausgeraubt. Durch Bestechungsgelder an Herrn Kriegsfeld und die Gestapo wurde ich aus Dachau entlassen."[225] Ein anderer Zeuge wieder berichtete: „Walter Friedländer hätte niemals das Haus verkauft, wenn nicht der Nazizwang gewesen wäre und auch unter dem Druck des damaligen Kultusvorstandes Kriegsfeld, der sich dann als Spießgeselle der Gestapo entpuppte."[226]

Warum Kriegsfeld seine Glaubensgenossen drängte, erscheint durchaus verständlich. Er kannte ja die Verhältnisse in Wien durch seine Tätigkeit genau, da er bei der Registrierung in der dortigen Kultusgemeinde den Kärntnern half und sich auch um Plätze für berufliche Umschulungen kümmerte, mit denen Kärntner neue Berufe in Wien erlernen sollten, damit sie größere Auswanderungschancen hatten.[227]

Leo Weinreb nimmt einen anderen Standpunkt ein: „... hörte ich hier auch verschiedene Gerüchte später, soweit ich Herrn K. kannte, hatte ich nie den Eindruck, daß er unkorrekt sei, aber was in so einer Zeit wie damals möglich war, ist heute schwer zu beurteilen. Ich muß erwähnen, daß derselbe Herr K. einer Schwester von mir, die damals auch in Klagenfurt lebte, so wie wir in bescheidenen Verhältnissen, und von der er nichts zu erwarten hatte, dazu verhalf, daß sie und ihr Mann sich verstecken konnten, bis zu ihrer Ausreise."[228]

Kriegsfeld selbst hat sich nur einmal geäußert, und zwar gegenüber der Gattin von Dr. Bauer, der er englisch schrieb (deutsche Übersetzung): „Ich habe einige von Ihren Briefen erhalten, in denen Sie mich ersucht haben, eine Erklärung für Ihren Gatten, Dr. Hans Bauer, abzugeben. Ich bin jetzt ein guter amerikanischer Staatsbürger und wünsche nicht, noch weiter etwas mit der anderen Seite zu tun zu haben, aber ich wünsche ehrlich und aufrecht zu sein, wenn ich die Wahrheit über Ihren Gemahl, Dr. Hans Bauer, aussage. Soweit ich mich erinnern kann, machten die Nazi am 10. November einen Judenpogrom, wobei sie alle Juden aus dem Lande Kärnten in die Konzentrationslager Dachau und Buchenwald brachten. Ein paar Tage später erlaubte ich mir, Dr. Bauer aufzusuchen, um zu veranlassen, daß diese Juden aus den Konzentrationslagern entlassen werden, und mit seiner Hilfe gelang es mir, die Entlassenen aus dem Lande herauszubringen, und das Ergebnis war, daß alle jene Menschenleben gerettet wurden. Außerdem wurden durch seine Bemühungen viele Juden aus Wien, die in Konzentrationslager gebracht worden waren, mir ausgeliefert. Ich kann wahrheitsgemäß feststellen, daß – als ich ihn kannte – die Grundsätze und die Praktiken der Nazi und des Nationalsozialismus nicht in seinem Herzen waren. Mein Verkehr mit Dr. Bauer vollzog sich in meiner offiziellen Eigenschaft als Präsident der Israelitischen Kultusgemeinde für Kärnten..."[229]

Fest steht, daß die größere Masse der Kärntner Juden erst nach der „Reichskristallnacht" das Land verließ, so daß die nationalsozialistische Methode der stärksten Einschüchterung voll und ganz ihren Zweck erreicht hat. Kriegsfeld und Dr. Bauer nahmen für sich das Verdienst in Anspruch, den Vorgang der Auswanderung möglichst beschleunigt und damit Menschenleben gerettet zu haben. Das trifft aber nicht auf alle Kärntner Juden, die in Dachau und Buchenwald waren, zu, sondern nur auf einen Teil, denn manche kamen auch erst im Dezember aus diesen Konzentrationslagern zurück, was durchaus den allgemeinen Verhältnissen entspricht und kein besonders kurzer Aufenthalt war. Wer aus dem KZ entlassen wurde, mußte sich nach der Ankunft in Klagenfurt sofort bei der Gestapo melden und dort eine schriftliche Erklärung abgeben, daß er bis Jahresende Kärnten verlassen werde.[230] Natürlich sprach bei der Gestapo für eine baldige Entlassung des Opfers auch dessen deutlich erklärte Bereitschaft, rasch einen Kaufvertrag zum Zweck der Arisierung einer Firma oder Liegenschaft abzuschließen.[231]

Der Darstellung von Hermann Th. Schneider[232] muß demnach widersprochen werden: Es trifft nicht zu, daß es in der „Reichskristallnacht" in Kärnten zu keiner einzigen Verhaftung gekommen ist, und es erscheint auch nicht zweckmäßig, von einer „interessanten und wohl einmaligen Auswanderungsaktion" zu reden. Kriegsfeld selbst nahm an ihr auch gar nicht teil, sondern ging wie gesagt nach Amerika, allerdings beträchtliche Zeit nach Hauser, Dr. Babad und Chaneles. Im Bericht des Führers des SD-Unterabschnittes Kärnten an den SD-Oberabschnitt Donau, SS-Sturmbannführer Volkenborn ist auch keineswegs, wie Schneider angibt, eine Schadenssumme für Kärnten von 200.000 Reichsmark angegeben. Diese wäre auch viel zu niedrig gewesen. Allein die Plünderung und Zerstörung der Fünfzimmerwohnung von Nandor Salzberger in Klagenfurt, Bahnhofstraße 55, nämlich Möbel für vier Zimmer, Perserteppiche, Schmuck, Bargeld, Silber, Kristall, Porzellan, Statuen, Klavier, Radio, Ölgemälde, Schreibmaschine, Photoapparat, Bibliothek von 500 Bänden, Briefmarkensammlung, Pelze, Wäsche, Vorhänge, Lampen, Spiegel, Fahrrad usw. wurde damals auf 120.000 Reichsmark geschätzt[233], die zerstörten Vermögenswerte in den anderen jüdischen Mittelstandswohnungen dürften ungefähr gleiche Größen erreicht haben, so daß sich der Schaden der „Reichskristallnacht" in Kärnten nach vorsichtiger Schätzung auf etwa drei Millionen Reichsmark belaufen haben muß. Eine amtliche Schätzung, falls sie jemals angestellt wurde, ist nicht bekannt geworden. Allein der Schaden in der Villa Löwenfeld-Russ in Velden wurde 1939 amtlich auf 72.000 Reichsmark geschätzt.

Bis zum Jahresende verließ nun tatsächlich der größere Teil der Kärntner Juden ihre Heimat – die einen, um von Wien aus sogleich die Ausreise anzutreten, die anderen, um in Wien – Hotel, Lager oder Untermietzimmer – auf eine Ausreisemöglichkeit zu warten. Die entscheidende Erlaubnis zur Ausreise gab die Zentralstelle für jüdische Auswanderung durch die Ausstellung der Pässe. Konnte aber die von der Zentralstelle zur Ausreise gestellte Frist nicht eingehalten werden, wurden auch die Pässe wieder ungültig. Da die Wiener Juden selbst auf die beschränkten Auswanderungsmöglichkeiten warten mußten und aus den einzelnen österreichischen Ländern aus dem gleichen

Grund der Großteil der Juden dorthin strömte, stauten sich dort immer größere Massen von Auswanderungswilligen, und die Verhältnisse wurden unter dem ständigen Druck von Zentralstelle und Gestapo immer trister. Das Warten in Kärnten – soweit es nicht durch die Aufenthaltsbeschränkung begrenzt wurde – war dem zweifellos vorzuziehen. Dies umso mehr, als es im Lande keine Wohnprobleme gab. Jüdische Wohnungen wurden ihren angestammten Mietern nicht weggenommen, und bei der Arisierung von Häusern wurde mit Billigung von Gestapo und Vermögensverkehrsstelle im Kaufvertrag das kostenlose Wohnrecht des bisherigen Besitzers bis zum Zeitpunkt der Ausreise gesichert.[234]

Wie schon erläutert, hatten jene Opfer, die schon früh Kärnten verließen, größere Auswanderungschancen. Hermann Jonas, der Besitzer der Seebacher Maschinenfabrik, ging beispielsweise im Sommer schon nach Kanada. Dipl.-Ing. Dr. Oswald Heller zögerte ebenfalls nicht lange, als er die Gefahr und die Absichten von I. G. Farben erkannte. Er ging mit seiner Familie im August nach Meran, wollte aber dann in die Tschechoslowakei, um dort befindliche Vermögenswerte sicherzustellen. Glücklicherweise wurde er gewarnt, daß er mittlerweile im Lande Österreich gesucht werde, da man ihm noch weitere devisenrechtliche Erschwernisse bereiten wollte. Daher fuhr er nicht über einst österreichisches Gebiet nach Prag, sondern reiste per Flugzeug. Julius Spitz wieder verließ, nachdem er bei seiner Firma gekündigt worden war, rasch Klagenfurt, überließ die Veräußerung des kleinen Hauses Spengergasse 8 seinen Schwestern und war Anfang Dezember bereits in London. Siegfried Sax, der Bruder von Stefanie Czuczka in Spittal, wiederum überließ die Veräußerung seines Immobilienbüros seinem Schwager und ging schon im Juni in seine Heimat, nämlich nach Kyjov in der Tschechoslowakei.

Allgemein läßt sich feststellen, daß diejenigen Kärntner, die noch die polnische oder tschechische Staatsbürgerschaft besaßen, früh aus Kärnten fortgingen, da sie naturgemäß in der Tschechoslowakei und in Polen nicht unter die Bestimmungen der Einreisesperre fielen. Unglücklicherweise wußten viele von ihnen die Zeichen des Münchner Abkommens vom 29. September 1938 nicht zu deuten, so daß sie dann am 15. März 1939 vom deutschen Einmarsch in der Tschechoslowakei überrascht wurden und nun plötzlich im „Reichsprotektorat Böhmen und Mähren" die zweifelhaften Protektoratsrechte genossen.

Nandor Salzberger und seine Gattin Mira, die allerdings erst im November 1938 nach Preßburg ausgereist waren, konnten noch rechtzeitig nach Mexiko flüchten, der jüngere Sohn Ernst hingegen wurde ins KZ Sachsenhausen verschleppt und später nach Bergen-Belsen überstellt, wo er ums Leben kam. Dipl.-Ing. Dr. Oswald Heller und seine Familie konnten die Tschechoslowakei ebenfalls noch rechtzeitig verlassen und flohen nach London.

Elsa Blau vom Warenhaus „Elba" in Villach war wie viele nach Wien geschickt worden, wogegen ihr Mann Leopold im Zuge der „Reichskristallnacht" nach der Verhaftung ins KZ Buchenwald eingeliefert wurde. Dort kam er aber nicht mehr frei, sondern ging zugrunde. Elsa Blau selbst wurde wegen ihrer tschechischen Staatsbürgerschaft am 15. August 1940 von Wien ins Reichsprotektorat ausgewiesen, doch gelang es ihr dort, sich zu verstecken und zu überleben. Bruno und Hermine Eisinger (die Schwester von Julius Spitz) gingen von Wien ebenfalls in die Tschechoslowakei, wurden wenige Tage vor dem deutschen Einmarsch von einem sudetendeutschen Nationalsozialisten gewarnt und konnten mit seiner Hilfe im letzten Augenblick noch nach Palästina flüchten.

Ebenfalls in die Tschechoslowakei ausgewandert waren Nandor Lustig und seine Frau Etka, eine geborene Altstädter, samt dem jüngeren Sohn Paul, ferner Ing. Emil Nettl und seine Frau, sodann Elvira Spitz, die Witwe von Bernhard Spitz, die aus Klagenfurt weggezogen war und in Preßburg einen gewissen Kohn heiratete, ferner Adolf und Emma Groß aus Wolfsberg, die nach Zilina gingen, sowie Ernst Fischl, der Bruder von Ing. Josef Fischl, der auf Grund seiner tschechischen Staatsbürgerschaft ebenfalls nach Preßburg ging. Alle diese Genannten fanden nach dem deutschen Einmarsch in der „Resttschechei" keine Möglichkeit zur Flucht mehr und kamen später in Konzentrationslagern ums Leben. Bei dem Ehepaar Groß ist es geklärt, daß es nach Auschwitz kam, Siegfried Sax kam ins KZ Theresienstadt, Ernst Fischl verhungerte am 18. März 1944 in Theresienstadt.

Charlotte Klarfeld von Velden wiederum ging im Oktober 1938 – sie war polnische Staatsbürgerin – nach Lemberg und starb später in einem deutschen Vernichtungslager im „Generalgouvernement". Auch Leo Kornhauser kam dort in einem Lager ums Leben.

Die Vermögenswerte der in die Tschechoslowakei ausgewanderten jüdischen Kärntner blieben zuerst bei der Creditanstalt-Wiener Bankverein in Wien gesperrt. Mit Bewilligung der Zentralstelle für jüdische Auswanderung und der Gestapoleitstelle Wien konnten davon einzelne Beträge freigegeben werden, welche die Opfer zum Leben brauchten oder die für Freunde bestimmt waren. So gab beispielsweise Siegfried Sax Vollmacht, daß von seinem Sperrkonto dem Gatten seiner Nichte und dieser selbst, nämlich Leon und Hedi Linker, geb. Czuczka, im Juli 1939 RM 4.200,– als Teilbetrag zur Bezahlung des Landungsgeldes in Kuba in der Höhe von 1.000,– US-Dollar abgebucht wurden. Das rettete die beiden. Samuel Linker und dessen Frau hatten ein viel traurigeres Schicksal.

Zurück zu den Kärntnern in der Tschechoslowakei: Als Eichmann sich schließlich in Übereinstimmung mit Heydrich verstärkt der Austreibung der tschechischen Juden widmete, wurde in der Schillerstraße 11 in Prag das „Zentralamt für die Regelung der Judenfrage in Böhmen und Mähren" gegründet. Tschechische Juden kamen dann für die „Auswanderung" aus dem Reichsprotektorat in Frage, und daher wurden ihre gesperrten Geldbeträge von der Wiener Hauptstelle der Creditanstalt-Wiener Bankverein an die Böhmische Escompte-Bank Prag überwiesen und dort zugunsten des „Umsiedlungskontos 1003" gebucht. Dieses Umsiedlungskonto wiederum gehörte dem sogenannten „Auswanderungsfonds für Böhmen und Mähren", der wiederum Vermögensträger für das „Zentralamt für die Regelung der Judenfrage in Böhmen und Mähren" war. Beim Übertritt von jüdischen Opfern aus dem Kompetenzbereich der Zentralstelle in Wien in jenes des Zentralamtes in Prag wurde die bürokratische Abwicklung der finanziellen Angelegenheiten nach dem gleichen Grundmuster vorgenommen wie zuvor. Als die nationalsozialistischen Mörder dann aber ihre Pläne der Deportation der Juden aus dem Reichsprotektorat in verschiedene Vernichtungslager im polnisch-weißrussischen Bereich und im Baltikum entwickelten, in die auch Juden aus dem Altreich einbezogen wurden, da kam dann auch in der langen Kette dieser

Finanztransaktionen der letzte Schritt: Gemäß der Verordnung über den Verlust der Protektoratsangehörigkeit wurden diese gesperrten Geldbeträge ebenfalls eingezogen und zugunsten des Reiches für verfallen erklärt.[235]

Die Kärntner, die ab November 1938 in Wien auf eine Auswanderungsmöglichkeit warteten, fanden schließlich den Weg in das britische Mandatsgebiet Palästina des Völkerbundes. Jener Teil, der in andere Länder gelangte, ist wesentlich kleiner, doch verliert sich bei einem kleinen Prozentsatz der Kärntner Juden, die 1938 noch im Lande waren, jede Spur, so daß über ihr weiteres Schicksal keine sicheren Aussagen gemacht werden können.

Die Kärntner, die nach Palästina gelangten, erhielten dafür zum Teil britische Einreisevisa, ein kleinerer Teil kam aber auch illegal unter großen Gefahren ins Land. Dabei wurden des öfteren nach Maßgabe der Auswanderungsmöglichkeiten Frauen von ihren Männern, Kinder von ihren Eltern getrennt.

Die größte Gruppe der Kärntner Jugendlichen kam schon mit der Jugend-Alijah vom August 1938 in das britische Mandatsgebiet, die kleineren Kinder meist erst mit der Kinder-Alijah vom Dezember 1939. Der Weg führte dabei häufig über Triest und Fiume, es gab aber auch gefährliche Umwege durch andere Staaten.

Der ältere Sohn Josef des Klagenfurter Altwarenhändlers Selig Liebergall und der Dora Weißmann (nur rituell verheiratet) kam nach Palästina, trat dort in die Haganah ein und fiel nach der Staatsbildung 1948 im ersten israelisch-arabischen Krieg. Der ältere Sohn Erwin von Nandor Lustig und der Etilda Lustig sowie Sohn und Tochter von Siegmund Loewy und die Tochter Evelin Viktoria von Ing. Emil Nettl kamen mit der Jugend-Alijah ins Land, Direktor Carl Perlberg mit Frau und Sohn aber gemeinsam. Das gleiche gelang Ing. Max Rudich mit seiner Mutter und der Familie. Er war einer der Zionisten aus der Fabrik Fischl in Limmersach. Heinrich Lilien aus der Kaserngasse in Klagenfurt gelang ebenfalls mit Frau und den beiden Söhnen die Flucht nach Palästina.[236] In gleicher Weise als Familie gelang die Auswanderung dorthin der in Wien verheirateten Tochter von Samuel Linker aus der Bäckergasse in Klagenfurt ebenso wie ihrem Bruder Max, wogegen der andere Bruder mit seiner Frau nach Kuba geriet.

Edith Neumann, die Enkelin von Emmanuel und Mathilde Neumann aus der Wiener Gasse in Klagenfurt, befand sich 1938 – sie war von Beruf Sängerin – in Frankreich und ging von dort rechtzeitig vor dem deutschen Einmarsch nach Palästina. Dort erst heiratete sie Mosche Schiff.

Erich Röger und seine Gattin waren schon vor 1938 von Fischl in Limmersach nach Wien versetzt worden und gingen von dort mit einem Kapitalistenzertifikat am Weihnachtsabend 1938 nach Triest, von wo sie mit der „Galiläa" schon am 1. Januar 1939 Haifa erreichten. Einer der vielen Söhne Max Stössls, Emil Stössl, der von Beruf Schauspieler war, hatte sich schon 1933 von Wien aus zur Einwanderung in Palästina gemeldet. Er mußte dort lange als Hilfsarbeiter und Fensterputzer arbeiten, bis er wieder Beschäftigung in seinem Beruf fand. Der jüngere Sohn Friedrich des Rabbiners Hauser kam ebenfalls mit der Jugend-Alijah nach dem Gelobten Land und konnte dort als Musiker beruflich erfolgreich werden. Leopold und Stefanie Czuczka aus Spittal gelangten ebenfalls mit einem Kapitalistenzertifikat nach Erez. Die jüngere Tochter Grete war schon im Sommer 1938 zu Verwandten nach England gefahren, kam aber zu des Vaters

Schrecken im Herbst wieder nach Spittal zurück, weil sie ihre Eltern nicht allein lassen wollte. Das Unterfangen gelang, obwohl die Familie dafür der Gestapo eine Gebühr zahlen mußte. Alma Altstädter wiederum ging eine Scheinehe ein, gelangte so nach Erez und wurde dort Polizistin, wogegen ihre Eltern in Wien warten mußten. Der gleiche Fall trat bei Lisl Harnisch, der Tochter des Kaufmanns aus Völkermarkt, ein, die wie die jüngste Tochter des Kantors Chaneles mit der Jugend-Alijah nach Erez kam. Chaneles Tochter folgte aber nach dem Krieg den Eltern nach Venezuela. Mit der Jugend-Alijah kam auch der junge Isidor Frenkel nach Palästina, dessen Vater schon vor dem Ersten Weltkrieg Direktor der Lederfabrik in Klagenfurt gewesen war.

Andere Ehepaare, denen gemeinsam die Auswanderung nach Palästina gelang, waren: Georg und Helly Krammer aus Klagenfurt, Ing. Adolf und Ella Terner, die letzte Präsidentin von WIZO in Klagenfurt, Ing. Schiller aus der Völkermarkter Straße in Klagenfurt mit der Gattin und den beiden Töchtern (sie gingen nach Strasbourg und dort schließlich in den Untergrund), Direktor Sternschuß aus Untere Fellach samt der Familie, ebenso die Familie Scharfberg aus Eisenkappel. Von den besonderen Wegen Isidor und Lotte Weinrebs wurde schon berichtet.

Die 16jährige Ernestine Zeichner, Tochter des Zionisten Moritz Zeichner und seiner Frau Berta, geb. Spitz, kam mit der Jugend-Alijah nach Erez, Moritz Zeichner nach langem Warten von Wien aus mit einem Männertransport. Auch Hans Singer aus Wolfsberg, der Sohn der Hermine Singer, rettete sich mit der Jugend-Alijah. Genauso war es mit der Tochter Elsa des Osias und der Menio Fischbach aus Villach. Nach dem Kriege kam sie dann in die USA zu den dorthin geflohenen Eltern. Matthias Spierer aus Völkermarkt gelang es, mit seiner Frau Frime und dem Sohn Ing. Wolf Spierer sowie dessen Frau Regina (eine Tochter von Jonas Fischbach aus Klagenfurt) gemeinsam über Triest nach Palästina zu kommen.

Auch der Friedländer-Clan ging fast zur Gänze nach Palästina: Simon Friedländer (Neuer Platz 12) mit seiner Frau Sali und dem 15jährigen Sohn Rolf kamen mit einem Kapitalistenzertifikat dorthin. Sein Sohn Ignaz war mit seiner Frau Margarethe und dem sechsjährigen Sohn Max schon zuvor nach England emigriert, wo Simons dritter Sohn Hermann sich gerade als Student aufhielt, als Österreich seine Selbständigkeit verlor. Hermann und Ignaz mit seiner Familie wurden später von England – als die deutsche Landung drohte – nach Australien evakuiert. Sie blieben dort, und nach dem Krieg zogen schließlich auch ihre Eltern nach Australien zu ihnen.

Ebenfalls noch 1938 und auf legalem Wege kam Emil Friedländer, ein Sohn von Max, mit seiner Frau Alice geb. Czuczka und der einjährigen Ruth nach Palästina. Nach dem Krieg zogen sie ebenfalls nach Australien. Emils Mutter, die Witwe von Max, konnte von ihrem Sohn nicht mitgenommen werden. Hilfe fand sie aber bei ihrer Tochter Grete Liftik, die einst nach Wien gezogen und dort geheiratet hatte. Auch seine jüngste Schwester, Malvine, durfte Emil nicht mitnehmen. Diese fand aber Platz in der Jugend-Alijah vom August, und das Ehepaar Liftik fand dann später für sich und Josefine Friedländer Plätze in einem illegalen Transport der Neuen Zionisten. Während man als Zwischendeckspassagier mit Einreiseerlaubnis in Palästina auf einem italienischen Schiff ab Triest nur fünf oder sechs Pfund Sterling zahlte, kostete der Schiffsplatz auf einem griechischen Schiff, das für einen illegalen Transport gechartert war, mindestens 16 Pfund

Sterling. Die angesehenen Schiffahrtslinien nahmen naturgemäß nur Passagiere mit Visa an. Josefine Friedländer konnte sich mit Tochter und Schwiegersohn aber in Fiume tatsächlich einschiffen und erreichte unter beträchtlichen Schwierigkeiten das Gelobte Land. Josefines Tochter Hilde, die einst einen Sternschein in Linz geheiratet hatte, konnte mit ihrem Mann nach Australien emigrieren.

Max Friedländers jüngerer Bruder Emil, der 1920 Gisela Ostermann aus der alten Klagenfurter Familie geheiratet hatte – sie beide besaßen die Strickwarenfabrik in der Gabelsbergerstraße – warteten mit ihren Kindern Walter und Elvira ebenfalls in Wien. Walter kam sogleich mit der Jugend-Alijah im August 1938 mit, Elvira wurde für die Kinder-Alijah registriert, doch verzögerte sich dieser Transport immer wieder. Emil und Gisela Friedländer fanden schließlich Plätze auf einem anderen illegalen Transport der Neuen Zionisten, aber sie durften Elvira nicht mitnehmen, sondern mußten diese allein im Heim in Wien zurücklassen. Am 2. Februar 1939 fuhren sie von Wien nach Triest ab und kamen dabei mit dem Zug noch einmal durch Kärnten, ohne daß angehalten wurde. In Triest wurden sie aber nicht auf dem gleichen Schiff untergebracht wie die Familie Liftik. Das alte und überladene Fahrzeug hatte während der Fahrt Maschinenschaden, es brach ein Brand aus, der mit Mühe gelöscht werden konnte, außerdem folgte ein langes Versteckspiel vor den britischen Kriegsschiffen, welche die Küste Palästinas bewachten, und erst am 15. August 1939 konnten sie tatsächlich an Land gehen.

Ein anderer Bruder Simons und Maxens war Elias Friedländer. Dessen Sohn Ignaz kam Anfang 1939 mit seiner Frau Rosa und dem Sohn in einem Bahntransport der Neuen Zionisten nach Triest unter. Dort wurden sie auf die „Patria" eingeschifft, ein Fahrzeug, das vielen Emigranten noch Jahrzehnte später in Erinnerung blieb. Bei der Landung in Haifa explodierten die Maschinenanlagen der „Patria" – unter den vielen Todesopfern dieses Unglücks war auch Rosa Friedländer. Das Kind kam dann in einen Kibbuz, als der Bub aber 14 Jahre alt war, beging er Selbstmord.

Die zweitgrößte Gruppe von Kärntner Emigranten ging in die USA. Nathan Kriegsfeld mit Frau, Tochter und Sohn kam unbehelligt dorthin und konnte auch noch dafür sorgen, daß Rabbiner Dr. Babad seine Bibliothek nachgeschickt bekam. Kriegsfelds Tochter war ja vor seiner Rückkehr nach Österreich in den USA geboren worden, besaß die amerikanische Staatsbürgerschaft und konnte daher für ihre Angehörigen die Einreise beantragen. Außerdem glaubte man unter den anderen Kärntner Juden zu wissen, daß Kriegsfelds Geld nicht aufs Sperrkonto gekommen wäre.

Während Selig Liebergalls älterer Sohn Josef in Palästina sein Schicksal erfuhr, gelangten der Vater mit seiner Frau und dem jüngeren Sohn Ernst unbeschadet in die USA. Das gleiche glückte Leon Linkers Bruder Max mit seiner Gattin und Simon Reinisch mit seiner Frau Henia und dem Sohn Rudolf. Von Dr. Babad war schon die Rede, Rabbiner Hauser mußte seine Frau in Wien zurücklassen, gelangte aber mit seinem älteren Sohn nach New York. Das gleiche gelang dem jüngsten Sohn von Jakob Schaier, dem 25jährigen Eduard. Interessanterweise flüchtete Horinger, der letzte Buchhalter bei Weinreb, mit seiner Frau Chaika, einer Schwester Isidor Weinrebs, auch in die USA und nicht nach Erez.

Der Fischbach-Clan emigrierte in seiner Gesamtheit ebenfalls in die USA, zum Großteil nach Connecticut. Das kam so: Jonas Fischbachs zweitjüngster Sohn Norbert, genannt Burschi, studierte im Sommer 1938 an der Universität Wien Medizin – dies zu einem Zeitpunkt, da seine ältere Schwester Frieda mit dem Studium der Handelswissenschaften schon fertig war. Als Norbert Fischbach der nationalsozialistischen Vorschriften wegen, die Juden vom weiteren Studium ausschlossen, die Universität verlassen mußte, entschloß er sich schnell und ging schon im Sommer 1938 in die USA. Das ging rasch, da seine Frau dort Verwandte hatte, die die Einreise bei den US-Behörden beantragten. In der Folge gelang es aber auch, die Einreiseerlaubnis für eine Reihe von weiteren Verwandten bewilligt zu bekommen: Norberts Eltern Jonas und Amalie Fischbach aus der Platzgasse, die Ende November nach Wien gingen, sodann Osias Fischbach mit seiner Frau Mina und den beiden Söhnen. Bei letzteren beschleunigte – wie wir schon wissen – die Gestapo die Ausreise aus Kärnten noch besonders. Auch ein Teil des Schaier-Clans gelangte in die USA: Es waren dies Dr. Hermann Schaier, der Frieda Fischbach geheiratet hatte, und seine Brüder Josef und Eduard. Die letzteren beiden ließen in den USA bald ihren Familiennamen auf „Shire" ändern. Die Flucht dieser Gruppe entwickelte sich sehr dramatisch, da sie zuerst nur in ein Wartelager in die Niederlande kamen, dort aber noch im letzten Augenblick vor dem deutschen Einmarsch die Einreisebewilligungen für die USA eintrafen.

Moritz Fischbach aus Villach ging mit seiner Frau Amalie und den beiden Söhnen Leopold und Josef ebenfalls Ende 1938 nach Wien, für ihn ergab sich rasch ein Visum, so daß er in die USA kam, die anderen mußten warten, bis sie nach Frankreich in ein Umschulungs- und Wartelager kamen. Leopold und Josef erhielten im letzten Augenblick die Einreiseerlaubnis für die USA, Amalie Fischbach mußte weiter warten, wurde vom deutschen Frankreichfeldzug überrascht und kam später mit einem Transport französischer Juden nach Auschwitz, wo sie ums Leben kam.

Moritz Fischbach war ein Cousin von Jonas, aber Max, Hermann und Dora Fischbach seine Geschwister. Max flüchtete mit Frau und zwei Kindern nach Venezuela, Dora hatte Julius Gruber aus Feldkirchen geheiratet und gelangte mit dem Gatten und der Tochter Lili ebenfalls wohlbehalten nach Venezuela. Auch diese Fahrten gingen über Triest vor sich. Hermann Fischbach erreichte mit seiner Frau Martha und der Tochter Melitta im gleichen Transport ebenfalls Venezuela, doch gingen sie später zu den Verwandten in die USA. Das Zusammengehörigkeitsgefühl der Fischbachs, das sich schon bei der schrittweisen Ansiedlung in Kärnten mehrere Jahrzehnte früher so deutlich gezeigt hatte, äußerte sich nun neuerlich in seiner ganzen Dynamik. Ein anderer Sohn von Jonas (neben Norbert) war Ignaz Fischbach, der in der St. Ruprechter Straße in Klagenfurt als Agent gelebt hatte. Er gelangte mit seiner Frau Mira ebenfalls nach Venezuela. Nur eine Tochter von Osias Fischbach war schon im Sommer 1938 mit der Jugend-Alijah nach Palästina gekommen. Nach dem Krieg wurde sie aber sogleich in die USA geholt. Daß Regina Fischbach, verh. Spierer, mit ihrem Mann und den Schwiegereltern nach Palästina gegangen war, wissen wir bereits. Nach dem Krieg zog aber auch das junge Paar in die USA.

Die Liste der Kärntner Einwanderer in die USA kann noch durch zwei Namen ergänzt werden: Die Familie Kress aus Pörtschach zog nach Oakland, die Familie Dr. Spitzer aus Pörtschach nach Baltimore. In Südamerika finden wir außer den schon Genannten noch Elias Lilians Sohn Leo mit Mutter und Frau sowie Ignaz, David und

Paula Stössl, alle Kinder von Max Stössl, der wie Elias Lilian schon vor 1938 in Klagenfurt verstorben war; sie fuhren über Triest nach Montevideo. Paula kam später nach Mexiko. Dorthin war von Preßburg aus auch Nandor Salzberger mit seiner Frau Mira gekommen.

Adolf und Emma Groß aus Wolfsberg waren nach Zilina ausgewandert, ihre Töchter Lotte und Anna verblieben zuerst in Wien, und Anna kam Mitte November sogar noch einmal nach Wolfsberg zurück, um Möbel zu holen. Dann bekamen die beiden Töchter die Möglichkeit, nach Mexiko zu fahren, wo sie sich schließlich in Chatultepec niederließen. Moritz Braun gelangte ebenfalls nach Montevideo. Auch dieser Weg ging über Triest.

Die Schweiz war das Ziel nur weniger jüdischer Kärntner. Leo Weinreb wartete dort mit seiner Familie auf die Einreise in Palästina, Camilla Weishut aus Velden war mit ihrem Sohn Dr. Hans Weishut nach Lausanne gekommen, wo sie 1942 starb. Ihr Sohn emigrierte dann allein nach Sao Paolo. Frau Irene Siebenschein aus Pörtschach kam ebenfalls in die Schweiz, ging von dort aber weiter nach England. Moritz Zeichners Sohn Otto wurde ebenso wie seine Tochter Ernestine vom Zionistischen Jugendverband betreut, doch kam er nicht sogleich nach Palästina, sondern in ein Trainingslager nach Holland. Der Weitertransport verzögerte sich aber immer wieder, der deutsche Einmarsch in den Niederlanden machte alle Hoffnungen zunichte. Otto Zeichner kam mit einem Transport holländischer Juden nach Auschwitz und ging dort zugrunde.

Nach England kamen weiters folgende Kärntner: Ing. Josef Fischl und sein Gesellschafter Alfred Braun, Arthur Glesinger aus Villach mit Frau und Sohn, Julius Spitz aus Klagenfurt, Moritz Schur aus Velden/Wien, Luise Hecht-Neustadtl aus Velden mit Gatten und Sohn, Dipl.-Ing. Dr. Oswald Heller mit der Gattin und den beiden Töchtern Gerda und Alice (ging nach dem Krieg nach Frankreich) und eine Schwester von Dr. Hermann Schaier, nämlich Gerda Schaier, die sich in Leeds niederließ. Alfred Braun ging später von England nach Kenia.

Eine Familie Berger aus Klagenfurt, die nur wenige Jahre dort gelebt hatte, erreichte Südafrika. Nach Australien emigrierten außer Emil und Simon Friedländer mit ihren Familien eine der Töchter Max Stössls, nämlich Franziska Stössl, und der Klagenfurter Facharzt Dr. Revai mit Frau und Kind. Der Arzt hatte das Glück, daß er auf dem Schiff einen reichen Holländer erfolgreich operieren konnte und dadurch mit etwas Geld nach Australien kam.

Nach Frankreich gelangte die jüngere Tochter David Fleischmanns, Grete Gewing, die mit ihrem Mann nach Asnieres kam und dort auch die Zeit der nationalsozialistischen Besetzung überlebte. Davids ältere Tochter Jenna, die 1937 in Klagenfurt Dr. Alexander Klein geheiratet hatte, ging mit ihm kaum ein Jahr später – da er ungarischer Staatsbürger war – nach Bekesczaba und konnte dort die Zeit der Verfolgung überleben. Isidor Blum aus Millstatt floh mit Frau und Tochter Luise ebenfalls nach Ungarn, wo er selbst 1943 in Budapest starb, die anderen beiden aber überlebten.

Auch nach Jugoslawien führen wie nach Ungarn wenige Spuren: Dr. Egon Weißberger war sehr spät, nämlich erst zu Weihnachten 1938, aus Dachau zurückgekommen. Im März 1939 fuhr er mit Bewilligung der Gestapo mit Hilfe eines Touristenvisums nach Jugoslawien, geriet im Laufe der späteren Kriegsereignisse immer weiter in den

Süden, entging aber dort während der nationalsozialistischen Besetzung der Verfolgung und konnte im Jahre 1944 mit Hilfe von Partisanen ins schon befreite Süditalien über die Adria entkommen. Alfred Ostermann aus Klagenfurt, ein Sohn von Ignaz Ostermann, wollte nach Argentinien. Da die Registrierung in Wien nichts einbrachte, ging er heimlich über die Grenze nach Italien, um in Triest ein Einreisevisum und einen Schiffsplatz nach Argentinien zu erlangen. Dies mißglückte immer wieder. Schließlich versuchte er, auf Frachtzügen nach Jugoslawien zu kommen. Im Gestänge unter einem Waggon liegend, gelang ihm dies nach mehreren Versuchen. Nach Italien kam als erster Alfred Neurath, der in Udine blieb, dort ein Strickwarengeschäft eröffnete und die nachkommende Familie erwartete. Neurath gelang es, in Udine zuerst unentdeckt zu bleiben. Oberst i. R. Jonas Huschak vom einstigen Gebirgsschützenregiment Nr. 1 blieb in Klagenfurt und starb dort 1939, sein Sohn, Hauptmann Arthur Huschak, wurde pensioniert und erhielt mit Hilfe eines Klagenfurter Ortsgruppenleiters eine Pensionsvorzahlung von 10.000,– RM. Er durfte in die Niederlande ausreisen, wo er in die Kolonialarmee eintreten sollte. Anfang 1945 wurde er aber von dort ins KZ Buchenwald gebracht, doch überlebte er die nationalsozialistische Herrschaft. Seine nichtjüdische Frau mußte allein in Klagenfurt bleiben. In Italien blieben weiters Jenny Scheyer aus Pörtschach (in Florenz), Mathilde Roifer (in Pisa) sowie Dr. Ernst Heinrich Heimann aus Maria Wörth. Mendel Reinert, der erst einige Jahre zuvor in die Firma seines Onkels nach Kärnten gekommen war, hatte dort dann Alma Ostermann geheiratet, und schließlich hatte das Ehepaar ein Geschäft in Ferlach. Da Reinert aber aus Venezien stammte, ging er mit seiner Frau wieder dorthin zurück, und die beiden mußten sich bis zum Kriegsende unter den erbärmlichsten Umständen bei Bauern verstecken. Nach der Befreiung wanderten sie nach Palästina aus.

Nandor Salzbergers älterer Sohn Emmerich wiederum war nicht mit den Eltern nach Preßburg geflohen, sondern hatte illegal die Grenze nach Italien überschritten. Er gelangte schließlich nach Triest, wo er sich eine Zeitlang verstecken konnte.

Faßt man den Erscheinungskomplex der Auswanderung aus Kärnten zusammen, so erscheint sie – auch wenn es in Kärnten selbst keine Todesopfer gab – gerade im Zusammenhang mit der wirtschaftlichen Ausplünderung als ein Akt brutaler Aggression. Diesmal war es kein Landeshauptmann, der die müden Landstände damit zu einer Solidaritätsaktion einpeitschen wollte, und kein Kaiser, der sich die Erlaubnis zur Austreibung wohl oder übel durch Geldablöse abringen ließ. Es zeigt sich:

1. Bis Anfang 1939 hatte die Auswanderung aus Kärnten ihren Höhepunkt überschritten, wenngleich keineswegs alle Kärntner Juden das Land verlassen hatten. Entgegen allgemeiner Darstellung[237] war nach dem 31. Dezember 1938 das Land trotz nationalsozialistischer Behauptung keineswegs „judenfrei", ja es wurde dies überhaupt bis Kriegsende nicht.

2. Der Auswanderungsweg ging in der überwiegenden Mehrzahl über die Hilfsorganisationen und nationalsozialistischen Dienststellen in Wien. Es ist daher die Argumentation der Kärntner Gestapoverantwortlichen kaum zu widerlegen, daß sie mit der Beschleunigung der Überstellung nach Wien die Auswanderungschancen vergrößern wollten. Es wird später auch zu zeigen sein, daß die Gestapostelle Klagenfurt ab einem bestimmten Zeitpunkt, einem sehr späten Zeitpunkt, von der Überstellung nach Wien

Abstand nahm. Erstaunlicherweise wurde der naheliegendste Fluchtweg, nämlich jener nach Italien, von einem äußerst geringen Prozentsatz genützt, obwohl die IKG Wien über Befehl der Gestapo noch am 31. Juli 1938 vor dem Weg nach Italien warnte[238] – dies aber offensichtlich nur deshalb, weil dieser Weg in jener frühen Phase wohl zu gut gangbar war und sich vielleicht auch noch einiges Vermögen mitnehmen ließ. Abgesehen von den frühen, durch finanzielle Abwicklungen nicht mehr gebundenen Kärntner Juden zogen fast alle den Weg über die eigenen Hilfsorganisationen vor, nicht wissend, daß sie auch in Triest Hilfe erwarten konnten.

3. Unter den Einwanderungsländern der Kärntner Juden steht Palästina mit 34 Prozent an erster Stelle, dann folgen die amerikanischen Länder mit 27 Prozent und an dritter Stelle Großbritannien mit 10 Prozent. Man könnte natürlich argumentieren, daß das Ziel der Emigranten weitgehend vom Zufall abhängig war und jeder beim Warten froh sein mußte, jeden beliebigen Transportplatz zu bekommen. Es ist dabei aber doch auffallend, daß alle überzeugten Zionisten der dreißiger Jahre in Palästina zu finden sind und Nichtzionisten vor allem in den amerikanischen Ländern, darunter auch so überzeugte Antizionisten wie etwa Dr. Hermann Schaier.[239] Man geht also doch nicht fehl, wenn man in den verschiedenen Auswanderungszielen eine gewisse Spiegelung der ideologischen Verhältnisse in der Kärntner Kultusgemeinde sieht. Man scheint in Wien also doch noch eine gewisse, wenn auch sehr begrenzte Wahlmöglichkeit gehabt zu haben, und der verbürgte Bericht, daß Dr. Bauer mit Kriegsfeld eigens nach Wien gefahren ist, kann nicht ganz ignoriert werden.

4. Kärnten war in doppelter Weise in das Transportgeschehen der damaligen Zeit einbezogen: Zum einen gingen die Transporte nach Wien, zum anderen gingen außerordentlich viele Transporte aus München und Wien durch Kärnten hindurch nach Triest und nach Fiume. Die Austreibung der Juden aus Österreich hatte den schon seit 1933 bestehenden Auswandererweg München – Salzburg – Villach – Triest schlagartig verstärkt. Bei der Deutschen Reichsbahn machte man sich in diesem Zusammenhang bald Gedanken darüber, ob Juden von den damals geltenden Fahrpreisermäßigungen auszuschließen seien, dies vor allem dann, wenn sie einzeln und nicht in Transporten die Züge benützten. Die daraufhin zwischen dem Reichsverkehrsminister und dem Reichsminister des Inneren durchgeführten Verhandlungen führten schließlich zu dem Ergebnis, daß gesetzliche Bestimmungen über einen Ausschluß der Juden nicht zweckmäßig seien, sondern daß nur innerdienstliche Maßnahmen in Frage kämen: So sollten ortspolizeiliche Dienststellen keine Bestätigungen über den Familienstand mehr ausstellen und kinderreiche Familien nicht mehr um Fahrpreisermäßigung ansuchen können. Zur Erlangung ermäßigter Schülerkarten sollte ebenfalls eine Voraussetzung gestrichen werden, nämlich die amtliche Anerkennung solcher Schulen. Ebenso wurden deutsche Juden von der Benützung von Schlaf- und Speisewagen „innerdienstlich" ausgeschlossen.[240]

Mehr ins Gewicht fielen natürlich dann die vielen kollektiven Bahntransporte. Wie überall im Reich waren schon 1938 und dann noch genauer im folgenden Jahr die Bahnstrecken zu erkunden, inwieweit im Abschnitt Wien – Villach – Thörl Stellen vorhanden waren, an denen größere Personenmassen mit Wasser und Lebensmitteln versorgt werden konnten. Bezüglich der Sonderzüge wurden die Juden dann ähnlich behandelt wie die in Sonderzügen transportierten ausländischen Arbeitskräfte, die volksdeutschen Umsiedler, Landjahrpflichtigen, aber auch Polizeieinheiten, Häftlinge und Geisteskranken: In reinen Personensonderzügen wurde nur der halbe Fahrpreis dritter Klasse erhoben. Zum Zwecke der Aussiedlung aus dem Deutschen Reich durften Zugtransporte für Juden nur vom regional zuständigen Chef der Sicherheitspolizei und des SD bestellt werden und wurden auch mit diesem abgerechnet.[241]

Im Zuge der Ausweisung von polnischen Juden aus dem deutschen Reichsgebiet hatte sich besonders 1938 ergeben, daß diese Opfer einen Teil des Umzugsgutes als Gepäck und Expreßgut per Bahn abgeschickt hatten und dabei auch dazu übergegangen waren, „durch großzügige Ergänzungen ihres Umzugsgutes erhebliche Vermögenswerte ins Ausland zu überführen".[242] Es wurde deshalb allgemein auch für die Bahnstrecken in Richtung Italien angeordnet, daß Umzugsgut 14 Tage vor Verpackung der Devisenfahndungsstelle mit einem genauen Inhaltsverzeichnis gemeldet wurde, wobei das Inhaltsverzeichnis auch angeben mußte, welche Gegenstände seit dem 1. Jänner 1933 erworben und welche Gegenstände erst für die Auswanderung gekauft worden waren.[243] Die nationalsozialistische Angst vor dem Vermögensabfluß ins Ausland entwickelte daher immer neue bürokratische Behinderungen und Schikanen.

Nicht übersehen darf bei all dem werden, daß also nicht nur das Einströmen ausländischer Arbeitskräfte in das Deutsche Reich, der Transport der volksdeutschen Umsiedler und der Einheiten des Reichsarbeitsdienstes, sondern auch die Judenaustreibung zu außerordentlich umfangreichen Transportbewegungen führte und den Ablauf des Wirtschaftsprozesses schon in diesem Zeitraum stark akzentuierte. Das betrifft neben dem Personentransport vor allem auch den Transport jenes Umzugsgutes, das mitgenommen werden durfte.

Hatte schon die Arisierung und Liquidation der Berufsgruppe der Rechtsanwälte, Notare, Wirtschaftsprüfer und Immobilienhändler eine enorme Welle von Arbeitsbelastung gebracht, so ergab sich nun eine zweite für die Deutsche Reichsbahn, aber auch für die ganze Fülle der bestehenden privaten Speditionsunternehmungen. Diese wurden in Kärnten nicht nur für den Transport des Umzugsgutes der Kanaltaler und Südtiroler, sondern zuvor schon für den Abtransport der freigegebenen jüdischen Möbelbestände verwendet. Alle diese nolens volens in den Austreibungsprozeß durch die nationalsozialistischen Instanzen hineingezwungenen Berufsgruppen wurden aus den Sperrbeträgen, die wir schon kennen, genau und prompt honoriert. Der Anfall an Umzugsgut war aber so groß, daß es nicht lange dauerte, bis sich in Hamburg, in Bremen, aber auch in Triest riesige Mengen von Umzugsgut stapelten – Möbel und Gebrauchsgegenstände, die wegen der Begrenztheit der Transportmittel zur See den ausgewanderten Besitzern nicht sogleich nachgesandt werden konnten.

5. Schließlich muß noch festgehalten werden, daß die Auswanderung aus der österreichischen Heimat – je länger man warten mußte, umso ärmer wurde man dabei – auch insofern den entscheidenden Akzent des Pauperisierungsprozesses der Opfer darstellte, als nunmehr nach der devisenrechtlichen Sperrung der Vermögenswerte auch ungehindert die endgültige Enteignung, d. h. die Einziehung zugunsten des Reiches erfolgen konnte.

Die jüdischen Kärntner, die nach der großen Abwanderungswelle Ende 1938 noch im Lande verblieben, gehörten verschiedenen Kategorien an: Da waren die Realitäten-

233

besitzer, vor allem solche ländlicher Besitzungen, deren vermögensrechtliche Angelegenheiten noch nicht ganz im nationalsozialistischen Sinne „behandelt" waren, da gab es aber auch Menschen, die das 65. Lebensjahr schon überschritten hatten und deshalb eigentlich nach den braunen Vorschriften noch im Lande bleiben durften. Da waren aber auch noch unerkannt im Lande lebende jüdische Mitbürger und dann die jüdischen Gatten nichtjüdischer Ehepartner und die Nachkommen. Sowohl unter den nichtjüdischen Ehepartnern, die „jüdisch versippt" erschienen, als auch unter jenen Menschen, die nach den Nürnberger Rassegesetzen als „Mischlinge" ersten oder zweiten Grades abqualifiziert waren, hatte es aber auch solche gegeben, die die Abwanderung mitgemacht hatten. Die Volkszählung vom Mai 1939 gab mit Stichtag 17. Mai in Kärnten noch 21 Glaubensjuden an, davon 9 in Klagenfurt-Stadt, 5 in Klagenfurt-Land, 3 im Bezirk Villach-Land, 2 im Bezirk Völkermarkt und 2 im Bezirk Wolfsberg.[244] Damit hatte eine nationalsozialistische Behörde die andere widerlegt: Der Gauwirtschaftsberater mußte ja aus Gründen der höheren Propaganda so wie manche andere Parteifunktionäre auf dem Standpunkt beharren, daß Kärnten schon längst judenfrei sei.

Nur einige Beispiele sollen genügen: Gisela Schick, die Besitzerin der Pension „Sonnenhügel" in Krumpendorf, lebte 1938 schon seit einigen Jahren in Bad Hofgastein und hatte die Pension verpachtet. In tristen persönlichen Umständen – finanzielle Sorgen nach dem Anfang 1939 erfolgten Tod ihres Mannes – scheint sie von den Salzburger Gestapobeamten zur Umsiedlung nach Wien gedrängt worden zu sein. Das unterband sie aber durch ihren Selbstmord am 26. März 1939. Arthur Glesinger wiederum wanderte mit seiner Familie erst nach hartnäckigem Widerstand Mitte 1939 aus.

Die vermögensrechtlichen Angelegenheiten der Familie von Kress in Seeboden und Pörtschach wie jene des Freiherrn von Born in Pörtschach waren bis Frühjahr 1942 noch nicht geklärt, wogegen die Besitzangelegenheiten des ungarischen Staatsbürgers Attila Tauber im Bezirk Völkermarkt bis zum Frühjahr 1939 im nationalsozialistischen Sinne „bereinigt" waren (ein Haus in Altenmarkt). Überhaupt bei landwirtschaftlichen Gütern dauerte diese nationalsozialistische „Bereinigung" wegen der Mitwirkung zusätzlicher Behörden meist länger. Im Falle von Gut Neuhaus, das die Familie Peltzer aufgeben mußte, versuchten sich auch noch die DAD und die DUT im Interesse von Umsiedlern durchzusetzen. Lange in Schwebe blieb auch die Entscheidung hinsichtlich der Liegenschaft von Camilla Weishut. Das Haus ging erst mit Bescheid des Reichsstatthalters vom 20. Februar 1942 gemäß § 8 der Verordnung über den Einsatz des jüdischen Vermögens an eine öffentliche Institution. Sieben Tage später starb die rechtmäßige Besitzerin in Lausanne.

Keineswegs beneidenswert war die Situation von nichtjüdischen Ehefrauen, die zwar keine behördliche Möglichkeit bekamen, mit ihren jüdischen Ehemännern auszureisen, aber andererseits unter tragischen Umständen im Lande weiterleben mußten. Frau Wilma Huschak in Klagenfurt mußte mit einem kleinen Teil der Pension ihres Gatten weiterleben, Frau Stein in Sattendorf stand unter ständiger Beobachtung und wurde immer wieder von Nationalsozialisten bedroht – bis sie schließlich eine Regelung traf, nach der sie nicht mehr Eigentümerin des Hauses war. Als sie dann nach Graz zog, wurde sie endlich in Ruhe gelassen.[245] Frau Arabella Weißberger wiederum wurde ihr Eigentumsrecht an ihrer Villa in Velden immer wieder bestritten, schließlich wurde sie gezwungen, die Villa gegen ein Haus in Villach zu tauschen. Nationalsozialistische Nachbarn verhinderten aber, daß sie dieses Haus beziehen konnte. So ging sie dann aus Kärnten fort zu ihrer Schwester und schließlich überhaupt ins Ausland.[246] Es ist also völlig unzutreffend, daß nichtjüdische Frauen jüdischer Ehepartner unter dem nationalsozialistischen Regime keinen Verfolgungen ausgesetzt waren.

Gleich gestaltete sich auch die Situation der sog. Mischlinge ersten Grades. Soweit es sich um Kinder handelte, wurden sie aus verschiedenen Schulen ausgeschlossen, blieben oft lange Zeit überhaupt ohne Schulunterricht oder mußten beim Unterricht durch häufigen Schulwechsel schwere Benachteiligungen auf sich nehmen. Im Zeugnis wurde dann scheinheilig vermerkt, daß „wegen Krankheit nicht klassifiziert" werden konnte. Eine andere Erschwernis trat zusätzlich hinzu. Für diese sorgte das Rassenpolitische Gauamt der NSDAP in Villach. Dieses zog ähnlich wie der SD ein „Mitarbeitersystem" auf, das sich über das ganze Land erstreckte, um für seine bekannten Agenden möglichst viele Informationen aus der Bevölkerung zu gewinnen. Die Mischlinge wurden hierbei besonders kontrolliert und immer wieder zur Vorlage von Dokumenten und zu Aussagen veranlaßt, weil die „Rassenpolitiker" eifrig nachforschten, ob nicht auch beim nichtjüdischen Elternteil irgendwo in der Vergangenheit noch ein „belastender Vorfahr" aufzutreiben war, mit dessen „Hilfe" man aus dem Mischling einen sog. Volljuden machen könnte.[247] Solche Unternehmungen wurden bei allen Kärntner Mischlingen durchgeführt, aber auch Teile der übrigen Bevölkerung wurden überprüft. Der seit 1932 in Kärnten lebende Polizei-Reservist Siegmund Christiansen, der schließlich im Rosental Dienst tat, dessen Brüder in Deutschland aber schon in Konzentrationslagern waren, erhielt erst 1942 vom Rassenpolitischen Amt den Befehl, seine Abstammung lückenlos darzulegen. In seiner Not wandte er sich an seinen Vorgesetzten, den damaligen Gendarmerie-Abteilungsführer in Ferlach. Dieser stellte ihm die Dokumente zusammen, gab ihm genaue Anweisungen, was er zu sagen habe und intervenierte für ihn.

Die Zeit, in welcher besonders die alten Menschen in Ruhe gelassen wurden, war bald vorbei. Im Frühjahr 1939 wurde auch ein Teil von ihnen in einem Transport zusammengefaßt und nach Wien abgeschoben. Es war gerade Pessah, als dies passierte. Dieses Schicksal betraf z. B. Henriette Fleischmann, die dann am 31. März 1943 in Wien starb.[248] In einer besonders schwierigen Lage befanden sich Emmanuel Neumann und seine Frau Mathilde im Haus Wiener Gasse 4. Besitzer des Hauses waren nicht mehr sie, sondern die Enkelin Edith, die sich damals in Frankreich befand und kein Interesse daran hatte, nach dem einstigen Österreich zurückzukommen. Edith Neumann-Schiff berichtete nach dem Krieg darüber: „Die Großeltern schrieben Ende 1938, daß man sie zwingen wolle, mich zum Verkauf des Hauses zu veranlassen. Dann schrieben sie mir, man habe sie vor ein Nazigericht berufen, danach wurden die Briefe immer dringlicher, und endlich, Ende 1938 oder Anfang 1939, schrieben sie mir, wenn mir ihr Leben lieb sei, müsse ich ihnen sofort eine Vollmacht zum Verkauf des Hauses schicken."[249] Auch hier wirkte sich dann jener Mechanismus der Verzögerung, welcher die Auswanderungschancen in Wien verringerte, verhängnisvoll aus. Zugleich aber beharrte die Behörde an dem scheinbar freiwilligen Vorgang des Verkaufs, ja man unterschied sogar noch zwischen dieser „freiwilligen" Veräußerung und einer „zwangsweisen Veräußerung" und stellte fest: „Bei den Zwangsverkäufen wurden im allgemeinen nur verdiente Parteigenossen als Käufer herangezogen."[250] In Wirklichkeit war natürlich in allen Fällen der angewendete Zwang das entscheidende Element. Das Haus Wiener Gasse 4 wurde dann mit 8. Mai 1939 verkauft, und Emmanuel und Mathilde Neumann gingen nach Wien.

In den erwähnten Altentransport wurde auch Ettel Friedländer eingereiht, die damals 86 Jahre zählte. Sie war die „Mutter von den Friedländers, mußte Klagenfurt nicht am 31. Dezember 1938 verlassen, aber zu Pessah hat man dann die alten Leute nach Wien ins Altersheim abgeschoben. Dort ist sie gestorben und begraben worden".[251] Ihr Mann Berl war schon 1931 in Klagenfurt gestorben.

Wie war nun überhaupt die Situation in Wien um diese Zeit? Noch immer warteten auch viele Kärntner auf einen Platz in einem ausreisenden Transport, aber immer mehr tragische Schicksale ergaben sich: Der jüngere Sohn des Ehepaares Salzberger war nicht wie sein Bruder nach Italien geflohen, sondern Ernst Salzberger kam von Wien in das KZ Sachsenhausen und später nach Bergen-Belsen, wo er starb; viele warteten weiter und hofften auf ein Wunder. Da die meisten dabei auch ihre begrenzten Geldmittel verbrauchten, waren sie voll auf die Hilfe der IKG angewiesen.

Die Schwester von Julius Spitz, Julie Spitz, hatte keine Möglichkeit bekommen, mit ihrem Bruder nach England zu gehen, sondern sie blieb gemeinsam mit ihrer Schwester Berta, die Moritz Zeichner geheiratet hatte, in Wien, um sich um den Verkauf des Hauses Spengergasse 8 in Klagenfurt zu kümmern. Mit der Hilfe eines Immobilienmaklers, der das in Klagenfurt erledigte, gelang es schließlich, den Verkauf durchzuführen. Da der Kaufschilling auf die Besitzer Julius Spitz, die Schwestern Julie Spitz, Berta Zeichner und Herma Eisinger sowie die Mutter Elvira Spitz, verheiratete Kohn, aufgeteilt wurde, war er so klein, daß keine Reichsfluchtsteuer und keine JUVA bezahlt werden mußten. Die Einzelbeträge kamen auf Sperrkonten der Creditanstalt-Wiener Bankverein. Julius Spitz und Herma Eisinger stellten die Restbeträge (abzüglich Reise- und Visumkosten) Julie Spitz und Berta Zeichner zur Verfügung.

Julie Spitz hatte noch mehrmals aus Wien dem Immobilienmakler in Klagenfurt geschrieben – schließlich auch dann, als sie ihm den von ihr unterschriebenen Kaufvertrag nach Klagenfurt zurückschickte: „Jedenfalls bin ich Ihnen für die rasche Durchführung sehr, sehr dankbar und hoffe, daß es diesmal auch richtig klappt, denn ich hatte hier mit einem Herrn bereits vereinbart, am Freitag mit Weekend-Karte nach Klagenfurt zu fahren. Natürlich ist es mir so um vieles lieber, da ich mir Kosten, Strapazen und auch Aufregungen erspare. Bitte würden Sie namens meines Bruders die Sparkasse verständigen, damit nicht am Ende Kosten entstehen. Das ist nämlich für uns der wundeste Punkt, da wir ja so kein Geld haben . . . Das ist ja schauderhaft, abgesehen davon, wie unangenehm das hier ist, kostet's auch noch so viel."[252]

Damals war der Sohn von Julie Spitz, Josef, bereits mit einem Jugendtransport nach Schweden gekommen, so daß sie mit Berta Zeichner allein zurückblieb. Auch diese war nun allein, da Tochter und Mann schon in verschiedenen Transporten nach Palästina, der Sohn nach Holland unterwegs waren.

Die Sperrbeträge von Julie Spitz und Berta Zeichner durften dann mit Erlaubnis der Devisenfahndungsstelle in Teilbeträgen auf Konten bei der Länderbank übertragen werden, Julie Spitz nahm noch am 25. Jänner 1940 und am 3. Februar 1940 die letzten Umlegungen auf das Konto bei der Länderbank vor – sie verbrauchte diese Beträge in

Monatsraten für die Lebenshaltung. Von Berta Zeichners Konto bei der Länderbank wurde noch ein Betrag von 630 Reichsmark an den Ausschuß für Überseetransporte überwiesen. Eine Ausreisemöglichkeit aber ergab sich nicht mehr. Die Mutter Elvira Spitz, verheiratete Kohn, wiederum durfte von ihrem Sperrkonto auf die Konten ihrer beiden Töchter (Herma Eisinger war nicht mehr in Wien) je 500 Reichsmark als Zuwendungen überweisen. Der Rest blieb auf ihrem Konto stehen und wurde von ihr nicht mehr verwendet. Die Konten von Julie Spitz und Berta Zeichner hingegen waren schließlich leer, die Beträge wurden fürs Leben in Wien verbraucht. Schließlich gab es nur mehr eine Kontobewegung: Der Betrag von 630 Reichsmark, der von Berta Zeichners Konto an den Ausschuß für Überseetransporte gegangen war, wurde von dort auf das Konto Nr. 29.803 der „Zentralstelle für jüdische Auswanderung, Sonderkonto Judenumsiedlung" überwiesen. Dort blieb er stehen. Mit 19. März 1942 wurde der Betrag dann vom Oberfinanzpräsidenten von Wien-Niederdonau zugunsten des Reiches eingezogen. Berta Zeichner brauchte ihn nicht mehr.

Hinter den nüchternen Kontenbewegungen stehen furchtbare Schicksale: Julie Spitz und Berta Zeichner wurden, da eine Ausreise nicht mehr bewilligt wurde, in ein KZ im Generalgouvernement „umgesiedelt" und kamen dort ums Leben. Mit immer größerer Deutlichkeit zeigte sich, daß vor allem die alten Menschen in Wien zurückblieben, weil ihnen von den Staaten, die Einwanderer nahmen, nur die geringsten Chancen gegeben wurden. Ab Herbst 1939 liefen aber dann schon die Transporte, die zuerst in verschiedene polnische Lager führten, später dann in das tschechische Theresienstadt und dann auch in das polnische Auschwitz. Zugleich hatte das lange, vergebliche Warten in Wien auch die geringen Geldmittel dieser Menschen völlig aufgebraucht, sodaß sie total verarmt in die Deportation gingen. Der nationalsozialistische Staat hatte sich ja als allererster von ihren Geldmitteln mit Hilfe der Reichsfluchtsteuer, der Judenvermögensabgabe und noch manch anderer Abgaben bedient; verbraucht konnte immer nur der Restbetrag werden, und nicht einmal dieser wurde immer ganz freigegeben.

Das Schicksal der Deportation erlitten folgende Kärntner: die Eltern Leon und Max Linkers, nämlich Samuel Linker und seine Frau, ein Sohn von Moses Meninger und Rebekka Bibring, die Eltern von Etka Altstädter, die mittellos zurückgebliebene Gattin des Rabbiners Hauser, ferner Emmanuel und Mathilde Neumann, die das Haus in der Wiener Gasse 4 so spät verkaufen konnten, David und Irene Fleischmann. Henriette Fleischmann, die wir schon kennen, starb am 3. Jänner 1943 im Altersheim in Wien. Auch Ignaz und Ella Ostermann wurden aus Klagenfurt nach Wien gebracht, der Mann starb dort im Krankenhaus, Ella Ostermann wurde nach Theresienstadt und dann mit dem letzten Transport nach Auschwitz gebracht. Alle diese Menschen starben in den Lagern, in die sie deportiert wurden. Im Gegensatz zu seinen Brüdern Emil und Robert war Felix Preis mit seiner Frau Liesl und den Kindern Evi und Peter (sie waren 1938 drei bzw. zwei Jahre alt) nach Wien gegangen, um sich bei der Kultusgemeinde für Auswanderungsplätze registrieren zu lassen. Das Warten auf Plätze zog sich endlos hin, man zog von Untermiete zu Untermiete, das Geld wurde knapp. Die Schwester Marianne in Klagenfurt hielt ständig Kontakt mit der Familie und versorgte sie sogar per Post mit frischer Wäsche. Felix' Schwager wagte es sogar, die Familie einmal in Wien mit seiner kleinen Tochter zu besuchen. Am 4. August 1942 schrieb Felix Preis aus Wien seine letzte Postkarte nach Klagenfurt. Später kam Nachricht, daß die gesamte Familie nach Theresienstadt deportiert worden war, und dort war es auch, wo Felix Preis am 29. Februar 1944 starb. Auch der einstige Bahnhofsvorstand Ziegler aus Feldkirchen wurde von Wien aus in ein Lager deportiert, wo er ums Leben kam. Dr. Oskar Janowitzer, der damals nicht in Villach, sondern als Rechtsanwalt in Wien lebte, weigerte sich, seinem Bruder nach Brasilien zu folgen. Er verlor seine Wohnung und wurde am 26. November 1941 nach Kowno deportiert, wo er ums Leben kam.

Heinrich Harnisch, der zuerst in Völkermarkt (wie sein Bruder Friedrich Harnisch) gelebt hatte und dann nach Klagenfurt gezogen war, wurde gezwungen, nach Wien zu übersiedeln, obwohl seine Frau schwer krank war. Sie wurde im jüdischen Krankenhaus in Wien geheilt, und wenig später wurde das Ehepaar deportiert und fand in einem Vernichtungslager den Tod.

Bis Frühjahr 1942 war es dann in Kärnten aus verschiedenen Gründen relativ ruhig. Hierauf wurde über Befehl von Wien wieder ein Transport abgefertigt. Wieder handelte es sich um bisher zurückgestellte alte Leute, um einstige Frontkämpfer und Besitzer von Tapferkeitsauszeichnungen.[253] Zu einem solchen Transport wurden in Kärnten auch Hermine Preis, die wir schon kennen, und Cäcilie Rubel geholt. Die Opfer wurden im Polizeigefängnis Klagenfurt konzentriert und dann am nächsten Morgen vom Hauptbahnhof mit Personenwaggons nach Wien gebracht. Bei diesem Transport waren aber auch Juden, die aus Südtirol an die Gestapoaußenstelle Lienz ausgeliefert worden waren. In Wien begannen dann im Juni 1942, also bald anschließend, die neuerlichen Verlegungen vor allem alter Menschen nach Theresienstadt – und dort war es auch, wo Hermine Preis ihren Sohn Felix mit seiner Familie wiedertraf, ja es scheint sogar, daß sie beide mit dem gleichen Transport vom 20. August 1942 aus Wien nach Theresienstadt gebracht wurden.

Marianne Schiffler-Preis in Klagenfurt wurde davon – wie allgemein üblich – amtlich verständigt und suchte weiter, ein wenig für ihre Verwandten zu sorgen. Sie schickte Lebensmittelpakete nach Theresienstadt, und die ersten roten Rückscheinkarten, welche die Ausfolgung der Pakete bestätigten, kamen dann am 30. März und am 29. April vom Postamt Bauschowitz bei Eger. Später, im gleichen Jahr, waren es dann gelbliche Karten aus Theresienstadt, bei denen der Vordruck so gestaltet war, daß der Schreiber nur den Empfang eines Paketes bestätigen konnte. Im Jahre 1944 waren es dann graugrüne Karten mit dem gleichen Aufdruck. Sie gingen dann von Theresienstadt nicht mehr direkt an den Adressaten, sondern zuerst zum „Reichsvereinigung der Juden in Deutschland"-Büro in Berlin-Charlottenburg, Kantstraße 158. Nur ganz wenige Karten gingen direkt ab Postamt Bauschowitz weiterhin nach Klagenfurt. Einige von ihnen trugen auch ein wenig handschriftlichen Text, in dem über Gesundheit, Arbeit und Wetterverhältnisse berichtet wurde.

Auf einer Karte von der Kinderhand Evis stand die Mitteilung: „Vati wohnt jetzt bei Tante Dora" – Dorothea Preis war aber schon 1934 gestorben. Auch Hermine Preis hatte schon mit Datum vom 28. Februar 1944 aus Theresienstadt geschrieben: „Leider muß ich dir heute eine traurige Mitteilung machen. 29. 2. 1944 abends um 7 Uhr ist Felix gestorben. Er war lange Zeit sehr krank." Die Diskrepanz zwischen dem Todesdatum und dem Absendedatum ergibt sich daraus, daß beide Daten auf der Karte nach vorherigem Ausradieren durch fremde Hand eingesetzt waren. Abgestempelt wurde diese Karte erst am 6. Juli 1944 bei der Reichsvereinigung in Charlottenburg – die Karte Evis war viel früher nach Klagenfurt gekommen.

Am 22. April 1944 – das Datum wurde wieder von fremder Hand flüchtig auf 20. April ausgebessert – schrieb Hermine zum letzten Mal nach Klagenfurt: „Endlich habe ich wieder Gelegenheit, Dir zu schreiben und Dir mitzuteilen, daß es uns recht gut geht. Wir sind gesund und hoffe ich von Euch das gleiche. Evi und Peter sind sehr gewachsen und recht brav. Ich denke immer an Euch und an mein süßes Lieserl." Mit größter Wahrscheinlichkeit starben Hermine Preis, die Schwiegertochter und die Kinder aber nicht in Theresienstadt, sondern wurden zuvor noch nach Auschwitz gebracht.

Überblickt man die Fülle der Einzelschicksale, so ergibt sich, daß von allen aus Kärnten ausgewiesen oder „freiwillig" ausgewanderten Juden mit Sicherheit 45, wahrscheinlich aber mehr, den Tod fanden. Das wären ungefähr 18 Prozent – damit liegt Kärnten mit rund einem Fünftel Getöteter um einiges unter dem österreichischen Gesamtdurchschnitt, der mit rund einem Drittel angegeben wird.[254] Die nicht aus Kärnten ausgewiesenen Juden blieben am Leben. Der dritte Sohn Max Stössels, der 45jährige Arnold Stössl, wurde 1938 auch nach Wien verwiesen. Er fand zwar keine Auswanderungsmöglichkeiten, hat aber in Wien die nationalsozialistische Schreckensherrschaft überlebt.

5.4. Widerstand und Überleben

> *„Von seiten der Juden wurde in keinem Falle an eine Abwehr gedacht. Der größte Teil der Juden blieb ziemlich ruhig, so daß es zu keinen Tätlichkeiten kam."*
> Volkenborn in seinem Bericht vom 12. November 1938 an den SD-Führer des SS-Oberabschnitts Donau

Obwohl der kausale Zusammenhang zwischen dem ruhigen Verhalten der Kärntner Juden und dem Ausbleiben von Mordtaten kein zwingender ist, steht fest, daß sich in der „Reichskristallnacht" niemand zur Wehr gesetzt hat. Das heißt aber nicht, daß von den Kärntner Juden nicht zum Teil in allgemeiner Weise über die Zeit hinweg eine Art Widerstand geleistet wurde, allerdings ein behutsamer und fein dosierter nur, der nicht so stark ins Auge fiel wie jegliche Form offener Notwehr. Sicherlich wurde von den Juden – zumindest am allgemeinen Effekt gemessen – ihr Verfolgungsschicksal einfach hingenommen,[255] doch nicht ganz ohne Erscheinungsformen des Protestes, ja des Widerstandes. Dem Protest kam sicherlich wohl nur formale Bedeutung zu. Auch wenn beispielsweise Dr. Hermann Schaier bei seiner Vorladung nach dem Novemberprogramm Widerspruch wagte, änderte der nichts, aber er gibt Aufschluß über eine jüdisch-kärntnerische Bewußtseinshaltung, die ihre Eigenart hat. Dr. Schaier berichtete: „Auch ich mußte mich bei der Gestapo zurückmelden, als ich aus Dachau entlassen wurde. Bei diesem Anlaß erklärte auch mir der genannte Dr. Bauer, daß ich mit Wirkung vom 1. Jänner 1939 aus Klagenfurt abgeschafft und ausgewiesen sei. Als ich mir erlaubte, darauf hinzuweisen, daß ich in Klagenfurt geboren und nach Klagenfurt heimatzuständig sei, schrie mich Dr. Bauer an: „Ihre juristischen Drehs konnten Sie in der Systemzeit anwenden! In der heutigen Zeit verfangen sie nicht!"[256]

Der Protestwille von Julius Spitz wiederum hatte eher etwas von der Verschmitztheit eines Schweijk an sich. Spitz scheute sich nicht, zweimal in der Tageszeitung der NSDAP Kärntens, dem „Kärntner Grenzruf", zu inserieren, daß er „wegen dringender Abreise" günstig Möbel und Teppiche abzugeben habe.[257]

Eine ganz andere Art von Widerstandshaltung scheint sich im Zusammenhang mit der gänzlichen kapitalmäßigen Arisierung der Radentheiner Magnesitwerke ergeben zu haben. Was von den nationalsozialistischen Behörden schließlich zu einem einfachen Strafprozeß gegen einen einstigen jüdischen Angestellten gemacht wurde, dürfte in seinem Kern aber mehr als das gewesen sein, nämlich der nach der Arisierung unternommene Versuch, neue technologische Entwicklungen des Radentheiner Werkes, also Betriebsgeheimnisse, zwischen August und November 1938 an eine holländische Firma der gleichen Branche weiterzugeben – eine Firma, die ihren Sitz in Rotterdam hatte und mit dem einstigen Radentheiner Angestellten auch Verbindung in Form von Geldüberweisungen hielt.[258] Es hat den Anschein, daß nach der Arisierung der Firma einer zu retten suchte, was da noch ins Ausland zu retten sei.

Auch gegen die Plünderungen und Verwüstungen in der „Reichskristallnacht" gab es konkrete Proteste: Staatssekretär a. D. Dr. Hans Loewenfeld-Russ hatte schon im Herbst 1937 die große Villa „Seehof" in Velden seinen beiden Töchtern geschenkt, die ihrerseits mit Hilfe ihrer Ehegatten nach den Zerstörungen in der Villa, die bekanntlich erst nach Einstellung der Goebbels- und SS-Aktion erfolgt sind, Anzeige gegen unbekannte Täter erstattet haben. Am 2. Februar 1939 fand dann durch den Landrat Villach eine Besichtigung der Schäden in der Villa „Seehof" statt, und der Gendarmerieposten erstattete danach am 15. Februar 1939 Anzeige. Da die Geschädigten Wiedergutmachung in der vollen Höhe des Schadens (über 100.000 Reichsmark) forderten, wurde die Sache dann von der Landeshauptmannschaft Kärnten behandelt und in Form von Berichterstattung zur Entscheidung nach Wien weitergegeben, was am 28. Februar 1939 geschah. Eine Entschädigung wurde dann aber abgelehnt, weil die Töchter als Mischlinge bezeichnet und zugleich als „politisch unzuverlässig" eingestuft wurden.[259]

In ähnlicher Weise ging auch die nichtjüdische Gattin von Dr. Wittner in Krumpendorf vor. Sie stellte Antrag auf Entschädigung bei Bürckel in Wien, doch kam der Akt zur Bearbeitung an die Gauleitung Kärnten zurück.[260] Der Fall ging schließlich bis zur Reichskanzlei, wo Weisung gegeben wurde, eine Erledigung im Sinne der befürwortenden Stellungnahme der Gauleitung und der ebenfalls befaßten Landeshauptmannschaft durchzuführen. Auguste Wittner bekam dann von der Landeshauptmannschaft eine Entschädigung in der Höhe von 4000 Reichsmark[261].

In diversen Fällen stellten sich aber auch Personen und Gruppen aus der Bevölkerung auf die Seite der protestierenden Opfer. Abgesehen davon, daß die schon erwähnten Gendarmerieposten sachliche Amtshandlungen durchführten, konnte sich eine solche Parteinahme im Sinne der Gerechtigkeit interessanterweise auch auf einer ganz anderen Ebene abspielen: Es erscheint typisch für die eingeschlagene Richtung, daß gewisse Nationalsozialisten allmählich versuchten, die jüdischen Abwehrkämpfer aus dem Abwehrkämpferbund hinauszubekommen, vor allem dann, wenn diese nicht selbst auf eine weitere Zugehörigkeit verzichteten, was manche Nationalsozialisten sozusagen als „taktvolles Verhalten" erwarteten. Dabei konnte es aber auch geschehen, daß die Drahtzieher die Rechnung ohne den Wirt machten. So spielte sich beispielsweise in einer Ortsgruppe des Abwehrkämpferbundes folgendes ab, was von einem jüdischen Mitglied nach dem Krieg berichtet wurde: „Es dürfte im Sommer 1938 gewesen sein, als mir mitgeteilt wurde, daß X. eine Versammlung der Abwehrkämpfer in . . . einberufen habe. In dieser Versammlung beantragte er meinen Ausschluß aus dem Abwehrkämpferbund mit der Begründung, ich sei ja nie an einem Abwehrkampf beteiligt gewesen, ich hätte mich natürlich immer gedrückt. Statutenmäßig konnten auch Nichtkämpfer, die sich bei der Vorbereitung zur Volksabstimmung und an derselben hervorragend beteiligt hatten, auch Mitglieder des Abwehrkämpferbundes sein. Unter den anwesenden Abwehrkämpfern befand sich auch . . ., der im Jahre 1943 gestorben ist, meldete sich zum Wort und sagte, er sei Zeuge dafür, daß ich an Kämpfen beteiligt war. Er sei in einer Schützenlinie neben mir gelegen und habe auch mit mir an einer nächtlichen Kampfhandlung teilgenommen."[262]

Der Wille jüdischer Kärntner zum direkten Widerstand zeigte sich gleichfalls auf verschiedenen Schauplätzen: Alfred Ostermann, der — wie schon berichtet — unter so schwierigen Umständen nach Jugoslawien geflohen war, schloß sich dort verschiedenen Partisanengruppen an und machte schließlich den gesamten Krieg in einer titokommunistischen Partisaneneinheit mit. Er wurde schwer verwundet und kämpfte am Schluß im ersten österreichischen Freiheitsbataillon, mit dem er nach Kriegsende nach Wien kam.[263] Nach seiner Entlassung ging er aber nach Triest.

Ing. Hermann Schiller wiederum, der nach Straßburg geflohen war, diente vom 29. September 1939 bis 11. Mai in der französischen Armee. Nach der deutschen Besetzung mußte er sich mit seiner Familie verstecken, seine Möbel gingen verloren, er selbst ging im Januar 1943 zu einer Einheit der Resistance, ab 10. Juni 1944 war er Kompaniekommandant in einer Partisaneneinheit der Region Ve (Limoges). Er und die Familie überlebten den Krieg, die Mutter, Ernestine Schiller, starb 1946 im jüdischen Altersheim in Wien-Seegasse. Offenen Widerstand im eigenen Land leisteten die Brüder Emil und Robert Preis, und zwar auch noch, als Klausner im Februar 1939 gestorben war. Die Arisierung des Geschäftes am Alten Platz und die Liquidation des anderen in der Fröhlichgasse konnten sie nicht verhindern, sie weigerten sich aber hartnäckig, das Haus Alter Platz 2 und das Hausviertel Flensburger Platz 1 zu verkaufen. Das zweite Viertel besaß Marianne Schiffler-Preis, die andere Hälfte Hermine Preis. Was damit geschah, ist uns schon bekannt.

Zum Teil legte es Emil Preis direkt darauf an, für seinen direkten Widerstand zum Märtyrer zu werden, dann wieder vereitelte er durch geschickte Schachzüge jeden Versuch eines Hausverkaufes. Der Gegenseite wiederum war es nicht angenehm, den beiden Brüdern zu einer Märtyrerrolle zu verhelfen, weil die beiden in ganz Kärnten bekannt waren. Sooft sie sich mit einem Verkaufsvorschlag nicht einverstanden erklärten, wurde ihnen mit der Einlieferung in Dachau gedroht, aber sie gaben trotzdem nicht nach. Weil gemäß der Verordnung über den Einsatz des jüdischen Vermögens für Gewaltmaßnahmen die Genehmigung des Reichswirtschaftsministers nötig war, schrieb die Vermögensverkehrsstelle Klagenfurt schließlich mit Datum vom 16. April 1939 einen Brief an diesen, in dem auch die Gesamtsituation in Kärnten völlig irreführend dargestellt wurde. Der Arisierer des Geschäftes am Alten Platz, ein verdienter Parteigenosse, benötige für eine gefestigte wirtschaftliche Existenz nicht nur das Geschäft, sondern auch das Gebäude. Man habe daher bei der Vermögensverkehrsstelle Wien den verbindlichen Verkaufsauftrag erwirkt, aber Robert und Emil Preis gingen „mit echt jüdischer Unverschämtheit" vor, was im Klartext hieß, daß sie sich nicht hineinlegen ließen: Die Vermögensverkehrsstelle Klagenfurt schlug einen niedrigen Verkaufspreis vor, die beiden Besitzer verlangten zuerst zum Zweck des Protestes einen fast doppelt so hohen. Als die Vermögensverkehrsstelle dann aber diesem hohen Verkaufspreis zustimmte, weigerten sich die beiden Brüder überhaupt, zu verkaufen, da sie ahnten, was dann geschehen würde. Und das gab die Vermögensverkehrsstelle in dem Brief an den Reichswirtschaftsminister auch offen zu: „Auch nach einem Eingehen auf diesen Preis, der dann im Wege der Genehmigungserteilung einer Revision hätte unterzogen werden können, konnte trotzdem ein Verkaufsvertrag nicht zustande gebracht werden. Unsere Forderung, diese jüdische Liegenschaft der Arisierung zuzuführen, ist demnach nicht nur eine wirtschaftliche, sondern auch eine politische Notwendigkeit. Gerade das provozierende Verhalten dieser Juden, die offen aussprechen, daß die NSDAP und der Staat nicht über die Mittel verfügen, in dieser Angelegenheit durchzudringen, läßt ihre Entfernung umso notwendiger erscheinen."[264]

Bezüglich des Hausviertels am Flensburger Platz äußerte die Vermögensverkehrsstelle Klagenfurt ähnliche Bedenken und deckte zugleich jenen Mechanismus der Judenausplünderung auf, der in der Provinz von beherzten Opfern zum Widerstand benutzt werden konnte: Je länger sich die Opfer weigerten, das Land zu verlassen, umso mehr konnten sie von dem Erlös ihrer Zwangsverkäufe für den Lebensunterhalt aufzehren, und umso weniger blieb dann vom später endgültig zu beschlagnahmenden Betrag dem Reichsschatz übrig: „Damit (gemeint ist: mit den Weigerungen. Anm. d. Verf.) wären unsere Bestrebungen und die der staatlichen Stellen, die Auswanderung dieser letzten Juden Klagenfurts in die Wege zu leiten, von vornherein erfolglos. Der Erlös aus diesen Besitzungen würde ihnen auch den Lebensunterhalt geben. Hierbei muß noch auf folgenden wichtigen Umstand verwiesen werden: Durch diesen verlängerten Aufenthalt der Juden Robert und Emil Preis im Reichsgebiet werden von diesen im Laufe der Zeit die wenigen Mittel aufgezehrt, die aus dem Erlös des arisierten Geschäftes vorhanden sind. Die Folge davon ist wieder, daß im gegebenen Zeitpunkt das Reich nicht nur diese beiden Juden im Lande hat und gegebenenfalls auch wird unterstützen müssen, sondern auch, daß die vorgeschriebenen Reichsabgaben gleichfalls nicht abgedeckt werden können.

In wirtschaftlicher und politischer Beziehung sind weiters noch folgende Tatsachen in Erwägung zu ziehen: Das ehemals jüdische Unternehmen der Firma . . . hat mit den Inhabern dieses Hauses zum Zwecke der Benützung des zur Zeit freistehenden Geschäftslokales einen Mietvertrag abgeschlossen. Mit dieser geplanten Geschäftserrichtung würden unsere heimischen und nationalsozialistisch eingestellten Geschäftsleute geschädigt werden. Diese geplante Vermietung konnten wir zwar wohl momentan verzögern, jedoch wird es nicht möglich sein, sie gänzlich zu verhindern. In diesem Fall wäre dann auch ein Verkauf mit Zwangsmaßnahmen nicht mehr durchzuführen. Die Kreisleitung der NSDAP Klagenfurt wünscht, daß bei einem eventuellen Verkauf einer unserer verdienten Parteigenossen Berücksichtigung finden soll, der das zur Zeit freistehende Lokal für sein Geschäftsunternehmen dringend benötigt.

Bezeichnend für die Angemessenheit unseres Antrages ist die Äußerung des Juden Robert Preis, unseren Forderungen auf keinen Fall stattzugeben, wenn er auch nochmals in das Konzentrationslager nach Dachau wandern müsse."

Die Vermögensverkehrsstelle stellte deshalb beim Reichswirtschaftsminister in Berlin den Antrag, einen Treuhänder für den Zwangsverkauf einzusetzen. Der Antrag wurde aber abgelehnt, wobei zweifellos auch Pawlowski eine Rolle spielte. Schließlich ergab sich dann ein Kompromiß: Die beiden kämpferischen Brüder kamen nicht nach Dachau, die beiden Häuser bzw. Hausanteile wurden nicht verkauft, sondern vom Oberfinanzpräsidenten Graz beschlagnahmt, da ja die JUVA nicht bezahlt war. Es scheint aber eine insgeheime Zusage gegeben worden zu sein, daß die Finanzbehörde die Realitäten nicht verkaufen würde. Dann wurden Robert und Emil Preis sogleich mit neuen Pässen und Ausreisegenehmigungen ausgestattet, und am 27. August 1939 verließen sie als Touristen mit dem Zug über Tarvis das Reichsgebiet – jeder mit einem Photoapparat und 15 Reichsmark in der Tasche. Nach Aufenthalt in Udine gingen sie dann nach Triest, um sich dort Arbeit und Hilfe zu suchen.

Noch länger Widerstand leisteten Freiherr von Born und seine Gattin Renata in Pörtschach gegen einen Zwangsverkauf, bis schließlich im Mai 1941 die Gestapo mit besonders nachdrücklicher „Behandlung" begann und durch tägliche Hausdurchsuchungen und Drohungen die Opfer mürbe zu machen suchte. Als dies Freiherr von Born auch noch nicht nachgiebig machte, wurde Renata Born festgenommen und sechs Wochen als Geisel gehalten. Dadurch kam es dann natürlich doch zum Zwangsverkauf und damit auch wieder zur Freilassung von Renata von Born.

Bezeichnenderweise plante die Gastapostelle Klagenfurt in diesem Jahr nicht das Abschieben nach Wien. Die Motive für eine Methodenänderung sind unklar, möglich ist, daß Dr. Bauer, der damals gerade seine Dienststelle gewechselt hatte, aber in Klagenfurt noch nicht ohne Funktionen und Einfluß war, nunmehr wußte, was in Wien in diesem Zeitpunkt schon vorging, oder daß er einfach im Zusammenhang mit seiner neuen Tätigkeit auch für Kärntner Juden diese andere Deportationsmöglichkeit ins Auge faßte: die Aussiedlung nach Serbien. Der Jugoslawienfeldzug war ja bereits vorbei.

Nach dem Zwangsverkauf griff aber Pawlowski, der zu diesem Zeitpunkt nach dem Inkrafttreten des Ostmarkgesetzes schon Regierungspräsident war, ein. Renata von Born berichtet: „Es hat Herr von Pawlowski sich gegen die Befehle der Gestapo unser angenommen und uns in jeder Weise geholfen. Ihm haben wir es zu verdanken, daß wir nicht, wie geplant, nach Serbien ausgesiedelt wurden, daß wir einen Teil unserer Schmuck- und Wertgegenstände mitnehmen konnten, daß wir vor schärferen Zugriffen der Gestapo verschont blieben."[265] Freiherr von Born und seine Gattin gingen dann ebenfalls mit Touristenausreisebewilligungen ins Ausland.

Ein besonderes Kapitel des Widerstandes stellen die nichtjüdischen Männer von jüdischen Frauen dar. Abgesehen von Julie Spitz, deren Mann sich – wie wir wissen – bereits in den ersten Tagen nach der nationalsozialistischen Machtübernahme von ihr trennte, gelang es den nationalsozialistischen Funktionären in keinem einzigen Fall, ein gemischtes Ehepaar auseinanderzubringen. Dabei waren sowohl Ortsgruppenleiter, Zellenleiter, Blockleiter, ja auch die Kreisleiter und das Rassenpolitische Gauamt erfolglos. Auch mit dem Tragen des Judensterns[266] waren die wenigen nach dem September 1941 noch in Kärnten lebenden Juden genauso flüchtig wie mit der Einhaltung des nächtlichen Ausgehverbotes und der Angabe ihres zusätzlichen Vornamens. Daß bei den vielen einschüchternden Hausdurchsuchungen seitens der Gestapo natürlich auch immer nach Radioapparaten gesucht wurde, die Juden nicht mehr besitzen durften, liegt auf der Hand – eintönig aber wurde dies wohl dann, wenn die Gestapo jede Woche von neuem bei den gleichen Opfern nach Radioapparaten suchte. Was den Judenstern betraf, war die Gestapo selbst pedantischer als die Opfer. Die Gestapobeamten, welche zu Wohnzwecken in der Wohnung von Hermine Preis einquartiert wurden, wobei die Besitzerin nur ein kleines Kabinett behalten durfte, befestigten bekanntlich in der Tat mit großer Ernsthaftigkeit den Judenstern an der Wohnungstür.[267]

Was die erzwungene Annahme zusätzlicher Vornamen betrifft, so ging dies in Kärnten eher eigenartig vor sich. Abgesehen davon, daß die berüchtigte 2. Verordnung vom 17. August 1938[268] einmal mehr das nationalsozialistische Dilemma des Schwankens zwischen der Kategorie des Rassejuden und des Glaubensjuden widerspiegelt, war die „Anmeldung zur Annahme eines zusätzlichen Vornamens" den jüdischen Österreichern selbst überlassen, welche diese Anmeldung bei ihrer Kultusgemeinde vollziehen mußten. Für Kärnten war das nach der bald erfolgten Auflösung der IKG Klagenfurt eigenartigerweise die IKG Graz. Diese mußte die Anmeldungen entgegennehmen und weiterleiten. Die entsprechende Eintragung des zusätzlichen Vornamens „Sara" bei weiblichen und „Israel" bei männlichen Opfern nahm aber dann das Standesamt des Magistrates Graz vor, und zwar in eher behäbigem Tempo, so daß gar im Jänner 1945 noch solche Eintragungen in den Matrikelbüchern erfolgten[269] – und dies ohne Rücksicht darauf, wo sich die zusätzlich Bezeichneten befanden oder ob sie überhaupt noch am Leben waren. Bei vielen Namen in den Matrikelbüchern wieder wurde keine Ergänzung vorgenommen. Es ist also unzutreffend, daß die Klagenfurter Matrikelbücher – wie Schneider meint[270], „vor der Zerstörung des Bethauses vom Leiter des Klagenfurter Standesamtes geborgen, über die NS-Zeit hinweg gesichert und nach 1945 der Grazer Kultusgemeinde unversehrt übergeben" wurden. Die Matrikelbücher waren in Wirklichkeit die ganze Kriegszeit über beim Standesamt Graz, und dort wurden von 1939 bis 1945 immer wieder die amtlichen Eintragungen in ihnen vorgenommen.

Jedenfalls findet sich in den Matrikelbüchern keine einzige Eintragung von der Auflösung einer Ehe während der nationalsozialistischen Zeit. Ein Beamter versuchte durch Antrag eine Art Arisierung seiner Gattin zu erreichen, die im nationalsozialistischen Sinn als Mischling ersten Grades eingestuft war. Dies wurde abgelehnt, weiters aber nichts unternommen. Unter ständigem schweren Druck der erwähnten Parteifunktionäre aber standen die nichtjüdischen Ehegatten welche jüdische Frauen geheiratet hatten. Dabei fiel es nicht ins Gewicht, ob die Frauen zu einer christlichen Konfession übergetreten waren. Julius Fantl, der Beamter bei Fischl gewesen war, hatte eine Tochter Grete. Diese hatte 1937 einen Ing. Tugemann in Klagenfurt geheiratet, der immer wieder aufgefordert wurde, sich von Grete Fantl scheiden zu lassen. Als alle Drohungen nichts halfen, wurde ihm der Gewerbeschein entzogen und er als gewöhnlicher Straßenarbeiter in Reifnitz eingesetzt. Er hielt trotzdem unbeirrbar zu seiner Frau, die auf diese Weise die nationalsozialistische Herrschaft in Kärnten überlebte.[271]

Auch Dipl.-Ing. Schiffler wurde ununterbrochen bedrängt, sich von seiner Frau Marianne scheiden zu lassen, doch blieben auch in diesem Falle alle Drohungen vergeblich. Einerseits wurde Schiffler dann sein akademischer Titel aberkannt und der Gewerbeschein als Architekt genommen, andererseits wieder bekam er noch 1941 durch das diskrete Wirken wohlmeinender Freunde eine Auszeichnung für seine Kriegsteilnahme als Frontkämpfer im Ersten Weltkrieg.

Vor der schon geschilderten seltsamen Zwangsversteigerung des Hausanteils von Hermine Preis wurde das Ehepaar verhaftet, dann aber wieder auf freien Fuß gesetzt. Marianne Preis unternahm in den folgenden zwei Jahren alles, um der Familie ihres Bruders Felix und ihrer Mutter nach Theresienstadt so viele Lebensmittelpakete wie möglich zu schicken. Ihre Familie sparte sich selbst so viel wie möglich vom Munde ab, und eine ganze Reihe von befreundeten Familien half dabei mit. Dipl.-Ing. Schiffler durfte für geringen Stundenlohn schließlich für einen anderen Architekten arbeiten, da großer Fachkräftemangel herrschte, doch ging dies nicht mehr lange so. Marianne Preis schilderte die Verhältnisse folgend: „Mein Mann war nach unserer zweiten Inhaftierung (i. e. jener im Zusammenhang mit der Zwangsversteigerung. Anm. d. Verf.) seelisch und körperlich vollkommen heruntergekommen, es fehlte ihm die Kraft, einem als Folge einer schweren Erkältung während der Haft aufgetretenen Leiden zu widerstehen. Er verfiel sichtlich und erlag im November 1944 einer unerwartet eingetretenen Herzschwäche. Seither war ich mit meinem Kinde schutzlos der ständigen Gefahr von Maßnahmen der Gestapo ausgesetzt und mußte täglich damit rechnen, beseitigt zu werden oder meinen Angehörigen in ein KZ zu folgen. Mein Kind hatte schwer zu leiden, da es all die Angst und ständige Aufregung miterleben mußte."[272]

Marianne Schiffler-Preis aber geschah nichts, obwohl oder vielleicht gerade weil sie täglich den Gestapobeamten im Hause begegnete. Sie gehörte zu denen, welche den Krieg und die nationalsozialistische Herrschaft in Kärnten überlebten, auch wenn sie der Gestapo bekannt war. Gleiches geschah mit einer Tochter Emmanuel Neumanns in der Wiener Gasse. Ein Enkel von Mendel Reinisch war katholisch geworden, um eine Katholikin heiraten zu können. Er wurde während der gesamten Zeit der nationalsozialistischen Herrschaft in Klagenfurt nicht entdeckt.[273] Aus Wien war ein gewisser Dr. Emmerich Weiser gekommen, der sich im Bereich von Keutschach verstecken konnte, da er von Helfern als Bombenflüchtling ausgegeben wurde. Er überlebte ebenfalls und zog nach Kriegsende in die Seegasse nach Klagenfurt.[274]

Alles in allem zeigt sich, daß Widerstand und Überleben möglich waren, wenn bestimmte Faktoren zusammentrafen: Wenn das unterdrückende System nicht bereit war, bestimmte Grenzen zu überschreiten, konnte sich gerade diese Hemmung als Schwachstelle erweisen und ausgenützt werden, sobald der Widerstand Leistende bereit war, auch sein Leben zu riskieren. Widerstand wurde ferner erleichtert durch bestimmte Kräftekonstellationen innerhalb des nationalsozialistischen Herrschaftsapparates, Konstellationen, welche vor allem eine beträchtliche Inhomogenität des Apparates verrieten. Widerstand erschien paradoxerweise leichter, wenn Opfer und Täter nicht in der

Anonymität untergingen, er erwies sich demnach als leichter in der überschaubaren und weniger komplexen Szene der Provinz. Zugleich wurden partieller Einzelwiderstand und Überleben naturgemäß erleichtert durch ein persönliches Nahverhältnis zu einzelnen Parteifunktionären, Gönnern, Jugendfreunden, Regimentskameraden oder sogar Wohnungsnachbarn.

6. Der Griff nach Slowenien und Friaul

6.1. Neue „Grenzlandaspekte" bezüglich Sloweniens

> „Es liegen auch heute noch die Verhältnisse im Mießtal so, daß die Mehrheit der Bevölkerung zurück nach Kärnten und zu Deutschland will."
>
> Behauptung von Maier-Kaibitsch in seiner Denkschrift vom 8. Juli 1940

Die wirtschaftliche Situation in Kärnten hatte sich nach der nationalsozialistischen Machtübernahme nicht sonderlich eindrucksvoll verbessert. Noch am 24. Februar 1939 konnte der Kärntner Gauwirtschaftsberater in seinem Vortrag im Wiener Parlamentsgebäude[1] weniger auf Erreichtes hinweisen als vielmehr Hoffnungen äußern und Forderungen erheben. Wohl seien nahezu alle Arbeitslosen „verschwunden", doch gebe es noch große Schwierigkeiten. In Wahrheit hatte es noch drei Monate vorher unter den Schulabgängern gegen 500 Arbeitslose gegeben, denen man praktisch nur Lehrstellen in der Bauwirtschaft verschaffen konnte.[2] Rund 70 Prozent der Kärntner Handwerker lebten Anfang 1939 laut Gauwirtschaftsberater noch unter dem Existenzminimum. Scheinheilig beklagte er die schwierige Lage im Fremdenverkehr und gab zu, daß in manchen Orten 50 Prozent der Fremdenverkehrsbetriebe unter Zwangsverwaltung stünden, ohne natürlich zuzugeben, daß die Nationalsozialisten selbst den Kärntner Fremdenverkehr ruiniert hatten und nun nur mehr auf die Urlauberströme des einseitigen deutschen Massentourismus hoffen könnten, für den Ing. Winkler verbilligte Sonderzüge, ermäßigte Zugtarife und den raschen Bau der Reichsautobahn forderte. Die Gebirgsbauernfrage sei trotz Erbhofgesetz und Entschuldungsmaßnahmen noch lange nicht gelöst, die Holzpreiserhöhung habe den Bauern nur eine „kleine Erleichterung" gebracht. Die Sägebesitzer könnten dabei ihre Gewinne immerhin zur Rationalisierung der Betriebe verwenden, die Holzstoff- und Papierfabrikation habe mit Absatzschwierigkeiten zu kämpfen. Die Errichtung einer Faserplattenfabrik sei bereits angelaufen und werde es möglich machen, die Holzabfälle in späterer Zeit sinnvoll zu verwerten – durch die Stillegung der Papierfabrik Poitschach sei dafür auch genügend Personal frei.

Die Weiterentwicklung im Bergbau sei stark durch den Mangel an elektrischer Energie behindert, jene in verschiedenen Bereichen der Industrie auch durch die Beschränkungen in der Rohmaterialzuweisung. Wenn für die gesamte Ostmark 150

Millionen RM an Reichsbürgschaft und Reichsdarlehen gewährt wurden, davon aber Kärnten nur 1,33 Millionen RM zugekommen seinen, so sei das enttäuschend und stehe im umgekehrten Verhältnis zur Kreditbedürftigkeit und auch Kreditwürdigkeit in Kärnten. Energiemangel und Kapitalmangel seien nach wie vor typisch für die wirtschaftliche Situation des Landes.

Der Handel Kärntens gehe laut Winkler im Frühjahr 1939 erst langsam daran, die Vorteile der Grenzlage auszuwerten und sich in den Ein- und Ausfuhrhandel einzuschalten. Das seien ganz neue Aspekte, die man erst realisieren müsse, wäre doch in der Systemzeit alle Einfuhr aus den Nachbarländern Jugoslawien und Italien nicht über Kärntner Unternehmer, sondern über Wiener Judenfirmen gegangen. „Schritt für Schritt müssen wir uns hier mit großer Mühe die Einfuhrbewilligungen für Kaufleute des Gaues Kärnten tatsächlich zurückerobern", meinte Winkler in seiner Rede vor Parteifunktionären und Verantwortlichen der Wirtschaftsplanung in Wien. Die besondere wirtschaftliche Aufgabe des Gaues Kärnten solle es mehr denn je sein, Mittler zwischen Nord und Süd zu sein. Je zwei Bahnlinien nach SHS und Italien befähigen ihn hiezu, aus diesem Grunde wäre bei einer allfälligen engeren wirtschaftlich-organisatorischen Verbindung eine solche mit dem Norden erstrebenswert. Die politische Aufgabe, Wacht zu halten an der Südgrenze des Deutschtums, hat der Kärntner in Augenblicken höchster Gefahr mit entschlossenem Handeln immer erfüllt. Daher hält er sich auch berechtigt, die Selbständigkeit des Gaues nicht nur als politisches, sondern auch als wirtschaftliches Glied des Reiches, das in direktem Verkehr mit der Zentrale steht, zu beanspruchen."

Diese Ausführungen des Gauwirtschaftsberaters stehen hinsichtlich ihres reklamativen Grundtons in ziemlich starkem Gegensatz zu der jubelnden ökonomischen Aufbruchsstimmung der Jahresberichte[3] der einzelnen Branchen mit Ende 1938, sie zeigen aber zugleich auch, daß gewisse Kreise in Kärnten nicht gesonnen waren, die Chancen des Landes in wirtschaftlicher und letztlich auch politischer Hinsicht völlig einebnen zu lassen und sich mit der Rolle der wirtschaftlich etwas geförderten, aber Berlin gegenüber auch gleichgeschalteten Provinz zufriedenzugeben. Man wollte auf eine Sonderstellung hinaus, und gerade unter diesem Aspekt konnte es die nationalsozialistischen Führungsgruppen im Lande auch keineswegs zufriedenstellen, daß praktisch alle Gelder, die sich aus der Judenausplünderung ergeben hatten, nach Berlin abgeflossen waren – von der Reichsfluchtsteuer bis zur Judenvermögensabgabe war letztlich nichts im Lande geblieben, und daß die Restbeträge auf den Sperrkonten von ausgeplünderten Kärntner Juden auch nicht für das nationalsozialistische Kärnten bestimmt waren, das konnte man sich ebenfalls leicht ausrechnen. Man konnte nur hoffen, daß auf dem Umweg über Berlin einiges wieder nach Kärnten zurückkehren könnte, doch damit allein wollte man sich nicht zufriedengeben. Und es schien auch nicht viel zurückzukehren – das Wenige aber wurde angesichts der am Ende des Schuschnigg-Regimes katastrophalen Finanzlage des Landes noch weniger.

In den Jahren 1936 und 1937 war die Finanzlage des Landes selbst so schlecht, daß man für dringende Zahlungen sogar auf den Feuerwehrfonds zurückgreifen mußte, der eigentlich gesondert zu verwalten gewesen wäre. Auch der gewerbliche Fortbildungsfonds wurde so in Anspruch genommen. Einen deutlicheren Indikator für die schwachen Umsätze im Fremdenverkehr, in der Forstwirtschaft und im Handel – und damit auch für die zu niedrigen Steueraufkommen – gibt es kaum. Auch die Landeszuschläge zu den Realsteuern, welche das Landesabgabenamt für die Gemeinden einhob, konnte es oft gar nicht an die Gemeinden auszahlen, weil es diese Gelder für Landeszwecke verwenden mußte.

Mit 31. März 1938 betrugen diese Realsteuerzuschläge etwas über S 750.000,–. Als Kutscheras SS in der Landesregierung erschien, um „die Macht zu übernehmen", hatte das Land überhaupt keine Kassenbestände, sondern nur ein Bankguthaben von etwa S 3000,–, obwohl der Tagesbedarf der Landesregierung etwas über S 60.000,– betrug! Daher gab es einen riesigen Berg Schulden. Mit 31. März 1938 hatte das Land – auf Reichsmark umgerechnet – folgende Schulden:
Finanzschulden RM 7,389.973,–, Verwaltungsschulden und rückständige Landesbeiträge:

a) fällige und zur Zahlung angewiesene, aber nicht bezahlte,
da kein Bargeld vorhanden . . . . RM 1,353.568,–
b) fällige, aber noch nicht zur Zahlung angewiesene . . . . RM 2,165.067,–
Gesamtsumme der Schulden . . . . RM 10,908.608,–
abzüglich von auf fremde Rechnung
übernommene Verpflichtungen . . . . RM 669.714,–
verbleibende Gesamtschulden . . . . RM 10,238.890,–

Um die rechten Größenverhältnisse wahrzunehmen, sei daran erinnert, daß die den Kärntner Juden abgenommenen Vermögenswerte einen Betrag von über 7,5 Millionen RM erreichten. Auch wenn man die unkontrollierten Plünderungen, die niedrigen Kaufpreise für jüdische Firmen und die Umwegrentabilität im Zusammenhang mit der wirtschaftlichen Tätigkeit der Arisierer in Rechnung stellte, war doch das Reich als zentralistischer Staat unbestritten der eigentliche Gewinner an der Judenausplünderung, und zurück nach Kärnten kam in der Tat zuerst einmal sehr wenig, auch wenn die Zeitungsartikel von öffentlichen Aufträgen und Wehrmachtsaufträgen für ganz Österreich in der Höhe von über 40 Millionen RM jubelten. Aber auch dieser Betrag war ja nicht einmal das, was das Deutsche Reich durch sein „eigenwilliges" Clearing gegenüber dem liquidierten Österreich gewann.

In Kärnten jedenfalls war die wirtschaftliche und finanzielle Situation der Landesbehörde triste. Die Gehälter der Beamten und Angestellten der Landesverwaltung mußten bis März 1938 Monat für Monat in drei Raten gezahlt werden, weil höhere Barmittel nicht vorhanden waren, wenn ausgezahlt werden sollte. Die Abgabenanteile des Landes an den Bundessteuern und die Bundeszuweisungen an Kärnten waren zur Sicherung der Finanzschulden des Landes zur Gänze verpfändet. So sah die Situation aus, und deshalb ärgerten sich die nationalsozialistischen Größen über den raschen Abfluß der jüdischen Gelder in besonderem Ausmaße.

Als Meinrad Natmeßnig unter den schon bekannten Umständen Landesrat für die Finanzangelegenheiten wurde, erhielt er keine Geldmittel des Reiches, um diese Finanzschwierigkeiten des Landes zu beseitigen, sondern war monatelang darauf angewiesen, durch komplizierte und auch riskante Kreditoperationen die Landesregierung zahlungsfähig zu machen.

Auch später, als sich die finanziellen Verhältnisse ab 1939 durch die Schlüssel- und Bedarfszuweisungen Berlins gebessert hatten, trachtete Natmeßnig, dem Land einen größeren Handlungsspielraum zu sichern, als dies allgemein üblich war. Eigentlich hätte er der für alle Länder geltenden Vorschrift entsprechen und 75% der Rücklagen, das waren im Landeshaushalt Kärnten rund 10 Millionen RM, in Reichsanleihen anlegen müssen. Natmeßnig verteilte die Gelder aber auf verschiedene Banken in Kärnten, um den Sachverhalt etwas zu verschleiern, am stärksten naturgemäß bei der Landes-Hypothekenanstalt – er legte aber fast nichts in Staatspapieren an, die ja von Berlin aus verwaltet wurden. Über Hinweis des Landesfinanzreferenten folgten dann auch die Gemeinden zum Großteil dieser nicht zulässigen Methode, nur die Gemeinden Klagenfurt und Villach hielten sich streng an die Vorschriften.[4]

Wir müssen also feststellen, daß im Land und Reichsgau Kärnten schon von allem Anfang an eine besonders starke Tendenz zur Eigenständigkeit und auch zu höheren Ansprüchen bestand, was die Nutzung ökonomischer und politischer Möglichkeiten betraf. Als eine der Entstehungsbedingungen dieser Tendenz erscheint sicherlich die so spürbare „Aushungerungsphase" während der Systemzeit, daneben aber – wie auch Winkler durchaus klar war – die geopolitische Situation Kärntens als Grenz- und zugleich Verbindungsland.

Die eher traditionsgebundene deutschnationale Komponente dieser Ansprüche wird besonders deutlich in den Denkschriften von Maier-Kaibitsch, in denen sich jene alte, expansive Note des Kärntner Landesbewußtseins der aggressiven und kurzschlüssigen nationalsozialistischen Sehweisen bedient. Dabei sollte man berücksichtigen, daß sich diese expansive Komponente des Landesbewußtseins in der Bejahung jenes Eindeutschungsprozesses, der ununterbrochen aus den Nachbarländern Kärntens – von Friaul und Julisch-Venezien bis Slowenien und Kroatien – Menschen in den Assimilationsprozeß hineinsaugte, deutlich genug manifestiert. Und gerade auch in der schon seit 1938 laut verkündeten nationalsozialistischen wirtschaftlichen Südostexpansion[5] sah nicht nur der Gauwirtschaftsberater für das Land enorme, das heißt über den Durchschnitt der nationalsozialistischen Provinz weit hinausgehende Möglichkeiten, wenn sich das Land nicht zuviele davon durch Berlin wegschnappen ließ.

Als Leiter des Gaugrenzlandamtes versuchte Maier-Kaibitsch Ende Juli 1940, also unter dem Eindruck der Siege in Frankreich, nichts weniger als die Einforderung des Mießtales und des Aßlinger Dreieckes für Kärnten. Die Idee ging zweifellos von ihm und engen Mitarbeitern und Gesinnungsgenossen aus, wobei man maßgebliche Berliner Stellen nach der bewährten Methode, möglichst viele Zugangswege zu nützen, beeinflussen wollte. Kutschera war seit März 1940 beim Heer und machte den Frankreichfeldzug mit, seinem Stellvertreter als stellvertretender Gauleiter, dem Kreisleiter Dr. Karl Pachnek, und dem Regierungspräsidenten Pawlowski wurden die Denkschriften erst durch Maier-Kaibitsch vorgelegt, so wie sie an den Beauftragten der NSDAP für außenpolitische Fragen in Berlin und an Rainer, damals Gauleiter von Salzburg, gingen. Aus welcher traditionsbeladenen Richtung diese Gedanken kamen, zeigt sich aber daran, daß die Denkschriften auch von der Reichsleitung des Reichskriegerbundes in Berlin dem Auswärtigen Amt befürwortend vorgelegt werden. Maier-Kaibitsch war ja nicht nur Obmann des Khevenhüllerbundes, sondern überhaupt Landesführer des Reichskriegerbundes. Er hatte auch diesen Weg benützt.

In diesen ersten Denkschriften schon bewegt sich die Argumentation auf verschiedenen Ebenen. Die Kärntner Karawankengrenze wird schon im Begleitschreiben unter militärischen Aspekten als eine unsichere Grenze qualifiziert, da das Gebirge auf der slowenischen Seite flach und bewaldet sei. Das Aßlinger Dreieck wiederum wird als schon 1919 geplante Kompensation für den Verlust des altkärntnerischen Mießtales eingestuft, zugleich aber auch Anspruch auf einst von der Steiermark an Slowenien gekommene Gebiete, die Becken von Windisch Graz und Mahrenberg, erhoben. In wirtschaftlicher Hinsicht werden für das Aßlinger Dreieck vor allem bessere Verkehrsverbindungen Kärntens nach Triest angeführt, die enorme Bedeutung der Bodenschätze und metallverarbeitenden Betriebe des Mießtales für die Kärntner Wirtschaft wird ganz offen zugegeben, dann aber argumentiert Maier-Kaibitsch auch mit den damals so aktuellen Argumenten von der Rückführung der Volksdeutschen, da die Mehrheit der Bevölkerung eben „zurück nach Kärnten" wolle und das Mießtal „nicht vergessenes deutsches Land" sei.[6]

Wenn solche Argumentationen und Forderungen zum Zeitpunkt relativ guter deutsch-jugoslawischer Beziehungen auftreten, können sie zwangsläufig kaum von Berlin, sondern nur von den örtlich engagierten Regionen ausgehen, denen die nationalsozialistische Vorgangsweise in Polen Vorbild sein konnte. Was Maier-Kaibitsch betrifft, stand er naturgemäß auch unter dem Vorbild des Südostdeutschen Instituts in Graz und dessen noch früher beginnender Überlegungen. In einer neuerlichen Denkschrift vom 21. August 1940 – also neuerlich während der Abwesenheit Kutscheras – befaßte er sich noch genauer mit den wirtschaftlichen Gegebenheiten im Aßlinger Dreieck, also in den Bezirken Radmannsdorf, Krainburg und Stein (Radovljica, Kranj und Kamnik), und diese Gedankengänge wurden dann im Reichsaußenministerium sehr wohl behandelt.[7]

Der zeitlich sicherlich nachfolgende Entwurf einer Denkschrift Franz Kutscheras ist in zweierlei Hinsicht bemerkenswert: Einerseits weitet er die Kärntner Forderungen aus auf das gesamte einstige Kronland Krain und gar auf einige Gebiete der einstigen Untersteiermark, nämlich den Raum von Windisch Graz, Mahrenberg und Oberburg, anderseits werden als gewichtige neue Argumente für diese Territorialforderungen die besonderen kämpferischen Leistungen des Kärntner Volksstammes und überhaupt Kärntens überdurchschnittliche „nationale Kraft" ins Treffen geführt, um dem Gau damit eine in territorialer und ökonomischer Hinsicht ebenfalls überdurchschnittliche Sonderstellung zu verschaffen. Seiner sprachlichen Diktion nach stammt aber dieser Entwurf zweifellos ebenfalls von der Hand des Leiters des Gaugrenzlandamtes. Bemerkenswert ist aber auch, in welchem Ausmaß der durch Maier-Kaibitsch repräsentierte Personenkreis vor allem an den wirtschaftlichen Aspekten dieser Territorialfragen interessiert war. Dies zeigt auch der in den gleichen Zusammenhang wie der Entwurf gehörige Bericht, der von Dr. Ernst Weimann unterschrieben ist.[8]

Im April 1941 war dann der günstige Augenblick gekommen: Der deutsche Angriff auf Jugoslawien lief. Hitler befand sich am Wechsel, Himmler in seiner Nähe. Schon am 8. und 9. April 1941 fand in Graz die bekannte Besprechung zwischen

Gauleiter Uiberreither, stellv. Gauleiter Kutschera und Staatssekretär Wilhelm Stuckart vom Reichsministerium des Innern statt. Stuckart war zum Leiter der Zentralstelle des Ministeriums für die besetzten Südostgebiete ernannt worden.

Offensichtlich hatten sich der Gau Steiermark und das Südostdeutsche Institut bereits mittels genauer und detaillierter Planung auf die Übernahme der neuen Territorien besser vorbereitet, und Uiberreither trat bei dieser Konferenz auch vor Kutschera, der erst am 11. November 1940 vom Geb.-Jägerregiment 139 zurückgekommen war, tonangebend auf, doch heißt das keineswegs, wie Karner betont, ,,die Kärntner hatten zunächst kein Interesse an Oberkrain, mußten es schließlich aber doch schlucken".[9] Der Sitzungsvermerk hält nur fest, daß italienische Truppen in den Nordteil Krains eingerückt waren und sich daraus für den vorgesehenen Chef der Zivilverwaltung in Krain, stellv. Gauleiter Kutschera, Schwierigkeiten ergeben hätten. ,,Insbesondere war es nicht möglich, in Graz die Frage zu klären, in welcher Form Gauleiter Kutschera die Zivilverwaltung der von den Italienern besetzten Gebiete übernehmen sollte."[10]

Das wurde dann anschließend auf höchster Ebene zwischen deutschen und italienischen Stellen geklärt. Mit 14. April 1941 erging der ,,Erlaß des Führers über die vorläufige Verwaltung in den besetzten ehemals österreichischen Gebieten Kärntens und der Krain", wonach Kutschera mit der Verwaltung im zivilen Bereich betraut (Chef der Zivilverwaltung) und Hitler unmittelbar unterstellt wurde. Dabei wurde aber in der Anlage vermerkt, daß Göring als Beauftragter für den Vierjahresplan und Himmler als Reichskommissar für die Festigung deutschen Volkstums der Zivilverwaltung in ihren Kompetenzbereichen ebenfalls Weisungen erteilen können. Mit 15. April übernahm dann Kutschera die Verwaltung des Mießtales und mit 30. April jene Oberkrains, die offizielle Bezeichnung blieb aber bis zum Amtsantritt Rainers ,,Besetzte Gebiete Kärntens und Krains", d. h. das nördliche Slowenien wurde als Teil Kärntens dargestellt.

Es blieb bei der Führerentscheidung, daß die Grenze unmittelbar nördlich von Laibach zu verlaufen habe. Die Längsteilung Sloweniens zwischen dem Deutschen Reich und dem italienischen Bundesgenossen war demnach realisiert.

Was war inzwischen hinter den Kulissen alles geschehen? Während in Kärnten eine neue Verhaftungswelle der Gestapo gegen mutmaßlich nationalslowenisch gesinnte Personen – sogar solche außerhalb des Reichsgaues – als sogenannte Sicherheitsmaßnahme vor Beginn des Jugoslawienfeldzuges eingesetzt hatte, war Maier-Kaibitsch im Zuge seiner Militärdienstleistung als Kommandeur eines Grenzwachtbataillons neben anderen Einheiten zum Schutz der kärntnerisch-jugoslawischen Grenze eingesetzt worden. Er errichtete das Bataillonskommando in Bleiburg und besetzte im Zuge des Aufbaues des Bataillons die Grenzzone von der Liescha bis zum Hühnerkogel. Nach Beginn des Jugoslawienfeldzuges rückte das Bataillon schließlich ins Mießtal vor, und Maier-Kaibitsch hatte Gelegenheit, Reminiszenzen an den Abwehrkampf zu gewinnen. Er blieb weiterhin in Bleiburg und erfuhr nur aus zweiter Hand, was im nördlichen Slowenien vorging. Auf einer Dienstreise kam Kutschera einmal kurz vorbei und informierte ihn über die anrollenden neuen Maßnahmen dort. Maier-Kaibitsch faßte diesen Sachverhalt als einen Versuch von Parteikreisen auf, ihn selbst kaltzustellen.[11]

Anfang des Monats April schon war Kutschera nach Bruck an der Mur zu Himmler befohlen worden, wobei Kutschera sich von Natmeßnig begleiten ließ. Dort gab ihm

Himmler den endgültigen Befehl, die Zivilverwaltung im nördlichen Krain zu übernehmen, und machte ihm auch endgültige Mitteilung, daß er zum Beauftragten des Reichskommissars für die Festigung deutschen Volkstums, also zum Vertreter Himmlers, in diesem Gebiet ausersehen sei.

Himmler sah die Lage im nördlichen Krain so: Bei einer Gesamtbevölkerung von 170.000 Menschen gäbe es 10.000 Volksdeutsche, 40.000 bis 60.000 deutschgesinnte und germanisierungswillige „Windische" und rund 100.000 Nationalslowenen. Laut Himmler sei beschlossen worden, daß die Volksdeutschen und Windischen bleiben dürfen, die Nationalslowenen aber zu verschwinden haben und deshalb ausgesiedelt werden. Natmeßnig hörte sich diese Ausführung mit an, wagte sie aber nicht vor Himmler zu kommentieren.[12] Gerade in Zusammenhang mit den wirtschaftlichen Kapazitäten und der Bevölkerungsstruktur des Gebietes muß aber zweifellos auch über die dort lebenden Juden gesprochen worden sein. Das spätere Vorgehen der Verantwortlichen zwingt zu dieser Schlußfolgerung.

Nach der Besprechung in Bruck an der Mur stellte Kutschera in Klagenfurt endgültig jene Gruppen von Funktionären zusammen, welche für die Erfassung des Gebietes nötig waren, sobald die Einheiten der Wehrmacht die Besetzung vollzogen hatten. Zu diesem Zweck hielt der stellv. Gauleiter kurz nach der Brucker Besprechung eine Besprechung in Klagenfurt mit den führenden Polizei- und Verwaltungskräften, die mit ihm in den Süden zu gehen hatten. „Bei dieser Besprechung sagte uns Gauleiter Kutschera", so berichtete später Dr. Bauer, „daß eine Besprechung mit dem Reichsführer-SS stattgefunden hätte, und es wurde uns mitgeteilt, daß in Oberkrain ca. 60.000 Slowenen ausgesiedelt werden sollten. Genauere Maßnahmen waren damals noch nicht bekannt. Von wem das Aussiedlungsproblem angeregt worden war, ist mir nicht bekannt. Als ich noch in Klagenfurt war, ist bereits Sturmbannführer Dr. Sandberger vom Reichssicherheitshauptamt aufgetaucht und führte bereits Besprechungen wegen der Aussiedlungen. Diese Besprechungen hat er bei der SD-Dienststelle in Klagenfurt geführt."[13]

Anläßlich der feierlichen Einsetzung Kutscheras zum Chef der Zivilverwaltung (CdZ) kam Himmler dann auch nach Klagenfurt und gab Kutschera detaillierte Anweisungen im kleinen Kreis. Bei dieser Besprechung war Regierungspräsident Pawlowski zugegen, dem Maier-Kaibitsch im vorangegangenen Jahr auch seine Memoranden über das Mießtal und das nördliche Krain vorgelegt hatte. Himmler scheint wieder in seinen brutalen Totallösungen geschwelgt zu haben, doch hielt dabei Pawlowski, auf den Himmler ohnehin schon lange nicht mehr gut zu sprechen war, bei dieser Gelegenheit nicht den Mund. In Pawlowskis Bericht über diese Besprechung heißt es jedenfalls: „Da konnte ich nicht mehr an mich halten, ich kritisierte die beabsichtigten Germanisierungs- und Aussiedlungspläne als utopisch, unmenschlich und Deutschlands unwürdig. Ich sagte damals all das Unheil voraus, das dann ja auch Zug um Zug hereinbrach. Seit diesem Tag war ich bei Himmler endgültig in Ungnade, und bald genug bekam ich seine Feindschaft zu fühlen."[14]

Pawlowski hatte in der Zwischenzeit seit 1938 nicht nur diversen Kärntner Juden geholfen, sondern war auch einstigen Funktionären der Vaterländischen Front und verschiedenen Geistlichen beigestanden. Zugleich hatte er Kapitelvikar Dr. Rohracher bei seinem Kampf gegen die Beschlagnahmungen kirchlichen Besitzes unterstützt. Ein Klagenfurter Alter Kämpfer hatte sich von SS-Kreisen zu einer neuerlichen Kampagne gegen Pawlowski wegen angeblich jüdischer Abstammung – nun mit neuen Argumenten – verwenden lassen. Kutschera hatte deshalb anscheinend für Pawlowski einen Beschwerdebrief gegen diesen Parteigenossen an Himmler geschrieben, und dieser Mann war vom Gaugericht Kärnten mit 13. März 1941 wegen seiner haltlosen Behauptungen verurteilt worden.[15]

Pawlowski aber wurde von Himmler in einem eigenen Schreiben wegen seiner Hilfe für Kärntner Juden schwer gerügt.[16]

Zugleich war es aber typisch für Pawlowski, daß er in dienstlichen Besprechungen und den wöchentlichen Sitzungen mit Abteilungsleitern der Reichsstatthalterei in seiner sarkastischen Art ständig Kritik an den Judenverfolgungen, der Behandlung ausländischer Zivilarbeiter und später auch an den Slowenenaussiedlungen übte. Da an diesen Sitzungen mit und ohne Kutschera aber fast stets auch Dr. Weimann und Volkenborn teilnahmen, kamen diese seine Äußerungen an die richtige Stelle.[17] Im Auftrag der 90. SS-Standarte begann deshalb Obersturmbannführer Fritz Volkenborn, der Leiter der SD-Außenstelle Klagenfurt, belastendes Material über Pawlowski zu sammeln. So heißt es zum Beispiel in einem Brief an einen Informanten: „Bei dieser Gelegenheit möchte ich Ihnen vertraulich mitteilen, daß ich vor ein paar Tagen Gelegenheit genommen habe, endlich einmal mit dem Gauleiter-Stellvertreter über P. zu sprechen. Die Zeit dazu schien ja reif zu sein. Ich habe natürlich auch Ihre Aussagen und Ihr Wissen dazu benutzt, das sich allerdings im wesentlichen mit dem Wissen anderer Persönlichkeiten deckt."[18]

Mittlerweile wurde der nationalsozialistische Herrschaftsapparat im nördlichen Krain aufgebaut, sobald die italienischen Truppen sich hinter die Teilungslinie zurückgezogen und der Deutschen Wehrmacht dieses Gebiet übergeben hatten. Der Chef der Zivilverwaltung richtete seinen Stab im Park-Hotel in Veldes ein, politische Kommissare für die Sofortmaßnahmen wurden in Radmannsdorf/Radovljica, Krainburg/Kranj, Stein/Kamnik, Bischoflaak/Škofja Loka und Litai/Litija eingesetzt. Es erfolgte sogleich die Auflösung aller slowenischen Organisationen, die Umstellung der Ortsnamen, Straßen- und Geschäftsschilder auf deutsche Bezeichnungen, die Erfassung der Vorräte und Feststellung der industriellen Produktion, ferner eine Fülle von Beschlagnahmungen, Verhaftungen und die Vorbereitung der Aussiedlung.[19]

Als Leiter der Abteilungen beim Chef der Zivilverwaltung wurden meist Beamte der Reichsstatthalterei Klagenfurt genommen, zum Teil auch solche aus der bäuerlichen Organisation.

Da Kutschera nun aber auch Beauftragter des Reichskommissars für die Festigung deutschen Volkstums war, richtete er in Veldes auch seine diesbezügliche Dienststelle ein: Leiter wurde der reichsdeutsche SS-Oberführer Schröder, in den verschiedenen Abteilungen (Menscheneinsatz, Planung, Wirtschaft, Landwirtschaft, Recht, Finanz, Verwaltung) war eine große Anzahl von reichsdeutschen und Kärntner Funktionären tätig, unter letzteren Dr. Starzacher (schließlich Stabsführer), Ing. v. Gayl, Ing. Alois Winkler, Dr. Tropper, Dr. Maierschitz. Auch Juristen aus Laibach wurden herangezogen.

Ein ähnliches Grundmuster wie bei dem bisher beschriebenen Apparat erscheint auch im Polizeiapparat: Kommandeur der Sicherheitspolizei und des Sicherheitsdienstes in den besetzten Gebieten Kärntens und Krains wurde gemäß Ernennung durch Gruppenführer Heydrich niemand anderer als Volkenborn. Die Vorarbeiten in Klagenfurt hatte bekanntlich Sandberger eingeleitet. Volkenborns Referat I hatte wie üblich mit Verwaltung und Personal zu tun, Referat II war jenes des SD und wurde von Hauptsturmführer Pacher geleitet, Referat III (Staatspolizei) leitete Dr. Johann Bauer, Referat IV (Kriminalpolizei) Komm. Koch.

Für die Umsiedlungsaufgaben wurde ein eigener Umsiedlungsstab Kärnten beim Kommandeur der Sipo und des SD gebildet, der von Hauptsturmführer Dr. Glaser geleitet wurde und als Sonderreferat V aufscheint.[20]

Die vielfache Verflechtung der aufgezeigten Apparate ineinander zeigt sich nicht nur darin, daß der Großteil der leitenden Beamten in der Dienststelle des Reichskommissars zugleich leitende Funktionen in der Dienststelle des Chefs der Zivilverwaltung innehatte. Die Ursache lag nicht darin, daß Kutschera zugleich Beauftragter des Reichskommissars und zugleich Chef der Zivilverwaltung war, sondern hat seinen Grund darin, daß man entschlossen war, eine sehr komplexe Arbeit zu tun. Zugleich ist es bezeichnend, daß Dr. Bauer auch innerhalb des Umsiedlungsstabes Kärnten als zuständig für das Stabsreferat III (Evakuierung) aufscheint und Volkenborn als Leiter des Umsiedlungsstabes beim Chef der Zivilverwaltung integriert ist, ja der Umsiedlungsstab selbst im Gebäude des CdZ seine Dienststelle hat.[21]

Faßt man diese Fakten zusammen, so ist auf keinen Fall zu übersehen, daß aus Kärnten jene leitenden Personen nach Veldes versetzt wurden, die sich zuvor schon im Reichsgau nördlich der Karawanken für Beschlagnahme, Enteignung und Aussiedlung spezialisiert und an den jüdischen Opfern „Erfahrungen" gesammelt hatten. Auch wenn die Abteilung I in der Dienststelle des Reichskommissars für die Festigung deutschen Volkstums noch wenig konkrete Maßnahmen setzen konnte – sie war für „Menscheneinsatz", also Ansiedlung, zuständig –, so wundert es trotzdem nicht, daß auch die Deutsche Umsiedlungs-Treuhand-Gesellschaft und die Deutsche Ansiedlungs-Gesellschaft bald auf dem Plan erschienen.

Das Team aus Kärnten wird aber noch vollständiger: Da in Zusammenarbeit mit den Dienststellen des Heeres die Absiedlung der unerwünschten Slowenen nach Serbien geplant war, wurde auch der Leiter der Staatspolizeistelle Klagenfurt, Sturmbannführer Dr. Ernst Weimann, herangezogen. Weimann wurde „Beauftragter für das Umsiedlungswesen beim Militärbefehlshaber Serbien" und hatte mit General Förster unter dessen oberster Verantwortlichkeit den Transport nach Serbien und die „Ansetzung" dort zu planen. Für die speziellen Transportangelegenheiten aber wurde sogar Sturmbannführer Eichmann herangezogen.[22] Das für die Ausplünderung und Vertreibung der Juden entwickelte Erfahrungs- und Denkmuster wurde also in Form seiner Hauptverantwortlichen voll und ganz auf die Ausplünderung und Vertreibung im nördlichen Krain und in der Untersteiermark angewendet. Wurde es aber dort nur auf Slowenen angewendet? Das war keineswegs so, sondern eine allererste Phase der Maßnahmen richtete sich gegen die Juden in diesen Gebieten: Sie führte zu Verhaftungen und Beschlagnahmungen, dann erfolgte die Kategorisierung der slowenischen Bevölkerung, bei der noch weitere Juden oder jüdisch Versippte gefunden wurden, und dann erst erfolgten die Aussiedlung und schließlich die „Verwertung" des durch Aussiedlung verfügbar gewordenen Vermögens.

6.2. Ausplünderung und Aussiedlung jenseits der Karawanken

> „Um die Maßnahmen, die der Chef der Zivilverwaltung in seinem Gebiete trifft, auf die grundsätzliche Planung für den gesamtdeutschen Raum abstimmen zu können, hat dieser mit den obersten Reichsbehörden unter Beteiligung der Zentralstelle enge Fühlung zu halten."
> Aus dem Führer-Erlaß vom 14. April 1941.

Die Frage, inwieweit da der Reichsgau Kärnten seine eigenen Interessen „auf den gesamtdeutschen Raum" abstimmte, ist auf Anhieb nicht so einfach zu beantworten. Zuerst begann einmal wie im März 1938 in Österreich das große Verhaften und Beschlagnahmen. Opfer dieser Maßnahmen der Sicherheitspolizei und der Schutzpolizei waren slowenische Politiker, Beamte, Vereinsfunktionäre, Geistliche, aber auch prominente Wirtschaftstreibende und Intellektuelle. Wie konnte es aber auch anders sein – unter den Verhafteten waren auch jene Juden des nördlichen Slowenien, die nicht vor Beginn des Krieges in Richtung Fiume, Triest oder Belgrad geflüchtet waren oder zumindest dann mit den abziehenden italienischen Truppen das Weite suchten.

Wenn auch das Schwergewicht der Juden Sloweniens in Laibach, also im italienisch besetzten Teil Sloweniens, zu suchen ist, so waren auch im nördlichen und damit deutsch besetzten Teil des Landes kleine jüdische Gruppen in verschiedenen Orten zu finden, und zwar nicht nur etwa in Krainburg/Kranj und Aßling/Jesenice, sondern auch in kleineren Orten wie Neumarktl/Tržič, in Laak an der Zaya/Škofja Loka, in Hrušica, in Stein/Kamnik, in Lukovica, aber auch in Ravne und Dravograd im Mießtal. Die berufliche Gliederung ist jener in Kärnten durchaus ähnlich. Sie reicht vom Arzt, Rechtsanwalt und höheren Fabriksangestellten bis zum Hotelbesitzer, Händler und Agenten, doch ist vor allem durch Mischlinge und jüdisch Versippte der Anteil an der Landwirtschaft größer als in Kärnten. In der nun ebenfalls besetzten Untersteiermark lag das Schwergewicht naturgemäß ebenfalls in jener Gemeinde, die wir schon kennen, nämlich in Marburg, doch war der Großteil der Marburger Juden noch rechtzeitig vor dem deutschen Einmarsch geflohen.[23]

Ergänzt muß dieses Bild des krainischen Judentums noch durch eine Anzahl von großen und weniger großen jüdischen Betrieben werden, deren Besitzer, Teilhaber, Aktionäre oder Kommanditisten sich in Laibach, in Agram, in Belgrad oder im Ausland befanden.

Daß es den Nationalsozialisten bei den ersten polizeilichen und politischen Maßnahmen keineswegs nur um die Erfassung einer mutmaßlichen Opposition ging, bezeugt die Tatsache, daß Kutscheras dritte Verordnung in seiner Eigenschaft als Chef der

Zivilverwaltung schon folgenden Inhalt hatte: „Auf Grund der mir vom Führer erteilten Ermächtigung verordne ich mit sofortiger Wirksamkeit für die in die deutsche Zivilverwaltung übernommenen Gebiete: Das gesamte volks- und staatsfeindliche bewegliche und unbewegliche Vermögen ist beschlagnahmt." Wenn man bedenkt, daß zuerst die italienischen Truppen das Gebiet den deutschen Einheiten übergeben mußten und es dann die Wehrmacht Schritt für Schritt bezirkshauptmannschaftsweise an die Zivilverwaltung übergab, so ist der 24. April 1941 als Tag des Inkrafttretens dieser Verordnung ein extrem früher Termin, der von der gebotenen Eile, aber auch vom Ausmaß des nationalsozialistischen Appetits zeugt. Am 8. Mai waren dann die Juristen Kutscheras soweit, daß zu dieser 3. Verordnung eine Ergänzung in Form der 10. Verordnung[24] erfolgte: „§ 1: Was als volks- und staatsfeindliches Vermögen anzusehen ist, wird durch Einzelentscheidung festgestellt. – § 2: Das hiernach beschlagnahmte volks- und staatsfeindliche Vermögen unterliegt der Einziehung. Eine Rechtsnachfolge ist durch die Einziehung nicht gegeben. Dingliche Rechte am eingezogenen Vermögen sind mit der rechtskräftigen Einziehung erloschen. Dem Berechtigten kann der Chef der Zivilverwaltung oder die von ihm bestimmte Stelle eine angemessene Entschädigung gewähren."

Im Paragraphen 3 der 10. Verordnung wird dann festgestellt, daß beschlagnahmtes oder eingezogenes Vermögen in treuhänderische Verwaltung übernommen werden kann, wobei der Treuhänder an Weisungen des CdZ gebunden ist. Paragraph 5 stellt ausschließend fest, daß Beschlagnahme oder Einziehung nur der Chef der Zivilverwaltung durchführt, daß aber dieser auch das eingezogene Vermögen einer anderen Institution „einweisen" kann. Die Einweisung kann mit einer Auflage erfolgen. Damit war eine „tragfähige" scheinlegale Basis für eine Bereicherung auf breiter Front geschaffen – aber für eine Bereicherung nicht unbedingt nur zugunsten des Zentralstaates. In genetischer Hinsicht allerdings zeigt diese „gesetzliche" Regelung nur zu deutlich ihr Herkommen von der Verordnung vom 18. November 1938 über die Einziehung volks- und staatsfeindlichen Vermögens im Lande Österreich. Das Ganze deklariert sich damit deutlich genug als staatspolizeiliche Maßnahme, also als etwas, das man bei der Judenausplünderung in Österreich einst noch tunlichst vermeiden wollte.

Während nun im nördlichen Krain das ganze Tohuwabohu des Einsperrens und Zusammenraffens losging, saß Maier-Kaibitsch als Bataillonskommandant in Bleiburg und setzte alle Hebel in Bewegung, um seine Kaltstellung zu überwinden und doch noch eingeschaltet zu werden. In der zweiten Hälfte des Monats Mai gelang es ihm dann endlich, doch wurde er in der Dienststelle des Beauftragten des Reichskommissars für die Festigung deutschen Volkstums Oberführer Schröder unterstellt und war zuerst nur ein Mitarbeiter von vielen. Später stellte er fest: „Geeignete Mitarbeiter fehlten vielfach, es gab zu viele sogenannte Arisierer, die möglichst mühelos zu Vermögen kommen wollten."[25]

Das beschreibt ausgezeichnet die Situation, wie sie bis in den Herbst 1941 hinein herrschte, doch hatte man mit besonderer Schnelligkeit auch die Vorbereitungsarbeiten für die Aussiedlung aufgenommen, nämlich die Registrierung und Einstufung der Bevölkerung, wie sie Himmler erwartete.

Das Referat „Rassische Überprüfung" (Referat II) im Umsiedlungsstab Kärnten leitete Prof. Dr. Bruno Schultz, und bis 14. Mai waren in Zusammenarbeit mit ihm bereits drei Rassenkommissionen des Berliner SS-Hauptamtes Rasse und Siedlung mit der Überprüfung der Bevölkerung befaßt. Später kamen noch zwei weitere Kommissionen hinzu. Den gleichen Einfluß nahm Schultz, der eigentlich die Außenstelle Graz des Hauptamtes Rasse und Siedlung leitete, auf die Verhältnisse in der Untersteiermark. In einer speziellen Anweisung vom 3. Mai hatte Himmler die Verhältnisse sehr rigoros beschrieben und festgehalten, daß mit einer Ausweisung der Slowenen in der Höhe von 90 und mehr Prozent zu rechnen sei.

Diese Rassenkommissionen, die offiziell „Musterungskommissionen" genannt wurden, bestanden aus vier bis fünf Rassenprüfern, welche das rassische Aussehen festzustellen und danach eine Wertung zu vollziehen hatten. Das geschah durch Anschauen, ganz selten durch genaueres Prüfen von Kopf- und Körperformen, durch Feststellen des Sippenzusammenhanges und durch Befragung von Ortskundigen. Bei dieser „rassischen Wertung" wurden die Menschen in eine von vier Gruppen eingeteilt: Gruppe I für vorwiegend nordische und fälische Sippen, Gruppe II für ausgeglichene Mischlingssippen, Gruppe III für unausgeglichene Sippen und Gruppe IV für „vorwiegend fremdblütige und sonst unerwünschte Sippen".[26] Dabei wurde für jeden Geprüften ein Karteiblatt angelegt. Am jeweiligen Ort der Untersuchung wählten die Kommissionen auch einen ortskundigen politischen Vertreter, meist einen Volksdeutschen, der schon Parteimitglied noch in der jugoslawischen Zeit geworden war, und diese politischen Vertreter wurden nach der politischen Einstellung der Geprüften gefragt. Solche Leute aus den einzelnen Ortschaften wurden dann auch einfach dafür herangezogen, politische Beurteilungen in die einzelnen Karteikarten einzutragen, und all das wurde dann vom Umsiedlungsstab herangezogen, um einen Aussiedlungsentscheid zu fällen. Bei Geistlichen oder Intellektuellen genügten natürlich allein schon ihr Beruf und ihre gesellschaftliche Stellung für diese Entscheidung.[27] Die eigentliche Musterung dauerte kaum einige Minuten pro Person.

Pawlowski erfuhr in Klagenfurt von diesen Praktiken und fuhr daraufhin gemeinsam mit Natmeßnig zu Kutschera nach Veldes, um ihm schwere Vorhaltungen über dieses Vorgehen zu machen, insbesondere erregte er sich auch sehr über die Geistlichenaussiedlung. Pawlowski warnte nachdrücklich vor der Aussiedlung und betonte immer wieder, das nördliche Krain sei eben einmal slowenisches Gebiet, und dort stünden den Nationalsozialisten solche Maßnahmen einfach nicht zu. Zugleich bezeichnete Pawlowski es als Wahnsinn, den Slowenen ihre Geistlichen wegzunehmen, weil die Slowenen besonders fromme Katholiken seien.[28] Kutschera habe Pawlowski in manchem recht gegeben, und als dieser die Situation benützte, um seine Zustimmung für die Verlegung von Kärntner Geistlichen ins nördliche Krain zu bekommen, sei er ausgewichen, habe aber nicht nein gesagt. In der Folge setzte sich Pawlowski tatsächlich mit Kapitelvikar Dr. Rohracher in Verbindung und verlangte von diesem Kärntner Geistliche für die seelsorgliche Betreuung der Slowenen im nördlichen Krain. Dr. Rohracher konnte im November 1941 mit 5 Geistlichen Seelsorgestützpunkte in Krainburg, Stein, Bischoflaak, Litai und Prävali bilden, die ab Weihnachten 1941 noch durch 10 bis 15 Kärntner Geistliche unterstützt wurden, welche immer zu Feiertagen ins besetzte Gebiet fuhren. Außer diesen waren nur 23 slowenische Geistliche im ganzen Land belassen worden, so daß diese seelsorgliche Notversorgung auch ganz im Sinne der Nationalsozialisten ihren

Zielen dienen konnte, „... außerdem ist es sein Verdienst (gemeint ist Pawlowski; Anm. d. Verf.), daß die Seelsorge in Oberkrain entgegen der ablehnenden Haltung des damaligen stellvertretenden Gauleiters Kutschera durchgesetzt wurde."[29]

Die Vorwürfe Pawlowskis waren es vor allem, die Kutschera dann auch in einer Besprechung mit Gruppenführer Hofmann dafür eintreten ließen, die Menschen der Gruppe III nochmals sorgfältiger zu sortieren, zumal auch Hofmann die Feststellung gemacht hatte, daß die Sippen der Dreiergruppe mindestens ebenso wertvoll seien wie die Sippen der Dreiergruppen der Buchenlanddeutschen. Eine andere Menschengruppe allerdings löste bei diesem furchtbaren Menschenhandel nicht die geringsten Diskussionen aus.

Im Juni/Juli begann dann die Aussiedlung jener Menschen, die für Serbien bestimmt waren. Dr. Weimann hatte beim Militärbefehlshaber Serbien die Vorarbeiten geleistet, und dann kam Sturmbannführer Eichmann nach Veldes. Er brachte Obersturmführer Novak mit, der die eigentliche Absiedlung aus dem nördlichen Krain in Zusammenarbeit mit Glaser durchzuführen hatte. Novak suchte gemeinsam mit Eichmann ein geeignetes Objekt aus und entschloß sich schließlich für das aufgelassene Priesterseminar in St. Veit an der Save/St. Vid. Dort bildete Novak seinen Absiedlungsstab und richtete das Gebäude als Durchgangslager ein, während Eichmann sich nach den grundlegenden Entscheidungen wieder seiner Tätigkeit außerhalb Krains zuwandte. „Zur praktischen Durchführung der Aussiedlung war in oberster Instanz Obersturmbannführer Eichmann zuständig, und er hatte als seinen Vertreter den Obersturmführer Novak bestimmt. Novak hat dann die Aussiedlung im einzelnen geregelt und die entsprechenden Kräfte von der Polizei angefordert. Unsere Dienststelle hatte keinen Befehl zur Durchführung der Aussiedlung erhalten; Novak hat immer lediglich die Anzahl der Leute und Fahrzeuge angefordert, und der Einsatz wurde von seinem eigenen Stab geleitet. Er hat mit Dr. Glaser zusammengearbeitet."[30] Novaks Stab befand sich in St. Veit im Durchgangslager selbst.

Der Vorgang war im einzelnen so gehalten, daß der Umsiedlungsstab Kärnten anhand der Kartei, die wiederum zuvor von den Musterungskommissionen angelegt worden war, die Auszusiedelnden feststellte, und dann erhielt Novak für seine Aktionen die endgültigen Listen. Seine Kommandos trieben dann in den einzelnen Ortschaften die Menschen zusammen, verluden sie auf die Kraftfahrzeuge und brachten sie in das Durchgangslager von St. Veit. Von dort erfolgte dann der Bahntransport nach Serbien. Vom Ort der Verhaftung führten aber auch noch andere Wege fort.

Faßt man die Tätigkeit dieser Musterungskommissionen und ihre Selektion von Menschen nach der vermeintlichen rassischen Beschaffenheit ins Auge, so steht man nun jener letzten Konsequenz dessen gegenüber, was zuvor unter anderen Vorzeichen vielfältig diskutiert worden war. Hatte der nationalsozialistische Rassenwahn schon immer von den „objektiven Merkmalen" des Judentums geredet, wobei er, wie gesagt, schon in der Formulierung der Nürnberger Gesetze sehr in Verlegenheit gekommen war, als es galt, diese angeblich objektiven Kriterien zu beschreiben, so richtete sich nunmehr diese brutale Klassifizierung gegen die Slowenen.

Schon in den zwanziger und dreißiger Jahren hatte es zum argumentativen Standpunkt der Kärntner Slowenenvertreter gehört, das Bekenntnisprinzip als alleiniges

Kriterium abzulehnen und als objektives Merkmal für die Bestimmung der Volkszugehörigkeit vor allem die Sprache – ohne individuelles Einzelbekenntnis zum Slowenenoder Deutschtum – anzusehen, so zeigte sich nun, wo das hinführte. In der Unterredung zwischen Maier-Kaibitsch, Dr. Petek und Dr. Tischler vom 4. August 1938 war die fürchterliche nationalsozialistische Konsequenz bereits angeklungen, und als nun „Rassenprüfer" in Musterungskommissionen Scheitel, Stirne und Nasen, Sprache und Gesichter begutachteten, da glaubten sie nun, „objektive Merkmale" auf alles anzuwenden, was ihrer Meinung nach selektiert werden sollte. In dieser Schlinge nationalsozialistischer Brutalität aber fingen sich nun Judentum und Slowenentum, denn diese Aussiedlungen im nördlichen Krain sind der Punkt, an dem die slowenische „Minderheit" die jüdische Minderheit in der stufenweisen Entwicklung der Verfolgung eingeholt hatte. Nun wurden auf beide „objektive Merkmale" angewandt, denn alle diese Aktivitäten im nördlichen Krain richteten sich keineswegs nur gegen Slowenen, sondern in gleichem Ausmaße auch gegen die Juden Krains. Zwar waren in den größeren Orten schon manche den Verhaftungsaktionen der ersten Tage zum Opfer gefallen, aber nun mit der Musterung und Registrierung wurde auch unter der jüdischen Minderheit des Landes „Nachlese" gehalten, das Netz wurde gleichsam nochmals ausgeworfen.

In den Tagesberichten der Musterungskommissionen waren die Statistiken der erfaßten Personen nach dem objektiven Merkmal der Sprache in „Deutsche", „Windische", „Slowenen" und „Sonstige" gegliedert und die Juden unter „Sonstige", auf jeden Fall aber in der Eignungsgruppe IV zu suchen.[31]

Es wurde schon darauf hingewiesen, daß ein Teil der Juden, der noch entkam, auf italienisch besetztes Gebiet hinüberwechselte. Die anderen gingen aber nicht alle den gleichen Weg. Ein Teil – die „Prominenz" – scheint gleich verhaftet worden zu sein und kam mit der Masse der übrigen Verhafteten in das Polizeigefängnis Vigaun/Begunje. Von dort kamen Juden aus den verschiedensten Orten wie Kranj, Škofja Loka, Medno, später auch in das Konzentrationslager Mauthausen, da von Dr. Bauer berichtet wird, daß er manche durch seine Intervention von dort wieder freibekam.[32] Andere wieder wurden aus Vigaun entlassen. Wieder ein anderer Teil der Juden Krains aber dürfte mit den selektierten Slowenen bereits der ersten Welle (Geistliche, Intellektuelle, nach 1918 Zugewanderte) den Weg nach Serbien mitgemacht haben, da in diesen Monaten auch geplant war, Kärntner Juden, die noch im Lande waren, nach Serbien zu schicken.[33]

In Zusammenarbeit mit den italienischen Besatzungsbehörden in Laibach/Ljubljana wurde dann auch die Frage der volksdeutschen Gemeinde von Laibach in Angriff genommen. Nach längeren Diskussionen wurden die Mitglieder der volksdeutschen Gruppe in der Hauptstadt Sloweniens registriert und erhielten dann den Ansatzentscheid A, das heißt sie wurden für die Umsiedlung ins Altreich eingeplant. Diverse Interventionen führten dann dazu, daß sie die Genehmigung zur Umsiedlung nach Kärnten erhielten. Dabei ergaben sich aber Schwierigkeiten, weil sich unter den Laibacher volksdeutschen Umsiedlern Juden und Umsiedler mit jüdischer Blutmischung fanden. Sie wurden dann aus der Umsiedlung wieder herausgenommen, einige wurden aber auf den Weg verwiesen, beim zuständigen Polizeipräsidenten um Arisierung anzusuchen.[34] Offensichtlich war man eher peinlich berührt, daß die volksdeutsche Gruppe in Laibach solche Überraschungen zu bieten hatte. Für die Gemusterten der Gruppen I, II und III war grundsätzlich die Anpassung als Germanisierung möglich. Hierzu stand der analog dem Steirischen Heimatbund gegründete Kärntner Volksbund zur Verfügung, der am 24. Mai 1941 durch Kutschera ins Leben gerufen wurde. Er war zuerst die einzige zugelassene politische Organisation, da die NSDAP im nördlichen Krain erst später aufgebaut wurde. In Punkt 3 der diesbezüglichen Verordnung Kutscheras heißt es: „Die Mitgliedschaft zum Kärntner Volksbund ist das Bekenntnis zum Führer, Volk und Reich."[35] Sie war demnach für die „Windischen" de facto zwingend notwendig. Bundesführer des Kärntner Volksbundes wurde Wilhelm Schick, der zuvor schon zum Stillhaltekommissar ernannt worden war.

Pikanterweise konnte man in den nördlichen Gebieten Krains diesen „Germanisierungsverein" nicht in Übereinstimmung mit der Namengebung für die Untersteiermark „Kärntner Heimatbund" nennen, da es einen solchen ja in Kärnten – wie wir wissen – seit den zwanziger Jahren gab und dieser ja de facto nie aufgelöst worden war.

WIRTSCHAFTLICHE AUSPLÜNDERUNG

Die wirtschaftliche Bereicherung entwickelte sich im nördlichen Krain auf der Basis der schon beschriebenen Beschlagnahmeverordnungen Kutscheras in vielfältiger Weise. Um die ganze breite Palette der dem Zugriff offenen Vermögenswerte erfassen zu können, wurde eine uns schon bekannte Maßnahme gesetzt: Schon mit Verordnung des CdZ vom 2. Mai 1941 wurde auch ein Stillhaltekommissar für Vereine, Organisationen und Verbände eingesetzt. Er hatte die gleichen Aufgaben wie jener im März 1938 für das Land Österreich eingesetzte Funktionär: Stillhaltung, Auflösung oder Neuordnung der vorhandenen Vereine, Organisationen und Verbände. Durch eine zusätzliche Verordnung vom 24. Mai wurde seine Kompetenz auch auf Stiftungen und Fonds ausgedehnt.[36] Natürlich ging es bei all dem in erster Linie um die Verwertung des Vermögens, die nicht einmal vor den freiwilligen Feuerwehren halt machte. Der verwaltungsmäßige Vorgang war der, daß der Stillhaltekommissar beim Chef der Zivilverwaltung den Auflösungsantrag stellte und jener den Auflösungsbescheid erließ, der keiner Begründung bedurfte und unanfechtbar war. Der Kommandeur der Sipo hatte vorher nur das Recht, die Vereinstätigkeit und Vermögensbewegung einzustellen. Wir begegnen also durchaus wieder dem 1938/39 in Österreich schon eingespielten Mechanismus. Blicken wir aber über alle dem Zugriff wehrlosen Vermögenswerte, so sind es zwei Verfahrensweisen: Neben dem Auflösungsbescheid ist es die Beschlagnahme aufgrund der beiden frühen Verordnungen, die jederzeit die Möglichkeit gaben, einen Vermögenswert, d. h. seinen Eigentümer, für volks- und staatsfeindlich zu erklären. Der weitere Verlauf der Vermögensverwertung war dann folgender: Eine zentrale Rolle bei allen Vorgängen spielte der Kommandeur der Sicherheitspolizei und des SD als Dienststellenleiter seiner komplexen Behörde. Im Zusammenhang mit den Aussiedlungsaktionen erließ er in jedem einzelnen Fall den Umsiedlungsbescheid, zugleich schlug er dem Chef der Zivilverwaltung, der Hoheitsträger war, die Vermögenswerte der Umgesiedelten zur Beschlagnahme vor. Außerdem war er es, der die anderen „interessanten" Vermögenswerte im nördlichen Krain zur Beschlagnahme vorschlug, d. h. also solche, die nicht mit einer Umsiedlung der Besitzer, oft aber mit einer Verhaftung verbunden waren: Vermögen nationalslowenischer Funktionäre, jüdisches Vermögen, Vermögen der Königsfamilie, kirchliches Vermögen, Vermögen des jugoslawischen Staates. (Nur für die Vermögenswerte von Vereinen usw. war also der Stillhaltekommissar zuständig.) Die Unterzeichnung aller Umsiedlungsbescheide und Beschlagnahmevorschläge (der Vorschlag war natürlich nur eine Formsache) fiel demnach Dr. Bauer zu, weil er Leiter des Referates Staatspolizei beim Kommandeur der Sipo und des SD und zugleich auch Leiter des Referates Evakuierung im Umsiedlungsstab Kärnten war. Bei der Fülle der sich ergebenden Geschäftsfälle war es dann tatsächlich so, daß er oft Nächte durcharbeitete, um keine Stauung eintreten zu lassen.[37]

Der Vorgang der Vermögensverteilung, an dem wieder alle diese ineinander verfilzten Apparate beteiligt waren, kam erst nach langen Diskussionen der einzelnen Interessengruppen zustande; es wurde schließlich ausgehandelt, daß der CdZ grundsätzlich die Beschlagnahme aussprach und es dann beim Status der Beschlagnahme bleiben konnte oder der nächste Schritt der Einziehung zugunsten einer bestimmten Institution folgen konnte: Schon bei der Beschlagnahme wurden für große landwirtschaftliche und gewerbliche Betriebe treuhänderische Verwalter eingesetzt. Wurden Vermögenswerte zuerst nur beschlagnahmt, aber noch nicht eingezogen, gingen sie grundsätzlich in die Verwaltung der Dienststelle des Beauftragten des Reichskommissars für die Festigung deutschen Volkstums (Schröder) über; diese wirkte dabei als Treuhänder des CdZ, konnte die Verwaltung aber ihrerseits an die DUT und diese wieder an die DAG weitergeben.

Vieles wurde aber beschlagnahmt und sogleich eingezogen. So gingen die jugoslawischen Post- und Bahneinrichtungen an die Deutsche Reichsbahn bzw. Deutsche Reichspost, das landwirtschaftliche Vermögen des bisherigen jugoslawischen Staates wurde an das Deutsche Reich eingewiesen, doch nicht vertreten durch eine Finanzbehörde, sondern wiederum durch die Dienststelle des Reichskommissars. Ebenso wurde die Masse des beschlagnahmten Vermögens von ehemals jugoslawischen Privatpersonen, Vereinen usw. der Dienststelle des Reichskommissars eingewiesen, aber davon wurden entscheidende Ausnahmen gemacht: Vermögenswerte der jugoslawischen Königsfamilie, der katholischen Kirche und der Juden wurden der Gauselbstverwaltung des Reichsgaues Kärnten eingewiesen.[38] Bekanntlich war im April 1940 im Zuge der Realisierung des Ostmarkgesetzes die Landeshauptmannschaft aufgelöst und dafür die Reichsstatthalterei als Vertreter der staatlichen Zentralgewalt sowie die Gauselbstverwaltung als Vertreter des Landes und der spezifischen, aber sehr begrenzten Landeskompetenzen eingerichtet worden. Pawlowski war dabei Stellvertreter eines nicht ernannten Reichsstatthalters geblieben, und er war als Stellvertreter in der Reichsstatthalterei Regierungspräsident, als sein Stellvertreter im Bereich der Gauselbstverwaltung sogenannter Gauhauptmann. Im Gegensatz zu den anderen Alpen- und Donaugauen wurden die internen Machtkämpfe im Lande durch dieses Dauerprovisorium an der Führungsspitze noch komplexer, als sie ohnehin gewesen wären – gerade dieses Dauerprovisorium aber ermöglichte Himmler über „seinen Mann" Kutschera, der schon illegaler SS-Führer gewesen war, besonders starken Einfluß im Gau, der sich durch die Ernennung Kutscheras zum Beauftragten des Reichskommissars für die Festigung deutschen Volkstums noch verstärkte, zumal er vorher nur Stellvertreter eines nicht ernannten Gauleiters und dann CdZ war.

Zugleich aber Kutschera, solange er sich Hoffnungen auf den Posten des Reichsstatthalters und Gauleiters machte, ein besonders gehorsames Werkzeug in den Händen Himmlers, und auch als CdZ im nördlichen Krain war er den Berliner Einflüssen gegenüber kaum widerstandsfähig.

Rechnet man zu diesen nach scheinlegalen Normen vor sich gehenden wirtschaftlichen Ausplünderungen auch all das hinzu, was einfach so „unter der Hand" weggenommen, gestohlen und geplündert wurde, so ergibt sich, daß die SS die entscheidenden Möglichkeiten und Positionen sich selbst in reichem Maße zu sichern verstand. Pawlowski äußerte sich später über Kutschera: „Kutschera war in vielen Fällen meiner Meinung, aber er hatte nicht die Kraft, standzuhalten. Kaum war er in Oberkrain, haben sämtliche Berliner hineingefunkt." Und ein anderer Beobachter meinte: „Pawlowski hat seinen Standpunkt über die Slowenenaussiedlung auch bei Kutschera vertreten, aber dieser stand ganz unter dem Einfluß von Himmler."[39] In der praktischen Wirklichkeit des Alltags scheinen die Verhältnisse bei der Aufteilung des beschlagnahmten und eingezogenen Vermögens nicht ganz so übersichtlich gewesen zu sein, wie man aufgrund der protokollmäßig festgehaltenen Absprachen meinen möchte. Außerdem dürfte nach dem Krieg auch eine gewisse Verschleierungstendenz wirksam geworden sein. So behauptete Pawlowski selbst nach dem Krieg noch dezidiert, das Vermögen des jugoslawischen Staates und das jüdische Vermögen im nördlichen Krain seien an die Dienststelle des Reichskommissars für die Festigung deutschen Volkstums und nicht an die Gauselbstverwaltung gegangen, alle anderen Vermögenswerte aber habe die Gauselbstverwaltung übernommen.[40] Möglicherweise hat aber Pawlowski auch in der Erinnerung die beiden Aspekte miteinander verwechselt. Sehr genau dürfte es die SS aber mit der Abgrenzung ihrer Kompetenzen nicht genommen haben. Ein Buchhalter der Finanzabteilung der Reichsstatthalterei berichtete noch nach dem Krieg über Natmeßnig: „Er hatte auch Zerwürfnisse mit der SS, weil er gegen die Methoden der SS, welche in Oberkrain jüdisches Vermögen gestohlen hat, aufgetreten ist und eine strenge Untersuchung verlangt hat. Im Jahre 1944 wollte ihn die SS auch als Gauhauptmann absetzen."[41] So ergibt sich also auch hier ein Blick in die Kompetenzauseinandersetzungen verschiedener nationalsozialistischer Stellen, die besonders heftig waren, wenn es ums Geld ging. Eine Tatsache aber bleibt unübersehbar: Die Gauselbstverwaltung des Reichsgaues Kärnten sicherte sich einen bemerkenswerten Anteil an den „Einkünften". Die Situation war jener der Ausplünderung der Kärntner Juden 1938 keineswegs ähnlich. Während damals der Geldabfluß aus diesem „Metier" nach Berlin noch entscheidend war, lagen nunmehr die Verhältnisse ganz anders: Ein beträchtlicher Teil der Gelder blieb in Kärnten. Es wird später noch festzuhalten sein, wie sich diese Tendenz weiter verstärkte.

Eine Vermögensverkehrsstelle war in diesem Ausplünderungsprozeß keineswegs mehr nötig, da der Anfangsimpuls der Ausplünderung ja einheitlich in der Beschlagnahme bestand und keinerlei Verkaufs- und Auflösungsvorgänge mehr in jener Breite durchgeführt werden mußten wie zuvor. Wo Sachwerte beschlagnahmt und bei der Einziehung zugewiesen wurden, verwerteten die Dienststellen diese selbst und sorgten für Verkauf oder Versteigerung – oder bei den verschiedenen Plünderungen einfach für die Weitergabe unter der Hand.

Der zwischen den einzelnen interessierten Instanzen ausgehandelte Verteilungsschlüssel erwies sich für die Gauselbstverwaltung des Reichsgaues Kärnten als sehr günstig, weil sie damit auch einen beträchtlichen Anteil am Industriepotential des nördlichen Krain für sich nehmen konnte, und nicht nur kirchlichen und königlichen Besitz. Wenn auch die Fremdenverkehrsbetriebe in dem touristischen Zentrum Veldes/Bled sogleich von den verschiedenen Dienststellen besetzt wurden, so gewann doch die Gauselbstverwaltung beträchtliche Brocken aus der industriellen Beute:

Die „Krajnska industrijska druzba" mit ihren Hochöfen, ihrem Feinblechwalzwerk und dem eigenen Kraftwerk im Raum Aßling/Jesenice mußte in Anbetracht der komplizierten Besitzverhältnisse eine sehr subtile firmenrechtliche Umgestaltung erfahren, bei welcher der Kärntner Gauselbstverwaltung kaum Möglichkeiten blieben. Ähnlich im Schicksal, aber weit größer als etwa die Fischl-Werksgruppe waren nach 1918 verschiedene Fabriken des Unternehmens mit der Auflösung der k. u. k. Monarchie in verschiedenen Staaten. Das ursprünglich zu Aßling gehörige Drahtwerk in Feistritz im Rosental erlebte nicht zuletzt auch deshalb in den dreißiger Jahren seinen Niedergang, nicht so schlecht aber ging es dem Stahlwerk und den Walzwerken des großen Unternehmens im Raum Triest, denen auch die italienische Flottenaufrüstung zugute kam. Nach dem Ende der Monarchie ging verständlicherweise auch die Aktienmehrheit des Gesamtunternehmens von Vogel & Noot und der Österreichischen Bodenkreditanstalt an jüdische Banken von Triest über, doch führte das slowenische Industrieförderungsprogramm 1929 zum Ausbau der Führungsposition einer starken slowenischen Aktionärsgruppe unter entscheidender Teilnahme der Laibacher Kreditanstalt.[42] Als nun aus den Aßlinger Betrieben die „Krainische Industrie AD" (KIG) gebildet wurde, konnte sich aber die Gauselbstverwaltung Kärnten immerhin ein beträchtliches Mitspracherecht sichern. Jüdische Kapitalbeteiligung gab es auch bei der Eisengießerei- und Elektromotorenfabrik „Titan" in Stein/Kamnik, die zuerst unter treuhänderische Verwaltung gestellt wurde.

Das gleiche Schicksal wie „Albeko" in Obere Fellach, aus der die „Carinthia"-Spezialpappenfabrik wurde, erlitt die Pappefabrik in Prävali/Prevalje im Mießtal. Rasch beschlagnahmt und mit einem treuhänderischen Verwalter versehen wurde naturgemäß auch die Baumwollspinnerei Glanzmann & Gassner in Neumarktl/Tržič sowie die Littaier Großspinnerei der Mautner AG, ferner die Textilfabrik „Intex" in Krainburg/Kranj. Jüdische Kapitalbeteiligung gab es auch bei der großen Baumwollspinnerei in Bischoflack/Skofja Loka und bei den Krainburger Fahrradreifenwerken. Wo Kapitalbeteiligungen bestanden, wurden oft Anteile verkauft oder Kompensationswege eingeschlagen. Als Musterbeispiel für die Vorgangsweise sei die „Jugoslovansko cesko tekstilno industrijo Kranj", kurz Jugocesko, näher betrachtet. Der Fabrikbetrieb samt all seinem beweglichen und unbeweglichen Vermögen wurde über Vorschlag der Staatspolizei vom Chef der Zivilverwaltung am 10. Juni 1941 aufgrund der Verordnung vom 24. April beschlagnahmt, gleich darauf eingezogen und der Gauselbstverwaltung des Reichsgaues Kärnten eingewiesen, die damit Eigentümerin der Anlagen für die Textil- und Stärkeerzeugung und der großen Textildruckerei wurde. Zu der Fabrik gehörten beträchtlicher Grundbesitz sowie Vorräte an Rohstoffen, Halb- und Fertigprodukten.

Kurze Zeit später, nämlich schon am 25. Juli 1941, verkaufte die Gauselbstverwaltung Kärnten alle Grundstücke und Bauten mit Ausnahme der Anlagen für die Textilerzeugung und Textildruckerei an die Luftfahrt-Anlagen-Ges.m.b.H. Berlin-Schöneberg, Am Park 12, um den Preis von RM 1,350.000,–. Der Betrag wurde von der Käuferin bezahlt. Zugleich trat aber die Gauselbstverwaltung Kärnten gegenüber der Käuferin Luftfahrt-Anlagen-Ges.m.b.H. als Mieterin auf und betrieb in einem Teil der Firmenbesitzungen weiterhin die Textilerzeugung unter dem Firmennamen „Textilwerke des Reichsgaues Kärnten". Auf einem andern Teil des Geländes wiederum wurde die Käuferin unter der Firma „Luftfahrt-Gerätewerk Hakenfelde G.m.b.H." tätig.

Diese Vermögenswerte aus der Arisierung gingen eindeutig an die Gauselbstverwaltung, auch wenn mit ihnen eine Zeitlang Transaktionen vorgenommen wurden. Eine Systematisierung aller einfließenden Gelder von der Judenausplünderung im nördlichen Krain erfolgte erst unter dem folgenden Gauleiter und Reichsstatthalter Rainer. Am 7. April 1942 wurde bei der Landeshypothekenanstalt in Klagenfurt das Konto 1466 eröffnet, auf welches die Regierungsoberkasse als erstes den Betrag von RM 1,012.603,50 einzahlte. Das war der Rest der Kaufsumme, welche von der „Luftfahrt-Anlagen G.m.b.H. Berlin" gezahlt worden war. Dieses Konto lautete auf den Namen des Reichsstatthalters, der ja auch Chef der Gauselbstverwaltung war, vermerkt war noch „Zu Handen des Gaukämmerers" – befugt war also Natmeßnig. Auf dem gleichen Konto gingen dann auch noch weitere Beträge aus dem nördlichen Krain ein, es wurde zu einem der Sammelkonten für dort eingezogenes Vermögen, das an die Gauselbstverwaltung kam. Auch Geldbeträge von Versteigerungen beschlagnahmter und eingezogener Möbel und ähnlicher Besitztümer gingen auf dieses Konto, ebenso noch am 19. März 1943 und am 11. Juni 1943 Beträge in der Gesamthöhe von RM 423.338,–. In ähnlicher Weise gingen auf anderen Sammelkonten der Landeshypothekenanstalt, z. B. auf den Konten 1462, 9826, 1337, 9667, 9713, 1996 usw. Geldbeträge von Einziehungen ein.

Es mag erstaunlich erscheinen, daß die Gauselbstverwaltung die „Jugocesko", so die verkürzte Bezeichnung, weiter betrieb. Das scheint auf ein konsequentes Wirtschaftskonzept hinzudeuten, nach dem Betriebe nicht durch Verkauf einen einmaligen Gewinn, sondern laufende Einnahmen, aber auch Verantwortung und Wirtschaftsplanung ermöglichen sollten, auch wenn man sich bezüglich der Absatzlage angesichts der Wehrmachtsaufträge weniger Sorgen zu machen brauchte als hinsichtlich der Rohstoffzuteilung.

Die Gauselbstverwaltung betrieb natürlich auch beispielsweise den einst königlich jugoslawischen Waldbesitz wie etwa die „Reichsgau-Forstverwaltung" in Streiteben im Mießtal, sie war beteiligt an der nunmehr „Mitteleuropäischen Bergwerks A.G." genannten Unternehmen in Prävali, sie betrieb das Gauschulungsheim in Ratschach/Ratece, die „Fischstation Veldes des Reichsgaues Kärnten", ja sogar die ursprünglich zur dortigen Eisengießerei gehörenden „Elektrizitätswerke des Reichsgaues Kärnten" in St. Veit/St. Vid an der Save. Unter den anderen Arisierern waren reichsdeutsche Industrieunternehmen, reichsdeutsche Baufirmen, aber auch Kärntner Lederfabriken, ja sogar Kärntner und Wiener Lebensmittelgroßhändler. Das Unwesen der Treuhänder trieb mächtige Blüten, eine Zeitlang schien es im Lande eine gute Profession, Treuhänder zu sein, sogar für Unternehmen, die nicht unbedingt zu den Großbetrieben zählten, wie etwa das Hobelwerk Remec und die Maschinstrickerei Novak in Radmannsdorf/ Radovljica und den Großhandel Remitz in Unterdrauburg/Dravograd wurden Treuhänder eingesetzt. In Krainburg/Kranj gab es die Dienststelle „Kommissarischer Treuhänder für Haus- und Grundbesitz". Auch ohne Vermögensverkehrsstelle war letzten Endes wieder die gleiche Situation wie in Kärnten eingetreten: Jeder Betrieb und jede Liegenschaft bekam zuerst einmal einen Funktionär, der in Kärnten durchwegs „kommissarischer Verwalter" hieß, im nördlichen Krain aber „kommissarischer Treuhänder", „kommissarischer Leiter" oder „treuhänderischer Verwalter". Es lief jedenfalls alles auf das gleiche hinaus. Pikanterweise machte die Eindeutschungswelle auch vor den krainischen Juden nicht halt: Als Dr. Fajdiga aus dem Gefängnis zurückkam, hieß er dann „Feidiger", bis er ausgesiedelt wurde.

Angesichts dieser systematischen Wirtschaftspolitik der Gauselbstverwaltung Kärnten mit dem eingezogenen jüdischen Vermögen (und natürlich auch dem königlichen und kirchlichen) drängt sich automatisch die Frage auf, ob denn der Reichsgau das wirklich nötig hatte. Die Verantwortlichen waren offensichtlich dieser Meinung. Hatte das Land Kärnten vor allem in den letzten beiden Rechnungsjahren vor der nationalsozialistischen Machtübernahme außerordentlich wenig Bundesmittel bekommen[43], so war Natmeßnig nachher darauf bedacht, die Schulden des Landes Kärnten, die mit 30. April 1938 insgesamt S 10,684.959,— betrugen, möglichst schnell abzutragen.[44] Das Deutsche Reich hatte ja auch die Gläubigerrolle des Bundes gegenüber dem neuen Reichsgau Kärnten übernommen. Natmeßnig faßte aber die finanzielle Situation des Landes auch als ein wichtiges Regulativ für die Gemeinden auf, was ihn noch mehr in seiner hartnäckigen Sanierungspolitik der Landesfinanzen bestärkte, waren doch die Gemeinden Kärntens wegen der geringen Steuerkraft der Bürger ebenfalls schwer verschuldet bzw. teilweise im Ausgleich oder unter der Last gewichtiger Pfandrechte.[45] Gerade für die Gemeinden aber konnte eine finanzkräftige Landeshypothekenanstalt ein nicht unbedeutender Rettungsanker werden. Das schon erwähnte Konsolidierungsdarlehen vom Mai 1938 (3 Millionen Reichsmark) war nur eine Zwischenfinanzierung, bis dann ab 1939 die Finanzzuweisungen des Reiches an die Gauselbstverwaltung und die Schlüssel- und Bedarfszuweisungen die Lage entscheidend bessern konnten, wobei aber noch immer der Schuldenabbau der Gauselbstverwaltung und der Gemeinden im Vordergrund stand. So hat es den Anschein, daß die Gauselbstverwaltung nach jedem finanziellen Strohhalm griff und es auch verstand, die Situation in Berlin so wirkungsvoll darzulegen, daß der Gau an der Ausplünderung kräftig teilnehmen konnte.

Ganz allgemein machten sich auch die Kärntner Nationalsozialisten von der „Zunahme des Güteraustausches des Reiches mit den Südostländern" sehr optimistische Vorstellungen. Vor dem Jugoslawienfeldzug war man deshalb schon an einem verstärkten Ausbau des Grenzüberganges Rosenbach sehr interessiert und trachtete diese Interessen auch bei der Oberbetriebsleitung München der Deutschen Reichsbahn zu deponieren[46], nach dem Feldzug wurde dann mit 15. Oktober 1941 die Zollgrenze „an die Auslandsgrenze der befreiten Gebiete der Untersteiermark und Krains vorverlegt", und man verstärkte die verkehrstechnischen Bemühungen um einen raschen und starken

Warenverkehr.[47] Dobova, St. Veit an der Save und Wocheiner Feistritz wurden im Übergangsverkehr mit den besetzten Gebieten bzw. mit Italien zu neuen Zollstellen, und vor allem auf der Strecke Rosenbach – Wocheiner Feistritz – Piedicolle rechnete man schon im Sommer 1941 mit einem Güterübergang von 10 Güterzügen täglich in jeder Richtung.[48]

Nach dem Willen der Kärntner Wirtschaftsplaner sollte sich gerade auch der Kärntner Handel in diese Exportgeschäfte so stark wie möglich einschalten. Vor dem März 1938 sei das wie gesagt nicht möglich gewesen, weil nur einige jüdische Großfirmen in Wien die Export- und Importgenehmigungen besessen hätten und andere Interessenten nicht zugelassen worden wären, nun aber sei gerade auf diesem Gebiet eine große Chance für den Kärntner Export gegeben, meinte der Gauwirtschaftsberater schon vor Kriegsausbruch, wobei er die Kapazität und das Kapitalvolumen von Kärntner Unternehmen sehr hoch einschätzte.[49]

WIRTSCHAFTLICHE DIKTATUR

Im Oktober 1941 war es dann soweit: Oberführer Schröder rückte zur Waffen-SS ein, und Maier-Kaibitsch konnte nun in der Dienststelle des Beauftragten des Reichskommissars für die Festigung deutschen Volkstums vom gewöhnlichen Mitarbeiter zum Dienststellenleiter aufrücken. Er scheint dann auch eine gewisse Umorganisation und Vereinfachung in der Dienststelle durchgeführt zu haben. Stabsführer war Dr. Starzacher, Dr. Maierschitz und Dr. Moser blieben in der Rechtsabteilung, ebenso Dr. Hainzl in der Finanzabteilung und Furlan in der Verwaltung, Ing. Alois Winkler war zugleich beim Chef der Zivilverwaltung Beauftragter für die Wirtschaft und seit August 1941 nur mehr dort tätig. Sein Referat bei der Dienststelle des Beauftragten des Reichskommissars war vor allem „bei den Sicherungsmaßnahmen des Vermögens der Ausgesiedelten" tätig gewesen. Ing. Albert v. Gayl blieb mit Dr. Tropper weiterhin in der Dienststelle des Reichskommissars, war aber zugleich Beauftragter für Ernährungswesen und Landwirtschaft beim Chef der Zivilverwaltung, wo auch Dr. Hierzegger und Dr. Kaltenegger tätig waren. Das Referat Landwirtschaft in der Dienststelle des Reichskommissars war nach den Aussiedlungsaktionen mit der Bewirtschaftung der verlassenen Höfe der Ausgesiedelten beschäftigt, wies dabei aber meist nur die DUT und die DAG ein, soweit nicht die Gauselbstverwaltung sich um ihre Beute selbst kümmerte.[50]

Die Musterung und dann die Aussiedlung selbst aber liefen weiter: Hatte die erste Welle, nämlich die Aussiedlung vor allem der Intelligenz, etwa 3000 Personen ihren Besitz gekostet und die Menschen selbst nach Serbien geführt, so umfaßte die zweite Welle dann die seit 1918 aus dem übrigen Jugoslawien und aus dem Küstenland zugewanderten Personen (über 9000), und Opfer der dritten Welle waren dann vorwiegend die rassisch Minderwertigen der Klasse IV und jene Menschen, die aus „Sicherheitsgründen" aus einem 20 km breiten Grenzstreifen gegen Kroatien und das italienisch besetzte Gebiet ausgesiedelt wurden (aus der Südsteiermark und dem nördlichen Krain rund 37.000 Personen). Dabei gingen die wenigen jüdischen Familien verschiedene Wege, die anderen Opfer kamen meist in Lager der Volksdeutschen Mittelstelle in Deutschland, andere aber auch noch nach Serbien. Manche, die die deutsche Verwaltung brauchte, wie etwa der Industrielle Ingenieur Pollak aus Neumarktl, waren noch 1942 in Oberkrain zu finden; Pollak versuchte ein Feldkirchner Parteigenosse gemeinsam mit dem Landrat von Krainburg (auch ein Kärntner) vor Röseners Stab zu schützen.

Im Sommer 1941 informierte Maier-Kaibitsch, der selbst angeblich vom Innenministerium benachrichtigt worden war, über die weiteren Aufgaben der Musterungskommissionen: Diese sollten nach Beendigung ihrer Tätigkeit im nördlichen Krain – offiziell wurde das Gebiet nach wie vor „Südkärnten" genannt – nach Kärnten verlagert werden. Und dort sollten sie im gemischtsprachigen Gebiet gleich vorgehen und durch ihre Selektion die Grundlage für die Aussiedlung von rund 50.000 Personen schaffen.[51] Pawlowski fuhr daraufhin, wie mehrere Zeugen übereinstimmend berichten, zum Reichsminister des Innern, Dr. Frick, nach Berlin, um gegen diesen Plan zu protestieren. Pawlowski drohte angeblich mit seinem sofortigen Rücktritt, wenn eine solche Massenaussiedlung erfolgen sollte, weil er persönlich mit einer solchen Sache nicht in Verbindung gebracht werden möchte und er als Regierungspräsident in so einem Falle auch nicht mehr geordnete Verhältnisse und eine funktionierende Verwaltung in Kärnten garantieren könne. Frick habe Pawlowski zwar in freundlicher Weise auf seinen aggressiven Ton aufmerksam gemacht, ihm den Protest aber weiter nicht übel genommen.[52] Es kam dann tatsächlich nicht zu einer Musterung und Selektion der Kärntner Slowenen, sondern die südlich der Karawanken tätigen Kommissionen wurden wieder aufgelöst. Die Überlegungen bezüglich einer Aussiedlung von national gesinnten Kärntner Slowenen aber gingen weiter und nahmen schließlich den bekannten Verlauf.

Im mittleren Stadium der Planung aber wollte man entgegen dem im nördlichen Krain realisierten Modell der Aussiedlung nochmals zu einem Verfahrensschema zurückgehen, welches noch stark vom Modell der Judenausplünderung beeinflußt ist: Im Protokoll der Tarviser Sitzung vom 27. September 1941 wird nirgends davon geredet, daß man die Klassifikation „volks- und staatsfeindlich" im Sinne der bekannten Verordnungen dazu heranziehen könne, um leichter mehr Höfe für die Kanaltaler Umsiedler zu bekommen, obwohl Himmlers Befehl vom 25. August 1941 über die verstärkte und beschleunigte Ansiedlung der Kanaltaler im alten Reichsgau Kärnten und in „Südkärnten" dies ja angeordnet hatte. Weil die bisher angewendeten Modalitäten – freihändiger Kauf oder Enteignung nach dem Landbeschaffungsgesetz für Zwecke der Wehrmacht bei nachfolgender Entschädigung – zuwenig Höfe erbracht hätten, seien nun „Sondermaßnahmen bei Heranziehung slowenischer Betriebe" nötig.[53] Es wird dann in dieser Besprechung folgendes geplant: „Der Leiter der Staatspolizeistelle Klagenfurt lädt die in Betracht kommenden Slowenen vor und eröffnet ihnen, daß sie infolge ihres Verhaltens ihre Betriebe in Kärnten aufgeben müssen. Er fordert sie auf, die Betriebe an den Reichskommissar für die Festigung deutschen Volkstums, vertreten durch die DUT, Nebenstelle Klagenfurt, zu veräußern. Das Verkaufsangebot hat binnen einer Woche zu einem annehmbaren Preis zu erfolgen, widrigenfalls Beschlagnahme durch die Staatspolizei erfolgt." Daß es sich bei diesem Modell und der Diktion der einzelnen Schritte noch ganz um den Kompetenz- und Aktionsrahmen der einstigen Vermögensverkehrsstelle handelt, fällt sogleich auf – ja die Drohung mit der Beschlagnahme sollte ganz offensichtlich gerade die Beschlagnahme vermeiden. Daß man später von diesem Modell bei den Ereignissen vom 14. und 15. April 1942 und den folgenden Kärntner Aussiedlungen der Jahre 1943 und 1944 abging, wurde nachträglich nicht damit begründet, daß man Geld sparen wollte, sondern daß Himmler und die Gestapo eine rasche und überfallsartige Aussiedlung gewünscht hätten, um Pannen zu vermeiden. Auch hätte die Gestapostelle Klagenfurt die Feststellung gemacht, daß dann das Landbeschaffungsgesetz allein keine ausreichende rechtliche Basis für die Aussiedlungsbescheide darstelle und man wohl oder übel zur staatspolizeilichen Maßnahme mit Hilfe der Verordnung über die Einziehung volks- und staatsfeindlichen Vermögens schreiten müsse.[54]

Pawlowskis Protest bei Frick fügte ein weiteres Steinchen ins Mosaik der Beschwerden, die Gestapo und SD schon gesammelt und in Berlin deponiert hatten.[55] Himmler setzte seine Maßnahmen. Zugleich zeigten sich im nördlichen Krain und in der Untersteiermark immer deutlicher die Folgen des Wirkens der SS und derer, die ihr nicht zu widerstehen wagten: Schon im Sommer 1941 begannen die ersten Sabotageaktionen an Bahnanlagen und die ersten Partisanenüberfälle auf Einsatzverbände. Zugleich nützten die Kommunisten bereits den Stimmungsumschwung der slowenischen Bevölkerung für ihre Informationstätigkeit geschickt aus, um vom italienischen Gebiet aus mit den Zügen in Richtung Rosenbach Propagandamaterial über die Grenze zu bringen,[56] das zum Teil im nördlichen Krain, zum Teil wohl auch im Raum Villach verteilt werden sollte.

Neben vielen Protesten gegen die Slowenenaussiedlung, von denen einige bereits publiziert wurden, geben die Dienstberichte der Sicherheitspolizei und beispielsweise die Denkschrift Dr. Kalteneggers vom Stab des CdZ ein deutliches Bild von der Situation im Lande, aber auch von der Bewußtseinslage diverser Funktionäre und Beobachter. So wie zuvor schon die Kärntner Juden, wirkten nun auch die Slowenen als Katalysatoren in einem innerparteilichen Lernprozeß, der bei manchen einen deutlichen Wandel des Selbstverständnisses herbeiführte. Während das Grollen zwischen frustrierten Alten Kämpfern und neueren Karriereparteigenossen 1940/41 allmählich abklang, blieb das Gefüge des nationalsozialistischen Herrschaftssystems trotzdem im Reichsgau Kärnten einschließlich „Südkärnten" besonders instabil und durchlässig für Einflüsse von außen. Das hat seinen Grund in dem Dauerprovisorium an der Führungsspitze. Es hat seinen Grund aber auch in der dadurch besonders massiv ausgebauten Position des Herrschaftsträgers SS, weil sich gegen sie eben wegen ihrer Macht die Konturen von Opposition immer deutlicher bildeten, und zwar trotz oder gerade wegen Himmlers Methode, den ganzen höheren Beamtenapparat der Reichsstatthalterei und der Gauselbstverwaltung mit SS-Ehrenrängen auszustatten, um diese Leute in einem Netz der Gehorsamspflicht gegenüber der SS zu fangen.

Der partielle Konsens und die systeminterne Kontaktverringerung wurden also für eine beträchtliche Anzahl von Parteigenossen charakteristisch, auch wenn er sich nicht wie etwa am Exempel Pawlowski zur offenen Opposition und zum Abbau der Ideologie entwickelte. Interessanterweise zeigt sich dieser Wandel im Selbstverständnis bei einer Vielzahl von Menschen, die sich auf Grund ihrer Grenzlandideologie vom deutschnationalen ins nationalsozialistische Lager begeben hatten und nun eine spürbare Verfremdung erfuhren.

Und gerade diesen aus traditionellen Denk- und Verhaltensmustern agierenden Leuten wurde besonders unbehaglich, wenn sie nun aus dem Munde Kutscheras oder Volkenborns oder irgendwelcher Reichsdeutscher den zwanghaften Kausalzusammenhang zwischen dem nördlichen Krain und „ihrem" Kärnten immer bewußter zur Kenntnis nehmen mußten: Je angespannter die Lage im italienischen und deutschen Krain wurde, umso weniger konnte die SS ein Slowenenproblem in Kärnten brauchen, sondern dieses sollte nun binnen kürzester Zeit radikal gelöst werden.

Während die Wehrmacht als Herrschaftsträger noch völlig passiv blieb und die katholische Kirche gerade im Zusammenhang mit ihren Versuchen, Reste ihres in Kärnten traditionell geringen Vermögens zu retten, einen besonders engen Handlungsspielraum hatte, machte aber dieser Wandel im Selbstverständnis auch vor der Sicherheitspolizei nicht halt, die wie der Beamtenapparat der Reichsstatthalterei und des CdZ teilweise nur rein äußerlich als SS-Apparat erschien. Während nicht wenige österreichische Polizeibeamte der niedrigeren Ränge – wie ihre Dienstbeschreibungen zeigen – in eine beträchtliche innere Isolation gingen und in ihrem kleinen Wirkungskreis sabotierten und verzögerten, soviel sie nur konnten, zeigte sich die immer schmälere Basis einer partiellen Übereinstimmung besonders deutlich bei manchen aus der einstigen österreichischen Staatspolizei und Gendarmerie übergeleiteten Beamten, und Dr. Bauer ist ein besonders bemerkenswertes Exempel für den Rückzug in formelhaften und „korrekten" Bürokratismus, der ihm viele nicht systemkonforme hilfreiche Einzelaktionen ermöglichte.

Als Kutschera und Volkenborn dann noch auf die beginnenden Partisanenaktivitäten mit Geiselerschießungen reagierten, wobei die Auswahl einfach aus der Kartei des Umsiedlungsstabes Kärnten getroffen wurde (Klasse IV), verschärfte sich die Lage im nördlichen Krain naturgemäß weiter, und Kutschera mußte schließlich gehen. Rainer kam zum Zug, er konnte in seinen Heimatgau zurückkehren, und daß er zuerst auf Salzburg nicht verzichten wollte[56a], erklärt sich durchaus logisch aus seinen ehrgeizigen Großraumplänen, die er für Kärnten damals schon hegte. Als Frick dann Rainer am 16. Dezember 1941 in Klagenfurt in sein neues Amt einführte, deutete er manches offen an: Bevölkerung und Wirtschaft von Oberkrain, die in den vergangenen zwei Jahrzehnten weitgehend auf Laibach ausgerichtet worden waren, müßten nunmehr auf das zurzeit noch schwerer erreichbare Klagenfurt „umgeschaltet" werden, der Verwaltungsaufbau in den drei neuen Kreisen Radmannsdorf, Krainburg und Stein müßte vollendet und die neuen Gebiete völlig in die deutsche Kriegswirtschaft eingeordnet werden.[57]

Das weist alles auf den nationalsozialistischen Zentralismus und die Hinordnung aller Reichsgebiete auf Berlin hin, konnte aber nicht verhindern, daß es schon von Rainers Vorgängern zum Teil eher „kärntnerisch" interpretiert wurde und Rainer dann – wie noch zu sehen sein wird – in dieser individuellen Interpretation sehr nachdrücklich fortfuhr. Als Frick bei dieser Amtseinführung Rainers einer leichten Milderung der Aussiedlungspolitik insofern goldene Brücken baute, als er in weitschweifigen historischen Betrachtungen zu der Schlußfolgerung kam, daß die Krainer Slowenen rassisch mit dem deutschen Volk „eng verbunden" wären, denn „deutsches Blut ist seit über einem Jahrtausend in erheblichem Umfang fortlaufend hier versickert", da dachte keiner von den Zuhörern mehr an die Juden Krains, deren geringe Zahl sich von der Größenordnung der slowenischen Aussiedlung gar nicht mehr abheben konnte. Beim nächsten Akt der Tragödie sollte es wieder anders sein.

Übrigens dankte Frick bei dieser Gelegenheit auch, allerdings in bemerkenswert kurzen Worten: Kutschera dankte er mit zwei Sätzen dafür, daß dieser Aufbauarbeit geleistet habe, Pawlowski würdigte er ebenso kurz dafür, daß dieser seit Jahren den fehlenden Reichsstatthalter vertreten hatte. Kutschera war im Sommer 1942 bereits beim Aussiedlungskommando Warschauer Ghetto, wurde im November des gleichen Jahres Höherer SS- und Polizeiführer rückwärtiges Heeresgebiet Rußland-Mitte in Mogilew und war seit 25. September 1943 Höherer SS- und Polizeiführer Warschau. Am 1. Februar 1944 geriet er in einen Hinterhalt von Widerstandskämpfern und wurde von diesen erschossen.[58]

Pawlowski wurde von Frick beim Wort genommen. Er schied aus – nach längerer Versetzung in den Wartestand wurde er Verwaltungsrat bei der Krainischen Industriegesellschaft. Himmler eröffnete mit Erlaß vom 28. März 1942 das SS-Disziplinarverfahren gegen ihn wegen Judenbegünstigung, wegen ständiger Hilfeleistung und Vorschubleistung für Feinde des deutschen Volkes, wegen ständiger Kritik an den Maßnahmen des Reichsführers. Um Aufsehen zu vermeiden, gab man ihm im April 1943 die Möglichkeit, selbst um Entlassung in Ehren aus der SS anzusuchen. Diese wurde mit 21. April 1943 durchgeführt.

Mit 1. Januar 1942 wurde die Dienststelle des Chefs der Zivilverwaltung aufgelöst, das Mießtal direkt den Landeskreisen Wolfsberg bzw. Völkermarkt eingegliedert, das übrige „besetzte Gebiet" zu den drei Landkreisen Radmannsdorf, Krainburg und Stein umstrukturiert und direkt der Reichsstatthalterei Kärnten angeschlossen. Statt der bisherigen politischen Kommissare gab es nun nur mehr drei Landräte. So wie Rainer im alten Reichsgau selbst konsequent mit Konsolidierungsmaßnahmen des nationalsozialistischen Herrschaftssystems begann, die vor allem darauf abzielten, es als homogenes Ganzes seiner Kontrolle zu unterstellen, so setzte er als erstes südlich der Karawanken Beruhigungsmaßnahmen: Er erhielt Hitlers Erlaubnis, das Gebiet „Oberkrain" zu nennen, er lockerte das Verbot der slowenischen Sprache bei amtlichen Texten, er ließ im Sinne von Pawlowski Geistliche zu. Die Slowenenaussiedlung in Kärnten fand – zwar zahlenmäßig stark begrenzt – statt. So wie der Grenzlandideologe Maier-Kaibitsch dem SS-Standartenführer Maier-Kaibitsch nicht entkommen konnte, bezahlte auch der Reichsstatthalter Rainer dem SS-Gruppenführer Rainer seinen Preis.

Als die Slowenenaussiedlung in Kärnten begann, war von dem Entwurf des scheinbar „freiwilligen" Vermögensverkaufs, dessen Herkunft wir schon kennen, nichts mehr übriggeblieben. Wohl aber wurde das alte Schema der Vermögensverkehrsstelle für die Juden auf Grund spezieller Abmachungen mit Kapitelvikar Dr. Rohracher und Generalvikar Dr. Kadras der Kirche gegenüber beibehalten: Vor allem bei Pfarrpfründen sollten Gebäude mit dem sie unmittelbar umgebenden Grund nicht angetastet und für die übrigen Grundstücke auf Grund freier Verinbarung für die Kirche erträgliche Preise durch die DUT gezahlt werden.[59] Seinen „rabiaten Antiklerikalismus"[60] konnte sich Rainer nicht mehr leisten, und noch stärker mußte er auf eine kirchenfreundliche Politik zwei Jahre später weiter im Süden einschwenken. Im alten Reichsgau Kärnten selbst trachtete er, nicht nur zum Schmuck, sondern wohl auch zur Legitimierung seiner Grenzlandpolitik die Abwehrkämpfer und Träger des traditionellen Deutschkärntner Landesbewußtseins näher heranzuziehen und stärker in das System einzubauen. Karl

Fritz beispielsweise, von dem die NSDAP nach 1938 kaum etwas wissen wollte, wurde von Rainer wieder herangezogen. Als aus dem versprochenen Posten eines Regierungsrates in der Reichsstatthalterei nichts wurde, ernannte er Fritz zum Mitarbeiter im Gaugrenzlandamt, dem späteren Gauamt für Volkstumsfragen. Auch die Art, wie Dr. Martin Wutte unmittelbar vor der Verleihung des Gaukulturpreises für Wissenschaft zum Parteibeitritt bewogen wurde, spricht Bände.

Da Rainer von Himmler den Befehl bekommen hatte, Pawlowski auf jeden Fall aus dem Amt zu entfernen, blieb bei Rainers Amtsantritt die Stelle des Regierungspräsidenten zuerst vakant, und Natmeßnig wurde Gauhauptmann, also Stellvertreter Rainers in der Gauselbstverwaltung. Rainer wollte keinen Reichsdeutschen als seinen Stellvertreter in der Reichsstatthalterei, und so wurde erst später Dr. Wolsegger, vorher Regierungsdirektor, schließlich Regierungspräsident.

In Oberkrain wurde Rainers aus taktischen Gründen eingeschlagene Beruhigungspolitik aber weitgehend durch den neueren Höheren SS- und Polizeiführer im SS-Oberabschnitt Alpenland wieder hinfällig gemacht. Da Gruppenführer Adolf Scheel nach Rainers Abschied von Salzburg dessen Nachfolger als Reichsstatthalter und Gauleiter wurde, war auf den dadurch freien Posten des Höheren SS- und Polizeiführers im SS-Oberabschnitt Alpenland in Salzburg Gruppenführer Erwin Rösener ernannt worden, der sich vor allem in Oberkrain sogleich nachdrücklichst einzumischen begann und Kutscheras Brutalität und taktische Unklugheit noch weit übertraf. Volkenborn blieb zuerst noch, weil seine Agenden als Leiter des SD-Abschnittes Kärnten meist von Stellvertretern ausgeübt wurden. Dr. Bauer wurde mit 29. April 1942 zum Stellvertreter Volkenborns als Kommandeur der Sicherheitspolizei und des SD in Veldes ernannt.

Im Juni 1942 versuchte Rainer, der ja nun auch Beauftragter des Reichskommissars für die Festigung deutschen Volkstums war, Fritz in der Dienststelle in Veldes einzusetzen. Nach mehreren schweren Streitereien, die Fritz mit Rösener hatte, mußte Rainer Fritz aber nach drei Wochen bereits wieder nach Klagenfurt zurückziehen.[61] Maier-Kaibitsch hingegen schlug als Leiter dieser Dienststelle einen eher vorsichtigen Kurs ein. Er hatte den Hauptsitz schon im Januar 1942 nach Klagenfurt verlegt – alles konzentrierte sich dort im ehemaligen Areal Weinreb in der Gasometergasse. Sein Stellvertreter, Dr. Friedl, entfaltete neue Aktivitäten, besonders hinsichtlich der Ansiedlung von Buchenlanddeutschen und Kanaltalern auf den eingezogenen slowenischen Höfen, im März 1943 aber löste Maier-Kaibitsch in Veldes alles auf, und sein Mitarbeiter Hauptsturmführer Reinhold v. Mohrenschildt, ein Kärntner, siedelte alles nach Klagenfurt.

Dr. Bauer hatte in seinen normalen Tätigkeitsberichten an das RSHA nach Berlin etwas zu deutlich seiner persönlichen Meinung Ausdruck gegeben. Deshalb wurde er im Oktober 1942 von Rösener zum Kommandeur der Sipo und des SD in Marburg, Dienststelle Cilli, abgeschoben. In der Untersteiermark aber waren die Verhältnisse unter dem Kommandeur, dem berüchtigten Standartenführer Lurker, noch mehr durch Gewalt und Mißwirtschaft geprägt.

Bauer wagte es, einen Beschwerdebericht an das RSHA zu schreiben, worauf Lurker ein Polizei-Disziplinarverfahren gegen ihn einleitete. Da Bauer aber von den Wehrmachtsdienststellen, und zwar vor allem von General Oppitz selbst, geholfen wurde, kam er mit einem Verweis davon, wurde aber im März 1943 nach Frankfurt an der Oder versetzt. Im März 1944 teilte man ihn dem Befehlshaber der Sipo Ungarn zu, worauf er ein Lager für ungarische Juden (Intelligenzberufe) bei Debreczin leitete. Im Januar 1945 wurde er Leiter der Gestapostelle Halle an der Saale, Ende April verschaffte er sich einen Marschbefehl für die Alpenfestung und fuhr nach Klagenfurt, wo sich seine Frau noch aufhielt. Das Haus des Juden Josef Klein in der St. Ruprechter Straße hatte aber einst nicht er, sondern sein Schwiegervater gekauft ...

6.3. Die Juden im faschistischen Italien

„Von meinen Angehörigen weiß ich seit zwei Jahren so gut wie nichts, und die Berichte sind nicht sehr ermutigend. Ich brauche nicht besonders zu betonen, daß mich sehr häufig das Gefühl überkommt, ich kann keine Geduld mehr aufbringen. Gerne denke ich auch noch an die schönen Stunden in Triest, die ich in Deinem Haus verbracht habe. Hoffentlich gibt sich mir bald Gelegenheit, wenigstens einen Bruchteil meiner Dankesschuld abtragen zu können."

Emil Preis am 10. Mai 1945 aus Taranto an Edoardo Aidynian in Triest

Es ist heute im wesentlichen unbestritten, daß der italienische Faschismus in seinen ideologischen Anfängen den Antisemitismus keineswegs einschloß, ja Mussolini selbst hielt den Begriff „Rasse" und die Wunschvorstellung von einer „reinen Rasse" für eine irreführende und letztlich bedeutungslose Illusion.[62] Deshalb kritisierte er die ersten nationalsozialistischen antisemitischen Maßnahmen im Deutschland des Jahres 1933 noch mit allem Nachdruck. In den späten dreißiger Jahren allerdings entwickelte sich innerhalb des italienischen Faschismus eine immer größere Abneigung zuerst gegen den Zionismus, weil manchen Faschisten bezeichnenderweise die beträchtliche Abwanderung aus Italien nach Palästina mißfiel, aber fanatische italienische Antisemiten dieser Zeit, wie Giovanni Preziosi oder der Chef des Parteiblattes „Il Regime Fascista", Roberto Farinacci, sind nicht typisch für die Gesamtheit der Partei. Stärkere Konturen einer annähernd antisemitischen Entwicklung zeichneten sich seit etwa 1936 in Italien im Zusammenhang mit der expansiven und erfolgreichen italienischen Wirtschaftspolitik in den arabischen Ländern und angesichts der zunehmenden Annäherung an Hitlerdeutschland ab. Trotzdem erklärte Mussolini noch im April 1937 Bundeskanzler Schuschnigg: „Wir sind stolze Katholiken und voll Achtung gegenüber unserer Religion. Den Rassentheorien geben wir keinerlei Raum, vor allem auch nicht ihren juridischen Konsequenzen."[63] Ribbentrop gegenüber aber äußerte sich Mussolini nach der Unterzeichnung des Anti-Komintern-Paktes ganz anders. Da kündigte er eine an Stärke und Schärfe ständig zunehmende antisemitische Kampagne in der italienischen Öffentlichkeit an, die Farinacci mit Hilfe mehrerer parteiabhängiger Zeitungen eröffnen sollte.[64]

Bezüglich der Situation in Triest merkte der Faschistenführer Starace im Jahre 1934 an, daß der Zustand der faschistischen Disziplin und Ordnung in Triest kein sonderlich guter wäre, da sich zwischen den örtlichen Verantwortlichen des politischen Lebens und so manchen hebräisch-levantinischen, welch letztere das wirtschaftliche Leben der Region kontrollierten, eine Grauzone der Freundschaft und Zusammenarbeit ergeben habe, die beseitigt werden müsse. Von den Feinden der faschistischen Revolution in Triest, den roten Slowenen und den demokratisch-liberal-freimaurerischen Juden, seien bisher nur die ersteren vernichtet.[65] Fanatische Faschisten witterten 1937 in Triest nach der Beseitigung der „roten Gefahr" eine jüdisch-freimaurerische „im schwarzen Hemd".

Waren seit 1933 aus dem Deutschen Reich schon viele Juden nach Italien ausgewandert, so kam bis zum Sommer 1938 auch eine kleine Anzahl von solchen aus dem gerade angeschlossenen Österreich hinzu. Im August jenes Jahres bildete eine gegen diese Ausländer gerichtete gesetzliche Maßnahme den ersten Schritt der zunehmenden Diskriminierung in Italien: Mit dem Schuljahr 1938/39 sollten die Kinder von ausländischen Juden die italienischen Schulen verlassen, da sie dort ein Element der Gefahr und der Unruhe angeblich darstellten. Bald folgten Schlag auf Schlag in unmittelbarem Zusammenhang mit der endgültigen Annäherung an Hitlerdeutschland die weiteren Schritte: mit 2. September 1938 das Verbot für alle ausländischen Juden, ständigen Wohnsitz im gesetzlichen Sinne in Italien (einschließlich Libyen und den Dodekanes) zu nehmen, dann die Zurücknahme der Staatsbürgerschaft von allen jenen Juden, welchen diese nach dem 1. Januar 1919 verliehen worden war. Hand in Hand mit einer verstärkten Propaganda für die „Verteidigung der Rasse" wurde mit 3. September 1938 die Entfernung aller jüdischen Lehrer und Studenten von den staatlichen Schulen und ihnen gleichgestellten Schulen befohlen. Mit 1. Oktober des gleichen Jahres folgte die Entscheidung des Großen Faschistischen Rates, daß italienische Staatsbürger keine nichtarischen Partner heiraten dürften, und mit 11. November 1938 wurden die eigentlichen „Rassengesetze" veröffentlicht, welche die gesellschaftliche Isolierung und Diskriminierung der italienischen Juden vollkommen machen sollten: Ausschluß aller Juden aus dem Partito Nazionale Fascista, Ausschluß vom Besitz oder der Leitung von Firmen mit mehr als hundert Beschäftigten, Beschränkung des Grundbesitzes für italienische Juden auf höchstens 50 Hektar, Ausschluß vom Militärdienst. Die Kopie deutscher gesetzlicher Maßnahmen – Bedingung für einen engeren Anschluß an Hitlerdeutschland – ist offensichtlich. Der Ausschluß aus der Partei bedeutete dabei praktisch den Ausschluß von allen Beamtenposten, für die die Mitgliedschaft Voraussetzung war.

Unter diesen Gesichtspunkten ist es durchaus verständlich, daß sich in Triest viel mehr als etwa in Ljubljana/Laibach, in Udine oder Fiume ein besonderes Klima der Spannung und der Verunsicherung entwickelte, da ja noch immer Flüchtlinge in die Stadt kamen, so manche bisherige Geschäftsverbindung Triest–Wien nun unterbrochen war. Mit Unbehagen vermerkte Starace in Triest geringe Begeisterung für die italienischen Rassengesetze, und er erinnerte die Triestiner Parteigenossen in diesem Zusammenhang daran, daß diese lahme Zustimmung wohl mit den großen Verdiensten der Triestiner Juden um den Irredentismo zusammenhinge, dessen Finanziers sie gewesen seien. Viele Triestiner Juden hätten während des Ersten Weltkrieges aber auch im italienischen Heer gekämpft. Das alles schaffe auch 1938 noch zu viele und zu enge persönliche Beziehungen und ein zu intimes Klima in der Adriastadt.[66]

Trotz der eher geringen Bereitschaft wurden auch in Triest und den anderen Städten Friauls die Rassengesetze angewandt. In den ersten Monaten des Jahres 1939 erfolgte auf Grund von Durchführungsverordnungen dann die vorgeschriebene Anmeldung der zur Wegnahme bestimmten Vermögenswerte. Ab 9. Februar mußten binnen 90 Tagen die entsprechenden Anmeldungen vollzogen werden. Und dann entwickelte sich eine Situation durchaus ähnlich jener im Deutschen Reich. Für den erwähnten Grundbesitz und die Firmen mit mehr als 100 Angestellten bestand Verkaufszwang, sodaß naturgemäß sofort die Preise sanken. Die aus den Verkäufen erzielten Gelder mußten unter Kontrolle sogleich in auf den Namen lautenden Wertpapieren, vor allem in Staatsanleihen, investiert werden. Die staatliche Ausplünderung ging also nicht unter ein gewisses, nicht niedriges Limit, und sie erfolgte auf eher höflichere Art als in den deutschen Ländern. Letzten Endes handelte es sich aber genauso um eine Arisierung auf einem breiten Feld von verschiedensten Vermögenswerten.

Unter den großen arisierten Unternehmen befanden sich naturgemäß auch jene Versicherungsanstalten, die das Versicherungswesen in Österreich-Ungarn einst entscheidend mitgeprägt hatten und auch in der Zwischenkriegszeit in Österreich noch beträchtliche Marktanteile hielten: Die „Riunione Adriatica" und die „Assicurazioni Generali", zwei Unternehmen, die auch in Industrialisierungsvorgängen und im Eisenbahnbau des vergangenen Jahrhunderts in Österreich-Ungarn eine gewichtige Rolle gespielt hatten.[67] Hand in Hand mit dem Zwangsverkauf der Anteile auf der Ebene der Besitzverhältnisse ging auf betriebsorganisatorischer Ebene auch eine Massenentlassung von Personal vor sich, allen voran bei den „Assicurazioni Generali" von Generaldirektor Edgardo Morpurgo selbst.

Mit 4. Dezember 1938 trat – wieder eine Kopie deutscher Maßnahmen – das Gesetz über die Entlassung nichtjüdischer Dienstboten aus jüdischen Familien in Kraft, doch wurde es in Triest kaum befolgt.[68] Ähnlich war es mit dem Verbot des Zutritts zu öffentlichen Lokalen für Juden, welches auch gar nicht als Gesetz erlassen, sondern vielmehr als eine Privatinitiative der faschistischen Parteimitglieder durchgeführt werden sollte. Im November 1938 wurde auch die größte Tageszeitung des Küstenlandes, Teodoro Mayers „Il Piccolo" arisiert. Unter dem Druck der Parteiinstanzen und Finanzbehörden mußte Mayer zu einem extrem niedrigen Preis verkaufen, doch trat eben der gleiche Mechanismus in Wirksamkeit, den wir schon kennen: Der Verkäufer gab nach, da er wußte, daß er von dem Kaufschilling ohnehin nichts haben würde. Allgemein sanken aber in der Triestiner Geschäftswelt nicht nur die Preise für Häuser und Grundstücke, sondern auch jene für die verschiedensten Gebrauchsgüter. Da zahlreiche jüdische Besitzer zum Verkauf oder zum teilweisen Verkauf gezwungen waren – um auf die gerade noch zugelassene Besitzgröße zu schrumpfen – gingen viele Geschäftsleute gleich an den totalen Abverkauf, da sie im Gegensatz zu ihren österreichischen Schicksalsgefährten mit einer schrittweisen Verschlechterung und nicht mit einer Verbesserung der Lage rechneten. Vor allem Triest, aber auch in geringerem Ausmaße Fiume waren erfüllt von Räumungsverkäufen zu niedrigsten Preisen. So funktionierte also auch der faschistische Antisemitismus als teilweiser Ersatz für eine im wesentlichen ausgebliebene faschistische Sozialpolitik. Die Juden Triests reagierten auch durch eine Fülle von Scheinschenkungen und viele Übertritte zum katholischen Glauben auf die über sie hereingebrochene Diskriminierung. Das waren Maßnahmen, die dort wegen der Größe des jüdischen Bevölkerungsanteils sinnvoll erschienen, in Kärnten aber nutzlos waren, da fast jeder fast jeden kannte. So gab es im Reichsgau insgesamt nur vier sicher feststellbare Scheinschenkungen und nach dem März 1938 überhaupt keine Glaubensübertritte. In Triest waren es bei einer Zahl von insgesamt 6085 jüdischen Mitbürgern fast 700 Konversionen, darunter der größte Teil von männlichen Juden in gewerblichen Tätigkeiten.[69] Auch etwas anderes gab es wegen der leichteren Überschaubarkeit der Verhältnisse in Kärnten und auch aus anderen Gründen keineswegs: Arisierungsverfahren besonderer Art. Aber auch die Rassenkommission in Wien und das „Tribunale della Razza" in Triest, vor dem Mütter erklären konnten, daß ihre Kinder „auch trotz anderslautender standesamtlicher Eintragung" nicht jüdischer Herkunft waren, wurden fast nicht in Anspruch genommen.

Eine andere Art der jüdischen Reaktion auf die italienischen Rassengesetze war hingegen wesentlich gravierender, nämlich die schlagartig einsetzende Auswanderung. Dieses Phänomen zeigte sich bei zwei verschiedenen Personengruppen: In der Gruppe der einheimischen, also italienischen Juden (auch wenn ihnen nun zum Teil die Staatsbürgerschaft aberkannt wurde, waren sie einheimische) waren es vor allem junge Leute, die in beträchtlicher Zahl sich für eine rasche Auswanderung entschlossen und dabei auch nicht jene bürokratischen Schwierigkeiten hatten, wie wir sie von den Verhältnissen in Wien kennen. Die andere große Gruppe, in welcher nun die Auswanderung verstärkt einsetzte, waren jene ausländischen Juden, die vor allem seit 1933 aus Deutschland nach Italien, und dabei wieder zu einem großen Teil nach Triest gekommen waren. Sie hatten dort bei den Behörden immer wieder um Verlängerung ihrer Aufenthaltsbewilligung angesucht. Von vielen befand sich auch ihr Umzugsgut in Triest.

Bis Oktober 1934 waren 1129 deutsche Juden nach Italien geflohen (darunter auch 144 mit polnischer Staatsbürgerschaft), und diese Zahl nahm dann Jahr für Jahr zu.[70] Während der Vorbereitung zu den italienischen Rassengesetzen war im August und September 1938 bereits eine amtliche Zählung aller ausländischen Juden in Italien durchgeführt worden. Die Definition offenbart die gleiche Verlegenheit, wie sie aus den deutschen Rassegesetzen hervorgeht. Auch bei dieser Zählung hielt man sich an Personaldokumente und standesamtliche Angaben. Wenn bei Vater und Mutter das Mosaische Bekenntnis als Religion angegeben war, galt der Nachkomme automatisch als Jude. Die Zählung erfolgte bei Gelegenheit der Inspektion der Wohnungen der Emigranten oder durch Vorladung, hat also trotzdem bereits einiges von der berüchtigten Musterung an sich – und dies umso mehr, da seit Mitte 1937 die italienischen Polizeibehörden vor allem in den größeren Städten deutsche Mitglieder der Auslandsorganisation der NSDAP als Helfer beigezogen hatten. Diese Leute dienten überhaupt als Spitzel bei der Kontrolle der deutschen Emigranten.[71]

Von 13. März 1938 bis 30. September 1938 waren auch bereits 402 österreichische Juden ohne Einreisevisum nach Italien geflüchtet, davon 260 nach Triest. Grundsätzlich wurde ihre Anwesenheit in Italien von den Behörden nach dem Inkrafttreten der Rassengesetze für illegal erklärt, doch waren die Konsequenzen von Ort zu Ort verschieden. Ein Teil dieser österreichischen Juden ging vor allem von Mailand aus weiter in die Schweiz, bis diese am 6. August die Erteilung von Visa einstellte. In den Jahren seit 1933 waren schon zwei Drittel der Emigranten, die nach Palästina gingen, durch Italien dorthin gelangt, der größte Teil davon über Triest, wo beispielsweise zwischen 1933 und 1940 insgesamt 121.391 Personen verschiedener Nationalität sich nach Palästina einschifften. Aufgrund des seit September 1934 bestehenden deutsch-italienischen Devisenabkommens war Italien auch das einzige Land, über welches deutsche Juden den schon erwähnten Vermögenstransfer nach Palästina durchführen konnten.

Die nationalsozialistische Überwachung der deutschen Emigranten in Italien mit Unterstützung der italienischen Behörden hatte schon im Sommer 1936 begonnen, und die Beiziehung von deutschen Hilfskräften zur Judenzählung war nur eine Konsequenz des geheimen Abkommens, das im Windschatten der Achse Berlin–Rom[72] zustande gekommen war. Namens der italienischen Polizeibehörden hatte mit 1. April 1936 Gen. Arturo Bocchini mit Himmler und Heydrich in Berlin gegenseitige Unterstützung bei der Bekämpfung von politischen Verbrechen ausgemacht. Das wurde auf Kommunisten, Freimaurer und Emigranten erstreckt, und über Verlangen Himmlers wurde dem Vertrag eine Zusatzerklärung beigefügt, wonach die italienische Polizei und die Staatspolizei auf wechselseitigen Vorschlag Verdächtige austauschen, ohne dabei den diplomatischen Weg einzuschlagen.[73] Unter diesen Umständen erscheint es verständlich, daß auch unter den in Triest lebenden österreichischen Juden, die eigentlich ursprünglich dort bleiben wollten und mit einer weiteren Auswanderung zögerten, nun das Interesse daran vor allem nach dem Inkrafttreten der Rassengesetze stark zunahm.

Bis zu einem gewissen Grad stellte nun die Situation in Triest eine Wiederholung dar. Auch nach dem Ende des Ersten Weltkrieges waren Massen von jüdischen Flüchtlingen aus Rußland, Polen, Rumänien und Ungarn nach Triest, Venedig und Neapel gekommen, um sich dort in die USA oder nach Palästina einzuschiffen. Vielen von ihnen mußte geholfen werden, und im Januar 1921 gründeten deshalb Vertreter der Israelitischen Kultusgemeinden Italiens zu diesem Zweck das Comitato Italiano di Assistenza agli Emigranti Ebrei, das seinen Hauptsitz (Leitungsausschuß und Verwaltungsbüros) in Triest aufschlug und in all den Jahren für die durchziehenden Emigranten tätig war. Als schließlich das Präsidium des Comitato, welches sich in Mailand befand, durch die faschistischen Behörden praktisch ausgeschaltet wurde, gründete die Unione delle Comunita Israelitiche Italiane eine neue Hilfsorganisation, die eng an die Union gebunden blieb, nämlich die Delegazione Assistenza Emigranti (DELASEM). In Triest war es so, daß praktisch das alte Comitato weiterhin die Führung und Koordination aller Hilfsmaßnahmen besorgte.[74]

Naturgemäß waren auch in Italien die schon bekannten Hilfsorganisationen, wie das American Joint Distribution Committee, der Central British Fund for Refugees und schließlich der vereinigte Joint Fund tätig.

Wenn man heute als gesichert annehmen kann, daß Mussolini seine Rassengesetze nicht unter Druck von seiten Hitlers erließ, sondern – wenn auch fasziniert vom deutschen Vorbild – auf eigene Initiative[75], so gibt es auf die Frage nach dem Warum nur die Erklärung, daß Mussolini gerade unter dem Aspekt der italienischen Aufrüstung sehr wohl begriffen hatte, was die wirtschaftliche Judenausplünderung für den Staat bedeuten konnte. Auch davon abgesehen geschah die Konzentration so vieler deutscher und österreichischer Juden in Norditalien nicht unbedingt zum Nachteil Italiens, zumal deren Zahl nach der Reichskristallnacht schlagartig zunahm.[76]

Schon unmittelbar mit Beginn des Jahres 1939 emigrierten viele einheimische Triestiner Juden gemeinsam mit ausländischen auf der „Neptunia" nach Buenos Aires und Montevideo. Wie wir wissen, waren auch Kärntner auf diesem Schiff. Die Tragik bei all diesen Vorgängen bestand ja auch darin, daß nun einheimische Triestiner Juden, die sich erst nach dem Ersten Weltkrieg angesiedelt hatten, durch den Verlust der Staatsbürgerschaft auch als Ausländer galten.[77] Im März 1939 ging dieser Trend der gemischten Auswanderung von ausländischen und einheimischen, aber ausgebürgerten Juden weiter: Am 15. März 450 Personen, darunter viele Wiener Juden, mit der „Gerusalemme" von der Adriatica Navigazione nach Palästina, am 16. März 550 vor allem junge Emigranten mit der „Vulcania" nach Südamerika, und am 17. März 450 Personen mit der „Italia" des Lloyd Triestino nach Jaffa.[78]

Die Transporte und Reisegruppen, die aus Wien kamen, gingen in Triest aus der Obhut der IKG Wien in jene des Comitato über, das sich weiter um die Emigranten kümmerte. Den fanatischen Antisemiten im Partito Nazionale Fascista war naturgemäß das Comitato seiner Tätigkeit wegen immer schon ein Dorn im Auge, und gerade Farinacci richtete die schärfsten Angriffe gegen die Organisation, bis Außenminister Ciano selbst diese zum Stillstand brachte. In seinem persönlichen Brief vom 4. Juni 1938 wies er Farinacci auf die wesentlichen Zusammenhänge hin: „Ich teile dir mit, daß das Comitato Italiano di Assistenza agli Emigranti Ebrei nicht nur dazu beiträgt, die Ausreise der Juden auf den Dampfern unserer Schiffahrtslinien aufrechtzuerhalten, sondern sie gar zu verstärken. Das ergibt starken Verkehr nach Palästina und gute Erträgnisse für unsere Compagnia di Navigazione. Daher müssen wir uns um die Aufrechterhaltung dieses Verkehrs bemühen und können keineswegs zulassen, daß er an konkurrierende ausländische Schiffahrtslinien verloren geht. Du verstehst daher, daß es deshalb gut ist, die Existenz dieses Comitato einfach zu ignorieren."[79]

Diese Belebung der italienischen Passagierschiffahrt, die über einen beträchtlichen Zeitraum mehr als voll ausgelastet war, blieb demnach nicht ohne positive Auswirkung auf den gesamtwirtschaftlichen Prozeß, zumal man längere Zeit befürchten mußte, daß Aberkennung der Staatsbürgerschaft und Emigration auch zu einem sehr starken heimlichen Devisenabfluß aus Italien führen könnten. Im Jahre 1938 schiffte das Comitato in Triest insgesamt 11.738 Personen ein, 1939 waren es 12.218 und 1940 dann bis zum Mai des Jahres noch 1243.

Bis zum 19. August 1939 konnte man nämlich noch mit Touristenvisum über die italienische Grenze kommen, dann allerdings stellte das Königreich Italien die Ausgabe von Touristenvisa ein, doch mußte damit der Zustrom von Flüchtlingen nach Triest nicht aufhören, da die italienischen Behörden weiter Durchreisevisa für die Einschiffung in italienischen Häfen ausstellten. So wurde Italien zu einem der letzten offenen Tore für die Flucht aus dem Deutschen Reich. Zugleich nahmen natürlich auch die Versuche zu, illegal nach Italien zu kommen. Schwierigkeiten machten dabei das Marineministerium und die Hafencapitanerien vor allem Alijah Bet, weil die für die illegale Emigration gecharterten jugoslawischen und griechischen Schiffe zum Großteil nur mehr kaum seetüchtige Wracks waren, die korrekterweise niemand hätte aus einem Hafen lassen dürfen. Anderseits wollte man gerade bei den Transporten von Alijah Bet sicher gehen, daß diese nicht in Italien hängenblieben. So kam auch die Krise von Arnoldstein zustande.

Die „Galilea" der Schnell-Linie Adriatico–Cipro–Palestina wiederum brachte vor allem Flüchtlinge mit Palästina-Zertifikaten aus Europa hinaus, und auch einigen Kärntnern wurde, wie wir wissen, dieses Schiff zum Schicksal. Als der Krieg ausbrach, wurde vom Ministero dell'Estero mit der britischen Botschaft in Rom ein Vertrag abgeschlossen, der es erlaubte, Besitzer von Zertifikaten aus Triest mit der „Galilea" weiter nach Palästina zu bringen. Auf diese Weise konnten bis Mai 1940 noch weitere 2500 Personen gerettet werden.[80] Mit Kriegsausbruch verschärfte sich auch die finanzielle Situation, da die Schiffahrtslinien keine Bezahlung in Reichsmark mehr annahmen. Das Joint Distribution Committee bezahlte in Triest bis 31. Mai 1940 mehr als 80.000 Dollar an Schiffspassagen und Landungsgebühren, und zwar auch an solche Flüchtlinge, die in Wien oder Deutschland noch Reichsmark eingezahlt hatten.[81]

Bei den auswanderungswilligen einheimischen Juden in Triest zeigte sich eine ähnliche Entwicklung wie in Wien: Frauen, Personen ohne spezifische Berufsausbildung und alte Menschen gerieten in Gefahr, zurückzubleiben. Als dann Italien selbst in den Krieg eintrat, versickerten die legalen Emigrationen allmählich, die Flüchtlingsbewegungen aber hörten damit keineswegs auf. 1941 konnte das Comitato nur mehr eine Familie nach Australien, sechs in die USA und zwei nach Kuba bringen. Das hing aber nicht vom guten Willen der italienischen Auswanderungsbehörden ab, sondern vom Mangel an Einreisevisa der Zielstaaten und von der Schwierigkeit, noch Schiffspassagen zu bekommen.

Als es dann im April 1941 – wie wir schon wissen – zum deutsch-italienischen Angriff auf Jugoslawien kam, versuchten viele jüdische Familien aus Kroatien, der sog. Untersteiermark und dem nördlichen Krain vor den deutschen Truppen zu den italienischen Einheiten zu flüchten, und dieser heimliche Flüchtlingsstrom hielt noch an, als die italienisch besetzten Gebiete in ihren Grenzen endgültig feststanden.

Eines der Zentren dieses Flüchtlingszustroms wurde naturgemäß Laibach. In der Stadt selbst lebten damals noch 45 jüdische Bürger. Die Stärke der jüdischen Gemeinde Laibachs hat sich damit seit der Zeit vor dem Ersten Weltkrieg kaum verändert, ja zu 40 Prozent sind es sogar noch die gleichen Familien wie im Jahre 1890 gewesen. Das läßt darauf schließen, daß die Arbeitsbedingungen in Slowenien seit 1919 und die Haltung der Behörden wie der Bevölkerungsmehrheit nicht unbedingt judenfreundlich gewesen sind. Die alte jüdische Gemeinde Laibachs bildet aber nur einen Teilaspekt des ganzen Problems. In Zusammenarbeit zwischen der DELASEM und dem Comitato nahm sich ein Funktionär der letzteren Organisation dieser Flüchtlinge an, nämlich Dr. Carlo Morpurgo aus Triest. Morpurgo suchte bei der Regia Questura (Königlichen Quästur) des italienisch besetzten Gebietes Sloweniens um Einreiseerlaubnis an, die ihm am 24. Mai 1941 tatsächlich gewährt wurde. Morpurgo sprach beim Alto Commissario (Hochkommissar) Grazioli in Laibach/Ljubljana vor und trachtete, dessen Interesse und Verständnis für die jüdischen Flüchtlinge zu gewinnen, was ihm auch durchaus gelang. Es wurde ihm erlaubt, Erhebungen durchzuführen, und Morpurgo fand die Familien der jüdischen Gemeinde Laibachs guten Mutes vor, doch waren alle entschlossen, jede Möglichkeit zu nützen, um aus Laibach fortzukommen, da man die Nähe der Deutschen fürchtete. In der Cukrarna Laibachs, einer alten, stillgelegten Zuckerfabrik, fand Morpurgo 74 jüdische Flüchtlinge aus der Untersteiermark, aus Kroatien und aus dem nördlichen Krain, denen es noch gelungen war, den deutschen Truppen oder besser den deutschen Polizeieinheiten auszuweichen. Die Gemeinde Laibach hatte diese Flüchtlinge vorübergehend in der Cukrarna untergebracht und das Rudeci Kriz versuchte sie notdürftig zu versorgen.

Außer diesen Flüchtlingen fand Morpurgo noch 46 jüdische Kinder aus einem Waisenhaus in Zagreb/Zagabria/Agram und weitere sechs Flüchtlinge in Draga und acht in Nowo Mesto. Morpurgo gelang es dann in Verhandlungen mit Grazioli zu erreichen, daß dieser die Flüchtlinge nicht an die deutschen Polizeibehörden jenseits der provisorischen Grenze ausliefern ließ, sondern ihren Transport nach Italien und die Internierung dort beschloß. Das war auch für die Menschen aus dem nördlichen Krain die Rettung. Für die Flüchtlinge mußten dann bis zu ihrem Abtransport wöchentlich 6300 Dinar, d. s. 1900 Lire, aufgebracht werden, die von DELASEM und Comitato gemeinsam beschafft wurden.[82] Es erübrigt sich fast, zu erwähnen, daß auch die in Triest verbliebenen einheimischen Juden für alle diese Aktionen spendeten. So sorgten beispielsweise die Brüder Emilio und Nello Stock in ununterbrochenen Spenden an das Comitato für ihre Glaubensgenossen.[83]

Nach der Einsetzung des faschistischen Regimes in Kroatien stieg der Strom von jüdischen Flüchtlingen (und natürlich auch anderen Bedrohten) von dort in die italienisch besetzten Gebiete nochmals stark an. Dr. Morpurgo bat den Erzbischof von Triest, Antonio Santin, sich für die Flüchtlinge einzusetzen, und dieser erreichte vom Oberkommandierenden der italienischen Truppen in Slowenien und Dalmatien, General Roatta, daß auch in all diesen Fällen die Flüchtlinge nicht an die kroatischen bzw. deutschen Polizeibehörden ausgeliefert wurden.[84] Auch Avvocato Valobra von der DELASEM in Genua hielt sich dann zur Organisation des Abtransportes, mit dem schließlich auch das italienische Innenministerium und Kriegsministerium einverstanden waren, in Spalato/Split, Zara, Borgonovo/Susak, Karlovac, Cirquenizza/Crikvenica und Lubiana/Laibach auf, wobei ihn die Militärbehörden unterstützten. Rund 1200 Flüchtlinge wurden im Sommer und Herbst 1942 schließlich in Porto Re zusammengezogen, in Spalato befanden sich noch etwa 900, in Curzola rund 600 und in anderen Orten Dalmatiens gegen 1200 Flüchtlinge. Auch diese alle blieben von der Auslieferung verschont. Unter den noch in Triest verbliebenen ausländischen Flüchtlingen waren 1942 noch zwölf Österreicher.

Mit all diesen Aktionen begab sich das italienische Heer in einen weit größeren Gegensatz zur faschistischen Partei und manchen Polizeibehörden, als es die Wehrmacht in den besetzten Gebieten der Steiermark und Krains gegenüber der nationalsozialistischen Verwaltungs- und Polizeihierarchie gewagt hätte. In Fiume etwa, wo Temistocle Testa Präfekt der Provincia di Fiume und dann Alto Commissario des angegliederten jugoslawischen Gebietes wurde, opponierte ein Teil der Beamten der Regia Questura unter Dr. Giovanni Palatucci seit Anfang 1939 nachdrücklich gegen die Gewaltmethoden Testas, was auch vielen Flüchtlingen aus Österreich zugute kam, die über diese Stadt noch in die Freiheit gelangten, und zwar nur mehr heimlich gegen den Willen Testas. Nach dem Jugoslawienfeldzug schaltete sich die II. Italienische Armee in die Rettung der Flüchtlinge aus Kroatien mit allem Nachdruck ein, da die Faschisten, allen voran Testa, die Auslieferung durchführen wollten. Palatucci erreichte den Abtransport Tausender ins Innere Italiens, in Zusammenarbeit mit Widerstandsgruppen hielt aber auch die heimliche Ausreise weiter an, so daß man in eingeweihten Kreisen vom „Canale" von Fiume sprach.[85]

Was geschah nun mit den Massen ausländischer Flüchtlinge in Italien? Im Verlaufe des Jahres 1942 wurden sie zu Transporten zusammengefaßt und in verschiedenen Lagern konzentriert. Rein theoretisch war es – wie wir schon gesehen haben – den Quästuren aber auch möglich, Flüchtlinge ohne Einreise- oder Transitvisum an die Grenze zu stellen und den deutschen oder dann auch kroatischen Polizeibehörden zu übergeben. Was die friulanisch-kärntnerische Grenze betrifft, so geschah dies, soweit bekannt, überhaupt nur ein einziges Mal. Anfang März 1939 wurde ein österreichischer Jude mit polnischer Staatsbürgerschaft in Tarvis Beamten des Grenzpolizeikommissariates Villach übergeben.[86]

Anders war allerdings die Situation an der italienisch-deutschen Grenze zwischen dem einstigen Südtirol und Osttirol. Vor dem Jugoslawienfeldzug bestand die Gestapoaußenstelle Unterdrauburg noch nicht, wohl aber die Grenzpolizeiposten Rosenbach, Thörl-Maglern und Arnoldstein (beim Koat. Villach), schließlich das Grenzpolizeikommissariat Lienz mit dem Grenzpolizeiposten Sillian. Die grenzpolizeilichen Agenden waren bekanntlich schon 1938 von der Staatspolizei übernommen worden.

Leiter des Grenzpolizeikommissariates Lienz war Kommissar Herbert Weimann, der sich übrigens vom Kreisleiter nicht dazu bewegen ließ, die Familie Bohrer aus ihrer Wohnung zu vertreiben und sie bis zur Ausreise in ein Notquartier zu stecken. Weimann – weder verwandt noch identisch mit Dr. Ernst Weimann von der Gestapostelle Klagenfurt – war nicht nur in Osttirol tätig. Bei der Rücksiedlungsstelle der Südtiroler in Bozen war ein Beauftragter des Reichsführers SS und Chefs der deutschen Polizei tätig. Dieser hatte überhaupt erst durchgesetzt, daß Lienz ein eigenes Grenzpolizeikommissariat bekam, und dann standen der Reichsgrenzpolizeikommissar von Lienz und ein Abteilungsleiter der Gestapostelle Innsbruck Himmlers Beauftragten in Bozen „zum Zwecke der besseren Auskunfts-, Nachrichten- und Kurierdienste" zur besonderen Verfügung.[87]

Schon 1938 hatte ein geringfügiger, aber beständiger Strom von jüdischen Flüchtlingen aus Wien und Salzburg über Lienz nach Südtirol bestanden, und vor allem Arnbacher Bauern waren es gewesen, die solchen Flüchtlingen immer wieder den Weg über die italienische Grenze gewiesen hatten. Michael Weitlauer aus Arnbach beispielsweise war von der Gestapo gefaßt worden, weil er zwei Jüdinnen auf diese Weise geholfen hatte. Er wurde zuerst zu zwei Monaten Gefängnis verurteilt, wurde nach Verbüßung der Haft aber sogleich wieder von der Gestapo übernommen und nach Dachau gesteckt, von wo er 1942 nach Neuengamme kam.

Als dann die Umsiedlung der Südtiroler lief, verstand es Himmlers Beauftragter in Bozen, bei der dortigen Quästur und beim Präfekten selbst so nachdrückliche Kontakte anzuknüpfen, daß er die Auslieferung eines Teiles der in Südtirol faßbaren deutschen und österreichischen Juden erreichte. Ein Teil der Überstellungstransporte ging über den Brenner, ein Teil nach Lienz. Von Gestapobeamten wurden auch persönlich jüdische Flüchtlinge abgeholt, die im Raum San Candido–Dobbiaco (Innichen–Toblach) gefaßt und sogleich wieder an die Grenze gestellt wurden. In einem Fall gab sich ein Gestapobeamter in Innichen sogar als Ehemann einer Jüdin aus, als er sie abholte, und begründete die Flucht der Frau mit einem vorangegangenen Streit.

Die Übernahme der größeren Transporte überließ Weimann dem Gestapobeamten König, der auch aus anderen Gründen in ganz Osttirol berüchtigt war. König machte sich den Spaß, die von den italienischen Behörden per Bahntransport übernommenen Juden mit 30 mal 30 Zentimeter großen Judensternen aus Pappe zu versehen, welche sich die Opfer auf Rücken und Brust befestigen mußten. Für die Beschädigung oder das Verlieren der Sterne wurde die sofortige Erschießung angedroht. In dieser Aufmachung trieb der Gestapobeamte die Juden zu Fuß durch Lienz zum bezirksgerichtlichen Gefängnis, wobei jeder Passant an ihren zerrissenen Kleidern, ihren Gesichtern und den zerwühlten Haaren sehr leicht erkennen konnte, daß sie von Gestapobeamten oder italienischen Funktionären schwer mißhandelt worden waren. Im Gefängnis durften die Sterne dann auch in der Nacht nicht entfernt werden, „sodaß sich viele Juden überhaupt nicht hinzulegen wagten, weil sie eine Beschädigung der Sterne befürchteten".[88]

In den Auslieferungsabsprachen in Bozen war anscheinend auch ausgemacht worden, daß die jüdischen Flüchtlinge mit ihren Vermögenswerten an die deutsche Grenze zu überstellen seien, da sie erst nach Grenzübertritt von der Gestapo ausgeplündert wurden. Als manche der Opfer sich beim Gefängnismeister erkundigten, ob die ihnen von der Gestapo abgenommenen Geldbeträge und Wertgegenstände vorschriftsmäßig an die Gefangenenhausverwaltung übergeben worden waren, stellte sich heraus, daß dies alles die Gestapo behalten hatte. Der Gefängnismeister, der den Opfern helfen wollte, erkundigte sich deshalb bei der Gestapo, und dann kam König und ließ die Häftlinge in einem Verzeichnis unterschreiben, daß sie alles zurückerhalten hätten. Wenn sie unterschrieben, so behauptete er, würden sie nicht ins KZ gebracht.[89]

Wie zu sehen, nahmen die Präfekten und Unterbehörden in den verschiedenen italienischen Provinzen zur Frage der Judenauslieferung durchaus verschiedene Haltungen ein, und in Triest und Friaul standen wie in der Provincia di Lubiana die Verhältnisse nicht zum schlechtesten.

IN ITALIENISCHEN LAGERN

Durch das Gesetz vom 1. September 1938 war, wie erinnerlich, der Judenaustreibung auch in Italien die scheinlegale Basis gegeben. Artikel 1 des Gesetzes verbot es ausländischen Juden, im Königreich Italien, in Libyen oder in den ägäischen Besitzungen ihren festen Wohnsitz zu nehmen. Artikel 3 widerrief die seit 1. Januar 1919 verliehene Staatsbürgerschaft, und Artikel 4 befahl den Opfern die Auswanderung innerhalb von sechs Monaten nach Veröffentlichung des Gesetzes und drohte die Ausweisung an, und zwar in jener Verknüpfung des Schicksals von einheimischen Juden, die nach dem 1. Januar 1919 Bürger geworden waren, mit dem der 1938 und 1939 eingetroffenen Flüchtlinge.

Mit 25. Mai 1940 war dann den Präfekten Mittel- und Süditaliens mit Ausnahme jener Siziliens die Internierung dieser italienischen und ausländischen Juden angekündigt worden, und sie wurden aufgefordert, Listen der Gemeinden zu verfassen, in denen die Internierten zusammengefaßt werden konnten.[90] Einen Tag später informierte der Unterstaatssekretär im Innenministerium, Buffarini, den Chef der Polizei, Bocchini, daß der Duce die Juden bei Kriegsausbruch unbedingt in Lagern zusammengefaßt sehen wollte. Zwischen dem 27. und 31. Mai waren die Präfekturen damit beschäftigt, die Listen der „gefährlichen Juden" zusammenzustellen, und am 15. Juni 1940, also schon nach dem Kriegseintritt des Königreiches, erhielten die Präfekten ganz Italiens den Befehl, mit den Verhaftungen und der Überführung in die Internierungslager zu beginnen.

Die Internierung erfolgte nunmehr mit der Begründung, daß eine Ausreise der vom Gesetz betroffenen Gruppen nicht möglich sei, sie aber gerade deshalb von ihren Wohnsitzen entfernt und unter genaue Kontrolle gebracht werden müßten. Die legale Basis für diese Maßnahme bildete unter dem Gesichtspunkt der öffentlichen Sicherheit das italienische und allgemeine Kriegsrecht, und die Internierten hatten den völkerrechtlichen Status von Zivilinternierten nach Kriegsrecht. Man mag darüber denken, wie man will, aber allein schon der Tatbestand der Internierung und die Tatsache, daß fast alle endgültigen Lager im Süden lagen, rettete auch Tausenden von österreichischen Juden das Leben, weil es sie auch nach dem September 1943 der nationalsozialistischen Verfolgung entzog. Im ganzen wurden über 30 solche Internierungslager angelegt, in welchen Juden zusammengefaßt wurden. Dabei gab es viele Verlegungen, und nach dem Jugoslawienfeldzug kam eben – wie schon zu sehen war – ein neuer großer Schub von Menschen in diese Lager.

Das größte von ihnen, das ausschließlich für diesen Zweck gebaut wurde, entstand im Sommer 1940 in Ferramonti nahe Tarsia in der Provinz Cosenza in Kalabrien. Das Lager wurde auf 60 m Meereshöhe nahe der Eisenbahnlinie Cosenza-Sibari errichtet. Es umfaßte schließlich 46 große, meist hufeisenförmig angelegte Baracken und eine Reihe von Verwaltungsgebäuden. Die durchschnittliche Sommertemperatur lag bei 45 Grad Celsius, die Luftfeuchtigkeit betrug in der sumpfigen Gegend durchschnittlich 88 Prozent. Der höchste Belegstand wurde mit 3823 Internierten aus Polen, der Tschechoslowakei, Ungarn, Jugoslawien, Deutschland und Österreich erreicht. Das Lager unterstand, wie alle anderen Interniertenlager, dem Ministero dell'Interno, Direzione Generale di Pubblica Sicurezza. Es wurde von einem Kommissar des Sicherheitsdienstes geleitet, der von einer Reihe von Agenten der P.S. unterstützt wurde. Die Ordnungsaufgaben hatten rund 75 Männer der Milizia Volontaria per la Sicurezza Nazionale zu erfüllen. Es bestand kein Arbeitszwang, für besondere Fälle war auch Verlassen des Lagers vorgesehen, in Ferramonti gab es trotz der Schwierigkeiten in der Ernährung und medizinischen Versorgung, des Klimas und der Hoffnungslosigkeit keinen einzigen Todesfall durch Mißhandlung oder Folterung.

Auch eine ganze Reihe von Kärntnern machte mit Ferramonti Bekanntschaft. Alfred Neurath allerdings, der als erster Kärnten über Tarvis verlassen hatte und sich dann in Udine aufhielt, traf es günstiger. Er wurde von der Verhaftungsaktion in Udine überrascht, kam dann für sechs Monate in das Lager Nereto und anschließend nach Aprica. Seine Frau, eine Nichtjüdin, und seine Tochter wurden nicht interniert. Die

Tochter heiratete Anfang 1941 in Udine einen Italiener, und dadurch war es dann am 10. September 1943 möglich, Neurath aus Aprica herauszubekommen. Er konnte zurück nach Udine, mußte sich aber später meist verstecken. Emmerich Salzberger wiederum war nicht mit seinen Eltern gegangen, sondern auf eigene Faust nach Triest gelangt. Bei den Verhaftungsaktionen kam er in einen Schiffstransport, der Internierte nach Rodi/Rhodos brachte. Anfang 1942 wurde er aber von dort nach Italien verlegt und kam am 27. März in Ferramonti an, wo er bis zur Befreiung des Lagers durch die alliierten Truppen blieb. Robert und Emil Preis waren nach ihrer Ausreise aus Kärnten am 27. August 1939 zu Neurath nach Udine gekommen, der sie zuerst einmal unterbrachte und versorgte. Dann fuhren die beiden Brüder weiter zu einem Geschäftsfreund in Triest, Edoardo Aidynian, der sie ebenfalls eine Zeitlang hilfreich versorgte. Um günstigere illegale Auswanderungschancen zu nützen, gingen sie dann nach Fiume, wo Robert Preis dann tatsächlich auf einen illegalen Transport nach Palästina kam. Das Ziel wurde aber nicht erreicht, sondern vorläufiger Endpunkt der Fahrt war Benghazi. Von dort wurde der Transport dann zurück nach Italien geleitet, und am 29. September 1940 traf er in Ferramonti ein. Zu seiner freudigen Überraschung war sein Bruder Emil Preis schon dort. Emil war aus Fiume nicht mehr weggekommen, sondern festgenommen und mit einem großen Interniertentransport von dort schon am 27. Juli 1940 nach Ferramonti eingewiesen worden. Die beiden Brüder blieben dort eine Zeit, wurden dann aber nach Isola del Gran Sasso in der Provinz Teramo verlegt. Am 16. Mai 1942 wurden sie von dort mittels Eisenbahntransport wieder zurück nach Ferramonti verlegt und blieben dort in der Camerata 38 bis zur Befreiung durch die Alliierten. Auch andere Kärntner waren ebenfalls zuerst nach Rodi und dann nach Ferramonti gekommen, ebenso Verwandte von Attila Tauber, von Julius Spitz, aber auch eine Reihe von jüdischen Flüchtlingen aus Oberkrain landeten dort, wie beispielsweise Ernst Bloch aus Aßling, Isak Rosenberg aus Hrusica, Marta Steiner aus Ravne, Anton, Ferdinand, Franz und Josef Cop sowie Abel und Georg Rede, dann Julius und Josef Wolf, Anton und Josef Malnar, alle aus Neumarktl, Johann Kelbel aus Skofja Loka u. a. Sie alle blieben um den Preis der Internierung als des kleineren Übels dem Zugriff der Gestapo bis zum Ende der Gefahr entzogen.

VERSCHÄRFUNG IN TRIEST

In der Adriastadt waren manche Alten und Kranken zurückgeblieben, die nicht interniert worden waren, und dann natürlich die alteingesessenen Familien, soweit sie nicht freiwillig emigriert waren. Auch als für uneigennützige Helfer wie Dr. Carlo Morpurgo, der auch Sekretär der Kultusgemeinde war, nicht mehr viel zu tun blieb, verließ er die Stadt nicht, und er war nicht das einzige Beispiel für diese Haltung. Der Druck auf die Opfer verstärkte sich 1942 zusehends. Er äußerte sich in Angriffen von Squadristen auf die Synagoge und das Flüchtlingsasyl in der Via del Monte und in weiteren Hetzkampagnen. Auch eine bezeichnende neue Entwicklung bahnte sich an: Im Jänner 1942 wurde die Associazione culturale italo-germanica gegründet, über die große Teile der faschistisch oder zumindest national gesinnten Führungsschichte Triests in nähere Beziehung zu deutschen Stellen, vor allem zum Generalkonsul des Deutschen Reiches, Ernst von Druffel, traten.

Spielten sich unter den verschiedenen Gruppen der Faschisten in der Stadt noch immer Rivalitätskämpfe um die Führung ab, die sich sogleich in einer Verschärfung des Vorgehens gegen die jüdischen Mitbürger äußerten, so suchten in der deutsch-italienischen Gesellschaft (Associazione culturale italo-germanica) viele Vertreter des traditionell national gesinnten Bürgertums die deutsche Nähe auf, weil sie sehr wohl um die sich ständig verschlechternde wirtschaftliche Situation der Stadt wußten und am, wenn auch kriegswirtschaftlich bedingten Aufschwung im Rahmen der deutschen wirtschaftlichen Initiativen im Südostraum stärker teilnehmen wollten.[91]

Am 29. Juni 1942 wurde in Triest das „Centro per lo studio del problema ebraico" gegründet. Es war das vierte seiner Art in Italien. Zuvor waren solche „Forschungsinstitute" des Ministero per la Cultura Popolare bereits in Mailand, Florenz und Ancona ins Leben gerufen worden. Auch das Triestiner Institut trachtete, nicht nur möglichst viele Informationen über die jüdischen Bewohner der Stadt und Umgebung zu gewinnen, sondern es legte auch Listen von Personen an, deren deutschfeindliche Gesinnung ausgekundschaftet werden konnte. Druffel bemühte sich nachdrücklich, seinen Einfluß auf das Institut zu verstärken und auch Personen seines Vertrauens dort unterzubringen.[92] Die Historikerin Gherardi-Bon betont mit Recht die Bedeutung dieser Einrichtung für die folgende, katastrophale Entwicklung und sieht darin das entscheidende Bindeglied zwischen der faschistischen und nationalsozialistischen Verfolgung.[93] Uns drängt sich naturgemäß der Vergleich dieser Bespitzelungsorganisation, die auch freien Zutritt zu den Aktenbeständen des Einwohnermeldeamtes hatte, mit dem Agieren des SD in Kärnten vor und nach 1938 auf. Auch dieser hatte schon vor der Machtübernahme durch die Nationalsozialisten Informationsmaterial über die jüdischen Mitbürger und alle Strukturen der Opposition gesammelt und nach 1938 eine gewichtige Mitarbeit bei der Vorbereitung der Slowenenaussiedlung geleistet. Man könnte naturgemäß vermuten, daß im Triestiner Centro auch Kärntner Personen mitgewirkt hätten – dies ist aber nicht der Fall. Wohl waren dort auch prominente Triestiner Persönlichkeiten österreichischer Abstammung tätig, die noch ihre Verwandten aus der Zeit von 1918 in Kärnten hatten.[94]

Am 19. Mai 1943 gab es in Triest auch eine Art nachgeholte „Reichskristallnacht", die mit der Zerstörung einer Reihe von jüdischen Geschäften endete, bezeichnenderweise richtete sich diese Aggression zur gleichen Zeit aber auch gegen slowenische Geschäfte in der Stadt. Jetzt gehörte plötzlich das stets so irredentismusfreundliche Judentum ins gleiche Lager der Feinde.

6.4 Verfolgung und Ausbeutung in der Operationszone

> „Endlich erhalte ich ein Lebenszeichen von Ihnen und ersehe daraus, daß Sie alles gut überstanden haben so wie Herr Robert. Die Hauptsache, daß wir den Kopf gerettet haben. Wegen Ihrer Lieben waren wir überrascht zu hören, daß sie so ein Ende nehmen mußten, der liebe Gott wird alles richten." Alfred Neurath, Udine, am 15. Jänner 1946 an Emil Preis in Triest.

Mit der Absetzung Mussolinis, der Bildung der Badoglio-Regierung und der Änderung der Beziehungen zu den alliierten Mächten seitens des Königreiches Italien hatte sich in Friaul, Julisch-Venetien und Istrien jener Zustand ergeben, der das deutsche Eingreifen und die Bildung der Operationszone „Adriatisches Küstenland" zur Folge hatte. Diese an anderem Ort genau dargestellten Vorgänge[95] sind insoferne für unser Thema besonders bemerkenswert, als es Reichsstatthalter Rainer, der ja schon Chef der Zivilverwaltung in Oberkrain war, nunmehr auch gelang, Oberster Kommissar der Operationszone zu werden und damit die bisher italienisch besetzte Provincia di Lubiana, Istrien mit Triest und Fiume, Julisch-Venetien mit Görz und die Friaul mit Udine sofort aus der Masse der nach der deutschen militärischen Besetzung naturgemäß auch unter Militärverwaltung stehenden Gebiete auszuklammern und die Zivilverwaltung in diesen Gebieten – wohl dank Himmlers Einfluß – übertragen zu bekommen. Schon in seinen ersten Vorschlägen zeigte Rainer die Tendenz, bewußt an Traditionen der einstigen k. u. k. Monarchie in diesen Gebieten anzuknüpfen. Die Tatsache, daß nun deutsche Truppen und deutsche Behörden in den erwähnten Gebieten standen, bedeutete aber neben den anderen Bevölkerungsgruppen auch für die noch vorhandenen Juden schwere Konsequenzen.

Der Unterdrückungs- und Verwaltungsapparat, welcher aufgebaut wurde, war naturgemäß jenem in Oberkrain ähnlich. Für ähnliche Aufgaben mußten ähnliche Strukturen vorgesehen werden. Zugleich ist es typisch, daß neuerlich eine beträchtliche Zahl von Spezialisten, die sich in Oberkrain Erfahrungen erworben hatten, nun in der Operationszone eingesetzt wurde. In der Behörde des Obersten Kommissars Rainer in Triest wurde Dr. Hierzegger Leiter des Generalreferates und des Referates L, sein Stellvertreter Dr. Maierschitz, das Referat II (Presse, Kultur, Propaganda) leitete Dr. Lapper, für das Referat III (Finanzen) war Dr. Zojer zuständig, für das Referat IV (Recht) Dr. Paul Messiner, im Referat VII (Wirtschaft) arbeiteten Dr. Klare, Dkfm. Eder und Dr. Pfeffer.

Da Oberkrain zuvor schon dem Höheren SS- und Polizeiführer im Oberabschnitt Alpenland, Gruppenführer Rösener, unterstanden hatte, erschien es einleuchtend, daß nunmehr die gesamte Provinz Laibach sein Kompetenzbereich wurde. In den übrigen Gebieten der Operationszone wurde Gruppenführer Globocnik, bisher mit der Judenvernichtung im Raum Lublin beschäftigt, höherer SS- und Polizeiführer mit dem Sitz in Triest. Globocnik war damit in seine Geburtsstadt zurückgekehrt und arbeitete nun wieder wie in den dreißiger Jahren mit seinem Jugendfreund Rainer zusammen.[96] Nun gab es aber nicht mehr wie in Polen die „Aktion Reinhard" für die Judenvernichtung, sondern die „Abteilung R" im Stab des Höheren SS- und Polizeiführers in der Operationszone „Adriatisches Küstenland". Und dafür hatte Globocnik auch einen Großteil seines Stabes von „Fachleuten" aus Polen nach Triest mitgebracht. Leiter der Abteilung R war bis 26. Mai 1944 Sturmbannführer Christian Wirth, hernach Sturmbannführer Dietrich Allers. Wirth baute aber in den verschiedenen Städten seines Wirkungsbereiches ein ganzes Netz von diesbezüglichen Dienststellen auf, und zwar neben Triest selbst (R I) Fiume (R II), Udine (R III), Mestre (R IV) – letztere außerhalb der Operationszone. Zugleich unterstanden dem Höheren SS- und Polizeiführer Globocnik in seinem Teil der Operationszone die beiden Bereiche der Ordnungspolizei und der Sicherheitspolizei (Staatspolizei und Kriminalpolizei). Und Kommandeur der Sicherheitspolizei und des SD wurde niemand anders als Dr. Ernst Weimann, der bis 1943 die Gestapostelle Klagenfurt geleitet und dort spezielle „Fachkenntnisse" in der Ausplünderung und Vertreibung erworben hatte, ehe er für kurze Zeit nach Shitomir versetzt wurde. Nun amtierte Weimann von Triest aus.

Die italienischen Faschisten in der Operationszone sahen sich durch den deutschen Einmarsch und die eigentliche Machtübernahme in einen zwiespältigen Zustand versetzt. Einerseits begrüßten sie die ideologische Verwandtschaft und die Verstärkung des Kampfes gegen die verschiedenen Partisanenverbände, andererseits war ihnen nur zu deutlich bewußt, daß sie sich nicht in Mussolinis Repubblica Sociale Italiana befanden, die weit im Westen lag, sondern in einem Gebiet, das unter für die Nationalsozialisten günstigeren späteren Umständen Reichsgebiet werden könnte. Kreise des national eingestellten italienischen Bürgertums, die sich 1942 schon eng um die deutsch-italienische Gesellschaft geschart hatten, warfen sich dem Kollaborationismus mit Nachdruck in die Arme, um am deutschen Wirtschaftsprozeß stärker zu profitieren, was ihnen in Triest angesichts des spürbaren Niederganges der Stadt seit 1918 geradezu Bürgerpflicht schien.

Die Stärke, mit der die neuen Herren sich auch in die wirtschaftlichen Strukturen drängten, dürfte etwas überrascht haben, denn beispielsweise einen deutschen Mitdirektor hätten die arisierten Assicurazioni Generali nicht unbedingt gebraucht.

Das „Centro per lo studio del problema ebraico" wurde nach der Bildung der Badoglio-Regierung nicht geschlossen, sondern blieb von Ende Juli bis Mitte Oktober weiterhin geöffnet und wurde dann samt allen vorhandenen Aktenbeständen von der Abteilung R übernommen. Wie überall in den besetzten Gebieten Europas machte auch der Oberste Kommissar oder der höhere SS- und Polizeiführer keinerlei ausdrückliche Ankündigung von einem geplanten Vorgehen, das aber bald nach den ersten Tagen der Besetzung begann und nunmehr im Schatten der Endlösung stand. Daß SS-Offiziere wie Georg Michalsen, Rolf Günther, Josef Oberhauser und Franz Stangl, die wie viele ihrer mitgebrachten Untergebenen in Warschau, in Belzec, in Treblinka, Sobibor und Majdanek gewesen waren, nun ihre Schreckensherrschaft in der Operationszone „Adriatisches Küstenland" errichteten, ist zweifellos nicht damit erklärbar, daß Rainer seinen alten Freund Globocnik wieder um sich haben wollte. Daß sich auch eine ganze Reihe von

Kollaborateuren fand, die sich für jüdisches Vermögen interessierten, lag auf der Hand
– umso bedauerlicher, daß einige von ihnen aus Österreich waren.[97]

Nach einer kurzen antisemitischen Kampagne mit Zeitungen, Ausstellungen und
Wandanschlägen begannen die Einheiten der Sicherheitspolizei unter den Anweisungen
der Abteilung R I zuerst mit Einzelverhaftungen von Juden, die sich rasch steigerten, je
mehr man sich des Materials des Centro bedienen und lokale Kenntnisse gewinnen
konnte. In den ersten Wochen nach dem Einmarsch, praktisch vor dem Eintreffen der
Polizeieinheiten aus Polen, gelang noch einer größeren Anzahl von Juden aus Fiume,
Triest, Görz und Udine die Flucht über die Grenze der Operationszone „Adriatisches
Küstenland" in die Emilia Romagna und die Marche, wo sie sich leichter verstecken
konnten. Kleineren Gruppen von Triestinern gelang es sogar noch, in die Lombardei zu
entkommen und von dort Einreiseerlaubnis in die Schweiz zu bekommen.[98] Während
die Verbände der Ordnungspolizei und spezielle Einheiten rasch in die Ereignisse des
Partisanenkrieges verwickelt wurden, befaßte sich die Sicherheitspolizei in großem
Ausmaß mit den Juden. Razzien und Anhaltungen führten aufgrund der erzwungenen
Ausweisleistung zu vielen Festnahmen, die durch die Zusammenstellung von Listen
vorbereiteten Verhaftungen erfolgten meist in der Nacht oder in den frühen Morgenstun-
den. Die Opfer mußten binnen weniger Minuten transportbereit sein. Zugleich funktionierte man das alte Reislager der Risiera di San Sabba zum Konzentrationslager um,
in dem die Verhafteten bis zum Abtransport zusammengefaßt wurden. Die Risiera blieb
aber nicht bloß Durchgangslager für die Juden und die Opfer des slowenischen und
italienischen Widerstandes, sondern die Installation des Krematoriums unterstreicht
auch, daß die Mörder entschlossen waren, den gleichen Stil wie in Polen beizubehalten.[99]
Nach den Berechnungen und Nachforschungen des Instituto regionale per la storia del
movimento di liberazione und der Associazione Exdeportati wurden mehr als 3000
Personen in der Risiera selbst getötet, für mehr als 20.000 Menschen aber war sie
Durchgangslager und Wartestation für den Transport nach Auschwitz oder in andere
KZ.[100] Die Risiera wurde aber auch als eines der Magazine für die geraubten Besitztümer
der Opfer verwendet. Es erübrigt sich, festzuhalten, daß die Transporte mit den Menschen für die Konzentrationslager entweder durch Kärnten oder über Laibach gingen.

Der erste Transport aus Triest in Richtung Auschwitz ging am 9. Oktober ab, und
eine Reihe von weiteren Transporten sollte folgen. Anfang Dezember wurde auch ein
Transport von Verhafteten aus Rom durch Opfer aus Triest und Fiume ergänzt. Der
Schwerpunkt der Verfolgung lag zweifellos in Triest, wo sich auch die meisten Opfer
fanden. Dagegen war es etwa in Görz oder Udine wegen der geringen Zahl der dort
lebenden Juden leichter, der SS zu entkommen.[101] Neurath beispielsweise war während
dieser Zeit ständig in Udine versteckt und wurde nie gefunden, lediglich das auf den
Namen seiner Frau geführte Geschäft wurde ausgeplündert. Mit besonders brutaler
Hartnäckigkeit war längere Zeit Franz Stangl im Raum Mestre, Treviso, Vicenza tätig.
Hätten die faschistischen Behörden nicht seit 1940 viele ausländische und einheimische
Juden in den Lagern des Südens konzentriert, Gebiete unter deutscher Militärverwaltung
und bald Kampfgebiete, wäre die Masse der Opfer noch wesentlich größer gewesen. So
entzog glücklicherweise die erste der großen Verfolgungsbewegungen, die faschistische,
der zweiten und viel gefährlicheren, der nationalsozialistischen, einen Teil ihrer Opfer.

Von Triest aus wurde wie gesagt bereits am 9. Oktober 1943 der erste Transport abgeschickt. Er wurde dann über verschiedene Zwischenstationen anderen Transporten – vor allem solchen aus Rom und Fiume – hinzugefügt und langte als großer Sammeltransport erst Anfang Dezember in Auschwitz an. In der Stadt Triest hinterließ er ein Klima der Panik, aber auch der Erbitterung. Dr. Carlo Morpurgo, den wir in seiner Eigenschaft als Funktionär des Comitato bereits kennengelernt haben, ließ die religiösen Geräte der Kultusgemeinde durch Vertrauensleute einmauern und übergab die wichtigsten Akten und Dokumente der Kultusgemeinde, deren Sekretär er ja war, an den katholischen Erzbischof Dr. Antonio Santin, der sie in seine Obhut übernahm – auch das Patent für die Kultusgemeinde, das Maria Theresia unterschrieben hatte. Santin war es auch, der unter dem Eindruck dieser ersten Verhaftungswelle mit einem Brief an Rainers Stellvertreter, Dr. Wolsegger, dagegen protestierte.[102]

Schließlich meldete Santin die Vorfälle in einem Brief an Papst Pius XII. und ersuchte um Intervention. Es ist ein Brief, der die Verhältnisse in der Stadt sehr deutlich wiedergibt: Hand in Hand mit den Verhaftungen gehe die Beschlagnahme des jüdischen Vermögens. Gründe und System der Verhaftungen seien völlig uneinsichtlich, manche würden festgenommen, manche wieder nicht. Das schrieb Santin allerdings schon am 12. November, also vor den großen weiteren Aktionen. Unter den verhafteten Juden seien auch sehr viele getaufte bzw. die katholischen Frauen von jüdischen Ehepartnern. Von den jüdisch Versippten werde verlangt, sie mögen sich scheiden lassen, um wieder freizukommen.

Am 19. Jänner 1944 erfolgte die zweite große Verhaftungsaktion, bei welcher auch Dr. Carlo Morpurgo festgenommen wurde, der sich geweigert hatte zu fliehen. Am 20. Jänner wurde das jüdische Altersheim in der Via Cologna, „Pia Casa Gentilomo", überfallsartig besetzt, rund 70 Insassen wurden auf Lastwagen verladen und in die Risiera di San Sabba gebracht, von wo dann der Abtransport nach dem Generalgouvernement erfolgte. Am 28. März 1944 wurden die übrigen Krankenhäuser Triests durchsucht und jüdische Patienten aus ihnen, auch aus der psychiatrischen Klinik, entfernt.

Die Aktionsmuster sind demnach die gleichen, wie sie beispielsweise auch in Wien feststellbar waren. Für die Provinz mit geringerem jüdischem Bevölkerungsanteil ergaben sich aber jene Varianten, wie wir sie am Beispiel Kärntens schon feststellen konnten. Festgehalten zu werden verdient die wesentlich andere offizielle Haltung der katholischen Kirche, die auch auf andere Begleitfaktoren zurückzuführen ist: Santin wußte sehr wohl, daß die deutschen Stellen in dem eben erst besetzten Land grundsätzlich an Ruhe in der Bevölkerung interessiert waren und sich daher Maßnahmen gegenüber kirchlichen Würdenträgern wohl kaum leisten konnten, ohne die Oppositionsbereitschaft der Bevölkerung noch mehr zu erhöhen. So benahm sich auch Globocnik, als der Erzbischof dann diesen selbst mit Interventionen und Beschwerden anging, ausgesprochen höflich und unverbindlich. Er machte die verschiedensten Versprechungen, die dann einfach nicht gehalten wurden.[103]

Dr. Carlo Morpurgo hingegen war verhaftet worden, um der Abteilung R dann mehrere Monate lang als Informant zu dienen. Er wurde also in die gleiche Rolle gezwungen, die einst Kriegsfeld in Klagenfurt innegehabt hatte, doch scheint im Ausmaß der Kollaborationsbereitschaft ein gewaltiger Unterschied gewesen zu sein, da Morpurgo dann mit einem Transport nach Auschwitz ging und dort ums Leben kam.

Der Transport vom 28. März 1944 kam am 4. April in Auschwitz an. Von den 300 Triestinern dieses Transportes waren 62 schon während der Fahrt gestorben, weitere 86 wurden unmittelbar nach der Ankunft selektiert.[104] Zur gleichen Zeit ging in Triest ein weiterer, allerdings kleinerer Transport ab. In späteren Transporten, vor allem nach der Jahreswende, wurden des zunehmenden Mangels an Transportmöglichkeiten wegen nur mehr jüngere Verhaftete abtransportiert, die Alten und Schwachen hingegen blieben in der Risiera. Im September 1943 betrug die Zahl der Triestiner Juden noch ungefähr 3600. Von diesen sind mit Sicherheit rund 800 allein in Auschwitz ums Leben gekommen.[105]

Unter den jüdischen Einrichtungen in Triest wurde die Kultusgemeinde mit ihren Gebäuden und Vermögenswerten das erste Opfer. Die Wegnahme erfolgte am 27. Jänner 1944, bald darauf die Kontensperre bei der Cassa di Risparmio und der Banca Commerciale Italiana. Erst am 23. Oktober ging es dem Comitato ebenso. Das Emigrantenheim in der Via del Monte wurde von der SS als Unterkunft verwendet, das Altersheim in der Via Cologna wurde Krankenrevier der SS, d. h. also der besonderen, zum Teil ukrainischen Einsatzverbände Globocniks und der Sicherheitspolizei.

Die Menschenverfolgung und Menschenvernichtung können aber nicht losgelöst von den materiellen Interessen der Verfolger betrachtet werden, ja die Verfolgung war praktisch die Voraussetzung für die Verwertung der jüdischen Vermögenswerte. Nach dem Abtransport der Verhafteten wurden ihre Wohnungen genau durchsucht und alles wertvolle Gut in die Magazine der Risiera und in andere Lager transportiert. Bargeld, Schmuck, alte Münzen, Aktien, Briefmarkensammlungen wurden dabei naturgemäß von Kunstgegenständen, Klavieren, Teppichen, Schreibmaschinen getrennt, Möbelstücke der verschiedensten Art bildeten wiederum eine andere Kategorie der Beutestücke. Das Wertvollste von all dem kam unter sichere Bewachung in die Risiera, außerdem füllten sich diverse Möbellager, obwohl von den Massen der europäischen Juden, die sich in den vergangenen Jahren in Triest eingeschifft hatten, ebenfalls noch der Großteil ihres Umzugsguts in den Lagerhallen des Freihafens lagerte, und zwar nicht nur Möbel, sondern auch Massen von Teppichen, Bildern und Klavieren, Kisten mit Pelzen, Kunstgegenständen, Kleidern und Büchern. In welchem Ausmaß an diesem Umzugsgut die verschiedensten deutschen und italienischen Speditionsfirmen verdienten, ist ein Kapitel für sich.

Naturgemäß gingen die Such- und Verhaftungsaktionen auch in der Operationszone außerhalb Triests in gleicher Weise, wenn auch meist mit geringerem Erfolg, vor sich. Abgesehen von Laibach, das praktisch leer von Juden war, verhaftete man in gleicher Weise in Görz, in Gradisca, in Farra, in Cividale, in Udine, San Daniele, in Pordenone und in den Orten weiter im Westen. Und überall wurden von den Verhaftungskommandos die Wohnungen versiegelt, und hernach kamen die Einsatzgruppen, welche die vorhandenen Vermögenswerte sortierten und abtransportierten. Die Bücher aus den jüdischen Häusern und Wohnungen der gesamten Operationszone wurden im nicht zerstörten Tempel in Triest gesammelt und dort nach ihrem Wert sortiert.

Der interne, organisatorisch-rechtliche Vorgang läßt den kontrastierenden Vergleich mit der seinerzeitigen Vorgangsweise in Oberkrain zu: Auch in der Operationszone erfolgte die Vermögenswegnahme als reiner staatspolitischer Akt, das heißt die Juden wurden gleichsam automatisch als Volks- und Staatsfeinde angesehen und ihr Vermögen in sinnmäßigem Zusammenhang mit der Verordnung über die Beschlagnahme und Einziehung volks- und staatsfeindlichen Vermögens entfremdet. Eine andere scheinlegale Absicherung der Gewaltmaßnahme ließ sich auch in der Operationszone als Zivilverwaltungsbereich nicht finden. Da die Verfolgung und Ausplünderung eben als staatspolizeiliche Maßnahme abliefen, hatte den Beschlagnahmebescheid der Kommandeur der Sicherheitspolizei und des SD auszufertigen, und in der Tat findet sich auf allen Bescheiden der Name Weimanns, selten der eines Mitarbeiters. Die zweite beteiligte Instanz war der Oberste Kommissar Rainer mit seinem Verwaltungsapparat, vor allem mit den Abteilungen Finanzen, Wirtschaft und Recht. In diesem Fall mußten an den Obersten Kommissar nicht wie an den Chef der Zivilverwaltung von seiten der Polizeiinstanz individuelle Vorschläge für die Beschlagnahme und Einziehung erstellt werden, da die Kategorie „Jude" ja eindeutiges Kriterium schien.

Der Vorgang erfuhr im Vergleich zu Oberkrain und Kärnten eine deutliche Vereinfachung, welche aber auch die Unrechtmäßigkeit und Brutalität der Maßnahme deutlicher nach außen kehrte. In Oberkrain hatte noch die Abteilung IV (Staatspolizei) beim Kommandeur der Sipo und des SD in Veldes Umsiedlungsbescheide erlassen, nun wurde das anders gemacht. Nicht die Staatspolizei, sondern die übergeordnete Abteilung R I beim Höheren SS- und Polizeiführer erließ einfache Haftscheine.[106] Als einliefernde Stelle schien „R I" auf, der Verhaftete saß auch ein „zur Verfügung R I". Als Grund der Einlieferung figurierte kategorisch „Jude". Individuelle Bescheide mit Zitat der betreffenden angewendeten Verordnung gab es überhaupt nicht mehr. Erst beim zweiten Akt, jenem der Ausplünderung, trat die Dienststelle des Kommandeurs der Sipo und des SD in der Operationszone in Aktion. Ihr Leiter, Dr. Weimann, war zugleich in dieser Dienststelle zuständig für die Abteilung IV (Staatspolizei), die einst in Veldes Dr. Bauer innegehabt hatte. Nun fertigte Dr. Weimann Bescheide einfachster Form aus. Sie lauteten durchwegs folgend: „Der Befehlshaber der Sicherheitspolizei und des SD in der Operationszone Adriatisches Küstenland – IV B. Triest, den . . . R I (unter dem Datum angebracht). – Beschlagnahmebescheid. Das gesamte bewegliche und unbewegliche Vermögen des Juden X. Y. geb. am . . . in . . ., Wohung: . . ., Eltern: . . . wird hiermit beschlagnahmt. Der Beschlagnahmebescheid ist rechtskräftig und unanfechtbar. – Weimann."[107] Die Kategorie „Jude" war sowohl auf dem Haftschein als auch bei der Vermögensbeschlagnahme maßgeblich, und wenn sich diese Kategorie nicht verifizieren ließ, wurde die Maßnahme als solche hinfällig. Dann hieß es: „Bei den in Ihrem Schreiben angeführten Personen . . . konnte die Rassenzugehörigkeit nicht festgestellt werden. Eine Beschlagnahme bei den Vorgenannten entfällt daher."[108]

Nach dem 14. und 15. April 1942 hatte man sich in Kärnten bei der Slowenenaussiedlung noch mehr juridische Umstände gemacht, um einen Zustand der Scheinlegalität oder zumindest der bürokratischen Vorschriftsgemäßheit zu erzeugen, hinter dem sich gar mancher Mitwirkende verstecken konnte. Damals hatte noch der Reichsminister des Innern mit Einzelerlaß gemäß den Bestimmungen der Verordnung über die Einziehung volks- und staatsfeindlichen Vermögens im Lande Österreich vom 18. November 1938 festgestellt, daß die Bestrebungen des jeweiligen auszusiedelnden slowenischen Opfers volks- und staatsfeindlich gewesen wären, und aufgrund dieser Feststellung wurde gleichzeitig die Staatspolizeistelle Klagenfurt angewiesen, die Einziehung des Vermögens vorzunehmen. Dann verfügte Weimann aufgrund § 12 der ersten Durchführungsverordnung zum Ostmarkgesetz vom 10. Juni 1939 in Verbindung mit § 1 der neunten Durchführungsverordnung vom 23. März 1940 die Einziehung des gesamten in Kärnten gelegenen Vermögens zugunsten des Deutschen Reiches, vertreten durch den Reichsfinanzminister bzw. den Oberfinanzpräsidenten Graz. Juridisch gesehen lief eine solche Vorgangsweise auf eine Etikettierung des Opfers als Hoch- und Landesverräter hinaus, und in den Augen Weimanns mußte das gegenüber Menschen, die deutsche Reichsbürger waren, eine zielführende Maßnahme sein. In Oberkrain und den Kärnten eingegliederten Gebieten mochte das auch angehen, für die Operationszone allerdings wäre es formaljuridisch eine Paradoxie gewesen, denn noch war die Operationszone nicht deutsches Reichsgebiet.

Mag auch die deutsche Einschätzung der Situation in Triest weitaus übertrieben sein, so geht aus dem Geheimbericht von Druffels an das Auswärtige Amt vom 14. Februar 1943 deutlich die widerstrebende Haltung der nichtjüdischen Bevölkerung und auch großer Teile der Verwaltung gegenüber den Rassengesetzen hervor: „. . . ist besonders hervorzuheben, daß nach wie vor über 40 Prozent allen Immobiliarbesitzes in Triest Juden gehört, daß sich das Gesamtvermögen der Triester Juden heute auf mehr als 4500 Millionen Lire – etwa 45,675.000 RM – beläuft, daß die Juden etwa 400 Aktiengesellschaften und Einzelunternehmungen in Triest kontrollieren oder besitzen, daß der politische Einfluß des Triester Judentums ungeachtet der Rassengesetze stärker denn je ist, daß die Juden ungeheure Kriegsgewinne machen und daß das Gesetz, welches die Beschlagnahme des jüdischen Immobiliarbesitzes vorsah, sozusagen überhaupt nicht zur Anwendung gekommen ist."[109]

Immerhin glaubte ein Dreivierteljahr später die Abteilung R I mit Recht noch an die Möglichkeit des großen Beutemachens. In den ersten Phasen der Tätigkeit scheint man ziemlich regellos vorgegangen zu sein, so daß Sturmbannführer Wirth, der Leiter von „Abteilung R", am 16. Dezember 1943 in Triest eine Dienstbesprechung über die „Beschlagnahme und Sicherstellung von Judengut" durchführte, welche Aufschluß über den weiteren Weg gibt. Die Männer der Abteilung R, da diese selbst nur ein Stab war, also auch die eingesetzten Leute der Sicherheitspolizei, hatten nur nach entsprechenden Nachforschungen zu beschlagnahmen, die Wohnungen zu verschließen und zu versiegeln sowie ein vorbereitetes Warnplakat für die Bevölkerung anzubringen. In weiter bewohnten Wohnungen waren für die Güter einzelne Räume zu verwenden. „Listenmäßige Erfassung der beschlagnahmten Güter hat zu unterbleiben, solches geschieht durch besonders beauftragte Beamte von der Abteilung Finanzen . . . Von der Abteilung Finanzen werden diejenigen Beamten, die mit der Inventarisierung des beschlagnahmten Judengutes beauftragt sind, mit besonderem Ausweis versehen . . . Die Vermietung von Wohnungen hängt von der Räumung ab, woraus sich ergibt, daß Mieter nicht in eine solche Wohnung einziehen können, bevor diese durch die beauftragten Beamten der Abteilung Finanzen geräumt und freigegeben ist." Die Beschlagnahmebescheide sollten täglich an die Abteilung Finanzen weitergegeben werden, „damit die beauftragten Beamten der Abteilung Finanzen laufend inventarisieren und für Räumung der Wohnungen Sorge tragen" können.[110]

In die Weiterverwertung des beschlagnahmten Vermögens war also die Dienststelle des Obersten Kommissars Rainer voll einbezogen, und diese Dienststelle suchte auch, mit allem Nachdruck ihre finanziellen Interessen an den Vermögenswerten zu sichern und davon möglichst nichts herzugeben. Die verschiedensten SS-Einheiten und andere Dienststellen scheinen sich aber an den beschlagnahmten Vermögen in der verschiedensten Weise bedient zu haben, denn am 5. April 1944 fand eine Besprechung von Vertretern des höheren SS- und Polizeiführers (Hauptsturmführer Schenkl und Obersturmführer Blum) mit der Finanzabteilung des Obersten Kommissars (ORR. Dr. Zojer in Begleitung von ORR. Dr. Fischbach u. a.) statt.[111]

Anscheinend hatte die Abteilung R diverse Plünderungen und Einziehungen damit begründet, daß sie für den Aufbau ihrer Aktivitäten und ihres Netzes Geld brauche. Daher wurde die Finanzierung der Abteilung R vom Obersten Kommissar übernommen, und Dr. Zojer betonte in der Besprechung, daß bereits vor einiger Zeit als Vorschuß 2 Millionen Lire angewiesen worden waren. Mit anderen Worten, der Oberste Kommissar der Zivilverwaltung, also Rainer, finanzierte der SS den organisatorischen Aufbau der Judenausplünderung, also die „Aktion R", oder wie es der Verantwortliche der Oberkasse des Obersten Kommissars ausdrückte: „Mit der Durchführungsanordnung vom 1. Dezember 1944 A. Z. III/1/1360/44 wurde die Abrechnung des Höheren SS- und Polizeiführers über den Vorschuß in der Höhe von Lire 2,000.000 – für die Aktion ‚R‘ zur Durchführung gebracht."[112]

In der Besprechung vom 5. April 1944 wurde weiters beschlossen, daß der Höhere SS- und Polizeiführer alle bisher aus Judenbeständen übernommenen Einrichtungsgegenstände inventarisieren und diese Listen der Abteilung Finanzen übergeben würde, daß ferner der Abteilung Finanzen eine Liste aller vom Höheren SS- und Polizeiführer benützten jüdischen Häuser zugehen soll und spätere Besprechungen die Frage klären werden, ob und inwieweit die SS dafür bezahlen soll. Zukünftige Möbelanforderungen sollten nur mehr schriftlich bei der Abteilung Finanzen möglich sein.

Die Abteilung Finanzen des Obersten Kommissars scheint also als ausschließliche Verfügungsberechtigte über die jüdischen Vermögenswerte auf. Dies geht auch aus einer ganzen Reihe von anderen Vorgängen hervor: Die Finanzabteilung setzte wie in Oberkrain für jüdische Häuser und Firmen treuhänderische Verwalter ein. Diese hatten Geldeingänge, z. B. auch Mieteneingänge, mit dem Aktenzeichen des jeweiligen jüdischen Opfers versehen (z. B. Ju-0000), auf das Konto „Oberkasse des Obersten Kommissars in der Operationszone Adriatisches Küstenland" bei der Banca Commerciale Italiana in Triest zu überweisen.[113] Wie in Oberkrain, so schossen nun auch in der Operationszone die treuhänderischen Verwalter quasi als eine eigene Berufsgruppe aus dem Boden. Treuhänderische Verwalter wurden auch für die Liquidation von jüdischen Firmen eingesetzt. Diese hatten zuerst Inventur und Schätzung mit Hilfe von Sachverständigen zu machen und dann den freihändigen Verkauf an private Interessenten durchzuführen. Die Vorgangsweise unterscheidet sich also nicht von jener, die im Reich angewandt wurde, und sie gab auch den einheimischen Interessenten die Gelegenheit, sich zu bereichern. Ein Teil der Güter wurde aber nicht durch solche Verwalter veräußert, sondern durch die Firma „Adria", von welcher noch die Rede sein wird.

Die beim Verkauf erzielten Beträge waren vom treuhänderischen Verwalter auf das schon erwähnte Korrentkonto der Banca Commerciale Italiana einzuzahlen, er selbst bekam für die ersten 500.000 Lire fünf Prozent als Prämie, für die folgenden Beträge etwas weniger.[114]

Ein klarer Überblick über die Höhe der auf diese Weise zusammengezogenen Beträge und Vermögenswerte ist kaum möglich, zumal dies auch mit den Schicksalen der betroffenen Menschen zusammenhängt. Nach den mühevollen Erhebungen des Centro di documentazione ebraica contemporanea di Milano (Dr. Eloisa Ravenna) sind in Fiume 258 Juden deportiert worden, von denen 22 zurückkehrten. In Görz wurden 45 deportiert, und niemand kehrte zurück. Aus dem Raum Venedig wurden 212 Opfer in die deutschen Vernichtungslager verschickt, und 15 davon kehrten lebend zurück. Aus Udine wurden vier Personen deportiert, von denen keine zurückkehrte, und in Triest betrug die Zahl der sicher feststellbaren Deportierten nach den Mailänder Nachforschungen, welche nicht mit denen der IKG Triest übereinstimmen, 620 Personen, von denen mit Sicherheit 17 lebend aus Auschwitz nach Triest zurückkehrten. Das allein bedingt schon eine Lückenhaftigkeit der nach 1945 erfolgten Rückerstattungsanmeldungen. Immerhin wurden bis 1946 bei der Israelitischen Kultusgemeinde von Opfern Schäden in der Höhe von 186,655.388 Lire angemeldet.[115] Auch von den in den Wohnungen der Deportierten aufgefundenen Wertsachen und Gegenständen wurde ein Teil bereits in Triest verkauft bzw. versteigert. In der Synagoge in Triest sammelte man schließlich neben den Massen von Büchern auch große Mengen von Bildern, um sie ebenfalls zu sortieren.

Ein weiterer Schritt der nationalsozialistischen Judenausplünderung war auch in der Operationszone der Griff nach den Bankkonten. Anfang Februar 1944 erhielten alle Banken und Sparkassen vom Hohen Kommissar die Aufforderung, ein eigenes Konto mit der Bezeichnung „Vermögensverwaltung des Obersten Kommissars" zu eröffnen und auf diesem Konto alle deponierten Wertpapiere und Geldbeträge von Konten jüdischer Kunden ihrer Bank zu konzentrieren. Ob die Banken diesem Befehl in vollem Umfang nachkamen, ist unbekannt, jedenfalls wurden die Beträge, die sich bei den einzelnen Banken ergeben hatten, ebenfalls auf dem Konto „Oberkasse des Obersten Kommissars" bei der Banca Commerciale gesammelt. Die Banca d'Italia protestierte dagegen und machte geltend, daß es sich um Vermögenswerte handle, die der Finanzbehörde von Mussolinis Repubblica Sociale Italiana zuständen, doch Rainer wies alle diesbezüglichen Einwände zurück.[116]

Der Oberste Kommissar, identisch mit dem Gauleiter und Reichsstatthalter von Kärnten, hatte sich demnach in der Operationszone bei der Aufteilung des jüdischen Vermögens gegen die SS und gegen den Reichsminister der Finanzen voll durchgesetzt. Man kann mit Fug und Recht annehmen, daß ein Teil der entzogenen Gelder in der Operationszone selbst verwendet wurde – ein anderer Teil aber ging mit Sicherheit von dem schon mehrmals erwähnten Konto bei der Banca Commerciale Italiana auf neueröffnete Konten 9760, 1588 und 1133 der Landeshypothekenanstalt für Kärnten, ja diverse Einzahlungen erfolgten auch auf das schon seit dem 7. April 1942 bestehende

Konto 1466. Und Natmeßnig, der verantwortliche Gauhauptmann, bestand noch 1947 darauf, daß mit 8. Mai 1945 bei der Landeshypothekenanstalt Kassenbestände des Reichsgaues und der Reichsstatthalterei in Form von RM 13,223.080,– Rücklagen und RM 3,064.860,– als sonstige Bestände vorhanden gewesen sind – zusammen also RM 16,287.940,–, die der britischen Militärregierung übergeben worden sind.[117]

Die SS jedenfalls wurde in der Operationszone auf sehr bezeichnende Weise befriedigt: Es wurde ausgemacht, daß keine Bezahlung der schon übernommenen Güter und Liegenschaften zu erfolgen habe und der Vorschuß in Höhe von Lire 2,000.000,– durch von der Finanzabteilung des OK vereinnahmte Judengelder allmählich getilgt werden solle. Zu diesem Zweck buchte Dr. Fischbach von der Finanzabteilung aus den Judenvermögen Beträge in Ausgabe und wies sie dann auf dem Konto „Oberkasse" in Einnahme nach. Bis Jahresende war der Vorschuß der „Abteilung R" des Höheren SS- und Polizeiführers (= Schuld beim Obersten Kommissar) schon um einen so zustande gekommenen Betrag von Lire 866.979,50 verringert worden.[118]

Das Geschäft mit dem jüdischen Vermögen stellte für den Obersten Kommissar und Reichsstatthalter von Kärnten aber nur einen Teil weit umfassenderer ökonomischer Konzepte dar, die freilich in Anbetracht der sich ständig verschlechternden Kriegslage längst nicht so gut gelangen wie die Judenausplünderung. In der Tat hatten Rainer und seine Ratgeber mit dem Reichsgau Kärnten und den anderen kontrollierten Gebieten weitreichende Pläne, die über das provinzielle Gleichmaß eines durchschnittlichen Gaues weit hinausgingen. Dr. Pfeffer von der Abteilung Wirtschaft des OK entwarf – sicherlich nach vorheriger Absprache – die Grundzüge dieses ökonomischen Konzeptes, mit dem Rainer einverstanden war und das daher umgehend realisiert werden sollte.[119] Der Handelsverkehr der Operationszone mit dem Reichsgebiet, und zwar besonders mit Kärnten, sollte belebt werden. In einen zu bildenden Außenhandelsbeirat sollten Vertreter der Export- und Importinteressen Kärntens berufen werden. Für Wehrmachtsaufträge sollte auch die Operationszone stärker herangezogen werden. Zur Realisierung dieser Pläne wurde beim OK eine Warenverkehrsleitstelle eingerichtet und als ihr bevorzugtes Vollzugsorgan eine eigene Firma, nämlich die „Güterverkehrsgesellschaft Adria", da angeblich der private italienische Export „den gestellten Aufgaben nicht immer Verständnis und Bereitschaft zeigen" würde. In Wahrheit ging es natürlich darum, die Benachteiligung der Operationszone in der Ausfuhr und zugleich den Transfer von Judenvermögen ins Reichsgebiet, speziell nach Kärnten, zu verschleiern. Deshalb heißt es in dem erwähnten Entwurf von der „Adria": „Diese wird wohl im Außenhandel, besonders Ausfuhr, zwangsläufig zuerst monopolartig vorgehen müssen." Im Vorstand und im Aufsichtsrat der „Güterverkehrsgesellschaft Adria" finden sich demnach natürlich bekannte Kärntner Namen.

Die „Adria" durfte alle Geschäfte ohne Umsatzsteuer abwickeln, sie brauchte auch nicht immer als Geschäftspartner aufzutreten, sondern konnte nach Belieben eine Agentur- und Kommissionsfirma in ihrem Auftrag und für ihre Rechnung arbeiten lassen. Eine besondere Bevorzugung Kärntens wurde dadurch erreicht, daß bei Ausfuhrgeschäften aus der Operationszone ins Reichsgebiet für Kärnten ein anderer Schlüssel beim Clearing galt als für das übrige Deutschland, so daß jenes spezielle Clearingverfahren die Zahlungsfähigkeit der „Adria" weniger beanspruchte und zugleich der italienische Partner zufriedener sein konnte. Zugleich trat der Oberste Kommissar der „Adria" gegenüber bis zu einem bestimmten Höchstrahmen als Gläubiger auf. Er stellte für ihre Finanzierung unter teilweiser Zweckbindung der Mittel 90 Millionen Lire für das soziale Hilfswerk, für die Truppen- und Einsatzkräftebetreuung und für den Aufbaudienst zur Verfügung – weitere 10 Millionen Lire wurden mit 2. Januar 1944 aus dem beschlagnahmten Judenvermögen gegeben, da zu diesem Zeitpunkt noch nicht mehr Bargeld verfügbar war.[120] Die weitere Firmenfinanzierung sollte auf dem Kreditmarkt unter Weisung und Aufsicht der Abteilung Finanzen erfolgen.

Die ökonomische Planung und Tätigkeit der Behörde des Obersten Kommissars in der Operationszone „Adriatisches Küstenland" befand sich nunmehr auf verschiedenen Ebenen: Da ist zum einen der Handel mit italienischen Firmen, deren Partner zum Großteil die Güterverkehrsgesellschaft „Adria" wurde, zu einem beträchtlichen Teil war aber auch die Deutsche Wehrmacht Auftraggeber von Produktion und Lieferung. Dafür war ein sehr starkes Interesse italienischer Unternehmer feststellbar, ein Interesse, das von der Großfirma bis zum einfachen Schneidermeister reichte, welcher noch Uniformen herstellte. Viele dieser zusammenarbeitenden italienischen Firmen waren es auch, die preisgünstige Güter, Häuser, Räumlichkeiten aus dem beschlagnahmten Judenvermögen erwarben.[121]

Zweitens bewegte sich die „ökonomische" Tätigkeit des OK eindeutig auf der Ebene der Ausplünderung, wobei das „Rechtsmittel" der Beschlagnahme angewendet wurde. Hatte schon seinerzeit in Oberkrain eine bemerkenswerte Beschlagnahme und Sammlung slowenischer und jüdischer Kunstgegenstände und Bücher und ihr teilweiser Transport nach Kärnten stattgefunden,[122] so wurden nun in der Synagoge in Triest ebenfalls – wie wir schon wissen – Bücher und Kunstgegenstände aus dem gesamten westlichen Gebiet der Operationszone konzentriert, die zuvor bei den Beschlagnahmungen und Inventuren den Leuten der Abteilung R Wirths und dann den Beamten der Abteilung Finanzen in die Hände gefallen waren. Die wertvolleren Kunstgegenstände und Bücher wurden sogleich ausgeschieden und für das Gaumuseum Klagenfurt reserviert. Auch nach Wien sollen auf diese Weise Gegenstände gekommen sein.

Von den Büchertransporten in das Gaumuseum Klagenfurt wissen wir Genaueres durch einen Transportfehler, der zu umfangreichen bürokratischen Maßnahmen führte. Am 10. Oktober 1944 schrieb der Beauftragte für den Denkmalschutz, Dr. Hanfstaengl, an die Finanzabteilung des OK: „Um ein zweites Versehen bezüglich des Transportes der 18 Bücherkisten (in der Synagoge Triest lagernd) zu vermeiden, teile ich Ihnen im Anschluß an unser Telephongespräch vom 6. Oktober 1944 noch einmal mit, daß ich bereits am 2. August 1944 die Abschrift zweier Briefe aus der Kanzlei des Gauleiters, die die Auslieferung der betreffenden Bücher an Dr. Frodl, Gaumuseum Klagenfurt, genehmigten, an Sie absandte. Von dieser Erledigung wurde sowohl die Abtlg. V wie Dr. Meierschitz in Triest benachrichtigt. Ich bitte Sie dringend, sich nochmals mit Herrn Pollak in Verbindung zu setzen, der mir eben mündlich einen baldigen neuen Transport ins Reich in Aussicht stellte."[123] Wenn man berücksichtigt, daß andere Büchermassen, die z. T. dem freien Verkauf zugeführt wurden, auch noch meist Bände aus dem 16. und 17. Jahrhundert, zum Teil mit Pergamentband, waren, so ergibt sich die Schlußfolgerung, daß auch die Qualität des Beutegutes, das ins Gaumuseum kam, nicht gering gewesen sein dürfte. Natürlich befand sich unter diesen Büchern auch die reiche Bibliothek der Kultusgemeinde selbst.

Sicher ist lediglich, daß nichts von diesen verschleppten Büchern in die Studienbibliothek Klagenfurt kam.[124] Unklar ist das weitere Schicksal dieser Bücher. In Triest ist man überzeugt, daß sie sich auch heute noch in Klagenfurt befinden.[125] Große Mengen von Büchern aus jüdischem Besitz wurden später von den Briten in DP-Lagern und Lagern für surrendered personnel ausgeteilt. Ein Beispiel für die verschleppten Kunstgegenstände, die Wirths SS-Männern in die Hände fielen, könnte vielleicht die kunstvolle, im Jahre 1744 mit reichen Verzierungen auf Pergament geschriebene Ketubba (jüdischer Heiratsvertrag) aus Gradisca d'Isonzo sein. Das kostbare Stück aus dieser – wie wir wissen – reichen, alten jüdischen Gemeinde war vom Landesmuseum Klagenfurt 1982 zur Ausstellung „1000 Jahre österreichisches Judentum" in Eisenstadt gegeben worden, und ein Bild davon schmückt auch den Ausstellungskatalog. Das Stück hat im Landesmuseum keine Inventarnummer.[126]

Abgesehen von den ausgesprochenen Kunstgegenständen transportierten Dienststellen des OK aber auch die verschiedensten anderen Güter nach Kärnten, so daß also für diese der gleiche Tatbestand zutrifft. Unter diesen Gütern befanden sich beispielsweise die verschiedensten in diversen Lagern untergebrachten Möbel und Teppiche wie auch fünf Koffer mit Edelsteinschmuck, Gold- und Silberschmuck, Münzen und Edelmetallgegenständen, die im Auftrag des Obersten Kommissars in dem Safe einer Bank in Klagenfurt untergebracht wurden.[127]

Eine weitere Ebene dieses Vermögenstransfers hat mit der Güterverkehrsgesellschaft „Adria" zu tun. Sie bekam von der Abteilung Finanzen eine ganze Reihe solcher Güter zum Verkauf übertragen. Die größte dieser Zuweisungen erfolgte dann im April und Mai 1944 an die „Adria". Im Freihafen und verschiedenen anderen Lagern der Stadt befanden sich außerordentlich große Massen von sogenanntem „Umzugsgut" von Juden, die über Triest aus Europa geflüchtet waren. Schon vor dem deutschen Einmarsch hatten einzelne Speditionsfirmen versucht, Teile davon an sich zu bringen, weil sie von den weit entfernten Besitzern kein Geld für die Bezahlung der Lagergebühren erwarten konnten. Im Frühjahr 1944 beschlagnahmte die Dienststelle des OK schließlich alle diese Güter im Freihafen, in den Magazzini Generali und bei einzelnen Speditionen, obwohl sich in vielen Fällen zeigte, daß es sich um Besitztum von ungarischen, tschechischen, jugoslawischen, estnischen und lettischen Juden handelte. Italienische Proteste fruchteten nichts.[128] Dann wurden alle diese Güter der „Adria" sozusagen als nichtmonetäres Stammkapital gegeben und sie mit der Veräußerung beauftragt. Die „Adria" ging dann so vor, daß sie einen Teil der Güter in Triest verkaufte, für den großen anderen Teil aber andere Märkte suchte.

Anfang Juni 1944 wurde mit dem Dorotheum, Zweiganstalt Klagenfurt, ausgemacht, daß ein Teil dieser Güter in Klagenfurt versteigert werden sollte. Da in Klagenfurt kein Schätzmeister verfügbar war, forderte die Gauwirtschaftskammer von der Hauptanstalt Wien eine solche an, und am 14. Juni fuhren dieser und der Amtmann des Dorotheums Klagenfurt nach Triest.[129]

In dem dienstlichen Bericht des Amtmanns heißt es: „Von einer Regierungsstelle des Obersten Kommissars in Triest wurden wir zur weiteren Besprechung und Vereinbarung an die Güterverkehrsgesellschaft ‚Adria' gewiesen. In deren Auftrag waren in Hafengebäuden lagernde Möbel zu sichten, und zwar in solche, die zur Versteigerung in Klagenfurt geeignet waren, und in solche, welche an Möbeltrödler in Kärnten zu verkaufen waren. Für andere Gegenstände (Porzellan, Glas, Silber, Bilder usw.), deren Verlagerung aus der Gefahrenzone des Hafens damals gerade im Gang war, bestand bei der ‚Adria', wie man mir sagte, die Absicht, sie in Triest oder in Mailand zu versteigern, wobei auch eine allfällige Überwachung dieser Versteigerung durch das Dorotheum zur Sprache kam."

Die beiden Dorotheumsbeamten nahmen dann eine stichprobenartige Überprüfung einiger dieser Kisten vor und stellten fest, daß von italienischen Schätzmeistern eher niedrige Schätzpreise angesetzt waren. „Es war dabei leicht zu erkennen, daß es sich um Sachen österreichischer oder altösterreichischer Herkunft handelte."

Mitte Juli wurde der Klagenfurter Dorotheumsamtmann nochmals zu Verhandlungen nach Triest gerufen, wobei ausgemacht wurde, auch die für Mailand bestimmten Gegenstände in Kärnten zu versteigern. Im September 1944 kamen dann die ersten Eisenbahnwaggons in Klagenfurt an, ein Teil ging an das Dorotheum, ein anderer Teil der Möbel zu einem großen Möbelhändler, welcher den Weiterverkauf an kleinere Händler durchführen sollte. Der Absatz war aber sehr gering, so daß auch diese Güter an das Dorotheum übergingen. Der weitere Verkehr des Dorotheums mit der „Adria" beschränkte sich dann auf die Übernahme und Bestätigung der einlangenden Sendungen, Nachweisung der Verkaufsergebnisse und Entgegennahme von Weisungen zur Begleichung der Kosten.

Ein Teil der Waren wurde auch umgeleitet: „Im Jahre 1944 wurde ein Waggon mit Waren verschiedener Art im Einvernehmen mit ‚Adria' Triest ungeöffnet am Bahnhof Klagenfurt nach Wien geleitet, um dort beim Dorotheum bearbeitet und verkauft zu werden."[130] Der Grund dafür war der, daß man in Wien „bessere Absatz- und Verkaufsmöglichkeiten" sah. Anscheinend waren es hochqualifizierte Waren.[131] Die „Adria" hatte dabei alle Nebenkosten – Transport und Zoll – auf das Dorotheum überwälzt. Da für die vielen Transporte keine Faktura vorhanden war, sondern nur Übergabeverzeichnisse, mußten natürlich die Zollgebühren Operationszone Deutsches Reich im nachhinein vom Verkaufsergebnis erlegt werden.

Und die Versteigerungsergebnisse? Darüber gibt der Amtmannbericht ebenfalls Auskunft. Er bestätigt damit andere uns schon bekannte Sachverhalte: „Die nach Kostenabzug bleibenden Nettoerlöse waren auf ein Konto bei der Landeshypothekenanstalt zu erlegen: Konto 1466 des Reichsstatthalters Kärnten. Insgesamt wurden auf dieses Konto nach Abzug der auftrags der ‚Adria' gezahlten Zoll- und Frachtkosten Versteigerungserlöse von RM 405.279,63 eingezahlt. Ein weiterer restlicher Erlös von RM 12.393,72 ist hier verfügbar."

Die Sachlage ist aber bei weitem nicht so übersichtlich, wie es bisher scheinen mag. Einige Warenkontingente wurden von der Gauleitung Kärnten zum Verkauf ab Dorotheum an die NSV bestimmt, wobei geeignete Schätzungen diesen Ankauf durch die NSV zu Betreuungsmaßnahmen erleichtern sollten.[132] Außerdem bestand noch bei der Reichsbank, Zweiganstalt Klagenfurt, ein Girokonto GVG Adria-Triest Nr. 1952, auf welches ebenfalls Beträge eingezahlt wurden.

In den letzten Kriegsmonaten verzögerten sich aber Verkauf und Versteigerung all dieser Güter, und auch die GVG „Adria" lagerte für Verantwortung des Dorotheums große Warenbestände an verschiedenen Orten Kärntens ein, um sie später einer Verwertung zuzuführen. Zugleich wurden aber auch direkt vom OK Güter aus der Operationszone in Kärnten eingelagert, und all dies ging in beträchtlichem Maße durcheinander. Als solche Einlagerungsstellen lassen sich feststellen: Schloß Osterwitz (Metall- und Glaswaren, silberne und versilberte Geräte), NSV-Lager Völkermarkt (Hausgeräte, Gemälde, Reproduktionen, Fotos), Lager Volksschule Pörtschach (Gemälde, Bücher, Vitrinensammlerstücke verschiedener Art), Möbellager Klagenfurt, Völkermarkter Straße, und Brauerei Silberegg.[133]

Insgesamt dürften in dieser Zeit aus der Operationszone Züge mit insgesamt 660 Waggons nach Deutschland oder nach Kärnten beschlagnahmte Güter gebracht worden sein.[134] Schwerpunkt all dieser Einlagerungen in Kärnten wurden eindeutig das Schloß und die aufgelassene Brauerei in Silberegg, wo sich außerordentlich große mehrstöckige Kelleranlagen befanden. Die Transportzüge wurden zum Bahnhof Treibach dirigiert, wo ein Stab von italienischen Arbeitskräften das Entladen auf Fuhrwerke durchführte. Die wenigen Kilometer vom Bahnhof zur Brauerei wurden mit Fuhrwerken der Bauern aus der Umgebung bewältigt, die zum Fuhrdienst gezwungen wurden. In Silberegg selbst leitete ein mehrköpfiger Stab aus der Operationszone die Einlagerungen, wobei zuerst die mitgebrachten italienischen Arbeitskräfte, zumeist Frauen, verwendet, später auch britische Kriegsgefangene aus einem nahen Arbeitslager eingesetzt wurden.

Die Möbel wurden in die weitläufigen Kellergewölbe gebracht, ebenso Herde, Kühlschränke, Nähmaschinen, Klaviere, Teppiche; die kleineren Güter waren in Kisten verpackt, die zum Teil geöffnet wurden, um die Gegenstände zu sortieren. Im Laufe der Transporte ergab sich eine große Sammlung von Klavieren, von Nähmaschinen, von Teppichen und Pelzmänteln. Schmuck und Gerät aus Edelmetall wurden in einem einbruchssicheren Raum aufbewahrt. Aus den Lagerbeständen wurden immer wieder von einzelnen Dienststellen Dinge angefordert und weggebracht; so wurde beispielsweise von der Gemeindeabteilung des OK bei der Finanzabteilung des OK ein Klavier für das Frauenwohnheim Tarvis noch am 8. Dezember 1944 angefordert. Dabei ist von der GVG „Adria" überhaupt nicht die Rede – in den Lagern befanden sich also auch Güter, die direkt dem OK unterstanden.[135] Mit Ende des Krieges wurde dann das Lager Silberegg von den dort anwesenden britischen Kriegsgefangenen übernommen.

Faßt man die Ergebnisse dieser Betrachtung zusammen, so ergibt sich unweigerlich ein Blick auf ein großes und außerordentlich vielfältiges wirtschaftliches Betätigungsfeld, auf dem die Kärntner Nationalsozialisten auffallende Großraumpläne zu verfolgen gedachten, in welche der slowenische und der oberitalienische Wirtschaftsraum konsequent und nicht immer ganz gegen den eigenen Willen der Betroffenen durch eine Fülle von steuernden Behörden und Unternehmenskonstruktionen eingebunden war.[136] Unser eigenes Thema steht damit im Zusammenhang, weil die Judenausplünderung ein nicht unwesentlicher Faktor dieser ökonomischen Machinationen war, die Kärnten weit vom provinziellen Kleinmaß eines durchschnittlichen Gaues entfernen und das Land damit nicht zu einem geeigneten Exempel für eben diese provinzielle Gleichschaltung der einzelnen Regionen des Deutschen Reiches machen.[137]

Ob diese Schwerpunktbildung mit dem Zentrum Kärnten aus zwingend und richtig empfundenen altösterreichischen Traditionen kam oder die Betonung des Altösterreichischen in Oberkrain und der Operationszone nur Bauernfängerei war – diese Frage müßte wohl differenziert auf einzelne Persönlichkeiten einzelner Herrschaftsträger beantwortet werden. Wenn man bedenkt, wie subtil etwa Martin Wutte auf Rainer mäßigenden Einfluß auszuüben suchte,[138] dann kann man als gegeben annehmen, aus welcher Tradition diese zusammenschließende Sicht des Alpen-Adria-Raumes herstammt, auch wenn sie dann zu einer Perversion wurde.

Was die Situation der jüdischen Mitbürger Kärntens betrifft, so haben wir die Entwicklung im letzten Kriegsjahr bereits an anderer Stelle betrachtet. Die untergetauchten Juden wurden nicht gefunden, den Mischlingen und arisch Versippten gegenüber ist ein merkbares Nachlassen der Pression von seiten der Polizeibehörden festzustellen. Wie wir schon wissen, hatte Dr. Weimann die Gestapostelle Klagenfurt verlassen, um dann schließlich nach Triest versetzt zu werden. Sein Nachfolger in Klagenfurt wurde im August 1943 Obersturmbannführer Dr. Christmann aus Wien, der bis Dezember 1943 in Klagenfurt Dienst tat. Dann übernahm die Leitung der Gestapostelle interimistisch Kriminalrat Weihrauch, welcher später dann für die Volkssturmausbildung eingesetzt wurde, und mit 1. April 1944 übernahm sie Obersturmbannführer Dr. Heinrich Berger, ein gebürtiger Wiener, der zuvor in Prag Dienst gemacht hatte.

Berger legte dann die beiden bisherigen Abteilungen II (alle Exekutivreferate) und III (Spionageabwehr und Grenzdienstangelegenheiten) zu einem Referat zusammen, so daß hernach nur mehr das Nachrichtenreferat N eigentlich eine selbständige Abteilung blieb. Von der Zusammenlegung war auch das Referat II B (Juden, Kirche, Freimaurer) betroffen, dessen Aufgabenbereich aber seinen Höhepunkt schon überschritten hatte. Im Januar 1945 kam noch ein Befehl des Reichsführers zu verstärkter Nachsuche nach versteckten Juden, doch der damalige Judenreferent, Untersturmführer Eder, legte den Befehl ab. Als kraft neuerlicher Befehle im März dann alle Mischlinge in den Arbeitsprozeß eingegliedert werden sollten, nahm man das auch nicht mehr sonderlich genau. In einem Fall wagte es die Tochter einer Betroffenen, zu Berger mit der Bitte um Hilfe zu gehen – dieser schickte sie dann zu Eder, welcher ein Protokoll aufnahm, Berger sagte bei einer neuerlichen Vorsprache, daß nichts geschehen werde, und es geschah nichts.[139] Man war sicherlich auch vorsichtiger geworden, da das Kriegsende nahte.

Zwei andere Gruppen von Juden in Kärnten müssen aber noch erwähnt werden. In allen sieben Lagern, die Außenstellen des KZ Mauthausen waren, fanden sich über die Kriegszeit hinweg auch Gruppen von Juden unter den Häftlingen. Die größten Zahlen von Juden finden sich dabei in den beiden Arbeitslagern Loibl-Nord und Loibl-Süd,[140] sowie in den drei Arbeitslagern, in welchen die Arbeitskräfte für die Kraftwerksbauten Unterdrauburg, Lavamünd und Wunderstätten untergebracht waren. Dort arbeiteten neben Kriegsgefangenen Hunderte von Juden auf den Baustellen. Im April 1940 kam beispielsweise ein Transport von 230 Juden in das Lager Wunderstätten. Sie waren vorher in Wien untersucht und von einem Arzt für Tiefbauarbeit geeignet befunden worden, obwohl viele ältere Leute, ja sogar Invaliden dabei waren. Ein für das

Lager zuständiger ziviler Arzt aus der Umgebung schrieb immer wieder mehr Juden krank, als es der SS-Lagerleitung lieb war, eine größere Zahl wurde von ihm auch zurückgeschickt. Unter den Häftlingen herrschte angeblich angesichts des Vorgehens der Baufirma und der SS die Meinung, daß es in Dachau und Buchenwald besser sei. Ein Jude wurde von der SS zu Tode geprügelt und dann auf einen Baum gehängt, um einen Selbstmord vorzutäuschen. Bei Kriegsende befanden sich noch fünf Juden im Lager Wunderstätten.[141]

Eine weitere jüdische Personengruppe trat zum Teil erst unmittelbar vor Kriegsende in Erscheinung. Nicht nur in Friaul und Slowenien waren unter den britischen Verbindungsoffizieren, die zu den Partisaneneinheiten abgesprungen waren, auch einheimische Juden, welche besondere Ortskenntnisse hatten. Die gleiche Situation ergab sich auch in Kärnten. Als im Raum Gmünd im Februar 1945 eine Reihe von amerikanischen Offizieren absprang, waren einige Juden unter ihnen, die bei der Bildung der Widerstandsgruppe in den Bergen mitwirkten. Das gleiche trifft auf jenen britischen Offizier zu, der am 6. Mai über Zeltweg absprang und die Übergabe des Flugplatzes forderte. Auch unter den im Raum Klagenfurt abgesprungenen amerikanischen Soldaten, die von der Gestapo gefaßt wurden, war das so. Alle diese Männer hatten naturgemäß längst ihre Namen geändert, was beispielsweise später auch etwa auf Captn. Kennedy im POW Camp Wolfsberg zutrifft und auf Leute der War Crimes Group.

Mit diesen unmittelbaren Kriegsereignissen war eine Entwicklung zu Ende gegangen, die in Kärnten ein Jahrhundert zuvor unter den verschiedenen Rahmenbedingungen einer vielfältigen Ansiedlung begonnen hatte. Schritt um Schritt hatte die jüdische Minderheit auf diese Rahmenbedingungen verschiedene Reaktionsweisen entwickelt. Eine grundlegende war die Assimilation, die sich in der alltäglichen Anpassung, im Religionswechsel, in der nichtjüdischen Versippung, aber auch in der Kriegsteilnahme, im Abwehrkampf und in der vaterländischen Betätigung geäußert hatte. Wie zu sehen war, ging dabei diese Assimilation aber fast immer parallel zur Emanzipation vor sich, sofern wir unter Emanzipation das Herstellen einer gesellschaftlichen und politischen Gleichwertigkeit oder zumindest Kompensationsversuche für eine reale oder fiktive Minderwertigkeit verstehen wollen.

Dabei hatten die Kärntner Assimilanten von 1890 etwa mehr Glück gegenüber der Gesellschaft als gegenüber dem Staat, denn der Bürokratismus deutschnationaler Prägung zeigte hier besonders deutlich, wie das gleiche Gesetz in Gradisca d'Isonzo zur Auflösung einer alten Gemeinde verwendet, in Kärnten damit aber die Bildung einer neuen verhindert wurde. Daß dies alles auch mit der erstrebten Anerkennung der jüdischen Nationalität vor 1918 und mit der Tendenz der Union zur organisatorischen Homogenität und Straffheit zusammenhängt, konnte gezeigt werden.

Scharf hoben sich in Kärnten gegen die Haltung der Assimilanten die Versuche der altgläubigen galizischen Juden ab, die sich in der Bewahrung ihrer religiösen Eigenart einen wesentlichen Teil ihrer Identität als Minderheit zu bewahren suchten. Sie scheiterten dabei auch an der Haltung der Assimilanten, weil diese ihre eigenen Vereine und Institutionen als Dokumentationen gesellschaftlicher Gleichberechtigung durch die Altgläubigen nicht in Frage stellen ließen.

Einen neuen Akzent der Emanzipation und des Bedürfnisses nach Würde und Wert brachten die Zionisten in die Entwicklung hinein, und dies unbeschadet der verwirrenden Tatsache, daß auch viele Assimilanten „nach außen hin" Zionisten waren und viele Zionisten Assimilanten, wobei es fast unmöglich ist, genau zu unterscheiden, welche Ebene des persönlichen Selbstverständnisses von dem jeweiligen Phänomen betroffen war. Widersprüchlich aber mußte die Haltung der Zionisten ja ohnehin sein und auf die Dauer auch als immer widersprüchlicher erlebt werden, war sie doch zwischen der Bejahung der österreichischen Republik, dem Bekenntnis zu allen staatsbürgerlichen Pflichten einerseits und der Hinorientierung auf die zionistische Leitidee ausgespannt, auch wenn so mancher Kärntner Zionist in seinem Bekenntnis zum Zionismus nur sein Bedürfnis nach einem neuen Selbstbewußtsein verriet. Das aber wiederum konnte wohl schwer ohne Frustration aus seinen alten Assimilationserfahrungen zustande kommen – und konnte es umso weniger, je mehr der hetzerische Fanatismus der frühen Kärntner Nationalsozialisten sich wie aus einem Kuckucksei aus der alten Form nationaler Organisationen heraus zu Wort melden konnte.

In den zwanziger und dreißiger Jahren entwickelte sich einerseits das Verhältnis der Minderheit, auch des zionistischen Flügels, zu den demokratischen Parteien Kärntens im wesentlichen konfliktlos und blieb das auch zur Vaterländischen Front. Ebenso bestand zur katholischen Kirche ein reibungsloses und gutes Verhältnis, das bis zu wirtschaftlicher Zusammenarbeit reichte.

Konfliktloser gestaltete sich nur das Verhältnis der Juden in Friaul und Julisch Venetien noch, zumal der Faschismus in seinen Anfangsstadien noch nicht grundsätzlich antisemitisch war und im Gegenteil das jüdische Kapital sehr wohl brauchen konnte. Zum andern hatten die Juden in dieser Region sich durch ihr konsequentes Eintreten für den Irredentismus als eindeutig italienisch-national ausgewiesen. Im Vegleich dazu herrschte in Slowenien ein wesentlich kälteres Klima, zu dem der slowenische Nationalismus sein gehörig Teil beitrug. In der Verflachung der Entwicklung der Gemeinden in Marburg und Laibach um 1920 zeigt sich das nur allzu deutlich.

Stagnation war aber auch in Kärnten nicht nur Anzeichen allgemein europäischer Wirtschaftssituation, sondern sie zeigte auch an, daß ein Abschnitt ökonomischer Entwicklung zu Ende ging und ein neuer verstärkter Innovationen nötig war. Das Zeitalter des Hausierers und flexiblen Allerweltkaufmanns war endgültig vorbei, und es erforderte die neue Zeit auch neue betriebswirtschaftliche Konzepte, nicht nur das Ausgreifen in die Industrie und die Intelligenzberufe.

Die Ernsthaftigkeit der nationalsozialistischen Drohungen wurde auch in Kärnten umso weniger erkannt, je mehr man sich assimiliert und integriert hatte in das Kärntner Deutschtum. Und der Schock konnte nicht ärger sein als jener der Triestiner Juden, die plötzlich aus der faschistischen Partei ausgeschlossen wurden. Naturgemäß war die Situation in Kärnten leichter als in Wien: Das liegt zweifellos nicht nur an der provinziellen Kleinräumigkeit und Überschaubarkeit, sondern wohl auch an dem Ausmaß der zuvor erreichten Integration. Gegen den Pogrom gab es in Kärnten außerordentlich viel Protest und Kritik von Nationalsozialisten sogar der inneren Führungskreise, so wie man zuvor auch mehrmals den radikalen Impetus und den brutalen sozialen Nachholbedarf vieler alter Kämpfer abgelehnt hatte. Gerade diese Kritik aber zeigte, wie sehr der Pogrom die Verdrängung der Ausplünderung aufgehoben hatte.

Das heißt aber nicht, daß innerhalb der Masse der Kärntner Nationalsozialisten grundlegende Lernprozesse nicht möglich waren. Sie reichten bei einigen bis zum offenen Protest bei der Berliner Führung und führten zu den bekannten Konsequenzen, ja der Protest, der sich gegen die Behandlung der Juden formulierte, war bei diesen wenigen der grundlegende Lernprozeß, welcher sie auch die folgende Slowenenaussiedlung mit anderen, nämlich kritischen Augen sehen ließ. Aber auch für eine größere Masse von traditionsgebundenen Nationalen war das Schicksal der Juden, das sie beobachten konnten, die „Einstimmung" auf das, was sie dann in Oberkrain sehen mußten und was vielen von ihnen die Augen darüber öffnete, daß der Nationalsozialismus wahrlich eine Zeit neuer Methoden gebracht hatte. Die Isolierung und der Regreß auf einen nur mehr ganz partiellen Minimalkonsens war für diese Leute die Konsequenz, auch wenn immer wieder der eine oder andere von ihnen über seine eigene Eitelkeit stolpern mochte, sobald er zum hohen Mitarbeiter eines Obersten Kommissars oder zum Gaubeauftragten für den Stellungsbau avancierte.

Wegen der geringen ökonomischen Resourcen und der relativen industriellen Rückständigkeit des Landes spielte in der Kärntner Judenverfolgung die wirtschaftliche Komponente eine sehr gewichtige Rolle. Das sieht angesichts der geringen Zahl von Juden im Lande wie ein Widerspruch aus, ist aber eben in der besonderen wirtschaftlichen Lage des Landes begründet, ja die geringe Beteiligung an der Beute scheint die Verantwortlichen dann im Zusammenhang mit den expansiven ökonomischen und politischen Konzepten – Kärnten Mittelpunkt eines multiregionalen Südostraumes – besonders sensibilisiert zu haben für die Möglichkeiten der Judenausplünderung in Oberkrain und in der Operationszone. So ist es durchaus zu verstehen, daß die Judenausplünderung vom Zentrum Kärntens aus in zwei Wellen über die historischen Grenzen des Landes hinausgetragen wurde, und zwar so hinausgetragen wurde, daß Kärnten sich im Gegensatz zum Reich und zur SS einen gewichtigen Beuteanteil sicherte – in der Operationszone zweifellos nur kleiner Teil eines umfassenden Versuchs der totalen wirtschaftlichen Durchdringung und Nutzung des Landes.

Bleibt noch das Verhältnis der Kärntner Judenschaft zur anderen Minderheit im Lande. Wie die Glaubensgenossen in Friaul-Julisch Venetien bezogen auch die Kärntner eindeutig Stellung gegen sie, aber nicht aus Abneigung oder Konkurrenzgefühl gegen sie, sondern als Mittel ihrer Anpassung an die wichtigere deutsche bzw. italienische Mehrheit. Außerdem war der ökonomisch-gesellschaftliche Entwicklungsabstand zwischen den beiden Minderheiten ein großer. Das hinderte aber die Verfolger nicht daran, auf beide die gleichen Denk- und Verfahrensmuster anzuwenden, und in Oberkrain trafen dann auch zeitlich Judenverfolgung und Slowenenverfolgung genau zusammen. Auch die Opposition gegen die nationalsozialistischen Herrschaftsmethoden opponierte zugleich gegen Judenverfolgung und Slowenenverfolgung.

7. Ein Neubeginn

7.1. Die Heimkehrer

> *„Bei uns ist nicht viel zu erwarten. Wenn nicht Matti auf dem Friedhof wäre, bliebe ich keinen Tag länger als notwendig."*
> Brief aus Klagenfurt vom 28. März 1946

Die letzte Sendung der GVG „Adria" via Dorotheum an das Gaumuseum war kaum in Klagenfurt angekommen,[1] da war der Krieg schon zu Ende. Für jene Kärntner Juden, die sich im südlichen Jugoslawien und in Süditalien befanden, war er schon viel früher zu Ende gegangen, doch in Ferramonti beispielsweise hatte den Lagerinsassen noch im letzten Augenblick der faschistischen Herrschaft Gefahr vor einer Massenliquidierung gedroht. Als sich mit Jahresbeginn 1944 die Front dort in Kalabrien genähert hatte, kamen weitere Schwierigkeiten und Gefahren hinzu. Trotzdem kam das Lager glücklicherweise glimpflich davon. Emil Preis verließ es schon im Februar 1944, um nach Tarent zu gehen. Seiner englischen Sprachkenntnisse wegen fand er dort bei britischen Militärdienststellen als Dolmetscher sofort Arbeit, daneben gab er Englisch-Sprachkurse für Italiener. Robert Preis kam einige Wochen später nach und fand in Tarent Anstellung in einer jugoslawischen Likörbrennerei. Bis Kriegsende blieben sie dort, aber auch dann war noch nicht an eine Heimfahrt zu denken. Die Grenzen blieben geschlossen. Trotzdem gelang es Emil Preis schließlich, zumindest zu einer anderen britischen Dienststelle in Triest versetzt zu werden, doch auch dort mußte er noch lange auf die Erlaubnis zur Heimkehr warten.

Die ersten, die in Kärnten ankamen, waren die Eheleute Born, die schon Anfang August 1945 wieder in Pörtschach waren. Wenig später kam Joseph Shire, der bei einer Einheit der US-Army in Salzburg diente, kurz nach Klagenfurt, um sich umzusehen. Den wenigen Bekannten, die er traf, erklärte er, daß er nicht mehr zurückkommen werde. Die eine der beiden Töchter von Dr. Karl Loewenfeld-Russ besuchte noch im Sommer kurz den Wörthersee, um nachzusehen, was aus der Villa geworden war, reiste dann aber nach Wien. Auch zwei Villacher Familien waren bald zurückgekehrt – der eine der beiden Heimkehrer nur, um bald in seiner Heimatstadt zu sterben, Dr. Heller kam nach Feldkirchen, ließ sich aber dann, wie viele aus der Familie Stössl, in Wien nieder. Direktor Carl Perlberg und seine Gattin Nelly kamen aus Palästina zurück – der Sohn bezeichnenderweise nicht. Das Ehepaar Perlberg wurde in Klagenfurt von jener Familie freundlich aufgenommen, die ihm einst zum Schein ihre Möbel abgekauft hatte. Nun bekamen sie die Möbel zurück, die Wohnung aber war von einer britischen Dienststelle besetzt, und es dauerte lange, bis man sich verständlich machen konnte und Hilfe erfuhr. Auch einige andere Familien kamen noch im Jahre 1946 zurück: Dr. Egon Weißberger am 1. Juli 1946, Elsa Blau etwas später. Sie stellte ihre Anträge bei den Behörden, ging dann aber 1948 nach Murau. Robert Preis konnte schließlich aus Tarent

303

ebenfalls nach Triest kommen, und noch 1946 wurde beiden die Einreise nach Österreich erlaubt. Schon im Juni 1946 kam auch Anny Junek, die Tochter von Adolf Groß, nach Wolfsberg zurück, um sich umzusehen, erklärte aber ebenfalls, daß sie nicht bleiben wolle. Desgleichen kam Weißbergers Sohn zurück, doch auch er entschloß sich, nicht zu bleiben.

Ing. Josef Fischl kam im August 1947 nach Klagenfurt, um zu sehen, welches Schicksal seine Fabrik erlitten hatte. Da der deutsche Besitzer in Deutschland war, kümmerte sich Fischl um die Bestellung eines Abwesenheitskurators.

Dr. Emmerich Weiser brauchte sich nun nicht mehr zu verstecken, sondern lebte in Klagenfurt. Unter den weiteren Heimkehrern finden wir: Georg Krammer, dessen Frau in Palästina blieb und der später bei einem Verkehrsunfall ums Leben kam, sodann Hptm. Arthur Huschak, der aus Buchenwald befreit worden und dann in die französische Armee gegangen war. Lotte Weinreb kehrte erst 1951 mit konkreten Plänen nach Klagenfurt zurück und äußerte sich auch mehrmals dezidiert, daß sie bleiben wolle. Sie ging aber Ende 1951 wieder nach Israel. Alfred Neurath wiederum kehrte erst 1952 aus Udine nach Klagenfurt zurück.

Anders verlief die Entwicklung in Triest. Bis Mitte Juli waren bereits ugf. 900 Mitglieder der Gemeinde in die Heimatstadt zurückgekehrt, darunter auch ein kleinerer Teil aus deutschen Lagern. Die Synagoge wurde sogleich provisorisch wieder instand gesetzt, so daß nach wenigen Wochen die Gottesdienste wieder begannen. Im Herbst konnte dann auch die Schule ihren Betrieb aufnehmen. Der neue Präsident der Gemeinde, Horitzky-Orsini, und der Vizepräsident Arrigo Revanne setzten sich auch bei den alliierten Behörden tatkräftig für die Bedürfnisse der Gemeinde ein, während sich Avvocato G. Bolaffio der rechtlichen Angelegenheiten annahm. Die Kassieragenden übernahm Treves, im Sekretariat war Alfred Osterman tätig, und Matteo Marcaria trachtete, durch erste Nachforschungen einen Überblick über das Ausmaß der nationalsozialistischen Ausplünderung und den Abtransport der beweglichen Güter aus der Operationszone nach Kärnten und ins übrige Reichsgebiet zu bekommen. Alfred Ostermann hatte aus der jugoslawischen Armee abgerüstet und widmete sich dann in Triest, wo er so viel Dramatisches erlebt hatte, dem Aufbau der Gemeinde.

Die alliierte Militärregierung half bei der Schaffung des nötigen provisorischen Unterbringungsraumes und bei der Ausstattung der Quartiere für die vielen Triestiner Juden, die der Zerstörungen und Beschlagnahmungen wegen kein Heim hatten. Zu sorgen war aber auch für viele Juden, die ursprünglich in Gebieten Jugoslawiens gelebt hatten. Reuben Reznik vom Joint Distribution Committee trachtete, auch ausreichende Versorgungsgüter in die Stadt zu bringen. Mit dem „Ordine Generale Nr. 3" vom 14. Juli 1945 gab die Militärregierung ihre Absicht nach völliger Wiederintegration der jüdischen Triestiner in der Gesamtbevölkerung kund, und zugleich begann auch die Suche nach Kollaborateuren bei der deutschen Judenausplünderung und nach in Triest noch auf Bankkonten auffindbaren diesbezüglichen Vermögenswerten. Auch ein kleinerer Aktenbestand der Abteilung R konnte noch aufgefunden werden und trug ein wenig zur Klärung der Vorgänge während der nationalsozialistischen Besetzung bei.

Im Zuge der Wiederherstellungsarbeiten konnten noch 1945 das einstige Emigrantenheim in der Via del Monte und dann auch das Altersheim, die „Pia Casa Gentilomo", mit Hilfe des Internationalen Roten Kreuzes wiederhergestellt werden. Große Probleme machte in dieser Zeit auch die Familienzusammenführung, da die Flüchtlinge aus den verschiedensten Ländern und Orten wieder nach Triest strebten, um ihre Angehörigen zu finden.

Noch schlechter bestellt war es um die israelitische Gemeinde in Fiume – in einer Stadt, die auch wesentlich schwerere Kriegszerstörungen erlitten hatte als Triest. Der Präsident der Gemeinde war einer der ersten, die zurückkehrten und sogleich wieder die Bemühungen um die Neuorganisation der Gemeinde aufnahmen. In Fiume war die Synagoge völlig zerstört worden. Immerhin hatten sich bis Mitte Juli 1945 schon ugf. siebzig einstige Gemeindemitglieder wieder eingefunden, was ein Zehntel der Mitglieder vor 1943 darstellte. (Bericht aus Triest vom 2. August 1945. Israel XXX, Centro di documentazione ebraica contemporanea 23 Av 5705.)

Die Zahl der in den ersten Jahren nach Kärnten Zurückgekehrten macht nicht einmal ein Fünftel der Ausgesiedelten aus, auch wenn wir Dr. Rudolf Tandler in Steinbrücken und Arnold Rausnitz in Klagenfurt dazurechnen. Ein ganzes Bündel von Motivationen ist dafür maßgeblich. Die Angst davor, daß nach Niederlage und Zerstörung erst recht ein besonders feindliches Klima in der einstigen Heimat zurückbleiben könnte, war – wenn überhaupt – sicher nur einer von vielen Gründen. Das Bedürfnis nach Rache jedenfalls erscheint äußerst gering. In manchen Fällen spielte die pessimistische Beurteilung speziell der wirtschaftlichen Lage in Österreich eine Rolle, zugleich aber wohl auch die Sorge darum, wie man in dem Land, aus dem man verstoßen worden war, wieder mit viel Scherereien und Plage zu seinem Eigentum kommen sollte. Und dieses Mißtrauen gegenüber den Möglichkeiten eines mühevollen Neubeginns war naturgemäß umso größer, je günstiger die Position war, die man sich im Emigrationsland hatte schaffen können.

In altersspezifischer Hinsicht ist vor allem auffallend, daß unter den wenigen Heimgekehrten die Jugend fehlt. Zugleich fällt auf, daß aus den amerikanischen Ländern besonders wenige Heimkehrer zu verzeichnen sind, ja einige, wie etwa Salzberger, sind nicht nach Kärnten, sondern in die „Heimat vor der Heimat", in die Tschechoslowakei heimgekehrt, haben diese dann aber nach der kommunistischen Machtübernahme ebenfalls verlassen.

Sehr gering ist auch der Prozentsatz der zurückgekehrten Zionisten, wobei nach 1949 aber auch die israelischen Gesetze und die Wehrpflichtbestimmungen für junge Menschen eine Rolle spielten. Eindeutig schränkt sich der Kreis der Heimgekehrten auf solche Menschen ein, deren Emigrationsort sozusagen „in der Nähe" war und für welche die Emigration am wenigsten Züge des Endgültigen an sich hatte.[2]

Von den frühen Heimgekehrten selbst wurde die Situation anfangs aber durchaus optimistisch beurteilt, obwohl auch für sie die Heimkehr und das Hineinfinden einen Schock bedeutete, da manche in sehr schwierige Armutsverhältnisse hineingerieten, bevor ihre Ansprüche auch nur annähernd berücksichtigt werden konnten. Ein gewisser Kern der nun fast ganz auf Klagenfurt und Villach beschränkten jüdischen Kolonie trachtete bewußt an die Tradition anzuknüpfen. Das Bethaus in der Platzgasse 3, einst im Eigentum der Chewra Kadischa, die es der Kultusgemeinde zur Verfügung gestellt hatte, war bombenbeschädigt, desgleichen der Friedhof in St. Ruprecht durch Bombenangriffe in Mitleidenschaft gezogen.

Emil Preis und Georg Krammer bildeten nun im Dezember 1948 ein Proponentenkomitee, um bei der Landesregierung als Vereinsbehörde die Neukonstituierung des Vereines anzuzeigen."[3] Eine Neukonstituierung der Kultusgemeinde Klagenfurt war ihnen als Privatpersonen allein ja nicht möglich und schien in Anbetracht der tristen Zustände auch noch nicht sinnvoll. Mit der Neuanmeldung des Vereines[4] ergab sich zwangsläufig auch die Aufgabe, das Vereinsvermögen, vor allem das Grundstück, wiederzuerhalten. Die Liegenschaft war aber aufgrund des Verfassungsgesetzes, § 1 des Gesetzes vom 8. Mai 1945[5] in das Eigentum der Republik Österreich übergegangen, die auch grundbücherliche Eigentümerin geworden war. So stellten Krammer und Preis deshalb am 31. Dezember 1948 den Antrag auf Rückstellung des Vermögens, was ein langes Verfahren zur Folge hatte. Mit 23. Juni 1958 wurde die Rückstellung behördlich beschlossen und Ende 1961 erfolgte dann die grundbücherliche Eintragung zugunsten des Vereins Chewra Kadischa, der also nach 1945 in Klagenfurt sehr wohl wieder ins Leben gerufen worden war.

Mittlerweile hatte sich aber gezeigt, daß die Hoffnungen der unentwegten Proponenten sich nicht erfüllten: Die Zahl der Heimkehrer blieb so gering, wie sie war, und statt Proponenten einer neuen Entwicklung wurden sie mehr zu Teilnehmer an Begräbnissen. So gab es keinen Widerspruch von Klagenfurter Seite, als die neugegründete Israelitische Kultusgemeinde Graz neben der gesamten Steiermark und den burgenländischen Bezirken Oberwart, Güssing und Jennersdorf nun auch wieder Kärnten übernahm. Von Leoben, Judenburg, Marburg usw. war natürlich nicht mehr die Rede.

In Klagenfurt machte man keinen Unterschied zwischen Chewra Kadischa und Klagenfurter Kultusgemeinde, sondern Emil Preis erschien in den Augen der Öffentlichkeit einfach als Wortführer einer Kultusgemeinde,[6] ob diese nun nach den Buchstaben des Gesetzes bestand oder nicht. Da war die Erinnerung und Tradition der zwanziger und dreißiger Jahre noch durchaus wach. Für den israelitischen Friedhof in Klagenfurt konnte lange nicht Geld zur Sanierung aufgebracht werden, da er als konfessioneller Friedhof nicht den magistratischen Behörden unterstand und Emil Preis auch in vollem Umfang als Sachverwalter in Erscheinung trat. Noch im November 1953 wurde nach internen Entscheidungen im Magistrat Klagenfurt die sorgfältige Wiederherstellung der Kriegergräber auf dem Friedhof durchgeführt, und seit 1955 wurden diese 27 jüdischen Soldatengräber dann ständig durch das Schwarze Kreuz gepflegt.[7]

Als sich dann 1959 Emil Preis an die Stadtgemeinde Klagenfurt mit der Bitte um Mithilfe bei einer umfassenden Sanierung des Friedhofes wandte, wollte man dort feststellen, ob nicht vielleicht aus früherer Zeit irgendwelche Abmachungen zwischen Kultusgemeinde und Stadt über die Erhaltung und Pflege des Friedhofs bestünden.[8] Dabei machte man im Zuge der Nachforschungen die seltsame Entdeckung, daß der Friedhof Eigentum der Stadt war und ist, und zwar seit die Familie Rauscher im Jahre 1847 das gesamte Gelände stiftungsweise der Gemeinde St. Ruprecht geschenkt hatte.[9] Die Chewra Kadischa hatte nie die grundbücherliche Eintragung durchgeführt, wie an dem Originalblatt des alten Grundbuches leicht feststellbar ist.[10] Warum das nie getan wurde, bleibt unklar. Vielleicht waren religiöse Gründe maßgeblich. Es scheint jedenfalls, als ob die Männer von einst, die den Friedhof angelegt hatten, schon in eine ferne Zukunft geschaut hatten, in jene Zeit, in der niemand mehr da wäre.

Am 3. Juli 1964 beschloß der Gemeinderat der Stadt Klagenfurt einstimmig, die Renovierung des Friedhofes auf seine Kosten durchzuführen, und ein Jahr später war alles fertiggestellt.[11] Seither führt die Stadt Klagenfurt die Instandhaltung und gärtnerische Betreuung des Friedhofes durch und die Kompetenz der IKG Graz beschränkt sich auf die formelle Erlaubnis der Bestattungen und auf die Mitwirkung an diesen.[12]

7.2. Rückstellung und Entschädigung

> *„Da für viele Personen, welche während dieser Kriegsjahre materiell geschädigt und moralisch tief verletzt wurden, die Rückgabe der entwendeten Gegenstände sowohl eine finanzielle Hilfe als auch ein Trost sein könnte, ersuchen wir diese Rückstellungskommission, sich der Angelegenheit annehmen zu wollen."*
>
> Aus einem italienischen Brief an die Rückstellungskommission Klagenfurt vom 22. August 1947

Schon als in der Endphase des Kriegs die alliierte Planung für die unmittelbare Nachkriegszeit schärfere Konturen annahm, wurde auch die Frage der Entschädigung der Opfer des Nationalsozialismus und Faschismus genauerer Behandlung unterzogen, wobei naturgemäß der Einfluß von entsprechenden Interessentengruppen in Großbritannien und den USA eine Rolle spielte.[13] Man sah diese Dinge aber stets in einem engen Zusammenhang mit der Frage der Sanktionen für Nationalsozialisten und Faschisten wie denn überhaupt unter Bezugnahme auf die geplante Sperre des Vermögens der NSDAP und ihrer Gliederungen. Auch die geplante Blockierung aller Vermögenswerte der deutschen Reichsregierung und ihrer Behörden sah man mit Recht in einem engen Wirkungszusammenhang mit der beabsichtigten Wiedergutmachung für die Opfer, denn das, was man jenen weggenommen hatte, hoffte man ja nicht ohne Grund, unter dem Eigentum des Staates, der NSDAP oder einzelner Parteigenossen und Funktionäre zu finden.

Was Kärnten betrifft, so traf die britische VIII. Armee schon für ihren Einmarsch in Südösterreich und die Errichtung der Militärregierung die nötigen legislativen Vorbereitungen. Das schon Anfang Mai 1945 in den befreiten Gebieten veröffentlichte Decree Nr. 2 regelte die allgemeinen Finanzangelegenheiten, behandelte aber auch diesen heiklen Aspekt der Wiedergutmachung. In Artikel IV dieses Decrees von British Military Government Office (BMGO) werden in den Punkten a) bis f) alle jene Vermögenswerte aufgezählt, die sofort zu sperren und zu kontrollieren sind: Sämtliche Vermögenswerte der deutschen Reichsregierung und ihrer Behörden sowie der mit ihr verbündeten Regierungen und deren Behörden, ebenso das gesamte Vermögen der NSDAP und ihrer Gliederungen und ähnlichen Verbände, ferner die Vermögenswerte der Parteifunktionäre der NSDAP und ihrer Gliederungen.

Unter Punkt g) des Artikels IV wird aber auch die Sperre und Kontrolle angekündigt von „Vermögenswerten, die in obenangeführten nicht inbegriffen sind, die im besetzten Gebiet nicht anwesend sind, und keinen Vertreter in demselben haben". Und Punkt h) bezieht ein „Vermögenswerte, welche durch unrechtmäßigen Zwang, ungerechtfertigte Beschlagnahme, Enteignung oder Plünderung in Gebieten außerhalb Österreichs erworben wurden, in Verfolgung von gesetzlichen Maßnahmen oder Maßnahmen, die gesetzliche Formen vortäuschten". Um mit dem ausgespannten Netz alle fraglichen Fälle erfassen zu können, wurde in Punkt j) des gleichen Artikels noch die Sperre und Kontrolle von solchen Vermögenswerten vorgesehen, „welche gegebenenfalls von der Militärregierung bezeichnet werden".[14] Dabei ist aber mit allem Nachdruck festzuhalten, daß diese vorgesehenen Maßnahmen keine Beschlagnahme, sondern in der Tat nur Sperre zum Zwecke der genauen Klärung der wahren Besitzverhältnisse darstellen.

Die provisorische österreichische Staatsregierung in Wien zog sozusagen in legislativer Hinsicht gleich und dokumentierte eine ähnliche Grundhaltung mit der Bestimmung über die Erfassung arisierter Vermögenschaften vom 10. Mai 1945 im Staatsgesetzblatt Nr. 10. Auch damit wurde angekündigt, daß alle jene Vermögenswerte erfaßt werden sollten, welche seinerzeit arisiert worden waren, um damit die Rückstellung oder Wiedergutmachung einzuleiten. Die Fülle der vielen Aufgaben und das allgemeine Chaos der ersten Nachkriegsmonate waren aber verständlicherweise nicht dazu geeignet, diese Maßnahmen zu beschleunigen. Das war es ja neben der Sperre der Grenzen auch, was so manche Opfer von der Heimkehr abhielt. Außerdem lag den Alliierten daran, auf österreichischer Seite eine für alle österreichischen Länder (und Besatzungszonen) einheitliche legislative Basis für die nötigen Maßnahmen zu erreichen, und die war erst mit den Länderkonferenzen, den Nationalratswahlen und der Bildung der Bundesregierung gegeben. Dann aber wurden dem aus dem Staatsamt hervorgegangenen neuen Bundesministerium für Vermögenssicherung und Wirtschaftsplanung auch diese Erfassungs- und Sicherungsagenden übertragen, wie sie sich aus dem Gesetz über die Erfassung arisierter Vermögenschaften, aus dem Verbotsgesetz, aus dem Kriegsverbrechergesetz, dem Volksgerichtsverfahrens- und Vermögensverfallsgesetz ergeben.[15] Das Bundesgesetz vom 1. Februar 1946 über die Errichtung dieses Ministeriums spiegelt also die Aspekte des Decree Nr. 2 wider.

Im Bereiche der britischen Besatzungsbehörde entstand gleich im Zuge des Besetzungsvorgangs eine Reihe von Einrichtungen, welche den Befehlen von Decree Nr. 2 Rechnung trugen. Bei der Britischen Militärregierung Österreich (Head Quarter British Military Government Office, kurz H. Q. BMGO) in Klagenfurt, Arnulfplatz 1 (Zimmer 41) entstand unter Mj. Vincent eine eigene Abteilung für die Vermögenskontrolle und Vermögenssicherung (Property Control Office – kurz PCO) und ihr nachgeordnet entsprechende Dienststellen in den Bezirken. Bei den Kärntner Bankinstituten wurden sogleich im Zuge der Besetzung alle Konten und Kontenbewegungen, aber auch der gesamte Bankbetrieb gesperrt. In diesem Zusammenhang verfügte Mj. Hodeer auch bei einer bestimmten Bank „All property in this building is frozen by Military Government",[16] was unter anderem auch die Sicherstellung jener fünf Koffer mit Schmuck aus Triest bedeutete, von denen wir schon wissen.

In gleicher Weise installierte Allied Military Government Trieste ebenfalls ein PCO, das dann später im Zuge der organisatorischen und völkerrechtlichen Umgestaltung der alliierten Überwachung in Triest zur Properties and Claims Division in der Via Genova 9 umgestaltet wurde. Die Aufgaben dieser beiden Property Control Offices gestalteten sich aber zu einer Sisyphusarbeit, die durch die politischen Rahmenbedingungen in Triest und die vielen anderen Aufgaben der Militärregierung in Kärnten sowie durch die mangelhaften Kenntnisse, welche die Offiziere hinsichtlich der Verhältnisse und der Institutionen mitbrachten, nicht unbedingt erleichtert wurde. Property Control führte mit einem eigenen organisatorischen Apparat Erhebungen bezüglich der vielen oben erwähnten Vermögenswerte durch und legte dabei ein eigenes Register an. Gerade im Hinblick auf die beiden Ziele Bestrafung und Wiedergutmachung wies die Militärregierung – und später natürlich auch H.Q.BMGO für die Steiermark – den Beamtenapparat der provisorischen Landesregierung an, im Sinne des Gesetzes vom 10. Mai 1945 und des KVG mit der Erfassung aller dieser nationalsozialistischen Vermögenswerte und der einst arisierten Vermögenschaften zu beginnen und diese voranzutreiben. Auf diese Weise entstand gemäß britischer Absicht eine spiegelgleiche Entsprechung zu PCO in Form der „Vermögensverwaltungsabteilung beim Amte der Kärntner Landesregierung", wobei für die Erfassung der fraglichen Vermögenswerte bei jeder Bezirkshauptmannschaft ein Vermögenssicherungsreferat sowohl für die Erfassung und Sicherung der Vermögenswerte des nationalsozialistischen Staates, der NSDAP und der Gliederungen als auch für die Vermögen der Nationalsozialisten und weggenommene Vermögen von Verfolgten zuständig war. Es ergab sich demnach eine Fülle von Arbeit, und Hand in Hand mit den Initiativen, welche die Provisorische Landesregierung selbst zu setzen versuchte, entstand aus Gründen der politischen Augenblickslage zuerst auch ein gewisses Schwergewicht der Bemühungen. Die Erfassungen und Sicherungen konzentrierten sich zuerst einmal auf jene Vermögenswerte, die im Zuge der Aussiedlungsaktion vom 14. und 15. April 1942 slowenischen Opfern weggenommen worden waren, und auf die Vermögenswerte der später noch durch staatspolizeilichen Akt enteigneten slowenischen Opfer. Der Grund für diese besonders raschen Wiedergutmachungsbemühungen von Kärntner, nicht von britischer Seite[17] lag in den jugoslawischen Territorialforderungen, aber auch in der raschen Rückkehr der ausgesiedelten Slowenen und ihrer Hilfsbedürftigkeit. Dabei wurde von den Kärntner Stellen auch das Personal (und das Material) der DAG und der DUT zur Mitarbeit und Nutzung herangezogen.

Was die jüdischen Kärntner betrifft, so ergab sich erst 1946 ein gewisser erster Schwerpunkt. Die Vermögensverwaltungsabteilung des Amtes der Kärntner Landesregierung unter Leitung von Dr. Riesenfeld mit ihren Vermögenssicherungsreferaten ist aber keineswegs identisch mit PCO, das einen eigenen organisatorischen Apparat aufgezogen hatte, um auch jederzeit in der Lage zu sein, die Ergebnisse der österreichischen Behörde zu überprüfen und zu revidieren. Die Vermögensverwaltungsabteilung mußte zu jedem Einzelfall ein eigenes Registerblatt beitragen, welches jeweils von den Vermögenssicherungsreferaten (auch „Bezirkszweigstellen" der VVA genannt) erstellt wurde. Es enthielt nach britischer Vorschrift die Angaben über die Besitzer, die Art des Vermögens, den Zustand des Vermögens, den Modus der Enteignung, Besitznahme oder des Kaufs, ja bei Liegenschaften auch Angaben über Verbindlichkeiten, Versicherungen und Konzessionen. Ebenso waren die Bezirksfinanzämter verpflichtet, ein britisches Formular unter ähnlichen Gesichtspunkten mit Angabe des Einheitswertes beizustellen.

Zwischen der Erhebungstätigkeit der britischen Beauftragten und den Kärntner Beamten ergaben sich besonders in der Anfangsphase des öfteren Divergenzen, da Sachverhalte verschieden beurteilt wurden. Manchen Beamten gab es keineswegs zu denken, daß in den von ihnen studierten Kaufverträgen der Vermerk stand: „Der Verkäufer ist Jude. Für den Verkauf wurde die Bewilligung der Vermögensverkehrsstelle im Ministerium für Wirtschaft und Arbeit erteilt." – Ja, sie hielten sogar am Vermerk „keine Arisierung – nicht in Kontrolle" fest, obwohl im Kaufvertrag festgehalten war, daß der Kaufschilling auf ein Sperrkonto eingezahlt werden müsse. Sogar dann wurde noch des öfteren daran festgehalten, daß bei der Eigentumsübertragung kein Zwang geherrscht habe. Auch die Tatsache, daß sich bis Anfang 1946 noch niemand gemeldet hatte, um Anspruch auf das Vermögen zu erheben, wurde als Hinweis darauf gewertet, daß der Verkauf frei und korrekt erfolgt sei.[18] Zu neu war die Materie und wohl auch sehr verwirrend die Aktenlage, die es zu durchschauen galt – will man nicht andere Motive ebenfalls vermuten. Die britischen Beauftragten des PCO aber griffen des öfteren korrigierend in die Sachbearbeitung ein.

Ab dem zweiten Drittel des Jahres 1946 stellten sich dann aber auch immer mehr schriftliche Ansuchen von Kärntner Juden ein, die um die Rückgabe ihres Vermögens ersuchten. Sie wandten sich stets – wohl auf Grund entsprechender Vorinformation – aus dem Ausland an die Alliierte Hochkommission in Wien (Alliied Commission Austria – British Element – kurz ACA/BE), wo ihre Ansuchen vom Britischen Element bearbeitet wurden, da es sich ja um Kärntner Juden handelte. Die Reparation Deliveries and Restitutions Division (RD&RDiv) nahm diese Ansuchen zur Kenntnis und informierte hierüber H. Q. BMGO/PCO, beziehungsweise seit 1947 British Troops Austria/Allied Commission Austria-BE/Head Quarters Civil Affairs, RD & R Branch (BE) in Klagenfurt. Zugleich wurde aber das Ansuchen durch ACA/BE-R D & R Div. an das Bundesministerium für Vermögenssicherung und Wirtschaftsplanung zur Bearbeitung weitergegeben.[19]

Das Ministerium seinerseits wiederum gab den Akt in Form der Abtretung an die Landesregierung in Kärnten – Vermögensverwaltungsabteilung „zur weiteren Veranlassung und Bescheidung des Einschreiters" fort. Und damit ergab sich ein sehr langer und mühevoller Kreislauf. Wenn ein im Ausland lebender Antragsteller sein Ansuchen wiederholte – und das tat er auch wieder bei ACA/BE – R D & R Div., dann begann der Kreislauf von neuem.

Mit der Erfassung der arisierten Vermögenschaften war ja noch nicht alles getan. Es ging nun darum, die legistischen Voraussetzungen für eine Rückgabe von geraubten Vermögenswerten herzustellen. Dies erfolgte dann in engem Zusammenwirken zwischen den westlichen Alliierten und der Bundesregierung. Das Ergebnis: Unter den bekannten Umständen[20] wurden im Nationalrat am 6. Februar 1947 das sogenannte Zweite Rückstellungsgesetz und das Dritte Rückstellungsgesetz beschlossen. Als Erstes Rückstellungsgesetz wird in diesem Zusammenhang das Gesetz vom 10. Mai 1945 aus St. G. Bl. Nr. 10 gezählt.

Das Zweite Rückstellungsgesetz oder Bundesgesetz vom 6. Februar 1947 über die Rückstellung entzogener Vermögen, die sich im Eigentum der Republik Österreich befinden, beschäftigt sich mit jenen Vermögenswerten, die vor dem 8. Mai 1945 vom nationalsozialistischen Staat, der NSDAP, einer ihrer Gliederungen oder der DAF oder NSV in Besitz genommen worden waren und dann zufolge Vermögensverfall in das Eigentum der Republik Österreich übergegangen sind.[21] Das Gesetz beschloß nun grundsätzlich die Rückstellung aller dieser Vermögenswerte an die Eigentümer, denen sie vom Nationalsozialismus entzogen worden waren, bzw. die Rückgabe an deren Erben. Das Gesetz bestimmte, daß die Vermögen im bestehenden Zustand zurückzustellen waren, und zwar auch bei Ausfolgung jener Erträgnisse, die in der Zwischenzeit angelaufen waren und sich in Österreich (nicht in Deutschland) befanden (§ 1, Abs. 4).

Paragraph 1, Absatz 6 wurde auch in Kärnten in einigen Fällen dann in der Folgezeit angewandt: Waren für Rückstände an Reichsfluchtsteuer oder JUVA Liegenschaften eingezogen oder nur beschlagnahmt und zur Sicherstellung für solche Rückstände grundbücherliche Eintragungen vorgenommen worden, so schrieb das Gesetz nun vor, daß diese eingetragenen dinglichen Rechte von Amts wegen oder auf Antrag zu löschen waren.

Die Anmeldefrist für einen Rückstellungsanspruch wurde mit einem Jahr nach Inkrafttreten festgelegt, Annahmestelle war die Finanzlandesdirektion, in deren Amtsbereich das Vermögen gelegen war, oder die Behörde, in deren Verwaltung sich das Vermögen im Augenblick der Antragstellung befand. Eine Fristverlängerung wurde in Aussicht gestellt.

Da diese Vermögen durch Verfall in das Eigentum der Republik Österreich gekommen war, wurde im Verfahren naturgemäß der Finanzprokuratur Parteistellung eingeräumt. Das konnte Verfahren dieser Art unter Umständen zu sehr langen machen. So dauerte beispielsweise das Rückstellungsverfahren für das Vermögen der Chewra Kadischa – in die Eigentumsrechte der NS Volkswohlfahrt e. V. Berlin war gem. § 1 Verfassungsgesetz v. 8. 5. 1945, St. G. Bl. Nr. 13 die Republik Österreich eingetreten – vom 31. Dezember 1948 bis zum 16. November 1961.[22] Ähnlich komplex war z. B. die Situation, wenn nach dem Krieg Restbestände, die auf Konten zufällig verblieben waren, in Bundesschuldverschreibungen umgewandelt worden waren.[23]

Hinsichtlich des durchzuführenden Verfahrens bestimmte das Zweite Rückstellungsgesetz (§ 3, Abs. 1), daß durch Bescheid der zuständigen Finanzlandesdirektion zu entscheiden wäre. Für das Verfahren selbst sollten die Bestimmungen AVG gelten. Berufungsinstanz war das Bundesministerium für Vermögenssicherung und Wirtschaftsplanung. Interessanterweise wurde aber zum Beispiel das erwähnte Rückstellungsverfahren für das Vermögen der Chewra Kadischa von der Rückstellungskommission beim Landesgericht Klagenfurt geführt und mittels Urteilspruch des Senats dieser Rückstellungskommission geschlossen. Damit sind wir aber bereits bei einem weiteren Themenbereich.

Das Dritte Rückstellungsgesetz oder Bundesgesetz vom 6. Februar 1947 über die Nichtigkeit von Vermögensentziehungen[24] bezieht sich auf solche Vermögenswerte, die den Eigentümern auf Grund von Gesetzen oder anderen Anordnungen sowie durch Rechtsgeschäfte und sonstige Rechtshandlungen im Zusammenhang mit der nationalsozialistischen Machtübernahme entzogen worden sind. Der Kreis der Eigentümer, denen Vermögen entzogen wurde, ist also nicht auf die jüdischen Mitbürger eingeschränkt. Dabei wird in diesem Gesetz Vermögensentziehung so definiert, daß sie offenkundig ist, wenn der Eigentümer politischer Verfolgung durch den Nationalsozialismus unterworfen war und die Vermögensübertragung ohne die Machtergreifung des Nationalsozialismus nicht erfolgt wäre, d. h. sie nicht geschehen wäre, wenn der Nationalsozialismus in Österreich nicht an die Macht gekommen wäre (§ 2, Abs. 1).

Umgekehrt wird in § 2, Abs. 1 definiert, daß eine Vermögensentziehung im Sinne des Dritten Rückstellungsgesetzes nicht vorliegt, wenn der Antragsgegner dartun kann, daß der Eigentümer die Person des Käufers frei auswählen konnte, angemessene Gegenleistung erhalten hat und die Vermögensübertragung auch erfolgt wäre, wenn der Nationalsozialismus in Österreich nicht an die Macht gekommen wäre. Zugleich wird schon in § 1, Abs. 1 der Gesetzesgegenstand auf Vermögenswerte eingeschränkt, die während der deutschen Besetzung in Österreich und nicht außerhalb des Landes entzogen worden sind.

Alle Vermögensentziehungen im Sinne von § 1 werden durch dieses Gesetz für nichtig erklärt, eine Verjährung oder Ersitzung wird ausgeschlossen. Wurden die Regeln des redlichen Verkehrs eingehalten, so ist der neue Erwerber trotzdem zur Rückstellung verpflichtet – zur Ersatzleistung aber nur bei Verschulden. Und gegen die Herausgabe der Erträgnisse kann der Erwerber eine Vergütung seiner Tätigkeit, die von ihm erlegten Abgaben, ferner alle von ihm getätigten Auslagen für ordentliche Bewirtschaftung und Erhaltung abrechnen (§ 5, Abs. 3). Außerdem kann die Rückstellungskommission die Rückstellung von Erträgnissen bei unbilliger Härte für den Rückstellungspflichtigen nach billigem Ermessen festsetzen.

Soweit umreißt das Gesetz die Rolle des rückstellungspflichtigen Erwerbers. Bezüglich des geschädigten Eigentümers wird festgesetzt, daß er als Gegenleistung nur das zurückzustellen hat, was er zu seiner freien Verfügung erhalten hat. Auch dabei aber kann die Rückstellungskommission eingreifen und nach billigem Ermessen Festsetzungen treffen. Die dem geschädigten Eigentümer rückgestellten Erträgnisse sollen bei diesem nicht der Einkommen- oder Gewerbesteuer unterliegen, für Abgabenrückstände des rückstellungspflichtigen Erwerbers haftet der geschädigte Eigentümer für die Zeit vor dem 27. April 1945 nur bis zum Wert der rückgestellten Erträgnisse, für die Zeit nachher aber bis zum Wert des rückgestellten Vermögens und der Erträgnisse. Auch in diesen Fällen konnte die grundbücherliche Eintragung von Pfandrechten für Rückstände aus Reichsfluchtsteuer oder JUVA von Amts wegen oder auf Antrag gelöscht werden, bezüglich anderer eingetragener dinglicher Rechte waren diffizile Regelungen notwendig.

Auch in diesem Gesetz wurde die Anmeldungsfrist ursprünglich mit einem Jahr festgelegt. Das Verfahren zur Entscheidung über Ansprüche aus dem Gesetz wurde Rückstellungskommissionen bei den einzelnen Landesgerichten übertragen. Die zweite Instanz für das Bundesland Kärnten war die Rückstellungsoberkommission beim Oberlandesgericht Graz, die dritte Instanz stellte für alle Bundesländer die Oberste Rückstellungskommission beim Obersten Gerichtshof dar.

Für jede Kommission waren ein Vorsitzender und eine erforderliche Zahl von Stellvertretern vorgesehen, die für das Richteramt geeignet sein mußten, bei den Beisitzern sollte es sich um fachmännische Laienrichter aus dem Erfahrungsbereich der Handels- und Arbeitsgerichte handeln.[25]

Nach Inkrafttreten des Gesetzes und der Bildung der Rückstellungskommissionen wurden in Kärnten von jüdischen Opfern über 60 Rückstellungsansprüche angemeldet und die diesbezüglichen Verfahren eingeleitet. Die Hauptmasse der Anträge erfolgte naturgemäß noch im Jahre 1947. Nach entsprechenden Fristverlängerungen und dem Erscheinen weiterer einschlägiger Gesetze liefen Verfahren aber bis Mitte der sechziger Jahre. Für die Kommissionen ergab sich in den Jahren 1947 bis 1949 die Hauptarbeitslast auch deshalb, weil ja in Kärnten auch alle jene Ansprüche von slowenischen und anderen Opfern angemeldet wurden, deren Vermögenswerte beschlagnahmt und zugunsten des Reiches eingezogen worden waren. Das ergab über 80 weitere Verfahren.

Was die jüdischen Kärntner betrifft, so kamen sie mit ganz wenigen Ausnahmen – von den Heimkehrern abgesehen – zu diesen Tagsatzungen nicht nach Kärnten, sondern sie ließen sich von bevollmächtigten Wiener Rechtsanwälten vertreten, die sich zum Teil in diesen Verfahren spezialisierten. Vergleiche, die durch das Dritte Rückstellungsgesetz durchaus gültig waren, wenn sie nach dem 27. April 1945 geschlossen waren, kamen nur in 22 Prozent der Fälle zustande, und zwar fast immer nur im weiteren Verfahrensverlauf, nicht vor Einleitung des Verfahrens. Fast 28 Prozent der Fälle gingen bis zur Obersten Rückstellungskommission in Wien.

Von den Antragsgegnern wurden als defensive Momente in vielen, de facto fast in allen Verfahren ins Treffen geführt, daß die Regeln des redlichen Verkehrs eingehalten worden wären und daß der Verkäufer ohne Zwang frei entscheiden konnte und auch verkauft hätte, wenn der Nationalsozialismus nicht an die Macht gekommen wäre. Abgesehen von diesen an der Definition der Vermögensentziehung entwickelten Strategien zeigten sich aber auch erschreckende andere argumentative Taktiken von Rechtsbeiständen der Antragsgegner. So kommt mehrmals die Argumentation vor, daß Selbstverschulden des Antragstellers vorläge, da den Juden nichts passiert wäre, hätte nicht einer von ihnen Rath erschossen. Ein neuralgischer Punkt vieler Verfahren ergab sich daraus, daß die Antragsgegner darauf hinwiesen, sie hätten dem Verkäufer die volle Kaufsumme zur freien Verfügung gestellt. Die Tatsache, daß der Kaufschilling aufs Sperrkonto kam und dem Verkäufer eben nicht zur freien Verfügung stand, war im Verlaufe der Verfahren stets ein entscheidender Punkt der Beweisaufnahme. Ebenso entwickelte sich das Verfahrensgeschehen oft zu starker Akzentuierung bei der Frage der Angemessenheit der gezahlten Preise.

Besonderen Beweisaufwand erforderten die Aspekte der Rückstellung von Erträgnissen. Dem Wiener Vorbild folgend, ging man deshalb auch in Kärnten dazu über, zuerst Teilerkenntnisse zu erlassen, in denen auf grundsätzliche Rückstellung der umstrittenen Liegenschaft entschieden wurde, um dann die Aufrechnung der Auslagen des Erwerbers auf die rückstellungspflichtigen Erträgnisse im nächsten Verfahrensschritt vorzunehmen. Die durch Teilerkenntnis wiederhergestellte Verfügungsberechtigung des Antragstellers wurde bis zum endgültigen Abschluß der Verfahren durch öffentliche Verwalter beschränkt. Rückstellungsverfahren wurden auch gegen Reichsdeutsche durchgeführt. Wenn sie nicht anwesend waren, wurde für sie vor Verfahrensbeginn ein Abwesenheitskurator bestellt. Einige dieser Kuratoren setzten sich mit besonderer Vehemenz gegen ihre einstigen jüdischen Mitbürger für die deutschen Antragsgegner ein und bezweifelten bei Verfahrensbeginn sogar die Identität von Antragstellern, geschweige denn ihre Zugehörigkeit zur jüdischen Religionsgemeinschaft und natürlich auch den Status der Verfolgung.[26]

Im Zuge der Rückstellungsverfahren ergaben sich auch Einblicke in so manche Paradoxien und auch besonders seltsame Schicksale.[27]

Ein Schweizer Staatsbürger begehrte Rückstellung einer ihm nach dem Landbeschaffungsgesetz für Zwecke der Wehrmacht entzogenen Liegenschaft, für die er aber einst sehr gut bezahlt worden war. Im Verfahren wurden auch die Akten aufgefunden, die klärten, warum es seinerzeit zu einer besonders guten Bezahlung durch die Nationalsozialisten gekommen war: Er hatte in den dreißiger Jahren wiederholt für die Kärntner Nationalsozialisten Propagandamaterial aus Deutschland nach Kärnten geschmuggelt.

Der vielleicht einzige Jude des Deutschen Reiches, der von der DUT und der DAG nicht abgesiedelt, sondern im Gegenteil angesiedelt wurde, dürfte ein deutscher Bauer aus Wandlitzsee bei Berlin gewesen sein. Weil die Mutter seines Vaters Jüdin gewesen war, erschien er als Mischling zweiten Grades – noch dazu auf einem Erbhof – im deutschen Kerngebiet nicht tragbar und wurde von seinem dortigen Anwesen abgesiedelt. Er sollte ursprünglich im besetzten Gebiet in der Nähe von Marburg eingewiesen werden. Weil aber dort nichts Geeignetes frei war, siedelte ihn die Deutsche Umsiedlungstreuhandgesellschaft gemeinsam mit der Deutschen Ansiedlungsgesellschaft auf einem Hof in Pirkdorf bei Bleiburg an, der ein Jahr vorher von der Gestapo nach der staatspolizeilichen Verfahrensweise beschlagnahmt und eingezogen worden war. Im Jahre 1947 beantragte der ursprüngliche slowenische Besitzer die Rückstellung, der unfreiwillige Besitzer stellte Gegenantrag, die Rückstellungskommission wies aber den Antrag des deutschen Juden auf Abweisung des Antrages des Erstbesitzers ab.[28]

Nach mehrjährigen Verfahren wurden die meisten der Rückstellungsangelegenheiten mit dem tatsächlichen Beschluß der Rückstellung der strittigen Firma, Liegenschaft oder der strittigen beweglichen Güter oder ihres Geldwertes abgeschlossen. Die Bedeutung des Zweiten und Dritten Rückstellungsgesetzes, das sei nochmals betont, lag damals in den schwierigen ersten Nachkriegsjahren vor allem darin, daß zuerst einmal arisierte Firmen und Liegenschaften wie auch bewegliche Güter den ursprünglichen Besitzern zurückgestellt werden sollten, was aber nur einen Ausschnitt aus dem Gesamtspektrum der seinerzeitigen Schädigung darstellt.

Zum zweiten zeigte sich beispielsweise in Kärnten, daß zwar der größte Teil der arisierten Firmen in eindeutig nationalsozialistische Hände gegangen war – was die Häuser und Grundstücke betraf, so fand sich kaum die Hälfte der Arisierer im Register des Property Control Office, ja viele waren nicht einmal Parteigenossen. Bei der anderen Hälfte allerdings hätte es auch keines Rückstellungsverfahrens bedurft, um ihnen das arisierte Gut wieder wegzunehmen – sie hätten es auf Grund des Volksgerichtsverfahrens- und Vermögensverfallgesetzes vom 19. September 1945[29] ohnehin verloren. Es wurde also in der Tat so manchen etwas weggenommen. Da aber der größte Teil der

Kärntner Juden, wie wir wissen, nicht in ihre Heimat zurückzukehren wünschte, wurden die in den Rückstellungsverfahren ihnen wieder zugesprochenen Vermögenswerte nun nach Abschluß der Verfahren wieder verkauft, und zwar durch die Bank zu niedrigen Preisen, da sie ja unbedingt verkaufen wollten. Dadurch floß unter günstigen Bedingungen wieder eine Reihe von Gütern in die einheimische Wirtschaft zurück – nicht auszudenken, wenn etwa nun das Gut etwa an den verkauft worden wäre, der es im Rückstellungsverfahren jahrelang gegen die Rückstellung nachdrücklich verteidigt hatte.

In den Jahren 1945 und 1946 hatten auch einzelne jüdische Opfer aus Udine und Triest – meist mit der Hilfe wohlmeinender britischer Offiziere – in Klagenfurt nachgefragt, ob etwas von ihren Besitztümern etwa zu finden wäre, doch hatte sich dies in dem Chaos der unmittelbaren Nachkriegsmonate meist als Illusion erwiesen. BMGO hatte sogleich nach dem Einmarsch im Zuge seiner allgemeinen Blockierungs- und Sperrmaßnahmen auch alle Tätigkeit des Dorotheums gesperrt und alle Waren- und Geldbestände unter Kontrolle gestellt. Ob die Offiziere des PCO von allem Anfang an wirklich erkannten, was da vorlag, bleibt wohl mehr als fraglich. Die GVG „Adria" hatte vor Kriegsende ihre Hauptgeschäftsstelle nach Salzburg verlegt und dann im Verlauf des allgemeinen Rückzuges in Triest alles aufgegeben. Die Firma selbst aber blieb bestehen, und auch die US-Militärregierung Salzburg scheint die eigentliche Beschaffenheit dieses Unternehmens nicht in vollem Umfang erkannt zu haben, zumal es ja auch nicht wie die DUT und die DAG in Kärnten sofort zur Klärung dringender Probleme wie jener der Slowenenaussiedlung herangezogen wurde.

In Kärnten fanden Mitarbeiter des PCO im Mai und Juni 1945 Schritt für Schritt noch eine ganze Reihe von weiteren Warenlagern zusätzlich zu den uns schon bekannten. Die Herkunft der Beute ließ sich dabei nicht immer klären, nur ein Teil davon war von GVG „Adria" an das Dorotheum übergeben worden. Solche neuentdeckten Bestände befanden sich beim Bergamt Völkermarkt, im Schloß Hallegg (DAF-Lager), in Gut Strachwitz, ferner hatte die Gauleitung Kärnten am Zollfeld ein eigenes Lager für Kunstgegenstände, außerdem waren bei verschiedenen einstigen NSDAP-Funktionären, wie etwa dem Gauschatzmeister, Waren eingelagert, desgleichen aber auch bei Verkaufsgeschäften und in Gasthäusern. Neben dem Lager Zollfeld wurde so noch ein weiterer Posten von Plastiken und Gemälden der Gauleitung Kärnten festgestellt.[30]

Im Juni 1945 war PCO soweit, daß ein gewisser Überblick über die verworrene Situation möglich schien, und so beschäftigte sich die Abteilung genauer mit dem Dorotheum und ließ sich erklären, was das sei und was da vorginge. Major Vincent konnte im Zuge dieser Gespräche und Inspektionen zu der Überzeugung gebracht werden, daß das Dorotheum nicht in der Operationszone an den Beschlagnahmungen und der allgemeinen Beutemacherei beteiligt war. Außerdem gelang es, die britischen Offiziere davon abzubringen, privat verfallene Pfänder aus dem normalen Dorotheumsbetrieb zu kaufen, weil dafür angeblich die Erlaubnis der Hauptanstalt Wien nötig sei.[31]

Am 21. November 1945 erlaubte dann BMGO die Wiedereröffnung des Dorotheums Klagenfurt, schloß aber eine Erlaubnis zur Versteigerung der erwähnten Beutelager ausdrücklich davon aus.[32] „Alle Güter der ‚Adria' sowie Güter, welche durch die Eigentumskontrollen eingelagert wurden, bleiben gesperrt und müssen von den anderen

Waren streng getrennt in separiertem Raum aufbewahrt werden. Die Leitung des Dorotheums ist für die Einhaltung dieser Bestimmung verantwortlich."

Wahrscheinlich wohl wegen der Vorstellungen der Dorotheumsbeamten, daß viele gelagerten Waren, z. B. jene in den Kellern von Silberegg, durch lange Lagerung Beschädigung und Wertminderung erfahren würden, gab dann PCO die Erlaubnis, einzelne Partien von Möbeln und Pelzen zu versteigern. Solche Versteigerungen begannen bezüglich der Möbel am 6. Juni 1946 und der Pelze am 13. Juni 1946.[33] Zugleich sammelte PCO allmählich aus den verschiedenen Lagern die Gold- und Silbergegenstände, um eine ungefähre Schätzung durchführen zu lassen. Das Dorotheum schätzte dabei die zusammengezogenen Schmuckstücke, Münzen, Uhren, Tafelgeräte aus Gold und Silber auf 310.000 Schilling, betonte aber, daß eine Versteigerung ugf. 600.000 Schilling ergeben würde. Eine Freigabe des Goldpreises würde allerdings noch einen höheren Erlös bringen.[34]

Mittlerweile wurde in Salzburg das Vermögen der GVG „Adria" durch die US-Militärregierung mit Erlaß VIIIc1149/47/mi/Grb unter öffentliche Vewaltung gestellt, die Landesregierung für Salzburg, Vermögensverwaltungsabteilung, war von ihr beauftragt, zwei öffentliche Verwalter zu bestellen. Im Zuge all dieser Maßnahmen wurde auch das alte Reichsbank-Girokonto GVG Adria-Triest Nr. 1952 wie üblich auf Nationalbank-Konto umgestellt, und von BMGO, Finance-Div. zum Sperrkonto erklärt. Das war aber nur ein Teil der sehr komplexen finanztechnischen Maßnahmen, welche die Finance-Division im gleichen Zeitraum in Kärnten durchführte. So wurde bei der Landeshypothekenanstalt durch die Finance-Division ein Sammelkonto Nr. 10.551 Amt der Kärntner Landesregierung angelegt, auf dem dann mit 9. Dezember 1947 über Anweisung dieser britischen Dienststelle in Form von Einzahlungen die Beträge von all den Konten des einstigen Obersten Kommissars und Chefs der Zivilverwaltung und Gauleiters von Kärnten konzentriert wurden – Beträge von weit über 7 Millionen Schilling. Damit bereitete man die Rückstellung vor.[35] Inwieweit diese Beträge mit den sog. „Kassenbeständen" der Gauselbstverwaltung Kärnten und der Reichsstatthalterei Kärnten im Mai 1945 in der Höhe von über 16 Millionen RM korrelieren, ist quellenmäßig nicht mehr detaillierbar.

Auf diese Weise wurden also seit dem 6. Juni 1946 über Antrag des Dorotheums, Zweiganstalt Klagenfurt, aufgrund fallweiser Bewilligung durch das PCO gewisse Warenbestände aus den „Adria"-Gütern, vor allem durch die Lagerung schon in Mitleidenschaft gezogene Pelze und Möbel, versteigert. Die Erlöse wurden auf das schon erwähnte Sperrkonto bei der Österr. Nationalbank unter britischer Kontrolle abgeführt.[36]

Dabei ergaben sich folgende Erlöse: Bis zum Mai 1945 waren es insgesamt RM 520.157,10, von denen aber nur 405.279,63 auf das Konto 1466 eingezahlt wurden, wie wir schon wissen. Der Rest auf den höheren Betrag machte Zollzahlungen, Frachtkosten und Versteigerungsgebühren aus. Vom 6. Juni 1946 bis 31. Dezember 1947 ergaben die Versteigerungen 514.406,50 Schilling. Davon wurden nach Abzug im obigen Sinn 310.007,89 Schilling auf das Sperrkonto 1952 bei der ÖNB eingezahlt. Zu diesem Betrag kamen später noch Erlöse in Höhe von 43.275,– Schilling.[37]

In dieser Zeit erfolgten auch in Wien noch einige Versteigerungen aus jenem Waggon, der 1944 dorthin verlegt worden war, dessen Waren aber bis Kriegsende nicht zur Gänze versteigert worden waren.[38] Diese Wiener Versteigerung erregte die Aufmerksamkeit der dortigen britischen Dienststellen, und zur gleichen Zeit fielen der britischen Nationalbankkontrolle auch die hohen Eingänge auf das schon mehrmals erwähnte Konto auf, worauf ACA-BTA R D & R Division Nachforschungen anstellte und von Civil Affairs – R D & R Branch genauen Bericht anforderte. Daraufhin gab H. Q. C. Aff. (BE) Car., R D & R Branch an die Klagenfurter Zweigstelle des Dorotheums mit 6. Februar 1948 (Mj. Vincent war schon längst durch Mr. Lowres ersetzt) strikten Befehl, keine Versteigerungen mit Adria-Gütern mehr durchzuführen.[39]

Die damals noch lagernden Güter aus Adria-Direktlieferungen an Dorotheum Klagenfurt wurden nach ihrem möglichen Rufpreis mit 63.326,- Schilling bewertet. Andere Güter wiederum, die offensichtlich nicht eigentliche Adria-Güter waren oder zumindest nicht dem Dorotheum von GVG „Adria" übergeben worden waren, sondern erst nach dem Krieg durch Property Control Office, wurden nun umgeleitet, und zwar „aufgrund Vereinbarung zwischen R. D. & R. Division Wien und BM für Vermögenssicherung (Schreiben des Ministeriums 18. 12. 1947, Ref. 67–7/3/47)".[40] Es handelte sich dabei um die Güter aus den Lagern Gut Strachwitz, Bergeamt Völkermarkt, Gauleitung Zollfeld, Gaubildstelle u. a. Unter den Gütern waren Hausgeräte, Gemälde, Porzellan, Jagdwaffen, Tafelgeräte, Teppiche und alte Bücher. Auch in diesem Fall wurde dadurch die Rückstellungsaktion vorbereitet.

Mit 13. Oktober 1949 wurden dann die verschiedenen noch vorhandenen Lagerbestände in Kärnten der administrativen Verwaltung durch die österreichischen Behörden, i. e. die Finanzbehörden übergeben. Dies betraf aber nicht nur die „Adria"-Güter allein, sondern beispielsweise auch jene fünf Koffer mit Silber- und Goldschmuck und Münzen, die unter der Bezeichnung „Oberster Kommissar" in einem Klagenfurter Bankdepot aufgefunden und von Propoerty Control in Obhut genommen worden waren. Unter die direkte Kontrolle des Bundesministeriums für Finanzen wurden diese Sachwerte mit 6. März 1951 übernommen, und am 10. März 1951 inspizierte sie Sektionsrat Dr. Wittmann in Klagenfurt.[41]

Mit 31. Juli 1950 hatte das Bundesministerium für Finanzen alle aus der „Adria"-Masse noch vorhandenen Teppiche zur Versteigerung freigegeben, um sie vor weiterer Wertminderung zu bewahren. In den folgenden Monaten fanden weitere Versteigerungen auch anderer Gegenstände statt. Die erzielten Beträge kamen auf ein besonderes Bankkonto des Bundesministeriums für Finanzen.[42]

Mittlerweile hatte das Property Control Office noch zur Zeit des Bestehens der britischen Militärregierung für Kärnten und hernach, als es zur Reparation Deliveries and Restitutions Branch des Headquarters Civil Affairs umgestaltet wurde, eine engere Zusammenarbeit mit italienischen Stellen und der Israelitischen Kultusgemeinde Triest angestrebt. Das Ergebnis war schließlich das in Klagenfurt eingerichtete „Ufficio Italiano di Collegamento", dessen Mitarbeiter in den Lagerbeständen Nachschau hielten. So wurden zum Beispiel die Lagerposten 22759/75, 80,83 und 160 als Eigentum von Prof. Luzzatto in Udine identifiziert und zu dessen Gunsten ausgeschieden, darunter eine Ausgabe der Divina Commedia aus dem Jahre 1541. Andere Gegenstände wurden bei verschiedenen Nachschauen wiederum von österreichischen Staatsbürgern identifiziert und in dieser Hinsicht in Vormerk genommen.

Sieben Jahre nach Kriegsende war es dann soweit: Im Juli 1952 wurde von der britischen Botschaft in Wien Mr. William John Worth im Bundesministerium für Finanzen persönlich vorgestellt, damit er jederzeit identifiziert werden könne. Für Ende Oktober 1952 wurde bei dieser Gelegenheit die Übergabe der bekannten fünf Koffer mit Schmuck in Klagenfurt festgesetzt. In den folgenden genaueren Festlegungen der Übergabemodalitäten ergaben sich Auffassungsunterschiede in der Hinsicht, daß auch in diesen Beständen und nicht nur in anderen Lagerbeständen Einzelgegenstände von österreichischen Staatsbürgern identifiziert worden waren. Das Bundesministerium für Finanzen „hat den Standpunkt der Königlich-Britischen Botschaft in dem Sinne verstanden, daß nur die ungeklärten Bestände nach Triest gebracht und dort aufgrund der vorliegenden Eigentumsansprüche geprüft werden, die nicht identifizierbaren Gegenstände aber wieder nach Österreich zurückgebracht und der österreichischen Verwaltung zur weiteren Behandlung im Sinne der österreichischen Gesetze übergeben werden sollen."[43] Die Causa wurde aber gegen diese österreichischen Intentionen entschieden, zumal ACA(BE) ein Machtwort sprach und mit Entscheid vom 21. Oktober 1952 die am 13. Oktober 1949 ausgesprochene Übergabe der Lagerbestände in die österreichische Verwaltung bezüglich der erwähnten fünf Koffer einfach wieder aufhob.

Am 20. und 22. Oktober besichtigte Officer Worth im Dorotheum in Klagenfurt anhand der beiliegenden Inhaltsverzeichnisse den Inhalt dieser fünf Koffer, versiegelte sie dann, worauf sie ihm am 23. Oktober 1952 zum Abtransport im fahrplanmäßigen Militärzug nach Triest ausgefolgt wurden. Das diesbezügliche Protokoll stellt fest: „Memorandum betreffend Übergabe und Aufnahme von fünf Koffern Edelsteinschmuck, Gold und Silber- und Metallgegenstände u. dgl. sowie Uhren laut Verzeichnissen des Dorotheums Nr. 22753, 22754, 22755, 22756, 22759. Das Dorotheum übergibt auftrags des Bundesministeriums für Finanzen, die Britische Militärregierung Triest übernimmt durch ihren hierfür bevollmächtigten Properties and Claims Officer Mr. W. J. Worth aufgrund der beiderseitigen Verzeichnisse die darin aufgezählten Gegenstände postenweise laut Beschreibung . . ."[44] Damit war ein Kapitel geschlossen, und jene Personen, die schon 1947 bei der Rückstellungskommission in Klagenfurt aus Triest Rückstellungsantrag gestellt hatten, jedoch von der Kommission wegen Unzuständigkeit abschlägig beschieden worden waren, dürften auch in dieser Lieferung ihre entwendeten Besitztümer wiedergefunden haben.

VON DER OPFERFÜRSORGE ZU DEN SAMMELSTELLEN

Es wurde schon darauf hingewiesen, daß für die österreichischen Juden mit den Urteilen der Rückstellungskommission nur ein Teilsektor der Gesamtentschädigung abgedeckt war – hatte doch die Republik damit lediglich Sorge getragen, daß Liegenschaften, Firmen und bewegliche Güter soweit möglich wieder in die Hände der ursprünglichen Besitzer gelangten. Soweit Reichsfluchtsteuer und JUVA wirklich vom Kaufschilling bezahlt worden waren, hatte sich damit das Blatt gedreht, und die Arisierer waren nun nach der Rückstellung die eigentlichen „Geschädigten", die dies als Sühnemaßnahme auffassen mochten.

Was aber seinerzeit den jüdischen Opfern an Bargeld, Schmuck, Wertpapieren geraubt worden war und was von ihren Konten an Beträgen schon vor Arisierung und Einzahlung diverser Verkaufsbeträge weggenommen wurde bzw. welcher Versicherungen sie verlustig gegangen waren – dies alles war ja durch das Zweite und Dritte Rückstellungsgesetz in keiner Weise berührt worden. Auf Entschädigung für diese Verluste konzentrierten sich daher die Bemühungen ihrer Vertreter, zumal an Entschädigungen für Verdienstentgang, Ausbildungsentgang, sozialen Abstieg, Gefahr und gesundheitliche Schädigung gar nicht zu denken war.

Die Vertretung der Juden geschah folgendermaßen: Eine ganze Reihe von internationalen jüdischen Organisationen, darunter auch American Jewish Comittee, Central British Fund, American Joint Distribution Committee u. a. schickten Vertreter in die gemeinsame „Conference on Jewish Claims against Germany", kurz „Claims Conference". In Verhandlungen mit dieser Gruppierung gestand die deutsche Bundesregierung am 10. September 1952 eine Entschädigungszahlung von 822 Millionen Dollar in 12 Jahren zu, und zwar 715 Millionen an den Staat Israel und 107 Millionen für jüdische Opfer, die außerhalb Israels lebten, zuhanden der Claims Conference.

Österreichische Emigranten hatten in New York das „World Council of Jews from Austria" gegründet. Dieses World Council bildete gemeinsam mit den in der „Claims Conference" vertretenen Verbänden zum Zwecke der Verhandlungen mit der österreichischen Bundesregierung das „Committee for Jewish Claims on Austria", kurz „Claims Committee" genannt. Während der Verhandlungen der Claims Conference mit der westdeutschen Bundesregierung hatte die Conference versucht, die österreichischen Juden einzubeziehen. Dabei wurde – so übrigens auch von seiten der österreichischen Bundesregierung Raab–Kamitz – argumentiert, daß die Reichsfluchtsteuer, die JUVA, die Bargelder, Konten, Versicherungen und Wertpapiere ja nach Deutschland gegangen wären. Von den Vertretern Westdeutschlands wurde das aber mit der Begründung abgelehnt, daß die österreichischen Nationalsozialisten die gewalttätigsten Nationalsozialisten gewesen wären und die österreichische Bundesregierung diese Schäden daher selbst bezahlen solle.[45]

Im Jahre 1953 entwickelten sich über den österreichischen Botschafter in Washington allmählich Verhandlungen mit der damaligen österreichischen Bundesregierung, die dabei erneut unterstrich, daß die Gelder ja nach Deutschland gegangen seien und daß überhaupt ein großer Teil der österreichischen Juden christlich getauft gewesen sei und daher nicht in diesen Kreis der Anspruchsberechtigten fiele. In den Gesprächen wurde dann auch ein anderes Problem angeschnitten, nämlich das Vermögen von Getöteten oder Verschollenen. Das Claims Committee war nicht bereit, darauf zu verzichten, weil man es für allgemeine Hilfsaktionen an Bedürftige verwenden wollte. Das Vermögen der Getöteten wurde dann als „erbloses Vermögen" bezeichnet. Im Zuge der Rückstellungsverfahren hatte sich ja gezeigt, daß – soweit solche Häuser und Grundstücke identifiziert worden waren (Property Control und Vermögensverwaltungsabteilung) – für sie keine Rückstellung beantragt wurde.

Bundeskanzler Raab reagierte im November 1953 auf diese Vorschläge mit dem Hinweis, daß die endgültig festgesetzte Frist für Rückstellungsanträge grundsätzlich sechs Monate nach Unterzeichnung eines erhofften österreichischen Staatsvertrages erlöschen würde, so daß es also unmöglich wäre, vor diesem Termin überhaupt genau festzustellen, wieviel „erbloses Vermögen" sich ergeben würde. Zugleich vertrat Raab den Standpunkt, daß alle Geschädigten gleich behandelt werden sollten. Man dürfe daher Juden vor den anderen Bevölkerungsteilen nicht bevorzugen. Immerhin wäre es vorstellbar, eine Art Sammelstelle für Glaubensjuden zu schaffen, in der nicht zurückgefordertes Vermögen gesammelt werden könnte.

Das Claims Committee lehnte den Terminus „Bevorzugung" energisch ab und wies darauf hin, daß die „Bevorzugung" seitens der Nationalsozialisten den Tod von über 60.000 österreichischen Juden zur Folge gehabt hätte und die jüdischen Mitbürger eben einmal „bevorzugte" Opfer des Hitlerregimes gewesen wären.

Auch an der Haltung der westdeutschen Bundesregierung änderte sich in dieser Zeit nichts. Eine Reihe von Kärntner Juden hatte jeder für sich in Westdeutschland um Rückerstattung der Barbeträge von den Bankkonten und der Versicherungen und Wertpapiere gebeten, und das zum Teil schon 1947 und 1948. Die Ansuchen waren aber stets abschlägig beschieden worden. Enttäuschend verlief auch für Kärntner Juden, die Haftzeiten oder Aufenthalte in Konzentrationslagern durchgemacht hatten, ihre Ignorierung durch das erste Opferfürsorgegesetz vom 17. Juli 1945. Emil Preis beispielsweise setzte sich mit allem Nachdruck auf Kärntner Landesebene dafür ein, daß auch die jüdischen KZ-Insassen als Opfer des Kampfes um ein freies Österreich anerkannt wurden, doch es dauerte lange Zeit, bis Preis schließlich in den „Bundesverband ehemals politisch verfolgter Antifaschisten" aufgenommen wurde. Erst das zweite Opferfürsorgegesetz vom 4. Juli 1947 berücksichtigte dann auch die jüdischen Opfer der nationalsozialistischen Herrschaft.[46]

Die Verhandlungen zwischen Claims Committee und Bundesregierung zogen sich bis über den Abschluß des Staatsvertrages hinaus hin, und im Artikel 26 dieses Vertragswerkes wurde nochmals festgehalten, daß alle Vermögenswerte von Menschen, die in Österreich aus rassischen oder religiösen Gründen Vermögensentzug seit dem 13. März 1938 erleiden mußten, diese Vermögenswerte oder Ersatz dafür rückerstattet bekommen müssen. Eine Anmeldefrist wurde schließlich bis zum 3. Juli 1956 erstreckt. Im gleichen Jahre, am 24. Februar bereits, wurde der „Fonds für Hilfeleistung an politisch Verfolgte, die ihren Wohnsitz und ständigen Aufenthalt im Auslande haben" begründet. Das Finanzministerium sollte dafür 550 Millionen Schilling in elf Jahresraten zur Verfügung stellen. Dieser Fonds wurde dann kurzerhand „Hilfsfonds" genannt. Unter britischem und amerikanischem Einfluß kam es dann zur österreichischen Zustimmung zu einer Sammelstelle. Sie wurde durch das Bundesgesetz vom 13. März 1957, B.G.Bl. 73/1957, geschaffen, doch konnte sie nicht in Funktion treten, da alle Durchführungsbestimmungen fehlten. Diese Sammelstelle war für erbloses Vermögen vorgesehen.

Mit der westdeutschen Bundesregierung versuchte man neuerliche Verhandlungen anzuknüpfen, aber da Österreich im Artikel 23 Abs. 3 des Staatsvertrages auf alle Forderungen gegenüber der Bundesrepublik für sich und seine Bürger verzichtet hatte, verschanzte man sich in Bonn hinter der Feststellung, daß damit auch die jüdischen Österreicher keine Ansprüche mehr geltend machen könnten. Das Claims Committee wies hingegen darauf hin, daß seit 1938 immerhin 147,5 Millionen RM JUWA und

181 Millionen RM Reichsfluchtsteuer nach Deutschland geflossen seien, von den beschlagnahmten Geldern, Konten usw. gar nicht zu reden.

Die österreichische Bundesregierung hingegen beschloß mit 6. Juni 1959 den „Fonds zur Abgeltung von Vermögensverlusten politisch Verfolgter", kurz Abgeltungsfonds genannt, doch blieb auch dieser zuerst einmal nur Theorie. Erst am 22. März 1961 wurde das Bundesgesetz für den Abgeltungsfonds beschlossen, zugleich aber auch die 12. Novelle vom Opferfürsorgegesetz. Für den Fonds wurde beschlossen, 30 Millionen Schilling zur Verfügung zu stellen. Im Juni des gleichen Jahres kamen dann die Verhandlungen mit der BRD durch den Vertrag von Bad Kreuznach zum Abschluß: Die Bundesrepublik erklärte sich zur Zahlung von 95 Millionen Mark bereit. Davon wurde ein Teil dem Hilfsfonds für Berufsentschädigung und verhinderte Berufsausbildung zugeleitet, der Rest kam an den Abgeltungsfonds als Ersatz für geraubtes Bargeld, Konten, Wertpapiere und Versicherungen. Lotte Weinreb hatte beispielsweise noch im Jahre 1959 beim Landgericht Berlin Antrag auf Schadenersatz für ihre entfremdeten Konten, Wertpapiere und Versicherungen gestellt und hatte nach der Abweisung dieser Ansprüche vom 5. August 1960 noch beim Kammergericht Berlin berufen. Es ist charakteristisch für die Situation, daß sie auch dort mit Bescheid vom 22. März 1962 abgewiesen wurde, und zwar mit der doppelten Argumentation, daß die Bundesrepublik nicht zuständig sei und eine eventuelle Teilnahme der Bundesrepublik an österreichischen Wiedergutmachungsmaßnahmen nur zu einer pauschalen Entschädigung, nicht aber zu einer individuellen und konkreten Rückstellung führen könne.[47] Damit war also die alleinige Zuständigkeit des Abgeltungsfonds gegeben.

Auch das Problem des erblosen Vermögens wurde schließlich gelöst. Weil sich erbloses Vermögen nicht immer eindeutig als einst jüdisches oder nichtjüdisches identifizieren ließ, wurde beschlossen, eine Sammelstelle A für erbloses Vermögen (80%) einzurichten, das jüdischen Opfern zugute kommen sollte, und eine zweite Sammelstelle B für erbloses Vermögen, das nichtjüdischen Opfern (20%) zukommen sollte. In den Jahren bis 1967 fanden auch in Kärnten noch mehrere Verfahren der Sammelstelle A statt, zu denen die Sammelstelle B ihre Zustimmung gegeben hatte. Sie wurden ebenfalls von der Rückstellungskommission, nicht von der Finanzlandesdirektion entschieden.

Mit diesen letzten Schritten in der Wiedergutmachung war erstens endgültig der Weg von der individuellen Rückstellung konkreter einzelner Güter zur Entschädigung beschritten worden, so daß es nun vom ökonomischen Standpunkt aus unerheblich wurde, ob das tatsächlich entwendete Gut irgendwo noch existierte, da ja Entschädigung dafür erfolgt war.

Zweitens war auch der Kreis der im Ausland lebenden jüdischen Österreicher, der auch nicht vom Opferfürsorgegesetz tangiert wurde, stärker in der Wiedergutmachung durch den Hilfsfonds einbezogen, und der Abgeltungsfonds konnte dann zumindest teilweise die Frage der Entschädigung für Bargeld, Konten, Wertpapiere usw. einer Lösung zuführen. All diesen Ereignissen wird man einen gesamtwirtschaftlichen Effekt nicht absprechen können. Die vielen im Zuge der Rückstellungsverfahren durchgeführten Vermögensverlagerungen waren auch von einer Fülle von Nebenkosten begleitet, die einen weiten Personenkreis betrafen und damit im Wege der Umwegrentabilität in den sich verstärkenden gesamtwirtschaftlichen Prozeß einflossen. Auch der Weiterverkauf der Vermögenswerte von Juden, die im Ausland blieben, wirkte in diese Richtung. Andererseits verstärkte sich dann der Devisenabfluß in der zweiten Phase der Wiedergutmachung durch den Hilfsfonds und den Abgeltungsfonds, doch war er devisenrechtlich genau geregelt und terminisiert, so daß man wohl kaum wird von ausschließlich negativen Wirkungen ausgehen müssen, zumal ein gewisser Devisenabfluß deflationistisch wirken konnte, solange sich auch die Position des Schillings im internationalen Währungssystem dadurch nicht entscheidend schwächte. Es wird dabei sicherlich bei einer genauen zukünftigen Untersuchung der österreichischen Wiederaufbauzeit und des kleinen Wirtschaftswunders auch dieses Problemfeld zu berücksichtigen sein.

Wenn auch nur wenige Kärntner Juden tatsächlich in ihre Heimat zurückkehrten, so findet doch auch heute, nach so langer Zeit, immer noch eine Art Heimkehr statt. Für viele Kärntner, ganz gleich, ob sie bei ihren Enkeln in Montevideo sind oder allein im österreichischen Altersheim in Tel Aviv, ist es nur eine Heimkehr in Gedanken, wenn die Erinnerungen wach werden. Es gibt aber auch noch eine andere, etwas weniger hypothetische Heimkehr. Jahr für Jahr sind unter den Urlaubern, die im Sommer nach Kärnten kommen, nicht wenige alte Menschen, die einmal hier gelebt haben, oder es sind ihre Kinder und Enkel, die die alten Stätten betrachten, nachsinnen und Jahr für Jahr wiederkehren. Und es kennt sie keiner mehr.

Liste der Kärntner Juden, die ums Leben gekommen sind
(unvollständig)

1. Nach der Ausweisung nach Wien von dort in Lager deportiert und getötet oder in Wien gestorben:

   Mendel und Perl Altstädter
   Leopold Blau (Buchenwald)
   Johann und Felix Bloch
   David und Irene Fleischmann
   Henriette Fleischmann
   Ettel Friedländer
   Josefine Hauser
   Heinrich und Coka Harnisch
   Samuel Linker und Frau
   Josef Meninger
   Emmanuel und Mathilde Neumann
   Ignaz und Ella Ostermann
   Hermine Preis (Theresienstadt oder Auschwitz)
   Felix Preis (Theresienstadt)
   Liesl, Evi und Peter Preis (Theresienstadt oder Auschwitz)
   Dr. Walter Porges (im Zuge der Verhaftung von Spittal aus)
   Cäcilia Rubel
   Ernst Salzberger (Bergen-Belsen)
   Dr. Oskar Wittner (Dachau)
   Julie Spitz
   Berta Zeichner
   Josef Ziegler
   (Benjamin Trijger? – Vor der Ausweisung 1939 in Klagenfurt gest.)

2. Nach der Ausweisung in die Tschechoslowakei von dort in Lager deportiert und getötet:

   Ernst Fischl (Theresienstadt)
   Adolf und Emma Groß (Auschwitz)
   Nandor und Etka Lustig mit Sohn
   Ing. Emil Nettel und Frau
   Siegfried Sax (Theresienstadt)
   Elvira Spitz

3. Nach Holland geflüchtet und von dort deportiert und getötet:

   Otto Zeichner (Auschwitz)

4. Nach Frankreich geflüchtet und von dort deportiert und getötet:

   Amalie Fischbach (Auschwitz)

5. Nach der Ausweisung nach Polen oder das Baltikum dort in Lagern getötet:

Bernhard und Nora Glaser (seit 1923 nicht mehr in Kärnten)
Dr. Oskar Janowitzer (Kowno)
Charlotte Klarfeld
Ignaz Kornhauser

Die religiösen Funktionäre

Rabbiner	Lehrer	Matrikelführer	Kantor	Operateur	Schächter
			Fellner	Jakob Fellner ab 1878	Fellner
	Wilhelm Sternfeld ab 1887			zugleich auch Max Schiha aus Graz, Ignaz Kornfein aus Lackenbach	teilw. auch Sternfeld
	Samuel Meyer Eisler 1891–1903 Platzgasse 8			Eisler	Eisler
„autorisierter Rabbiner"	Ludwig Schap 1903–1906 Platzgasse 8	ab 1908: Bernhard Glaser in Klagenfurt (bis 1922)		Schap	Schap (ab 1904 auch Simon Heilpern in St. Ruprecht)
	Josef Güntzler 1906–? Platzgasse 3		Beiler	ab 1909: Nathan Weininger, Graz, und Nathan Kaufmann, Graz; 1910–1928: Josef Benedikt, Graz	
			Gerson Sungolovsky		
Hauser	Ignaz Hauser Dezember 1923–1934	1923 Max Stössl Hauser	Haas 1923–29 zugl. Leo Fraenkl	zugl. Haas Fraenkl	Haas Fraenkl
1934–1935 Dr. M. G. Mehrer, Wien			ab 1929: Abraham Chaneles	Chaneles	Chaneles
Babad	Dr. Josef Babad 1935–1938	Babad	bis 1938	bis 1938	bis 1938

325

Abkürzungen

ACA	Allied Commission for Austria
ACS	Archivio Centrale dello Stato – Roma
A.I.R.	Archivio dell'Istituto regionale per la storia del movimento di liberazione – Trieste
AMG	Allied Military Government – Trieste
AVA	Allgemeines Verwaltungsarchiv
BDC	Berlin Document Center
BGBl.	Bundesgesetzblatt
BMGO	British Military Government Office
BTA	British Troops Austria
BETFOR	British Element Trieste Forces
CdZ	Chef der Zivilverwaltung
DAG	Deutsche Ansiedlungsgesellschaft
DÖW	Dokumentationsarchiv des österreichischen Widerstandes
DOR	Archiv d. Dorotheum Auktions-, Versatz- und Bankgesellschaft
DUT	Deutsche Umsiedlungs-Treuhandgesellschaft
E.Z.	Einlagezahl
FRK	Friedhofsverwaltung Klagenfurt
GB	Grundbuch
GVG	Güterverkehrsgesellschaft
IKG	Israelitische Kultusgemeinde
IMT	International Military Tribunal Nuremberg
IR	Infanterieregiment
KHB	Kärntner Heimatbund
KHD	Kärntner Heimatdienst
KG	Katastralgemeinde
KLA	Kärntner Landesarchiv
KVG	Kriegsverbrechergesetz
LR	Landesregierung
MA	Magistratsabteilung
OK	Oberster Kommissar
o. S.	ohne Signatur
p. A.	persönliches Archiv
PCO	Property Control Office
PRO	Public Record Office – London
R D & R Div.	Reparation Deliveries and Restitutions Division
RFdV	Reichskommissar für die Festigung deutschen Volkstums
RGBl.	Reichsgesetzblatt
RK	Rückstellungskommission
STGBl.	Staatsgesetzblatt
VDA	Verein (Volksbund) für das Deutschtum im Ausland
VF	Vaterländische Front
VG	Verbotsgesetz
Vg	Volksgerichtshof
VVA	Vermögensverwaltungsabteilung
VVSt	Vermögensverkehrsstelle
YV	Yad Vashem – The Holocaust Martyrs' and Heroes' Remembrance Authority – Jerusalem

Anmerkungen

Anmerkungen zu Kapitel 1:
Auf dem Weg zur gesetzlichen Gleichberechtigung

[1] Mitteilung des Guberniums Laibach, Kärntner Landesarchiv (KLA), Sammlung Zenegg, Fasz. III/3.
[2] Vgl. hierzu die verdienstvolle Arbeit von Wilhelm Wadl, Die Juden Kärntens im Mittelalter, Klagenfurt 1981, S. 26 ff.
[3] Wadl hat daher treffend darauf hingewiesen, daß Aufenthaltsbeschränkungen und Niederlassungsverbot schwer überwachbar waren. Wie oben, S. 238.
[4] So läßt sich beispielsweise 1770 als Schnittwarenhändler in Klagenfurt Johann Baptist Moro nieder, dessen Geschäft 1778 nach dessen Tod sein Bruder übernahm. Als dieser zahlungsunfähig wurde, kauften die anderen Klagenfurter Schnittwarenhändler das Geschäft um 1.500 fl. und verkauften es 1808 an Anton Oliva weiter. – KLA, Stadtarchiv Klagenfurt II, Fasz. 248/19. – Für den Hinweis auf den versuchten Eisenbahnbau sei Herrn Dr. Wadl herzlich gedankt. Es fand in der Ebentaler Straße in Klagenfurt sogar ein feierlicher Spatenstich zur Eröffnung der Bauarbeiten statt. Gelegentlich waren Kärntner Adelige auch gezwungen, im Zusammenhang mit Krediten jüdischer Geldgeber ihre Gewerbebetriebe, so etwa Hammerwerke, zu verpfänden.
[5] Zirkular des kaiserlich-königlichen Guberniums für Innerösterreich in Graz vom 20. Oktober 1784. KLA, Sammlung Zenegg, Fasz. VIII/2.
[6] Eingabe des Klagenfurter Handelsstandes an das Kreisamt, KLA, Sammlung Zenegg, Fasz. VIII/2. Das Kreisamt reagierte auf diese Eingabe schon zwei Tage später mit einer Currende an alle zuständigen Bezirksobrigkeiten des Kreises mit der dringenden Ermahnung, auf das Erscheinen von hausierenden Juden ein aufmerksames Auge zu haben, da sich zwei Jahre zuvor auch die Gubernialverordnung vom 26. Februar 1823 mit diesem Thema beschäftigt und die Regelungen von 1783 und 1784 republiziert hatte. – Scherer J. E., Die Rechtsverhältnisse der Juden in den deutsch-österreichischen Ländern. Leipzig 1901, S. 514. (Beiträge zur Geschichte des Judenrechtes im Mittelalter, 1. Band.)
[7] Currende des kaiserlich-königlich steirisch-kärntnerischen Guberniums in Graz. KLA, Sammlung Zenegg, Fasz. VIII/2.
[8] Wie oben.
[9] Dienstschreiben des Guberniums Graz an das Kreisamt Klagenfurt vom 22. September 1819. Wie oben.
[10] Zirkulare des Kreisamtes Klagenfurt vom 10. März 1824 an die Bezirksbehörden in Verfolgung einer Eröffnung der Polizei-Hofstelle vom 16. Februar 1824. Wie oben.
[11] Currende des Kreisamtes Klagenfurt. KLA, Stadtarchiv Klagenfurt II, Fasz. 92/2.
[12] Scherer J. E., Die Rechtsverhältnisse der Juden in den deutsch-österreichischen Ländern, a. a. O., S. 514.

[13] Scherer, wie oben, S. 516; Weinzierl E., Die Stellung der Juden in Österreich seit dem Staatsgrundgesetz von 1867. In: Zeitschrift für die Geschichte der Juden 5/1968, S. 89. Für die Entwicklung nach 1848 vgl. auch Bihl W., Die Juden. In: Die Habsburgermonarchie 1848–1918. Wien 1980, S. 893.

[14] Ein Exemplar der Festschrift befindet sich KLA, Sammlung Zenegg Fasz. VIII/2.

[15] Yad Vashem – The Holocaust Martyr's and Heroes Remembrance Authority, Jerusalem. Österreich-Archiv, Niederschriften der Genannten.

[16] Aufbewahrt bei der IKG Graz.

[17] Stössl S., The Jews of Carinthia. In: Fraenkel J., The Jews of Austria, London 1967, S. 387. Dieser Autor nennt das Jahr 1883. Schneider H. Th. (Schneider H. Th., Zur Geschichte der jüdischen Gemeinde in Klagenfurt. In: Gold H., Geschichte der Juden in Österreich, Tel Aviv 1971, S. 287; gleichfalls abgedruckt in: Moro G., Die Landeshauptstadt Klagenfurt. Klagenfurt 1970, Band 2, S. 280) wiederum setzt die stärkere Ansiedlung mit der Gründung des Kultusvereins (mit falscher Jahreszahl) gleich und verwechselt in seinen näheren Angaben Chewra Kadischa mit Kultusverein. Zugleich wird von Schneider dieser Kultusverein gar irrtümlich Kultusgemeinde genannt. Kritischer Wadl (Wadl W., Die israelitischen Kultusgemeinden in Graz und Klagenfurt. In: Lohrmann K. (Hg.), 1000 Jahre österreichisches Judentum. Ausstellungskatalog. Eisenstadt 1982, S. 135) ohne konkrete Jahreszahl, aber mit Betonung der beiden Vereinsgründungen.

[18] Arnolds Meldung an die Gewerbebehörde findet sich KLA, Stadtarchiv Klagenfurt II, Fasz. 244/3. Die noch vorhandenen Quellenbestände der Gewerbebehörden sind aber außerordentlich lückenhaft.

[19] Schriftlicher Bericht für Yad Vashem vom 4. September 1982.

[20] Schriftlicher Bericht für Yad Vashem vom 9. März 1979.

[21] Eintragung in der Geburtsmatrikel der Kärntner Israeliten, IKG Graz.

[22] Angaben nach den verschiedenen Matrikeln, ferner KLA, Stadtarchiv Klagenfurt II, Fasz. 240–249, Fasz. 92, ferner aus verschiedenen Jahrgängen des Klagenfurter Haus- und Geschäftskalenders und des Kärntner Amts- und Adresskalenders sowie aus Aktenbeständen aus der Zeit nach 1945 (RK-Akten). Detaillierte Aufzählung daher unzweckmäßig, weil zu umständlich.

[23] Charmatz R., Adolf Fischhof – das Lebensbild eines österreichischen Politikers. Stuttgart – Berlin 1910, S. 5.

[24] Charmatz, wie oben, S. 278 ff. Die Mitteilung über Fischhofs Kontakte mit Adolf Freund und die spätere Diskussion um seine Begräbnisstätte verdankt der Verfasser Herrn Ing. Reuwen Kalisch, Israel.

[25] Charmatz, wie oben, S. 136. Vgl. Cahnmann W., Adolf Fischhof als Verfechter der Nationalität. In: Studia Judaica Austriaca 1, 1974, S. 78 ff.

[26] Brief Fischhofs an einen Wiener Freund vom 15. Dezember 1875, zit. Charmatz S. 285.

[27] IKG Graz, Geburtsmatrikel der Kärntner Israeliten.

[28] Bei Schneider, a. a. O., S. 287, findet sich hierbei die erwähnte Verwechslung (Anm. 17), ebenso ist die Person Fischhofs bei Stössl, a. a. O., S. 387, gewertet und die Bildung der Chewra Kadischa in unmittelbaren Zusammenhang mit der Gründung der „Deutschen Volkspartei" gebracht.

[29] So Reuwen Kalisch in einem schriftlichen Bericht für Yad Vashem vom 4. September 1982.
[30] IKG Graz, Matrikel der Kärntner Israeliten (Sterbematrikel). Charmatz Angabe, daß Simon Fischhof nach Wien gezogen und dort gestorben sei, ist also unzutreffend.
[31] So bei Wadl, 1000 Jahre österreichisches Judentum.
[32] Schriftlicher Bericht an Yad Vashem vom 5. Mai 1978 aus Skokie, Illinois.
[33] Wadl meint, daß es in Kärnten bis 1918 neben Fischhof nur einen einzigen jüdischen Arzt gegeben habe. – Lohrmann K., Wadl W., Wenninger M., Wirtschafts- und Sozialgeschichte. In: 1000 Jahre österreichisches Judentum, a. a. O., S. 68.
[34] Wadl W., Die israelitischen Kultusgemeinden in Graz und Klagenfurt. In: 1000 Jahre österreichisches Judentum, a. a. O., S. 88 ff.
[35] Wie Anm. 33.

Anmerkungen zu Kapitel 2:
Anfänge eines gesellschaftlichen Bewußtseins

[1] Die folgenden Angaben aus den Präsidialakten der Landesregierung für Kärnten, Reihe 1121 S 2/2, KLA, ferner KLA Sammlung Zenegg, Fasz. VIII/2, ebenso Akten der k. k. Landesregierung für Kärnten, allgemeine Protokollreihe, Fasz. 1109, KLA, ferner Archiv der IKG Graz, Matrikel der Kärntner Israeliten. Daher Angaben im Detail unpraktikabel.
[2] Schon Wadl (in: Lohrmann – Wadl – Wenninger: Wirtschafts- und Sozialgeschichte, in 1000 Jahre österreichisches Judentum, S. 88) hat den Gedanken erwogen, aber zugleich als überspitzt bezeichnet, daß man Zusammenhänge zwischen jenen Orten, in welche die Kärntner Juden nach der Vertreibung von 1496 gingen, und der Neuansiedlung sehen könne, da ein Teil der Neuansiedler aus diesen Orten und Gegenden stammte.
[3] KLA, Sammlung Zenegg, Fasz. VIII/2.
[4] So wird es beispielsweise von den Familien Adolf Preis, Bonyhadi, Stössl, Kramer, Klinger u. a. berichtet. vgl. auch Walzl A., Juden in Kärnten – der Fall Preis als Exempel. In: Zeitgeschichte, Februar 1983, Heft 5.
[5] Vgl. oben Kapitel 1.1.
[6] Scherer, a. a. O., S. 516.
[7] Häusler W., Toleranz, Emanzipation und Antisemitismus. Das österreichische Judentum des bürgerlichen Zeitalters. In: Drabek A., Häusler W., Schubert K., Stuhlpfarrer K., Vielmetti N., Das österreichische Judentum, Wien 1974 (2. A. 1982), S. 103.
[8] Wadl W., Die israelitischen Kultusgemeinden in Graz und Klagenfurt. In: 1000 Jahre österreichisches Judentum, S. 134.
[9] IKG Graz, Matrikel der Kärntner Israeliten, Geburtsmatrikel, fol. 1.
[10] Zu Glaser, siehe unten cap. sequ.
[11] Schreiben vom 25. Juli 1893. KLA, LR, allgem. Protokollreihe 1109.

[12] Kandler P., Codice diplomatico istriano. Trieste 1847. – Zoller I., Lusso dei patrizi degli ebrei nell'Italia dei secoli XIV e XV. In: Corriere Israel LI, 1913, S. 175 ff, 197 ff.

[13] Milano A., Storia degli ebrei in Italia. Torino 1963, S. 132. Detaillierter in den vorzüglichen Arbeiten von Pier Cesare Joly Zorattini, «Gli ebrei a Udine dal Trecento ai giorni nostri», in: Atti dell' Academia di Scienze, Lettere e Arti di Udine, 1981, Vol. LXXIV, S. 52 ff.; ferner «Aspetti e problemi dei nuclei ebraici in Friuli durante la dominazione veneziana.» Atti del convegno «Venezia e la Terraferma attraverso le relazioni dei Rettori», Trieste 23°–24° ottobre 1980, stampat. a Milano 1981, S. 227 ff.

[14] Vgl. Bihl W., Die Juden. In: Die Habsburgermonarchie 1848–1918, Band III/I, Wien 1980, S. 890.

[15] Curiel E., Trieste nel secolo XVIII. Trieste 1938, S. 241 ff.

[16] Dienstliche Meldung vom 10. Juli 1890, von Freund selbst geschrieben. KLA, LR, allgem. Protokollreihe 1109.

[17] Meldung Stössls an Magistrat Klagenfurt vom 8. August 1889. KLA Stadtarchiv Klagenfurt II, Fasz. 211/14.

[18] Festschrift der Chewra Kadischa f. d. Jahr 1928, S. 20.

[19] KLA, LR, allgem. Protokollreihe 1109.

[20] Vgl. Stourzh G., Die Gleichberechtigung der Volksstämme als Verfassungsprinzip 1848 – 1918: In: Die Habsburgermonarchie 1848 – 1918, Wien 1980, Band III/1, S. 1033 ff.

[21] Vgl. Bihl W., Die Juden, a. a. O., S. 897 f.

[22] Wie oben.

[23] KLA, LR, allgem. Protokollreihe 1109.

[24] Vgl. Häusler W., Toleranz, Emanzipation und Antisemitismus, a. a. O., S. 126 und 128.

[25] Ministerialverordnung, KLA, LR, allgemeine Protokollreihe 1109.

[26] Das bekannte Standardwerk von Attilio Milano, Storia degli ebrei in Italia, schließt diesen Aspekt völlig aus seiner Betrachtungsweise aus.

[27] Milano, wie oben, S. 322.

[28] Wolf G., Beiträge zur Geschichte der Juden Österreichs in neuester Zeit. Wien 1868, S. 355.

[29] Cervani G., Buda L., La communita israelitica di Trieste nel secolo XVIII. Udine 1973, S. 145 f.

[30] Del Bianco Cotrozzi Maddalena, La communita ebraica di Gradisca d'Isonzo. Udine 1983, S. 25. (A cura di Pier Cesare Joly Zorattini).

[31] Österreichisches Staatsarchiv, Allgemeines Verwaltungsarchiv (AVA), Gruppe II/3 Ministerium für Kultus und Unterricht, Küstenland, Statthalterei Triest.

[32] Vgl. Bihl W., a. a. O., S. 899.

[33] KLA, LR, Präsidialakten Faszikel 1121 – S-2/2.

[34] So nimmt Schneider H., Zur Geschichte der jüdischen Gemeinde in Klagenfurt, a. a. O., S. 28, an, daß der Kultusverein, den er allerdings als Kultusgemeinde bezeichnet, weiterbestanden habe. Die wirkliche Gründung nach dem Ersten Weltkrieg nennt er deshalb nur eine „formale Gründung".

[35] Stössl Silvio, The Jews of Carinthia. In: Fraenkel J. (Hg.), The Jews of Austria. Essays on their Life, History and Destruction. London 1967, S. 388.
[36] Kundmachung der k. k. Landesregierung für Kärnten vom 12. März 1894. KLA, LR, allgemeine Protokollreihe 1109.
[37] So Reuwen Kalisch in seinem schriftlichen Bericht an das Yad Vashem-Archiv w. o.
[38] Bericht Mayerhofers an die k. k. Statthalterei in Graz, KLA, LR, allgemeine Protokollreihe 1109.
[39] Der Paragraph 17 besagt folgendes: „Die nach den Bestimmungen des allgemeinen bürgerlichen Gesetzbuches hinsichtlich der Verkündigung der Ehen, der Trauungen, der Scheidung von Tisch und Bett und der Trennung (§§ 126–133) den Rabbinern oder Religionslehrern (Religionsweisern) übertragenen Functionen können nur von einem in Gemäßheit des § 12 dieses Gesetzes angestellten Rabbiner oder während der Erledigung des Rabbinats oder Verhinderung des Rabbiners vom Stellvertreter vorgenommen werden." – Paragraph 12 des gleichen Gesetzes besagt: „Dem Vorstand obliegt es, die für das Amt des Rabbiners in Aussicht genommenen Personen der Staatsbehörde anzuzeigen. Dieser steht zu, binnen 30 Tagen nach erhaltener Anzeige gegen die Bestellung unter Angabe der Gründe Einspruch zu erheben."
[40] Meldung der Verhandlungsteilnehmer an die k. k. Landesregierung für Kärnten durch Stössl vom 26. November 1894. KLA, LR, allgemeine Protokollreihe 1109.

Anmerkungen zu Kapitel 3:
Zwischen Emanzipation und Anpassung

[1] IKG Graz, Matrikel der Israeliten Kärntens, Archiv Yad Vashem, Jerusalem, KLA, Stadtarchiv Klagenfurt II, Fasz. 238 ff.
[2] Erg. Angaben Archiv Bundesbahndirektion Villach, Akten der Staatsbahnen K II - 1781/3401 bis K IV - 528/2911.
[3] Max Stössl in einer Eingabe an die k. k. Landesregierung für Kärnten vom 21. September 1905, KLA, LR, allgem. Protokollreihe 1109.
[4] Special-Ortsrepertorium v. Kärnten, hg. von der k. k. statistischen Centralcommission, Wien 1883.
[5] Wie oben.
[6] Vgl. Goldhammer L., Von den Juden Österreichs. In: Jüdisches Jahrbuch f. Österreich (Hg. Taubes L., Block Ch.), Wien 1932, S. 7 f.
[7] Ergebnisse der Volkszählung von 1934. Bundesamt für Statistik, Wien 1935.
[8] Eine behördliche Gesamtübersicht für Kärnten existiert weder aus dieser Zeit noch aus einer späteren, zumal der Gesichtspunkt der Herkunft die verschiedenen Behörden angesichts der gesetzlich fundierten Freizügigkeit nur in Hinblick auf die Heimatzuständigkeit und damit die Verantwortung der einzelnen Gemeinde für die soziale Hilfe interessieren konnte. Daher ist eine Beantwortung dieser Frage nur in mühsamer Kleinarbeit aus Gewerbeakten, Polizeiakten (Leumundszeugnisse) und Standesmatrikel möglich. Die Sterbematrikel der Jahre 1922 – 1938 sind der Reichskristallnacht zum Opfer gefallen.

[9] Gemäß Gesetz vom 3. Dezember 1863, RGBl. Nr. 105, betreffend die Regelung der Heimatverhältnisse in Ausführung des Artikels II des Gesetzes vom 5. März 1862, RGBl. Nr. 18.

[10] Tartakower A., Jewish Migratory Movements in Austria in Recent Generations. In: Fraenkel J., The Jews of Austria, a. a. O., S. 286 ff. – Moser J., Die Katastrophe der Juden in Österreich 1938–1945 – ihre Voraussetzungen und ihre Überwindung. In: Studia Judaica Austriaca 5 (1977), S. 68 f.

[11] Vgl. Bihl, a. a. O., S. 910 f.

[12] Aufzeichnungen von Lotte Weinreb aus dem Jahre 1980, Archiv Yad Vashem, Jerusalem (ohne Signatur).

[13] Ferdinand von Kleinmayrs illustrierter Klagenfurter Haus-, Geschäfts- und Adreßkalender für das Gemeinjahr 1900.

[14] Schriftlicher Bericht von Reuwen Kalisch aus dem Jahre 1980, Archiv Yad Vashem, Jerusalem (ohne Signatur).

[15] KLA, LR, allgem. Protokollreihe 1109, Bericht der k. k. Bezirkshauptmannschaft Klagenfurt an die k. k. Landesregierung für Kärnten vom 30. Juli 1890.

[16] IKG Graz, Matrikel der Kärntner Israeliten, Trauungsmatrikel Fol. 1 f.

[17] IKG Graz, Matrikel der Kärntner Israeliten, Sterbematrikel Fol. 3, 4, 5, 7, 8, 9, 11.

[18] KLA, LR, allgemeine Protokollreihe 1109, Bericht der IKG Graz an die k. k. Landesregierung für Kärnten vom 19. Februar 1906.

[19] Präliminarien von Max Stössl für die Gründung einer eigenen Kärntner Kultusgemeinde; wie oben.

[20] Eingabe Stössls an die k. k. Landesregierung für Kärnten vom 21. September 1905; wie oben.

[21] Vgl. Häusler W., Probleme der Geschichte des westungarischen Judentums in der Neuzeit. In: Burgenländische Heimatblätter, 42. Jahrgang, 1980, Heft 2, 3, S. 78 ff.

[22] Anderer Meinung ist Wadl W., in 1000 Jahre österr. Judentum, a. a. O., S. 89.

[23] KLA, LR, allgemeine Protokollreihe 1109, Eingabe Stössls an die k. k. Landesregierung für Kärnten vom 21. September 1905.

[24] Festschrift der Chewra Kadischa von Klagenfurt, a. a. O., S. 20.

[25] Wie Anm. 18.

[26] IKG Graz, Matrikel der Kärntner Israeliten, Sterbematrikel, Fol. 8.

[27] KLA, LR, allgemeine Protokollreihe 1109, Eingabe des k. u. k. Konsulats in Alexandrien an die k. k. Landesregierung für Kärnten, Nr. 5065.

[28] Rechtfertigungsschrift Hochmans an die k. k. Landesregierung aus dem Jahre 1908, KLA, LR wie oben.

[29] Stellungnahme der IKG Graz an die k. k. Landesregierung für Kärnten vom 14. Mai 1909, KLA, LR wie oben.

[30] Schriftlicher Bericht von Lotte Weinreb aus dem Jahre 1980 an das Archiv Yad Vashem, Jerusalem (ohne Signatur).

[31] KLA, LR, allgem. Protokollreihe 1109.

[32] Bihl W., a. a. O., S. 899, nennt allerdings das Jahr 1905, was nicht zutreffend ist. Vgl. hierzu auch Wenninger M., Zur Geschichte der Juden in Salzburg. In: Dopsch H., (Hg.), Geschichte Salzburgs. Band I/2, Salzburg 1981, S. 756.
[33] Häusler W., Toleranz, Emanzipation und Antisemitismus. Das österreichische Judentum des bürgerlichen Zeitalters, a. a. O., S. 106.
[34] Stellungnahme der IKG Graz gegenüber der k. k. Statthalterei für die Steiermark vom 25. August 1916 zu dem Vorschlag von Dr. Alfred Stern namens des Vereins „Allgemeiner österreichischer Israelitenbund". KLA, LR, allgem. Protokollreihe 1109. Vgl. Bihl W., a. a. O., S. 895, und Moser J., Die Katastrophe der Juden in Österreich 1938 – 1945, a. a. O., S. 67.
[35] Häusler W., a. a. O., S. 124.
[36] Schriftlicher Bericht von Generalmajor Eduard Barger vom 24. November 1948 (p. A.).
[37] KLA, LR, Präsidialakten 1121-S-2/6 und Stadtarchiv Klagenfurt II, Fasz. 211/14.

Anmerkungen zu Kapitel 4: Die Kärntner Judenschaft in der Ersten Republik

[1] Anders bei Moser J., a. a. O., S. 67.
[2] Die Kärntner Ärzte fehlen leider in Plaschke S. J., Jüdische Ärzte in Österreich und ihre Leistungen. In: Zeitschrift für die Geschichte der Juden 2 (1965), S. 111 f.
[3] Landesgericht Klagenfurt, Verfahren der Rückstellungskommission 322/47. Die Akten der einzelnen Verfahren der Rückstellungskommissionen – es waren mehrere Kommissionen – waren in das Kärntner Landesarchiv gebracht worden, ehe der Verfasser ihre Spur aufnahm. Er konnte sie aber dann im Kärntner Landesarchiv einsehen. Sie werden der Einfachheit halber mit RK bezeichnet, ohne ihren Ursprungs- und ihren Aufbewahrungsort gegeneinander abzuwägen.
[4] RK 112/47.
[5] RK 317/49.
[6] RK 2/47; Volksgerichtshof Graz (Vg) 2106/47.
[7] Schriftlicher Bericht von Erich Röger aus dem Jahre 1980, Yad-Vashem-Archiv Jerusalem (YV) (ohne Signatur).
[8] RK 4/54 und RK 88/48.
[9] RK 219/49.
[10] RK 91/47.
[11] KLA, Sammlung Zenegg, Fasz. III/3.
[12] Vgl. Paul-Schiff M., Teilnahme der österreichisch-ungarischen Juden am Weltkrieg. In: Jahrbuch für jüdische Volkskunde = Mitteilungen zur jüdischen Volkskunde 26/27 (1924/25). Rutkowski E., Dem Schöpfer des österreichischen Reiterliedes, Leutnant in der Reserve Dr. Hugo Zuckermann, zum Gedächtnis.
[13] Lohrmann K., Wadl W., Wenninger N., Wirtschafts- und Sozialgeschichte. In: 1000 Jahre österreichisches Judentum, a. a. O., S. 68.

[14] Vgl. Protokoll der ordentlichen Gemeinderatssitzung Klagenfurt vom 5. August 1919. In: Bärnthaler I., Klagenfurt zwischen den beiden Weltkriegen. In: Moro G. (Hg.), Die Landeshauptstadt Klagenfurt. Klagenfurt 1970, Band II, S. 198 ff.

[15] Collotti E. Prefazione in: Gherardi-Bon S., La persecuzione antiebraica a Trieste. Udine 1972, S. 8 f.

[16] Apih E., Documenti sulla politica economica tedesca nella Venezia Giulia (1943–1945). In: Fascismo, Guerra, Resistenza. Lotte politiche e sociali nel Friuli – Venezia Giulia 1918–1945. Trieste 1969, S. 362.

[17] KLA, LR, allgem. Protokollreihe 1109 und Stadtarchiv Klagenfurt II, Fasz. 240/12.

[18] Vgl. hierzu Moser J., Die Katastrophe der Juden in Österreich 1938–1945 – ihre Voraussetzungen und ihre Überwindung, a. a. O., S. 73 f.

[19] Wie oben, S. 77.

[20] KLA, LR, Präsidialakten 1120-S-1/17.

[21] KLA, LR, allgem. Protokollreihe 1109.

[22] Wie oben.

[23] Wie oben.

[24] Schriftlicher Bericht von Simcha Glaser an den Verfasser vom 17. Februar 1985, Jerusalem.

[25] IKG Graz, Matrikel der Kärntner Israeliten, Geburtsmatrikel, Fol. 17. Auch erwähnt im Register Gisela Friedländer, YV (ohne Signatur).

[26] „Kärntner Sturmruf" vom 2. Jänner 1924.

[27] „Kärntner Sturmruf" vom 16. Jänner 1924.

[28] „Kärntner Sturmruf" vom 12. Feburar 1924.

[29] „Kärntner Sturmruf" vom 2. Februar 1924.

[30] IKG Graz, Matrikel der Kärntner Israeliten; Festschrift der Chewra Kadischa für Kärnten; KLA Sammlung Zenegg, Fasz. VIII/2.

[31] Mitteilung von Emil Preis an den Verfasser vom 4. Juli 1964; übereinstimmende Mitteilung von Frau Helene Preis vom 17. April 1981. Ähnlich der letzte Kärntner Rabbiner Dr. Babad in seinem Bericht an YV. Dr. Babad erwähnt ausdrücklich „vaterländische Organisationen".

[32] Schriftlicher Bericht von Frau Lotte Weinreb. YV (ohne Signatur).

[33] Schriftlicher Bericht von Alois Krischke vom 17. November 1946. p. A.

[34] „Kärntner Tagblatt" vom 29. Jänner 1933.

[35] „Freie Stimmen" und „Villacher Zeitung" vom 11. Februar 1933.

[36] „Kärntner Grenzruf" vom 15. November 1938.

[37] „Kärntner Grenzruf" vom 7. Jänner 1939. Das geschah, als man in den von den Nationalsozialisten übernommenen Redaktionsräumen des eingestellten „Kärntner Tagblatts" entsprechenden Schriftverkehr und zur Veröffentlichung vorbereitete Artikel fand.

[38] „Kärntner Tagespost" vom 29. Oktober 1924.

[39] Auch Zionisten wie etwa Moritz Zeichner waren unter den Inserenten. Mit der nationalsozialistischen Machtübernahme wurde die Zeitung eingestellt, wogegen die 1930 als Nachfolgerin der „Kärntner Tagespost" gegründete „Kärntner Volkszeitung" unter nationalsozialistischer Leitung bis Kriegsende weiterbestand.

40 Schriftlicher Bericht Schatzmayr vom 6. Mai 1947. p. A.
41 Volksgerichtshof Graz, 889/46 (Vg 889/46). Über die Bildung der Landesagitationsleitung vide Wutte M., Kärntens Freiheitskampf 1918–1920, Neudruck Klagenfurt 1985, S. 109 f. und 331 f., desgleichen über den KHD und seinen Hauptgeschäftsführer Hans Steinacher, S. 341 f.
42 Vgl. „Kärntner Grenzruf" vom 11. Juli 1942.
43 Zeugenaussagen J. F. Perkonigs vom 29. Juli 1946. Vgl. „Die Neue Zeit" und „Volkswille" vom 30. Juli 1946.
44 Einst Kommandeur des IR 7, dann Landessekretär der Christlichsozialen Partei, also Regimentskamerad von Steinacher und Maier-Kaibitsch.
45 Haas H., Stuhlpfarrer K., Österreich und seine Slowenen. Wien 1977, S. 38, 53 ff. – Domei T., Malle A., Malle I., Sturm M., Wieser P., Pregnanstvo in upor. Klagenfurt 1982, S. 31.
46 VG 13 Vr 889/46. Von nationalslowenischer Seite wurde Fürstbischof Hefter überhaupt in die Reihe der „aktivistisch an der Bekämpfung des Slowenentums in Kärnten beteiligten Personen" eingereiht. Aussage von Dr. Franz Petek, 8. Juli 1946, VG 13 Vr 889/46. Petek war von 1924 bis 1933 Abgeordneter der Koroska Slovenska Stranka im Kärntner Landtag.
47 So sagte beispielsweise Maier-Kaibitsch am 28. September 1946 aus: „Ich bin zwar öfter bei Fürstbischof Dr. Hefter gewesen, um die Frage des Priesternachwuchses zu besprechen, und bin auch öfter bei Dr. Graber wegen der Frage der Lehrerbesetzungen gewesen. Es hat natürlich jeder Staat eben das Bestreben, im doppelsprachigen Gebiet das beste Material zu verwenden." Bezeichnend ist dabei nicht so sehr, daß Maier-Kaibitsch seine Tätigkeit anscheinend als eine halbamtliche oder quasiamtliche auffaßte, sondern daß von seinen Gesprächspartnern diese Interpretation seiner Aufgabe widerspruchslos hingenommen wurde.
48 Dokumentationsarchiv des österreichischen Widerstandes Wien, Fasz. Nr. 8353 (DÖW 8353).
49 Vg 889/46.
50 Angesichts der zunehmenden nationalsozialistischen Terrortätigkeit wäre dies auch wohl paradox gewesen, zumal man von österreichischer Seite die deutschen Neusiedler durchaus als Nationalsozialisten einstufte. Nach 1945 fielen diese Besitzungen rein theoretisch unter die Kategorie des Deutschen Eigentums, doch ergaben sich Einheitswertbemessungen, die eine solche Behandlung unnötig machten.
51 Pregnanstvo in upor, a. a. O., S. 31.
52 „Freie Stimmen" vom 9. Februar 1933. Zum Fremdenverkehrs-Antisemitismus vgl. auch Materialienmappe „Juden in Österreich 1918–1938", hg. v. Institut f. Zeitgeschichte d. Universität Wien und IKG Wien, Wien 1983, S. 110 f.
53 So wurde beispielsweise der leitende Angestellte Alois Krischke, der bei Simon Friedländer tätig war, als „Judenknecht" bezeichnet.
54 Das nächtliche Verschmieren der Rolladenschlösser mit Gips wurde so häufig, daß es für die Geschäftsinhaber schon zum Alltag gehörte: VG 1331/47. Vgl. auch Materialienmappe „Juden in Österreich" wie oben, S. 114. Die Zeitung irrte aber in ihrer Meldung von einem Terroranschlag, denn Adolf Preis war damals schon tot. Es dürfte sich um Emil Preis gehandelt haben.
55 DÖW 8355.

[56] Für die vorstehenden Ereignisse vgl. DÖW 8356, 8354 sowie die entsprechenden Postenchroniken der Gendarmerieposten.

[57] DÖW 8352, 8356.

[58] Berlin Document Center 6889 APO 742. (BDC)

[59] Klagenfurter Ansprache Friedrich Rainers vor den Parteigenossen nach seiner Amtseinführung als Reichsstatthalter und Gauleiter von Kärnten, vgl. „Kärntner Grenzruf" November 1941, ferner Report on the events in the N.S.D.A.P. in Austria, Doc. 812 ff., International Military Tribunal Nuremberg XXVI. Dabei ist es bezeichnend, daß Rainer in dem ganzen langen Bericht kein Wort über die Tätigkeit seines Amtsvorgängers Kutschera in Kärnten verliert, obschon Kutschera bereits seit 1935 SS-Führer von Kärnten war.

[60] Wie oben.

[61] Kalendarium des Landesamtsdirektors Karl Newole, geschrieben April 1946, in amtlicher Eigenschaft verfaßt. DÖW 8356.

[62] Vg 889/46, Urteil.

[63] Bericht v. 29. Juli 1946, wie oben, vgl. „Die Neue Zeit" und „Volkszeitung" vom folgenden Tag.

[64] Wie oben.

[65] Pregnanstvo in upor, S. 29.

[66] DÖW 8354.

[67] DÖW 8352.

[68] DÖW 8354, 8355.

[69] Bericht von Ing. W. Hardt-Stremayr an den Verf., 31. Oktober 1986.

[70] DÖW 8352.

[71] Wie oben.

[72] DÖW 8353.

[73] Bericht 25. Mai 1948, Vg 459/47.

[74] Berichte von Dr. Reinhold Möbius, Landesführer der Österreichischen Sturmscharen in Kärnten und Abschnittsführer der VF, ferner von Sicherheitsdirektor Eduard Barger und J. F. Perkonig, Vg 1773/47, 30. Juli 1948.

[75] Fritz hatte in Zusammenwirken mit Major Eglseer für die „Wehrhaftmachung" der Turnerschaft proponiert und in Übereinstimmung mit der damaligen Bundesheer-Führung das Wehrpflichtjahr der Turnerschaft eingeführt. Das Bundesheer soll dabei aktive Offiziere für die Wehrausbildung der Turner abgestellt und die Wehrturner dann in Evidenz geführt haben. Bericht Fritz v. 23. August 1947, p. A.

[76] Vg 1773/47, 14. Juni 1948.

[77] Kalendarium des Landesamtsdirektors Karl Newole wie oben, DÖW 8356.

[78] Dies trifft auf eine Reihe von Betrieben am Millstätter See, Ossiacher See, Afritzsee, Feldsee und Wörther See zu. DÖW 8355.

[79] Wie Anm. 76.

[80] So war beispielsweise der Notar Dr. Egon Weißberger in Villach Bezirksführer der VF. RK 10/48.

[81] Kalendarium des Landesamtsdirektors Karl Newole. Dieser hatte selbst schon als erster Sekretär der Kärntner Arbeiterkammer mit dem aus dem Heimatschutz kommenden Kammerpräsidenten Josef Matt zusammengearbeitet.
[82] Vg 889/46.
[83] Wie oben.
[84] Kalendarium Newole wie oben.
[85] Vgl. Walser H., Die illegale NSDAP in Tirol und Vorarlberg 1933–1938, Wien 1983, S. 29.
[86] Vgl. Stuhlpfarrer K., Antisemitismus, Rassenpolitik und Judenverfolgung in Österreich nach dem Ersten Weltkrieg. In: Drabek A., Häusler W., Schubert K., Vielmetti N., Das österreichische Judentum, a. a. O., S. 152 (2. A.), ferner die auf Wien stärker konzentrierte Arbeit von Maderegger S., Die Juden im österreichischen Ständestaat 1934 bis 1938, Wien–Salzburg 1973, wobei im Vergleichswege Unterschiede zwischen den Strukturen und Abläufen in Wien und Kärnten deutlich werden.
[87] Vgl. Walser H., Die illegale NSDAP in Tirol und Vorarlberg, a. a. O., S. 140.
[88] Vgl. Stuhlpfarrer K., wie oben, S. 149.
[89] Die diesbezüglichen Angaben in der Festschrift der Chewra Kadischa für Kärnten dürften auf lückenhafte Erhebungen zurückgehen – sie stimmen jedenfalls nicht mit den dezidierten Feststellungen von Lotte Weinreb in ihrem schriftlichen Bericht vom 9. März 1979 überein – YV Jerusalem.
[90] KLA, LR, Präsidialakten Fasz. 1079 – S. 1/16.
[91] Mitteilung von Herrn Emil Preis vom 27. Juli 1968.
[92] RK 9/48.
[93] KLA, LR, Präsidialakten, Fasz. 1120 – S. 1/17.
[94] Erich Röger in seinem schriftlichen Bericht vom 9. Januar 1980 an YV, Jerusalem (ohne Signatur).
[95] Zum österreichischen Zionismus vgl. Stuhlpfarrer K., wie oben, S. 149 f.
[96] KLA, LR, Präsidialakten, Fasz. 1120 – S. 1/21.
[97] KLA, LR, Präsidialakten, Fasz. 1120 – S. 1/22. Bund (Brith) Trumpeldor wurde benannt nach dem jungen jüdischen Arbeiter Trumpeldor, der 1920 in Palästina als Vorkämpfer des Zionismus getötet wurde.
[98] Bericht Erich Rögers vom 9. Januar 1980, YV Jerusalem (ohne Signatur).
[99] Unter den Vereinszielen sind ebenfalls der Schutz und die Wahrung der Ehre und des Ansehens der jüdischen Staatsbürger Österreichs angeführt. KLA, LR, Präsidialakten, Fasz. 1120 – S. 1/22.
[100] Bericht von Herrn Ing. Reuwen Kalisch an den Verfasser vom 14. November 1986.
[101] Z. B. schriftlicher Bericht von Moshe Horowitz, YV, Jerusalem.
[102] Dies war ein bekanntes Gebot der Sabbatheiligung bei den Orthodoxen. Eine Tochter Adolf Freunds, Mina Barschi-Freund, die ihre Kindheit in Klagenfurt verbracht hatte, berichtete beispielsweise in den zwanziger Jahren in Artikeln in dem „Schweizerischen Israelitischen Familienblatt" über die tolerante Atmosphäre und das Schulleben in Klagenfurt.
[103] Schriftlicher Bericht von Lotte Weinreb vom 15. September 1978 an YV, Jerusalem (ohne Signatur).

¹⁰⁴ Schriftlicher Bericht von Lotte Weinreb an YV, Jerusalem, vom 14. Februar 1980 (ohne Signatur).
¹⁰⁵ Schriftlicher Bericht von Lotte Weinreb an YV, Jerusalem, vom 16. Juli 1978 (ohne Signatur).
¹⁰⁶ Schriftlicher Bericht von Kurt Perlberg an YV, Jerusalem, vom 29. September 1979 (ohne Signatur).
¹⁰⁷ Register Gisela Friedländer, YV, Jerusalem.
¹⁰⁸ Schriftlicher Bericht Erich Rögers an YV, Jerusalem, vom 9. Januar 1980.
¹⁰⁹ Wie oben. Zugleich RK 322/47.
¹¹⁰ Bericht Rögers wie oben.
¹¹¹ Register Gisela Friedländer wie oben.
¹¹² Bericht Lotte Weinreb vom 16. Juli 1978 wie oben.
¹¹³ Schriftlicher Bericht von Leo Weinreb, dem Bruder Isidor Weinrebs an YV, Jerusalem, vom 9. Oktober 1979 (ohne Signatur).
¹¹⁴ Bericht Rögers vom 14. Februar 1980 wie oben.
¹¹⁵ Bericht von Frau Neurath an den Verfasser vom 16. Juni 1985.
¹¹⁶ Bericht Rögers vom 14. Februar 1980 wie oben.
¹¹⁷ IKG Graz, Matrikel der Kärntner Israeliten, Geburtsmatrikel, Fol. 7.
¹¹⁸ Register Gisela Friedländer, YV, Jerusalem.
¹¹⁹ Dies trifft z. B. auf Dr. Babad zu.
¹²⁰ Register Gisela Friedländer wie oben.
¹²¹ Bericht Rögers vom 14. Februar 1980 wie oben.

Anmerkungen zu Kapitel 5:
Unter der nationalsozialistischen Verfolgung

¹ So bei Steinböck E., Kärnten. In: Weinzierl E., Skalnik K., Österreich 1918–1938, Graz–Wien 1983, S. 831. Auch das rasche Erscheinen von Ordnungspolizei, nicht Einheiten der Deutschen Wehrmacht, in Kärnten unterstreicht, daß kein jugoslawischer Einmarsch in Kärnten befürchtet wurde.
² Vg 889/46.
³ Vg 459/47.
⁴ Einige personelle Daten über die Entwicklung des SD in Kärnten können bei Moschner R., Kärnten – Grenzland im Süden, Berlin 1940, nachgelesen werden.
⁵ Kalendarium Newole, a. a. O., DÖW 8356.
⁶ Vg 459/47.
⁷ Vgl. Botz G., Wien vom „Anschluß" zum Krieg. Wien 1978, S. 421.
⁸ Wie oben, S. 434 ff.
⁹ Vgl. Stadler K., Österreich 1938–1945 im Spiegel der NS-Akten, Wien 1966, S. 44.
¹⁰ Vg 5015/46.

[11] „Klagenfurter Zeitung" vom 16. März 1938. Zugleich bezeichnet man in den Mitteilungen für die Öffentlichkeit konsequent Pawlowsky stets als Landeshauptmann und Kutschera als Gauleiter, was mit der Respektierung des endgültigen Ernennungstermins von Klausner zusammenhängt.

[12] BDC 6889 APO 744; Vg 2105/47.

[13] „Klagenfurter Zeitung" vom 19. März 1938.

[14] BDC wie oben, ebenso Vg 889/4.

[15] Für die Verhältnisse in Wien Rosenkranz H., The Anschluss and the Tragedy of Austrian Jews. In: Fraenkel, The Jews of Austria, a. a. O., S. 483; Moser J., Die Katastrophe der Juden in Österreich 1938–1945, a. a. O., S. 109 f.; Stuhlpfarrer K., Antisemitismus, Rassenpolitik und Judenverfolgung in Österreich, a. a. O., S. 153 f. Die steirischen Verhältnisse – allerdings nur Graz – in Umrissen bei Karner St., Die Steiermark im Dritten Reich, Graz 1986, S. 71 f.

[16] Rainer Reports on the events in the N.S.D.A.P. in Austria, IMT XXVI, a. a. O., S. 355 ff.

[17] RGBl. I 262, GBl. f. Ö. 37/1938.

[18] Walzl A., Juden in Kärnten – der Fall Preis als Exempel. In: Zeitgeschichte, Februar 1983, S. 192.

[19] Schriftlicher Bericht von Lotte Weinreb vom 9. März 1979, YV, Jerusalem.

[20] DÖW 8352, 8353.

[21] Zentrale Stelle der Landesjustizverwaltungen Ludwigsburg 8 – AR–Z–74/60.

[22] RK 9/48.

[23] DÖW 8352.

[24] KLA, LR, Präsidialakten 1120–S–1/3, 1120–S–1/17, 1120–S–1/21, 1120–S–1/22, 1121–S–2/6.

[25] Bericht von Frau Elfriede Neurath vom 24. April 1985 an den Verfasser.

[26] Schriftlicher Bericht Erich Rögers vom 14. Februar 1980, YV, Jerusalem (ohne Signatur).

[27] Register Gisela Friedländer, YV, Jerusalem.

[28] IKG Graz, Matrikel der Kärntner Israeliten, Trauungsmatrikel, Fol. 4.

[29] Bericht Erich Rögers vom 9. Jänner 1980, YV, Jerusalem (o. S.).

[30] Vgl. Botz G., Wien vom „Anschluß" zum Krieg, a. a. O., S. 107.

[31] Gauwirtschaftsberater Ing. Alois Winkler in seinem Vortrag über die Kärntner Wirtschaft am 24. Februar 1939 im Parlament in Wien. Österreichisches Staatsarchiv, Allgemeines Verwaltungsarchiv (AVA), Akten des Reichskommissars für die Wiedervereinigung Österreichs mit dem Deutschen Reich, Bürckel, Gauleitung Kärnten, 4510/6.

[32] Denkschrift von Alois Maier-Kaibitsch „Zur Slowenenfrage in Kärnten", Graz, 6. November 1946, S. 1, p. A.

[33] Als Beispiele RK 43/62, Vg 198/46, Vg 83/46 u. a.

[34] Etwas abweichend erfolgte die Schaffung des Volkspolitischen Rates in den westlichen Bundesländern. Vgl. Walser H., Die illegale NSDAP in Tirol und Vorarlberg 1933–1938. Wien 1983, S. 139 f.

[35] Denkschrift von Dr. Josef Tischler für Oberstaatsanwaltschaft Graz vom 30. Mai 1946, S. 1.

[36] Die Situation unterscheidet sich da nicht von Salzburg, wie Hanisch zeigte. Vgl. Hanisch E., Nationalsozialistische Herrschaft in der Provinz.
[37] Bericht Tischler, wie oben, S. 2.
[38] „Kärntner Tagblatt" vom 22. März 1938.
[39] Bericht von Dr. Tischler, wie oben.
[40] Statistische Nachrichten 16 (1938), Heft 5. Die jüdischen Mitbürger waren durch die „Verordnung zur Durchführung der Volksabstimmung am 10. April 1938" vom 15. März 1938 vom Wahlrecht ja ausgeschlossen und mußten in den Wählerkarteiblättern selbst ihre Qualifikation melden, was sie auch alle taten, da sie im gegenteiligen Fall Bestrafung fürchteten, wenn sie trotzdem als Juden entdeckt wurden.
[41] Denkschrift von Maier-Kaibitsch, wie oben, S. 2.
[42] AVA, Bürckel, Gauleitung Kärnten 4510/6.
[43] „Kärntner Tagblatt" vom 17. April 1938.
[44] RK 88/48.
[45] Genaueres s. Walzl A., Kärnten 1945, Klagenfurt 1985, S. 261.
[46] RK 219/49.
[47] RK 117/48, RK 566/48, RK 118/48, RK 88/48.
[48] RK 219/49.
[49] Denkschrift von Alois Krischke vom 17. November 1946, S. 3.
[50] Aufstellung der rasch etablierten Gauämter der NSDAP Kärntens. In: Amts- und Adreßbuch für den Reichsgau Kärnten 1939.
[51] Gesetzbl. f. d. Land Österreich Nr. 80/1938.
[52] RK 1331/47.
[53] Original b. d. Nachkommen Groß, Tel Aviv.
[54] Original b. d. Nachkommen Weinreb, Rehovot, Israel.
[55] RK 127/48.
[56] Vgl. Rosenkranz H., The Anschluss and the Tragedy of Austrian Jews, a. a. O., S. 485. Ähnlich Moser J., Die Katastrophe, a. a. O., S. 111.
[57] Vg 2004/38.
[58] RK 117/48.
[59] RK 88/48.
[60] So wurde die Verordnung vom 26. April im Beamtenjargon allgemein genannt. Vgl. RK 1331/47.
[61] RGBl. I, S. 699.
[62] Genschel H., Die Verdrängung der Juden aus der Wirtschaft im Dritten Reich. Berlin–Frankfurt–Zürich 1966, S. 258.
[63] RGBl. I, S. 389.
[64] So stieg sie beispielsweise im Falle der Firma Weinreb von ursprünglich RM 60.000,– auf schließlich RM 112.000,–. RK 91/47.
[65] Gesetzbl. f. d. Land Österreich Nr. 136/1938.
[66] KLA, LR, Präsidialakten Fasz. 1120 und 1121.
[67] Genschel, Die Verdrängung der Juden aus der Wirtschaft im Dritten Reich, a. a. O., S. 166.

[68] RBGl. I, S. 627. Gesetzbl. f. d. Land Österreich Nr. 193/1938.
[69] Nachforschung des Marktamtes des Magistrats Klagenfurt, KLA, Stadtarchiv Klagenfurt II, Fasz. 240/12. Karner St., Die Steiermark im Dritten Reich, Graz 1986, verwechselt die Tätigkeit der Vermögensverkehrsstelle, die ihm unbekannt bleibt, mit der Tätigkeit der Gewerbebehörde erster Instanz, also mit der Löschung der Gewerbeberechtigungen (S. 173).
[70] KLA, Stadtarchiv Klagenfurt II, Bericht des Stadtmagistrats Klagenfurt an die Landeshauptmannschaft von Kärnten vom 24. September 1938 mit dem jeweiligen Vermerk „Ein Einspruch innerhalb der gesetzlichen Frist wurde nicht erhoben". Fasz. 240/12.
[71] Wie oben.
[72] Bericht von Julius Spitz an das Staatsamt für Vermögenssicherung und Wirtschaftsplanung, RK 9/47.
[73] Denkschrift von Alois Krischke vom 17. November 1946, S. 3.
[74] DÖW 8352, Vg 817/47. Die speziellen Anweisungen Bürckels über die Entlassung jüdischer Angestellter und ihre Gehaltsansprüche kamen erst am 27. November 1938 nach Kärnten, die Anordnung Nr. 140/38 des Stellvertreters des Führers über die Stellung der Mischlinge in der deutschen Wirtschaft erst am 25. September 1938 – sie konnten aber an dem längst eingetretenen fait accompli nichts mehr ändern. AVA, Bürckel, Gauleitung Kärnten 4510/6.
[75] Gesetzbl. f. d. Land Österreich Nr. 2/1938.
[76] DÖW 8352, 8353.
[77] Gesetzbl. f. d. Land Österreich Nr. 13/1938.
[78] Original im Besitz der Familie Weinreb, Rehovot, Israel.
[79] Z. B. eidesstattliche Erklärung von Jonas Fischbach, abgegeben am 8. Dezember 1948 in Bridgeport, Connecticut.
[80] Bericht an die Verbindungsstelle der Überwachungsstelle, Wien IX, Otto-Wagner-Platz 5, vom 21. Mai 1938. AVA, Bürckel, Gauleitung Kärnten 4510/6.
[81] Schreiben Kutscheras an Bürckel vom 13. August 1938 als Antwort auf die Sparanweisung des Reichskommissars an die Gauleiter vom 11. August 1938.
[82] RK 323/47.
[83] Denkschrift Alois Krischkes, wie oben, S. 8.
[84] RK 238/48.
[85] Grundbuch Klagenfurt II, E.Z.14.
[86] RGBl. I, S. 1580.
[87] Gesetzbl. f. d. Land Österreich Nr. 633/1938.
[88] Vg 1331/47.
[89] Bei der Arisierung von Groß in Wolfsberg war beispielsweise schon bis 30. Juni alles erledigt – ein besonders früher Termin. RK 101/48.
[90] Vg 1763/48.
[91] RK 255/47.
[92] Modellbildung auf Grund der Einzelfakten von über 100 RK-Akten aus den Jahren 1947 bis 1967.
[93] Text nach dem Original einer Klagenfurter Familie, die nach Palästina auswanderte.

⁹⁴ RK 111/47.
⁹⁵ Lotte Weinreb beispielsweise wurden von verschiedenen Konten durch die Gestapo laufend diverse Beträge abgebucht. RK 91/47.
⁹⁶ RK 323/47. Es handelte sich um die Tochter Grete von Leopold Czuczka.
⁹⁷ So bei Stuhlpfarrer, Antisemitismus . . ., a. a. O., S. 155 und 160, Genschel, Die Verdrängung der Juden . . ., a. a. O., S. 208.
⁹⁸ Bericht der Bank für Kärnten vom 28. August 1951, p. A.
⁹⁹ Solche Beträge scheinen z. B. auf unter den Dispositionen zu Lasten der Fa. Weinreb.
¹⁰⁰ Im Gegensatz zum Gauwirtschaftsamt Wien wagte es der Kärntner Gauwirtschaftsberater als Alter Kämpfer und Träger der Ostmarkmedaille nicht, dazu Stellung zu beziehen (vgl. Moser, Die Katastrophe . . ., a. a. O., S. 121), weil er sich offensichtlich auch nicht durch die Meinung der Kärntner nichtjüdischen Wirtschaftreibenden unterstützt sah. Nach 1945 aber trachtete man dann einhellig – Winkler wie die Kammer der gewerblichen Wirtschaft –, dieses Kapitel zu vergessen. Man reduzierte es auf die lobende Anerkennung, daß Winkler einen jüdischen Mischling in der Handelskammer stillschweigend toleriert und nicht entlassen oder angezeigt hatte. Vg 730/47.
¹⁰¹ RGBl. I, S. 1579.
¹⁰² Freundliche Mitteilung von Herrn Hofrat Dr. Cesnovar der Finanzlandesdirektion f. Kärnten vom 19. November 1986.
¹⁰³ RGBl. I, S. 282.
¹⁰⁴ Wie oben, S. 1620.
¹⁰⁵ Später ergänzt durch die Anordnung des Berliner Reichsaufsichtsamtes für Privatversicherung vom 16. April 1940.
¹⁰⁶ RGBl. I, S. 722.
¹⁰⁷ Generalisierung und Modellbildung an Hand von Kärntner Arisierungsfällen mit Hilfe von Akten der zentralen Vermögensverkehrsstelle Wien. YV.
¹⁰⁸ Bericht von Emil Preis an den Verfasser vom 26. September 1962, übereinstimmend Vg 1703/48.
¹⁰⁹ Bericht Alois Winklers vom 1. Juli 1948, siehe Anm.¹⁰⁰.
¹¹⁰ Bericht von Matthias Hoi vom 26. April 1948, p. A.
¹¹¹ Schubert K., Die Entjudung der ostmärkischen Wirtschaft und die Bemessung des Kaufpreises im Entjudungsverfahren. Diss. a. d. Hochschule f. Welthandel, Wien, 1940, S. 121.
¹¹² Wie oben, S. 21. Gemeint vor allem im Hinblick auf Betriebe mit überalterten technischen Anlagen.
¹¹³ Er wurde in den Richtlinien der zentralen Vermögensverkehrsstelle für Buchprüfer lediglich als „Differenz aller Vermögens- und Fremdkapitalwerte einer Unternehmung am Tage ihrer Bewertung bei Unterstellung der Weiterführung des Unternehmens" definiert. Die Firma Adolf Preis beispielsweise sollte zu einem Liquidationswert von RM 70.000,– an den kaufbereiten Arisierer veräußert werden, als die Vermögensverkehrsstelle den Sachwert mit RM 19.000,– festsetzte und nur dieser Betrag bezahlt werden mußte.
¹¹⁴ RK 117/48.

[115] RK 495/48.
[116] RK 127/48.
[117] RK 209/47.
[118] Originaldokumente im Bes. d. Fam. Weinreb, Rehovot.
[119] Bericht des kommissarischen Verwalters des Betriebes Glesinger. RK 209/47.
[120] Vgl. Moser J., Die Katastrophe . . ., a. a. O., S. 117.
[121] Wie oben.
[122] AVA, Bürckel, Gauleitung Kärnten 4510/6.
[123] Solche Fälle finden sich z. B. in RK 22/49, 21/49, 20/49, 316/49, 343/49, 342/49, 27/50.
[124] Exemplarischer Bericht von Jonas Fischbach, a. a. O., Modellbildung nach über 100 RK-Akten.
[125] Schubert K., Die Entjudung der ostmärkischen Wirtschaft, a. a. O., S. 77.
[126] So der Gauwirtschaftsberater in seinem Vortrag im Parlament in Wien am 24. Februar 1939. AVA, Bürckel, Gauleitung Kärnten 4510/6.
[127] Vg 889/46.
[128] Wie oben. Wenig differenziert in Pregnanstvo in upor, a. a. O., S. 24 und 34 f. Dabei scheint auch der Unterschied zwischen Parteidienststellen, Behörden der Zentralverwaltung und den firmenmäßigen Gesellschaften stark verwischt, zwischen denen sich Zusammenhänge nur auf Grund ihrer Tätigkeiten, nicht auf Grund organisatorischer Homogenität ergaben. Auch bestand 1939/40 die Kärntner Dienststelle des Reichskommissars für die Festigung deutschen Volkstums noch gar nicht. Zu ergänzen wäre die Darstellung auch durch die Berücksichtigung der Dienststellen in Italien.
[129] Tätigkeitsbericht von Dr. Wöss an die Kärntner Landesregierung vom 16. Mai 1946. Präsidialakten.
[130] In „Pregnanstvo in upor" wird die Meinung vertreten, daß die Auftragserteilung an das Gaugrenzlandamt in spe bereits der Auftrag zur Beschlagnahme und Enteignung gewesen sei (S. 35 f.).
[131] Schreiben von Dr. Wöss an Maier-Kaibitsch vom 17. Juli 1942, p. A.
[132] Schreiben von Maier-Kaibitsch an die DUT vom 26. Oktober 1942, p. A.
[133] RK 4/54.
[134] RGBl. L, S. 1035.
[135] Denkschrift von Alois Maier-Kaibitsch, „Zur Slowenenfrage in Kärnten", wie oben, S. 7.
[136] Originaldokumente der Familie Preis.
[136a] Aussage von Maier-Kaibitsch am 31. Oktober 1946.
[137] Perkonig wurde als Obmann des KHB nie abgesetzt, sondern Maier-Kaibitsch zog einfach die Obmannfunktion an sich, so daß nach Maier-Kaibitschs eigenen Worten Perkonigs Tätigkeit „einfach zum Erliegen kam".
[138] Aussage von Maier-Kaibitsch vom 8. Juli 1948 vor dem Gericht für Zentralrechtssachen in Graz. Wie aus den Akten des VDA Berlin-Zehlendorf, Beerenstraße 8 (Bundesschatzwart), hervorgeht, ist Maier-Kaibitschs Behauptung zutreffend.
[139] RK 91/47.

[140] RK 9/56.
[141] RK 566/48.
[142] RK 9/51.
[143] Ansuchen des NS-Gauverlages vom 10. Januar 1939, AVA, Bürckel, Gauleitung Kärnten 4510/6.
[144] RK 16/53.
[145] Eidesstattliche Aussage von Ignaz Stössl, leitendem Angestellten von Salzberger, vor dem österreichischen Konsulat in Montevideo vom 5. Oktober 1955, Original im Besitz der Familie, Abschrift p. A.
[146] RK 88/48.
[147] RK 219/48.
[148] RK 107/47.
[149] RGBl. I, S. 969, Gesetzbl. f. d. Land Österreich Nr. 320/1938.
[150] RGBl. I, S. 1403, Gesetzbl. f. d. Land Österreich Nr. 5131/1938.
[151] „Kärntner Grenzruf" vom 31. Dezember 1938.
[152] „Kärntner Grenzruf" vom 1. Dezember 1938.
[153] RK 9/48.
[154] Vgl. Moser J., Die Katastrophe . . ., S. 117.
[155] RK 391/49.
[156] Wie oben.
[157] Vgl. Hanisch E., Nationalsozialistische Herrschaft in der Provinz, a. a. O., S. 112 f.
[158] „Kärntner Grenzruf" vom 22. September 1938.
[159] „Kärntner Grenzruf" vom 17. Januar 1939.
[160] Genschel H., Die Verdrängung der Juden aus der Wirtschaft im Dritten Reich, a. a. O., S. 257.
[161] Vgl. Moser J., Die Katastrophe . . ., a. a. O., S. 123.
[162] Rosenkranz H., The Tragedy . . ., a. a. O., S. 491.
[163] Nach Originaldokumenten ausgewanderter Kärntner.
[164] Wie oben.
[165] Beeidete Aussage von Ignaz Stössl, wie oben.
[166] Brief von Beate Heller vom 10. August 1951 an ihren Klagenfurter Rechtsvertreter, p. A.
[167] Rosenkranz H., a. a. O., S. 502, Stuhlpfarrer K., a. a. O., S. 159.
[168] RK 111/47, 323/47. Auch Erich Röger kam mit einem Zertifikat nach Palästina, er befand sich 1938 aber nicht mehr in Kärnten. Zum steirischen Transfer vgl. Rosenkranz H., a. a. O., S. 489.
[169] Register Gisela Friedländer, YV, Jerusalem.
[170] Rosenkranz H., a. a. O., S. 488 f.
[171] Vgl. diesbezüglich etwa Fellner G., Antisemitismus in Salzburg 1918–1938, Wien–Salzburg 1979, Veröffentlichungen des Historischen Institutes der Universität Salzburg.
[172] Vg 4015/46.

[173] Schriftl. Bericht von Leo Weinreb vom 19. Oktober 1979, YV, Jerusalem (ohne Signatur).
[174] IKG Graz, Matrikel der Kärntner Israeliten, Geburtsmatrikel, Fol. 19.
[175] Bentwich N., The Destruction of the Jewish Community in Austria 1938–1942. In: Fraenkel J., (Hg.), The Jews of Austria, London 1967, S. 474.
[176] Register Gisela Friedländer, YV, Jerusalem.
[177] Weisl W., Illegale Transporte. In: Fraenkel J. (Hg.), The Jews of Austria, a. a. O., S. 173.
[178] Vg 1200/47.
[179] Schriftl. Bericht von Lotte Weinreb vom 16. Juli 1978, YV, Jerusalem (o. S.).
[180] RK 91/47.
[181] Register Gisela Friedländer, wie oben.
[182] Bericht vom 9. März 1979, YV, Jerusalem (o. S.).
[183] Stuhlpfarrer K., Antisemitismus..., a. a. O., S. 153.
[184] Denkschrift von Dr. Josef Tischler vom 30. Mai 1946, S. 3.
[185] Stuhlpfarrer K., Antisemitismus..., a. a. O., S. 156.
[186] AVA, Bürckel, Gauleitung Kärnten 4510/6.
[187] DÖW 9425.
[188] „Kärntner Grenzruf" vom 10. November 1938.
[189] Friedmann T., Die Kristallnacht. Haifa 1972, Dok. 3. Ähnlich Rosenkranz H., Reichskristallnacht, 9. November 1938, in Österreich, Wien–Frankfurt–Zürich 1968.
[190] Bericht Kurt Perlbergs vom 24. September 1979, YV, Jerusalem.
[191] Walzl A., Juden in Kärnten – der Fall Preis als Exempel, In: Zeitgeschichte, Februar 1983, S. 186.
[192] Bericht von Amalie Fischbach von den Vorgängen im Hause Platzgasse 10. Eidesstattliche Erklärung vom 17. November 1949, abgegeben in Bridgeport, Conn.
[193] Bericht von Julius Spitz an das Staatsamt für Vermögenssicherung und Wirtschaftsplanung, RK 9/47.
[194] Bericht von Arabella Weißberger vom 2. Februar 1948 an das Ministerium für Vermögenssicherung und Wirtschaftsplanung, p. A.
[195] Register Gisela Friedländer, YV, Jerusalem.
[196] Bericht Volkenborns an den SD-Oberabschnitt Donau vom 12. November 1938, DÖW (o. S.).
[197] Bericht von Marianne Schiffler in: Walzl A., Juden in Kärnten, a. a. O.
[198] RK 90/47.
[199] RK 323/47.
[200] Bericht von Marie Louise Guttmayer-Löwenfeld-Ruß, Biel, 18. Februar 1948, p. A.
[201] Vg 1207/47.
[202] Sicherheitsdirektion f. Kärnten, 143/SD/48.
[203] Z. B. Vg 1641/47.
[204] Z. B. RK 91/47.

205 Bericht von Herrn Alfred Neurath vom 27. November 1979 an den Verfasser.
206 Telegraphischer Bericht Volkenborns, wie oben.
207 „Kärntner Grenzruf" vom 7. September 1938.
208 „Kärntner Grenzruf" vom 15. Oktober 1938.
209 „Kärntner Grenzruf" vom 25. November 1938.
210 „Kärntner Grenzruf" vom 11. November 1938.
211 „Kärntner Grenzruf" vom 13. November 1938.
212 Vg 700/55. Ebenso Bericht von Alfred Neurath vom 27. November 1979 an den Verfasser.
213 Bericht eines hohen, jüdisch versippten Regierungsbeamten vom 26. Februar 1948, p. A.
214 Bericht von Dr. Emmerich von Zenegg vom 9. Januar 1941, p. A.
215 Vg 459/47.
216 Vg 2695/47.
217 Vg 2695/52.
218 Vg 4084/46.
219 Vg 2712/47.
220 Z. B. RK 11/53.
221 DÖW 8352.
222 Register Gisela Friedländer, YV, Jerusalem.
223 Vg 1763/48.
224 Vg 4015/46.
225 Schriftlicher Bericht von Kurt Perlberg vom 24. September 1979, YV, Jerusalem (o. S.).
226 RK 87/47.
227 RK 50/50.
228 RK 91/47.
229 Eidesstattliche Erklärung von Nathan Kriegsfeld, abgegeben vor Notar Sal Mancinelli am 15. November 1947, New York, p. A.
230 Bericht Kurt Perlberg, wie oben.
231 Z. B. Jonas Fischbach und Frieda Schaier; RK 117/48.
232 Schneider H., Th., Zur Geschichte der Judengemeinde in Klagenfurt, in: Gold H., Geschichte der Juden in Österreich, v. s.; ebenfalls abgedruckt in Moro G. (Hg.), Die Landeshauptstadt Klagenfurt, Klagenfurt 1970, Band II, S. 281.
233 Eingabe von Mira Salzberger an das Bundesministerium für Vermögenssicherung und Wirtschaftsplanung vom 24. Mai 1946.
234 Beispielsweise RK 87/47, 111/47, 113/47, 323/47 usw.
235 Ein Beispiel wäre etwa RK 97/48.
236 Diese Angaben sind das Ergebnis der Auswertung verschiedenster Aktenbestände. Sie ergeben sich nur bei Ergänzung und Korrelation vieler Einzelfakten aus u. a. folgenden Beständen: Suchdienst des Internationalen Roten Kreuzes, Arolsen, IKG Wien, Yad Vashem, Jerusalem, Staatsamt für Vermögenssicherung und Wirtschaftsplanung, R. D. & R. Branch, Allied Commission for Austria, Geschäftsstelle

DELASEM Milano, Rückstellungskommissionen. Eine Quellenangabe im Einzelfall wäre daher unpraktikabel.
[237] Dies meint z. B. Rosenkranz H., The Anschluss . . ., a. a. O., in Wirklichkeit waren aber die jüdischen Kärntner nicht einmal bis Oktober 1939 in Wien konzentriert.
[238] Rosenkranz, wie oben, S. 503.
[239] So wird Dr. Schaier beispielsweise im Register Erich Rögers bezeichnet. YV, Jerusalem (o. S.).
[240] Bundesbahndirektion Villach, Archiv der Reichsbahndirektion, Tpe/V 17.
[241] Wie oben, Tps 43/V 13.
[242] Runderlaß des Reichs- und preußischen Wirtschaftsministers vom 13. Mai 1938.
[243] Archiv der Reichsbahndirektion Villach, VI/28-4199.
[244] Statistische Übersichten für den Reichsgau Kärnten, 3. Jahrgang, Statistisches Amt für die Alpen- und Donau-Reichsgaue, Wien 1943.
[245] RK 90/47.
[246] RK 149/49.
[247] Walzl A., Juden in Kärnten, a. a. O., S. 188.
[248] RK 217/47.
[249] RK 255/47.
[250] RK 255/47.
[251] Register Gisela Friedländer, YV, Jerusalem, p. A.
[252] Brief vom 27. Februar 1939 aus Wien, Taborstraße.
[253] Vgl. Moser J., Die Katastrophe . . ., a. a. O., S. 130.
[254] Stuhlpfarrer K., Antisemitismus . . ., a. a. O., S. 161.
[255] Vgl. Holzer W., Im Schatten des Faschismus. Der österreichische Widerstand gegen den Nationalsozialismus (1938-1945), Wien 1981, S. 24.
[256] Eidesstattliche Aussage vom 10. November 1949 in Bridgeport, Connecticut.
[257] RK 9/47.
[258] Vr 1445/38.
[259] Vg 1207/47.
[260] AVA, Bürckel, Gauleitung Kärnten 4510/6. Von Bürckel wurde das Gesuch unter Nummer W 335 an die Gauleitung Kärnten zur Bearbeitung zurückgereicht.
[261] Vg 700/55.
[262] Vg 1207/47.
[263] Register Gisela Friedländer, YV, Jerusalem.
[264] Abschrift im Besitz d. Fam. Preis.
[265] Brief von Renata v. Born an den Untersuchungsrichter vom 13. August 1945.
[266] Gemäß Polizeiverordnung des Reichsministers des Inneren vom 1. September 1941, RGBl. I, S. 1044.
[267] Walzl A., Juden in Kärnten, a. a. O., S. 187.
[268] RGBl. I, S. 1044.
[269] So wurde beispielsweise bei dem Namen des 1889 geborenen Manfred Bonyhadi noch am 6. Januar 1945 in Graz der zusätzliche Vorname „Israel" eingetragen. IKG Graz, Matrikel der Kärntner Israeliten, Geburtsmatrikel, Fol. 3.

[270] Schneider H., Th., Zur Geschichte der jüdischen Gemeinde in Klagenfurt, a. a. O., S. 289.
[271] Register Gisela Friedländer, YV, Jerusalem.
[272] Aufzeichnungen von Marianne Schiffler aus dem Jahre 1945 (im Besitze der Familie Preis).
[273] Register Gisela Friedländer, wie oben.
[274] Bericht von Alfred Neurath vom 27. November 1979 an den Verfasser.

Anmerkungen zu Kapitel 6:
Der Griff nach Slowenien und Friaul

[1] AVA, Bürckel, Gauleitung Kärnten 4510/6.
[2] Bericht Bannführers Richena, Berater für die Abteilung Jugend der Gauverwaltung der DAF Kärnten, an das Büro Bürckels vom 19. Oktober 1938, wie oben.
[3] Nationalsozialistische Jahresbilanz für Kärnten mit extremer propagandistischer Färbung, ,,Kärntner Grenzruf" vom 31. Dezember 1938.
[4] Haushaltspläne und Bilanzen der Landeshauptmannschaft Kärnten, KLA, ferner Nachlaß Natmeßnig. Ausgangspunkt für seine Finanzoperationen war die Aufnahme eines ,,Konsolidierungsdarlehens" in der Höhe von 3 Millionen Reichsmark, worauf Zwischenkredite und Umschuldungen folgten. Zu den 3 Millionen mußte Bürckel seine Zustimmung geben, was am 23. Mai 1938 geschah (AVA, Bürckel, 34-1712/1).
[5] ,,Kärntner Grenzruf" vom 23. Oktober 1938.
[6] Ferenc T., Viri o nacisticni raznarodovalni politiki v Sloveniji 1941–1945, Maribor 1978, S. 15 ff.
[7] Ferenc, wie oben, S. 25, Fußnote 2.
[8] Ferenc, wie oben, S. 30, Fußnote 1.
[9] Karner St., Die Steiermark zur Zeit des Nationalsozialismus, Graz ²1986, S. 130.
[10] So der Originaltext des Vermerks bei Ferenc, S. 39.
[11] Vg 889/46.
[12] Vg 4084/46.
[13] Vg 889/46, Aussage Dr. Bauers vom 22. November 1946, ,,Volkszeitung" vom 23. November 1946, ,,Volkswille" vom 23. November 1946. Sandbergers Besprechung fand demnach in Übereinstimmung mit der Aussage Dr. Bauers in der kleinen Villa am Südrand des Holenia-Parkes statt, in welcher der SD untergebracht war.
[14] Aussage Pawlowskis vom 19. Juli 1947, ,,Volkswille" vom 21. Juli 1947.
[15] Er hatte dagegen Beschwerde geführt, doch wurde diese von der Z-Kammer des Obersten Parteigerichtes der NSDAP in München am 19. Dezember 1941 zurückgewiesen und dem Beschwerdeführer eine Verwarnung erteilt (Z 14/41).
[16] Bericht der Baronin Renata v. Born vom 13. August 1945: ,,Ich habe selbst den Brief gelesen, den Herr v. Pawlowski von Himmler bekam, worin ihm dieser schwere Vorwürfe über sein Verhalten mit Juden machte", p. A.
[17] Vg 459/47. Aussage eines jüdisch versippten Beamten der Reichsstatthalterei und Aussage von Natmeßnig.

[18] Brief Volkenborns vom 11. Januar 1941, p. A.
[19] Ähnlich waren die Maßnahmen in der Untersteiermark. Ferenc T., Viri o nacisticni raznarodovalni . . ., a. a. O., S. 40 f.
[20] Vg 443/46.
[21] Ferenc, wie oben, S. 102.
[22] Ferenc, wie oben, S. 126 f.
[23] Ferenc, wie oben, S. 149. Der slowenischen zeitgeschichtlichen Forschung sind die Juden des Landes interessanterweise erst in letzter Zeit bewußt geworden, obwohl sie ebenfalls zu den Opfern des Nationalsozialismus in Slowenien gehörten, was man nicht ausklammern darf. 1985 fand in Laibach zum ersten Mal ein Symposion zu diesem Thema statt (frdl. Mitteilung von Herrn Dr. Augustin Malle).
[24] Verordnungs- und Amtsblatt des Chefs der Zivilverwaltung in den besetzten Gebieten Kärntens und Krains, Jahrgang 1941, Stück 3. Das Blatt wurde mit dem Erscheinungsort Klagenfurt versehen, um auch dadurch auszudrücken, daß das Gebiet ein Teil Kärntens sei. Es wurde auch in Klagenfurt gedruckt.
[25] Vg 669/47.
[26] Aktennotiz des Chefs des SS-Hauptamtes für Rasse und Siedlung, Gruppenführer Hofmann, anläßlich der Besichtigungsfahrt vom 24. Mai 1941. Bundesarchiv Koblenz, RHSA NS 2/127, zit. Ferenc.
[27] Aussage von Hauptsturmführer Pacher, Vg 889/46.
[28] Vg 459/47.
[29] Bericht von Dompropst Msgr. Dr. Kirchner, damals Ordinariatssekretär, der als einer der Aushilfsgeistlichen eingesetzt wurde, in: Stückler V., Seelsorger im Spannungsfeld zweier Welten, Klagenfurt 1986, S. 5 ff. Ferner Vg 459/47.
[30] Vg 443/46.
[31] Ferenc gibt von den wenigen erhaltenen Tagesberichten jenen der Kommission II aus der Erfassungsgemeinde Prävali/Prevalje, S. 65.
[32] Beglaubigter Bericht von Josefine Jekler vom 22. Februar 1947, p. A.
[33] So heißt es in dem bereits erwähnten Bericht der Baronin Renata v. Born: „Pawlowski haben wir es zu verdanken, daß wir nicht nach Serbien ausgesiedelt wurden" (13. August 1945).
[34] So z. B. in dem Akt der Dienststelle Umsiedlerbetreuung und Laibacher Ansiedlung, Radmannsdorf, vom 10. Februar 1943. Die Dienststelle unterstand wiederum der Dienststelle des Reichskommissars für die Festigung deutschen Volkstums (RFdV), p. A.
[35] Ferenc, a. a. O., S. 129.
[36] Wie oben, S. 87 und 128.
[37] Vg 443/46.
[38] Ferenc, a. a. O., S. 108.
[39] Bericht eines jüdisch versippten Beamten, Vg 459/47.
[40] Aussage Pawlowskis vom 22. August 1947, „Volkszeitung" und „Die Neue Zeit" vom 23. August 1947.
[41] Vg 4084/46.
[42] Jurkovic B., Das ausländische Kapital im ehemaligen Jugoslawien, Berlin 1941, S. 374.

[43] AVA, RK -34-1712/1.
[44] AVA, Ausweis des Schuldenstandes des Landes Kärnten mit 30. April 1938.
[45] AVA, RK-52-1770/5/7.
[46] Bundesbahndirektion Villach, Reichsbahnarchiv V gal/8.
[47] Anordnung des Reichsverkehrsministers vom 11. Oktober 1941, Reichsbahnarchiv Villach V zg/29.
[48] Das Reichsverkehrsministerium an Reichsbahndirektion Villach vom 8. September 1941, Reichsbahnarchiv Villach, V gg/25.
[49] So argumentierte Winkler schon Anfang 1939 bei den Wiener Stellen.
[50] VG 889/46.
[51] Wie oben.
[52] Vg 459/47.
[53] Haas und Stuhlpfarrer (Haas H., Stuhlpfarrer K., Österreich und seine Slowenen, Wien 1977, S. 85) bemerken bei ihrem Zitat aus einem Aktenstück des Bundesarchives Koblenz (Auswärtiges Amt, Büro des Staatssekretärs, Akten betr. Österreich, T-81, 288, 2441/421–422) dies nicht eigens, wogegen Ferenc (wie oben, S. 117) nachdrücklich feststellt, daß die Aussiedlungsmaßnahmen jenseits der Karawanken von Anfang an verwaltungsrechtlich gesehen als reine staatspolizeiliche Aktion konzipiert waren.
[54] Vg 889/46.
[55] Vg 4084/46.
[56] Bericht von Dr. Bauer an die Reichsbahndirektion Villach vom 4. Oktober 1941, Vg/27.
[56a] Hanisch E., Nationalsozialistische Herrschaft in der Provinz, a. a. O., S. 188 f.
[57] „Ansprache des Herrn Reichsministers Dr. Frick bei der Einführung des Reichsstatthalters Dr. Friedrich Rainer in Klagenfurt am 16. Dezember 1941" (amtlich vervielfältigte Version als Presse-Exemplar), p. A.
[58] BDC 84–529–583.
[59] Vg 889/46.
[60] Hanisch E., a. a. O., S. 190.
[61] Vg 1774/48.
[62] Ludwig E. v., Colloqui con Mussolini, Venezia 1932, S. 75.
[63] Ciano G., L'Europa verso la catastrofe, Milano 1948, S. 171 (Eintragung vom 22. April 1937, Venedig).
[64] Ciano-Tagebücher, wie oben, Eintragung vom 6. November 1937, Rom, S. 220.
[65] Zit. bei de Felice R., Storia degli ebrei italiani sotto il fascismo, Torino ^{1}1961, ^{2}1972, S. 171 und 305.
[66] Felice de, wie oben, S. 363.
[67] Als die Triestiner Handels- und Gewerbekammer sich ab 1864 mit Nachdruck für die bekannten Eisenbahnbauten einsetzte, waren in der Handelskammer naturgemäß auch die Assicurazioni Generali gewichtig vertreten.
[68] Bericht der Triestiner Tageszeitung „Il Piccolo" vom 7. Dezember 1938. Laut diesem Bericht hatten sich etwas unter 50 entlassene Hausangestellte bei den Behörden gemeldet. Diesen kaum 50 stehen rund 1700 jüdische Familien gegenüber, so daß die Schlußfolgerung eindeutig ist.

[69] Archivio dell'Istituto regionale per la storia del movimento di liberazione: "La Difesa della Razza" vom 5. August 1940 (A.I.R.).

[70] Archivio Centrale dello Stato (ACS), Roma, Ministero dell'Interno, Direzione Generale della Pubblica Sicurezza, PS, A 16, busta 9–16. Zit. auch Voigt K., Gli emigranti in Italia dai paesi sotto la dominazione nazista (1933–1940). In: Storia contemporanea, anno XVI, nro. 1, febbraio 1955, S. 52.

[71] ACS, PS, A 16, b. 10. Vgl. Voigt, wie oben, S. 53.

[72] Petersen J., Hitler und Mussolini. Die Entstehung der Achse Berlin – Rom 1933–1936, Tübingen 1973, S. 155 ff.

[73] Felice R. de, Storia degli ebrei italiani sotto il fascismo, a. a. O., S. 533 ff. bringt den Text des Dokuments.

[74] A.I.R., Misc. B, FVG 171, Riassunto aggiornato sull'attivita del Comitato negli anni 1938–1943.

[75] Michaelis M., Hitler, Mussolini and the Jews. German–Italian Relations and the Jewish Question in Italy 1922–1945. Oxford 1978. Aufschlußreich in diesem Zusammenhang auch der Bericht des italienischen Botschafters in Berlin über den nazistischen Antisemitismus, wie oben de Felice, S. 489 ff., mitteilt.

[76] "Il popolo di Trieste" vom 16. März 1939 nennt rund 1000 Personen (Bibl. civica di Trieste).

[77] Von den rund 200 betroffenen jüdischen Familien waren zwei Drittel schon mit der Auswanderung beschäftigt. – "Il Piccolo" vom 8. März 1939.

[78] "Il popolo di Trieste" vom 14. März 1939.

[79] A.I.R., Misc. B, FVG 171; Text teilw. auch bei de Felice, S. 323.

[80] ACS, PS, A 16/ebrei stranieri, b. 4:C 6/5, Brief des Außenministers an den Innenminister vom 30. Oktober 1939.

[81] A.I.R., Misc. B, FVG 171, S. 14 f.

[82] Brief von Dr. Carlo Morpurgo an Avv. Lelio Vallobra, Funktionär der DELASEM in Genua, vom 29. Mai 1941. A.I.R., Msc. B, FVG 171, S. 24.

[83] Wie oben, S. 23.

[84] Brief Dr. Carlo Morpurgos an Erzbischof Dr. Santin vom 30. August 1942 und Memoriale Santins vom 21. April 1942, wie oben, S. 31 f.

[85] Luksich – Jannini A., Il salvataggio degli ebrei a Fiume durante la persecuzione nazifascista. In: Il Movimento di Liberazione in Italia, nro. 37, Luglio 1955, S. 44 ff. (Bibl. civica di Udine).

[86] ACS, PS, A 16/ebrei stranieri, b. 721, S. 1187/75. Brief des Präfekten von Triest an das Innenministerium vom 30. März 1940.

[87] Vg 2083/63.

[88] Aussage des Gefangenenwärters, der ihnen zu helfen trachtete, Vg 592/46.

[89] Vg 395/48.

[90] ACS, PS, Divisione AA. GG. e RR., M/4, b. 1, nro. 442 ff.

[91] Gherardi-Bon S., La persecuzione antiebraica a Trieste (1938–1945), Trieste 1972, S. 150. Die Autorin befindet sich dabei in Übereinstimmung mit Apih E., Documenti sulla politica economica tedesca nella Venezia Giulia (1943–1945). In: Fascismo, guerra e resistenza. Lotte politiche e sociali nel Friuli – Venezia Giulia, Trieste 1969, S. 231.

[92] Bericht von Druffels an den Botschafter des Deutschen Reiches in Rom vom 23. November 1942. A.I.R., LVIII/1621.
[93] Gherardi-Bon S., wie oben, S. 168 ff.
[94] Fogar G., Dall'irredentismo alla Resistenza nelle provincie Adriatiche, Udine 1966, S. 99.
[95] Walzl A., Kärnten 1945, Klagenfurt 1985, S. 38 ff.
[96] Globocnik wurde am 24. April 1904 in Triest geboren, lernte das Maurerhandwerk und kam 1923 mit seinen Eltern nach Klagenfurt. Verwandte der Familie lebten in Slowenien und im Kanaltal.
[97] Als Beispiel für einen der frühen Nachkriegsprozesse jener gegen eine Österreicherin, die in Triest im Dienste der Gestapo zum Schein als Beraterin und Sozialhelferin für die Juden agierte. A.I.R. XXI/7904.
[98] Relazione della segreteria della communita israelitica di Trieste. A.I.R., LVIII/1619.
[99] Literatur- und Quellenangaben in: Walzl A., Kärnten 1945, a. a. O., S. 48 und S. 73.
[100] Ferenc T., La polizia tedesca nella zona d'operazione „Litorale Adriatico" 1943–1945, S. 90 f. In: Storia contemporanea in Friuli, anno X, 1979.
[101] Daß dies möglich war, bestätigte auf Grund eigener Forschungsergebnisse auch Prof. Galliano Fogar in seinem Gespräch mit dem Verfasser vom 10. Juli 1986.
[102] Santin A., Trieste 1943–1945, Udine 1963. S. 28: Brief an Dr. Wolsegger vom 31. Oktober 1943; ebenso Zovatto P., Il vescovo Antonio Santin e il razzismo nazifascista a Trieste (1938–1945), Venezia 1977, S. 51 ff.
[103] Zovatto P., wie oben, S. 59, S. 75.
[104] Santin A., Trieste 1943–1945, a. a. O., gibt auch deutlichen Aufschluß über das Engagement der katholischen Kirche für die Juden, und zwar nicht nur für die getauften. S. 49 ein diesbezüglicher Brief Santins an Kardinal Maglioni in Rom vom 24. April 1944. – Vgl. auch Novitsch M., Nuovi documenti sulla deportazione degli ebrei italiani. In: Quaderni del Centro studi sulla deportazione degli ebrei italiani. In: Quaderni del Centro studi sulla deportazione e internamento, Roma 1965, nro. 2, S. 85 ff. – Zum Thema Ferramonti sehr wesentlich Folino T., Ferramonti, Un lager di Mussolini, Cosenza 1985.
[105] A.I.R., LVIII/1619.
[106] Daher wurde auch der Briefkopf „Der Befehlshaber der Sicherheitspolizei und des SD in der Operationszone Adriatisches Küstenland" durchgestrichen und mit einem großen „R 1" überdeckt. A.I.R., LVIII/2731.
[107] A.I.R., LVIII/1672.
[108] Schreiben der Abteilung R 1 des Höheren SS- und Polizeiführers an die Abteilung Finanzen des Obersten Kommissars vom 6. April 1945. A.I.R., LVIII/1689.
[109] A.I.R., Original in: The Wiener Library Ltd., London.
[110] Dienstanweisung Wirths vom 18. Dezember 1943. A.I.R., LVIII/1654.
[111] Aktennotiz darüber vom 15. April 1944. A.I.R., LVIII/1691.
[112] Buchungsanweisung des Leiters der Oberkasse (inzwischen aus Triest nach Tarvis verlegt) an den Sachbearbeiter des Haushalts in Triest vom 19. Dezember 1944. A.I.R., LVIII/1669.

[113] Anweisung an treuhändischen Verwalter vom 14. Dezember 1944. A.I.R., LVIII/1675.
[114] Sentenza della Corte d'Appello di Trieste contro E. Sch., 14. November 1945. A.I.R., XXI/790.
[115] A.I.R., LVIII/1663.
[116] A.I.R., LVIII/1462.
[117] Vg 4084/46.
[118] A.I.R., LVIII/1692.
[119] Memorandum Oberster Kommissar, Abteilung Wirtschaft, „Gedanken über den Warenverkehr der Operationszone Adriatisches Küstenland" vom 2. Januar 1944, mit Rainers Vermerk: „Einverstanden. Ich erwarte endgültige Vorschläge für die Besetzung des Außenhandelsbeirates. Die in diesem Schriftstück genannten Abteilungen und Angehörigen meiner Behörde werden zur nötigen Mitarbeit angewiesen. Triest, 3. Januar 1944. gez. Rainer." A.I.R., XXIII/1659.
[120] A.I.R., XXIII/1659 – Finanzierungsplan, Seite 6.
[121] A.I.R., XXIII/1704.
[122] Ferenc T., Viri o nacisticni raznarodovalni ..., a. a. O., bietet die entsprechenden Dokumente, S. 431 ff.
[123] A.I.R., XXIII/1674.
[124] Eine Überprüfung der im Original erhaltenen Inventarbücher der Jahre 1940–1950 erweist diesen Tatbestand.
[125] Mitteilung des Präsidenten der IKG Triest, Dr. Mario Stock, vom 6. August 1986 an den Verfasser.
[126] Lohrmann K. (Hg.), 1000 Jahre österreichisches Judentum, Eisenstadt 1982, Ausstellungskatalog Nr. 137. Vgl. auch Bianco-Cotrozzi M. de, La communita ebraica di Gradisca d'Isonzo, Udine 1983, S. 139.
[127] Public Record Office London (PRO), WO, Allied Military Government, British Element, Triest Forces (AMG–BETFOR), Properties and Claims Department (P&C-Dep.), Memorandum vom 24. April 1953.
[128] A.I.R., LVIII/1619.
[129] Telegramm vom 3. und 13. Juni 1944. Archiv der Dorotheum-, Auktions-, Versatz- und Bankgesellschaft Wien, Archivbest. Kärnten (DOR), ferner Tätigkeitsbericht.
[130] PRO, British Military Government Office Carinthia (BMGO), Property Control-Section, Relation Dorotheum and Property Control (PC) vom 21. Januar 1948.
[131] Brief Adria–Triest an Dorotheum Klagenfurt vom 15. September 1944.
[132] PRO, BMGO Car., PC, Brief der Gauleitung/Hauptstelle Finanzverwaltung an Dorotheum vom 23. Mai 1944.
[133] Wie oben, Bericht Dorotheum an PC vom 15. März 1948.
[134] „Israel", 2. August 1945; Centro di documentazione ebraica contemporanea di Milano.
[135] A.I.R., LVIII/1675.

[136] Vgl. Apih E., Documenti sulla politica economica tedesca..., a. a. O., S. 388 ff. Apih weist ebenfalls mit Recht auf die starke Bindung dieser Wirtschaftsprozesse an Kärntner Gegebenheiten hin.

[137] Hanisch E., Nationalsozialistische Herrschaft in der Provinz, a. a. O., S. 10 ff.

[138] Neumann W., Martin Wutte und sein Urteil über die nationalsozialistische Slowenenpolitik in Kärnten und Krain aufgrund seiner Denkschrift vom 19. September 1943, Carinthia I/1986, S. 23 ff., weist an Hand von Texten Wuttes und Rainers auf die versuchte Einflußnahme Wuttes hin. Rainers in Nürnberg zur Verfügung des Kärntner Landesarchivs verfaßte Rechtfertigungsschrift wurde erstmals schon 1982 in dem großen und faktenreichen Werk von Carnier P. A., Lo sterminio mancato, Milano 1982, abgedruckt.

[139] Vg 432/46.

[140] Vgl. Walzl A., Kärnten 1945, a. a. O., S. 48 ff.

[141] Vg 1849/47.

Anmerkungen zu Kapitel 7: Ein Neubeginn

[1] Einlieferungsposten 22767/1-226, Inhalt: Gemälde, Skizzen, Glaswaren vergangener Stilepochen, – RM 18.322. – Die Kisten wurden nicht mehr ausgeliefert, sondern erst von den eintreffenden britischen Soldaten geöffnet, die dann den Vorfall an kompetente Dienststellen weitermeldeten. – PRO, BMGO Car., PC 15. 3. 48.

[2] Überblick und Modellbildung auf Grund von vielen Einzelfakten aus den Akten der Rückstellungskommissionen, des Yad-Vashem-Archives und eidesstattlichen Berichten von Betroffenen, so daß die detaillierte Aufzählung unpraktikabel erscheint.

[3] RK 566/48.

[4] Die Neuanmeldung ließ sich in der Zentralregistratur des Amtes der Kärntner Landesregierung nicht auffinden, doch zeigen Akten des Magistrates Klagenfurt, daß Emil Preis als Obmann des Vereins und Sprecher der anderen Kärntner Juden angesehen wurde.

[5] StGBl. Nr. 13.

[6] Bericht der Friedhofsverwaltung des Magistrates Klagenfurt an die Magistratsabteilung IV vom 19. November 1953. – Archiv der Friedhofsverwaltung Klagenfurt (FRK).

[7] Wie oben.

[8] FRK, Magistratsdirektion Klagenfurt an Friedhofsverwaltung Klagenfurt vom 3. März 1959.

[9] Interne Mitteilung der Friedhofsverwaltung an MA IV und Magistratsdirektion vom 24. März 1959.

[10] GB Klagenfurt, KG St. Ruprecht 113/1.

[11] FRK, Interne Meldung der Friedhofsverwaltung an das Sozialreferat, Magistrat Klagenfurt, vom 3. August 1965.

[12] FRK, Schreiben der IKG Graz an Friedhofsverwaltung Klagenfurt vom 1. August 1977.
[13] Donnison F.S.V., Civil Affairs and Military Government North-West-Europe 1944–1946, London 1961; Harris G.R.S., Allied Military Administration of Italy 1943–1945, London 1957.
[14] BMGO Austria, Decree Nr. 2, Field Marshal R.C.G. Alexander, May 1945, p. A.
[15] Bundesgesetz vom 1. Februar 1946 über die Errichtung eines Bundesministeriums für Vermögenssicherung und Wirtschaftsplanung, BGBl. Nr. 56, 13. April 1946.
[16] Schriftlicher Sperrvermerk vom 8. Mai 1945. DOR.
[17] Ausführlicher Walzl A., Kärnten 1945, a. a. O., S. 300 ff.
[18] Z.B. RK 139/47, 9/47, 130/47, 5/48 u. a.
[19] PRO, WO, H.Q. BMGO Car., PC (o. S.).
[20] Stenograph. Sitzungsprotokolle des Nationalrates.
[21] BGBl. Nr. 53, 27. März 1947.
[22] RK 566/48.
[23] RK 9/47.
[24] BGBl. Nr. 54, 27. März 1947.
[25] In der Praxis dürfte wohl der Andrang auch zu einfacheren Lösungen geführt haben, wie etwa RK 3/61.
[26] Generalisierung aus Einzelfakten der Rückstellungsprozesse. Detailliertes Zitieren erscheint daher unpraktikabel. Zur Judikatur vgl. Heller–Rauscher (Hg.), Erkenntnisse der Obersten Rückstellungskommission.
[27] So versuchten beispielsweise auch die Familien Borghese – Hoyos die Rückstellung ihres Besitzes in Velden-Augsdorf, der seinerzeit von privaten Käufern z. T. an die DAF weiterverkauft worden und nach Kriegsende an eine österreichische Interessenvertretung gekommen war. Das Verfahren endete mit einem Vergleich.
[28] RK 146/47.
[29] StGBl. Nr. 177. Das Vermögensverfalls-Amnestiegesetz kam ja erst mit 18. Juli 1956 (BGBl. 155/56) heraus.
[30] DOR, Aufstellung vom 17. Juni 1949.
[31] DOR, Bericht der Zweiganstalt an die Generaldirektion vom 30. November 1945.
[32] PRO, BMGO Car., PC, Befehl des PC Office an Land Kärnten vom 21. November 1945.
[33] Erlaubnis K/9/G BMGO, Finance & Property Control Division vom 29. April 1946 an Dorotheum. PRO, BMGO Car.
[34] Bericht der Zweiganstalt Klagenfurt an PC Office vom 16. Februar 1946. PRO, BMGO Car., PC.
[35] PRO, ACA-BTA, BE Civil Affairs, Finance Division.
[36] DOR, Bericht der Zweiganstalt Klagenfurt an GVG Adria Salzburg vom 5. Dezember 1947.
[37] Bericht der Zweiganstalt an Finance Division, BE – Civil Affairs vom 5. Dezember 1947. PRO, ACA-BTA, BE.
[38] DOR, Bericht der Zweiganstalt an Generaldirektion vom 6. Februar 1948.

[39] PRO, ACA-BTA, BE – Civil Affairs, Befehl K 1/125/G der R.D. & R. Branch vom 17. Februar 1948.
[41] DOR, Verhandlungsschrift der Inspektion vom 10. März 1951.
[42] DOR, Meldung der Generaldirektion des Dorotheums, Wien, an das Bundesministerium für Finanzen vom 27. April 1951.
[43] DOR, Brief des Bundesministeriums für Finanzen an die Königlich-Britische Botschaft in Wien vom 20. Oktober 1952.
[44] DOR, Protokoll der Verhandlung.
[45] Jellinek G., Die Geschichte der österreichischen Wiedergutmachung. In: Fraenkel J. (Hg.), The Jews of Austria, a. a. O., S. 397; – zu der bundesdeutschen Wiedergutmachung an Italien s. Judenverfolgung in Italien, den italienischen Gebieten und in Nordafrika, Dokumentensammlung, vorgelegt von der United Restitution Organisation in Frankfurt am Main, 1962.
[46] Vgl. Moser J., Die Katastrophe . . ., a. a. O., S. 132.
[47] Schriftlicher Bericht von Lotte Weinreb vom 15. September 1978, YV, Jerusalem.

1. Ungedruckte Quellen – Archive

Archivio Centrale dello Stato, Roma: Ministero dell'Interno, Direzione Generale della Pubblica Sicurezza; Ferramonti.

Archivio dell'Istituto regionale per la storia del movimento di liberazione, Trieste: Akten des Obersten Kommissars, Akten des Höheren SS- und Polizeiführers.

Centro di documentazione ebraica contemporanea, Milano: Fondo statistico, Israel, Communitá israelitica di Trieste.

Document Center Berlin: SS-Personalakten.

Archiv der Bundesbahndirektion Villach: k. k. Staatsbahnen, Südbahngesellschaft, Archiv der Deutschen Reichsbahndirektion Villach.

Archiv der Dorotheum Auktions-, Versatz- und Bankgesellschaft: Oberster Kommissar Operationszone Adriatisches Küstenland, Abteilung R – Höherer SS- und Polizeiführer, Güterverkehrsgesellschaft Adria.

Dokumentationsarchiv des österreichischen Widerstandes: Aktenbestand Kärnten.

Archiv der Friedhofsverwaltung Klagenfurt – Magistratsabteilung IV, Landeshauptstadt Klagenfurt: Akten des israelitischen Friedhofes St. Ruprecht, Chewra Kadischa Klagenfurt, Neugründung der Kultusgemeinde.

Grundbuch Klagenfurt, Villach, Spittal/Drau, Wolfsberg, Völkermarkt, St. Veit/Glan, Villach-Rosegg.

Internationaler Suchdienst des Roten Kreuzes, Archiv Arolsen: Transportlisten der Gestapo Wien, Todesnachweise.

Amt der Kärntner Landesregierung: Landesstelle für Statistik.

Archiv der Israelitischen Kultusgemeinde Graz: Matrikel der Kärntner Israeliten 1873–1938.

Kärntner Landesarchiv: Landesregierung – Präsidialakten, allgemeine Protokollreihe; Stadtarchiv Klagenfurt II; Sammlung Zenegg.

Landesgericht Klagenfurt: Archiv der Rückstellungskommissionen. Prozeßakten gemäß 2. und 3. Rückstellungsgesetz bzw. § 26 ÖSTV (übertragen in das Kärntner Landesarchiv).

Österreichisches Staatsarchiv, Allgemeines Verwaltungsarchiv: Akten des Reichskommissars für die Wiedervereinigung Österreichs mit dem Deutschen Reich. 2160 – Ausschaltung der Juden aus dem Wirtschaftsleben 2160/1 ff. allgem. Reihe, 4510/6 Gauleitung Kärnten.

Public Record Office London: WO: ACA-BE, R. D. & R. Division: BMGO, Finance & PCO Division; Dorotheum Klagenfurt, GVG Adria.

Volksgerichtshof Graz: Prozeßakten gemäß VG und KVG 1946–1952.

Yad Vashem, The Holocaust Martyrs' and Heroes' Remembrance Authority Jerusalem: Aktenbestand der Kärntner in Israel – Augenzeugenberichte, Personenstandsregister, Akten der Ausschaltung der Juden aus dem deutschen Wirtschaftsleben.

Zentrale Stelle der Landesjustizverwaltungen Ludwigsburg: SS- und Polizei-Personalakten, Fahndungsakten.

2. Gedruckte Quellen

Kärntner Amts- und Adreßkalender.

Ferdinand von Kleinmayrs illustrierter Haus-, Geschäfts- und Adreßkalender.

Special-Ortsrepertorium von Kärnten, hg. von der k. k. statistischen Centralcommission, Wien 1883.

Ergebnisse der Volkszählung von 1934. Bundesamt für Statistik, Wien 1935.

Statistische Übersicht für den Reichsgau Kärnten, 3. Jahrgang, Statistisches Amt für die Alpen- und Donau-Reichsgaue, Wien 1943.

Codice diplomatico istriano (hg. Kandler P.), Trieste 1847.

Corriere Israel (Corriere Israelitico), Milano.

Judenverfolgung in Italien, den italienischen Gebieten und in Nordafrika, vorgelegt von der United Restitution Organisation in Frankfurt am Main 1962.

„Il Piccolo", Jahrgang 1938, 1939.

„Il Popolo di Trieste", Jahrgang 1939.

„Freie Stimmen", Jahrgang 1931, 1932, 1933, 1934, 1935.
„Kärntner Tagespost", Jahrgang 1921 ff.
„Kärntner Sturmruf", Jahrgang 1924.
„Kärntner Tagblatt", Jahrgang 1921 ff.
„Kärntner Grenzruf", Jahrgang 1938 ff.
„Villacher Zeitung", Jahrgang 1930 ff.
„Wiener Morgenzeitung", Jahrgang 1930 ff.
„Die Neue Zeit", Jahrgang 1946, 1947, 1948.
„Volkszeitung", Jahrgang 1946, 1947, 1948.
„Volkswille", Jahrgang 1946, 1947, 1948.
„Klagenfurter Zeitung", Jahrgänge 1912–1938.
„Schweizerisches Israelitisches Familienblatt", Jahrgang 1921 ff.

3. Sekundärliteratur

Apih E., Documenti sulla politica economica tedesca nella Venezia Giulia (1943–1945). In: Fascismo, guerra Resistenza, Trieste 1969.

Bärnthaler I., Klagenfurt zwischen den beiden Weltkriegen. In: Moro G. (Hg.), Die Landeshauptstadt Klagenfurt, Klagenfurt 1970.

Bentwich N., The Destruction of the Jewish Community in Austria 1938–1942. In Fraenkel J. (Hg.): The Jews of Austria, London 1967.

del Bianco-Cotrozzi M., La communità ebraica di Gradisca d'Isonzo, Udine 1983.

Bihl W., Die Juden. In: Die Habsburgermonarchie 1848–1918, Wien 1980.

Botz G., Wien vom „Anschluß" zum Krieg, Wien 1978.

Bunzl J., Zur Geschichte des Antisemitismus in Österreich. In: Bunzl J., Marin B., Antisemitismus in Österreich. Sozialhistorische und soziologische Studien, Innsbruck 1983.

Cahnmann W. J., Adolf Fischhof als Verfechter der Nationalität und seine Auswirkung auf das jüdisch-politische Denken in Österreich. In: Das Judentum im Revolutionsjahr 1848. Studia Judaica Austriaca 1, Wien–München 1974.

Carnier P. A., Lo sterminio mancato, Milano 1982.

Cervani G., Buda L., La communità israelitica die Trieste nel secolo XVIII, Udine 1973.

Charmatz R., Adolf Fischhof. Das Lebensbild eines österreichischen Politikers, Stuttgart–Berlin 1910.

Ciano G., L'Europa verso la catastrofe, Milano 1948.

Aharon Cohen, Israel and the Arab World, London 1970.

Domei T., Malle A., Malle I., Sturm M., Wieser P., Pregnanstvo in upor, Celovec 1982.

Donnison F. S. V., Civil Affairs and Military Government North-West-Europe 1944–1946, London 1961.

Dopsch H., Geschichte Salzburgs, Salzburg 1981.

Drabek A., Häusler W., Schubert K., Stuhlpfarrer K., Vielmetti N., Das österreichische Judentum, Wien ¹1974, ²1982.

Drobisch K., Goguel R., Müller W., Juden unterm Hakenkreuz. Verfolgung und Ausrottung der deutschen Juden 1933–1945, Berlin 1973.

de Felice R., Storia degli ebrei italiani sotto il fascismo, Torino ¹1961, ²1972.

Fellner G., Antisemitismus in Salzburg 1918–1938. Veröffentlichungen des historischen Instituts der Universität Salzburg, Salzburg–Wien 1979.

Ferenc T., Viri o nacisticni raznarodovalni politiki v sloveniji letih 1941–1945, Maribor 1978.

Ferenz T., La polizia tedesca nella zona d'operazione „Litorale Adriatico" 1943–1945. In: Storia contemporanea in Friuli, anno X, 1979.

Fraenkel J. (Hg.), The Jews of Austria, London 1967.

Fogar G., Dall' irredentismo alla Resistenza nelle provincie Adriatiche, Udine 1966.

Friedmann T., Die Kristallnacht. Haifa 1972.

Genschel H., Die Verdrängung der Juden aus der Wirtschaft im Dritten Reich, Berlin–Frankfurt–Zürich 1966.

Gherardi-Bon S., La persecuzione antiebraica a Trieste (1938–1945), Trieste 1972.

Gold H. (Hg.), Geschichte der Juden in Österreich, Tel Aviv 1971.

Goldhammer L., Von den Juden Österreichs. In: Jüdisches Jahrbuch für Österreich, Wien 1932 (hg. v. Taubes L. und Bloch Ch.).

Haas H., Stuhlpfarrer K., Österreich und seine Slowenen, Wien 1977.

Hanisch E., Nationalsozialistische Herrschaft in der Provinz. Salzburg im Dritten Reich, Salzburg 1983.

Häusler W., Probleme des westungarischen Judentums in der Neuzeit. In: Burgenländische Heimatblätter 42, Jahrgang 1980, Heft 2, 3.

Häusler W., Toleranz, Emanzipation und Antisemitismus. Das österreichische Judentum des bürgerlichen Zeitalters (1782–1918). In: Drabek–Häusler–Schubert–Stuhlpfarrer–Vielmetti, Das österreichische Judentum, v. s.

Harris G. R. R., Allied Military Administration of Italy 1943–1945, London 1957.

Holzer W., Im Schatten des Faschismus. Österreichischer Widerstand gegen den Nationalsozialismus, Wien 1981.

Jellinek G., Die Geschichte der österreichischen Wiedergutmachung. In: Fraenkel J. (Hg.), The Jews of Austria, v. s.

Karner St., Die Steiermark im Dritten Reich, Graz 1986.

Lohrmann K., 1000 Jahre österreichisches Judentum. Ausstellungskatalog, Eisenstadt 1982.

Ludwig E. v., Colloqui con Mussolini, Venezia 1932.

Luksich-Jammini A., Il salvataggio degli ebrei a Fiume durante la dominazione nazifascista. In: Il movimento di liberazione in Italia, nro. 1, Luglio 1955.

Maderegger S., Die Juden im österreichischen Ständestaat 1934 bis 1938, Salzburg–Wien 1973.

Michaelis M., Hitler, Mussolini and the Jews. German-Italian Relations and the Jewish Question in Italy 1922–1945, Oxford 1978.

Milano A., Storia degli ebrei in Italia, Torino 1963.

Moschner R., Kärnten – Grenzland im Süden, Berlin 1940.

Moser J., Die Judenverfolgung in Österreich 1938–1945, Wien–Frankfurt–Zürich 1966.

Moser J., Die Katastrophe der Juden in Österreich 1938–1945. Ihre Voraussetzungen und ihre Überwindung. In: Studia Judaica Austriaca 5 (1977).

Paul-Schiff M., Teilnahme der österreichisch-ungarischen Juden am Ersten Weltkrieg. In: Jahrbuch für jüdische Volkskunde 26/27 (1924/1925).

Petersen J., Hitler und Mussolini. Die Entstehung der Achse Berlin–Rom 1933–1936, Tübingen 1973.

Plaschke S. J., Jüdische Ärzte in Österreich und ihre Leistung. In: Zeitschrift für die Geschichte der Juden 2 (1965).

Rosenkranz H., The Anschluss and the Tragedy of Austrian Jews. In: Fraenkel J. (Hg.), The Jews of Austria, v. s.

Rosenkranz H., „Reichskristallnacht" 9. November 1938 in Österreich, Wien–Frankfurt–Zürich 1968.

Rutkowski E., Dem Schöpfer des österreichischen Reiterliedes, Leutnant in der Reserve Dr. Hugo Zuckermann, zum Gedächtnis. In: Zeitschrift für die Geschichte der Juden Österreichs 10 (1973).

Santin A., Trieste 1943–1945, Udine 1963.

Schneider H. Th., Zur Geschichte der Judengemeinde in Klagenfurt. In: Gold H. (Hg.), Geschichte der Juden Österreichs, v. s.

Schubert K., Die Entjudung der ostmärkischen Wirtschaft und die Bemessung des Kaufpreises im Entjudungsverfahren. Diss. Hochschule f. Welthandel Wien, 1940.

Stadler K., Österreich 1938–1945 im Spiegel der NS-Akten, Wien 1966.

Steinböck E., Kärnten. In: Weinzierl E., Skalnik K., Österreich 1918–1938, Graz–Wien 1983.

Stückler V., Seelsorger im Spannungsfeld zweier Welten. Klagenfurt 1986.

Stuhlpfarrer K., Antisemitismus, Rassenpolitik und Judenverfolgung in Österreich nach dem Ersten Weltkrieg. In: Drabek–Häusler–Schubert–Stuhlpfarrer–Vielmetti, Das österreichische Judentum, v. s.

Voigt K., Gli emigranti in Italia dai paesi sotto la dominazione nazista. In: Storia contemporanea, anno XVI, nro. 1, Febbraio 1985.

Wadl W., Die Juden Kärntens im Mittelalter, Klagenfurt 1981.

Wadl W., Wenninger W., Sozialgeschichte. In: Lohrmann, v. s.

Walser H., Die illegale NSDAP in Tirol und Vorarlberg 1933–1938, Wien 1983.

Walzl A., Kärnten 1945, Klagenfurt 1985.

Walzl A., Juden in Kärnten – der Fall Preis als Exempel. In: Zeitgeschichte, Februar 1983.

Weinzierl E., Die Stellung der Juden in Österreich seit dem Staatsgrundgesetz von 1867. In: Zeitschrift für die Geschichte der Juden 5 (1968).

Weinzierl E., Zu wenig Gerechte. Österreicher und die Judenverfolgung 1938–1945, Graz–Wien–Köln 1969.

Wenninger M., Zur Geschichte der Juden in Salzburg. In: Dopsch, v. s.

Wolf G., Beiträge zur Geschichte der Juden Österreichs in neuester Zeit, Wien 1868.

Wutte M., Kärntens Freiheitskampf 1918–1920, Neudruck Klagenfurt 1985.

Zoller I., Lusso dei patrizi degli ebrei nell'Italia dei secoli XIV e XV. In: Corriere Israel LI, 1913.

Zorattini P. C. J., Gli ebrei a Udine dal Trecento ai giorni nostri. In: Atti dell'Academia di Scienze, Lettere e Arti di Udine, 1981, Vol. LXXIV.

Zovatto P., Il Vescovo Antonio Santin e il Razzismo nazifascista a Trieste (1938–1945), Venezia 1977.

Über den Autor

August Walzl, Dr. phil. und Mag. phil., geb. 1933 in Klagenfurt, Studium der Geschichte an der Universität Wien bei Schachermeyr, Santifaller, Hantsch, Lhotsky und Walter; Mittelschulprofessor, zugl. Lehrbeauftragter am Institut für Zeitgeschichte der Universität für Bildungswissenschaften in Klagenfurt. – Publikationen: Hollenburg – Wesen und Wirken einer Grundherrschaft, Klagenfurt 1968, Neuauflage 1986; Kärnten 1945, Klagenfurt 1985; Schriften zur Fachdidaktik der Zeitgeschichte und Sozialkunde (Aspekte der politischen Realität im Unterricht; Schüler und Zeitgeschichte; Sozialkunde und Geschichte – Zielsetzungen und Integrationsstrategien; Kleine Fachdidaktik der Zeitgeschichte), Zeitschriftenartikel zur Wirtschaftsgeschichte und Militärgeschichte.

Personenregister

A

Abbas Ali 71
Abeles, Dir. 69, 92
Abrahamer Leon 72, 73, 74, 162
Aengenheister, Dr. Heinz 182, 183
Aharon v. Marburg 33
Aidinian Enul (Edoardo) 71, 272, 283
Allers Dietrich 286
Allers, Dr. Siegmund 60
Allina, Ing. Adolf 54
Altmann, Dr. Hermann 69
Altrichter Franz 113
Altstädter Alma 226
Altstädter Etka 237
Altstädter Moriz 92, 237
Amarant Syma 107
Anchel Josef 14
Andauer, Dr. Eugen 60
Arnold Abraham 16, 17, 18, 24, 41
Arnold Berl (Bernhard) 24, 41, 56, 78
Arnold Jakob 24, 56
Arnold Josefine 71
Askenasi (Azkinazi) Abraham 17, 18, 41, 56, 86

B

Babad Ada 137
Babad, Dr. Josef 22, 80, 136, 137, 209, 223, 228
Balfour 103
Balogh Josef 92
Bauer, Arch. Egizio 83, 84, 85
Bauer, Dr. Johann 143, 144, 147, 206, 208, 210, 221, 222, 223, 232, 239, 240, 243, 252, 254, 259, 261, 269, 271, 290
Bauer Margarita 83, 84
Bauer-Schwarz 200
Bauer Theo 142, 143, 147
Bauernfreund Alfred 60
Baum, Dr. Gustav 92
Beiler 108
Beiler Adolf 92
Beiler Ernst 108
Beiler Gertraud 108
Beiler Sabine 72
Benedikt Josef 82, 107
Benesch Jonas 102
Bercht, Dr. Heinrich 59, 74, 110
Berger Heinrich 144, 230
Berger, Dr. Heinrich 299
Berliner, Dr. Schefftel 64
Bernhard 71
Bibring Eleonora 59
Bibring Leon 17, 24, 28, 36, 41, 56, 59
Bibring Max 59
Bibring Moses (Moriz) 17, 18, 24, 26, 28, 29, 36, 38, 41, 56

Bibring Perl 24, 59, 74
Bibring Rebekka (Regina) 59
Bibring Veit 71, 79
Bilgeri, Dr. 167
Birmann, Dr. Josefa 142
Biro Imre 110
Bischburg Leon 12
Bittmann Herbert 94
Blau Elsa 93, 224, 303
Blau Leopold 74, 224
Bloch Ernst 283
Bloch Malwine 93
Blüml, Dr. 151
Blum 292
Blum Isidor 230
Blum Luise 230
Blum Minna 190
Bocchini Arturo 276, 282
Bogjanski Julius 162
Bohrer 136, 208, 280
Bolaffio Avv. G. 304
Bonyhadi Clothilde 25
Bonyhadi Daniel 24, 27, 28, 38, 56, 71, 74, 79, 86
Bonyhadi Edgar 24
Borghese Flavio 192
Bormann 122, 197
Born, Frh. v. 120, 234, 243, 303
Born Renata 243, 303
Boroschi Malome 71
Boskovits Robert 92, 102
Bradaczek Max 197
Braun Alfred 92, 195, 230
Braun Ignaz 73
Braun Ludwig 73
Braun Moriz 58, 59, 73, 79, 80, 94, 96, 98, 162, 230
Breier Anton 110
Brender Regina 72
Brenner Hersch 69
Brot Meyer 109
Brucker Heinrich 71
Bürckel Josef 158, 160, 166, 179, 203, 212, 240
Buffarini, Dr. 282

C

Chaneles Abraham 107, 135, 209, 211, 223, 227
Charnatz Richard 119
Christiansen Siegmund 235
Christmann, Dr. 299
Ciano Galeazzo 277
Cina Rubin 109
Clementschitsch Jacob 215
Cop Anton 283
Cop Ferdinand 283
Cop Franz 283
Cop Josef 283

Czuczka Alia 93
Czuczka Erika 94
Czuczka Grete 226
Czuczka Leopold 74, 94, 136, 167
Czuczka Stefanie 224, 226

D

Daut Behar 71
David Albert 58, 78
Dacid Daniel 33
David Franz 58, 78
David Isidor 58
Deutsch Josef 31
Deutschmann Wolf 17, 18
Diamant, Dir. Dipl.-Ing. Max 97
Diamant, Dr. Paul 210
Dobernig Wolfgang 100
Doblhoff 19
Dorer 136
Druffel, Ernst v. 283, 284, 291
Dub Albert 38
Duschak Moriz 71
Duschinsky David 58, 71, 102, 103, 163
Duschinsky Josef 58
Duschinsky Regina 163

E

Ebenspanger Albert 31
Eder, Dkfm. 285
Eder 299
Edihaus 216
Egger 166
Egger-Lienz 196, 197
Eichmann Adolf 202, 203, 208, 210, 211, 225, 254, 258
Eisenschimmel Regi 58
Eisinger Bruno 92, 224
Eisinger Hermine, geb. Spitz 98, 224, 236, 237
Eisinger Jakob 61, 92
Eisinger Kathi 29
Eisler Ettel, verh. Friedländer 43, 59, 73, 236
Eisler Irene 58
Eisler Rosa 43, 58
Eisler Samuel Meyer 43, 58, 81, 82
Epstein Fritz 92
Epstein Mirl 69
Erker, Dr. 110
Etienne Michael 21

F

Fabian Jonas 61, 93
Fajdiga, Dr. 265
Fall Gustav 92
Faludi Lajos 110
Fantl Eugenie 61
Fantl Grete 244
Fantl Ignaz 90
Fantl Julius 244
Fantl Karl 102
Fantl Leo 102

Fantl Maximilian 71, 102
Farinacci Roberto 272, 277
Federmann Samuel 64
Feldbauer 96
Fellner Jakob 24, 27, 37, 38, 41, 56
Fischbach, Dr. 292
Fischbach Chaim 58, 59, 68, 69, 78, 79, 80, 86
Fischbach Betty 80, 98
Fischbach Dora 92, 229
Fischbach Frieda, verh. Schaier 229
Fischbach Herrmann 102, 103, 163, 229
Fischbach Ignatz 69
Fischbach Ignaz 229
Fischbach Israel 80, 91, 104, 131
Fischbach Jonas d. Ä. 80, 98
Fischbach Jonas d. J. 92, 104, 131, 132, 157, 162, 163, 178, 190, 213, 228, 229, 294
Fischbach Josef 229
Fischbach Leopold 229
Fischbach Malke (Amalie) 153, 162, 163, 229
Fischbach Martha 229
Fischbach Max 92, 229
Fischbach Melitta 229
Fischbach Mina 229
Fischbach Mira 229
Fischbach Moritz 229
Fischbach Moriz 79, 98
Fischbach Norbert 104, 132, 228, 229
Fischbach Osias 98, 102, 157, 178, 227, 229
Fischbach Paul 110
Fischel Rudolf 75
Fischer, Dr. David 75
Fischer Ignaz 28, 102, 103, 104, 131
Fischer Jakob 37
Fischhof, Dr. Adolf 17, 19, 20, 22, 29, 38, 45, 62, 93
Fischhof Simon 17, 19, 22, 38, 62
Fischl Ernst 92, 96, 195, 225
Fischl, Ing. Josef 92, 96, 194, 195, 230, 304
Fischl Margarethe 90, 110
Fischl Siegmund 61, 70, 74, 92, 96, 97, 134, 155
Fleischer, Dr. Alexander 61, 102
Fleischmann Adam 28
Fleischmann David 28, 73, 74, 79, 94, 102, 162, 163, 230, 234
Fleischmann Grete, verh. Gewing 163, 230
Fleischmann Henriette 235, 237
Fleischmann Irene 237
Fleischmann Jenna 230
Forchheimer, Ing. 92
Förster Gen. 254
Forst Heinrich 17, 18, 78
Fraenkel (Frenkel) Eduard 64
Fränkl Leo 107
Frankl, Dr. Robert 110
Freißler 216
Frenkel Isidor 227

Freund Adolf 11, 17, 18, 19, 20, 21, 22, 25, 26, 28, 35, 36, 37, 38, 41, 42, 43, 44, 47, 48, 49, 52, 53, 56, 71, 74, 124
Freund Lydia 18
Frick 145
Frick, Dr. 267, 268, 269, 270
Friedl, Dr. 271
Friedl Hermann 227
Friedl Hilde 228
Friedl Malvine 227
Friedl Margarethe 227
Friedl Max 227
Friedl Rolf 227
Friedländer Alice 227
Friedländer Berl 43, 59, 73, 74
Friedländer Daniel 43, 59, 73
Friedländer Elias 29, 73, 74, 79, 92, 93, 94, 162, 163, 228
Friedländer Elvira 228
Friedländer Emil 93, 162, 163, 227, 230
Friedländer Ettel 74, 81, 90, 91, 92, 93, 102, 107, 131, 135, 162, 236
Friedländer Gisela, verh. Ostermann 91, 162, 163, 221
Friedländer Ignaz 92, 93, 154, 227, 228
Friedländer Lea (Lotte), verh. Weinreb 73, 92
Friedländer Meyer (Max) 28, 59, 68, 69, 73, 74, 79, 167, 228
Friedländer Perl (Pepi) 93, 162, 163, 227
Friedländer Rosalia 163, 227, 228
Friedländer Ruth 227
Friedländer Simon 69, 73, 74, 91, 92, 93, 94, 98, 130, 154, 155, 162, 164, 167, 208, 227, 230
Friedländer Sluwe 69
Friedländer Walter 98, 222, 228
Friedmann, Dr. 202
Frisch Alexander 75
Fritz Karl 101, 125, 126, 127, 271
Frodl, Dr. 295
Frucht Wilhelm 61, 76
Fuchs, Ing. Emil 61
Furlan 266
Fürst Moriz 30, 43

G

Gall, Rudolf v. 215
Gasser Simon Hans 97, 98
Gayl, Ing. Alberg v. 253, 266
Geier Fanny 27
Gerngroß 200
Gföllner, Dr. 111
Gherardi-Bon, Dr. Silva 284
Gintzler Josef 64
Glanzmann u. Gasser 263
Glaser Bernhard 31, 83, 107
Glaser Frieda 107
Glaser Helene 107
Glaser, Dr. Helmut 254, 258
Glaser Herbert 107
Glaser Nora 107
Glaser Siegfried 107
Glesinger Arthur 93, 102, 178, 230, 234
Glesinger Eduard 93
Glesinger, Dr. Marzell 93, 196
Globocnik Odilo 121, 122, 126, 139, 141, 145, 212, 213, 285, 286, 288, 289
Goebbels Joseph 212, 213, 219
Göring Hermann 158, 174, 181, 251
Goëss, Leopold v. 45
Götz Adolf 31
Gold Rudolf 61
Goldmann Charlotte 17, 28
Goldmann Emmanuel 17, 28
Goldstein Anton 38
Goldstein Josef 32
Grazioli 278, 279
Gröger Florian 105
Groß, General 115
Groß Adolf 93, 155, 225, 230, 304
Groß Anna 230
Groß Emma 225, 230
Groß Lotte 230
Gruber Dora 229
Gruber Julius 92, 93, 229
Gruber Lili 229
Grubner 134
Grün, Dr. 210
Grünfeld Franziska 76
Grünhut Antonia 27
Grünschlag Elias 209, 210
Grünsfeld Hermine 81
Grünthal Rudolf 75
Günther Rolf 286
Güntzler Josef 82, 83, 84, 88
Guttmann Gabor 17
Guttmann Samuel 17

H

Haas 107
Hahn, Freih. v. 118
Hainzl, Dr. 266
Halpern Pinkas 64
Hammer Benjamin 69
Hanfstaengl, Dr. 295
Harmel Heinz 213
Harnisch Friedrich 92, 238
Harnisch Heinrich 238
Harnisch Lisl 227
Hauser Friedrich 226
Hauser Ignaz 15, 16, 99, 107, 136, 137, 209, 223, 228, 237
Hauser Josefine 226
Hecht Elsa 60
Hecht-Neustadtl Luise 190, 230
Heilpern Simon Samson 83, 86, 89
Heimann, Dr. Ernst Heinrich 231
Heimann Josef 14
Heller Alice 230
Heller Beate 194

Heller, Dr. Josef   93, 196
Heller Gerda   230
Heller, Dipl.-Ing. Dr. Oswald   97, 102, 194, 224, 230
Hellman Samuel   17, 19
Hefter, Fürstb. Dr. Adam   116
Herman Leib   27, 28
Herman Rosa   27
Herrmann Emil   75
Herzmansky   200
Herzog, Dr. David   88, 105
Herzog Hugo   119
Heydrich Reinhard   213, 225, 254, 276
Hierzegger, Dr.   266, 285
Himmler Heinrich   122, 139, 145, 147, 168, 182, 184, 213, 250, 251, 252, 253, 256, 257, 261, 262, 267, 268, 270, 271, 276, 285
Hirschenstein Moses   17, 19, 28, 86
Hirschler Edmund   26
Hirschler Uljaki   74
Hitler Adolf   122, 141, 181, 182, 183, 197, 211, 250, 270, 276
Hochman Anna   102
Hochman Abe   17, 18, 83, 86–89, 98, 131
Hodeer, Mj.   308
Hofman (Hofmann, Hoffmann) Moriz (Moritz)   24, 27, 28, 36, 38, 41, 78, 86
Hofman Regina   24, 28, 71
Hofmann   258
Holmar Thomas   191
Hoi Matthias   159, 188, 208
Hoises Julius   31
Holger Siegfried   75
Horinger Anton   228
Horinger Chaika   228
Horitzky-Orsini   304
Horn Johanna   61
Horn Smelka   61
Horovitz Jacquez   38, 61, 75
Horovitz Pinkas   109
Hübschmann Cäsar   92, 93
Hübschmann Rosa   108
Hülgerth, General   125
Huschak Arthur   231, 304
Huschak Jonas   148, 231
Huschak Wilma   234

I

Ismerlik Anisim   110
Isselhorst, Dr.   143, 144, 145, 147
Iversen Hans   182

J

Jaklitsch, Dr. Anton   142, 143
Jakobovits   83
Jakobovits Zlotin   110
Janowitzer, Dr. Oskar   92, 238
Jauernig, Ing.   183
Jellinek, Dir.   70, 92

Jonas, Dir. Hermann   96, 224
Joseph II., Kaiser   11
Junek Anny   304

K

Kadisch Fanny   27
Kadras, Dr. Josef   270
Kalisch Reuwen   11, 18
Kalmus, Dr. Max   93
Kaltenegger, Dr.   266
Kamitz, Dr.   319
Kapretz   113
Katz Immanuel   92
Kaufmann Nathan   82
Kaufmann Therese   58
Kelbel Johann   283
Kennedy, Cptn.   300
Keppler   213
Kern   216
Kernmaier   14
Kerö Ludwig   64
Klare, Dr.   285
Klarfeld Charlotte   190, 225
Klausner Hubert   101, 121, 122, 123, 125, 126, 139, 141, 142, 145, 191, 221, 241, 268
Klein, Ft. Alexander   230
Klein Anna   75
Klein Jakob   92, 98, 162, 163
Klein Josef   272
Klein Leopold   27
Klein Moriz   25, 27, 93
Klimann   113
Klinger Sigmund   25, 27, 41, 56, 79
Koch Julius   25
Koch, Komm.   254
König   281
Körner Ludwig   72
Kövesdi Anton   25, 26
Kogler Max   167
Kohn   17
Kohn Alexander   32
Kohn Max   110
Kohn   225
Kohs Isidor   71
Kollisch Leopold   30, 31, 35, 53, 83, 84
Kollmann   97, 102
Kollnitz Julian   220
Kometter   220
Koncai Max   71
Kopp Josef   45
Koppels Ludwig   31
Kornfein Ignaz   37
Kornhauser Leo   72, 94, 102, 163, 225
Koser, Dr.   150
Krafft, Dipl.-Lw.   183
Kramer, Dr. Bernhard   27, 60
Kramer Ludwig   90
Kramer Sigmund   17, 19, 27, 28, 69, 71, 80, 86, 98, 102, 163
Kramer Terka   90
Krammer Georg   227, 304, 306

Krammer Helly 227
Krammer Sigmund 162
Kren 158, 166
Kriegsfeld Nathan 72, 102, 135, 147, 208, 214, 221, 222, 223, 228, 232
Krischke Alois 155, 167
Kronberger Clothilde 27
Kronberger Ignaz 25, 27, 38
Kronberger Max 72
Krysza-Gersch, Dr. 140
Küchler Wolf 118
Kulka, Ing. Otto 92
Kutschera Franz 113, 121, 127, 128, 139, 140, 141, 142, 143, 149, 158, 166, 181, 182, 209, 212, 219, 248, 249, 250, 251–258, 260–262, 268, 269–271

L

Landau Alexander 31
Landauer Max 69
Landon Angelo 51
Lapper, Dr. 285
Laufer Julius 285
Laufer Klara 163
Laykam Josef 92
Leer Silvester 105, 111
Leo v. Judenburg 33
Leopold II., Kaiser 50
Leopold, Dr. Alfred 75
Leopold Josef 119, 121, 141
Levy Anton 32
Liebergall Ernst 228
Liebergall Josef (Josef Weißmann) 226, 228
Liebergall Selig 226, 228
Liebermann Ludwig 110
Liktik Grete 227, 228
Lilian Elias 25, 41, 56, 69, 72, 73, 79, 80, 81, 84, 102, 105, 206, 230
Lilian Leo 90, 202, 229
Lilian Moses 72
Lilian Philipp 72, 102
Lilian Sigmund 102, 163, 164
Lilien Heinrich 72, 79, 102, 226
Lindenbaum Max 64
Lindenfeld Rosalie 58
Linker Hede, geb. Czuczka 225
Linker Leon 92, 225, 228, 237
Linker Max 226, 228, 237
Linker Samuel 92, 102, 163, 225, 226, 237
Loebel, Dr. Paul 93, 196
Loebel, Dr. Reinhold 93, 196
Loewe, Dr. Erich 190
Löwy (Löwe) Moriz 92, 102, 226
Löwit Albert 56
Löwenfeld-Russ, Dr. 215. 223, 240, 303
Löwenherz, Dr. 202, 203, 204
Longin Hubert 121
Lurker 271
Lustig Etilda (Etka) 225
Lustig Hedwig 59, 91
Lustig Julius 59, 72, 73, 79, 80

Lustig Nandor 72, 92, 225
Luzzatto, Prof. 317

M

Madinger Gabriel 71
Mahler Samuel 26
Maier-Kaibitsch Alois 114–119, 122, 127, 128, 129, 139, 141, 143, 144, 150, 151, 181, 182, 183, 185, 186, 188, 189, 210, 211, 212, 246, 249, 250, 251, 252, 256, 259, 266, 267, 270, 271
Maierschitz, Dr. 253, 266, 285, 295
Malnar Anton Josef 283
Mandl Karl 110
Manheimer David 61
Marcaria Matteo 304
Margulies, Ing. Anton 103
Margulies, Dr. Isak 103
Margulius, Ing. Alfred 61
Markus Georg 110
Matschnig Albin 100
Matschnig Anton 100
Mauthner, Ing. Hugo 31
Mautner Hermine, verg. Preis 25, 27, 60, 69 (s. auch Preis)
Maximilian I., Kaiser 11
Mayer F. 216
Mayer Teodoro 274
Mayrhofer Franz Xaver v. Grünbühel 45, 53, 54, 55
Mechur Adolf 59, 79
Mehrer, Dr. M. G. 137
Meinhardt Risa 75
Meller, Dr. 112
Melli Alberto 72
Meninger Moses (Markus) 59, 237
Meninger Regina 102
Menninger v. Lerchenthal, Dr. 92, 164
Messiner, Dr. Paul 285
Michalsen Georg 286
Minini Lorenzo 71
Mohrenschildt, Reinhold v. 271
Monschein Moriz 26
Morpurgo Leone 51
Morpurgo Edoardo 274
Morpurgo, Dr. Carlo 278, 279, 283, 288
Moser, Dr. 266
Moses v. Udine 33
Mozes Lajos 110
Mühsam, Dr. Samuel 31, 53, 81, 83
Müller Bernhard 82
Müller, Ing. Hermann 64
Müller Josef 59, 71, 79, 80, 94, 98, 102, 103, 130, 163
Müller Victoria 27
Mussolini Benito 272, 276, 282, 285, 286, 289, 293

N

Nagele 143
Natmeßnig, Dr. Meinrad 141, 142, 220, 248, 251, 252, 257, 262, 264, 265, 271, 293

Nettel, Ing. Emil 225
Nettel Evelyn Viktoria 226
Neubacher 121
Neumann Alfons 78, 102
Neumann Caroline 28
Neumann Edith, verh. Schiff 226, 235
Neumann Emmanuel 18, 19, 28, 36, 38, 78, 80, 102, 235, 236, 237, 245
Neumann Jonas 18
Neumann Malwine 112
Neumann Mathilde 71, 75, 77, 98, 235, 236, 237
Neumann, Dr. Max 92, 196
Neumann Moriz 17, 18, 26, 28, 78
Neurath Alfred 93, 148, 231, 282, 283, 285, 287, 304
Neuwirth Ferdinand 31
Novak 258, 265

O

Oberhauser Josef 286
Oerker Abraham 69
Österreicher, Dr. Ferdinand 61
Österreicher, Dr. Samuel 32
Opitz, General 271
Ornstein (Orenstein), Dr. Sigmund 60, 75, 216
Ortenberg Michael 110
Ostermann Alfred (Aldo) 231, 241
Ostermann Alma, verh. Reinert 92, 231
Ostermann Ella 237
Ostermann, Dr. Ferdinand 61
Ostermann Gisela 228
Ostermann Isak (Ignaz) 28, 29, 59, 71, 74, 78, 102, 106, 231, 237
Ostermann Katharina 98
Ostermann Regina 59
Ostermann, Ing. Samuel 32

P

Pacher 254
Pachnek, Dr. Karl 249
Pachner Bernhard 61
Pachtmann, Dr. 202
Palatucci, Dr. Giovanni 279, 280
Palzeff Nachem 68
Pasternak Hersch Majer 110
Patek (Pattek) Sigmund 72
Paulitsch, Msgr. Dr. 111, 112
Pawlowski, Dr. Wladimir v. 121, 125, 138, 139, 140, 141, 142, 151, 161, 162, 208, 219, 220, 243, 249, 262, 267, 268, 270, 271, 272
Peltzer 234
Penkbauer 127
Perko, General 140, 141, 142
Perkonig Josef Friedrich 115, 117, 122, 127, 128, 139
Perl, Dr. Wilhelm 202
Perlberg Carl 92, 95, 303
Perlberg Kurt 213, 222
Perlberg Nelly 303
Perlhefter Anton 25

Petek, Dr. 151, 152, 259
Pfeffer, Dr. 285
Pichler-Mandorf Franz 114
Pines Leo 25
Pisk Heinrich 75
Pius XII. 288
Plahna Maria 71
Platz Franz Josef 75
Pohl Oswald 182
Poljanec Vinko 151, 211
Pollak Max 30
Pollak Philipp 26, 27, 61, 62
Pollak, Ing. Max 61
Pollak Heinrich 71
Pollak, Dipl.-Ing. Isidor 194
Pollak, Ing. (Neumarktl) 267
Pollak (Triest) 295
Popper, Dr. Emil 61, 76
Popper Emma 93
Popper Fanny 60
Popper Julie 61
Porges Karl 38
Porges, Dr. Salomon 17, 19, 22, 26, 53, 59, 62
Porges, Dr. Walter 59, 92, 196, 215
Posamentier Hedwig 59
Preis Markus 25, 27, 28, 36, 38, 41, 56, 60, 71, 79
Preis Gisela 60, 80
Preis Fanny 60
Preis Rosa 60
Preis Adolf 22, 25, 27, 28, 36, 56, 60, 71, 79, 80, 81, 82, 92, 94, 102, 106, 162, 167, 186
Preis Hermine, geb. Mautner 186, 187, 188, 190, 215, 238, 239, 241, 244, 245
Preis Dora (Dorothea) 98, 238
Preis Marianne, verh. Schiffler 98, 215, 237, 238, 241
Preis Felix 90, 98, 102, 237, 238, 245
Preis Emil 98, 101, 102, 145, 167, 213, 215, 221, 237, 241, 242, 243, 272, 283, 285, 303, 306, 320
Preis Robert 98, 101, 102, 145, 162, 163, 213, 215, 221, 237, 241, 242, 243, 283, 303
Preis Liesl (Elisabeth) 237
Preis Evi 237, 238, 239
Preis Peter 237, 239
Preisler Karl 71
Preziosi Giovanni 272
Prokop 158, 197
Proksch 119
Puntschart 74

R

Raab, Dr. Julius 319, 320
Rainer, Dr. Friedrich 121, 122, 123, 126, 138, 139, 141, 142, 145, 249, 251, 264, 269, 270, 271, 285, 286, 290, 292, 293, 294, 299
Rapaport Kurt 110
Rasaljewitsch Benjamin 110
Raskin Srol 31

Rath 218
Rathaus Pelke 137
Rauscher 306
Rausnitz Arnold 305
Ravenna, Dr. Eloisa 293
Recht Heinrich 61
Rede Abel 283
Rede Georg 283
Redlich, Ing. Max 92
Reggio Isak 35
Reihs Josef 72
Reinert Max 92
Reinert Mendel 231
Reinprecht Franz 111, 114, 115
Reinisch Fanny 69
Reinisch Henia 228
Reinisch Mendel 60, 68, 69, 86, 102, 245
Reinisch Rudolf 228
Reinisch Simon 102, 162, 163, 218
Reinthaler 121
Renstein Leopoldine 75
Rentmeister Walter 112
Revanne Arrigo 304
Reznik Reuben 304
Ribbentrop 272
Richter Roland 190
Rieger Franz 21
Riesenfeld, Dr. 309
Roatta, General 279
Röger Erich 70, 92, 113, 128, 134, 135, 137, 226
Rösener Erwin 267, 271, 285
Rohracher, Erzb. Dr. 252, 257, 276
Roifer Mathilde 96, 186, 193, 231
Rosenbaum, Ing. 70
Rosenbaum Jakob 14
Rosenbaum Moriz 60, 71
Rosenberg Elsa 74
Rosenberg Isak 283
Rosenberg Ludwig 71, 90, 109
Rosenberger Heinrich 27
Rosenfeld Filip 109
Rosenfeld Salomon 11
Rosenfeld, Dr. Emil 196
Rosenheck Gedalie 64
Rosenkranz, Dr. Emil 93
Roth Gustav 61
Rothenberg 202, 210
Rubel Cäcilia 238
Rudich, Ing. Max 226
Ruhmann Franz 197

S

Sabetei Medina 68
Sachs Edith 78
Sachs Nelly 78
Sagl Hermann 110
Salter Marianne 93
Samaya 70
Salz Kathi 27
Salzberger Emmerich 231, 283
Salzberger Ernst 224, 236
Salzberger Mira 230
Salzberger Nandor 28, 69, 96, 102, 157, 163, 192, 193, 223, 224, 230, 305
Sandberger, Dr. 252
Santin, Erzb. Dr. Antonio 279, 288
Sattler Johanna 59
Sax Stefanie 74
Sax Siegfried 224, 225
Schaier (Schayer, Scheier) Malke (Amalie) 60, 79, 80, 83, 86, 98
Schaier Eduard 228, 229
Schaier Freide (Theresia) 60, 86
Schaier Gerda 230
Schaier Helene 83
Schaier Jakob 60, 68, 69, 71, 79, 91, 97, 98, 102, 131, 162, 163, 168
Schaier Jenny 190, 231
Schaier Josef 162
Schaier Jutte 83, 89
Schaier Rosa 60, 71, 79, 80, 86, 102
Schap Ludwig 81, 82, 83
Scharf Alexander 21
Scharfberg Josef 92, 93, 227
Schattenfroh 121
Schatzmayr Friedrich 110
Schatzmayr Otto 113
Scheel, Dr. Adolf 292
Scherz Moriz 17, 19
Schiberth 136
Schick Gerda 234
Schick Wilhelm 260
Schiff Mosche 226
Schiffler Marianne, geb. Preis 186, 187, 245
Schiffler, Dipl.-Ing. 245
Schiller Blanka 163
Schiller Ernestine 241
Schiller, Ing. Hermann 92, 97, 98, 162, 227, 241
Schischa Max 37, 42
Schleicher 165
Schlesinger Adolf 71
Schmidt, Dipl.-Lw. 183
Schmidt-Zabierow, Franz Frh. v. 45
Schön Meyer 14
Schönbrunn Eugenie 72
Schönwald Sarah 58
Scholten Salomon 25, 41
Schor Abraham 110
Schrenger 96
Schröder 253, 256, 261, 266
Schützenhofer Heinz 215
Schuh Moriz 71
Schultz, Dr. Bruno 256, 257
Schumy Vinzenz 105, 114, 115, 118
Schur Moriz 189, 230
Schuschnigg, Kurt v. 122, 125, 138, 140, 149, 272
Schuster Hans 45, 48, 53
Schwammeis, Dipl.-Lw. 183
Schwartz, Dr. David 61
Schwarz, Warenhaus 200
Seelenfreund Alexander 60

Seelenfreund Bernhard 60, 70
Seipelt, Dr. Ignaz 100
Seys-Inquart Arthur 121, 122, 127, 139, 141
Silbenschein Irene 190, 230
Silber Sigmund 92
Silber Wilhelm 92
Simon, Dr. Esther 17
Singer Abraham 82
Singer Hans 227
Singer Heinrich 17, 19, 21
Singer Hermine 227
Singer Sigmund 21
Singer Therese 82
Somlja Eduard 110
Sonnenschein Elsa 75
Sonnenwald, Dr. 209
Spiegelmann Bernhard 109
Spierer Frime 227
Spierer Matthias 64, 92, 93, 227
Spierer Regina 227, 229
Spierer, Ing. Wolf 227
Spieß Ferdinand 22
Spitz Bernhard 17, 19, 69, 71, 102, 148
Spitz Berta, verh. Zeichner 236
Spitz Elvira 225, 236, 237
Spitz Johanna 27
Spitz Josef 236
Spitz Julie 98, 148, 236, 243
Spitz Julius 98, 102, 214, 224, 230, 236, 237, 240
Spitz Mathilde 27
Spitzer, Dr. Siegfried Leo 168, 229
Stanfel Anton 45
Stangl Franz 286, 287
Stankover, Ing. Carl 61
Starc 151
Starace Achille 273
Starzacher, Dr. 182, 253, 266
Stein Melitta 215, 234
Steinacher, Dr. Hans 114–117, 126, 183
Steinberg Hermann 32
Steinberg Hersch 110
Steiner Jakob 69
Steiner Maria 283
Steinherz Wilhelm 32
Stern Adolf 17, 25, 28
Stern Anna 25, 28
Stern, Dr. Gustav 92, 215
Stern Peter 17, 19, 25
Sternfeld Wilhelm 37, 43
Sternschein 228
Sternschuß Josef 97, 227
Stier, Dr. 185
Stock Emilio 279
Stock Nello 279
Stöhr Johann 27
Stöhr Mathilde 27
Stössl Arnold 239
Stössl David 239
Stössl Emil 226
Stössl Franziska 230

Stössl Ignaz 229
Stössl Max 25, 27, 28, 31, 35, 36, 37, 41, 52–54, 56, 58, 59, 60, 61, 65, 71, 74, 76, 77, 79, 80, 81, 84, 85–88, 90, 91, 94, 98, 102, 104–107, 110, 131, 135
Stössl Paula 230
Stössl, Dr. Silvio 52, 102
Stössl Simon 102
Strache 143, 144
Straßberger Ella 26
Straßberger Isidor 26, 27
Strasser Selma 60
Strasser Vitus 21, 22, 60
Stricker, Ing. Robert 103, 104, 134, 202
Stuckart Wilhelm 251
Sucher Arnold 127, 140, 141, 150
Sungolowsky Gerson 107

T

Tandler, Dr. Rudolf 305
Tauber Attila 234, 283
Tauber Bernhard 83–85
Tauschitz Stefan 126
Taussig Mathilde 28
Teichmann Adolf 100
Terner Adolf August 82, 96, 132, 227
Terner Ella 132, 147, 227
Terner Johann 102, 103
Tersch, Ing. Adolf 61
Testa Temistocle 279, 280
Thorsch Samuel 17, 18, 19, 22, 26, 38, 75, 79
Tischler, Dr. Josef 150–152, 211, 212, 259
Treves 304
Triebnig Adolf 210
Trijger Benjamin 102
Tropper, Dr. 253, 266
Tuch, Ing. Friedrich 61
Tugemann, Ing. 244

U

Uiberreither 251
Ullmann Jenny 27
Ungar 82

V

Vago Andor 109
Valobra 279
Vary Sigmund 71
Vincent, Mj. 308, 315, 317
Volkenborn Fritz 124, 144, 214, 215, 217, 218, 223, 239, 253, 254, 268, 269, 271

W

Wagner Moses 109
Wahliss 75, 124
Walterskirchen, Frh. v. 22
Weihrauch 299

Weimann, Dr. Ernst 144, 206, 250, 253, 254, 258, 280, 286, 290, 291, 299
Weimann Herbert 280, 281
Weininger Nathan 82
Weinreb Isak (Isidor) 74, 92, 98, 132, 135, 188, 189, 210
Weinreb Lea (Lotte), geb. Friedländer 18, 93, 98, 128, 132, 135, 136, 145, 147, 155, 162, 163, 166, 179, 189, 202, 210, 211, 227, 304, 321
Weiser, Dr. Emmerich 245, 304
Weishut Camilla 190, 216, 230, 234
Weishut, Dr. Hans 230
Weismann (Weißmann) Chaje (Dora) 58, 64, 225
Weiß Gabor 109
Weiß Josef 179
Weiß, Dr. Rudolf 142
Weiß Sigmund 110
Weißmann, Dr. Franz 17
Weitlauer Michael 280
Wessely Naftali 34
Winkler, Ing. Alois 152, 158, 159, 166, 167, 169, 246, 247, 249, 253, 266
Winkler Hans 220
Winkler Raimund 220
Winter, Ing. Josef 61
Winternitz Siegmund 26
Winternitz, Ing. Wilhelm 61
Wirth Christian 286, 291, 295, 296
Wittmann, Dr. 317

Wittner, Dr. Oskar 93, 196, 216, 221, 240
Wittner Auguste 240
Wöss, Dr. Max 183, 187
Wolf Hermann 25
Wolf Josef 283
Wolf Julius 283
Wolsegger, Dr. Ferdinand 140, 141, 271, 288
Wornig 151
Worth William John, Cptn. 318
Wurmbrand, Gr. v. 22
Wutte, Dr. Martin 115, 271, 299

Z

Zeichner Berta, geb. Spitz 98, 237, 236
Zeichner Ernestine 227, 230
Zeichner Max 90, 110
Zeichner Moriz 60, 94, 98, 102, 162, 163, 164, 202, 227, 230
Zeichner Otto 230
Zeinitzer 139
Zeisl Egon 102
Zelenka Franz 110
Zernatto Carl 194
Zernatto Guido 125
Ziegler 238
Zilz Gisela 60
Zipper Anna 27
Zipper Markus 17, 19, 22
Zlatarow-Hojos Marie 192
Zojer, Dr. 295, 292
Zorattini, Dr. Pier Cesare 50

Ortsregister

A

Aachen 195
Abtei 185
Acza 19
Ägypten 84
Aidussina/Ajdovscina 50, 51
Agram/Zagreb 31, 32, 255, 279
Alexandrien 83, 84
Altenmarkt 234
Altheim 192
Altstadt 19
Amstetten 88
Ancona 284
Anif 122
Annabichl 84, 110
Antenhausen 19
Aprica 282, 283
Arbelowitz 61
Argentinien 227
Arnbach 280
Arnoldstein 63, 72, 210
Aßling/Jesenice 249, 250, 255, 263, 283
Asnières 230
Aspern 145
Auen b. Velden 134
Augsdorf 189, 215
Auschwitz 225, 229, 230, 237, 239, 287, 289, 293
Auspitz 67, 82
Australien 204, 227, 228, 230, 278

B

Baden 88, 96
Bad Hofgastein 234
Bad Kreuznach 321
Baltikum 225
Baltimore 229
Bamberg 14
Banja Luka 31
Bauschowitz 238
Bayern 19
Groß-Beczkerek 29
Bekeszaba 230
Belgien 205
Belgrad 96, 255
Belzec 286
Beneschau 61, 67
Benghazi 283
Bergen-Belsen 224, 236
Berlin 116, 122, 126, 138, 139, 143, 168, 174, 175, 182, 183, 185, 190, 192, 238, 243, 247, 248, 250, 262, 264, 265, 267, 268, 269, 271, 276, 311, 321
Bischoflaak 253, 257, 263
Bleiburg 26, 61, 251, 256
Bodensee 13

Böhmen 13, 14, 15, 19, 20, 22, 26, 28, 29, 30, 32, 51, 59, 61, 66, 67, 68, 71, 72, 82, 89, 90, 93, 136
Böhmisch Ludeletz 32
Bonn 320
Borscow 67
Bosnisch Brod 96
Bosnisch Petrovac 92
Bozen 280, 281
Brandeis 19, 26, 67
Brasilien 238
Bremen 233
Brenner 281
Breslau 14
Bridgeport 153
Brody 67, 83
Brooklyn 72
Bruck/Mur 25, 31, 45, 48, 49, 251, 252
Brückl 63, 70, 95, 97, 194
Brünn 67, 76
Brunneck 186
Buchenwald 214, 222, 223, 224, 231, 300, 304
Budapest 14, 68, 71, 75, 94, 117, 230
Budzanow 67
Bukowina 19, 26, 29, 51, 58, 66, 67, 68, 69, 71, 72, 90, 92, 131
Buenos Aires 272

C

Chatultepec 230
Chiavris 33, 34, 50
Cilli/Celje 271
Cividale 33, 289
Coccau 62
Connecticut 228
Cormons 50, 51
Cosenza 282
Crikvenica 279
Curzola 279
Czakathurn 31, 32
Czernowitz 58, 68

D

Dachau 145, 163, 164, 202, 206, 210, 214, 221, 222, 223, 230, 239, 241, 243, 280, 300
Dalmatien 29, 51, 279
Debreczin 272
Denitz 19
Deutsches Reich 147, 155, 160, 182, 183, 184, 188, 199, 203, 204, 233, 248, 251, 261, 265, 273, 274, 277, 283, 291, 297, 299
Deutsch-Kreuz 31
Deutschland 14, 19, 33, 34, 113, 116, 117, 122, 126, 160, 173, 218, 246, 252, 266, 272, 274, 282, 294, 298, 304, 311, 314, 319, 320, 321

371

Deutsch-Österreich 101, 103
Dobrova 266
Dodekanes 273, 281
Döllitschau 19, 67
Drago 279
Drasing 190
Dravograd 255 (s. auch Unterdrauburg)

E

Eberstein 63
Eibenschitz 19
Eis 96
Eisenkappel 64, 65, 92, 93, 227
Eisenstadt 296
Elsaß 14
Emilia Romagna 287
Emmersdorf 17, 21, 22, 62
England 117, 126, 172, 226, 227, 230, 236
Erdöbenya 82
Esseg 43, 68
Evian 203

F

Faaker See 134
Farra d'Isonzo 289
Feistritz/Rosental 96, 186, 263
Feld am See 200
Feldkirchen 63, 65, 92, 93, 117, 124, 166, 196, 229, 238, 303
Ferlach 64, 93, 143, 231, 235
Ferramonti 282, 283, 303
Fiume 50, 101, 209, 210, 226, 227, 232, 255, 273, 274, 279, 280, 283, 285, 286, 287, 288, 293, 305
Flitsch 15
Florenz 33, 231, 284
Fohnsdorf 59
Frankfurt/Main 164
Frankfurt/Oder 271
Frankreich 117, 126, 205, 226, 229, 235, 249
Frantschach 97
Freistadt 67
Friaul 15, 71, 89, 249, 274, 281, 285, 300, 301, 302
Friesach 18, 63, 65, 66, 83

G

Galatz 71
Galizien 14, 16, 19, 20, 22, 26, 29, 30, 32, 50, 51, 58, 59, 60, 66, 67, 68, 69, 73, 83, 85, 89, 90, 91, 107, 131, 136, 137
Gemona 33
Genua 279
Glandorf 61
Gmünd 17, 59, 300
Görz/Gorizia/Gorica 34, 35, 50, 51, 63, 138, 285, 287, 289, 293
Gonars 250
Gorlice 92
Gottesbichl 76

Gradisca d'Isonzo 34, 35, 50, 51, 52, 289, 296, 300
Gran 68
Graz 11, 13, 27, 30, 31, 32, 35, 37, 38, 42, 43, 44, 45, 46, 48, 49, 52, 53, 54–56, 63, 74, 76, 77, 80, 82, 83, 86–89, 92, 102, 103–107, 137, 168, 175, 177, 188, 190, 191, 197, 208, 209, 213, 243, 244, 250, 251, 257, 291, 306, 307, 312
Griechenland 96, 202
Griminitzen 110
Großbritannien 205, 232, 307
Großglockner 134
Gurk 93, 96, 191, 192, 193, 196
Gyarmat 71

H

Haifa 226, 228
Haimburg 185
Halle 272
Hallegg 315
Hamburg 14, 233
Hermagor 62, 63, 65, 92, 164
Höevary Vasarhely 32
Hohenems 50
Holleschau 67
Horn 88
Hruzica 255, 283
Hühnerkogel 251
Husiatyn 58, 67

I

Iglau 67, 76
Innerösterreich 14
Innichen/San Candido 281
Innsbruck 183, 184, 200, 280
Isola di Gran Sasso 283
Israel 18, 304
Istanbul 68, 71
Istrien 285
Italien 12, 14, 16, 19, 32, 33, 34, 50, 68, 96, 97, 101, 120, 182, 183, 184, 186, 192, 194, 201, 205, 209, 231, 232, 233, 236, 247, 266, 272, 273, 274, 276, 277, 278, 279, 280, 281, 282, 283, 284, 285, 303

J

Jablonow 60, 67, 163
Jaffa 277
Jagielnica (Jagolnica) 58, 67
Jakobeny 92
Jaslowice 67
Jennersdorf 306
Jerusalem 33, 113
Judenburg 31, 33, 35, 45, 48, 49, 50, 56, 57, 88, 306
Jugoslawien 96, 120, 127, 201, 230, 231, 241, 247, 250, 266, 278, 282, 303, 304
Julisch-Venetien 249, 285, 301, 302

K

Kärnten 12–18, 23–26, 29–31, 33, 35, 38, 40, 43, 44, 45, 46, 48, 49–66, 68–76, 78, 79, 81, 83–88, 90–100, 102, 104–108, 110, 113–114, 116–120, 122–136, 138, 139, 140–145, 147–150, 154–161, 164, 165, 168, 169, 173, 174, 176–188, 192, 194–202, 206, 207, 209, 211, 212, 213, 215, 217, 219–224, 228, 229, 231–235, 238–242, 244–251, 253–256, 259–265, 267–271, 274, 282–286, 287, 288, 290, 291, 293–301, 303–307, 309–317, 321
Kalabrien 282, 303
Kallady 26
Kalucz 59
Kanada 224
Kanaltal 101, 182
Karlovac 279
Karlsbad 69, 75
Kenia 230
Kent 205
Keutschacher See 137, 245
Kimpolung 68
Kirchbach im Gailtal 17, 27, 61
Kiryolez 27
Kis-Varda 60
Klagenfurt 11–16, 24–28, 31, 32, 35–38, 42–52, 54, 56–66, 68–76, 78, 79, 81–88, 90–95, 97–100, 102, 104–108, 110, 113–115, 120, 122–136, 138–145, 147–150, 154–161, 164, 165, 168, 169, 173, 174, 176–188, 192, 194–202, 206–207, 209, 211–213, 215, 217, 219–224, 228, 229, 231–235, 238–242, 244–251, 253–256, 259–265, 267–271, 274, 282, 283, 298, 299, 300, 303, 304–308, 310, 311, 315, 316, 317, 318
Klattau 17, 28, 67
Knittelfeld 17, 24, 25, 31, 35, 45, 48, 49, 59, 73
Kobersdorf 25, 26, 27
Köln 144, 206
Königsberg 75
Kötschach 63
Kolomea 19, 67, 92
Konstanz 33
Kostel 27
Kowno 238
Krain 11, 12, 15, 16, 29, 30, 31, 35, 46, 47, 49, 50, 51, 62, 71, 76, 88, 89, 250, 251, 252, 253, 254, 256, 257, 258, 259, 260, 262, 263, 264, 265–269, 278, 279
Krainburg/Kranj 250, 253, 255, 257, 259, 263, 265, 267, 269, 270
Krakau 29, 31, 42
Kremsier 20
Krikinin 43, 59, 67, 74
Kroatien 29, 89, 249, 266, 278, 279, 280
Krumpendorf 75, 124, 216–218, 221, 234, 240
Krywcie 67

Kuba 225, 226, 278
Kühnsdorf 26, 63
Küstenland, Adriatisches (auch Operationszone) 29, 34, 37, 50, 51, 89, 99, 101, 266, 274, 285, 286, 290, 292, 295, 299
Kuklow 27
Kyjov 224

L

Laa an der Thaya 92
Laak an der Zaya/Skofja Loka 255, 259, 283
Lackenbach 24, 25, 26, 27, 28, 37, 81, 83
Laibach/Ljubljana 11, 13, 31, 32, 35, 47, 48, 49, 51, 63, 76, 77, 88, 116, 137, 251, 253, 255, 259, 269, 273, 278, 279, 281, 287, 289, 301
Landskron 63, 66
Latour 19
Latschach 121
Lausanne 230, 234
Lavamünd 299
Ledec 59
Leeds 230
Leipnik 67
Leipzig 81
Lemberg 107, 225
Leoben 31, 45, 48, 49, 56, 57, 63, 88, 93, 306
Levante 34
Libyen 273
Lienz 136, 144, 161, 207, 238, 280, 281
Liescha 251
Ligurien 34
Limmersach 60, 61, 74, 92, 96, 134, 194, 195, 226
Lind ob Velden 196
Linz 25, 27, 50, 59, 67, 88, 113, 119, 200
Litai/Litija 253, 257, 263
Livorno 34
Loibl 299
London 202, 214, 224
Losiacz 67
Lowasitz 32
Lubaczow 255
Lublin 18, 146, 285
Lucca 71
Lundenburg 71
Luzawa 71

M

Madagaskar 204
Mähren 14, 19, 20, 27, 29, 30, 51, 61, 66, 67, 68, 82, 92
Mährisch Weißkirchen 67
Magdalen 194
Maglern 62
Mahrenberg 250
Mailand 71, 276, 284, 297
Majdanek 286

Malborghet 63
Mallnitz 64
Mantova/Mantua 34
Marburg 13, 31, 33, 45, 48, 49, 63, 88, 255, 271, 301, 306, 314
Maria Wörth 231
Marche 287
Mattersdorf 24, 26, 27, 31
Matschach 96, 186
Mauthausen 259, 289
Medno 259
Meran 75, 224
Mestre 286, 287
Metnitz 96
Mexiko 224, 230
Mezimostie 96
Mießtal, Mieß/Mezica 28, 114, 246, 249, 250, 251, 252, 270
Migorod 68
Millstatt 60, 75, 102, 117, 120, 190, 230
Miskowitz 67
Mistelbach 107
Modena 34
Modor 82
Mogilev 290
Monfalcone 50, 51, 96
Montevideo 230, 277
Moosburg 96, 117, 124
Moskau 68
München 75, 212, 213, 219, 232, 265
Mürzzuschlag 59
Murau 303

N

Nadas 58
Nagy Kanisza 26, 32
Nagytarna 43
Neapel 276
Nereto 282
Nervi 21
Neuengamme 280
Neuhaus 57
Neumarktl/Trzic 255, 263, 267, 283
Neunkirchen 88
Neutra 18, 19, 60
Neu-Etting 67
Neu-Zuczka 58
New York 60, 228, 319
Niederhessen 14
Niederlande 205, 229, 230, 231, 236
Niederösterreich 29, 51, 69, 71, 119, 203
Nizankovice 107
Nizborgnovy 58, 67
Novo Mesto 279
Nürnberg 33

O

Oakland 229
Oberburg 250
Obere Fellach 97, 263
Obergoritschitzen 28, 77

Oberkärnten 11, 41, 94, 104, 158, 165
Oberkrain 251, 252, 262, 267, 269, 270, 271, 283, 285, 290, 291, 292, 295, 299, 302
Oberösterreich 15, 29, 51
Obersalzberg 122
Obervellach 64
Oberwart 306
Österreich 52, 89, 95, 103, 104, 113, 118, 121, 123, 126, 130, 131, 132, 133, 140, 147, 148, 155, 158, 159, 161, 165, 171, 175, 177, 189, 190, 193, 194, 197, 200, 201, 203, 204–206, 211, 213, 218, 224, 227, 232, 235, 238, 255, 256, 260, 273, 274, 279, 282, 286, 291, 304, 305, 306, 308, 311, 312, 318, 320
Österreichisch Schlesien 51
Ofen 13
Ossiacher See 134
Ostmark 170, 189, 246
Osterwitz 298
Osttirol 94, 207, 280

P

Padua 35
Palästina 85, 91, 103, 107, 134, 135, 136, 137, 145, 173, 202, 203, 204, 208, 209, 210, 225–228, 230–232, 236, 252, 253, 257, 258, 261, 272, 276, 277, 278, 283, 303, 304
Paraguay 204
Paris 75, 203
Parma 34
St. Paul 26
Perchtoldsdorf 21
Pest 19
Petrovic 71
Piacenza 34
Piedicolle 266
Pirkdorf 314
Pirnitz 61
Pisa 193, 231
Pisino 19
Pistoia 33
Pitzelstätten 21, 60, 74
Pörtschach 124, 200, 229, 231, 234, 243, 298, 303
Poitschach 97, 194, 246
Polen 33, 107, 163, 181, 205, 224, 250, 276, 282, 286, 287
Pontebba 13
Pordenone 289
Porto Re 279
Portugal 33
Postelberg 67
Prävali/Prevalje 61, 257, 263, 264
Prag 14, 31, 61, 67, 75, 96, 117, 120, 224, 225, 299
Preisdorf 102
Preßburg/Bratislava 22, 23, 59, 72, 74, 81, 82, 224, 225, 230, 231
Pritschitz 120

Prößnitz 67
Prz(ony/Pozcony 83
Przemysl 29

R

Radaun 67
Radenthein 65, 194
Radmannsdorf/Radovljica 250, 253, 265, 269, 270
Randnitz 72
Ratschach/Ratece 264
Ratschitschach 185
Raubowitz 26
Ravne 255, 283
Rawa Ruska 67, 137
Rehovot 18, 128, 210
Reifnitz am See 63, 65, 245
Repubblica Sociale Italiana 286
Richborough 205
Riviera 20
Rhodesien 205
Rhodos 283
Rohatin 32
Rom 33, 34, 276, 278, 287, 288
Rosegg 143
Rosenbach 63, 265, 266, 268, 280
Rosenberg 61, 67
Rotterdam 240
Rovigo 72
Rumänien 58, 213, 276
Rußland 33, 270, 276

S

Sachsenburg 17
Sachsenhausen 224, 236
San Daniele 33, 34, 50, 289
Salzburg 15, 29, 50, 86, 88, 95, 105, 107, 200, 214, 269, 303, 315, 316
St. Jakob i. R. 143
St. Kanzian 151
St. Leonhard 65
St. Martin/Klagenfurt 66
St. Martin am Techelsberg 139
St. Peter/Klagenfurt 62, 63, 65, 66, 72
St. Pölten 88
St. Ruprecht/Klagenfurt 62, 63, 65, 66, 72, 80, 83, 84, 86, 88, 90, 93, 97, 102, 109, 110, 130, 213, 306
St. Veit/Glan 61, 62, 63, 65
St. Veit a. d. Save/St. Vid 113, 114, 140, 258, 264, 266
Sao Paolo 230
Sattendorf 96, 234
Sarapczin 58
Sardinien 34
Scempcz 72
Schiefling 192
Schlaining 26, 27, 31
Schlesien 29
Schwarzenbach 25
Schweden 205, 236
Schweiz 98, 194, 204, 205, 230, 276, 287

Seebach 96, 97
Seeboden 190, 234
Semplen 82
Serbien 243, 254, 258, 259, 266
Serbische Woiwodschaft 29
Sereth 72
Shanghai 204
Shitomir 286
Sibari 282
Siebenbürgen 29
Siena 33
Silberegg 298, 316
Sillian 280
Sizilien 34, 282
Slawonien 26, 29, 31, 67
Slowakei 15, 67
Slovenien 94, 249, 250, 251, 255, 259, 278, 279, 300
Sobibor 286
Sokal/Sokol 67, 92
Sopron/Ödenburg 83
Spanien 33
Spilimbergo 50
Spittal/Drau 26, 59, 62, 63, 65, 71, 74, 92, 93, 97, 102, 113, 114, 119, 120, 140, 144, 166, 167, 208, 221, 224, 226
Split/Spalato 279
Stampfen 27
Stanislau 16, 18, 24, 25, 27, 43, 59, 67, 72, 92, 108
Stare Konstantinowa 92
Steiermark 12, 13, 15, 23, 29, 30, 35, 43, 45, 49, 50, 51, 54, 59, 71, 76, 88, 89, 99, 102, 208, 250, 251, 279, 306, 309
Stein/Kamnik 250, 253, 255, 257, 263, 269, 270
Steinbrücken 305
Steyr 88
Stöcklweingarten 92, 102, 190
Strachwitz 315, 317
Straßburg/Elsaß 33, 241
Streiteben 264
Sudetenland 116, 117
Südafrika 230
Südamerika 229, 277
Südkärnten 267, 268
Südtirol 94, 182, 238, 280
Susak 113, 279
Syrien 91
Szegedin 68
Szempcz 59
Szevnik 25
Szolnok (Szolonak) 58, 68

T

Täbris 71
Taranto 272, 303
Tarnopol 32, 67
Tarnow 31
Tarsia 282
Tarvis 61, 62, 63, 110, 148, 182, 243, 280, 282, 298

Tel Aviv 70, 204
Temeser Banat 29
Temesvar 32
Teramo 283
Terzo 50, 51
Theresienstadt 225, 237, 238, 239, 245
Thörl 209, 232, 280
Tirol 15, 29, 50, 51, 71, 95, 99
Toblach/Dobbiaco 281
Tolmein/Tolmin 50, 51
Trebitsch 67
Treblinka 286
Treffen 215
Treibach 298
Treviso 287
Triest/Trieste 13, 22, 32, 34, 35, 47, 48, 50, 51, 63, 67, 71, 84, 85, 94, 121, 137, 138, 210, 226, 227–233, 241, 243, 250, 255, 263, 272–279, 281, 283–293, 296, 297, 299, 303, 304
Trofaiach 134
Troppau 54
Tschechoslowakei 92, 96, 107, 117, 148, 189, 195, 201, 205, 224, 225, 282, 305
Tuzla 96
Tyrnau 59

U

Udine 13, 33, 34, 50, 51, 71, 148, 231, 243, 273, 282, 283, 285, 287, 289, 293, 304, 315, 317
Ungarn 14, 15, 19, 22, 26, 27, 29, 32, 58, 60, 61, 66, 67, 68, 74, 83, 96, 136, 201, 205, 230, 272, 276, 282
Unterdrauburg 74, 144, 255, 265, 280, 299
Untere Fellach 194, 227
Unterkärnten 101, 104, 117, 165
Unterort 185
Untersteiermark 250, 254, 255, 257, 260, 265, 266, 268, 271, 278, 279
Uragna 19
USA 72, 73, 222, 228, 229, 276, 278, 307

V

Varasdin 31
Velden 60, 66, 75, 102, 120, 124, 190, 200, 215, 217, 223, 225, 230, 234, 240
Veldes 253, 254, 257, 258, 263, 264, 271, 290
Venedig 34, 231, 276, 293
Veneto 51
Venezuela 211, 227, 229
Venzone 33

Vicenza 287
Vigaun 259
Villach 26, 27, 41, 58, 60, 61, 62, 63, 64, 65, 66, 67, 70, 72, 73, 78, 93, 96, 97, 98, 100, 102, 104, 109, 110, 113, 114, 115, 123, 124, 131, 140, 144, 146, 150, 156, 157, 161, 166, 177, 178, 190, 196, 210, 213, 214, 215, 219, 220, 224, 227, 229, 230, 232, 234, 235, 238, 240, 249, 268, 280, 305
Völkermarkt 17, 60, 62, 63, 65, 66, 92, 93, 114, 166, 185, 194, 227, 234, 238, 270, 298, 315, 317
Vorarlberg 15, 29, 51

W

Wackendorf 185
Waiern 65
Wandlitzsee 314
Warasdin/Varasdin 19, 113
Wardein 19
Warmbad Villach 38, 75
Warschau 270, 286
Wechsel 250
Weißenstein 66, 97, 194
Wels 67
Werne 195
Westfalen 14
Wien 12–16, 18–22, 31–34, 37, 54, 58, 59, 60, 67–69, 71–75, 86, 90, 91, 92, 94, 96, 97, 99, 100, 102–108, 110, 112, 116, 117, 121, 127, 129–141, 144, 145, 177, 153–155, 157, 158, 160, 161, 163, 164, 165, 168–172, 176, 178–180, 188, 189, 192, 193–210, 212, 213, 214, 220, 221, 222, 223, 224–232, 234–243, 245, 247, 266, 273, 274, 277, 278, 280, 288, 295, 296, 297, 299, 301, 303, 308, 310, 313, 315, 316, 318
Wiener Neustadt 88
Wimitzstein 96
Windisch Bleiberg 186
Windischgraz/Slovenjgradec 250
Wörther See 38, 120, 124, 134, 303
Wolfsberg 25, 26, 61, 62, 63, 65, 93, 113, 140, 155, 156, 166, 194, 200, 210, 218, 225, 230, 234, 270, 300, 304
Wunderstätten 299

Z

Zara 279
Zeiselberg 194
Zeltweg 300
Zemlin 68
Zilina 225, 230
Zollfeld 315, 317

Bildtafeln (zusammengestellt von Wilhelm Wadl)

Abb. 1: Grabstein des Israeliten Lazarus Blechner aus Mattersdorf (Burgenland), der als jüdischer Wanderhändler 1841 in Klagenfurt verstarb (jüdischer Friedhof, Klagenfurt-St. Ruprecht).

Abb. 2: Porträtfoto und Unterschrift von Dr. Adolf Fischhof (1816–1893), dem berühmten Revolutionär des Jahres 1848, der als Gemeindearzt jahrzehntelang in Emmersdorf bei Klagenfurt lebte.

Abb. 3: Festschrift zum 50-Jahr-Jubiläum der Gründung des jüdischen Kultusvereines, Titelblatt

Abb. 4: Stempel des israelitischen Krankenunterstützungs- und Leichenbestattungsvereines Chewra Kadischa in Klagenfurt. (Chewra Kadischa = Heilige Bruderschaft).

Abb. 5: Der Vorstand des jüdischen Kultusvereines „Chewra Kadischa": stehend v. l. n. r.: Leo Lilian, Rabbiner Ignaz Hauser, Emil Friedländer; sitzend v. l. n. r.: Ignaz Ostermann, Adolf Preis, Präses Max Stößl, Präses-Stellv. Josef Müller, Simon Friedländer (um 1928)

Abb. 6: Der steirische Landesrabbiner Dr. Samuel Mühsam war auch für die Betreuung der Kärntner Juden zuständig.

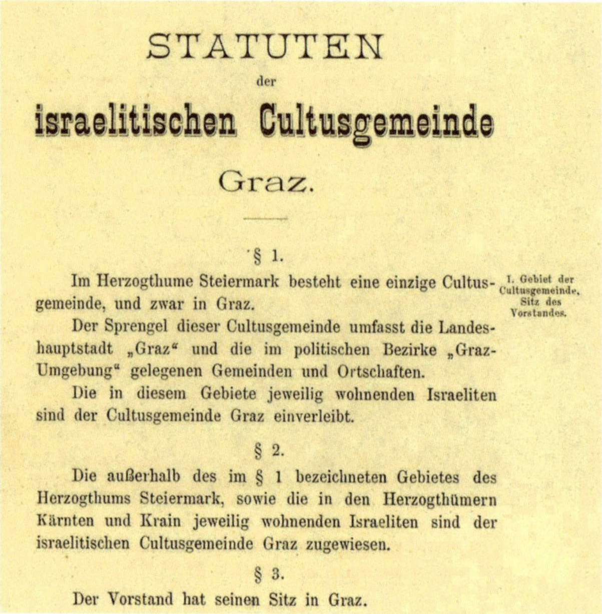

Abb. 7: Statuten der Israelitischen Kultusgemeinde Graz (1896): Im § 2 ist die Zuweisung aller außerhalb von Graz lebenden Israeliten in den Herzogtümern Steiermark, Kärnten und Krain festgelegt, die von den Kärntner Juden jahrzehntelang erfolglos bekämpft wurde.

STATUTEN
der
israelitischen Cultusgemeinde
Graz.

§ 1.

Im Herzogthume Steiermark besteht eine einzige Cultusgemeinde, und zwar in Graz. I. Gebiet der Cultusgemeinde, Sitz des Vorstandes.

Der Sprengel dieser Cultusgemeinde umfasst die Landeshauptstadt „Graz" und die im politischen Bezirke „Graz-Umgebung" gelegenen Gemeinden und Ortschaften.

Die in diesem Gebiete jeweilig wohnenden Israeliten sind der Cultusgemeinde Graz einverleibt.

§ 2.

Die außerhalb des im § 1 bezeichneten Gebietes des Herzogthums Steiermark, sowie die in den Herzogthümern Kärnten und Krain jeweilig wohnenden Israeliten sind der israelitischen Cultusgemeinde Graz zugewiesen.

§ 3.

Der Vorstand hat seinen Sitz in Graz.

Abb. 8: Moses Bibring gehörte zur ersten Generation der in Kärnten sesshaft werdenden jüdischen Kaufleute und war auch an der Gründung des Kultusvereines führend beteiligt.

Abb. 9: Der aus Ungarn stammende Samuel Meyer Eisler (gest. 1903) war in Klagenfurt als Rabbinatsverweser und Religionslehrer tätig.

Abb. 10: Der Lederhändler Max Stößl engagierte sich jahrzehntelang in der Kultusgemeinde und war auch deren Präses.

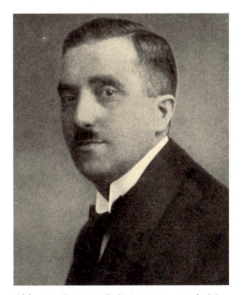

Abb. 11: Der aus Galizien stammende Max Friedländer begründete zusammen mit seinen Geschwistern zahlreiche Unternehmen in Klagenfurt.

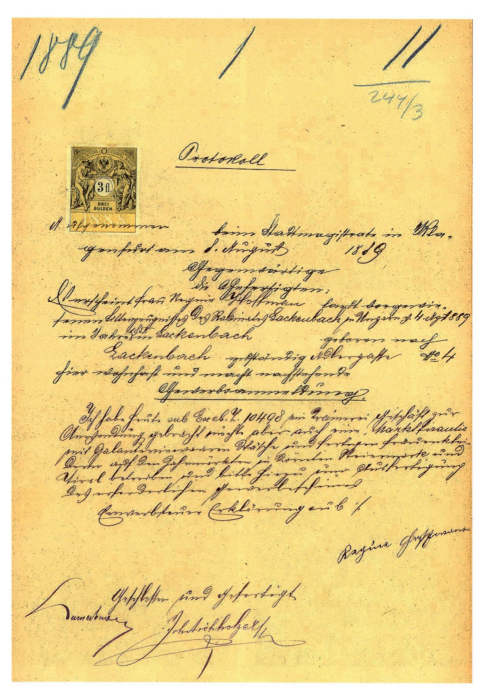

Abb. 12: Gewerbeanmeldung der aus Lackenbach (Burgenland) stammenden Regina Hoffmann für den Wanderhandel auf Jahrmärkten „mit Galanteriewaren, Wäsche und fertigen Frauenkleidern", 1889

Abb. 13: Gedenktafel für die am jüdischen Friedhof in St. Ruprecht bestatteten Gefallenen des Ersten Weltkrieges

Abb. 14: Grabdenkmal für Adolf Preis, Textilkaufmann und Präses der Israelitischen Kultusgemeinde Klagenfurt (1859–1931)

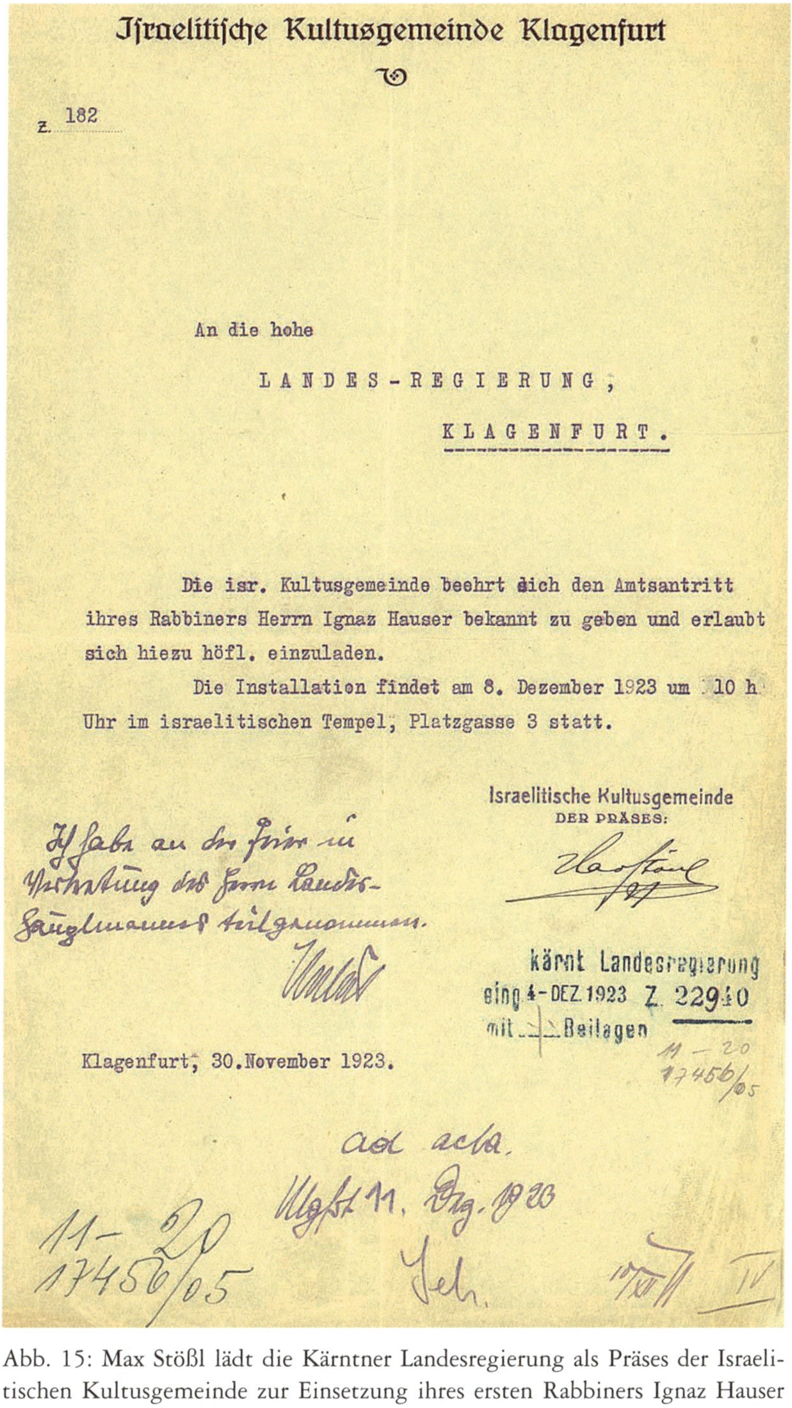
Israelitische Kultusgemeinde Klagenfurt

Z. 182

An die hohe

LANDES-REGIERUNG,

KLAGENFURT.

Die isr. Kultusgemeinde beehrt sich den Amtsantritt ihres Rabbiners Herrn Ignaz Hauser bekannt zu geben und erlaubt sich hiezu höfl. einzuladen.

Die Installation findet am 8. Dezember 1923 um 10 h Uhr im israelitischen Tempel, Platzgasse 3 statt.

Israelitische Kultusgemeinde
DER PRÄSES:

kärnt. Landesregierung
eing. 4-DEZ. 1923 Z. 22940
mit ... Beilagen

Klagenfurt, 30. November 1923.

11-20
17456/05

ad acta.

11-20
17456/05

Abb. 15: Max Stößl lädt die Kärntner Landesregierung als Präses der Israelitischen Kultusgemeinde zur Einsetzung ihres ersten Rabbiners Ignaz Hauser ein, 1923.

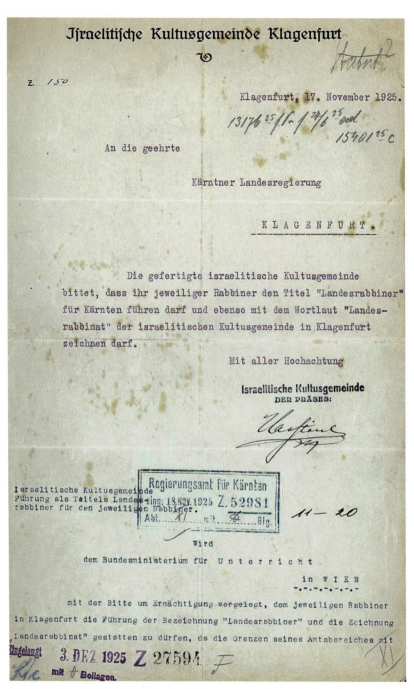

Abb. 16: Gesuch der Israelitischen Kultusgemeinde um Verleihung des Titels „Landesrabbiner"

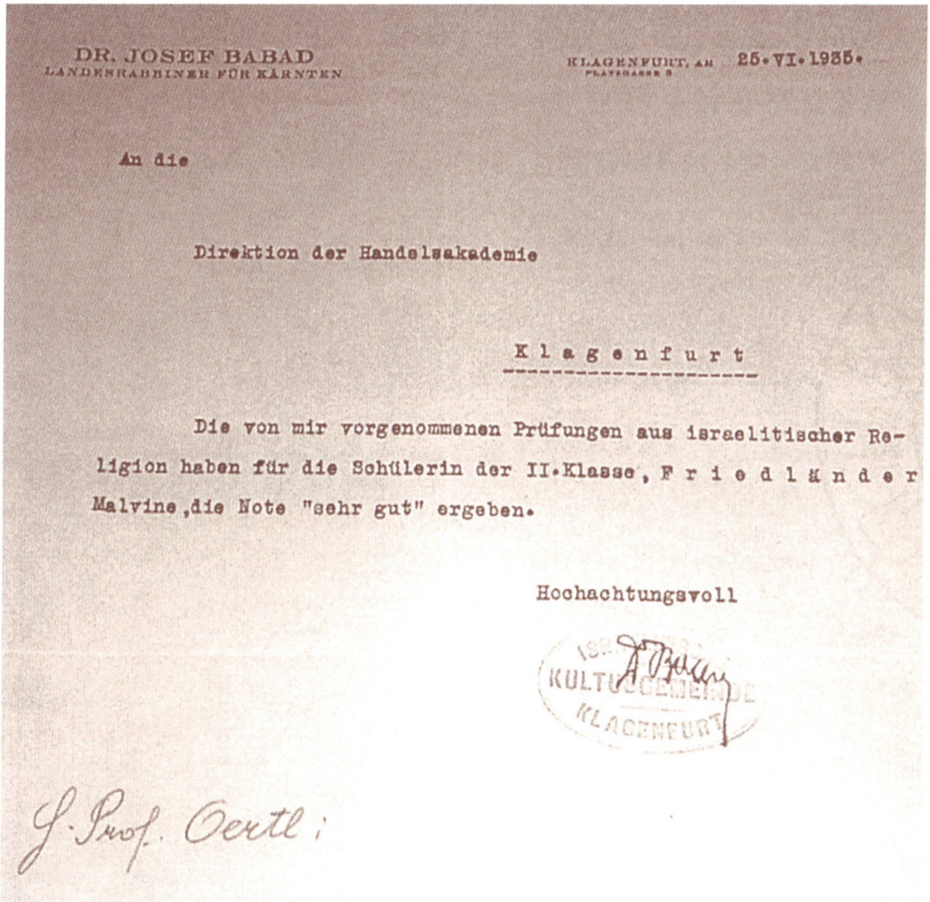

DR. JOSEF BABAD
LANDESRABBINER FÜR KÄRNTEN

KLAGENFURT, AM 25.VI.1935.

An die

Direktion der Handelsakademie

Klagenfurt

Die von mir vorgenommenen Prüfungen aus israelitischer Religion haben für die Schülerin der II.Klasse, Friedländer Malvine, die Note "sehr gut" ergeben.

Hochachtungsvoll

KULTUSGEMEINDE KLAGENFURT

Prof. Oertl

Abb. 17: Dr. Josef Babad, Landesrabbiner für Kärnten, teilt der Direktion der Handelsakademie das Ergebnis einer Religionsprüfung mit.

Abb. 18: Warenhaus Weinreb. Werbeeinschaltung (Kärntner Amts- und Adresskalender 1937)

Abb. 19: Wochenmarkt am Alten Platz in Klagenfurt, um 1930

Abb. 20: Sommerlager der zionistischen Jugendorganisation „Blau-Weiß" in Auen bei Velden, um 1930

BILANZ
DER LANDESHAUPTSTADT

1914 gab es nur 8 jüdische Geschäfte

1930 sind schon rund 50 jüdische Warenhäuser und Ramschgeschäfte die sich parasitenähnlich ausbreiten und mit ihren Helfern, den Warenvertriebsjuden, überall in größter Behaglichkeit **unser Volksvermögen aufsaugen.**

1914 waren nur 3 Häuserbesitzer asiatischer Herkunft, bis im Jahre

1930 wurden 32 Häuser in der Landeshauptstadt der unerhörten Raffgier dieser einst von Gott verfluchten und in alle Winde zerstreuten Rasse ausgeliefert, darunter ehrwürdige Patrizierhäuser, in denen sich nun die Warenhauspest mit ihrer volksgutzerstörenden Geschäftspraktik breit macht, während unsere **arischen Geschäfte jed. Art durch die sträfliche Gedankenlosigkeit deutscher Volksgenossen zugrunde gehen.**
Deutscher Mann, deutsche Frau und deutsches Mädchen! Diese für euch so entehrende Aufstellung zeigt euch den Weg zur Erhaltung unseres deutschen Volksgutes . . .

daß der Deutsche nur bei Deutschen kauft!

DER JUDE hat fast den ganzen Großhandel und damit den Hauptgewinn an sich gerissen.

DER JUDE verfügt über den Großteil des internationalen Kapitals.

DER JUDE ist dadurch imstande, die Preise der Waren nach Belieben festzusetzen, somit bestimmt er auch den Arbeitslohn.

DER JUDE ist jetzt auch daran, den Kleinhandel an sich zu reißen, nur um seiner Raffgier zu frönen und seinen Raubzug auf die Taschen der deutschen Arbeiter, Angestellten und Bauern besser ausführen zu können.

Deutsche Volksgenossen, wehrt euch dagegen!
und kämpft mit in den Reihen der nationalsoz. deutschen Arbeiterpartei.

Herausgeber und Verleger N.S.D.A.P. (Hitlerbewegung). — Verantwortlich: O. Spangaro, Klagenfurt. — Druck: Gutenberghaus Klagenfurt.

Abb. 21: Antisemitisches Hetzflugblatt der Kärntner Nationalsozialisten (1932)

Abb. 22: Aufmarsch der SS in Villach; rechts das Geschäftslokal von Eduard Glesinger, März 1938

Abb. 23: Besuch Adolf Hitlers in Klagenfurt (April 1938); in der Bildmitte der stellv. Landeshauptmann Wladimir v. Pawlowski, rechts von ihm der Oberbürgermeister von Klagenfurt Heinrich v. Franz

Den Juden die Antwort . . .

In spontanen Kundgebungen demonstrierte das ganze deutsche Volk in allen Städten des Großdeutschen Reiches gegen die neueste Schandtat des Weltjudentums in Paris.

Jetzt bekennt sich der letzte deutsche Handels- und Gewerbetreibende öffentlich zur Gemeinschaft des deutschen Volkes, vereinigt in der **„Gemeinschaft aller Schaffenden", unter dem Symbol des Hakenkreuzes im Zahnrad.**

Unsere Antwort auf den grauenhaften Mord des Juden Grünspan am Gesandschaftsrat Pg. vom Rath in Paris ist folgende:

1. Es gibt keinen schaffenden Deutschen mehr, der nicht Mitglied der DAF ist.

2. Es gibt keinen Volksgenossen mehr, der sich nicht freiwillig und **begeistert** zu dieser neuen **Gemeinschaft bekennt und in ihr mitarbeitet.**

3. Wir alle tragen stolz das Symbol der neuen Zeit auf dem **Rockkragen** oder im **Schaufenster** oder am **Eingang zu den Betrieben und Werkstätten.**

Wir sagen dem Weltjudentum: Ihr habt euch mit eurer feigen Mordtat geirrt. Wir lassen uns nicht herausfordern!

Wir Deutsche halten zusammen, wie ein Mann! Deutschland arbeitet!

N. S. Gauverlag und Druckerei Kärnten

Der Gaubeauftragte der DAF: **N. Egger**

Abb. 24: Hetzflugblatt der Deutschen Arbeitsfront im Umfeld des Novemberpogroms (sogenannte „Reichskristallnacht", November 1938)

GESCHÄFTS-ÜBERNAHME!

Wir geben der geehrten Bevölkerung von Klagenfurt, Kärnten und Osttirol bekannt, daß wir im Zuge der Arisierung das Geschäft

„Warenhaus zum Storch"

vormals Max Friedländer, **Klagenfurt, Adolf-Hitler-Platz** (Pernhartgasse 1), übernommen haben. Es wird unser Bestreben sein, in Zukunft das Geschäft im großen und kleinen Einkauf auf reellste Art zu führen. Mit den alterprobten Mitarbeitern wird es unsere vornehme Aufgabe sein, unseren großen Kundenkreis durch aufmerksame Bedienung noch zu erweitern.

„KAUFHAUS ZUM STORCH"
MAX und ROBERT SCHAUTZER
Klagenfurt, Adolf-Hitler-Platz (Pernhartg. 1)

811

SCHUHHAUS MIRA
»AETERNA«

jetzt arisch!

Die geehrten Kunden werden ersucht, ihren Bedarf für den kommenden Winter im **Spezialgeschäft Mira** zu decken

Abb. 25 und 26: Geschäftsanzeigen von Ariseuren: „Warenhaus zum Storch" (Kärntner Grenzruf Nr. 37, 13. 10. 1938, S. 8) und Schuhhaus Mira (Kärntner Grenzruf Nr. 39, 15. 10. 1938, Anzeigenteil)

Abb. 27: Nazikundgebung mit Hitlers Stellvertreter Rudolf Heß am Neuen Platz in Klagenfurt vor einem arisierten Geschäft, auf dessen Rollbalken noch der Name des jüdischen Vorbesitzers (Simon Friedländer) zu lesen ist (24. Juli 1938)

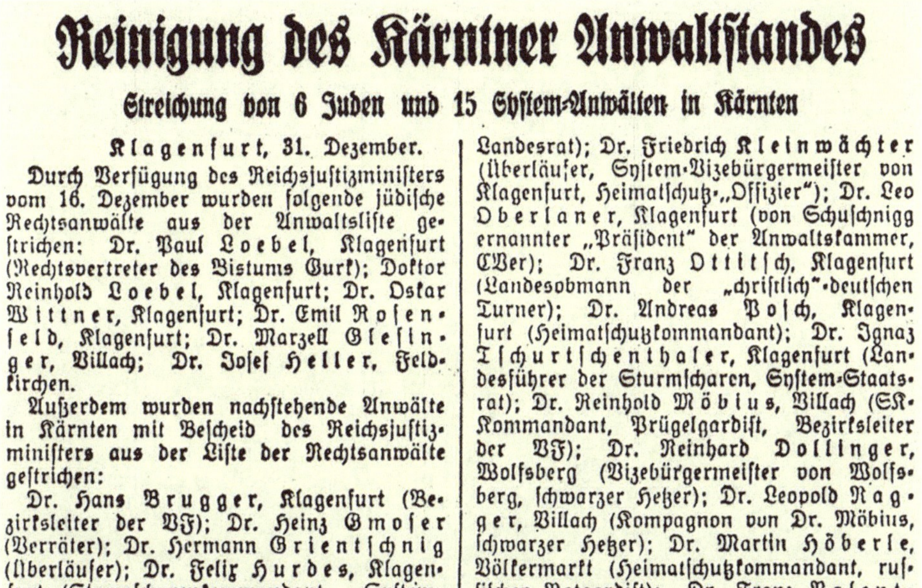

Reinigung des Kärntner Anwaltstandes

Streichung von 6 Juden und 15 System-Anwälten in Kärnten

Klagenfurt, 31. Dezember.

Durch Verfügung des Reichsjustizministers vom 16. Dezember wurden folgende jüdische Rechtsanwälte aus der Anwaltsliste gestrichen: Dr. Paul Loebel, Klagenfurt (Rechtsvertreter des Bistums Gurk); Doktor Reinhold Loebel, Klagenfurt; Dr. Oskar Wittner, Klagenfurt; Dr. Emil Rosenfeld, Klagenfurt; Dr. Marzell Glesinger, Villach; Dr. Josef Heller, Feldkirchen.

Außerdem wurden nachstehende Anwälte in Kärnten mit Bescheid des Reichsjustizministers aus der Liste der Rechtsanwälte gestrichen:

Dr. Hans Brugger, Klagenfurt (Bezirksleiter der VF); Dr. Heinz Gmoser (Verräter); Dr. Hermann Grientschnig (Überläufer); Dr. Felix Hurdes, Klagenfurt (Sturmscharenkommandant, System-Landesrat); Dr. Friedrich Kleinwächter (Überläufer, System-Vizebürgermeister von Klagenfurt, Heimatschutz-„Offizier"); Dr. Leo Oberlaner, Klagenfurt (von Schuschnigg ernannter „Präsident" der Anwaltskammer, CVer); Dr. Franz Ottitsch, Klagenfurt (Landesobmann der „christlich"-deutschen Turner); Dr. Andreas Posch, Klagenfurt (Heimatschutzkommandant); Dr. Ignaz Tschurtschenthaler, Klagenfurt (Landesführer der Sturmscharen, System-Staatsrat); Dr. Reinhold Möbius, Villach (EK-Kommandant, Prügelgardist, Bezirksleiter der VF); Dr. Reinhard Dollinger, Wolfsberg (Vizebürgermeister von Wolfsberg, schwarzer Hetzer); Dr. Leopold Nagger, Villach (Kompagnon von Dr. Möbius, schwarzer Hetzer); Dr. Martin Höberle, Völkermarkt (Heimatschutzkommandant, russischer Rotgardist); Dr. Franz Valent-

Abb. 28: Liste der nach der nationalsozialistischen Machtergreifung mit Berufsverbot belegten und aus der Anwaltsliste gestrichenen Kärntner Rechtsanwälte (31. 12. 1938)

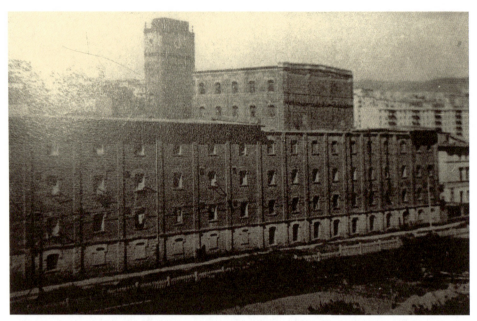

Abb. 29: In der Risiera di San Saba, einem alten Reislager in Triest, wurde ab 1943 von der Gestapo ein Konzentrationslager eingerichtet, in dem über 3.000 Menschen ermordet und von wo aus mehr als 20.000 in andere Lager deportiert wurden.

Abb. 30: Blick in eine der ehemaligen Lagerhallen der Risiera di San Saba

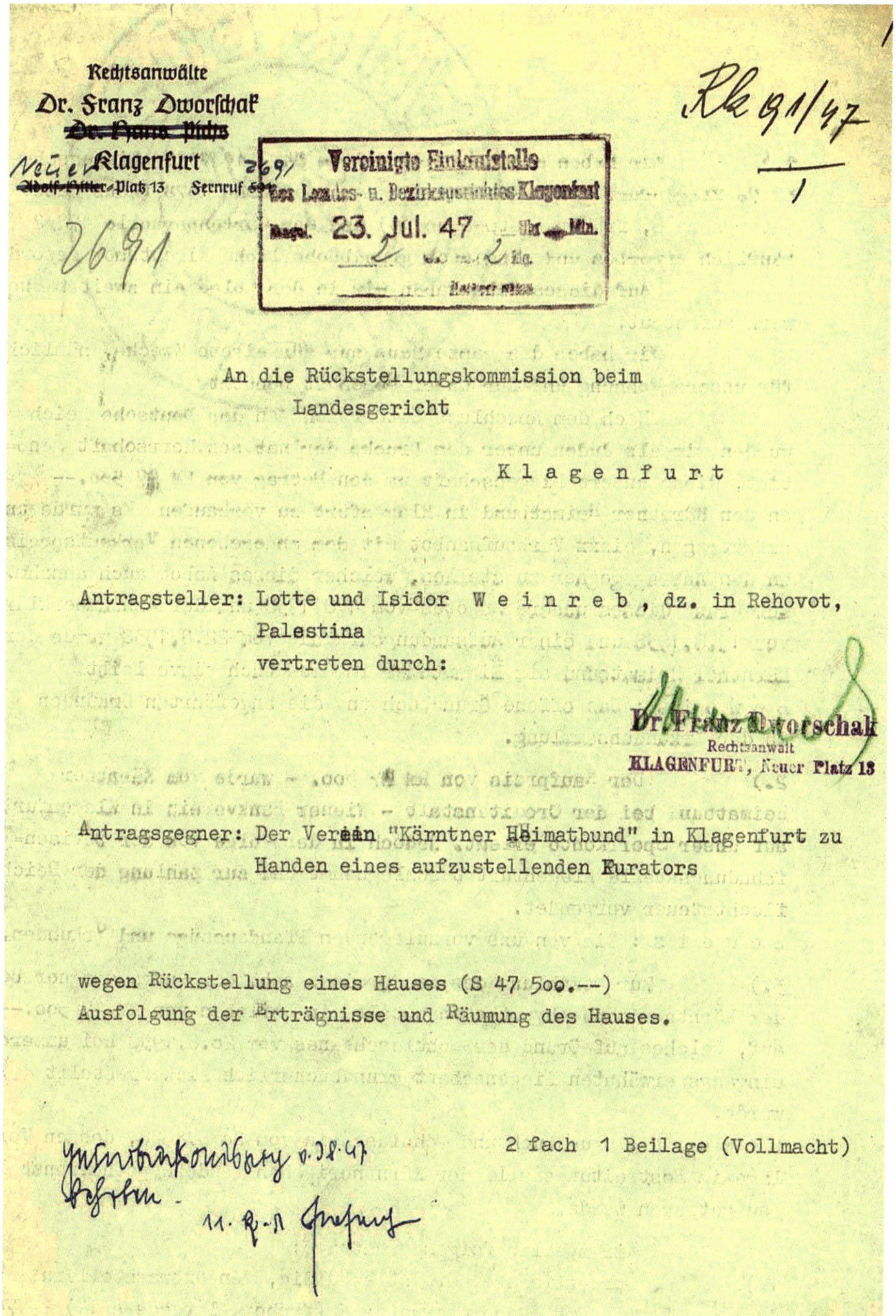

Rechtsanwälte
Dr. Franz Dworschak
~~Dr. Hans Huth~~

Neuer Klagenfurt
~~Adolf-Hitler-~~Platz 13 Fernruf 59

Rk 91/47

2691

[Stempel: Vereinigte Einlaufstelle des Landes- u. Bezirksgerichtes Klagenfurt
Regl. 23. Jul. 47 Uhr Min.]

An die Rückstellungskommission beim
Landesgericht

K l a g e n f u r t

Antragsteller: Lotte und Isidor W e i n r e b , dz. in Rehovot,
Palestina
vertreten durch:

Dr. Franz Dworschak
Rechtsanwalt
KLAGENFURT, Neuer Platz 13

Antragsgegner: Der Verein "Kärntner Heimatbund" in Klagenfurt zu
Handen eines aufzustellenden Kurators

wegen Rückstellung eines Hauses (S 47.500.--)
Ausfolgung der Erträgnisse und Räumung des Hauses.

2 fach 1 Beilage (Vollmacht)

Abb. 31: Rückstellungsantrag Lotte und Isidor Weinreb aus Rehovot in Palästina bezüglich ihres Hauses in Klagenfurt (1947)

Abb. 32: Gedenktafel zur Erinnerung an das ehemalige jüdische Bethaus in Klagenfurt (Platzgasse 3)

Abbildungsnachweis:

Kärntner Landesarchiv: Abb. 1, 2, 3, 4, 5, 6, 7, 8, 9, 10, 11, 12, 13, 14, 15, 16, 17, 18, 21, 24, 25, 26, 27, 28, 32

August Walzl: Abb. 19, 22, 29, 30

Ing. Reuwen Kalisch: Abb. 20

Pressestelle des Magistrats Klagenfurt: Abb. 23

HAK International Klagenfurt: Abb. 31

Nachwort zur zweiten Auflage

Bei der Motivation für die Durchführung eines Forschungsprojektes spielen manchmal persönliche Erinnerungen und Eindrücke eine gewisse Rolle. Solche Erinnerungsbilder, gar manche aus der eigenen Kindheit, werden wieder präsent, wenn sie ein aktueller Anlass wie die Neuauflage eines Buches erweckt. Da kommt etwa der alte Neumann aus seinem Haus in der Klagenfurter Wienergasse, klopft dem Kleinen auf die Schulter und verkündet laut: „Herzog August, Herzog von Sachsen und König von Polen!" Der Kleine forschte dann allerdings bald im Lexikon nach und stellte fest, dass dieser König von Polen unförmig dick gewesen war. Das diesbezügliche Missfallen verheimlichte er nicht, und Neumann ließ dann diese Titel weg und verneigte sich nur leicht bei jeder Begegnung. In nächster Nähe hatten Robert und Emil Preis ihr Geschäft, und jedes Mal, wenn sie in den Schaufenstern die elegante Herrenmode neu ordneten, gab es für die kindlichen Zuschauer Bonbons. Weiter östlich davon im unteren Teil des Alten Platzes kamen Tag für Tag lustige Hausierergestalten aus dem Haus von Adolf Freund, wo sie günstig übernachtet hatten. Später allerdings wurden die Schatten düsterer. Wenn man den jungen Zeichner aus dem großen, alten Haus in der Badgasse aufforderte, mit den einstigen Volksschulfreunden zum Spielen mit in den Theaterpark zu kommen, schüttelte er immer den Kopf und meinte, das könne er den einstigen Freunden nicht antun, denn er sei Jude.

Ganz oben am Alten Platz befand sich linker Hand vom großen Portal des Palais Goëß eine kleine Molkerei, vor welcher die Hausfrauen in langer Reihe standen, um ihre Milch zu holen. Etwas abseits wartete von Anfang an eine etwas ältere Dame mit ihrer kleinen Kanne, bis alle Käuferinnen versorgt waren. Wenn dann noch ein wenig Milch übriggeblieben war, dann durfte laut Vorschrift auch sie ihren Teil bekommen, nicht aber früher, denn sie war Halbjüdin. Auf der Südseite des Neuen Platzes befand sich das Geschäft des lustigen Friedländer. Dorthin konnte man die eigene Mutter begleiten, wenn sie es noch wagte, dort etwas zu kaufen. Viele Kunden gingen nicht mehr hinein, weil es fast immer genau beobachtet wurde. Trotzdem war Friedländer gut gelaunt, denn er wollte zeigen, dass ihm das alles nichts ausmacht. Auch ein paar bunte alte Heftchen einer Kinderzeitung hatte er noch zu verteilen. Ganz anders war es in der Wienergasse gegenüber dem Eingang zum Weinlokal. Dort war das Wurstgeschäft des Schlichtinger. Der aber stand den ganzen Tag wortkarg mit verbissenem Gesicht hinter dem Ladentisch, denn seine jüdische Frau hatte die Gestapo schon weggebracht.

Erinnerungen, die gerade im Zusammenhang mit einer so verdienstvollen Neuauflage dieses Buches wach werden, ändern nichts an der Tatsache, dass die genaue wissenschaftliche Aufarbeitung dieses Themas auch heute noch für das Kärntner Bewusstsein bedeutsam ist. Vertreibung, Plünderung und Vernichtung liegen lange zurück, aber sachliche Informationsmöglichkeit und rationale Kenntnisnahme haben auch heute ihren Stellenwert, obwohl diese Verhältnisse so lange zurückliegen und mit Recht anzunehmen ist, dass diesbezügliche Denkklischees und Vorurteile sich seither gänzlich minimiert haben. Was die Opfer von einst betrifft, ist auch deren Rückkehr und Neuansiedlung ein extremes Minimum geworden. Wer überlebt hat, ist außerhalb geblieben, sei es in Palästina, in

Australien, in Italien, den USA oder anderswo. Auch Söhne und Töchter der Geflüchteten lehnten fast immer eine Rückkehr ab. In vielen Interviews aber zeigte sich, dass Misstrauen ganz selten der Grund war, sondern die Zufriedenheit mit der neuen Heimat oder der Erfolg in diesem Land. Vielfach hörte man auch von gleichsam jugendlicher Lust am Neubeginn in einer neuen Welt. Bezeichnenderweise räumten viele Interviewte durchaus ein, dass sie die Lebensverhältnisse im Österreich der Zeit nach 1945 sehr negativ sahen und sich diese Vorstellung dann sogar noch über Jahrzehnte nicht veränderte. Eine ziemlich rege Diskussion ergab sich unter Betroffenen im Ausland auch über eine andere Frage, – eine Diskussion, die sich bis in die verschiedensten Zeitungen fortsetzte. Zwar hatte sich schon die erste provisorische Bundesregierung in dem bekannten Gesetz vom 10. Mai 1945 nachdrücklich zu Rückgabe und Entschädigung bekannt, aber das Echo bei Betroffenen im Ausland war zwiespältig. Viele diesbezügliche Äußerungen wurden allerdings erst dann gemacht, als sich schon längst gezeigt hatte, wie nach dem Zweiten und Dritten Rückstellungsgesetz die Rückgaben und Entschädigungen in der Realität vor sich gingen. Auch die wenigen Betroffenen, die zu diesem Zweck selbst nach Kärnten kamen und sich nicht durch auch etwas diskutierte Wiener Agenturen und Rechtsanwälte vertreten ließen, verließen das Land in der Folge rasch wieder.

Ein anderer Aspekt ergab sich im Zusammenhang mit der vorliegenden Forschungsarbeit. Einstige Betroffene, die im Ausland erreichbar waren, stellten sich ohne Ausnahme durchaus positiv zu dem ihnen genau beschriebenen Vorhaben. Sie stellten Informationen zur Verfügung und schickten Dokumente, taten also alles, was in ihrer Macht stand. Im gleichen Zusammenhang müssen auch nach Kärnten zurückgekehrte Betroffene genannt werden. Auch sie stellten Informationen und Material zur Verfügung wie etwa Frau Sophie Neurath und Frau Helene Preis. Letztere tat dies noch, als sie schon schwerkrank in ihrer Wohnung in der Getreidegasse in Klagenfurt lag. Etwas weniger zustimmend allerdings war die Stellungnahme einiger Kärntner Ratgeber aus dem Kulturleben, die vom Autor vorsichtig befragt wurden. Die einfachste Antwort war die: Wozu darüber schreiben, – es sind ja keine mehr bei uns. Der damalige Verleger Kreuzer aber ließ sich nicht beeinflussen. Schnell klärte sich die Situation. Das Buch wurde verkauft, und schließlich war es ausverkauft. Wie viele Gespräche zeigten, wollten die meisten Leser genaue und reiche Information, um Gerede und Vermutung hintanstellen zu können. Gar mancher Leser aber verfügte wie der Autor über Erinnerungen zum Thema und wollte diese Erinnerungen bereichern und ergänzen.

Was das Bild der ehemaligen Heimat im Bewusstsein so mancher Ausgewanderter betrifft, muss aber unbedingt noch etwas hinzugefügt werden. In einer tiefen Schichte ist manchmal die innere Bindung an dieses Land durchaus unveränderbar vorhanden. Sie kehrten oder kehren für ein kurzes Wiedersehen immer wieder zurück. So kam etwa Reuwen Kalisch immer wieder aus Israel in das gleiche Hotel in Krumpendorf, um dort einen Sommerurlaub zu verbringen. Fred und Trude Reinisch aus Florida kommen ebenfalls jeden Sommer an die Kärntner Seen, und worauf man sich ganz fest verlassen kann, das ist jedes Jahr ein freundlicher Weihnachtsgruß von jenseits des Atlantik.

Wernberg, Dezember 2008 August Walzl

Arisierung! Geschäfts-Uebernahme!

Die Kaufgeschäfte Simon Friedländer, **Klagenfurt**, Adolf-Hitler-Platz 12, Fröhlichgasse 2, und Ignaz Friedländer, 10.-Oktober-Straße 4, wurden mit Genehmigung des Staatskommissars in der Privatwirtschaft und Leiters der Vermögensverkehrsstelle vom 7. Juli l. J. durch käufliche Erwerbung von uns übernommen und werden in vollem Umfange unter dem Namen

Kogler & Krischke als reinarisches Unternehmen weitergeführt.

Gestützt auf das durch unsere langjährige Tätigkeit in leitender Stellung erworbene Fachwissen wird es uns im Vereine mit unserem geschulten Personal durch aufmerksame Bedienung und reelle Preisbildung sicher gelingen, unsere P. T. Kunden in jeder Weise auf das beste zufriedenzustellen.

Wir ersuchen, das uns und allen unseren Angestellten bisher entgegengebrachte Vertrauen auch der neuen Firma zu bewahren und uns durch Ihren werten Besuch weiterhin zu unterstützen.

Mit deutschem Gruß:
Franz Kogler & Alois Krischke

Entjudung! Geschäfts-Übern...

Das Herrenkonfektions- und M...
M. Fischbach, Klagenfurt, Alter...
mit Genehmigung der Vermö...
vom 4. August 1938 mit allen Be...
käuflich erworben. Die Firma la...

Frank & Wer...

Bitte schenken Sie uns Ihr Vert...
aufmerksamste Bedienung mit b...
ist unser Geschäftsprinzip.

Mit deutschem G...
Rudolf Frank &...

Geschäfts-Übernahme!

Ich behre mich, allen Kunden Kärntens bekanntzugeben, daß ich mit heutigem für das

Schuhgeschäft Schaier
Klagenfurt, Wienergasse Nr. 9

die endgültige Genehmigung der Vermögensverkehrsstelle Wien erhalten habe. / Mein gut assortiertes neues Lager in Qualitätsschuhen sowie die sorgfältigste und fachliche Bedienung wird jeder Kunde die Gewähr eines guten Kaufes bieten.

Karl Hellelsberger, Spezialschuhgeschäft
Klagenfurt, Wienergasse 9 (gegenüber Café Lerch)

A 2098